Beiträge zur historischen Theologie

Herausgegeben von

Johannes Wallmann

107

Hans-Günther Waubke

Die Pharisäer
in der protestantischen
Bibelwissenschaft
des 19. Jahrhunderts

Mohr Siebeck

HANS-GÜNTHER WAUBKE; geb. 1960, Theologiestudium in Göttingen und Heidelberg, 1989–1992 theol. Repetent in Göttingen, 1993–1996 Vikariat in der Nordelbischen Kirche, 1995 Promotion in Göttingen, 1996 2. theol. Examen und Ordination, Lehrbeauftragter am Institut für Neues Testament des FB Theologie der Univ. Hamburg, seit 1996 Pastor der Nordelbischen Kirche in Hamburg-Fuhlsbüttel.

Gedruckt mit Hilfe von Forschungsmitteln des Landes Niedersachsen.

Die Deutsche Bibliothek – CIP-Einheitsaufnahme

Waubke, Hans-Günther:
Die Pharisäer in der protestantischen Bibelwissensschaft des 19. Jahrhunderts /
Hans-Günther Waubke. –Tübingen: Mohr Siebeck, 1998
   (Beiträge zur historischen Theologie; 107)
   ISBN 3-16-146971-2

© 1998 J. C. B. Mohr (Paul Siebeck) Tübingen.

Das Buch wurde von Gulde-Druck in Tübingen aus der Bembo-Antiqua belichtet, auf alterungsbeständiges Werkdruckpapier der Papierfabrik Weissenstein in Pforzheim gedruckt und von der Großbuchbinderei Heinr. Koch in Tübingen gebunden.

ISSN 0340-6741

Meiner Frau
Elisabeth Fischer–Waubke
zugeeignet

Ταράσσει τοὺς ἀνθρώπους οὐ τὰ πράγματα,
ἀλλὰ τὰ περὶ τῶν πραγμάτων δόγματα.

Epiktet, Encheiridion 5

Vorwort

Die vorliegende Arbeit wurde Ende 1994 unter dem Titel „Pharisäerdarstellungen in der deutschen protestantischen Bibelwissenschaft des 19. Jahrhunderts – Metamorphosen eines theologischen Symbols im Zeitalter historischer Kritik" als Dissertation bei der Evangelisch-Theologischen Fakultät der Georg-August-Universität in Göttingen eingereicht. Das Promotionsverfahren wurde am 12. Oktober 1995 mit dem Rigorosum abgeschlossen. Für die Drucklegung wurde die Arbeit noch einmal umgestaltet und vor allem um ein Kapitel über die ältere Forschung im 18. Jahrhundert erweitert.

An dieser Stelle möchte ich all jenen meinen Dank abstatten, die mich auf vielerlei Weise bei diesem Projekt unterstützt und zu seinem Gelingen beigetragen haben.

An erster Stelle möchte ich hier meinen Doktorvater nennen, Prof. Dr. Berndt Schaller, der den Göttinger Studenten vor über 10 Jahren an die Frage nach den Pharisäern herangeführt und mich damit zu einem wissenschaftlichen Lebensthema inspiriert hat. Die aus diesen Impulsen hervorgegangene Dissertation hat er mit mannigfaltigen Anstößen, Ermutigungen und kritischen Fragen durch alle Etappen ihrer Entstehung hindurch begleitet und damit Entscheidendes zu ihrer Tiefenschärfe und Reifung beigetragen.

Herrn Prof. Dr. Dr. Hartmut Stegemann danke ich für die Erstellung des Zweitgutachtens. Ihm, wie auch den Kollegen und Freunden der Göttinger Qumranforschungsstelle verdanke ich vielfältige Anregungen und Ideen, die aus jahrelanger guter Zusammenarbeit hervorgegangen sind.

Der Evangelisch-Lutherischen Landeskirche in Braunschweig, insbesondere ihrem damaligen Landesbischof Prof. Dr. Dr. Gerhard Müller und ihrem damaligen Ausbildungsreferenten Henje Becker, habe ich zu verdanken, daß sie es mir durch die Berufung auf eine Repetentenstelle und die dort gewährten Freiräume ermöglicht hat, dieses Dissertationsprojekt in Angriff zu nehmen und entscheidend voranzutreiben.

Der Vereinigten Evangelisch-Lutherischen Kirche Deutschlands, der Nordelbischen Evangelisch-Lutherischen Kirche, der Theologischen Fakultät der Georg-August-Universität Göttingen und meinem Vater, Dr. Hans-Christoph Waubke in Wolfenbüttel, danke ich dafür, daß sie durch Gewährung bzw. Vermittlung namhafter Druckkostenzuschüsse das Erscheinen meiner Arbeit in dieser Reihe ermöglicht haben.

Herrn Prof. Dr. Johannes Wallmann, dem Herausgeber der „Beiträge zur historischen Theologie", danke ich für die Aufnahme der Arbeit in diese Reihe und für ihre sorgfältige Betreuung im Vorfeld der Drucklegung, Herrn Verleger Georg Siebeck und den Mitarbeitern des Verlages Mohr Siebeck für ihre freundliche Hilfe bei der Erstellung des Druckes.

Frau Gisela Pfeiffer in Göttingen hat sich in uneigennütziger, penibler und liebevoller Weise der Fronarbeit des Korrekturlesens unterzogen. Ihr und allen Kollegen, Freunden und Verwandten, die meine Arbeit fachlich und menschlich begleitet haben, gilt mein ganz persönlicher Dank.

Was meine Frau Elisabeth Fischer-Waubke über Jahre hinweg in diese Arbeit investiert hat, läßt sich nur ganz und gar unzureichend in Worte fassen. Ihr sei dieses Buch gewidmet.

Hamburg, im Sommer 1998 Hans-Günther Waubke

Inhaltsverzeichnis

IV. Darstellungen im Rahmen der Geschichte Israels

V. Liberal inspirierte Entwürfe

VI. Historismus und Religionsgeschichtliche Schule

Bemerkungen zur formalen Gestaltung

1. Sämtliche *Literaturangaben* sind im Literaturverzeichnis vollständig bibliographiert; in den Anmerkungen ist mit Kurztiteln darauf verwiesen. Auf Artikel aus Lexika ist i.d.R. über das jeweilige Gesamtwerk verwiesen; es erscheinen nur diejenigen Artikel eigenständig im Literaturverzeichnis, die für das Thema der Arbeit von unmittelbarem Belang sind. Antike Primärquellen sind nur ins Literaturverzeichnis aufgenommen, sofern auf bestimmte Ausgaben Bezug genommen wird. Allgemein zugängliche belletristische Werke sind i.d.R. lediglich in der für den vorliegenden Zusammenhang wichtigen Erstausgabe aufgeführt.

2. Die *Abkürzungen* von Reihen, Zeitschriften und Sammelwerken richten sich nach Siegfried Schwertner, Internationales Abkürzungsverzeichnis für Theologie und Grenzgebiete, 2. Aufl. Berlin/New York 1992. Dort nicht Enthaltenes ist ausgeschrieben. Darüber hinaus werden folgende Abkürzungen verwendet:

Allgemeine Abkürzungen

„Gesch"	Geschichte
„KGA"	Kritische Gesamtausgabe
„Phar"	Lexikonartikel „Pharisäer"
„PhS"	Pharisäer und Sadduzäer
„SPh"	Sadduzäer und Pharisäer
„Sadd"	Lexikonartikel „Sadduzäer"
„Zeitg"	Neutestamentliche Zeitgeschichte

Spezielle Abkürzungen

BASNAGE, Hist	L'Histoire et la Religion des Juifs
BOUSSET, Rel	Die Religion des Judentums im neutestamentlichen Zeitalter
EJ[Berl]	Encyclopaedia Judaica, Berlin 1928–1934
EJ[Jer]	Encyclopaedia Judaica, Jerusalem 1971/72; 2. Aufl. 1973
EWALD, Alt	Die Alterthümer des Volkes Israel (Anhangsband zu „Geschichte des Volkes Israel")
EWALD, Evv[1]	Die drei ersten Evangelien, 1850
EWALD, Evv[2]	Die drei ersten Evangelien und die Apostelgeschichte, 1871/72
GEIGER, Urschr	Urschrift und Übersetzungen der Bibel
GEIGER, Jdt	Das Judenthum und seine Geschichte
GFRÖRER, Jahrh	Jahrhundert des Heils
GFRÖRER, Sage	Die heilige Sage
GFRÖRER, Heiligthum	Das Heiligthum und die Wahrheit
HAUSRATH, Resultate	Die Resultate der jüdischen Forschung über Pharisäer und Saddukäer
HAUSRATH, Bekannte	Alte Bekannte

JOST, Gesch   Geschichte der Israeliten, 1820ff.
JOST, Allg Gesch   Allgemeine Geschichte des Israelitischen Volkes, 1831/32
JOST, Jdt   Geschichte des Judenthums und seiner Secten, 1857ff.
REUSS, Gesch AT   Geschichte der Heiligen Schriften Alten Testaments
REUSS, Jdt   Art. „Judenthum" in der „Allgemeinen Encyclopädie", 1850
REUSS, Jdt²   Art. „Judenthum" im Bibel-Lexikon, hg. v. D. SCHENKEL, 1871
SCHNECKENBURGER, Einl   Beiträge zur Einleitung ins Neue Testament
WELLHAUSEN, Prol   Prolegomena zur Geschichte Israels
WELLHAUSEN, Isr   Art. „Israel" in der 9. Aufl. der „Encyclopaedia Britannica", 1881
WELLHAUSEN, IJG   Israelitisch-jüdische Geschichte, 1894[1]
WELLHAUSEN, IJR   Israelitisch-jüdische Religion, 1905 (in DERS., Grundrisse 65–109)
WELLHAUSEN, Evv   Einleitung in die drei ersten Evangelien, 1905[1]
WINER, RWB   Biblisches Realwörterbuch

3. Die Zählung der *Anmerkungen* beginnt mit jedem Abschnitt neu. Innerhalb der jeweiligen Abschnitte wird auf Anmerkungen nur mit ihrer Nummer verwiesen; Verweisen auf Anmerkungen in anderen Abschnitten ist die entsprechende Seitenzahl beigegeben.

4. Ergänzungen und Hinweise innerhalb von *Zitaten* sind in eckige Klammern gesetzt.

I. Die Pharisäer – Problemfall historischer Kritik

1. Die Problemstellung

1.1. Polemische und apologetische Bezüge

„Eine Abwehr des theologisch inspirierten christlichen Antijudaismus ist ohne eine Rehabilitation des Pharisäertums unmöglich"[1]. Diese Aussage M. Brumliks spricht Problemstellungen an, die die Auseinandersetzung um die angemessene historische und theologische Würdigung der Pharisäer von Anbeginn ihrer historisch-kritischen Betrachtung bis heute bestimmen. Die Pharisäer sind ein historisches Phänomen, auf das sich seit jeher in besonderem Maße ein von theologisch-werthaften Voraussetzungen geleitetes Interesse richtet. Das Hauptmotiv dieses Interesses lag und liegt darin, daß sie als die Vorläufer und Wegbereiter des späteren rabbinischen Judentums angesehen werden, dessen charakteristische Eigenschaften sie bereits im Judentum in der Epoche des Zweiten Tempels gegenüber anderen Tendenzen repräsentieren. Mithin gelten sie als Repräsentanten des späteren Judentums im Ganzen. Im Neuen Testament sind die Pharisäer die am schärfsten profilierte jüdische Gruppe und erscheinen weithin als die jüdischen Gegner Jesu schlechthin. Dies macht sie zu einem der wichtigsten Themen in der zwischen Christen und Juden entstandenen Polemik und Apologetik: Das der Beschäftigung mit den Pharisäern zu Grunde liegende polemisch-apologetische Interesse bewirkt, daß ihre Darstellung weithin an Werturteile gebunden bleibt.

In christlicher Tradition sind die Pharisäer wie kaum ein anderes Phänomen mit negativen Wertungen besetzt. Mit den im Neuen Testament abgegebenen scharf pointierten Werturteilen war der christlichen Tradition ein weiter Raum eröffnet, negative Wert- und Vorurteile verschiedenster Art auf die Pharisäer zu beziehen und sie damit zum Negativtypus geradezu zu prädestinieren. Das historische Bild der Pharisäer bleibt bis in die Gegenwart wesentlich an die jeweiligen Wertvorstellungen ihrer christlichen Betrachter gebunden. Die neutestamentliche Pharisäerpolemik wird nach wie vor einschließlich der daher rührenden Werturteile rezipiert, ohne daß das Problem des Wertbezuges dieser Aussagen in diesem Zusammenhang reflektiert wird[2]. Aus jüdischer Perspektive läßt die Wahrnehmung der

---

[1] M. Brumlik, Anti-Alt 63f.

[2] So betont J. Jeremias, daß „der Vollzug von opera supererogationis unlöslich zum Wesen des Pharisäismus und seines Verdienstgedankens gehört" (Jeremias, Jerusalem[3] 283), verweist auf die „Kastenabsonderung der Pharisäer" (aaO. 303), und spricht mit Hinweis auf die Verkündigung Jesu von dem pharisäischen „Joch der religiösen Geringschätzung" auf den „Mühseligen", „Belade-

Pharisäer als idealtypische Repräsentanten des Judentums auf werthafter Ebene sie als Vorgänger der eigenen religiösen Existenz erscheinen. Mit ihnen identifizieren sich nicht nur in der rabbinischen Tradition stehende orthodoxe Juden, sondern bis heute auch reformerisch und liberal orientierte Juden[3]. Über die Grundvoraussetzung dieser Polemik und Apologetik herrscht von allen Seiten weitgehende Übereinstimmung: Die Pharisäer repräsentieren den Hauptstrom des Judentums vor 70, der später in den Rabbinismus mündete. In allen Pharisäerbildern, denen diese Voraussetzung zu Grunde liegt, ist daher die beschriebene polemische und apologetische Tendenz beibehalten.

Die auf christlicher Seite unternommenen Bemühungen, die Pharisäer als Repräsentanten des Judentums gegenüber der neutestamentlichen Polemik zu rehabilitieren[4], zielen auf eine positive Würdigung der Pharisäer als Leitbilder jüdischer Religiosität. Dieser Versuch, überkommene theologisch-werthafte Zuordnungen durch die Anerkennung der Pharisäer als positiv aufgefaßter jüdischer Idealtypus zu revidieren, ändert jedoch nichts an der prinzipiell werthaften Besetzung des Pharisäerbildes. Die apologetisch-polemische Wahrnehmung der Pharisäer ist damit, vor dem theologisch-werthaften Hintergrund des Interesses am christlich-jüdischen Dialog ins Positive gewendet, beibehalten[5]; verändert ist lediglich ihre Tendenz. *Vice versa* führte auf jüdischer Seite die radikale Abkehr vom Rabbinismus in manchen Fällen zu einer scharfen Negativbewertung des Pharisäismus, verbunden mit einer

---

nen", „Zöllnern" und „Sündern" (ebd.). W. GRUNDMANN hebt die primär am Lohn orientierte rechnungsmäßige Vergeltungslehre der Pharisäer hervor („Gott wird häufig unter dem Bilde eines Buch führenden und Abrechnung haltenden Kaufmanns gesehen", LEIPOLDT/GRUNDMANN, Umwelt I[7] 274), führt „Stolz und Selbstgewißheit" der Pharisäer auf die existenzielle Haltlosigkeit ihrer Frömmigkeit zurück (aaO. 277) und spricht vom „haßerfüllten Boykott" der Pharisäer gegen den Am Ha-aretz (aaO. 286). Sie erscheinen als Teil eines Volkslebens, das „krank und von Gegensätzen erfüllt" ist (ebd.). Auch E. LOHSE hebt die Verächtlichkeit der Pharisäer gegen die Am Ha-aretz (LOHSE, Umwelt[7] 56) und ihr selbstsicherndes Bestreben, „überschüssige gute Werke anzusammeln" (aaO. 57), hervor und macht sich die neutestamentliche Polemik gegen die als Heuchelei bewertete „äußerliche Befolgung des Gesetzes" durch die Pharisäer (ebd.) zu Eigen. Hinter all diesen Beschreibungen steht die Überzeugung, daß die defizitäre, vom Vergeltungsgedanken geprägte pharisäische Frömmigkeit durch die Liebesbotschaft Jesu überboten und gerichtet ist.

[3] Stellvertretend für viele: L. BAECK, Die Pharisäer, 1927; dies gilt auch für den eingangs zitierten M. BRUMLIK. Ausführlicher behandeln dieses Problem A. I. BAUMGARTEN, Scholarship, und S. MASON, Problem of the Pharisees. BAUMGARTEN betont: „Jews of differing persuasions have sometimes also offered versions of the Pharisees which agreed remarkably well with the perceptions of Judaism held by the authors of the respective historical studies" (A. I. BAUMGARTEN, Scholarship 124f.).

[4] So bei U. LUZ, Matthäus II (1990), 422f.

[5] Gegenüber der Auffassung, „modern Christian scholarship has done [much] to correct the popular belief that there was an irreconcilable difference between Jesus and the Pharisees" (bezogen auf R. MARCUS' Ausführungen über die Arbeiten G. F. MOORES und R. T. HERFORDS in „The Pharisees in the Light of Modern Scholarship", JR 32/1952, 153–164), erhält A. I. BAUMGARTEN eine grundsätzliche Skepsis aufrecht: „It is not entirely clear to me whether the goal of this effort is to rehabilitate Jesus in the eyes of Jews or the Pharisees in the eyes of Christians (perhaps both), but *the apologetic intention seems obvious*. The denunciations of the Pharisees attributed to Jesus are interpreted away, and any agreements emphasized; American notions of brotherhood emerge reinforced by historical reconstruction" (BAUMGARTEN, aaO. 126; Hervorhebung von mir).

weitgehenden Aneignung neutestamentlicher Pharisäerpolemik und religiöser Wertanschauungen, wie sie auch im liberalen Protestantismus gängig waren[6]. Vor dem Hintergrund dieser Alternativen betont J. Neusner aus jüdischer Perspektive, daß die Erforschung des Judentums vor 70 im Dienst theologischer Erkenntnisinteressen zu historischen „Verzerrungen" führen müsse[7]. Bereits die Beschreibung des Pharisäismus als „orthodox" und „normative Religion" sei „ein Anachronismus mit einem ganz bestimmten polemisch-apologetischen Zweck", der aufzugeben sei[8]. „Irrig" sei die Auffassung, „die normativen Quellen der jüdischen Theologie seien auch die richtigen Quellen für die Geschichte des Judentums. Was für die Theologie richtig ist, hat in dem Bereich der Geschichte keine Gültigkeit". Dies bezieht er analog auch auf die christliche Wahrnehmung der Pharisäer[9]. Allerdings ist auch dieser historistische Anspruch, die Pharisäer objektiv und unbelastet von apologetischen Zwängen zu beschreiben, keineswegs in einem wertfreien Raum erhoben[10].

Aus dem Bisherigen ergibt sich das Grundproblem, von dem die vorliegende Arbeit ausgeht: Es ist nicht möglich, die historische Wahrnehmung der Pharisäer von werthaften Prämissen, die das Judentum betreffen, loszulösen. Die Beschäftigung mit den Pharisäern bedeutet, explizit oder implizit, stets auch eine werthaft bestimmte Auseinandersetzung mit dem Judentum im Ganzen. Dies bleibt auch dort der Fall, wo sie von überkommenen polemischen und apologetischen Interessen abgekoppelt wird. In jedem Falle verbleibt den Pharisäern die Rolle als Symbol für die idealtypischen Werturteile ihrer jeweiligen Betrachter über das Judentum.

Das Interesse speziell an der christlichen Wahrnehmung der Pharisäer gründet sich darauf, daß diese Wahrnehmung, im Unterschied zur jüdischen, nicht nur über die eigene religiöse Identität, sondern auch über die religiöse Existenz Außenstehender Werturteile impliziert, die es zu hinterfragen gilt. Die pointierte neutestamentliche Darstellung der Pharisäer als idealtypische Repräsentanten sowohl des Judentums als auch von Heuchelei und Gesetzlichkeit im Allgemeinen hat sie im christlichen Bereich zu einem stabilen Antitypus eigener religiöser Identität werden lassen, dessen jüdische Konturen mit denen innerchristlicher Gegner verschwim-

---

[6] So bei I. M. Jost, Gesch I (1820) 55ff.; 298ff. (s. S. 150ff.) und M. Friedländer, Bewegungen (s. S. 280–283).

[7] J. Neusner, Judentum 93ff.

[8] AaO. 97.

[9] AaO. 101; zugespitzt formuliert er: „Der Anspruch der Theologen, Geschichte zu betreiben, ist problematisch" (aaO. 52).

[10] So weist A. I. Baumgarten darauf hin, daß das nach diesem Anspruch gezeichnete Pharisäerbild Neusners große Ähnlichkeit habe „to that proposed by certain German Protestant scholars of the nineteenth century (Wellhausen in particular)" (Baumgarten, aaO. 132), d.h., eine Ähnlichkeit mit einer von pointierten Werturteilen bestimmten Sicht der Pharisäer, die, wie bei Neusner, mit dem Anspruch historischer Objektivität verbunden ist (s. S. 215–217). Es gehöre in den Kontext des Bestrebens Neusners, den Anschluß an „the new humanistic context of America" zu gewinnen: „The apologetic concerns of the past are simply irrelevant to a scholar active in this new American environment" (ebd.). Vgl. aaO. 131: Für Neusner seien die USA „a place where Jewish learning flourishes in a broad, humanistic, and unpolemical environment".

men[11]. Der Typus „des" Pharisäers wurde einerseits als ein von seinen historischen Ursprüngen abgelöster, auf unterschiedliche Zielgruppen anwendbarer Negativtypus in Anspruch genommen. Andererseits blieb ihm aber die Rückbindung an seinen ursprünglichen jüdischen Kontext erhalten. Diese symbolische Doppelfunktion der Pharisäer als theologischer Antitypus und jüdischer Idealtypus beeinflußt christlicherseits bis heute die Wahrnehmung des Judentums im Ganzen, ohne daß dies aber auf den ersten Blick am Tage liegt. Mit dem Bild der Pharisäer werden Vorurteile über das Judentum – einschließlich des zeitgenössischen Judentums – unreflektiert transportiert. Gegenüber religiösen und politischen Idealvorstellungen ihrer christlichen Betrachter stehen die Pharisäer vielfach für „alttestamentarisch"-jüdische, von heuchlerischer Gesetzlichkeit und Vergeltungsdenken geprägte Haltungen; gegenüber der Vielfalt jüdischen Lebens mit seinen positiv anerkannten Aspekten stehen sie für das Wesen des Judentums. Hierin liegt die paradigmatische Bedeutung der Pharisäer für die Wahrnehmung des Judentums über die Antike und den engeren Kreis des orthodox-talmudischen Judentums hinaus. Eine kritische Revision überkommener christlicher Verhältnisbestimmungen gegenüber dem Judentum kann ohne eine Klärung der werthaften Implikationen in den Pharisäerbildern, die mit diesen Verhältnisbestimmungen verbunden sind, nicht auskommen[12].

---

[11] Beispiele bei H. A. DANIEL, Art. „Pharisäer" 34 (s. S. 87).

[12] Über das Verhältnis zum Judentum im Ganzen sind in den letzten Jahrzehnten etliche größere Arbeiten entstanden (so H. LIEBESCHÜTZ, Das Judentum im deutschen Geschichtsbild von Hegel bis Max Weber, 1967; K. HOHEISEL, Das antike Judentum in christlicher Sicht, 1978; K. MÜLLER, Das Judentum in der religionsgeschichtlichen Arbeit am Neuen Testament, 1983; CH. HOFFMANN, Juden und Judentum im Werk deutscher Althistoriker des 19. und 20. Jahrhunderts, 1988; U. KUSCHE, Die unterlegene Religion, 1991). Hingegen ist die Wahrnehmung des Pharisäismus bislang nicht zusammenfassend dokumentiert worden, abgesehen von begrenzten forschungsgeschichtlichen Überblicken (so bei J. NEUSNER, The Rabbinic Tradition about the Pharisees III, 320–368 (Bibliographical Reflections), 1971; A. I. BAUMGARTEN, American Scholarship on the Pharisees, 1989; S. MASON, The Problem of the Pharisees in Modern Scholarship, 1993; L. GASTON, Pharisaic Problems, 1993; G. BOCCACCINI, Middle Judaism and its Contemporary Interpreters (1986–1992), 1993). Wie stark der Wandel des wissenschaftlichen Pharisäerbildes in den letzten Jahrzehnten (vgl. nur den 1996 erschienenen TRE-Art. „Pharisäer" von H.-F. WEISS mit den unter Anm. 2 beschriebenen Passagen in den Werken von JEREMIAS, GRUNDMANN und LOHSE) die Rückbesinnung auf die Forschungsgeschichte erforderlich macht, zeigt die Tatsache, daß unabhängig von der vorliegenden Arbeit im selben Zeitraum R. DEINES' Tübinger Dissertation „Die Pharisäer. Ihr Verständnis im Spiegel der christlichen und jüdischen Forschung seit Wellhausen und Graetz" entstand. Die beiden Arbeiten ergänzen sich erfreulicherweise mehr, als daß sie in Konkurrenz zueinander treten: DEINES legt den Schwerpunkt seiner Arbeit auf christliche und jüdische Pharisäerforschung im 20. Jahrhundert und akzentuiert, diesem Zuschnitt entsprechend, vorwiegend den Zusammenhang von Forschungsgeschichte und Zeitgeist. Dem gegenüber konzentriert sich die vorliegende Arbeit auf das 19. Jahrhundert und hat ihren Schwerpunkt in der Analyse theologischer Bewertungen der Pharisäer vor zeitgeschichtlichen und biographischen Hintergründen. Die Arbeiten überschneiden sich, neben marginalen Berührungen in Abschnitten über I. M. JOST, A. GEIGER, F. WEBER, M. WEBER und A. v. HARNACK, im Wesentlichen in der Darstellung der Pharisäerbilder von J. WELLHAUSEN, E. SCHÜRER und W. BOUSSET. Da in deren Werken die Pharisäerforschung des 19. Jahrhunderts ihren Höhepunkt erreicht und die des

1.2. Quellenkritische Probleme

Das beschriebene Grundproblem, daß der Versuch einer historischen Wahrnehmung der Pharisäer stets in apologetische und polemische Fragen hineinführt, hat
seine Wurzeln bereits in den Quellen. Es gibt keine eindeutig identifizierbaren pharisäischen Primärquellen. Was zur Verfügung steht, sind Sekundärquellen: Josephus, das Neue Testament, die rabbinischen Schriften. Alle diese Quellen enthalten
aber keine historisch exakte Beschreibung des Pharisäismus, sondern nehmen die
Pharisäer jeweils unter spezifischen apologetischen bzw. polemischen Gesichtspunkten wahr. Im Zusammenhang damit beschreiben sie sehr unterschiedliche
Aspekte des Pharisäismus, die sich kaum zu einem stimmigen Gesamtbild vereinigen lassen.

Josephus, der Historiograph, schildert Episoden der öffentlich-politischen Wirksamkeit der Pharisäer. In den inhaltlich-theologischen Aspekten bleibt er summarisch bzw. stilisiert sie. Darüber, daß er über die insgesamt apologetischen Absichten
seiner Werke hinaus werthafte Motive speziell mit den Pharisäern verbindet,
herrscht allgemeine Übereinstimmung. Bislang wurde meist, ausgehend von seiner
Selbstvorstellung als Pharisäer in Vita 2 (12) und ihrer positiven Zeichnung als
„Philosophenschule"[13], eine apologetische Tendenz des Josephus zu Gunsten der
Pharisäer angenommen[14]. Seine keineswegs nur wohlwollende Schilderung der politischen Aktivitäten der Pharisäer jedoch hat neuerdings die entgegengesetzte Annahme einer polemischen Tendenz des Josephus zu Ungunsten der Pharisäer begründet[15]. Somit besteht eine Übereinstimmung lediglich über das Vorhandensein
einer apologetischen bzw. polemischen Tendenz in Josephus' Pharisäerdarstellung.
Strittig ist allerdings deren Ausrichtung.

Das Neue Testament beschäftigt sich aus christlicher, abgrenzender Perspektive
wesentlich inhaltlich mit den Pharisäern. Sie erscheinen dort nicht nur als Prototypen von Gesetzlichkeit und Heuchelei, sondern darin auch als Repräsentanten des
gegenüber Jesus und dem entstehenden Christentum feindlich eingestellten Judentums, von dem das Christentum im Begriff ist, sich zu trennen. Darüber hinaus
werden bereits in der synoptischen Tradition an Hand der Chiffre „Pharisäer" auch
innerchristliche Kontroversen verhandelt[16]. Die polemische Tendenz der meisten

---

20. Jahrhunderts von ihnen ihren Ausgang nimmt, ist dies nur folgerichtig und, in Anbetracht der
überragenden Bedeutung dieser Gelehrten, auch kein Nachteil.

[13] Bell. II 8,14 (162–166); Ant. XIII 5,9 (171–173); XVIII 1,3 (12–15).

[14] Im 19. Jahrhundert wurde diese Auffassung durchgängig vertreten (s. S. 314f.), grundlegend
ausgeführt von H. Paret, „Der Pharisäismus des Josephus" (1856), in der gegenwärtigen Forschung modifiziert von J. Neusner, „Josephus's Pharisees" (1972).

[15] Dies vertritt S. Mason, Josephus 357ff.; 372–375, ausgehend von Vita 38f. (189–198). Eine
Mittelstellung hatte D. R. Schwartz eingenommen: Josephus' Darstellung sei grundsätzlich pha-
risäerfreundlich; die pharisäerkritischen Passagen stammten von seinem Gewährsmann Nikolaus
v. Damaskus (D. R. Schwartz, „Josephus and Nicolaus on the Pharisees", 1983). Einen Überblick über die bisherige Debatte gibt Mason, aaO. 18–39.

[16] So L. Gaston, Pharisaic Problems 93, mit Verweis auf Apg 15,5; vgl. H.-W. Kuhn, Ältere
Sammlungen 95–98.

neutestamentlichen Aussagen über die Pharisäer ist in der Forschung seit jeher unbestritten. Stärker als in früheren Jahrzehnten wird jedoch in der heutigen Diskussion in Frage gestellt, daß aus der neutestamentlichen Pharisäerpolemik Aussagen über das Wesen des Pharisäismus erhoben werden können.

Die rabbinischen Schriften haben – zumindest teilweise – ihre Ursprünge im Pharisäismus, aber ihre Aussagen über die pharisäische Zeit haben bereits einen längeren Prozeß der Lehrtradition hinter sich. Historische Zuweisungen in die Zeit vor 70 sind daher problematisch. An welchen Stellen wirklich von der Gruppe gesprochen wird, die in den griechischen Quellen als „Φαρισαῖοι" erscheint, bleibt nach wie vor umstritten[17]. Auch hier muß mit apologetischen und polemischen Motiven gerechnet werden: In der Rückbesinnung auf die „פְּרוּשִׁים" vor 70 namentlich im babylonischen Talmud werden diese häufig mit den rabbinischen Weisen identifiziert und erscheinen als die Ahnen der späteren rabbinischen Tradition, als Symbol der Kontinuität der jüdisch-rabbinischen Tradition von Mose an[18].

In weiteren antiken Quellen wird von „Φαρισαῖοι" oder „פְּרוּשִׁים" nicht gesprochen. Ob Aussagen aus Quellen wie den Psalmen Salomos oder aus den Qumranschriften auf die Pharisäer bezogen werden können, bleibt fraglich. Entsprechend der Quellenlage ist dies im 19. Jahrhundert und heute nach unterschiedlichen historischen Kriterien und werthaften Prämissen geschehen. Endgültige Sicherheit und ein allgemein anerkannter Konsens darüber sind jedoch bislang nicht erreicht worden[19].

Es ist nicht verwunderlich, daß wesentliche Züge der von den Quellen überlieferten Darstellungen der Pharisäer auch heute noch kontrovers diskutiert werden. Sei es die Interpretation ihres Namens, sei es die ihnen zugeschriebene Absonderung vom Rest des Volkes durch erhöhte Anforderungen hinsichtlich Reinheit und Verzehntung, die sich mit ihren Rollen als politisch aktiver Volkspartei und gesamtjüdischen Repräsentanten nicht überein bringen läßt, sei es die Bestimmung des Verhältnisses der Pharisäer zu den in den Rabbinica bezeugten „חֲבוּרוֹת", zu den Rabbinen und Sopherim, insbesondere die Frage, ob sie die Vorgänger der Rabbinen waren: Antworten auf diese Fragen scheinen heute fraglicher denn jemals zuvor zu sein[20].

---

[17] Vgl. J. Neusner, Judentum 93–111; G. Stemberger, Pharisäer 40–64; L. Gaston, Pharisaic Problems.

[18] Vgl. Stemberger, ebd.; aaO. 134f.; zum Problem pharisäischer Gelehrter in den Traditionsketten in M Abot I und M Chag II 2 vgl. Neusner, aaO. 106; Stemberger, aaO. 133f.

[19] Vgl. G. Stemberger, aaO. 117–120; zum Problem der Psalmen Salomos vgl. J. Wellhausen, PhS 112–120 (s. S. 205f.), die von S. Holm-Nielsen besorgte Ausgabe der Psalmen Salomos sowie J. Schüpphaus, Psalmen Salomos. Zur Identifikation der Pharisäer mit Gegnern der Qumrangemeinde vgl. H. Stegemann, Die Entstehung der Qumrangemeinde, 1971.

[20] Vgl. L. Gaston, aaO. 99f.: „We do not know how formally they were organized, how fixed or fluid was their membership or leadership, and it is doubtful if one can go further than to speak rather vaguely of a ,group'. We do not know why this group was called ,Pharisees' in Greek, nor the connection of this name with פְּרוּשִׁים. … much work remains to be done"; zu diesem Ergebnis kommt auch S. Mason (Problem of the Pharisees 139f.). Zusammenfassungen des aktuellen For-

Augenfällig ist der Kontrast zwischen der Dürftigkeit und Disparatheit des historischen Bildes der Pharisäer in den Quellen und ihrer ausgeprägten symbolischen Funktion in denselben Quellen, sowohl im Neuen Testament und im Talmud, d.h., in den normativen Quellen der christlichen und jüdischen Religion, als auch in den Werken des Josephus. Zusammengenommen fordert dies ein großzügiges Eintragen symbolischer Bewertungen und zeitgeschichtlicher Parallelen ohne kritisches Korrektiv geradezu heraus. Je weniger die historische Identität der Pharisäer mit Hilfe der zur Verfügung stehenden Quellen exakt zu klären war, desto mehr blieben sie Gegenstand der unterschiedlichsten theologisch und zeitgeschichtlich geprägten werthaft-symbolischen Definitionen und Zuordnungen. Die Darstellung der Pharisäer ist auf christlicher und jüdischer Seite stets mit der Frage nach der eigenen religiösen Identität ihrer Betrachter verknüpft.

1.3. Das 19. Jahrhundert als forschungsgeschichtliche Epoche

Die wissenschaftliche Beschäftigung mit den Pharisäern bis zum 18. Jahrhundert hatte bereits wesentliche Bausteine für ein historisches Bild der Pharisäer zusammengetragen. Dies ging jedoch wenig über die umfassende Zusammenstellung von Quellenbelegen in Sammelwerken hinaus, wie dies am Ende dieser Epoche exemplarisch im Werk Andreas Georg Wähners (1693–1762) begegnet[21]. Zudem war „die Grundtendenz aller dieser Darstellungen ... in irgendeiner Weise apologetisch und polemisch"[22]. Dies betrifft nicht nur die christliche Abgrenzung vom Judentum, sondern auf protestantischer Seite auch die Abgrenzung vom Katholizismus[23]. Über die in den vorhergehenden Epochen entwickelten Methoden und Zielsetzungen einer vorwiegend philologischen Bibelkritik[24] hinaus wurden, wesentlich angeregt durch Semler, Lessing und Herder[25], zu Beginn des 19. Jahrhunderts von protestantischen Theologen die in der außertheologischen Geschichtswissenschaft entwickelten Grundsätze historischer Kritik auch auf die wissenschaftliche Erforschung der Bibel angewendet. In diesem Zusammenhang kam es erstmalig auch zu einer grundsätzlichen historischen Kritik der apologetischen und polemischen Motive überkommener christlicher Pharisäerbilder.

---

schungsstandes und Literaturverweise zu einzelnen Problemen bieten G. STEMBERGER, Pharisäer, Sadduzäer, Essener (1991) und H.-F. WEISS, TRE-Art. „Pharisäer" (1996).

[21] A. G. WÄHNER, Antiquitates Ebraeorum, 1743 (s. S. 15ff.). Dies gilt auch für die Werke von J. BUXTORF (Lexicon hebraicum et chaldaicum, 1607; Lexicon chaldaicum talmudicum et rabbinicum, 1640), J. LIGHTFOOT (Horae hebraicae et talmudicae, 1658ff.), G. SURENHUSIUS (Mischna, 1698ff.), J. TRIGLANDIUS (Trium scriptorum … de tribus Judaeorum sectis Syntagma, 1703f.), J. BASNAGE (L'Histoire et la Religion des Juifs, 1706ff.), J. CH. SCHÖTTGEN (Horae hebraicae et talmudicae, 1733) und B. UGOLINI (Thesaurus Antiquitatum Sacrarum, 1744–1769). Einen Überblick über die ältere Forschung gibt G. F. MOORE, Christian Writers 197–221 (s. S. 15).

[22] G. KITTEL, Spätjudentum 24.

[23] So bei J. BASNAGE, der die „Eglise Judaïque" durchgängig mit der katholischen vergleicht (in Hist I 516f. z.B. vergleicht er die Pharisäer mit „Ordres monastiques" und spricht von ihren „mortifications" und „œuvres de surerogation").

[24] Vgl. H.-J. KRAUS, Erforschung[4] 80–113.

[25] Vgl. H. EWALD, Gesch V[3] XXXVIII; H.-J. KRAUS, aaO. 103–127. Zu J. S. SEMLER s. S. 28ff.

Angesichts der Beobachtung, daß historisch-kritische Pharisäerdarstellungen bis
heute von theologischen Werturteilen geprägt sind, legt es sich nahe, nach Gelingen und Mißlingen historischer Kritik in ihrer prägenden Epoche zu fragen, d.h.,
der Frage nachzugehen, wie im 19. Jahrhundert unter dem auch in der protestantischen Bibelwissenschaft rezipierten Anspruch historischer Objektivität mit diesen
überkommenen Werturteilen verfahren wurde. Hier kann deutlich werden, in welcher Hinsicht sie problematisiert wurden, wie weit es wirklich gelungen ist, sie,
dem methodischen Anspruch entsprechend, in der historischen Betrachtung zu relativieren bzw. außer Kraft zu setzen, und in welcher Form sie zu den historisch-
kritischen Bezugssystemen dieser Periode ins Verhältnis gesetzt wurden bzw. aus
welchen Problemen und Bedürfnissen heraus sie in Geltung blieben.

An Hand der frühen historisch-kritischen Pharisäerbilder des 19. Jahrhunderts
läßt sich exemplarisch verfolgen, wie das bereits im 18. Jahrhundert intensiv reflektierte Problem des Verhältnisses historischer Erkenntnis zu theologischen Werturteilen[26] im Vollzug historischer Darstellungen bearbeitet wurde. Die Urheber historisch-kritischer Pharisäerbilder, die sich sowohl von dogmatisch als auch von
philosophisch bestimmten Wertbezügen losgesagt hatten, standen erstmalig vor der
Notwendigkeit, sich um einer schlüssigen historischen Hermeneutik willen mit
diesen Problemen intensiv auseinanderzusetzen und die Resultate dieser Auseinandersetzung in Geschichtsschreibung umzusetzen. Nicht nur das Verhältnis der konkreten Geschichtsschreibung zu diesen grundlegenden Reflexionen, sondern auch
der Umgang mit den Grenzen historischer Objektivität lassen sich hier idealtypisch
beobachten. Aus einer anfänglichen Vielfalt von Lösungswegen hat sich in dieser
Epoche ein Hauptstrom der Problemlösung herausgebildet. Es gilt, den hier deutlich hervortretenden Facetten im Verhältnis der werthaften Implikationen von Pharisäerbildern zu ihrer intensiven kritischen Reflexion nachzugehen und die Entwicklung des daraus hervorgegangenen Hauptstromes historisch-kritischer Pharisäerforschung von ihren unterschiedlich akzentuierten Anfängen bis zu ihrem vor-
läufigen Abschluß nachzuzeichnen. Diese Entwicklung beginnt, nach ihrer wesentlich von den Erkenntnissen J. S. Semlers (1725–1791) geprägten Vorgeschichte,
mit der ersten historisch-kritischen Darstellung der Pharisäer bei A. F. Gfrörer
(1803–1861) und reicht bis zu W. Bousset (1865–1920) und M. Weber (1864–
1920), von den 1830er Jahren bis zum ersten Weltkrieg. Das hier gezeichnete Pharisäerbild wird mit nur geringen Modifikationen auch in neueren Darstellungen
nach wie vor vertreten, insbesondere auch in seinen werthaften Bezügen[27]. Gegenüber diesem Pharisäerbild und seinen Wertbindungen sind neue Gesichtspunkte zu
einer von christlich-theologischen Prämissen unabhängigen Betrachtung und

---

[26] Vgl. J. S. SEMLER, „Abhandlung von freier Untersuchung des Canon" (1771–1775); G. E.
LESSING, „Der Beweis des Geistes und der Kraft" (1777; Werke VIII, 9–14) sowie J. P. GABLERS
Altdorfer Antrittsrede von 1787 („De iusto discrimine theologie biblicae et dogmaticae etc.").
Zum hermeneutischen Diskurs in der späten Aufklärung und Romantik vgl. S. ALKIER, Urchri-
stentum (über LESSING aaO. 89–97; über SEMLER aaO. 22–33).

[27] Vgl. die in Anm. 2 bereits genannten Abschnitte in den Werken von JEREMIAS, LEIPOLDT/
GRUNDMANN, LOHSE.

Würdigung der Pharisäer vor allem in der angelsächsischen christlichen und jüdischen Pharisäerforschung geltend gemacht worden[28].

Wie am Anfang, so stehen auch am Schluß der hier ins Auge gefaßten Epoche grundsätzliche Überlegungen zum Verhältnis von relativer Historie und absoluten Werturteilen. Ernst Troeltschs Bearbeitung dieses Problems, die aus der engen Zusammenarbeit mit den Mitgliedern der Religionsgeschichtlichen Schule erwachsen ist[29], dokumentiert es als dauerhaft unlösbar. Die aporetisch gewordene Fragestellung evozierte die bald darauf vollzogene bewußte Hinwendung zu theologischen Prämissen in der Dialektischen Theologie in den 20er Jahren unseres Jahrhunderts.

Die bleibende Bedeutung theologischer Prämissen für historisch-kritische Darstellungen der Pharisäer lenkt das theologiegeschichtliche Augenmerk dieser Arbeit darauf, in welcher Gestalt diese Prämissen, namentlich spezifisch protestantische Theologumena und Abgrenzungen, weitergewirkt haben. Dabei geht es zunächst darum, welche theologischen Anschauungen als Bezugsrahmen historischer Darstellungen des Judentums und der Pharisäer in Anspruch genommen wurden bzw. schlicht in Geltung blieben. Die Frage gilt den theologischen Gewährsleuten historischer Kritik. Sie zielt auf theologische Entwürfe, die die überkommene Sicht der Pharisäer veränderten. Neben den genannten Semler, Lessing und Herder ist besonders auf die Rezeption Friedrich Schleiermachers (1768–1834) zu achten, dessen Theologie zwischen Glauben und Erkenntnis zu vermitteln trachtete und somit für die theologische Einbettung historischer Erkenntnis geradezu prädestiniert war[30]. Zu fragen ist demnach, inwiefern vorgegebene theologische Deutungsmuster durch historisch-kritische Betrachtung relativiert oder revidiert werden, sowie nach Metamorphosen theologischer Denkformen in allgemein gültige Wertkategorien idealistisch-philosophischer oder romantischer Prägung. Die theologiegeschichtliche Fragestellung zielt somit im Kern auf das Grundproblem des Verhältnisses von theologisch-werthaften und historisch-empirischen Betrachtungsweisen, deren Reibungspunkte am Beispiel der Pharisäer besonders scharf sichtbar werden.

Bereits die Annahme, daß die Pharisäer den Hauptstrom des Judentums vor 70 repräsentieren, enthält, wie oben gesagt, eine werthafte Implikation. In ihr liegt die wesentliche Motivation, sich überhaupt mit den Pharisäern zu befassen. Damit verband sich namentlich im Deutschland des 19. Jahrhunderts ein spezifischer zeitgeschichtlicher Akzent: Hier entstand erstmalig nach der bis ans Ende des 18. Jahr-

---

[28] So in den Arbeiten von R. T. HERFORD (The Pharisees, 1924), G. F. MOORE (Judaism in the First Centuries of the Christian Era, 1927–30), L. FINKELSTEIN (The Pharisees, 1938); in neuerer Zeit durch Gelehrte wie M. SMITH (Palestinian Judaism in the First Century, 1956), J. NEUSNER (u.a.: Das pharisäische und talmudische Judentum, 1984), A. J. SALDARINI (Pharisees, Scribes and Sadducees, 1988), E. P. SANDERS (u.a.: Judaism, Practice and Belief, 1992), S. MASON (Flavius Josephus on the Pharisees, 1991). Vgl. dazu jetzt die Arbeit von R. DEINES, s. Anm. 12.

[29] E. TROELTSCH, Die Absolutheit des Christentums und die Religionsgeschichte, 1901; Der Historismus und seine Überwindung, 1924.

[30] Zu F. SCHLEIERMACHER s. S. 42f., 335f.

hunderts reichenden rabbinischen Epoche[31] wieder eine pluralistische Situation im Judentum, in der die Geschlossenheit des rabbinischen Judentums aufgebrochen wurde und Juden sich vom Rabbinismus distanzierten. Dies warf auf jüdischer wie auf christlicher Seite die Frage an die Historie nach dem eigentlich Normativen im Judentum auf. Auf jüdischer Seite suchte man nun nach normativen Gewährsleuten für eine über die Ausschließlichkeit des Rabbinismus hinausweisende religiöse Existenz. Dies lenkte den Blick auf das einstige vorrabbinische Judentum und speziell auf die Rolle der Pharisäer, die im Rahmen dieses pluralistischen Judentums wohl die Grundsätze des Rabbinismus verkörperten, nicht aber seine spätere Ausschließlichkeit. Auf christlicher Seite zog diese innerjüdische Entwicklung das Bedürfnis nach sich, bestehende Abgrenzungen der eigenen religiösen Identität gegenüber dem Judentum erneut zu überprüfen bzw. zu bestätigen. Angesichts der nunmehr vorhandenen Mehrzahl von Lesarten jüdischer Identität waren die bestehenden Verhältnisbestimmungen und Abgrenzungen, die auf die rabbinische Gestalt des Judentums zugeschnitten waren, nicht mehr bruchlos anwendbar. Hier griff man auf die für das eigene Selbstverständnis normative Epoche des Urchristentums zurück, die sich mit der vorrabbinischen pluralistischen Epoche des Judentums überschnitt, um Kriterien für die Beurteilung des über den Rabbinismus hinauswachsenden Judentums zu finden. Auch auf christlicher Seite galten die Pharisäer als Vertreter des normativen Judentums, von denen man über die Alleinherrschaft des Rabbinismus hinaus gültige Aufschlüsse über das Wesen des Judentums im Ganzen erwartete. Somit ist auch im zeitgeschichtlichen Horizont danach zu fragen, inwiefern die Wahrnehmung des jüdischen Negativ-Symboles „Pharisäer" in der Epoche der entstehenden historisch-kritischen Bibelwissenschaft im deutschen Protestantismus von werthaften Vorstellungen über das zeitgenössische Judentum und seine gesellschaftlichen Verhältnisse im Spannungsfeld von Emanzipation und Antisemitismus im 19. Jahrhundert beeinflußt wurde.

Zeitgeschichtlich umfaßt der umrissene forschungsgeschichtliche Zeitraum in Deutschland nach einer in der zweiten Hälfte des 18. Jahrhunderts einsetzenden Vorgeschichte mehrere Epochen in der Zeit von etwa 1830 bis 1920: Von der Vormärzzeit über Revolution und Reaktion, über die Blütezeit des Liberalismus in den 1850er und 1860er Jahren und seine Krise in der Gründerzeit bis hin zum deutschen Kaiserreich. Der Bogen der Darstellung spannt sich von der Zeit langsamer Emanzipation der Juden von ihrer gesellschaftlichen Sonderrolle nach der Rücknahme der napoleonischen Judengesetzgebung über den durch die Revolution von 1848 angestoßenen Emanzipationsoptimismus und die volle bürgerliche Gleichberechtigung bis zum aufkommenden Antisemitismus im deutschen Kaiserreich. Über die Entwicklung der Wechselwirkung von Pharisäerbildern und Judentumsbildern hinaus ist nach der Einwirkung weiterer zeitgeschichtlicher Erscheinungen im kirchlichen und gesellschaftlich-politischen Rahmen zu fragen, in deren Zu-

---

[31] Dies gilt auch angesichts der Entstehung jüdischer Sondergruppen wie der Karäer oder der osteuropäischen Chassidim in früheren Epochen, deren Auswirkungen begrenzt blieben und die, im Ganzen betrachtet, die Vorherrschaft des Rabbinismus nicht außer Kraft setzten.

sammenhang den Pharisäern symbolische Funktionen übertragen wurden. In ideologiegeschichtlicher Hinsicht wird hier vor allem der Einfluß außertheologischer Wertsetzungen zu beachten sein, sowie auch die Wirksamkeit säkularisierter apologetischer Strukturen.

2. Methodik und Aufriß der Untersuchung

Die vorliegende Arbeit ist auf das Bild der Pharisäer und seine werthaften Implikationen in der deutschsprachigen protestantischen Bibelwissenschaft eingegrenzt. Dies ist darin begründet, daß diese sich zuerst die historisch-kritische Fragestellung für die Erforschung der Bibel zu Eigen gemacht hatte und während des ganzen 19. Jahrhunderts ihre Vorreiterrolle auf dem Feld historischer Kritik aufrecht erhalten hat[32]. Die entstehende jüdische Geschichtsschreibung empfing von ihr zwar wesentliche Anregungen. Wichtige Entwicklungen im geschichtlichen Verständnis des Judentums spielten sich jedoch zunächst weiterhin im protestantischen Kontext ab. Dies zeigt sich am Beispiel des liberalen Rabbiners Abraham Geiger: Er hatte historiographische Impulse der protestantischen Bibelwissenschaft im jüdischen Bereich weitergeführt. Seine Erkenntnisse fanden bei jüdischen Gelehrten zunächst kein Echo, wurden jedoch sehr bald im protestantischen Bereich aufgegriffen[33]. Auf katholischer Seite blieb der historisch-kritische Vorstoß I. v. Döllingers – wie auch J. Langens – zunächst eine vereinzelte Randerscheinung. Außerprotestantische Pharisäerdarstellungen werden vor allem im Hinblick auf ihre Wirkungen im protestantischen Bereich zu berücksichtigen sein. Sie dienen ferner im Vergleich mit protestantischen Pharisäerbildern der schärferen Profilierung deren spezifisch protestantischer Wertbezüge.

Die Untersuchung ist auf Geschichtsentwürfe und größere Lexikonartikel begrenzt. Ein besonderer Akzent liegt auf den grundlegenden Darstellungen der Geschichte Israels sowie auf Entwürfen der neutestamentlichen Zeitgeschichte, weil in diesen Werken die grundsätzliche Auseinandersetzung um die angesprochenen Problemstellungen geführt wurde. Das Bild der Pharisäer erscheint hier im Rahmen eines Gesamtblickes auf das Judentum bzw. auf das Urchristentum und seine

---

[32] In der Beschränkung auf die deutschsprachige Forschung ist nicht die Auffassung enthalten, daß die zur Sprache kommenden wissenschaftlichen und theologischen Problemstellungen auf diesen Bereich beschränkt seien. Er ist aber das Hauptfeld, auf dem im 19. Jahrhundert die Probleme der historisch-kritisch orientierten theologischen Wissenschaft ausgetragen wurden.

[33] Zu A. GEIGER s. u. S. 157ff. Seine jüdischen Vorgänger I. M. JOST, L. HERZFELD und H. GRAETZ (zu JOST s. S. 150ff.; zu HERZFELD und GRAETZ s. S. 154) waren protestantischen Gelehrten bis weit in die zweite Hälfte des 19. Jahrhunderts allenfalls polemische Fußnoten wert (so bei H. EWALD, s. S. 140; 144f.). Dies schloß allerdings nicht aus, daß ihre Werke – teilweise ohne Namensnennung – als Quellensammlungen für rabbinische Belege verwendet wurden. Sehr wahrscheinlich ist dies bei E. REUSS (s. S. 106f.) und H. EWALD (s. S. 144f.). Den Beginn eines Sinneswandels markiert A. HAUSRATHS Aufsatz „Die Resultate der jüdischen Forschung über Pharisäer und Saddukäer" aus dem Jahre 1862 (s. S. 170ff.). Aber noch J. WELLHAUSEN hebt als erheblichen Kritikpunkt an A. HAUSRATH hervor, dieser habe „in Bausch und Bogen selbst einen Grätz als Quelle verwerthet" (PhS 123; s. S. 220).

Epoche und damit im Kontext grundsätzlicher Reflexionen über die historische und theologische Bewertung des Judentums im Gesamtduktus seiner Geschichte bzw. im Gegenüber zum Urchristentum. Auf spezifisch exegetische Werke ist nicht eigens eingegangen, da sie die hier zur Debatte stehenden Fragen lediglich im engeren Zusammenhang einzelner Quellentexte behandeln. Ihre Aussagen über die Pharisäer gehen zudem in der Regel auf die behandelten Geschichtsentwürfe zurück. Aus diesen Gründen sind auch kleinere Lexikonartikel und spezielle Monographien, sofern sie nicht von grundlegender Bedeutung für die genannten Fragestellungen sind, nicht eigens berücksichtigt[34].

In den einzelnen Kapiteln der Arbeit werden zunächst kurz der biographische Hintergrund der behandelten Gelehrten und ihre im Hinblick auf die Pharisäer relevanten Werke vorgestellt. Dem folgen Analysen ihrer Pharisäerbilder und deren Wechselbeziehungen zum Bild des Judentums im Ganzen sowie des Zusammenhanges dieser Bilder mit der Darstellung und Bewertung der Person Jesu bzw. des Urchristentums. In einem weiteren Schritt werden die leitenden Gesichtspunkte der diesen Bildern zu Grunde liegenden Quellenauswertung behandelt. Schließlich werden die hinter den Bildern von Pharisäern, Judentum und Christentum und ihrer quellenkritischen Fundierung erkennbaren theologisch-werthaften Grundlagen und zeitgeschichtlichen Voraussetzungen herausgearbeitet.

Die Darstellung der Pharisäerbilder des 19. Jahrhunderts setzt kurz vor dem Beginn der eigentlich historisch-kritischen Pharisäerforschung ein. Im Abschnitt „Die Vorgeschichte: Das Erbe der älteren Forschung" repräsentieren die „Antiquitates" von Andreas Georg Wähner und die Arbeiten Johann Salomo Semlers den letzten Entwicklungsstand der vorhergehenden Epoche der Pharisäerforschung und den Umschwung zur historisch-kritischen Bibelwissenschaft. Im Abschnitt „Anfänge historisch-kritischer Betrachtung" stellt August Friedrich Gfrörers Werk den Beginn der historisch-kritischen Periode in der Erforschung des Judentums und damit auch des Pharisäismus dar[35]. In seiner 1838 erschienenen „Geschichte des Urchristenthums" hatte Gfrörer, der programmatisch das Judentum religionsgeschichtlich aus sich selbst heraus würdigen will, erstmalig an Hand einer zusammenhängenden Darstellung der jüdischen Geschichte das Problem von Theologie und Historie zu bewältigen. Sein Werk repräsentiert gemeinsam mit den Arbeiten Matthias Schneckenburgers (1804–1848) und dem Lexikonartikel Hermann Adalbert Daniels (1812–1871) erste unterschiedliche Ansätze zur historisch-kritischen Darstellung der Pharisäer. Im Abschnitt „Darstellungen im Rahmen der Geschichte Israels" kommen nach diesen ersten Neuansätzen mit Eduard Reuß' (1804–1891) auf ältere Forschungen zurückgehendem Artikel „Judenthum" von 1850 und Heinrich Ewalds (1803–1875) ab 1843 erschienener „Geschichte des Volkes Israel" die ersten historisch-kritischen Gesamtentwürfe der Geschichte Israels zur

---

[34] Genannt seien hier: A. E. Biedermann, Die Pharisäer, 1854; Al. Müller, Pharisäer und Sadducäer, 1860; J. W. Hanne, Die Pharisäer und Sadducäer als politische Parteien, 1867; Art. „Pharisäer" in H. Wageners Staats- und Gesellschaftslexikon (Bd. XV, 1864, S. 464).

[35] Vgl. G. F. Moore, Christian Writers 222: „The modern period in Christian studies of Judaism begins with August Friedrich Gfroerer".

Sprache. Da Reuß seine Ansichten über den seiner Zeit wenig beachteten Artikel hinaus lange nicht veröffentlichte[36], markiert Ewalds ausgeführter und mit einem geschichtstheologischen Rahmenwerk versehener Entwurf der Geschichte Israels einschließlich der Geschichte des Urchristentums den Übergang zur Darstellung dieser Geschichte – und damit der Pharisäer – unter historisch-kritischen Vorzeichen.

In den Pharisäerdarstellungen des Abschnittes „Liberal inspirierte Entwürfe" spiegelt sich der politisch motivierte religiöse Liberalismus der Jahrhundertmitte wider. Zuerst wird das reformjüdisch bestimmte Pharisäerbild des Rabbiners Abraham Geiger (1810–1874) vorgestellt. Dieser unterwarf in den 1850er und 1860er Jahren die Pharisäer vor dem Hintergrund zeitgenössischer politischer Konstellationen von soziologischen Gesichtspunkten aus einer neu differenzierenden Betrachtung. Seine Erkenntnisse setzten sich auf protestantischer Seite bald durch. Als erster übernahm sie Adolf Hausrath (1837–1909), ebenfalls unter dezidiert liberalen Prämissen. Diese hatten jedoch auf die Dauer keinen Bestand. Im Abschnitt „Historismus und Religionsgeschichtliche Schule" wird zunächst Julius Wellhausen (1844–1918) behandelt. Er arbeitete – unter Zurückweisung liberaler Bezüge – an den Ergebnissen Geigers und Hausraths weiter. Seine Neuzeichnung des Pharisäerbildes in den 1870er Jahren ging mit einer Neukonstruktion des Gesamtbildes der israelitisch-jüdischen Geschichte einher, in der die Pharisäer ein wesentliches Element darstellen. Die Grundzüge des Geschichtsbildes wie des Pharisäerbildes Wellhausens sind bis heute prägend geblieben. Sein Pharisäerbild wurde im Wesentlichen von Emil Schürer (1844–1910) übernommen. In der Gestalt, die es in dessen Standardwerk „Geschichte des jüdischen Volkes im Zeitalter Jesu Christi" erhalten hatte, ist es weit über seine Zeit hinaus wirksam geblieben. Eine weitreichende Wirkungsgeschichte hatte auch F. Webers von orthodox-konfessionellen Anschauungen bestimmtes Pharisäerbild, das um dieser Bedeutung willen hier mitberücksichtigt ist. Mit Wilhelm Boussets Einbettung des Pharisäerbildes in den größeren Zusammenhang der allgemeinen Religionsgeschichte in der 1903 erstmalig erschienenen Monographie „Die Religion des Judentums im neutestamentlichen Zeitalter" ist der Abschluß dieser ersten Epoche historisch-kritischer Pharisäerforschung erreicht. Indem Bousset die Erkenntnisse Wellhausens und Schürers in den Kontext seines auf neue Wege weisenden religionsgeschichtlichen Forschungsansatzes stellt, schließt sich über 60 Jahre Forschungsgeschichte hinweg wieder der Kreis zu Gfrörers Entwurf, der in der Zwischenzeit fast vollständig mißachtet worden war.

In den Exkursen über Ignaz v. Döllingers katholische, Isaak Marcus Josts und Moriz Friedländers jüdische sowie Max Webers Arbeiten kommen – neben dem Kapitel über Abraham Geiger – von außerprotestantischen Werten geprägte Pharisäerbilder in den Blick, die sich gleichwohl durch die Rezeption der historisch-kritischen protestantischen Pharisäerforschung im Wirkungsfeld protestantischer Wertbezüge befinden. Diese werden an Hand der Beiträge Adolf v. Harnacks und

---

[36] Vgl. E. REUSS, Gesch AT², IX (s. S. 89f.).

Ernst Troeltschs im Lichte systematischer Wesensbestimmungen von Christentum und Judentum betrachtet, die am Ende der Epoche des Historismus den Bogen zurück zu Schleiermacher schlagen. Am Schluß der Arbeit werden die am Paradigma der Pharisäer gewonnenen Erkenntnisse im grundsätzlichen Problemhorizont von historischer Forschung und theologischen Wertbindungen erörtert.

Die vorliegende Arbeit soll an den aufgezeigten forschungsgeschichtlichen, theologiegeschichtlichen und zeitgeschichtlichen Linien entlang die zwischen Wähners bzw. Gfrörers und M. Webers bzw. Boussets Darstellungen liegende Entwicklung von Pharisäerbildern in ihren Epochen nachzeichnen. Die entscheidenden Neuprägungen und Facetten überkommener und noch heute gängiger Interpretationen der Pharisäer sollen in ihrer historischen und theologischen Funktion im Zusammenhang von quellenkritischen Voraussetzungen, wissenschaftlichen Entscheidungen, theologischen und allgemein werthaften Prämissen, zeit- und ideologiegeschichtlichen Kontexten deutlich werden. Dazu kommt ein weiteres, nicht nur antiquarisches Anliegen: Über die engere Pharisäerproblematik hinaus sollen in dieser Arbeit einige grundlegende Entwürfe theologischer Geschichtsschreibung in Erinnerung gerufen werden, über die die Forschungsgeschichte schneller hinwegging, als es ihrem sachlichen Gewicht entspricht – *saeculum saeculum doceat.*

II. Die Vorgeschichte: Das Erbe der älteren Forschung

3. Andreas Georg Wähner

Andreas Georg Wähner, 1693 in Rhida in der hannoverschen Grafschaft Hoya geboren und damit recht genau eine Generation älter als Johann Salomo Semler, war ein seiner Zeit bedeutsamer, heute aber nahezu vergessener Gelehrter aus der Gründungsepoche der Göttinger Universität im 18. Jahrhundert[1]. Nach Studienjahren in Helmstedt lehrte er hier ab 1737 als Dozent für orientalische Sprachen, seit 1739 als ordentlicher Professor. 1762 ist er gestorben. Unter seinen fast ausschließlich der Bibelwissenschaft gewidmeten Arbeiten waren, neben der „Gründliche[n] Grammatica der hebräischen Sprache" von 1735, die 1743 in zwei Bänden erschienenen „Antiquitates Ebraeorum" von Bedeutung. Dieses letztere, gegen Ende des 19. Jahrhunderts noch als „ein classisches Buch"[2] erwähnte Werk war das letzte seiner Gattung[3] und markiert, neben Ugolinis monumentalem, 1744–1769 in 34 Bänden erschienenem „Thesaurus Antiquitatum Sacrarum", den Abschluß der vorwiegend philologisch-kritisch bestimmten Erforschung der biblischen Altertümer. Für diese ist vor allem Buxtorfs lexikographische Erschließung der talmudischen Literatur von überragender Bedeutung gewesen, gefolgt von den Werken Lightfoots, Surenhusius', Triglandius' und Basnages[4]. In Anknüpfung an die vorangegangenen Arbeiten auf diesem Gebiet werden die hebräischen Altertümer von Wähner in lexikographisch-systematischer Anordnung dargeboten, gegliedert nach „Ebraeorum Scripta Sacra, Libros symbolicos, Antiquitatum Scriptores & Praecepta" (Vol. I), sowie „Chronologiam, Historiam, Sectae & Eruditionem" (Vol. II). Die im Kapitel „De Sectis Ebraeorum"[5] enthaltene Pharisäerdarstellung trägt noch ganz das Gepräge dieser forschungsgeschichtlichen Epoche: Wähner zeichnet ein systematisiertes, statisches Bild der Pharisäer als jüdische Sekte ausschließlich unter religiösen Gesichtspunkten. Der im 19. Jahrhundert dominante

---

[1] Zu WÄHNER vgl. J. G. MEUSEL, Lexicon XIV, 309–311; ADB XL, 594; W. EBEL, Catalogus 103, 121; E. MITTLER/B. SCHALLER 96. In allen Auflagen der RE und der RGG existieren keine Personalartikel über ihn. In H.-J. KRAUS, Erforschung und S. WAGNER, Essener ist er nicht erwähnt, wohl aber bei WELLHAUSEN, Kurze Übersicht (DERS., Grundrisse 117).

[2] ADB XL, 594; das Werk ist im Folgenden zit. als „Ant.".

[3] Vgl. RGG² I, 515f.

[4] s. S. 7 und im Literaturverzeichnis; auch J. BASNAGE, der die Erkenntnisse der älteren Gelehrten in seiner „Histoire et la Religion des Juifs" verarbeitet, bietet im Hinblick auf die Pharisäer weitgehend eine systematisierte Sammlung des Quellenmaterials.

[5] WÄHNER, Antiquitates II, 742–782; mit „Ebraei" meint WÄHNER das hebräischsprachige palästinische Judentum, im Gegensatz zu den Hellenisten der Diaspora.

Gedanke der historischen Entwicklung spielt für ihn, obwohl er durchaus Epochen der jüdischen Geschichte unterscheidet, noch keine Rolle[6]. Auch wenn wesentliche historische Probleme, die die Pharisäerforschung bis heute bestimmen, hier bereits behandelt werden, geht dies kaum über eine philologisch-kritische Darbietung der Quellenbefunde hinaus[7].

3.1. Die Pharisäer – eine superstitiöse Sekte

Die Pharisäer zählt Wähner, wie andere jüdische Gruppen, zu den „Sectae Ebraeorum"[8]. Als „Secta" übersetzt er, mit Verweis auf den Sprachgebrauch des Josephus, die griechischen Begriffe „αἵρεσις" und „φιλοσοφία", sowie, mit Hinweis auf das Neue Testament, den Begriff „ὁδός"[9]. Jedoch problematisiert er die undifferenzierte Anwendung des Sektenbegriffes auf alle jüdischen Gruppen, wie er sie bei Epiphanius und anderen frühchristlichen Schriftstellern vorfindet[10]: Als Sekten definiert er, an den kirchlichen Gebrauch des Begriffes anknüpfend, kultisch-religiöse Gruppierungen, die sich auf Grund abweichender Auffassungen in Lehren und Gebräuchen, namentlich aber in fundamentalen Glaubensartikeln, aus einem religiösen Gesamtverband lösen und sich öffentlich wechselseitig nicht hinnehmbarer Irrtümer bezichtigen[11]. Von dieser Definition her bestimmt er Samaritaner, Sadduzäer, Pharisäer, Essener, Rabbaniten und Karäer als wirkliche Sekten im Judentum, nicht dagegen Nasiräer, Rechabiten, Chasidäer, Hellenisten, Herodianer, Zeloten und νομικοί. Was diese Gruppen von der jüdischen Gesamtheit unterscheide, qualifiziere sie nicht als Sekten[12]. Die jüdischen Sekten unterteilt er nach

---

[6] Von der Vorstellung historischer Entwicklung her ist die Kritik L. Köhlers in RGG[2] I 516 formuliert: „... die biblischen Altertümer [sind] mit Rabbinischem urteilslos vereinigt, aus den literarischen Quellen geschöpft ..., meist alles in bloßer Darbietung ohne Verlangen nach dem Verständnis aus dem Ursprung der Dinge".

[7] So war z.B. die 1603 von J. Drusius erstmalig geäußerte Ansicht, daß die Pharisäer aus den Asidäern der Makkabäerbücher hervorgegangen seien, Gegenstand einer ausführlichen Debatte, in der jedoch an keiner Stelle über philologische Einzelfragen hinaus eine im modernen Sinne historische Gesamtschau ins Spiel kam. Diese Auseinandersetzung ist dokumentiert in J. Triglandius, Syntagma (s. Anm. 54).

[8] Wähner, Ant. II 743.

[9] Ebd.; unter Angabe von Ant. XVIII 1 (bezogen auf Ant. XVIII 1,5; Wähner zitiert die Werke des Josephus lediglich nach Kapiteln) und Acta 9,2. In Acta meint „ὁδός" allerdings die christliche Lehre, so auch in Acta 19,9.23; 22,4; 24,14 (an dieser Stelle steht diesem als christlicher Binnenbezeichnung gebrauchten Begriff die Außenbezeichnung „αἵρεσις" gegenüber); 24,22.

[10] Ebd.; vgl. Epiphanius, Panarion I, 9–20. Epiphanius erwähnt er als einzigen dieser Autoren namentlich.

[11] Ebd.: „Sectam dicimus in eiusdem cultus religionisque hominum diuortium, quo, de credendis & agendis *illisque articulis, qui fidei fundamentum sunt,* ... diuersa statuentes, commune fraternitatis vinculum soluunt, errorumque non tolerandorum se invicem publice accusant.".

[12] AaO. 744ff.: So über Nasiräer und Rechabiten. Die Hellenisten waren die „Iudaei graeca lingua loquentes", die in der Sache in keinem Gegensatz zu den hebräisch sprechenden Juden standen (aaO. 746). Die Herodianer waren die politischen Parteigänger des herodianischen Hauses (ebd.). Die Zeloten lehnten die Römerherrschaft [*scil.:* politisch] radikal ab. Sie unterschieden sich in dieser Hinsicht nur als „pertinaciores" (aaO. 747) von der Mehrheit und stimmten in ihren reli-

ihrer Entstehungszeit in vorexilische (Samaritaner), nachexilische (Sadduzäer, Pharisäer, Essener) und nach der Tempelzerstörung entstandene (Rabbaniten und Karäer)[13].

In der in dieser Reihe enthaltenen Pharisäerdarstellung behandelt Wähner in systematischer Gliederung Namen, Ursprung und Definition der Pharisäer, ihr Traditionsverständnis, Kult- und Zeremonialgesetze, Glaubenslehren, gute Werke, Reinheitsgesetze, Lebenswandel, sowie den Streit zwischen den Häusern Hillels und Schammais[14].

Den Namen der Pharisäer leitet Wähner von der Wurzel פרש ab, die er mit „separare" wiedergibt. Dem hebräischen „פְּרוּשִׁים" entspreche das griechische „ἀφωρισμένοι": Es bedeute „separati, segregati", die Abgesonderten[15]. Dieser Name sei bereits vor der Konstituierung der Pharisäer als Sekte für alle Heiligen, Frommen und Reinen gebräuchlich gewesen. Obwohl dies ein Hervorgehen der Pharisäer aus den Nasiräern nahelegt, zumal der Begriff „Nasir" auch die Bedeutung „separatus" enthält[16], sei es irrig, den Ursprung der Pharisäer in den Nasiräern zu suchen, da die für das Nasirat und den Pharisäismus grundlegenden „instituta" völlig verschieden seien[17]. Vielmehr seien die Pharisäer aus den Asidäern der Makkabäerzeit hervorgegangen[18]; im Widerspruch zu den Lehren der Sadduzäer konstituierten sie sich als Sekte und erhielten in diesem Zusammenhang den Eigennamen „Pharisäer".

Dieser Name bezeichnete zunächst im allgemeinen Sinne alle, die sich den pharisäischen Anschauungen und Lehren anschlossen. Innerhalb der Pharisäer wurden aber die Gelehrten als „doctores" (חֲכָמִים) und „eruditi" (תַּלְמִידֵי חֲכָמִים) unterschieden. Anders als diese galten als Pharisäer im engeren Sinne diejenigen Mitglieder der Sekte, die durch abergläubischere Lebensweise („superstitiosiori quadam vitae ratione") den Ruhm einzigartiger Frömmigkeit beim unwissenden Volke erstrebten[19].

---

giösen Anschauungen mit den Pharisäern überein (Dieser Sachverhalt wird später mit der Anwendung des Begriffes „fanatisch" auf die Pharisäer beschrieben werden; s. S. 324f.). WÄHNER will die Zeloten allenfalls „latiori in significatu" als „φιλοσοφία" anerkennen (ebd.). Die νομικοί waren die „eruditi", der Berufsstand der Gelehrten. Die Christen gehören für ihn nicht in diesen Zusammenhang (aaO. 743: „De Christianis nihil dicemus").

[13] AaO. 748–750 („de sectis Ebraeorum in genere").

[14] AaO. 762–768. Die Kapitelüberschriften lauten: „Pharisaeorum nomen", „Origo", „Vocabuli [*scil.*: Pharisaeorum] homonymia", „Traditionum patroni", „Cultus publicus & ceremoniae", „Fidei dogmata", „Bona opera", „Mundities", „Vita", „Septem pharisaeorum species", „Hilleliani & Schammaeani".

[15] AaO. 762; als „ἀφωρισμένοι" erscheinen die Pharisäer u.a. bei Epiphanius, Panarion I, 16. Eine Ableitung des Namens von „פֵּרֵשׁ" = „explicare, exponere" lehnt WÄHNER ab (zum Sachproblem vgl. A. I. BAUMGARTEN, Name of the Pharisees).

[16] AaO. 744.

[17] AaO. 763: „Nasiraeorum enim & Pharisaeorum diuersissima fuerunt instituta". WÄHNER führt dies nicht weiter aus. Es ist aber ersichtlich, daß er hierbei die Unterschiede zwischen dem befristeten Nasiratsgelübde nach Num 6 und den „instituta" der dauerhaften Mitgliedschaft in der pharisäischen „Sekte", die er im Folgenden beschreibt, im Blick hat.

[18] Ebd.; aaO. 744ff.; erwähnt sind die Asidäer in 1. Makk 2,42; 7,12; 2. Makk 14,6.

[19] Ebd.: „qui superstitiosiori quadam vitae ratione singularis pietatis gloriam apud imperitam

Dies illustriert Wähner zunächst mit der besonderen Observanz der Pharisäer in Reinheits- und Speisegeboten, indem er auf die Erklärung des Begriffes „Peruschim" im „Aruch" des Nathan b. Jechiel verweist:

> „Pharisaeus dicitur, qui sibi cauet ab omni immunditie & cibo immundo; Plebs autem circa cibos non est scrupulosa"[20].

Das Wesen der Pharisäer findet Wähner aber nicht grundsätzlich durch ihre Reinheitspraxis definiert, sondern durch ihre „superstitio"; für diese ist die in dem zitierten Votum aus dem „Aruch" hervorgehobene Reinheitsobservanz lediglich ein sprechendes Beispiel. Die Einzelheiten pharisäischer Reinheitspraxis behandelt er im Anschluß an den Abschnitt „bona opera"[21]. Als grundlegend für die pharisäische „superstitio" erscheinen dagegen die „traditiones", die für die Pharisäer dieselbe Verbindlichkeit besitzen wie die mosaischen Gesetze des Pentateuches[22]. Er fügt hinzu: „Quarum systema opus Talmudicum est"[23].

Wähner beschreibt die „traditiones" als rigoroseste Beobachtung der [*scil.*: mosaischen] Vorschriften über öffentlichen Kult und Zeremonien, die von den Pharisäern mit „multis statutis" umgeben worden sei[24]. An Hand talmudischer Sabbathalacha demonstriert er, daß die pharisäischen Satzungen jedes vernünftige Maß sprengten[25]. Als Beispiele nennt er das Verbot medizinischer Behandlung von Kranken am Sabbat, das nur im Falle unmittelbarer Lebensgefahr Ausnahmen zuließ[26], sowie das Verbot, sich im Falle eines Angriffes am Sabbat mit Waffen zu verteidigen; die Strenge dieser letzteren Bestimmung wurde jedoch wegen der durch sie drohenden Vernichtung des Volkes gemildert[27]. Nur allgemein verweist er auf „nouas permultas de decimis … leges"[28]. Im Hinblick auf den Tempelkultus nennt

---

plebem aucupabantur", in Anspielung auf Ant. XVIII 1,3 (15). Zum Begriff der „superstitio" s. Anm. 22.

[20] Ebd.; mit „plebs" gibt WÄHNER das rabbinische „Am ha-aretz" wieder.

[21] AaO. 766.

[22] AaO. 763f.; mit Verweis auf Ant XIII, 10 und XVIII, 1 sowie, ohne Stellenangabe, auf das rabbinische „תּוֹרָה שֶׁבְּעַל פֶּה". Mit dem Begriff „superstitio" bezeichnet WÄHNER hier nicht unbedingt im engeren Sinne abergläubisch-magische Frömmigkeitspraktiken, sondern über das vom mosaischen Gesetz Geforderte hinausgehende Satzungen. Diese Verwendung von „superstitio" deckt sich weitgehend mit dem Begriff der „opera supererogationis"; darüber hinaus klingt aber durch, daß Wähner auch die heilsnotwendige Verbindlichkeit außerbiblischer Traditionen als abergläubisch betrachtet (zum Problem des Begriffes „superstitio" vgl. RE[3] I 77f.).

[23] AaO. 764.

[24] Ebd., mit Bezug auf M Abot I 1 : „sepem se legi (סְיָג לְתוֹרָה) facere [*scil.*: Pharisaei] iactitabant".

[25] Ebd.: „Vel de solo sabbatho, quibusque id violetur rebus, leges meditationi tuae subiicias; easque modum propemodum numerumque excedere inuenies".

[26] Ebd.; belegt durch b Schabat 28b; 29a ff.; die Wahl dieses Beispieles dürfte durch Mk 3,1–6 parr. bestimmt sein.

[27] Ebd.; WÄHNER bezieht sich hier auf 1. Makk 2,39–42: Die Asidäer trugen die durch die Situation gebotene Entscheidung mit, das Verbot des Kämpfens am Sabbat zu revidieren. Obwohl er hervorhebt, daß dies bereits „ante ortam Pharisaeorum sectam" (ebd.) geschehen sei, rechnet er diese Regelung zum pharisäischen Traditionsbestand.

[28] Ebd.

er lediglich im Talmud erwähnte strittige Fragen zwischen Pharisäern und Sadduzäern[29]. Diese führt er kommentarlos auf, ohne sie mit seiner Definition des Pharisäismus in Verbindung zu bringen, und fügt nur den Hinweis an, daß die kultischen Handlungen nach den Vorstellungen der Pharisäer durchgeführt wurden, weil sie das Volk auf ihrer Seite hatten[30].

Einen breiten Raum nehmen in Wähners Darstellung die „bona opera" ein. Die Pharisäer traten „vehementer" für ihre Erfüllung ein, weil die möglichst sorgfältige Einhaltung der [*scil.*: mosaischen und traditionellen] „praecepta" die Anerkennung als „iustus coram deo" bewirkte[31]. Wähner betont, daß die guten Werke der Pharisäer mit wirklicher Tugend nichts zu tun hätten[32]: Er hebt ihr häufiges und öffentliches Gebet hervor, durch das sie beim Volke den Ruf großer Frömmigkeit gewannen[33], sowie ihre Prahlerei mit „phylacteriis" und „vestium peniculamentis", auf die sie größere Sorgfalt verwandten als auf ihre eigentlichen Pflichten[34]. Ferner zählt er zu den „opera bona" der Pharisäer eine einfache Lebensführung ohne Luxus[35], das Abhärmen durch häufiges Fasten[36] und die Proselytenwerbung. Letztere habe ihnen als ein besonders gottgefälliges Werk gegolten[37]. Nach Josephus hätten sie sich den Stoikern stark angenähert[38].

Im Hinblick auf die pharisäische Reinheitspraxis erscheint es Wähner vor allem bemerkenswert, daß sie ihren Übereifer bis zur „superstitio" trieben. Sie schützten

---

[29] AaO. 760f., im Abschnitt über die Sadduzäer. U. a. erwähnt er den Dissens um die Datierung des Pessach-Opfers (b Menachot 65a/b), über die Darbringung des Räucherwerkes durch den Hohepriester am Versöhnungstag (b Joma 19b) und über die Wasserlibation am Laubhüttenfest (Sukka 48b).

[30] AaO. 761; mit Verweis auf b Joma 18b und Ant. XVIII 1.

[31] AaO. 765.

[32] Ebd.: „Multum vero inter bona ipsorum [*scil.*: Pharisaeorum] opera & honestum sincerumque virtutis studium intererat".

[33] Ebd.; mit Verweis auf b Rosch Haschana 34b. Hinter dieser Beschreibung steht unzitiert Mt 6,5ff.

[34] Ebd.; Mt 23,5, worauf sich diese Beschreibung ersichtlich bezieht, nennt Wähner nicht. Auch die quantitativ und äußerlich forcierten pharisäischen „bona opera" erscheinen in der Abgrenzung von wirklicher Tugend als eine Facette der superstitiösen Erfüllung von „opera supererogationis".

[35] Abd.; mit Verweis auf Ant. XVIII 1.

[36] Wähner fügt an „Erant inter eos qui binis per hebdomadum diebus ieiunia sibi indicerent" (aaO. 765f.) und verweist hierfür auf mittelalterliche jüdische Quellen (u.a. auf den „Schulchan aruch"), nicht jedoch auf Lk 18,12. Er hält für zweifelhaft, daß sie sich auch geißelten. Wähner gibt nicht an, auf wessen Ansicht er sich hier bezieht. Erkennbar ist darin jedoch eine Parallelisierung pharisäischer Frömmigkeit mit Bußpraktiken katholischer Mönchsorden. Vgl. aaO. 763: „*Monachum* ... significare possit [*scil.*: Pharisaeorum nomen]". Wahrscheinlich hat diese Parallesierung in den „Schlägen der Peruschim" in M Sota III 4 ihren Anhaltspunkt (zum Sachproblem vgl. H. Bietenhard, z. St., in Sota, „Gießener Mischna" III 6, 1956, 72f., und G. Stemberger, Pharisäer 43).

[37] AaO. 766; mit Verweis auf b Sanh 99b; Mt 23,15 erwähnt er nicht, obwohl der angefügte Satz „In illis [*scil.*: proselytis] vero circumcidendis, *quam melioribus faciendis*, erant negotiosiores" (ebd.; Hervorhebung von mir) ersichtlich eine ironische Aufnahme von Mt 23,15b darstellt.

[38] Ebd.; vgl. Josephus, Vita 2 (12). Die Formulierung Wähners läßt offen, ob er Josephus hierin zustimmt. Er geht auf diesen Punkt nicht weiter ein (s. S.5).

sich mit größten Anstrengungen vor Verunreinigung durch Berührung und Speise. Dem Am Ha-aretz verweigerten sie deshalb die Tischgemeinschaft und mieden seine Berührung. Wähner hebt die Verachtung des Am Ha-aretz durch die Pharisäer hervor, die sich für die „religiosori" hielten[39]. Er fügt an, daß sie sich bei der Rückkehr vom Markt wuschen, nicht ohne Waschung aßen und unendliche Vorschriften über die Reinigung von Hausgeräten und Gefäßen einhielten[40].

Getrennt von den als „superstitio" charakterisierten „bona opera" betrachtet Wähner den Lebenswandel der Pharisäer: Josephus lobe sie gegenüber den Sadduzäern als „humaniores"[41]. Dem schon mehrfach gegebenen Hinweis auf ihren frommen Ruf im Volk fügt er hier die Bemerkung an, es fehlten unter ihnen nicht ganz diejenigen, „qui vere piorum nomen tueri possent"[42]. Gegenüber diesen Ausnahmen bleiben aber im Grundsatz für Wähners Bild der Pharisäer ihre Laster bestimmend. Er zählt summarisch deren Katalog auf: Heuchelei, Geiz, Ehrsucht, Hochmut, Überheblichkeit, Unruhestifterei[43].

Die pharisäischen Glaubenslehren referiert Wähner recht kurz nach Josephus und der Apostelgeschichte: Neben einer synergistischen Auffassung der Prädestination[44] lehrten die Pharisäer die Unsterblichkeit der Seele[45] und die Seelenwanderung[46] sowie, daß die Leiber der Toten ins Leben zurückgerufen würden[47]. Für etliche Bestandteile der in Apg 23,8 überlieferten Engel- und Geisterlehre der Pharisäer nimmt er eine babylonische Herkunft an; nicht alles, was die Pharisäer über Engel lehrten, sei genuin pharisäisch[48].

Schließlich beschreibt er den rabbinisch überlieferten Streit zwischen den Häu-

---

[39] Ebd.; mit Verweis auf b Chag 18b (= M Chag II 7): „בִּגְדֵי עַם הָאָרֶץ מִדְרָס לִפְרוּשִׁים, [מידי ע"ה ist ein Druckfehler], vestes plebeiorum instar calcet hominis fluxu immundo laborantis fuerunt pharisaeis". Wahrscheinlich stehen auch ntl. Stellen wie Mk 2,16 parr.; Lk 11,39; Joh 7,49 hinter dieser Darstellung.

[40] Ebd.; obwohl WÄHNER hier ersichtlich Mk 7,3–4 paraphrasiert, gibt er nicht diese Stelle als Beleg an, sondern „Chagigah, fol. 18,2. ad finem".

[41] Ebd.; mit Verweis auf Ant. XIII 10.

[42] Ebd.

[43] Ebd.: „hypocrisin, avaritiam, ambitionem, fastum, insolentiam, turbulentum ingenium" (ohne Quellenangabe; vgl. Ant. XIII 16,2 (410); Mt 23). WÄHNER betont, daß diese nicht weniger als von den „noui foederis tabulae" von Josephus getadelt würden (ebd.) und ergänzt mit Verweis auf die „Sieben Schläge von Pharisäern" in b Sota 22b: „Non magis dissimulant Talmudici, pessimos inter pharisaeos fuisse hypocritas" (aaO. 767).

[44] AaO. 764; mit Verweis auf Bell. II 8; Ant. XIII 5; XVIII 1.

[45] Ebd.; mit Verweis auf Ant. XVIII 1.

[46] AaO. 764f.; mit Verweis auf Bell. II 8.

[47] AaO. 765; mit Verweis auf Ant. XVIII 1. An der angegebenen Stelle – genauer: Ant. XVIII 1,3 (14) – ist allerdings von der Rückkehr der unsterblichen Seelen ins Leben die Rede. WÄHNERS Formulierung „Defunctorum … *corpora* in vitam revocatum iri" (ebd.; Hervorhebung von mir) steht zumindest in erheblicher Spannung zu der vorher referierten Seelenwanderungslehre. Er selber sieht eine Spannung lediglich in unterschiedlichen talmudischen Vorstellungen, ob nur die Gerechten oder auch die Ungerechten wiederbelebt werden sollen (ebd.).

[48] Ebd.: „Magnumque eorum [*scil.*: angelorum & spirituum] catalogum ex Babylonia deportarunt". WÄHNER führt diesen bemerkenswerten religionsgeschichtlichen Hinweis nicht weiter aus und verweist als Beleg nur allgemein auf j Rosch Haschana.

sern Hillels und Schammais als „schisma inter pharisaeorum doctores": Hillel und Schammai selber seien nur über drei Fragen uneins gewesen; der Haß ihrer Anhänger aber habe die Streitpunkte vermehrt und die Auseinandersetzung bis zur Gewalttätigkeit zugespitzt[49]. Die Juden rechneten diesen Dissens nahezu zu ihren schlimmsten Unglücksfällen; im Übrigen hielten sie sich in den meisten Fällen an die Entscheidungen der Hilleliten[50].

3.2. Das Judentum und seine „Sekten"

Im Gegensatz zu den Pharisäern erkennt Wähner in ihren Vorgängern, den Asidäern, noch keine als Sekte abgrenzbare Gruppierung: Die Bezeichnung „Ἀσιδαῖοι" bzw. „Chasidaei" gehe auf das hebräische „חֲסִידִים" zurück und sei kein gruppenspezifischer Eigenname einer Sekte, sondern ein „appellatiuum, quod *pios & religiosos* significet"[51]. In diesem Sinne erscheine es sowohl im Alten Testament – als Beispiel führt er Psalm 18,26 an – als auch in späteren jüdischen Schriften. חָסִיד bezeichne einen Frommen im Allgemeinen, im Gegensatz zu den רְשָׁעִים, „improbi", nicht aber zwangsläufig eine bestimmte Richtung der Frömmigkeit. Um für die „Judaeos recentiores" als „Chasid" zu gelten, sei allerdings die Erfüllung von „opera supererogationis" konstitutiv[52]. Dies betrachtet er aber nicht als Sektenbildung im Sinne seiner Definition. Auch die Chasidim/Asidäer der Makkabäerkriege, die sich als Gruppe frommer Juden „improbis & apostatis" widersetzten, waren zu ihrer Zeit noch keine Sekte, aber: „licet earum [*scil*.: sectarum] semina iam fuisse non negemus"[53]. Aus den in allgemeinerem Sinne so genannten „Chasidim" gingen als spezielle Sekte die Pharisäer, sowie aus diesen die Essener hervor[54]. Pharisäer und Essener wurden auch später um ihrer Frömmigkeit willen als „Chasidim" be-

---

[49] AaO. 767; mit Verweis auf b Schabat 14b; 17a.

[50] AaO. 767f.; es muß offen bleiben, ob Wähner, wie manche der Späteren (s. S. 95; 124; 177f.), diesen Zwist mit den inneren Wirren im Zusammenhang des Jüdischen Krieges in Verbindung bringt. Die Formulierung „Quae ... dissidia in non postremis gentis suae calamitatibus ponunt Iudaei" (aaO. 767) könnte dies andeuten.

[51] AaO. 744.

[52] AaO. 744f.; in diesem Sinne versteht Wähner den Satz „לֹא עַם הָאָרֶץ חָסִיד" aus M Abot II 5. Von pharisäischer „supererogatio", hebr. „רִבִּית לְתוֹרָה", spricht bereits J. Scaliger (in J. Triglandius, Syntagma II 444; vgl. J. Basnage, Hist I 516: „œuvres de surerogation"). Diese Anschauung hat sich durchgehalten: Vgl. J. Jeremias, Jerusalem³ 283 („opera supererogationis"); E. Lohse, Umwelt⁷ 57 („überschüssige gute Werke"). Als „Judaei recentiores" bezeichnet er die Juden etwa von der Makkabäerzeit an. Er gebraucht diese Formulierung aber nicht im Sinne einer exakten historischen Epochenabgrenzung, wie dies bei der späteren Verwendung des Begriffes „Spätjudentum" der Fall war (s. S. 259).

[53] AaO. 745.

[54] Bei dieser Feststellung beläßt es Wähner: „Non magis dici potest, quod a חֲסִידִים, Asidaeis, Pharisaei sint orti". (aaO. 746). Diese Ansicht äußerte als erster J. Drusius (De Hasidaeis, 1603, in: Triglandius, Syntagma I, 1–17), der auf den wechselweisen Gebrauch beider Namen bei Gorionides IV 29 verweist (aaO. 4f.; 16). Vgl. Basnage, Hist I 531: „De ces Kasidéens sortirent les Pharisiens, qui ont produit les Esseniens".

zeichnet; es sei aber irrig, dies im Sinne eines Eigennamens aufzufassen[55]. Den sachlichen Ursprung der pharisäischen Sektenbildung im engeren Sinne sieht Wähner in den Lehrstreitigkeiten mit den Sadduzäern; in diesem Zusammenhang erhielt die nunmehr entstandene feste Gruppe die Bezeichnung „Pharisäer" als sektenspezifischen Eigennamen, durch den sie hinfort sowohl von den Sadduzäern als auch von den Essenern unterschieden wurde[56].

Die Zeit, in der sich dieser Vorgang abspielte, hält Wähner für nicht genau bestimmbar. Er hebt hervor, daß Josephus die drei Sekten zur Zeit des Hasmonäers Jonathan lediglich das erste Mal erwähnt. Obwohl er nur schwer nachvollziehen kann, warum Josephus augenscheinlich die Sektenbildung in diese Epoche datiert, legt er dessen Angaben aber doch letztlich seiner eigenen Darstellung zu Grunde[57]. Er betont aber, daß die Wurzeln des Sektenstreites bis in die Zeit Esras zurückreichen: Bereits damals habe es „legum Mosaicarum neglegentiores" gegeben, deren Tendenz, bestärkt durch das „graecanitae apud Judaeos philosophiae studium" und den seleukidischen Druck zur Apostasie, die in Abot de Rabbi Nathan 5 überlieferte „impia doctrina" des Zadok und Boethus und ihrer Schüler hervorbrachte[58]. Aus den „erroribus" dieser Lehrer, die kurz vor der Hasmonäerzeit lebten, entstanden als erste der drei nachexilischen Sekten die Sadduzäer[59].

Diesen sadduzäischen Irrlehren traten nun in Reaktion darauf die aus den Asidäern hervorgegangenen Pharisäer entgegen. Sie waren aber keine „viri cordati", sondern bestimmten die ganze Religion, indem sie Wert auf die Riten und den Schmuck des äußerlichen Kultes legten und durch ihre Heuchelei, die nichts Ehrenhaftes mehr hatte, das Volk blendeten[60]. Deshalb spalteten sich von ihnen die Essener als Vorkämpfer strengen Tugendeifers ab. Aber auch deren Frömmigkeit entartete bald zu einer anderen Form von Heuchelei, weil sie ausschließlich an die Lebensordnungen dieser Sekte gebunden war[61]. So waren diejenigen, die eigentlich die sadduzäischen Irrtümer bekämpfen wollten, von vornherein durch ihren Zwiespalt und ihre jeweilige Heuchelei darin behindert. Wähner betont, daß die Abspaltung der Essener von den Pharisäern unverzüglich nach der pharisäischen Sektenbildung geschehen sei. Er begründet dies mit der zusammenhängenden Darstel-

---

[55] WÄHNER, aaO. 745f.

[56] AaO. 763.

[57] AaO. 749; mit Verweis auf Ant. XIII 5 (gemeint ist Ant. XIII 5,9).

[58] AaO. 748f.; in der Sache geht es hier um die Leugnung der Auferstehung und des jenseitigen Lebens. Die Zurückführung der Sadduzäer auf gesetzesfreiere Tendenzen der frühnachexilischen Epoche und auf die Hellenisten der Seleukidenzeit, die bis ins 19. Jahrhundert *communis opinio* war, ist erst durch GEIGER und WELLHAUSEN revidiert worden (s. S. 163f.; 200).

[59] AaO. 749; die aus rabbinischen Zeitangaben errechnete Datierung der Lebenszeit dieser Lehrer in die vorhasmonäische Epoche bewegt WÄHNER zur Zurückhaltung gegenüber den vagen Angaben bei Josephus, ohne daß er diese aber grundsätzlich in Frage stellt.

[60] AaO. 749.

[61] Ebd.: „Quid enim sincerae pietati perniciosius est, quam si certae sectae certoque viuendi instituto eam alligatam esse somniare incipiant homines?" Die Prägung dieser Essenerkritik durch das protestantische Mißtrauen gegen die religiöse Verbindlichkeit von *traditionibus humanis* ist unverkennbar.

lung der Entstehung der drei Sekten bei Josephus[62]. Über die weitere Geschichte der Pharisäer gibt er keine Auskunft und vermerkt lediglich, daß aus ihnen nach der Tempelzerstörung die Rabbaniten hervorgegangen seien, die von den Pharisäern die Verbindlichkeit der im Talmud niedergelegten Traditionen übernahmen[63]. Sie, wie auch die nach der Tempelzerstörung aufgekommenen Karäer, die das rabbanitische Traditionsprinzip bestritten, findet er noch im Judentum seiner Zeit vor[64]. Das Verhältnis der Pharisäer zum Judentum im Ganzen bestimmt Wähner *expressis verbis* nicht. Obwohl der Begriff „Sekte" im überkommenen kirchlichen Gebrauch eine durch Lehrabweichungen motivierte Separation einer Untergruppe von der Gesamtkirche bezeichnet, definiert Wähner ihn lediglich im Hinblick auf das Verhältnis von Sekten untereinander präzise, nicht aber auf das zur Gesamtheit. Entsprechend blaßfarbig bleibt auch in seiner Einzeldarstellung der jüdischen Gruppen deren Verhältnis zum Judentum insgesamt. Allerdings gibt er durch die Darstellung der Pharisäer als „Fromme" zu erkennen, daß er sie für die Repräsentanten des eigentlichen Judentums hält: Ihre asidäischen Vorgänger bekämpften die Apostasie der Makkabäerzeit, sie selber bestritten die „Irrtümer" der Sadduzäer, distanzierten sich von der religiösen Nachlässigkeit des Am Ha-aretz und begründeten das talmudische System ihrer Nachfolger, der nach 70 tonangebenden Rabbaniten. Ferner stellt Wähner die Erfüllung von *opera supererogationis*, die er als Kernstück pharisäischer „superstitio" beschreibt, auch bei den Juden im Ganzen fest; wer diese Werke erfülle, d.h., die Observanz gegen die mosaischen und talmudischen Gesetze einhalte, werde im Gegensatz zum Am Ha-aretz, den nicht observanten Juden, als „Chasid" bezeichnet[65]. Dies bezieht Wähner ausdrücklich auf die „Judaeos recentiores"[66].

---

[62] Ebd.: „Sic primos Sadducaeorum oppugnatores inter se statim dissidere incepisse credimus; quia Josephus trium istarum sectarum originem ad vnum tempus referre videtur" (s. S. 25).

[63] AaO. 776f.; Wähner will nicht ausschließen, daß es unter den rabbinischen Schulhäuptern auch Essener gegeben habe (aaO. 777: „Fortasse etiam nonnullis in capitibus Essenorum"). Er geht dem jedoch nicht weiter nach und gibt dafür keine Quellenhinweise.

[64] AaO. 750; Wähner bestreitet energisch eine Herkunft der Karäer aus den Sadduzäern (aaO. 758f.; 779ff.; diese Anschauung geht auf Maimonides' Kommentar zu M Abot I 3 zurück, zit. bei J. Lightfoot, Horae[2] 235), da diese in seiner Sicht die pharisäisch-rabbinischen Lehren aus sehr unterschiedlichen Gründen ablehnten: Die Sadduzäer verwarfen auf Grund ihrer „impia doctrina" (748f.) nicht nur superstitiöse pharisäische Traditionen, sondern auch die von Wähner als rechtgläubig und biblisch fundiert beurteilten pharisäischen Glaubenslehren (aaO. 759ff.). Die Karäer dagegen stimmten mit den pharisäisch-rabbinischen Glaubenslehren überein, bestritten aber auf Grund eines strengen Schriftprinzipes die [*scil.*: halachischen] talmudischen Traditionen (aaO. 777ff.; zu den Karäern vgl. TRE XVII, 625–628).

[65] AaO. 744f.; dies trifft in Wähners Darstellung auch auf die Essener zu. Da diese aber durch die Bindung der Frömmigkeit an ihre spezifischen, nicht allgemein jüdischen Lebensordnungen bestimmt sind (aaO. 749), bleiben letztlich die Pharisäer die alleinigen Repräsentanten des Ganzen.

[66] AaO. 744.

3.3. Methodischer Ansatz und theologischer Hintergrund

Als Quellen legt Wähner seiner Pharisäerdarstellung in erster Linie die Werke des Josephus, das erste Makkabäerbuch und die rabbinische Literatur einschließlich mittelalterlicher jüdischer Quellen[67] zu Grunde. Auf neutestamentliche Nachrichten über Pharisäer bezieht er sich jedoch nur indirekt. Die altkirchliche Tradition über die Pharisäer, wie er sie u. a. bei Epiphanius vorfindet, hält er für wenig authentisch und berücksichtigt sie so gut wie gar nicht[68]. Die talmudische Literatur wertet er auf breiter Basis aus, geht aber nicht auf die „Chaberim"-Halacha ein[69]. Aus den Werken des Josephus berücksichtigt er lediglich Passagen, die Aussagen über die religiöse Eigenart der Pharisäer enthalten und ihre Darstellung als rein religiöse „Sekte" begründen[70]. Hierin folgt er den vorwiegend auf Lehraussagen bezogenen Pharisäerdarstellungen im Neuen Testament und im Talmud. Dies ist um so auffälliger, als Wähner die Nachrichten, die seine Hauptquelle Josephus über die wechselvolle politische Geschichte der Pharisäer enthält, nicht beachtet. Seine Leser erfahren nichts vom Verhältnis der Pharisäer zu den Hasmonäern, zu Herodes, zu den Römern und über ihre Rolle im Jüdischen Krieg.

Eine historische Quellenkritik unternimmt Wähner nur in Ansätzen. Die Befunde aus den biblischen, talmudischen und nachtalmudischen Quellen erscheinen im Wesentlichen auf einer Fläche aufgetragen, so daß ein aus heutiger Sicht recht statisches, in manchen Zügen geradezu anachronistisches Bild des Pharisäismus entsteht. Den Pharisäerberichten des Josephus schreibt er überragende Glaubwürdigkeit zu[71] und deutet ihnen gegenüber allenfalls in etwas zurückhaltenden Formulierungen Zweifel an der Glaubwürdigkeit von Einzeldaten an. Divergenzen zwischen seinen Quellen harmonisiert er: Vagen Angaben des Josephus entnimmt Wähner, daß die „drei Sekten" Sadduzäer, Pharisäer und Essener annähernd gleichzeitig in der frühen Hasmonäerzeit unter der Regierung Jonathans (161–142 v. Chr.) entstanden seien. Dies stimmt indessen nicht mit der in Abot de R. Nathan überlieferten Nachricht überein, nach der die Sadduzäer und Boethusianer auf die Lehrer Zadok und Boethos zurückgeführt werden, die nach Wähners Datierung vor der Hasmonäerzeit gelebt haben müssen[72]. Obwohl Wähner die von Josephus

---

[67] u. a. bezieht er sich auf den Mischnakommentar des Maimonides, den „Aruch" des Nathan b. Jechiel (gest. 1106), das „Sepher Juchasin" des Abraham Zakut aus dem Jahre 1502 und den „Schulchan Aruch" des Joseph Karo (1488–1575). Vgl. A. F. Gfrörers Argument für das Einbeziehen der späteren jüdischen Tradition (Gfrörer, Jahrh I 4f.; 169ff.; s. S. 55f.).

[68] AaO. 743: „Hi [*scil.*: primorum seculorum Christiani doctores] rerum Judaicarum tam periti non fuerunt, vt eorum nos morari debeat auctoritas".

[69] Laut Vorwort seines Werkes ist dieses unter Mithilfe des ersten jüdischen Studenten der Göttinger Universität, des aus Polen stammenden Medizinstudenten und späteren Arztes und Talmudisten Wolff Benjamin Gintzburger, verfaßt (vgl. Mittler/Schaller 84).

[70] Vor allem ihre Beschreibung als Philosophenschule in Bell. II 8,14 (162–163); Ant. XIII 5,9 (171–172); XVIII 1,3 (12–15).

[71] Über Josephus bemerkt er: „... cuius fides omnibus coniecturis merito praefertur" (aaO. 749f.).

[72] AaO. 749; Wähners Datierung folgt der seinerzeit gängigen Kombination der Angaben aus ARN 5, wonach Zadok ein Enkelschüler Simons des Gerechten gewesen sei, mit Notizen des

nahegelegte Entstehungszeit der Sekten nur schwer nachvollziehen kann, zieht er sie nicht in Zweifel, sondern harmonisiert sie mit der Zuordnung in Abot de R. Nathan: Möglicherweise hätten Zadok und Boethos ein sehr hohes Alter erreicht, oder es hätten erst ihre Schüler ihre Lehren verdorben[73]. Ferner hätten sich die Essener sofort von den Pharisäern abgespalten, da „Josephus trium istarum sectarum originem ad *vnum tempus referre videtur*"[74].

Auch die auf die Makkabäerbücher gestützte Hypothese, daß die Pharisäer in den Asidäern ihren Ursprung haben, die den zur Apostasie führenden Hellenisierungsbestrebungen der Seleukiden und ihrer jüdischen Gewährsleute widerstanden, harmonisiert Wähner mit den Angaben in Abot de R. Nathan, der Pharisäismus sei aus dem Widerspruch gegen die Auferstehungsleugnung des Zadok und Boethos und ihrer Schüler entstanden[75]. Dieses Verfahren ist für Wähners Quellenverarbeitung charakteristisch: Er wägt nicht die unterschiedlichen Quellenbefunde gegeneinander ab, sondern harmonisiert sie und kombiniert zwei eigentlich konkurrierende Herleitungen des Pharisäismus aus verschiedenen Quellen. In dieses Verfahren bezieht er auch die jüdische Traditionsliteratur ein.

Auffällig ist in Wähners Darstellung die Rolle der neutestamentlichen Aussagen über die Pharisäer: Er rezipiert keine Nachrichten über die historische Rolle der Pharisäer gegenüber der christlichen Urgemeinde und erwähnt fast nirgends die neutestamentliche Pharisäerpolemik. Er übernimmt aber deren wesentliche Aussagen, namentlich die Polemik gegen Heuchelei und „bona opera" der Pharisäer. Die „bona opera" problematisiert er nahezu ausschließlich an Hand der Aspekte pharisäischer Frömmigkeit, die im Neuen Testament polemisch hervorgehoben werden, belegt sie aber nicht durch neutestamentliche Zitate, sondern durch Verweise auf talmudische und nachtalmudische jüdische Quellen selbst dort, wo der neutestamentliche Hintergrund offenkundig auf der Hand liegt[76]. Wähner legt Wert auf die Feststellung, daß die Laster der Pharisäer nicht nur von den „noui foederis tabulis" getadelt würden, sondern in Übereinstimmung mit diesen auch von Josephus[77] und dem Talmud, der die schlechtesten Pharisäer als Heuchler charakterisiere[78].

Josephus aus Ant. XII 2,5 (43); 4,1 (157), der Simon den Gerechten als Hohenpriester unter Ptolemaios I., der bis 283/2 v. Chr. regierte, erwähnt. Eine von diesen Daten her berechnete Lebenszeit Zadoks kann nicht mehr bis in die Hasmonäerzeit reichen (zum Problem der Datierung des Hohepriesters Simon bei Josephus vgl. G. F. MOORE, Simeon the Righteous, und J. JEREMIAS, Jerusalem[3] 169).

[73] Ebd.

[74] Ebd.; Hervorhebung von mir. Auch in der Bewertung der Zeloten vermeidet es WÄHNER, Josephus direkt zu widersprechen: Dessen Beschreibung der Zeloten als vierte jüdische Sekte bzw. „φιλοσοφία" stimmt nicht mit Wähners Definition dieses Begriffes überein. Er problematisiert indessen nicht den Sprachgebrauch des Josephus, sondern erklärt die Zeloten „latiori in significatu" als „φιλοσοφία" (aaO. 747).

[75] AaO. 748f.

[76] s. Anm. 26; 33; 34; 36; 37; 39; 40. Dieses Verfahren wird später modifiziert in E. SCHÜRERS Pharisäerdarstellung wieder auftauchen (s. S. 243f.).

[77] AaO. 766; mit den „novi foederis tabulae" dürften in erster Linie Mt 6 und Mt 23 gemeint sein. Es bleibt bei diesem vagen und singulären Hinweis.

[78] AaO. 767; mit Bezug auf die „Sieben Arten von Pharisäern" in b Sota 22b.

Hatte Wähners Methode der Quellenverarbeitung eine nach wie vor bestehende Wertbindung an die Aussagen des Neuen Testamentes zu erkennen gegeben, so sind die Urteile, die er über die Pharisäer ausspricht, ersichtlich von Grundmustern protestantischer Theologie bestimmt: Deutlich erkennbar stehen die reformatorischen Prinzipien „*sola fide*" und „*sola scriptura*" hinter seiner Darstellung der pharisäischen Observanz gegenüber außerbiblischen Traditionen, die ihnen den Rang eines „iustus coram deo"[79] verschaffte. Die von Wähner dergestalt beschriebenen Pharisäer figurieren in seiner Darstellung als Antitypus wahrer Frömmigkeit im reformatorischen Sinne. Mit der durchgängigen Anwendung der Chiffre „superstitio" auf die pharisäische Frömmigkeit, die diese grundsätzlich mit abergläubischen Praktiken gleichsetzt, knüpft er an die protestantische, auf Paulus gegründete Polemik gegen *traditiones humanas* an, deren Observanz die Reformatoren geradezu als Götzendienst verurteilten[80]. Die Glaubenslehren der Pharisäer, von denen manche, wie die Auferstehung, ins Christentum übergegangen sind, rechnet er nicht zu den *traditiones humanas*.

Im Rekurs auf reformatorische Anschauungen überträgt Wähner auch die gegen das römisch-katholische Traditionsverständnis gerichtete reformatorische Polemik auf die Traditionsbezogenheit der Pharisäer. Deren Einhaltung der außerbiblischen „praecepta" charakterisiert er mit dem aus der katholischen Dogmatik stammenden Begriff der „opera supererogationis", die er als rein äußerlich-gesetzlich, keineswegs aber ethisch motivierte „opera bona" beschreibt[81], und vergleicht die Pharisäer mit katholischen Mönchsorden[82]. In Entsprechung dazu beschreibt Wähner die Lehre der Karäer, die das pharisäisch-rabbinische Traditionsprinzip ablehnten, geradezu in Analogie zu protestantischen Anschauungen[83]: Die Karäer vertraten das Prinzip des „*sola scriptura*"[84], bestritten die angemaßte Autorität der Rabbinen, verbindliche Satzungen zu erlassen[85], bemühten sich, die von ihnen vertretenen Traditionen in der Bibel zu verankern und reinigten die Glaubenslehre von Irrtümern[86]. Die einschlägigen Themen protestantischer Kontroverstheologie gegen den römi-

---

[79] AaO. 765.

[80] Vgl. Apologie der CA XV, „De Traditionibus Humanis in Ecclesia", BSLK 297–307; explizit ist dort aaO. 304,36f. von „cultus ... inutiles" der Pharisäer die Rede.

[81] Vgl. die Polemik gegen unnütze gute Werke der Mönche in CA XXVII, „De votis monasticis", BSLK 115ff.

[82] Zur Tradition des Vergleiches katholischer Orden mit den Pharisäern im Protestantismus s. S. 322f.; vgl. H. A. Daniel, Phar 34 (s. S. 78).

[83] Wähner betont, daß die Sekte der Karäer von den übrigen jüdischen Sekten „diversissima" sei (aaO. 777) und daß ihre Dogmen und Lehrmeinungen, abgesehen von der Anerkennung Christi, mit dem Christentum übereinstimmten (aaO. 782).

[84] AaO. 750: „[Karaei] solam scripturam sacram ..., reiectis traditionibus, credendorum & agendorum normam faciunt".

[85] AaO. 778.

[86] AaO. 779; die von Wähner auf die Karäer angewandte Formulierung „doctrinam repurgari" weist auf Melanchthon zurück, der die Propheten im Sinne des Protestantismus als „vocati a Deo ad repurgandam doctrinam" begreift (CR 21, 1099; zit. n. H.-J. Kraus, Erforschung[4] 31).

schen Katholizismus sind hier mit Händen zu greifen. Aufklärerische Werte sind dagegen in Wähners Pharisäerdarstellung nicht erkennbar[87].

In seiner Verhältnisbestimmung der „drei Sekten" hebt Wähner hervor, daß die Pharisäer und Essener den Irrlehren der Sadduzäer nichts entgegenzusetzen hatten, weil sie beide in Heuchelei und im Zwiespalt untereinander befangen waren. Diese Darstellung nimmt *in nuce* die von Späteren breit ausgeführte Anschauung vorweg, das durch die „drei Sekten" repräsentierte, letztlich insgesamt superstitiöse Judentum sei infolge seiner – aus christlich-protestantischer Sicht – grundsätzlich verkehrten gesetzlichen Ausrichtung in einem inneren Widerspruch gefangen[88]. Gestützt wird diese Beobachtung dadurch, daß Wähners Definition des Sektenbegriffes das Verhältnis der „Sekten" zum Judentum insgesamt auffällig unbestimmt läßt. So entsteht der Eindruck, als sei für ihn mit der Darstellung der im Judentum entstandenen Sekten auch das Judentum als Ganzes hinlänglich beschrieben.

Wähners Pharisäerdarstellung bewegt sich methodisch noch ganz in den Bahnen der aus dem 17. Jahrhundert überkommenen philologisch-kritisch und lexikographisch orientierten hebräischen Altertumswissenschaft. Er stellt die Pharisäer und die sie betreffenden „Antiquitates" in systematischer, geradezu nach Loci gegliederter Anordnung vor. Charakteristisch ist die statische Fixierung dieses Bildes, das keinerlei historische Entwicklung vermittelt: Die Pharisäer erscheinen von der Mitte des 2. Jahrhunderts v. Chr. bis ans Ende des 1. Jahrhunderts n. Chr., also über einen Zeitraum von ca. 250 Jahren, als eine nahezu unveränderte Größe. Die spärlichen Hinweise auf historische Ereignisse betreffen lediglich Anfang und Ende des Pharisäismus, d. h., seine Entstehung aus den Asidäern und seinen Übergang in den Rabbinismus. Wähner hat das Judentum noch ganz in seiner voremanzipatorischen rabbinischen Gestalt vor Augen, wie sie in seiner Sicht seit der Tempelzerstörung unverändert bestand.

Bei Wähner zeigt sich das Bemühen eines von den Vorgaben kirchlicher Lehre zumindest dem Anspruch nach freien Orientalisten des 18. Jahrhunderts, seine Erkenntnisse unabhängig von christlich-dogmatischen Prämissen zu formulieren. Die Auswahl der Loci aber und die damit verbundenen Wertungen, das immer wiederkehrende und geradezu systematisch entfaltete Bild der superstitiösen „Heuchler" sowie die Rezeption der protestantischen antikatholischen Polemik verweisen auf eine trotz methodischer Distanzierung fortbestehende Wertbindung, wenn nicht an das Neue Testament als normative Quelle, so doch an die darin vermittelten Urteile über die Pharisäer und an die gegen Judentum und Katholizismus gerichtete Tradition protestantischer Kontroverstheologie. In dieser Hinsicht wurzelt Wähner noch ganz in Anschauungen des konfessionellen Zeitalters.

---

[87] Vgl. dagegen J. S. SEMLER (s. S. 38 ff.); später bei G. B. WINER (s. S. 42).
[88] s. S. 98 f.; 128 ff.; 183; 206–209; 262 ff.; 332 f.

4. Johann Salomo Semler

Johann Salomo Semler, 1725 im thüringischen Saalfeld geboren, wurde nach seinem Theologiestudium in Halle und einer kurzen Tätigkeit als Professor für Historie und lateinische Poesie 1752 Professor für Theologie in Halle. Sein Schwerpunkt lag auf den biblischen Wissenschaften; er lehrte aber auch Kirchengeschichte, Dogmatik und Ethik. In Halle blieb er bis zu seinem Tode im Jahre 1791[89]. Seine überragende forschungsgeschichtliche Bedeutung liegt darin, daß er der protestantischen Bibelwissenschaft den Weg zu einer auch theologisch vertretbaren historischen Kritik des biblischen Kanons wies. Semlers Neologie[90] ist dadurch gekennzeichnet, daß er einerseits „ohne Rücksicht auf das orthodoxe Inspirationsdogma … die Grundregeln der ‚critica profana' in die Bibel" eingeführt" hat[91], andererseits aber die radikal rationalistische Konsequenz vermied, den Begriff der Offenbarung und die Substanz des Christentums auf rein natürliche Vernunfteinsichten zu reduzieren[92]. Damit markiert sein Werk den Übergang in die historisch-kritische Epoche der protestantischen Bibelwissenschaft. Dieser ist das hier erkennbare Spannungsfeld zwischen „liberaler" Bibelkritik[93] und bleibender Bindung an die Religion der Bibel auf Dauer erhalten geblieben. Aus der Fülle der Schriften, in denen Semler seine Ansichten vertreten hat[94], sind im Hinblick auf seine Wahrnehmung von Judentum und Pharisäern vor allem die „Abhandlung von freier Untersuchung des Canon I"[95] und die „Beantwortung der Fragmente eines Ungenannten"[96] von Belang, daneben auch der „Versuch eines fruchtbaren Auszugs der Kirchen-

---

[89] Zu Semler vgl. RGG[3] V 1696–1697; E. Hirsch, Theologie IV 48–89; H.-J. Kraus, Erforschung[4] 103–313; G. Hornig, Studien zu Leben und Werk.

[90] Vgl. E. Hirsch, aaO. 48ff.; Hornig, Anfänge 56.

[91] Kraus, aaO. 107; Hornig, aaO. 78–83; S. Alkier, Urchristentum 24–27.

[92] „Eine freiere Denkweise und eine gelockerte Bibelauffassung sollten die Orthodoxie überwinden, zugleich auch die entscheidenden Substanzen der ‚christlichen Religion' vor dem völligen Verwerfungsurteil der Aufklärung retten" (Kraus, aaO. 104). Diese letztere Konsequenz bekämpft er vor allem in den von G. E. Lessing 1778 herausgegebenen Fragmenten „Von dem Zwecke Jesu und seiner Jünger" (in: Lessing, Werke VII, 492–604, zit. als „Zweck Jesu") aus der „Schutzschrift" des J. S. Reimarus: In seiner gegen Reimarus gerichteten Schrift „Beantwortung der Fragmente usw." weist er aus diesem Ansatz erwachsene Anschauungen wie den Vorwurf, die Auferstehungsbotschaft gehe auf einen „Betrug" der Jünger zurück, scharf zurück (so in Fragmente 28; 41; 277; 414; mit Bezug auf Reimarus, Zweck Jesu, § 3, in: Lessing, aaO. 497f.; vgl. L. Zscharnack, Lessing und Semler 333ff.; Hornig, aaO. 200).

[93] Der Titel seiner Schrift „Institutio ad doctrinam Christianam liberaliter discendam" (1774; deutsch: „Versuch einer freieren theologischen Lehrart", 1777) „gibt die erste Spur des Worts ‚liberale Theologie'" (E. Hirsch, Theologie IV 52).

[94] J. G. Eichhorn hatte 1793 in seiner Würdigung Semlers 171 Titel gezählt (übernommen von E. Hirsch, aaO. 50, und Kraus aaO. 106); Hornig erweiterte die Liste zunächst auf 250 (Hornig, Anfänge 5f.; 251–287), später auf 282 Titel (Hornig, Studien zu Leben und Werk 313–338).

[95] Erschienen 1771 (2. Aufl. 1776); zit als „Canon I".

[96] Erschienen 1779; zit als „Fragmente".

geschichte I"[97] und der „Beitrag zur Ablehnung mancher Vorwürfe wider die christliche Religion"[98].

4.1. Die Rolle des Judentums in Semlers biblischer Hermeneutik

Als grundlegende Kategorie seiner Bibelkritik führt Semler in „Canon I" die innerbiblische Unterscheidung zwischen der „Heiligen Schrift" als Kanon und dem „Wort Gottes" als der für den Glauben notwendig festzuhaltenden Wahrheit der Bibel ein[99]. Das hermeneutische Kriterium dieser Differenzierung besteht für Semler in der grundsätzlichen Unterscheidung und teilweise scharf formulierten Entgegensetzung der universalistischen und der partikularistischen Anteile im Kanon[100]: Das universalistische Element erkennt er im überzeitlichen, allgemein gültigen „moralischen" Gehalt der Bibel[101], ihre partikularistischen Aspekte in „lokal" und „temporär" gebundenen Aussagen, die nur innerhalb einer bestimmten historischen Situation und nur für bestimmte Menschen Gültigkeit beanspruchen können.

Von hier aus kommt Semler zu einer grundsätzlich unterschiedlichen Bewertung von Neuem und Altem Testament: Das Neue Testament betrachtet er als wesentlich universalistisch: Das in ihm enthaltene Evangelium ist für alle Menschen bestimmt, vermittelt eine allgemein gültige Ethik und ein für alle Menschen erreichbares innerliches Gottesverhältnis – die „vernünftige" Religion[102] und „algemeine geistliche wahre Gottesverehrung"[103]. Demgegenüber nimmt er in vielen alttesta-

---

[97] Erschienen 1773; zit. als „Auszug I".

[98] Erschienen 1766; zit. als „Ablehnung mancher Vorwürfe".

[99] Canon I² 101; „Heilige Schrift" sei als „historischer" und relativer Terminus für den alttestamentlichen Kanon „unter den Juden aufgekommen", d.h., ein jüdisches Erbe im Christentum; „aber zum Worte GOttes, das alle Menschen in allen Zeiten weise macht zur Seligkeit, zum göttlichen Unterricht für die Menschen, gehören diese heilig genanten Bücher nicht alle" (ebd.; vgl. aaO. 65).

[100] so in Fragmente 12f.; Canon I² 64f.; SEMLER selber gebraucht „partikularistisch" und „universalistisch" noch nicht als Begriffspaar. Gelegentlich bezieht er sich auf den „jüdischen Particularismus" (Fragmente 107; vgl. aaO. 102); von „universalistisch" spricht er gar nicht. Als Gegensatzpaar, wie dann bei W. BOUSSET (s. S. 262ff.), erscheinen diese Begriffe in systematisierter Verwendung m. W. erstmalig in W. M. L. DE WETTES Biblischer Dogmatik (1. Aufl. 1813; vgl. R. SMEND, de Wette 77–86; KRAUS, Erforschung⁴ 176–180). Gleichwohl wird diese Terminologie im Folgenden auf SEMLERS biblische Hermeneutik angewendet, da sich diese mit ihrer Hilfe am präzisesten darstellen läßt.

[101] So in Canon I² 12; SEMLER bestimmt hier als „moralisch" den Zustand, „welcher die gröste Vollkommenheit der Seelenkräfte mit sich bringen konte" (ebd.). Daher ist die Warnung berechtigt, diesen Begriff im Sinne einer rationalistischen Engführung auf das bloß Ethische mißzuverstehen (HORNIG, aaO. 106ff., gegen KRAUS, Erforschung¹ 99f. = Erforschung⁴ 109–111; vgl. E. HIRSCH, Theologie IV 55).

[102] Canon I² 12, mit Verweis auf die „λογικὴ λατρεία" in Röm 12,1; auch hier beugt SEMLERS Erklärung („eine Religion, die einem vernünftigen Menschen die grösten Endzwecke auf die grösseste Art gewähret, und ihn zum würdigsten grösten, besten Menschen macht, der er nur selbst … werden kan", ebd.) einem einseitig rationalistischen Verständnis des Begriffes vor.

[103] Fragmente 270; im selben Zusammenhang spricht SEMLER von der Erkenntnis des „allein

mentlich-jüdisch geprägten Einzelzügen des Neuen Testamentes eine Akkommodation an das temporäre und lokale Kolorit seiner Umwelt wahr. Das Abstreifen
dieser lediglich historischen Einkleidung gibt den Blick auf den wesentlich überhistorischen Wahrheitsgehalt des Neuen Testamentes frei[104]. Die Substanz der christlichen Religion ist somit für Semler nicht von der historischen Relativierung der
neutestamentlichen Zeugnisse tangiert.

Das Alte Testament hingegen – und damit auch das Judentum – betrachtet Semler als primär partikularistisch, da es über weite Strecken „gemeine menschliche
Dinge", nicht aber „geistliche Wahrheiten" vermittelt[105]. Es erzählt ausschließlich
die nationale Geschichte Israels mit dem Hauptakzent auf dessen exklusiver Erwählung, die an das in seiner Gültigkeit ausschließlich auf dieses Volk beschränkte äu-
ßerlich-bürgerliche mosaische Gesetz gebunden ist[106]. Das Gesetz und der partiku-

---

wahren Gott[es]" (ebd.); auch bei dieser Formulierung ist vor einem rationalistischen Mißverständnis zu warnen. Zu beachten ist ihre Nachgeschichte im 2. Band von H. EWALDS „Geschichte
des Volkes Israel" (EWALD, Gesch II³ 156ff.; s. S. 142f.; zum Begriff der „wahren Religion" bei
SCHLEIERMACHER s. S. 42f.; 335f.).

[104] Fragmente 31ff.; für diese Anschauung wird im 19. Jahrhundert nahezu durchgängig das
Bild von Kern und Schale verwendet (s. S. 332; vgl. H. LIEBESCHÜTZ, Judentum 15), zuerst von
SCHLEIERMACHER in den „Reden" (KGA I/2 211).

[105] Canon I² 51.

[106] Fragmente 12f.; 40ff.; 102; diese Sicht des alttestamentlichen Gesetzes geht auf B. SPINOZAS
„Tractatus Theologico-Politicus" (1670) und den englischen Deismus zurück (vgl. E. HIRSCH,
Theologie I 260ff.; 324ff.; 332ff.; H. LIEBESCHÜTZ, Judentum 4ff.) SPINOZA hatte mit Blick auf die
rabbinische Orthodoxie, die ihn 1656 in den Bann getan hatte, die Pharisäer als Beispiel für „die
elendesten Heuchler" herangezogen, die „überall" im Namen eines angemaßten göttlichen
Rechtes abweichende Meinungen als gottlos verurteilten und zum Verbrechen erklärten (Tractatus ed. GAWLICK/NIEWÖHNER¹ 565; vgl. N. PORGES, Pharisäer; F. NIEWÖHNER, Spinoza und die
Pharisäer; DERS., Veritas 312–316; DERS., Art. „Pharisäer etc."). SPINOZA seinerseits war von dem –
zeitweise mit dem Bann belegten – jüdischen Rechtsgelehrten URIEL DA COSTA (ca. 1590–1640)
beeinflußt. Dieser war wegen seiner Bestreitung der Lehren über die Auferstehung und die Unsterblichkeit der Seele, die nicht im A.T. enthalten seien, von jüdischer, später auch von christlicher Seite als „Sadduzäer" und „Epikuräer" mit Polemik überzogen worden (vgl. F. NIEWÖHNER,
Veritas 308ff.; 312ff.; im Hintergrund dieser Titulatur stehen ARN 5 und die daran anschließende Gleichsetzung von Sadduzäern und Epikuräern als Auferstehungsleugner in der späteren rabbinischen Literatur, vgl. STEMBERGER, klassisches Judentum 189; 191; zum historischen Bezug vgl.
DERS., Pharisäer 67). Daraufhin hatte er zunächst die historischen Pharisäer um ihrer Schriftauslegung willen, die die Auferstehungslehre ins A.T. eintrage, der „Täuschung des Volkes" bezichtigt
(DA COSTA, Schriften ed. GEBHARDT 95, aus: Sobre a mortalidade da alma do homen, ca. 1623; diese Schrift ist teilweise übernommen in: DERS., Exame dos tradiçoes phariseas, 1624). Später klagte
er seine rabbinischen Gegner direkt als „Pharisäer" an, die mit Hilfe von „trügerischem Aberglauben und eitlen Ceremonien" die Menschen einfingen und „zu Sklaven" machten (aaO. 137, aus:
Exemplar humanae vitae, 1640; vgl. F. NIEWÖHNER, Veritas 312ff.), d.h., mit Hilfe des Gesetzes
unter religiösem Deckmantel ihre eigene Macht aufrichteten. Diese antihierokratische Polemik
korrespondiert im christlichen Bereich mit der Gleichsetzung katholischer Orden und speziell der
Jesuiten mit den Pharisäern (s. S. 323 Anm. 20). In ihr sind die Motive von „Aberglauben" und
„Fanatismus", die den aufgeklärten Antiklerikalismus bestimmten, eng miteinander verwoben;
vgl. die an diese Polemik anknüpfende Verwendung des Begriffes „fanatisch" in der Aufklärung (s.
Anm. 116) und die dogmatisch bestimmte Sicht pharisäischer „superstitio" bei WÄHNER (s. Anm.
22). Bei DA COSTA und SPINOZA wird somit in einem ursprünglich innerjüdischen Kontext die
Wahrnehmung der Pharisäer als *spezifisch jüdischer* pejorativer Typus vorgeprägt, die im 19. Jahr-

laristische Erwählungsbegriff bewirkten zwangsläufig die jüdische „Nationalunterscheidung" und, insofern das Gesetz statt einer allgemein gültigen Moral primär dem Wohlergehen Israels diente, den Haß gegen die heidnischen Völker[107]. Die damit verbundene jüdische Eschatologie war ausschließlich auf das irdische, politisch-nationale Wohlergehen der Juden gerichtet[108]. Semler erkennt zwar bei den Propheten und in den Psalmen auch starke universalistische Impulse; diese betrachtet er jedoch als gering geachtete Ausnahmen[109]. Über seinen Partikularismus ist das Judentum nicht hinausgekommen: Zwar steht an seinem Anfang die mit dem Auszug aus dem Heidentum verbundene Erkenntnis Abrahams von „neuen, zu seinem innerlichen moralischen Wachsthum gehörigen Wahrheiten" Gottes[110]; die zunächst mündliche Weitergabe dieser Wahrheiten aber wurde dem begrenzten Verstehens-horizont der damaligen Zuhörer angepaßt[111]. Mit der flächendeckenden Kanonisierung des alttestamentlichen Textes wurde diese Beschränkung für das Judentum normativ. So blieben die Juden bei der „geringe[n], unvollkommene[n] Religion, so von ihren Vorfahren herkam", stehen[112].

Die Vorstellung der „Nation" wendet Semler in charakteristisch anderer Weise auf die Juden an als Wähner: Dieser beschreibt, ihrem überkommenen Gebrauch folgend, die „Gens Israelitica" in den „Antiquitates Ebraeorum" als Volks- und Religionsgemeinschaft unter ihren bürgerlich-politischen und religiös-kulturellen Aspekten, ohne dem politischen Element gegenüber dem religiösen ein selbständiges Gewicht zuzumessen[113]. Semler hingegen, auch hierin gegenüber Wähner stärker in der Aufklärung wurzelnd und auf das 19. Jahrhundert vorausweisend, definiert die Juden im primär politischen Sinne des Begriffes als „Nation"[114]. Das poli-

---

hundert die christlichen und teilweise die jüdischen Pharisäerdarstellungen dominieren wird (s. S. 321).

[107]   Canon I² 53 f.; Tacitus' Vorwurf des *„odium humani generis"* aus Ann. XV,44 dient SEMLER als Beleg für den „Haß" der Juden gegen die Heiden (Canon I² 109; Fragmente 265; 267; s. S. 328). Zur Nachgeschichte des Begriffes der „Nationalunterscheidung" s. Anm. 175.

[108]   Die Begriffe des Politischen und Nationalen korrelieren in SEMLERS Judentumsbild weitge-hend (so Canon I² 53; 102; 123; Fragmente 12; 102; 265). Er beschreibt mit ihnen den Messianis-mus und die Vorstellungen vom Reich Gottes in der alttestamentlich-jüdischen Tradition als Aus-druck letztlich eudämonistisch-partikularistischer Wünsche, im Gegensatz zur wesentlich univer-salistischen Erlösungslehre in der christlichen Eschatologie (so Fragmente 41; 107; 259).

[109]   Canon I² 59 f.

[110]   AaO. 57.

[111]   AaO. 58.

[112]   AaO. 59; Die an diese Einordnungen geknüpfte Erwägung „Viele solcher Aufsätze verhal-ten sich wie ein A.B.C. wenn Kinder die Fertigkeit des Lesens schon haben: führt man sie nicht immer wieder zurück in das ABC Buch; ... arme und geringe Anfangsgründe für die alte Welt, nennt es auch Paulus" (aaO. 71, mit Bezug auf Gal 4,9) greift LESSING 1777 geschichtstheologisch in §§ 26 f.; 38; 51 ff. seiner Erziehungsschrift auf (LESSING, Werke VIII, 495 f.; 498; 501; vgl. ZSCHARNACK, Lessing und Semler 123 ff.).

[113]   Vgl. den Untertitel von WÄHNERS Werk: „De Israeliticae Gentis Origine, Fatis, Rebus Sa-cris Civilibus & Domesticis, Fide, Moribus, Ritibus & Consuetudinibus".

[114]   Diese Begriffsbestimmung SEMLERS steht im Kontext der naturrechtlichen, von der Theolo-gie gelösten Auffassung des Politischen, wie sie, H. GROTIUS folgend („De iure belli ac pacis libri tres", 1625), maßgeblich von TH. HOBBES („Elements of Law natural and politic", 1640; „Levia-

tische und religiöse Element im Judentum betrachtet er als prinzipiell unterschiedene Sphären: Die partikulare Nation der Juden und die im Alten Testament enthaltene universale Religion fallen in dieser Sicht wesentlich auseinander; die Verbindung von Religion und Nation in der alttestamentlich-jüdischen Tradition beschreibt Semler als unzulässige Vermischung und partikularistische Trübung der Religion[115].

Diese Sicht Semlers führte wie schon bei früheren Aufklärern zu einer erheblichen Relativierung des religiösen Wertes des Alten Testamentes und des religiösen Gehaltes des Judentums: Das bis dahin für die Wahrnehmung der jüdischen Volksexistenz wesentliche religiöse Element in der alttestamentlich-jüdischen Überlieferung wird in wichtigen Zügen in politische Kategorien transformiert und damit der politischen Komponente untergeordnet. Hatte Wähner die Gesetzesbezogenheit des Judentums noch unter dem Leitbegriff der „superstitio" als eine gegenüber dem Christentum minderwertige Religionsform klassifiziert, darin aber eine religiöse Wesensbestimmung des Judentums beibehalten, so erreicht Semler unter dem Leitbegriff des „Fanatischen" die Abgrenzung des Christentums gegenüber dem Judentum mit dessen Reduktion auf primär national-partikularistische Aspekte – bei Preisgabe erheblicher Aspekte seiner religiösen Wesensbestimmung[116].

---

than", 1651), S. PUFENDORF („De iure naturae et gentium", 1672ff.; „De habitu religionis christianae ad vitam civilem", 1687), CHR. THOMASIUS („Institutionum iurisprudentiae divinae libri tres", 1688; „Fundamenta iuris naturae et gentium", 1705) und SEMLERS Zeitgenossen J. J. ROUSSEAU („Du contrat social ou principe du droit politique", 1762) formuliert wurde (vgl. E. HIRSCH, Theologie I 13ff.; 30ff.; 77ff.; 94ff.; 114ff.). Von GROTIUS wurde erstmalig der nationale Charakter des Alten Testamentes hervorgehoben („Annotata ad Vetus Testamentum, 1664; vgl. ZSCHARNACK 108ff.).

[115] Der ursprünglich polemische Impuls dieser vor allem im englischen Deismus entwickelten, letztlich aber auch in der reformatorischen Zwei-Reiche-Lehre wurzelnden Anschauung (vgl. E. HIRSCH, Theologie I 13f.; 23f.; 40ff.) richtete sich gegen die Verquickung geistlicher Disziplinargewalt mit staatlicher und religiöser Gesetzgebung im christlichen Ancien régime, als deren Wurzeln die Aufklärer die mosaischen Gesetze angriffen (vgl. E. HIRSCH, aaO. 90; H. LIEBESCHÜTZ, Judentum 5ff.). Zu beachten ist aber auch hier, daß der Begriff der „Nation" für SEMLER wie für die insgesamt an universal gültigen Werten orientierte Aufklärung eine begrenzte partikulare Größe bezeichnete (vgl. E. HIRSCH, Theologie III 83f. über VOLTAIRE).

[116] Der Begriff des „Fanatischen", der als Charakterisierung des Judentums bei SEMLER dessen Beschreibung als superstitiös/abergläubisch überwiegt (auch wenn letztere bei SEMLER durchaus noch präsent ist, vgl. Canon I² 56; 61; Fragmente 11; 259f.; 265; 267), stammt aus der aufgeklärten Polemik gegen orthodox-christlichen Glaubenseifer; insbesondere bezeichnet er die aus diesem erwachsene Dominanz des Religiösen, d.h., die Macht der Kirchen über das Politische (so bei VOLTAIRE, vgl. RGG² V 1709; E. HIRSCH, Theologie III 68f., sowie HIRSCH, Theologie I 325f.; 333ff.; H. LIEBESCHÜTZ, Judentum 3ff.; s. Anm. 114; 115) als Gegensatzphänomen zu aufgeklärter Vernunft und Toleranz (vgl. Canon I² 123: „diese *fanatisch politischen* Grillen"; vgl. auch die SEMLERS erster Sammlung der historisch-theologischen Abhandlungen beigefügte „Vorrede vom Fanaticismo"). SEMLER verwendet „fanatisch" als überwiegend politisch gefärbten Korrelatbegriff zu „partikularistisch". Das Judentum wird damit im Gegensatz zur vernunftgerechten „Moralität" des Christentums als unvernünftig und abergläubisch charakterisiert. Wie der Begriff „superstitio" bei WÄHNER, zielt auch diese polemische Charakterisierung zunächst auf die jüdische Gesetzesbezogenheit als Ursprung des Begriffes vom Kanon. Während WÄHNER aber, der noch ganz im überkommenen Begriff des Kanons wurzelt, allein die pharisäischen Traditionen als superstitiös

4.2. Die Pharisäer – partikularistische Antipoden Jesu

Für das Verständnis der Pharisäerdarstellung Semlers muß beachtet werden, daß weder die Pharisäer noch das Judentum der eigentliche Gegenstand seines historischen Zugriffes auf die biblischen Überlieferungen sind. Wo er sich mit diesen Größen beschäftigt, erscheinen sie nicht in historisch zusammenhängender Darstellung, sondern stets lediglich unter einzelnen Aspekten im jeweiligen Argumentationszusammenhang seiner bibelwissenschaftlichen Auseinandersetzungen im Spannungsfeld zwischen konfessioneller Orthodoxie und radikaler deistischer Kritik.

In „Canon I" geht er in der Auseinandersetzung mit dem orthodoxen Inspirationsdogma allein unter dem Betracht der Kanonfrage auf die Pharisäer ein. Sie hätten, im Gegensatz zu den Sadduzäern,

„allerley Traditionen oder Ueberlieferungen ihrer Vorfahren im Lehramt, eben so gut, als den geschriebenen Inhalt der Bücher, gelten lassen"[117].

Das pharisäische Traditionsprinzip, das hier als Erweiterung des alttestamentlichen Kanons kenntlich gemacht wird, erscheint damit, trotz der zunächst neutralen Formulierung des Sachverhaltes, implizit als Steigerung des allgemein jüdischen „Fanatismus" in Bezug auf die Dignität des alttestamentlichen Kanons[118]. Explizit spricht Semler diese Bewertung in „Fragmente" aus, indem er „sehr viel wissentliche Erdichtung und Zusätze", die die Pharisäer einführten, als „ein Gewebe von neuem eignen Aberglauben" charakterisiert[119]. Hierzu rechnet Semler vor allem die pharisäische Orientierung an partikularen Größen: Am „alten Gesetz"[120] und an der Erwartung eines „weltlichen Reiches"[121] und eines „äusserlichen Meßi-

---

angesehen hatte, bezieht SEMLER den Begriff „fanatisch" darüber hinaus auf die kanonische Dignität des Alten Testamentes im Ganzen und auf die davon herrührende Gesetzesauffassung und Messiaserwartung. Mit diesem Gebrauch von „fanatisch" knüpft SEMLER an die Polemik an, die die radikale Aufklärung im Namen von Vernunft und Toleranz gegen die erdrückende Macht kirchlicher Lehren im öffentlichen Leben vor allem in England und Frankreich richtete (s. Anm. 106; zur Verknüpfung des religiös und politisch akzentuierten Begriffs „Fanatismus" mit dem hierokratisch verstandenen Judentum in Weiterführung aufklärerischer Anschauungen vgl. CH. HOFFMANN, Juden 61f.; s. S.324f.).

[117] Canon I² 6f.; SEMLER unterscheidet in der Beschreibung der pharisäischen Traditionen nicht zwischen Halacha und Glaubenslehren.

[118] So in Canon I² 119.

[119] Fragmente 11; aus der Gegenüberstellung dieser beiden Formulierungen werden die unterschiedlichen Akzentuierungen von „Canon" und „Fragmente" deutlich: In Ersterem geht es primär um innerprotestantische Polemik in der Kanonfrage; das Judentum und sein „Fanatismus" sind letztlich das Vehikel der Polemik (vgl. H. LIEBESCHÜTZ, Judentum 13ff.). In „Fragmente" geht es dagegen in der Zurückweisung von REIMARUS' egalisierender deistischer Kritik vorwiegend um die Darstellung des grundsätzlich Neuen und Besseren des Christentums gegenüber dem Judentum (vgl. ZSCHARNACK 330ff.). Hier gewinnt das Judentum als Gegenbild des Christentums ein spürbar stärkeres Eigengewicht, dargestellt am „Verhältniß der Lehre Jesu und der Pharisäer" (so die Kapitelüberschrift in Fragmente 11–15).

[120] Fragmente 32.

[121] AaO. 37.

as"[122]. Die Existenz der Pharisäer und Sadduzäer als Gruppen stand und fiel mit der „ganzen politischen Verfassung dieses Volks"[123], d.h., sie blieb an die partikularistische Existenz des Judentumes gebunden. In „Canon I" hebt Semler aber auf der anderen Seite die pharisäische „ἀκρίβεια" als differenzierendes Moment in der Schriftauslegung gegenüber dem partikularistischen Buchstabenglauben des „gemeinen Haufens" hervor[124].

In „Fragmente" behandelt Semler die pharisäische Gesetzesbezogenheit nur beiläufig. Den Hauptakzent dieses Werkes legt er in Auseinandersetzung mit den von Lessing herausgegebenen Reimarus-Fragmenten auf den Nachweis, daß die von Jesus vertretenen Glaubenslehren im Vergleich mit den überkommenen jüdisch-pharisäischen Lehren eine ganz neue religiöse Qualitätsstufe – die universalistische gegenüber der partikularistischen – darstellen; andererseits aber hält er fest, daß sie in vielerlei Hinsicht an alttestamentlich-jüdische Traditionen anknüpfen. Diese doppelte Richtung in Semlers Argumentation tritt am deutlichsten in seiner Behandlung der jüdischen und pharisäischen Eschatologie zu Tage, dem Hauptpunkt seiner Auseinandersetzung mit Reimarus:

Reimarus hatte behauptet, daß die Auferstehungslehre, die im Alten Testament noch nicht enthalten sei, durch die Pharisäer aus dem Heidentum ins Judentum eingeführt worden sei[125]; dieses Lehrstück habe Jesus ausdrücklich übernommen und nur „den Tand und Misbrauch der Pharisäer" zurückgewiesen[126]. Semler dagegen betrachtet die Eschatologie als ein gesamtbiblisches Kontinuum, das von den Propheten an bis hin zur Lehre Jesu und der Apostel zum Gemeingut der biblischen Religion gehörte, obwohl dieses Lehrstück in den Quellen übereinstimmend als spezifisch pharisäische bzw. essenische Anschauung bezeichnet ist, die von den Sadduzäern bestritten wurde[127]. Er argumentiert mit Verweis auf Jes 26,19, Ez 37 und

---

[122] Ebd.

[123] A.a.O 13; nach der Tempelzerstörung setzte sich das Verhältnis der Sadduzäer und Pharisäer in Karäern und Rabbaniten fort (vgl. WÄHNER, Ant. II 750; 777ff.).

[124] Canon I² 63; dies bezieht er allerdings nicht auf spezifisch religiöse Einsichten oder auf pharisäische Halacha, sondern auf „allgemeine Wahrheiten der Physik, der Cosmologie, der Pneumatologie etc., die die Pharisäer „unter jenen Erzählungen [*scil.*: des Alten Testamentes] zu denken sich angewöhnt" hatten (ebd.). Anders als von SEMLER wird die in Apg 22,3; 26,5; Josephus, Bell. I 5,2 (110); II 8,14 (162); Ant. XVII 2,4 (41); Vita 38 (191) erwähnte pharisäische „ἀκρίβεια" von späteren Gelehrten durchweg als übersteigerte Sorgfalt in der Gesetzeserfüllung gedeutet (vgl. dagegen die Aufnahme des Begriffes bei A. I. BAUMGARTEN, Name of the Pharisees, 1983). In der unscharfen Bestimmung des Verhältnisses von Pharisäern und Sadduzäern zur jüdischen Gesamtheit erscheint bereits bei SEMLER die in der gesamten Pharisäerforschung des 19. Jahrhunderts unaufgelöste Spannung zwischen der Wahrnehmung der Pharisäer als innerjüdisch „Abgesonderte" einerseits und andererseits als Repräsentanten des Wesens des Judentums (s. S. 322).

[125] REIMARUS, Zweck Jesu, § 1 (LESSING, Werke VII 496); angeführt in SEMLER, Fragmente 1; 6; 9.

[126] REIMARUS, Zweck Jesu, § 2 (LESSING, ebd.); angeführt in SEMLER, Fragmente 11.

[127] Vgl. Apg 23,8; Ant XVIII 1,3 (12–16); ARN 5. Von daher bleibt die Beschreibung des Verhältnisses von Pharisäern und Sadduzäern bei SEMLER unklar: Einerseits behauptet er, daß die Sadduzäer „eine Fortdauer und Unsterblichkeit der Seele", wie sie sich bei Pharisäern und Essenern findet, „nicht also lehren" (Fragmente 7); andererseits aber müsse man „den Widerspruch der Sadducäer nicht geradehin, sondern im Verhältnis auf die besondre pharisäische vermerte Theorie, verstehen" (aaO. 8). Kriterien für die Unterscheidung zwischen der allgemein jüdischen Sub-

Dan 12,2, daß die jüdische Eschatologie im Alten Testament wurzele und seit der Zeit der Propheten „wirklich zum Theil, auch schon vor dem Ursprunge der Secten der Juden, da gewesen ist"[128]. Es handelt sich nach Semler bei der Eschatologie mithin um nichts spezifisch Pharisäisches und aus dem Heidentum Entlehntes, sondern um gängig Alttestamentlich-Jüdisches[129]. Daher ebnet er die pharisäischen Spezifika gegenüber dem Judentum im Ganzen weitgehend ein und beschreibt die Pharisäer als Repräsentanten des partikularistischen Judentumes, mit deren „jüdischen Vorurtheilen"[130] er die Lehren Jesu kontrastiert.

Hierin wird eine Spannung zu dem beschriebenen gesamtbiblischen Kontinuum sichtbar, denn auf dieser Seite betont Semler die Diskontinuität der Lehre Jesu gegenüber der pharisäisch-jüdischen. Gegen Reimarus will er zeigen, daß „der Zusammenhang der Vorstellungen, die nach der Lehre Jesu gesamlet wurden, ein ganz anderer sey, als den die Pharisäer hatten"[131]: Jesu Botschaft vom Reiche Gottes hängt wesentlich mit den universalistischen Passagen des Alten Testamentes zusammen, in denen die universalistische „innere eigene privat-Religion" sich ausspricht – als Beispiel verweist er namentlich auf die „so geistvollen Gesänge oder Psalmen"; die Pharisäer dagegen repräsentieren die Orientierung der „sinnlichen Juden" an der rechtlich strukturierten „öffentlichen Religion" der mosaischen Gesetze[132]. Reimarus' Bewertung des gesamten Alten Testamentes als gesetzlich, d.h., partikularistisch, weist Semler scharf zurück: Sie kann nur für die mosaischen Gesetze gelten; ihre undifferenzierte Anwendung auf das Alte Testament bedeutet eine unzulässige Vermischung der durch die Pharisäer repräsentierten „öffentlichen" partikularistischen Religion mit der „privaten" universalistischen[133].

Diese Konstruktion fängt die Spannung von Kontinuität und Diskontinuität des Neuen Testamentes gegenüber der alttestamentlich-jüdischen Tradition auf und ermöglicht es Semler, im Gegensatz zu den Deisten trotz erheblicher Relativierungen des alttestamentlichen Kanons im Grundsatz an einem gesamtbiblischen Schriftverständnis festzuhalten. Semler betrachtet die als universalistisch erkannten Teile des Al-

---

stanz der Auferstehungslehre und den speziell pharisäischen Weiterungen nennt er nicht. Diese Unklarheit liegt in SEMLERs Grundansatz: Wenn die Eschatologie aus dem Alten Testament herrührt, ist nicht plausibel zu machen, wie die Sadduzäer als innerjüdische Gruppe dieses Lehrstück bestreiten konnten. Vgl. den Streit um den „Sadduzäer" URIEL DA COSTA (s. Anm. 106; zu REIMARUS' Rezeption DA COSTAS vgl. NIEWÖHNER, Veritas 323ff.).

[128] Fragmente 6; die „Secten" „mögen ... immer schon unter der Zeit der Maccabäer wirklich da gewesen seyn unter den Juden" (aaO. 7; vgl. WÄHNER, Ant. II 749; s. S.22).

[129] AaO. 8: „Die Vorstellungen z. E. der Pharisäer vom Zustand der Seele ... nach dem Tode haben ein wirklich einheimisches Locale".

[130] AaO. 32; dies bezieht sich vorwiegend auf die partikularistische Eschatologie (aaO. 14f.; 34–38, u.a.); den Pharisäern und Schriftgelehrten als ihren Repräsentanten wirft er mit Bezug auf Mt 23,13 vor, das Himmelreich vor denen zu verschließen, die ihre Satzungen nicht annehmen (aaO. 36) und begreift Mt 23,15 als Kritik der partikularistisch-gesetzlichen Proselytenmacherei der Pharisäer (aaO. 110).

[131] AaO. 12.

[132] Ebd.

[133] Ebd.; zur Unterscheidung von öffentlicher und privater Religion vgl. HORNIG, Semler 180ff.; s. Anm. 190.

ten Testamentes als die wahre alttestamentliche Erbschaft des Christentums, die diesem durch das Judentum in partikularistischer Vermischung übermittelt wurde; diese Verengung wurde durch Jesus überwunden. Das Judentum hingegen ist, verkörpert durch die Pharisäer, der eigentliche Erbe des alttestamentlichen Partikularismus[134].

Im Verhältnis Jesu zu den Pharisäern bildet Semler ausschließlich die Diskontinuität ab. Für Vermittlungen ist in dieser Perspektive kein Raum: Dies würde eine unzulässige Vermischung der innerlich-geistlichen Lehre Jesu mit dem „schlechtesten", d.h. partikularistisch-äußerlichen Begriff der Pharisäer vom Reiche Gottes bedeuten[135]. So wurden die Anhänger Jesu „wegen ihres Eifers in volkommener Frömmigkeit von den Pharisäern und Erfarnen des alten Gesetzes" verfolgt[136]; die Hinrichtung Jesu beschlossen „die Hohenpriester und Pharisäer ... im Synedrio"[137],

„weil er die bisherige jüdische Religion, als eine blos äusserliche und particuläre Vorschrift für Bürger des jüdischen Staats, herabgesetzt, und eine innere geistliche Religion zum gleichen Glück aller Menschen anempfolen"[138]

hatte. Dies machte ihn notwendig zum Gegner der Pharisäer und Sadduzäer[139]; wenn Jesus auf die Beschuldigung der Pharisäer hin als ein „öffentlicher Lästerer und Zerstörer des Gesetzes" hingerichtet wurde, lag dem eine in der Sache zutreffende Einschätzung seiner Lehre durch seine Gegner zu Grunde[140].

Dennoch legt Semler Wert auf die Festellung, daß die Pharisäer nicht die jüdische Obrigkeit waren[141]. Vielmehr erblickt er, entsprechend seiner politisch-nationalen Wesensbestimmung des Judentums, in ihrer politischen Umtriebigkeit, durch die sie sich „selbst den Sadducäern, den Fürsten – – mächtig, furchtbar zu machen gesucht" hatten, den „rechten Zweck der Pharisäer"[142]; Johannes Hyrkan habe dies erkannt und sich wegen ihrer „politischen unruhigen Absichten und Anstalten"

---

[134] Diese Anschauung begegnet nahezu durchgängig in der historisch-kritischen Bibelwissenschaft des 19, Jahrhunderts; am prägnantesten ist sie von H. EWALD formuliert worden (s. S. 118ff.; 131ff.; 332ff.).

[135] AaO. 14.

[136] AaO. 31f.; mit Bezug auf Mt 5,10.

[137] AaO. 103; mit Verweis auf Joh 11,47.

[138] AaO. 102; diesen Sachverhalt formuliert SEMLER in Anknüpfung an REIMARUS' Argumentation in Zweck Jesu, § 2 (LESSING, aaO. 496) häufiger dahingehend, daß Jesus das Judentum „reformirt" habe (aaO. 14; vgl. aaO. 134, 174, 178). Andererseits spricht er aber davon, daß in der Lehre Jesu „die jüdische Religion hintangesetzt und aufgehoben" sei (aaO. 41). Die Lösung dieses terminologischen Widerspruchs liegt darin, daß Jesus nach SEMLER ein neues religiöses „System" (aaO. 49) begründete, in das die Lehrstücke des alten Systems transformiert werden. Je nach Argumentationslage betont SEMLER einerseits den Aspekt der Anknüpfung und der „Reform", andererseits den der Diskontinuität und „Aufhebung" (diese Zweiseitigkeit hat SEMLER hermeneutisch in seiner Fassung der bereits aus dem 17. Jahrhundert stammenden Akkommodationstheorie aufgenommen; vgl. HORNIG, aaO. 211ff.). Deutlich ist jedoch seine Warnung vor der „Vermischung eines alten und neuen Systems" (aaO. 49).

[139] AaO. 248.

[140] AaO. 42; vgl. aaO. 104f.; 108.

[141] AaO. 248.

[142] AaO. 10; zu beachten ist die Wirkungsgeschichte dieses Motives bei EWALD (s. S. 120ff.).

von ihnen getrennt[143]. Obwohl Semler in diesem Zusammenhang scharf zwischen den „Lehren der Pharisäer" und den „öffentlichen Lehren der jüdischen gemeinen Religion" unterscheidet, gegen deren Vermischung die Maßnahmen Johannes Hyrkans gerichtet waren[144], läßt er auch hier offen, worin die pharisäischen Spezifika gegenüber den allgemein jüdischen Lehren bestehen.

Die Rolle der Pharisäer gegenüber dem Judentum im Ganzen bleibt bei Semler schillernd: Er zählt sie gemeinsam mit Sadduzäern und Essenern zu den „Parteien oder Secten" im Judentum[145], die die „gelerteren Juden" ausmachten, „welche man nach den drey Secten zu theilen pflegt"[146]. Insofern unterscheidet er sie vom „gemeinen Haufen" des Judentums[147]. Die Pharisäer erscheinen jedoch im Gesamtbild als „der gröste Haufe der Juden"[148]: Gemeinsam mit den Sadduzäern repräsentieren sie die partikulare Begrenztheit der „jüdischen Theologie" insofern, als diese von beiden „gleich gut zu ihren Mißbräuchen genutzt wurde"[149]. An anderer Stelle erklärt er es jedoch als unrichtig,

> „wenn man alle Juden ... blos nach der steifen Ordnung der Pharisäer, oder nach der Indifferenz der Sadducäer beurtheilen, und es zu Grundsätzen der jüdischen Religion überhaupt stets machen wolte, was nur bey den Pharisärn angetroffen wird"[150].

Auch hier gibt Semler keine näheren Erklärungen; es klingt jedoch durch, daß das Judentum an sich doch besser war als die Pharisäer und Sadduzäer[151]. So erscheint das palästinische Judentum, im Ganzen wie in seinen einzelnen Gruppierungen, letztlich als weithin partikularistische Größe, innerhalb deren einzelne Differenzierungen, die Essener ausgenommen[152], wenig ins Gewicht fallen. Die Pharisäer und Sadduzäer, „welche die Religion nur zum Gewerbe brauchen, und von der heilsamen gemeinnützigen Erkenntnis Gottes gleich weit entfernet sind", halten es im Partikularismus fest[153]; dagegen ist unter den Juden der griechischen Dia-

---

[143] Ebd.; mit Bezug auf Ant. XIII 10,5–6 (288–298). SEMLER sieht eine solche „Rebellion" im Widerspruch zum „rechten Zweck einer Religion" (ebd.) und bemerkt ironisch, REIMARUS mache die Pharisäer in Zweck Jesu, § 1 (LESSING, aaO. 496) „zu andächtigen Predigern der wahren Religion" (ebd.). Anders als spätere Gelehrte betrachtet SEMLER die politischen Aktivitäten der Pharisäer nicht als „fanatisch" (s. S. 324f.).

[144] Ebd.

[145] Canon I² 6. In dieser doppelten Bezeichnung (so schon bei J. BASNAGE, Hist I 176f.) deutet sich, analog zur Bestimmung des Wesens des Judentums primär unter nationalem Gesichtspunkt (s. S. 30f.), ein erstes Abrücken von der noch bei WÄHNER ungebrochenen rein religiösen Sicht der jüdischen „Sekten" an (s. S. 16f.). Endgültig abgelöst wurde „Sekte" als Bezeichnung für die Pharisäer durch „Partei" in REUSS' 1859 erschienenen RE¹-Art. „Pharisäer" (s. S. 91; 322).

[146] Fragmente 7.

[147] Canon I² 63.

[148] Fragmente 262.

[149] AaO. 259; diese Bemerkungen münzt SEMLER speziell auf die „jüdische Theologie vom Meßias"; sie gelten jedoch auch für sein Bild des Ganzen. Außer einem Hinweis auf „äusserliche sinliche Belustigungen" gibt SEMLER keine näheren Erklärungen über diese „Mißbräuche".

[150] Ablehnung Nr. 17, 294.

[151] Vgl. aber SEMLERS Bewertung der pharisäischen „ἀκρίβεια" in Canon I² 63.

[152] Vgl. Fragmente 10.

[153] Fragmente 265.

spora „eine innerliche thätige Religion" aufgeblüht, die die partikularistischen Anschauungen und Bräuche hinter sich gelassen hat[154].

Im Gesamtbild repräsentieren die Pharisäer bei Semler trotz gelegentlicher Differenzierungen und mancher Unklarheiten den allgemeinen jüdischen Partikularismus; ihre Spezifika werden relativiert. Es überwiegt deutlich ihre Rolle als alttestamentlich-jüdischer Antitypus gegenüber der Lehre Jesu: Sie sind die unvernünftigen, gesetzesorientierten, partikularistischen Juden par excellence, die über das Gesetz hinaus sogar noch „abergläubische Satzungen"[155] einhalten und in scharfem Kontrast zum Universalismus der „wahren Religion" Jesu erscheinen[156].

Als Quellen des Pharisäerbildes Semlers dienen, entsprechend seiner vorwiegend biblisch-hermeneutischen Fragestellung, die neutestamentlichen Schriften – vorzugsweise Mt 23[157] –, ergänzt durch Nachrichten aus Josephus[158]. Rabbinische Aussagen zieht er im Hinblick auf die Pharisäer so gut wie gar nicht heran, wohl aber im Hinblick auf das Judentum im Ganzen[159]. Eine historische Kritik der antiken Pharisäerberichte unternimmt er nicht. Die Historizität der Evangelien nimmt er gegen Reimarus ausdrücklich in Schutz. Ihre Unterschiede erklärt er durch die Akkommodation an unterschiedliche Leser; sie beträfen aber nicht das Wesentliche[160].

4.3. Semlers Darstellung von Pharisäern und Judentum als Brückenschlag vom 18. zum 19. Jahrhundert

Obwohl Semlers Plädoyer für „freie Untersuchung des Canon" über weite Strecken von der Polemik gegen das „fanatische", national-partikularistische Judentum und dessen Kanonisierung sämtlicher alttestamentlicher Schriften als „Wort Gottes" bestimmt ist, richtet sich sein eigentlicher Stoß gegen das Schriftverständnis der protestantischen Orthodoxie, dessen Ursprung er im Judentum bekämpft. Seine Abgrenzung gegen das Judentum ist daher weitgehend auf das Prinzip der kanonischen Autorität des ganzen Alten Testamentes und seine Konsequenzen beschränkt. Darunter rechnet er freilich auch, hierin christlich-polemischer Tradition folgend, die jüdische Gesetzesbezogenheit. Diese Beschränkung eröffnet die Möglichkeit, auch im Judentum allgemein gültige „Vernunft" und „Moral" wahrzunehmen, wo das von Semler bekämpfte partikularistische Prinzip durchbrochen wird. So hebt er mit Blick auf Philo und das alexandrinische Judentum wohlwollend hervor, daß Juden, sobald sie „unter andern Völkern die Cultur des Ver-

---

[154] Ebd.; vgl. SCHULZ, Semler 125f..

[155] AaO. 259f.; vgl. WÄHNERS Verwendung von „superstitio" (s. S. 18ff.).

[156] AaO. 259; vgl. aaO. 270.

[157] Vgl. aaO. 36f.; 110; für die theologische Bewertung des Grundgegensatzes zwischen Jesus und den Pharisäern zieht er vor allem Mt 5,17–20 heran (aaO. 32; 106ff.; zum Sachproblem vgl. U. LUZ, Erfüllung des Gesetzes).

[158] Vgl. aaO. 7f.; 10; 234.

[159] Dies geschieht namentlich in der Darstellung der Lehren über das messianische Zeitalter (aaO. 45ff.); vgl. dagegen WÄHNERS Rezeption von Rabbinica (s. S. 24f.).

[160] so aaO. 259; vgl. HORNIG 178.

standes annehmen", die Idee von der göttlichen Inspiration des Kanons fallen lassen und zu Gunsten des „wahren Charakters der Göttlichkeit" „allgemeine moralische Begriffe unter Allegorien" in die alttestamentlichen Schriften hineinlegen[161].

In diese positive Würdigung bezieht Semler gelegentlich auch „Talmudisten und Rabbinen" ein, die ohne Allegorien „nichts, mit einiger Gestalt zu lehren gehabt"[162] hätten, sowie die Pharisäer wegen ihrer „ἀκρίβεια"[163]. Von diesen Gruppen unterscheidet er dezidiert den ungebildeten „gemeinen Haufen", der in den alttestamentlichen Erzählungen „alles ohne Unterschied, ganz buchstäblich" behielt[164]. Die Pharisäer repräsentieren bei Semler keine aktuellen Gegner „wahrer" Religion: Der beiläufig gegebene Verweis auf das Mönchtum gibt zwar die in der protestantischen Polemik geläufige Gleichsetzung von Mönchen und Pharisäern zu erkennen[165], dient aber in Anknüpfung an Bekanntes der Erläuterung der historischen Rolle der Pharisäer, nicht der Interpretation zeitgenössischer Konstellationen. Dagegen betont Semler wiederholt die Vernunft mancher Rabbinen im Unterschied zum Fanatismus des großen Haufens der Juden[166] und der protestantischen Orthodoxie:

> „Allein es giebt wirklich viel mehr Nachdenkens sogar unter manchen Rabbinen, als bey vielen protestantischen Theologis, seit mehr als hundert Jahren"[167].

Wenn auch aus solchen polemischen Seitenhieben, die letztlich mehr die Orthodoxie herabsetzen als die Rabbinen aufwerten sollen, nicht geschlossen werden darf, daß für Semler die Prävalenz des Christentums gegenüber dem Judentum eingeebnet ist – die Christen bleiben für ihn ohne Zweifel die „Mitglieder des neuern und bessern Bundes"[168] –, ist doch festzuhalten, daß er prinzipiell ein vernünftiges Judentum als Möglichkeit anerkennt. Dies verifiziert Semler allerdings nur historisch, vorwiegend am alexandrinischen Judentum.

Gegenüber „Canon I" tritt in „Fragmente" stärker das polemisch-apologetische Interesse an der Diskontinuität von Judentum und Christentum hervor[169]. Vom Christentum ist das Judentum bei Semler im religiösen Ursprungsgeschehen getrennt. Zwar hält er deutliche Übereinstimmungen in den Äußerungen der Frömmigkeit und in einzelnen Lehrstücken fest; er betont aber, daß diese im Grundansatz verschieden seien und unterscheidet sie als altes und neues „System", die nicht

---

[161] Canon I[2] 62; mit dieser positiven Aufnahme der allegorischen Hermeneutik setzt sich SEM-LER von der ausschließlichen Akzentuierung des *sensus literalis* durch die Reformatoren ab (zur reformatorischen Hermeneutik vgl. KRAUS, Erforschung[4] 9ff.; HORNIG, aaO. 176ff.); vgl. auch die Nachgeschichte dieses Argumentes bei A. F. GFRÖRER, Jahrh I 199f., s. S. 51f.

[162] Ebd.

[163] AaO. 63; s. S. 34.

[164] Ebd.

[165] Fragmente 11; zur Vorgeschichte dieses Topos vgl. H. A. DANIEL, Phar. 34.

[166] Canon I[2] 109; vgl. aaO. 107ff.

[167] AaO. 100; vgl. aaO. 68.

[168] AaO. 68.

[169] s. Anm. 119.

vermischt werden dürften[170]. Daher lehnt Semler eine wirklich historische Entwicklung vom Judentum zum Christentum ab und gesteht allenfalls eine Akkommodation christlicher Lehren an ihre partikularistische jüdische Umwelt zu[171]. Aber auch in Fragmente bezieht sich Semler auf *„vernünftige* jüdische Ausleger" der Schrift[172].

Analoge „vernünftige" Perspektiven für das zeitgenössische Judentum faßt er nicht ins Auge; sie waren zu seiner Zeit noch Zukunftsmusik. Das Judentum erscheint bei Semler zwar auf seine im modernen Sinne des Begriffes nationale Existenz festgelegt – aber auf deren überkommene vormoderne und voremanzipatorische Gestalt, wie sie im Deutschland des 18. Jahrhunderts noch weithin ungebrochen bestand, als die Juden in religiöser und sozialer, sprachlicher und kultureller, politischer und rechtlicher Hinsicht nahezu völlig separiert von ihrer christlichen Umwelt lebten[173].

Die grundsätzliche Unterscheidung des Nationalen und Religiösen auch im Hinblick auf das Judentum, wie sie bei Semler und seinen aufklärerisch orientierten Vorgängern sichtbar wird, läßt aber keineswegs nur diese, letztlich von christlicher Apologetik bestimmte Sichtweise zu: Sie eröffnete daneben prinzipiell die Möglichkeit, das Judentum im zeitgenössischen Kontext im Zuge emanzipatorischer Bestrebungen unter Zurückstellung seiner national-partikularistischen Komponente primär von seinem als universalistisch bewerteten religiösen Kern her als eine den christlichen Kirchen vergleichbare konfessionell bestimmte Religionsgemeinschaft zu begreifen[174]. Ein solches, ebenfalls durch die Aufklärung inspiriertes Verständnis des Judentums wurde, durch die Französische Revolution und die napoleonische Epoche ins allgemeine Bewußtsein gehoben, im frühen 19. Jahrhundert zum Leitbild der Judenemanzipation in Deutschland[175].

Semlers Stellung in der Forschungsgeschichte markiert auch in der Wahrnehmung von Pharisäern und Judentum die Wende vom 18. zum 19. Jahrhundert: Im

---

[170] Fragmente 49.

[171] Mit diesem Argument lehnt er die Theorie des REIMARUS, daß erst die Apostel die ursprünglich jüdische Lehre Jesu in ein neues religiöses System verfälschten, ab: Es gebe in dieser Hinsicht keinen Unterschied zwischen der Lehre Jesu und den Lehren der Apostel (Fragmente 28f.; 40ff.; vgl. REIMARUS, Zweck Jesu, §§ 3; 7, in: LESSING, aaO. 497f.; 502f.).

[172] Fragmente 46; Hervorhebung von mir.

[173] Vgl. J. KATZ, Aus dem Ghetto 19ff.; M. RICHARZ, Bürger 12ff.; M. MENDELSSOHN blieb zu seiner Zeit eine im Blick vieler Zeitgenossen aus dem Judentum letztlich herausfallende Ausnahmeerscheinung (vgl. KATZ, aaO. 59ff.; 63ff.). SEMLER selbst hat „Aussagen über das zeitgenössische Judentum ... kaum getroffen" (SCHULZ, Semler 119).

[174] Dieser Impuls wurde im liberalen Judentum des 19. Jahrhunderts bestimmend; signifikant bei A. GEIGER.

[175] Beispielhaft für diese Bestrebungen ist A. F. GFRÖRERS Anliegen, „aus den Juden Staatsbürger zu ziehen" (GFRÖRER, Jahrh I 207; vgl. RICHARZ, aaO. 31: „Das Judentum hörte auf, das Leben seiner Anhänger umfassend zu prägen und wurde zu einer Konfession. Aus dem Ghettojuden entstand der deutsche Staatsbürger jüdischen Glaubens"). Gegen diese Tendenz hatte sich 1831 H. E. G. PAULUS in einer Schrift über „Die jüdische Nationalabsonderung" gewandt, deren Titel an SEMLERS Formulierung von der „Nationalunterscheidung" anklingt (Canon I[2] 53; s. S. 30f.; zu den Positionen von PAULUS und GFRÖRER s. S. 59).

Hinblick auf die Pharisäer hat Semler gegenüber der von Wähner vertretenen älteren Forschung keine neuen inhaltlichen Erkenntnisse und keine neuen Interpretationen im Einzelnen gewonnen. Hinsichtlich der Quellenerschließung hat seine durch sein biblisch-hermeneutisches Forschungsinteresse bedingte Konzentration auf die Pharisäerberichte der Evangelien und des Josephus sogar den Rückschritt bewirkt, daß die rabbinischen Quellen für die historisch-kritische Pharisäerforschung über weite Strecken, mit Ausnahme von Gfrörer, nur marginal wahrgenommen wurden[176].

Forschungsgeschichtlich bedeutsam ist seine Pharisäerdarstellung jedoch dadurch, daß er die Pharisäer im Rahmen eines zusammenhängenden biblischen Geschichtsbildes sieht, in dem die bislang gültige heilsgeschichtliche Einebnung der verschiedenen Epochen auf einer theologischen Fläche überwunden wird: Wesentlich ihm ist es zu verdanken, daß die überkommene lexikographische Darstellung der jüdischen Geschichte im Ganzen, wie sie noch bei Wähner anzutreffen ist, aufgebrochen wurde; gleichzeitig gab er durch die Distinktion von partikularistischer und universalistischer, öffentlicher und privater Religion, letztlich von Form und Inhalt innerhalb des biblischen Kanons der protestantischen Bibelwissenschaft ein hermeneutisches Instrumentarium an die Hand, mit dem die biblischen Überlieferungen einer an den zeitlichen und örtlichen Gegebenheiten orientierten historischen Quellenkritik unterzogen werden konnten[177], ohne daß dabei zentrale theologische Aussagen preisgegeben werden mußten. Auch wenn der Unterscheidung von Partikularistisch und Universalistisch noch eine theologische Disposition zu Grunde liegt, gewinnt sie aber darüber hinaus in diesem Zusammenhang eine entscheidende Funktion als hermeneutischer Rahmen für die Wahrnehmung historisch gewonnener und von systematisch-theologischen Setzungen unabhängiger Erkenntnisse[178].

In den Spuren der von den Werten der vernünftigen, universalen, allgemeingültigen, „moralischen" wahren Religion eines aufgeklärten Christentumes geleiteten Hermeneutik Semlers konnte die historisch-kritische Theologie sowohl dem orthodoxen Inspirationsdogma als auch der radikalen deistischen Kritik Paroli bieten. Hierin wurde er der Wegbereiter der im 19. Jahrhundert breit entfalteten Bilder der jüdischen und christlichen Geschichte[179]. Das letztlich unaufgelöste Spannungsverhältnis

---

[176] s. S. 314 ff.

[177] so in Canon I² 51 ff.; 65 f.; 95 f. u.a.; Fragmente 259 f.

[178] Eine eigenständige, wesentlich durch seine Stellungnahme zum WÖLLNER'schen Religionsedikt („Verteidigung des kgl. Edikts vom 9. Juli 1788, wider die freimütigen Betrachtungen eines Ungenannten", Halle 1788) beeinflußte Nachgeschichte hatte SEMLERS Unterscheidung von öffentlicher und privater Religion, die in der Sache zunächst nur eine Facette der Unterscheidung von Partikularistisch und Universalistisch bedeutete (vgl. Fragmente 12; s. S. 35), ihn aber kirchenpolitisch seinen aufgeklärten Zeitgenossen entfremdete (vgl. RE³ XVIII, 207 f.; RGG³ V 1697; ZSCHARNACK 279 ff.; 301 ff.; 350 f.; E. HIRSCH, Theologie IV 70 ff.). Vgl. auch den Reflex GFRÖRERS und WELLHAUSENS darauf (s. S. 57 f.; 223; 339).

[179] Bemerkenswert ist, daß SEMLER bereits 1773 im „Fruchtbaren Auszug aus der Kirchengeschichte I" *in nuce* einen Umriß der neutestamentlichen Zeitgeschichte skizziert, wie er später von M. SCHNECKENBURGER, dem Begründer der wissenschaftlichen Disziplin „Neutestamentliche Zeitgeschichte", gefolgt von A. HAUSRATH, E. SCHÜRER und anderen breit ausgeführt wurde

von Kontinuität und Diskontinuität zwischen der alttestamentlich-jüdischen und der christlichen Religion, das in Semlers Werken erkennbar ist, bleibt der Bibelwissenschaft in zahlreichen Facetten auch über Semler hinaus durchgängig erhalten und stellt ein Konstitutivum der im Folgenden untersuchten Pharisäerbilder dar[180].

4.3.1. Semler und Schleiermacher

Eine nachhaltige Wirkungsgeschichte in der historisch-kritischen Bibelwissenschaft des 19. Jahrhunderts erreichte Semlers starke Akzentuierung der national-partikularistischen Komponente des Judentums in ihrer breitenwirksamen Vermittlung durch Schleiermachers Judentumsbild in der fünften der „Reden über die Religion"[181]. Schleiermacher hatte 1787–1789 in Halle studiert und wesentliche An-

---

(s. S. 61ff.; 170; 227f.; in der Anlage entspricht dem auch I. v. DÖLLINGERS „Judenthum und Christentum, s. S. 154f.). Auf SEMLER bezieht sich allerdings keiner der Genannten. Unter der Überschrift „Vom Zustand der Juden" behandelt SEMLER zunächst die jüdische Religion, untergliedert nach dem Judentum in Palästina und in der Diaspora (Auszug I 5–7); in diesem Zusammenhang gibt er auch eine summarische Beschreibung der „3 … Partheien" (aaO. 5) sowie religiöser und bürgerlicher Zustände im heidnischen römischen Reich (aaO. 8f.).

[180] Ein Nachhall der vorkritischen Darstellungen von Pharisäern und Judentum findet sich in den Artikeln „Pharisäer" und „Juden" des Biblischen Realwörterbuches (im Folgenden zit. als „RWB") des Leipziger Theologen GEORG BENEDICT WINER (1789–1858). Dieses erschien in drei Auflagen (1820; 1833/38 in 2 Bänden; 1847/48) und war im 19. Jahrhundert weit verbreitet. Noch W. BOUSSET erwähnt es als „eine reiche Fundgrube" (Rel[1] 50f.). In seinen 1833 und 1838 völlig neu konzipierten und 1847/48 leicht überarbeiteten Lexikonartikeln entwirft WINER ein statisches Bild von Pharisäern und Judentum, in dem der Aspekt historischer Entwicklung und eine historische Quellenkritik so gut wie nicht erkennbar sind: Die „Secte" (RWB II[3] 245) bzw. „Partei" (RWB I[3] 638) der Pharisäer charakterisiert WINER durch kleinlich-gesinnungslose Gesetzeserfüllung, „Heuchelei und Ehrsucht" (RWB II[3] 246, i. W. belegt durch Mt 23). In diesem Zusammenhang stellt er die Pharisäer als „eine Art jüdischer Jesuiten" vor (ebd., nur in der 3. Aufl.; s. S. 322f.). Hierin erscheinen sie als Prototyp des gesamten Judentums bis in WINERS eigene Zeit. Die jüdische Gesetzesbezogenheit, die nach innen in Gestalt des Pharisäismus in Erscheinung tritt, macht sich nach außen als schroffer Partikularismus gegenüber den Heiden geltend. Als Beleg dafür dienen Vorurteilsmuster aus der antiken Judenpolemik, die WINER als Tatsachenbehauptungen übernimmt (RWB I[3] 638; mit Verweis auf Tacitus' Wort vom jüdischen „*adversus omnes alios hostile odium*" aus Hist. V,5; s. S. 328). Methodisch repräsentiert WINERS Werk die vor dem Einsetzen historisch-kritischer Geschichtsschreibung erreichten Forschungsergebnisse. In seinen werthaften Bezügen figurieren Pharisäer und Juden als negatives Gegenüber der Leitbilder einer vorwiegend praktisch-ethisch orientierten christlichen Vernunftreligion und einer durch rechte Gesinnung motivierten Ethik: Er tadelt nicht die pharisäische Gesetzesorientierung an sich, sondern ihre nicht durch innere Gesinnung gedeckte Äußerlichkeit. Im Neuen Testament hat dies vor allem bei Mt Anhaltspunkte (s. S. 85 zu H. A. DANIEL; S. 257 zu F. KAULEN). Dies weist WINER gegenüber der existenziellen Akzentuierung des „Moralischen" bei SEMLER (s. S. 29) und des religiösen Gefühles bei SCHLEIERMACHER als einen der letzten Vertreter des sich an die Neologie anschließenden späten Rationalismus aus, wie er u. a. von H. E. G. PAULUS vertreten wurde (vgl. E. HIRSCH, Theologie V 26ff.; 60ff.).

[181] SCHLEIERMACHER, KGA I/2 314–317; auch für diesen Zusammenhang ist E. HIRSCHS Votum zutreffend, SCHLEIERMACHER habe „das neue theologische System gegeben, zu dem Semler … nicht gekommen ist" (HIRSCH, Theologie IV 88).

regungen von Semler empfangen[182]. Namentlich auf Semlers Unterscheidung des christlichen Universalismus vom alttestamentlich-jüdischen Partikularismus als verschiedene religiöse „Systeme"[183] geht Schleiermachers Sicht von Judentum und Christentum als „zwei in ihren Ursprungserlebnissen verschiedene Religionen"[184] zurück: In der auf Gesetz und Vergeltung fußenden „Grundanschauung" des Judentumes liege sein Defizit gegenüber dem Christentum[185]. Durch Schleiermachers Vermittlung wird diese Argumentationsfigur später die Bewertung des Judentums nahezu in der ganzen historisch-kritischen Bibelwissenschaft prägen[186]. Diese Sicht des Judentums hat Schleiermacher auch in späteren Äußerungen beibehalten[187]. Die daraus erwachsene scharfe Beurteilung des nachbiblischen Judentums aus der 5. Rede als „eine todte Religion" und „unverwesliche Mumie"[188], von der nur noch ihre „politische Verbindung" zurückblieb als „die unangenehme Erscheinung einer mechanischen Bewegung nachdem Leben und Geist längst gewichen ist"[189], hat Schleiermacher nicht wiederholt. Sie wurde aber im 19. Jahrhundert weithin rezipiert[190] Auch Schleiermachers Verwendung des Begriffes der „wahren Religion"[191] geht auf Semlers Akzentuierung dieses in der Aufklärung spezifisch geprägten Terminus zurück[192].

---

[182] Zum Verhältnis SCHLEIERMACHERs zu SEMLER vgl. HIRSCH, aaO. 88f.; HORNIG, Schleiermacher und Semler; LÜDER, Historie und Dogmatik 244–250.

[183] so in Fragmente 49.

[184] H.-W. SCHÜTTE, Schleiermacher 294; vgl. H. LIEBESCHÜTZ, Judentum 96ff.; E. LUCAS, Zuordnung 590–593.

[185] SCHLEIERMACHER, KGA I/2 315f.

[186] Eine Ausnahme stellt A. F. GFRÖRER dar (s. S. 56ff.).

[187] So im 2. Sendschreiben an LÜCKE (KGA I/10 354), in den §§ 115 und 141 der 1830 erschienenen 2. Auflage der „Kurzen Darstellung des theologischen Studiums", in den §§ 12,2 und 132 in der 1831/32 erschienenen 2. Aufl. der Glaubenslehre, in der Predigt „Der Unterschied zwischen dem Wesen des neuen und des alten Bundes" (Predigten 7. Sammlung, 48f.; 54f.).

[188] KGA I/2 314.

[189] AaO. 316; mit dieser Beurteilung verbindet SCHLEIERMACHER in den „Briefen bei Gelegenheit der politisch theologischen Aufgabe und des Sendschreibens jüdischer Hausväter" (wie die „Reden" 1799 erschienen; KGA I/2 327–361) das Plädoyer für die bürgerliche Emanzipation der Juden: Die Bindung des Bürgerrechtes an die Zugehörigkeit zur Kirche betrachtet er als unwahrhaftig (aaO. 335f.) und für die Kirche schädlich, weil die Folge ein „judaisirendes Christenthum" wäre (aaO. 347). Als Bedingung der bürgerlichen Gleichberechtigung fordert er die Erklärung der Juden, daß sie die grundsätzliche Überordnung der Staatsgesetze und der bürgerlichen Pflichten über das Zeremonialgesetz akzeptieren und der von ihm als politische Utopie interpretierten Messiashoffnung entsagen (aaO. 352). Deutlich ist auch hier die schon von SEMLER (s. S. 30ff.) vertretene Sicht des überkommenen Judentums als wesentlich politisch-partikularistische Größe erkennbar.

[190] Wörtlich bei E. REUSS (s. S. 100), in wichtigen Anklängen bei H. EWALD (s. S. 145) in der Sache bei nahezu allen in dieser Arbeit behandelten Forschern (s. S. 336).

[191] s. Anm. 103; 156. Der Begriff der „wahren" Religion bleibt bei SCHLEIERMACHER spannungsvoll. Einerseits meint er das in jeder positiven Religion enthaltene „eigentliche Wesen" (KGA I/2 211) der Religion an sich und begreift die positiven Religionen als „Erscheinungen der wahren Religion" (aaO. 297). Andererseits schimmert durch, daß dieses Wesen der Religion im Wesen des Christentums idealtypisch verwirklicht ist (s. S. 145; 335f.).

[192] Fragmente 259; 265f.; 270; zur „wahren Religion" bei H. GROTIUS vgl. E. HIRSCH, Theologie I 25f.

III. Anfänge historisch-kritischer Betrachtung

5. August Friedrich Gfrörer

August Friedrich Gfrörer[1] wurde 1803 in Calw geboren und studierte 1821–25 in Tübingen Theologie. Von F. C. Baur war er beeinflußt, ohne direkt zu seinem akademischen Schülerkreis zu gehören. Nach kurzer Tätigkeit als Stadtvikar in Stuttgart wurde er dort 1830 Bibliothekar, um dem Zwiespalt zwischen den Berufsverpflichtungen eines Geistlichen und seinem Bruch mit dem Offenbarungsglauben zu entkommen. 1831 erschien seine „Kritische Geschichte des Urchristenthums", die jedoch nicht über das alexandrinische Judentum hinauskam, 1838 die fünfbändige „Geschichte des Urchristenthums"[2]. 1846 erhielt er eine historische Professur in Freiburg und veröffentlichte in der Folgezeit hauptsächlich kirchenhistorische Werke. 1848/49 war er Vertreter der großdeutsch-österreichischen Sache im Frankfurter Parlament. Von seinen ursprünglich radikalen historisch-kritischen Grundsätzen kehrte er sich aus Glaubensgründen, die u.a. die Reaktion auf D. F. Strauß' „negative Wahrheit" zum Ausgangspunkt hatten, mehr und mehr ab[3]. Seine 1853 erfolgte Konversion zum Katholizismus ist der Abschluß dieser Entwicklung. 1861 ist Gfrörer gestorben.

Seine Bedeutung für das Pharisäerbild des 19. Jahrhunderts liegt darin, daß er als erster eine historisch-kritische Darstellung des Judentums mit dem Anspruch historischer Unparteilichkeit im Kontext religionsgeschichtlicher Fragestellungen in Angriff genommen hat[4]. Mit dieser methodischen Grundentscheidung, die er mit einer systematischen Auswertung rabbinischer Quellen verband, hat er einen weit über seine Zeit hinausweisenden Akzent gesetzt.

5.1. Die „Geschichte des Urchristenthums"

Gfrörers Intention ist es, in diesem Werk das Urchristentum streng historisch ohne Werturteile in seiner historischen Bedingtheit zu zeigen. Das Ganze der urchristlichen Geschichte gewinnt er erst unter Einschluß der jüdischen Vorausset-

---

[1] Zu GFRÖRER vgl. WETZER/WELTE's Kirchenlexikon V² 579f.; ADB IX 139–141; J. A. ALBERDINGK-THIJM, Gfrörer.

[2] An Hand dieses Werkes ist das Pharisäerbild GFRÖRERS dargestellt. Im Folgenden sind stets dessen Einzelbände zitiert.

[3] GFRÖRER, Jahrh I, VI; der Wegfall des Wortes „kritisch" im Titel der „Geschichte des Urchristenthums" von 1838 ist insofern programmatisch zu verstehen.

[4] Vgl. hierzu G. F. MOORE, Christian Writers 222–228.

zungen, ohne die das Christentum historisch, und das heißt für ihn, auch theologisch überhaupt nicht verständlich ist. Das pharisäisch-rabbinische Judentum in der Gestalt, wie es sich seit der Zeit Jesu bis in die Neuzeit hinein unverändert erhalten habe, erscheint als historischer Wurzelgrund des Christentums. Hierbei geht es weniger um eine Nachzeichnung der geschichtlichen Entwicklung des Judentums, sondern darum, es in seiner religiösen Verfassung und in seinen Glaubenslehren als Voraussetzung des Christentums darzustellen. Er nimmt das Judentum in einem auf die Zeit des Urchristentums fixierten Ausschnitt wahr, den er aber auf Grund seiner statischen Vorstellung des Judentums von Esra bis in seine Gegenwart ausdehnt. Erst auf dieser Basis behandelt er in den folgenden Teilen seines Werkes die genuin christlichen Themen dieser Geschichte, die Evangelien und die Apostelgeschichte als ihre christliche Quelle und schließlich die Person Jesu selber und die von ihm gestiftete Kirche, die er durch die Annahme essenischer Einflüsse[5] wiederum stark im Judentum verankert. Ausdrücklich verbindet er mit seinem Werk die Absicht, im zeitgenössischen Kontext der Geringschätzung der Juden und ihrer Literatur und ihrer gesellschaftlichen Zurücksetzung entgegenzuwirken, und beteiligt sich engagiert an der Diskussion um die aktuelle Emanzipationsgesetzgebung[6].

Methodisch stellt Gfrörer ein streng historistisches Programm auf. Jesus und sein Werk müsse man „nur aus genauer Kenntniß seines Zeitalters und vorzüglich auch aus sich selber beurtheilen"[7]. Daher will er ohne Einmischung sachfremder theologischer und philosophischer Prämissen „die Geschichte selbst ... enthüllen" und „die Wirklichkeit der Dinge ... erforschen"[8]. „Die Logik und den historischen Sinn" betrachtet er als ausreichende Hilfsmittel, um auf der Basis umfassender Auswertung der Quellen, vorzüglich auch der jüdischen, mit historischer Intuition die geschichtlichen Phänomene sachgerecht objektiv darzustellen[9]. Solchermaßen gerüstet, erhebt er den zuversichtlichen Anspruch, „ein durch klare Beweise gestützter historischer Glaube an eine außerordentliche, wenn man will, übernatürliche Erscheinung"[10] werde das Resultat seines historischen Zugriffes auf das Urchristentum sein. Speziell die historische Authentizität des Johannesevangeliums begründet „den vollständigen Beweis ..., daß der christliche Glaube auf sturmfestem Boden ruht"[11]. Sein Ansatz, mittels einer postulierten *fides historica* den Sprung über

---

[5] Zum forschungsgeschichtlichen Kontext dieser Annahme vgl. S. WAGNER, Essener 176–189; s. S. 75.

[6] GFRÖRER, aaO. XXVIf.; 200ff.

[7] AaO. VII.

[8] AaO. XXIIf.

[9] Ebd.; dieses romantisch gefärbte Intuitionsargument faßt GFRÖRER recht voluntaristisch, indem er „ein offenes Herz für erhabene Erscheinungen der Geschichte" postuliert und „richtigen historischen Sinn" und „Niederträchtigkeit" einander ausschließen läßt (ebd.; s. S. 142; 297). Die methodischen Voraussetzungen sind damit in einen nicht nachprüfbaren Bereich entrückt.

[10] AaO. VII.

[11] AaO. XXI; vgl. Sage II 317–336 (gegen D. F. STRAUSS, Leben Jesu). Die historische Authentizität des Johannesevangeliums vertreten u.a. auch SCHLEIERMACHER (Vorlesungen über das Leben Jesu", gehalten 1832, erschienen 1864) und EWALD (Gesch V[3] 189ff.), verbinden dies jedoch, anders als GFRÖRER, mit dessen Frühdatierung (s. S. 137; dort auch zu F. C. BAUR).

den „garstigen Graben" als gelungen zu definieren, läßt indessen Zweifel am Gelingen der Synthese aufkommen.

Auf der historischen Seite allerdings eröffnet ihm dieses systematisch bedenkliche Postulat eine Betrachtung der jüdischen historischen Phänomene in ihrer Eigengesetzlichkeit, die von geschichtstheologischen Argumentationszwängen weithin frei ist. Die Annahme der historischen Fundierbarkeit christlichen Glaubens versetzt ihn in die Lage, das Urchristentum unter Zugeständnis weitgehender innerer Übereinstimmungen mit dem Judentum zu schildern, ohne die Absolutheit des Christentums gegenüber dem Judentum aus der Historie zu beweisen, und die Pharisäer darzustellen, ohne sie zum theologischen Symbol der jüdischen Defizite gegenüber dem Christentum zu stilisieren.

5.2. Die Pharisäer – religiöse Führungsschicht der Juden

Für Gfrörer sind die Pharisäer in ihrem Wesen identisch mit den älteren Schriftgelehrten einerseits und den späteren Rabbinen andererseits. Im Verlauf seiner Darstellung unterscheidet er nicht wirklich zwischen diesen Größen und nennt sie hier eine „Sekte" und „Partei"[12], dort eine „Kaste"[13]. Er sucht einerseits den Ursprung dieser Gruppe im Berufsstand der Schriftgelehrten[14], andererseits bezeichnen für ihn „die Ausdrücke γραμματεῖς, νομικοί, νομοδιδάσκαλοι ... blos verschiedene Berufsarbeiten der Einen Pharisäer-Sekte"[15]. Diese Unklarheit in der soziologischen Bestimmung der Pharisäer macht deutlich, daß die in ihrem Verhältnis zu den Schriftgelehrten liegenden historischen Probleme durch ihre schlichte Identifikation nicht wirklich gelöst sind. Als Problem hat Gfrörer dies nicht wahrgenommen.

Die Schriftgelehrten sind unter Esra entstanden, als harter Kern der aus dem Exil zurückgekehrten entschlossenen Verfechter des mosaischen Gesetzes. Sie vertraten die von dort mitgebrachte Weiterbildung der Religion, die nicht nur aus der „Paradosis", der Ergänzung des Gesetzes und seiner Adaption an neue Verhältnisse bestand, sondern auch aus neuen Glaubenslehren wie der Auferstehungslehre und der Angelologie[16]. Im Streit um neue Lehren nannten sich

---

[12] so Jahrh I 131; 136f.; GFRÖRER verwendet beide Begriffe synonym, vgl. SEMLER, Canon I² 6 (s. S. 31); G. B. WINER, RWB I³ 638; II³ 245 (s. S. 42); J. BASNAGE, Hist I 176f.

[13] So aaO. 129f.

[14] GFRÖRER, aaO. 131.

[15] A.a.O 141; die Existenz sadduzäischer Schriftgelehrter gesteht GFRÖRER zu, aber als Marginalie. Prinzipiell sind für ihn Pharisäer und Schriftgelehrte identisch.

[16] AaO. 129; 199 (vgl. REIMARUS, Zweck Jesu, § 1 (in: LESSING, Werke VII 496; s. S. 34); LESSING, „Die Erziehung des Menschengeschlechts", § 42f., in: LESSING, Werke VIII 499f.); diese den Pharisäern zugeschriebenen Lehren (s. zu BOUSSET S. 279) sowie das Prinzip der Paradosis (Ant. XIII 10,6 (297f.); XVIII 1,3 (13f.); Mk 7,3.5; Apg 23,6–8) sieht GFRÖRER als „nothwendige Vollendung" des alten Mosaismus an (aaO. 199). Damit sind die Pharisäer, obwohl sie Neuerungen einführten, dessen wahre Vertreter.

„Pharisäer ... von nun an jene Schriftgelehrten, welche den Zaun um das Gesetz aufgeführt"[17],

ihre Gegner gaben sich den Namen „Sadduzäer". In diesem Zusammenhang erscheinen beide Gruppen als „Sekte". Entsprechend ihren unterschiedlichen Schriftprinzipien nennt Gfrörer die Pharisäer im Gegenüber zu den „protestantischen" Sadduzäern „die jüdischen Katholiken"[18], die großen Einfluß auf das Volk hatten und sich als Nachfolger der Propheten betrachteten. Im Vergleich mit diesen betont er zwar deutlich ihre Epigonalität, bezeichnet beide aber als „Sprossen aus Einem Stamme"[19]. Ob die Rolle der Pharisäer als „Katholiken", die als geistliche Führungsschicht des Volkes die jüdische Rechtgläubigkeit definieren und aufrechterhalten, mit dem Begriff der „Sekte" zusammenstimmt, problematisiert er nicht[20]. Den berufsständisch-schriftgelehrten Charakter der Pharisäer läßt Gfrörer vor allem in den Auseinandersetzungen mit den Sadduzäern um diese Lehrfragen und im Verhältnis zur Priesteraristokratie hervortreten. Ihr gegenüber errangen sich die Pharisäer Einfluß durch ihren Verdienst als Schriftgelehrte. Ihre „Kaste" machte dem Geburtsadel der Priester und Leviten, gewissermaßen als Laien- und Verdienstadel, erfolgreich Konkurrenz; nach dem von ihnen angezettelten Jüdischen Krieg schließlich triumphierten die Schriftgelehrten endgültig über die Priesterkaste[21]. Gfrörer läßt hier sehr stark das berufsständische Element hervortreten und betont: „Zwei solche Kasten können nicht in die Länge ohne Reibung neben einander bestehen"[22]. Im Vergleich zum religiös akzentuierten Begriff der „Sekte" bringt Gfrörer mit dem Begriff der „Kaste" die soziologischen Aspekte des Pharisäismus ins Spiel und macht deutlich, daß es ihm in diesem Zusammenhang über religiöse Belange hinaus wesentlich auch um gesellschaftliche Problemstellungen geht[23].

Auch im Verhältnis zu Gegnern im politischen Bereich hebt er den Charakter der Pharisäer als „Sekte" bzw. „Partei" hervor. Gegenüber den hellenistischen Bestrebungen der Priesteraristokratie in der syrischen Zeit waren die Pharisäer die führende Kraft in der gesetzestreuen rechtgläubigen Partei und wirkten kräftig auf der Seite der Makkabäer[24]. Unter Hyrkan I. waren sie dadurch so übermächtig und machthungrig geworden, daß dieser ihren Einfluß brach. Unter Alexandra Salome

---

[17] GFRÖRER, aaO. 131; vgl. M Abot I 1.

[18] AaO. 131f.; anders A. GEIGER, SPh 41 (s. S. 166).

[19] AaO. 133; aaO. 129f. mit Verweis auf M Abot I 1.

[20] Von Späteren wird daher die Anwendung des Begriffes „Sekte" auf die Pharisäer zurückgewiesen: So von H. A. DANIEL, Phar 20 (s. S. 78) und E. REUSS, Phar 496 (s. S. 91); vgl. M. SCHNEKENBURGER, Zeitg 132f. (s. S. 64f.).

[21] GFRÖRER, aaO. 139.

[22] AaO. 138.

[23] s. S. 58f. und S. 321ff.; vgl. die soziologische Dimension in A. GEIGERS Pharisäerbild (s. S. 165f.) und M. WEBERS Verwendung von „Sekte" und „Kaste" (s. S. 284ff.). Im zeitgenössischen Kontext spricht J. F. FRIES mit Blick auf das zeitgenössische Judentum im Ganzen von der jüdischen „Kastenabsonderung" (FRIES, Gefährdung 18).

[24] AaO. 133f.; GFRÖRER gibt hierfür keine Quellen an. Es ist aber ersichtlich, daß er hier die Asidäer aus 1. und 2. Makk vor Augen hat. Zu dieser Verknüpfung s. S. 65.

waren sie aber bereits wieder „die Herren des Landes"[25], wahrten unter Herodes, der um ihretwillen den Tempel neu baute, und den Prokuratoren ihren Einfluß[26] und gaben sich „eine treffliche Organisation"[27]. Schließlich setzten sie in Gestalt der Zeloten den Aufstand gegen die Römer planmäßig ins Werk[28]. Nach 70 behaupteten von den jüdischen Gruppen allein die Pharisäer das Feld. Sie verfaßten Mischna und Talmud und wurden nun als Berufsstand der Schriftgelehrten[29] zur konkurrenzlosen religiösen Führungsschicht der Juden bis in die Gegenwart.

Den Namen „Pharisäer" schlüsselt Gfrörer, anders als ältere Betrachter[30], sprachlich nicht auf und umgeht dadurch das Problem, erklären zu müssen, warum diejenigen, die ohne äußere Macht den größten Einfluß auf das Volk hatten, sich von ihm absonderten[31]. Die Bezeichnungen „Chaberim" und „Am Ha-aretz" versteht er rein von der Situation des Rabbinenstandes nach 70 her. Chaberim sind die noch nicht ordinierten Schriftgelehrten[32]. Ein Am Ha-aretz ist der Jude, der sich nicht um die Vorschriften der Rabbinen kümmern konnte oder wollte und sich ihrer Schulbildung entzog[33].

Der wichtigste Zug der Pharisäer besteht für ihn darin, daß sie die Erhalter des Judentums und seines Wesens, vor allem seiner Unveränderlichkeit sind. Sie haben durch ihre gesetzliche Orientierung und durch die ständige lebendige Weiterbildung des Gesetzes in Mischna, Talmud und den folgenden Traditionen den Rahmen für die unveränderte Fortexistenz des Judentums in seiner rabbinischen Gestalt bis in Gfrörers Gegenwart geschaffen. Insofern sind sie die Repräsentanten des Judentums im realen Sinne, nicht nur im symbolisch-theologischen. Sie sind die geistliche Führungsschicht, die vor 70 in Konkurrenz mit anderen religiös-politischen Führungseliten, nach 70 unumschränkt die religiöse Richtung des Juden-

---

[25] AaO. 134.

[26] „Zur Zeit Jesu Christi finden wir die Pharisäer als eine sehr mächtige Partei", aaO. 136.

[27] AaO. 134; Quellen und Einzelheiten nennt GFRÖRER nicht. Es handelt sich hierbei um einen Rückschluß aus den im Jüdischen Krieg hervortretenden „riesenhaften Kräften" auf jüdischer Seite.

[28] Dies behauptet GFRÖRER gegen Josephus, dem er vorwirft, die wahre Rolle der Pharisäer im Aufstand zu vertuschen (aaO. 135f.; s. S.82; 315).

[29] In der Formulierung „So will ich von nun an die Pharisäer nennen" (aaO. 141) läßt GFRÖRER für die Zeit nach 70 den Aspekt der „Sekte" ausdrücklich fallen und weist darauf hin, daß sie selber sich nur mehr „Rabbinen, Rabbaniten oder Schüler der Weisen" nannten (aaO. 140).

[30] Vgl. WÄHNER, Ant. II 762 (s. S. 17).

[31] Mit der Erklärung, daß „Pharisäer" und „Sadduzäer" zur bloßen äußerlichen Unterscheidung von den Gegnern aufgebrachte Parteinamen seien (aaO. 131), bagatellisiert GFRÖRER das Problem geradezu auffallend.

[32] AaO. 168; Eine Quelle hierfür gibt GFRÖRER nicht an. Die Information geht zurück auf ELIAS LEVITA, Tisbi 107f. und wird in B. UGOLINI, Thesaurus XXI 907 als Auffassung der gesamten älteren Forschung erwähnt. Sie erscheint noch einmal bei A. HAUSRATH, Zeitg I[1] 76f. (s. S. 175). Eine andere Erklärung erwähnt SCHNECKENBURGER, Einl 74 (s. S. 73; dort ist auf weitere Belege verwiesen).

[33] AaO. 188ff.; GFRÖRER wertet hierfür ausschließlich die spätere talmudische Polemik gegen den Am Ha-aretz (b Berachot 47b; b Pes 49b) aus. An Hand von Joh 7,49 zeigt er aber, daß auch zur Zeit Jesu „jener strenge Gegensatz" zwischen Gelehrten und Ungelehrten schon bestanden habe, „doch ist er mit der Zeit noch schneidender geworden" (aaO. 120).

tums bestimmten. Sie sind die Wächter des väterlichen Gesetzes[34] und insofern national, als das Gesetz die nationale Identität der Juden verbürgt. An Hand des Rabbinenstandes schildert Gfrörer „das Räderwerk der jüdischen Verfassung"[35]. Ihr oberster Zweck ist die unveränderte Erhaltung des Judentums in seiner Gesetzesbezogenheit. Dieser Prämisse, die er grundsätzlich nicht werthaft, sondern deskriptiv betrachtet, ordnet er alle von ihm erkannten Erscheinungen des Pharisäismus und Rabbinismus als notwendige Folgen zu.

Den *Hochmut* der Rabbinen sieht Gfrörer darin, daß sie für sich Verehrung wie für Könige und Propheten forderten[36] und ihre Halacha der Schrift überordneten[37]. Er spricht von „lächerlichem Hochmuth", den auch Jesus an den Pharisäern seiner Zeit getadelt habe[38]. Man würde aber den Schriftgelehrten Unrecht tun, wenn man Hochmut allein als Ursache dieser Einstellungen betrachten würde. Vielmehr entsprangen sie der „politischen Nothwendigkeit"[39], durch lebendige und verbindliche Gesetzesauslegung, das rabbinische „Gängelband"[40], das Judentum zusammenzuhalten. Er hebt überdies hervor, daß sie dabei der Bibel, wenn auch äußerlich und „versteinert"[41], treu blieben. Er ergänzt das bemerkenswerte Argument: „Nur gegenüber der Außenwelt oder den Laien stand das Wort des Rabbinen höher als die Schrift, im Innern der Schulen gab die Schrift – versteht sich nach ihrer Erklärung – den Ausschlag" und stellt fest, daß sie dem mosaischen Gesetz treuer blieben als das in weltlichen Ehrgeiz verstrickte Papsttum dem Neuen Testament[42].

Die damit verbundene *Macht* der Rabbinen war im Innern des Judentums nahezu unumschränkt und entsprach „ihren Anmaßungen"[43]. Sie beruhte auf ihrer Unentbehrlichkeit im durch minutiöse Gesetze geregelten jüdischen Alltag. Da deren Erfüllung als heilsnotwendig angesehen wurde, hatten sie den Schlüssel des Himmelreiches in Händen, die Gewalt zu binden und zu lösen[44]. Auch diese Unterjochung betrachtet er als notwendig für den Erhalt der jüdischen Nationalität[45]. Er betont, daß diese ausschließlich geistig, keineswegs aber äußerlich oder materiell gewesen sei. Wäre es anders gewesen, würden die Juden sich dieser Aristokratie schon längst entledigt, damit aber ihre jüdische Sonderexistenz preisgegeben haben. Ausführlich zitiert er „sehr scharfe Gesetze", die den Rabbinen verbieten, für

---

[34] AaO. 135.
[35] AaO. 192.
[36] AaO. 141 ff.; als Beispiele führt er diverse Stellen aus Targumen und dem Talmud (u. a. b Gittin 62b und Berachot 64a) an.
[37] AaO. 146 ff.; Beispiele u. a. aus j Berachot 3b und b Aboda Zara 27b und b B. Mezia 59b.
[38] AaO. 149; er ergänzt, daß er „auch in edleren Stellen des Talmuds wenigstens verdeckt gezüchtigt wird", und führt als Beispiel M Abot IV 4 an.
[39] Ebd.
[40] AaO. 150.
[41] AaO. 153.
[42] AaO. 152f.
[43] AaO. 153.
[44] AaO. 154f.; GFRÖRER gebraucht das Bild aus Mt 16,19 in der Annahme, „daß hier eine Zeitvorstellung zu Grunde liegt" (ebd.).
[45] AaO. 156.

ihre Dienstleistungen Geld zu verlangen[46]. Diese „Uneigennützigkeit des Standes"[47] nennt er „die schönste Seite des rabbinischen Judenthums"[48]. „Vormünder ihrer Nation waren die Rabbinen allerdings, aber uneigennützige, und darum geehrt und geliebt"[49].

All dieses zog aber die „systematische" *Heuchelei* der Rabbinen nach sich. Sie war eine Notwendigkeit, hervorgerufen durch die Kluft zwischen dem extrem hohen Geltungsanspruch der Rabbinen und ihrer notwendig dahinter zurückbleibenden Lebenswirklichkeit[50]. Das Problem aller geistlichen Kasten, diese Kluft durch den bloßen Schein der äußeren Wohlanständigkeit zu verdecken, sieht er bei den Rabbinen systematisch ausgebildet. Er folgert dies daraus, daß der Talmud im Gegensatz zum Neuen Testament Heuchelei nicht nur nicht tadele, sondern „förmlich dazu anleitet". Bestätigt findet er diese Sicht darin, daß die Heuchelei der Hauptvorwurf Jesu an die Pharisäer seiner Zeit gewesen sei[51].

Am Beispiel der Heuchelei führt er eine Argumentationskette vor, die sie als notwendiges Übel in der „ganzen Einrichtung des rabbinischen Judenthums" begründet: Zur Erhaltung des Judentums war die Macht der Rabbinen notwendig. Um diese durch ihr Ansehen zu untermauern

„und die Nation nach ihrem Willen zu gängeln, sezten sich die Schriftgelehrten in Eine Klasse mit den Propheten; um eine so schwindelnde Stellung zu behaupten, mußten sie *nothwendig* heucheln"[52].

Somit ist auch bei Gfrörer der klassische neutestamentliche Vorwurf der Heuchelei an die Adresse der Pharisäer als notwendiger Bestandteil des pharisäischen und jüdischen Wesens integriert. Er dehnt ihn ausdrücklich auf alle Juden aus mit dem Argument, daß die den Menschen sehr naheliegende Heuchelei alle Stände ergreifen müsse, wenn sie „durch geheiligte Autoritäten gebilligt" werde[53]. Der Funktion all dieser Eigenarten, der Erhaltung des Judentums beim Hergebrachten, dienen weitere stabilisierende Einrichtungen des Rabbinismus wie die Elementar-

---

[46] Ebd.; u.a. M Abot I 13 und IV 5.

[47] AaO. 163.

[48] AaO. 156; auch hier stellt er einen für die Rabbinen günstigen Kontrast zum Papsttum fest („So umschifften sie glücklich jene Klippe, an welcher das Papstthum scheiterte", aaO. 163) und stellt an Hand dessen den gängigen Vorwurf der Habgier an die Adresse der Juden in Frage (aaO. 159).

[49] AaO. 159.

[50] AaO. 165.

[51] AaO. 167; er führt hierfür Stellen aus dem Talmud an, die angeblich den Schein der Sünde nach außen vermeiden lehren oder die Sünde im Verborgenen empfehlen (aaO. 165ff.; b Berachot 43b; Qidd 40a; Chag 16a), und verweist in diesem Zusammenhang auf J. A. EISENMENGERS „Entdecktes Judenthum" (aaO. 166; vgl. aaO. XXIV). Diese Stellen betrachtet er als typisch und systematisch. Die Auffassung, daß es nicht repräsentative Einzelmeinungen seien, weist er als apologetisches Argument zurück (aaO. 167).

[52] Ebd.; Hervorhebung von mir. Vgl. H. A. DANIEL, Phar 29f. (s. S.80f.).

[53] Ebd.

schule[54], das Talmudstudium, die Disziplinargewalt der Synhedrien und Patriarchate, deren Funktionen nach ihrem Erlöschen auf den Talmud übergingen und damit auf die Rabbinen[55]. Diesen äußerlichen Absicherungen des Pharisäer- und Rabbinenstandes entspricht eine extrem ausgebildete Binnenstruktur. Die Rabbinen lebten ausschließlich in Gesetzesdeutungen und Dogmen, in einer „erträumten Welt", während sie von der wirklichen nichts verstanden. In der dogmatischen und gesetzlichen Überlieferung hält er sie für absolut zuverlässig, umso weniger seien sie es aber in der wirklich historischen: „Ihr Gehirn hatte gleichsam kein Fach für natürliche Dinge", die reale Welt erschien ihnen in einem „närrischen Licht"[56].

Im Gesamtbild sind die von Gfrörer als identisch betrachteten Pharisäer und Rabbinen die Repräsentanten der gesetzlichen Binnenstruktur des Judentums. In der Zeit von Mose bis Esra waren die Propheten die durch keine Amtsautorität legitimierten Wächter des Gesetzes gegenüber den religiösen Institutionen[57]. Von Esra an sind die Schriftgelehrten bis in seine Gegenwart die eigentliche Führungsschicht des Judentums, deren Herrschaft bis 70 durch die religiösen und politischen Institutionen und die Konkurrenzpartei der Sadduzäer beschränkt wurde. Ihren geistigen Einfluß auf das Volk aber konnten sie gegen diese Gewalten beständig aufrecht erhalten und bis zur größtmöglichen Steigerung ausbauen, bis er nach 70 unbegrenzt wurde. Unter dem Namen „Pharisäer" erscheinen sie nur im Judentum vor 70, speziell im Gegenüber zu ihren innerjüdischen Konkurrenten, den Sadduzäern und der Priesteraristokratie.

5.3. Das Judentum – Beständigkeit durch Absonderung

Das von Pharisäern und Rabbinen aufrecht erhaltene Wesen des Judentums findet Gfrörer bereits in der mosaischen Gesetzgebung am Sinai festgeschrieben[58]. In seiner Struktur ist das Judentum eine sich ewig gleichbleibende, eigentlich zeit- und geschichtslose Größe, durch das Gesetz abgesondert von den historischen Entwicklungen seiner Umwelt. Letzteres ist die Vorbedingung für die Stetigkeit des Judentums. Die Absonderung wurde in der mosaischen Gesetzgebung vor allem durch spezielle Reinheitsgebote bewirkt, die „jeden Nicht-Juden ... für ein Geschöpf niederer Art erklärten"[59]. Mit ihnen wurde bereits von Mose der Haß zwischen den Juden und den Völkern als wichtigste Scheidewand und damit als Mittel jüdischer Beständigkeit absichtlich zementiert[60]. In Tacitus' Urteil, der den Juden „*adversus omnes alios hostile odium*" nachsagt, sieht er daher eine exakte Beschreibung

---

[54] AaO. 186ff.; ihre Einrichtung und ihren Zweck vergleicht Gfrörer mit dem reformatorischen Volksschulwesen (aaO. 188).

[55] AaO. 186.

[56] AaO. 192.

[57] AaO. 127ff.

[58] AaO. 194ff.

[59] AaO. 197.

[60] Ebd.: „Moses wollte, daß alle Völker seine Juden hassen sollten".

dieses jüdischen Wesens aus der Außenperspektive[61]. Der Abschließung nach außen entsprach die Verfolgung von außen, die wiederum die Verfestigung im Innern bewirkte. Der äußere Druck auf die Juden mit dem Ziel, das Judentum zu bekämpfen, bestärkte in Wirklichkeit nur das, was er bekämpfen wollte[62]. Daraus folgert Gfrörer: Fallen Haß und Verfolgung von Seiten der außerjüdischen Umwelt, die „ganz den geheimen Planen ihres Gesetzgebers" entsprechen[63], weg und weichen einer anständigen menschlichen Behandlung, so wird sich das Judentum zwangsläufig in seine Umwelt auflösen. Als prägnantestes historisches Beispiel führt er die Assimilation der Juden an den Hellenismus in Gestalt des alexandrinischen Judentums an[64].

Die gesetzlichen Strukturen schreibt er nicht ausschließlich dem Judentum zu, sondern beschreibt das Aufrechterhalten religiöser Verbindlichkeit und religiösen Zusammenhaltes als allgemeines Phänomen jeglicher religiösen Gemeinschaft und betont: „Glaubensweisen, welche ihren Bekennern eine Menge Aeußerlichkeiten aufbürden, wären leztere auch noch so geistlos oder gar thöricht, finden durchaus bei den Massen eifrigern Gehorsam als geistige Religionen; diese müssen erst zur Schwachheit der Menschen herabsteigen, um lange zu dauern"[65]. Von dieser Problemlage her begreift er die gesetzlichen Erscheinungen von Pharisäismus und Rabbinismus und konzediert ihnen ein durch die Notwendigkeit der Selbsterhaltung begründetes relatives Recht, auch wenn er neben ihren positiven Wirkungen die negative Kehrseite nicht verschweigt[66]. Der inneren Struktur jüdischer Regelmechanismen wie Hochmut, Macht und Heuchelei der Rabbinen stellt er entsprechende Phänomene auf christlicher Seite, meist der päpstlichen Kirchenorganisation, gegenüber, wobei der Vergleich keineswegs nur zu Gunsten der christlichen Kirche ausfällt[67]. Allein die Heuchelei beschreibt er als vorzugsweise rabbinisch-jüdisches Phänomen.

Dies alles bedeutet jedoch nicht, daß Gfrörers Darstellung des pharisäisch-rabbinischen Judentums frei von Werturteilen wäre. Die Werturteile, die er über die

---

[61] Ebd.; aaO. 114; Tacitus, Hist. V,5 (s. S. 328). Vgl. SEMLERS Beschreibung des alttestamentlich-jüdischen Partikularismus (s. S. 29ff.).

[62] AaO. 197f.

[63] AaO. 198.

[64] AaO. 199f.; diese Argumentation dürfte auf Erwägungen SEMLERS in Canon I² 62ff. zurückgehen (s. S. 38f.).

[65] AaO. 130.

[66] Insofern ist der bereits zitierte Vorsatz, den Talmud historisch als „Spiegel aller Gebrechen und Vorzüge" der Juden auszuwerten (aaO. 10f.; vgl. aaO. 150), in GFRÖRERS Darstellung auch eingelöst.

[67] so aaO. 152; 159; 164; 167; 173f.; 184; 188; GFRÖRER spricht von der „jüdischen Kirche" (so aaO. 181; 184; vgl. den durchgängig verwendeten Ausdruck „Eglise Judaïque" bei J. BASNAGE, Hist I; s. S. 7). Ebenso hält GFRÖRER hierarchische Strukturen in der Geschichte der christlichen, primär der katholischen Kirche, über lange Zeit für überlebensnotwendig. Das der Kirche gewidmete Kapitel seines Werkes (Heiligthum 384ff.) handelt über weite Strecken vom Thema „Kirche und Macht". Hierin berührt sich GFRÖRERS Darstellung mit U. DA COSTAS und B. SPINOZAS Polemik gegen die rabbinische Orthodoxie (s. S. 26f. Anm. 106) und EWALDS Zeichnung der jüdischen „Heiligherrschaft" (s. S. 146–148); vgl. auch BOUSSET (s. S. 276f.); s. S. 330f.

pharisäisch-rabbinische Gesetzesbezogenheit ausspricht, hat er mit anderen Gelehrten gemeinsam. Sie beziehen sich vor allem auf die unnatürlich-phantastische, unrealistische, „auf den Kopf" gestellte Weltsicht der Rabbinen[68], ihre Epigonalität gegenüber den ursprünglichen prophetischen Impulsen[69]. Er spricht von unnatürlichen „Pedanten", „Nachteulen", „abgerichteten Menschen", die die „Last unnützer Gelehrsamkeit" auf sich nahmen, deren natürliche Phantasie erstickt wurde[70], von „Versteinerung"[71] und „Verpuppung"[72] des Judentums unter seinem „starren Grundgesetz"[73] und der Herrschaft der Rabbinen, die er u.a. mit den Jesuiten vergleicht[74]. Alle diese Werturteile sind bei ihm dem Aspekt der funktionalen Notwendigkeit der jüdischen Gesetzesorientierung untergeordnet. Auch wenn er sie als notwendige Konsequenz aus dem durch das Gesetz konstituierten Wesen des Judentums ansieht, verselbständigen sie sich nicht zu Vorurteilsstrukturen gegen das Judentum. Auch dienen sie nicht als Beweis für geschichtstheologische Ansichten über den Übergang der Erwählung von den Juden zu den Christen. Das Jahr 70 ist die historische Trennlinie zwischen Pharisäismus und Rabbinismus, aber nicht die theologische Trennlinie zwischen vorher erwähltem und seither verworfenem Judentum.

Innerhalb der äußeren rabbinischen Verfassung stehen die von ihm präsentierten jüdischen Glaubenslehren. Sie stellt er als Vorläufer der christlichen Glaubenslehren dar[75], zu denen ein Unterschied im Grunde nur in zwei Punkten besteht. Zum einen ist im Christentum die Verbindlichkeit der Mosetora und damit auch die Absonderung von der Welt aufgehoben, und es kommen damit die milderen Impulse der Propheten stärker zum Zuge[76]. Zum anderen glauben die Christen gegenüber der ausschließlich zukünftigen jüdischen Messiaserwartung, daß in der Gestalt Jesu der Messias bereits erschienen ist[77].

---

[68] AaO. 123; vgl. aaO. 122 („trübe Träumereien"); 124 („Einbildung" statt „Wahrheit"); 163f. („todtes Wissen" gab den Ausschlag, „während in wohlgeordneten Staaten Brauchbarkeit entscheiden soll"), usw.

[69] AaO. 132f.; mit dem Zitat einer Stelle aus b Sota 30b, nach der mit dem Tod der letzten Propheten Haggai, Sacharja und Maleachi der Heilige Geist von Israel gewichen sei, relativiert GFRÖRER die Unmittelbarkeit der Sukzession, wie er sie in M Abot I 1 erkennt.

[70] AaO. 160.

[71] AaO. 153.

[72] AaO. 208.

[73] AaO. 195.

[74] AaO. 124f.

[75] AaO. 214ff. und in Jahrh II; geordnet nach den Loci Offenbarungslehre, Gotteslehre mit Hypostasen, Geisterlehre, Schöpfungslehre, Anthropologie, Gnadenlehre, Vorsehungslehre, Messianismus und Eschatologie.

[76] AaO. 195; vgl. aaO. 212.

[77] AaO. 211f.; da GFRÖRER den Pharisäismus primär als Repräsentanten spezifisch jüdischer Strukturen begreift, belasse ich es hier im Hinblick auf die jüdischen Glaubenslehren bei diesem allgemeinen Hinweis.

5.3.1. Judentum und Christentum

Im Verhältnis von Judentum und Christentum läßt Gfrörer die Gemeinsamkeiten in der Glaubenslehre und in der religiösen Struktur stark hervortreten. Er betont den identischen religiösen Kern beider sowie den wesentlichen Ursprung des Christentums im Judentum und polemisiert gegen Schleiermachers den historischen Konnex mit dem Judentum verkennende Grundlegung des Christentums[78]. Den Hauptunterschied in der Glaubenslehre, zwischen dem allein zukünftig erwarteten und dem schon erschienenen Messias, schlägt er, bei sonstiger Übereinstimmung der messianischen Anschauungen, nicht hoch an. Der Hauptunterschied in der religiösen Verfaßtheit besteht darin, daß das Christentum die gesetzliche Form abgestreift habe[79]. Läßt man im Judentum die äußerlich-gesetzliche Absonderung fallen, werde der Weg der Juden geradezu automatisch zum Christentum führen[80].

Selbst wenn Gfrörer Judentum und Christentum auch auf der Ebene werthafter Betrachtung sehr nahe zusammenrückt, indem er beiden einen wesentlich identischen religiösen Kern zuspricht, steht für ihn doch außer Frage, daß dieser Kern im Christentum besser aufgehoben ist als in der jüdisch-gesetzlichen Schale. Daß deren Wegfall und die Beseelung des Judentums mit dem milderen prophetischen Geist zum Christentum führen müsse, setzt er mit der historischen Begründung, daß außer dem Rabbinismus nichts Wesentliches Judentum und Christentum trenne, voraus[81]. Theologische Gründe aber für die Überordnung des Christentums über das Judentum gibt er ebensowenig an, wie er die Evidenz des von ihm verfochtenen historischen Glaubens mit systematisch-theologischen Argumenten unterbaut.

5.4. Quellenauswertung

Gfrörer entwickelt sein Pharisäerbild wesentlich an Hand talmudischer Informationen über die Rabbinen. Ergänzt wird dieses Bild durch Josephus' historische Notizen über die Pharisäer und neutestamentliche Nachrichten. Die jüdische Tradition dient dabei als Quelle für die Konstanz von Schriftgelehrtentum und Rabbinismus. Josephus und Neues Testament sind die Quellen vor allem für die politische Rolle dieser Gruppe unter dem Namen „Pharisäer" zur Zeit des Zweiten Tempels. Daneben stützen sie Aussagen über das innere Wesen des Pharisäismus.

Gfrörers besonderes Augenmerk gilt dabei den gemeinsamen Glaubenslehren von Juden und Christen. Sie betrachtet er als Auffassungen, die die frühen Christen aus ihrer jüdischen Umwelt übernahmen. Folglich existierten sie bereits im Judentum zur Zeit Jesu. Die Annahme, auch die Juden könnten Lehren von den Christen

---

[78] AaO. 109; SCHLEIERMACHER wirft er deshalb „Mangel an historischem Sinn" vor (Sage I, V; zu SCHLEIERMACHER s. S. 42f.; s. Anm. 97). Indirekt richtet sich diese Polemik auch gegen SEMLER (s. S. 39f.). Vgl. auch EWALDS SCHLEIERMACHER-Rezeption in Gesch V³, XXIIIf. (s. S. 145).

[79] Vgl. das später viel verwendete Bild von Kern und Schale (s. S. 332f.).

[80] GFRÖRER, Jahrh I 197ff. (so auch REUSS, s. S. 112–115).

[81] AaO. 195.

übernommen haben, lehnt er als „unhistorisch" ab[82]. Neben den griechischen Quellen, die unbestreitbar aus dieser Zeit stammen, und Pseudepigraphen, für die er den entsprechenden Nachweis führt[83], betrachtet er, entsprechend dem konstanten Charakter des Judentums, auch die talmudische Tradition als konstante Größe, in der nur das im Judentum schon vorher Dagewesene in lediglich verfeinerter Form dargeboten wird. Daher verwendet er Nachrichten über den Rabbinismus aus der jüdischen Tradition auch noch weit über den Talmud hinaus ohne größere chronologische Differenzierung als authentische Mitteilungen über „den Glauben und den bürgerlichen Zustand der Zeitgenossen Jesu"[84], und damit auch über den Pharisäismus zur Zeit des Zweiten Tempels. Als Beglaubigungsargument dient ihm hierbei die „unbewegliche Tradition"[85]. Die unsichere chronologische Zuweisung der talmudischen Traditionen spricht für ihn nicht gegen dieses Verfahren[86]. Das traditionsgeschichtliche Problem der rabbinischen Schriften ist für ihn mit dem Hinweis auf die Beständigkeit der Tradition abgetan[87]. Zur Erschließung der talmudischen Quellen hat sich Gfrörer der älteren Sammelwerke u.a. von Ugolini, Triglandius, Surenhusius, Lightfoot, Eisenmenger und anderen bedient sowie mit Hilfe zweier Rabbiner intensive rabbinische Studien getrieben[88]. Unter der verwendeten neueren Literatur verweist er namentlich auf die Arbeiten von Salomon Jehuda Rapoport und Leopold Zunz[89].

Unter derselben Prämisse der Zeit- und Geschichtslosigkeit des Judentums wertet er Aussagen des Neuen Testamentes und Josephus' für das gesamte spätere Judentum aus und kann so die Polemik des Neuen Testamentes gegen pharisäische Heuchelei auf das gesamte rabbinische Judentum beziehen[90]. Dieses zeitlose Verfahren beruht darauf, daß für ihn Talmud und griechische Quellen in Bezug auf jüdische Verhältnisse „vollkommen zusammen" stimmen:

---

[82] AaO. 116; dies richtet sich nur allgemein gegen „manche unserer Theologen". Die Auffassung findet sich noch bei WELLHAUSEN, IJG[1] 317 (zum Problem vgl. J. MAIER, Jesus von Nazareth in der talmudischen Überlieferung, EF 82/1978).

[83] Besonders weist er auf Henoch, Ascensio Isaiae und 4. Esra hin (GFRÖRER, aaO. 65ff.).

[84] AaO. 5.

[85] AaO. 36.

[86] AaO. 4f.

[87] Als wesentliches Argument für die Beständigkeit und Zuverlässigkeit der rabbinischen Tradition betrachtet GFRÖRER das minutiöse Auswendiglernen (aaO. 169ff.).

[88] AaO. XXIVf.; es handelt sich neben einem Rabbiner HIRSCH aus Mergentheim um den in der jüdischen Reform engagierten Oberrabbiner JOSEPH MAIER aus Stuttgart (H. LIEBESCHÜTZ, Judentum 107).

[89] GFRÖRER, aaO. 5; namentlich erwähnt er nur ZUNZ' 1832 erschienene Schrift „Die gottesdienstlichen Vorträge der Juden historisch entwickelt". Das Werk RAPOPORTS, auf das er sich im Einzelnen nicht bezieht, dürfte er durch dessen Beiträge zu GEIGERS 1835 gegründeter „Wissenschaftlichen Zeitschrift für jüdische Theologie" zur Kenntnis genommen haben (vgl. EJ[Jer] XIII, 1556).

[90] AaO. 167.

„Der Talmud dient uns dabei zum Führer, mehr als das Neue Testament und Josephus, ... weil der Talmud weit genauere Angaben enthält"[91].

Ausdrücklich betont er gegenüber kritischen und abschätzigen Werturteilen über den Talmud dessen historische Brauchbarkeit. Er umfasse „die ganze kirchliche, bürgerliche und wissenschaftliche Bildung der Juden" und sei „ein klarer Spiegel aller Gebrechen und Vorzüge des Volks"[92]. Auf diese Weise ist das gesamte rabbinische Judentum bis in seine eigene Zeit die Hauptquelle seines Pharisäerbildes.

5.5. Der theologische Rahmen – fides historica und „öffentliche Religion"

Gfrörers „Geschichte des Urchristenthums" ist die Spannung zwischen der werthaften Bedeutung seines christlichen Glaubens[93] und der Einsicht in die historische Bedingtheit des Christentums, namentlich gegenüber seinen jüdischen Ursprüngen, deutlich anzumerken. Mit dem Versuch, durch die Konstruktion einer fides historica dieser Verlegenheit zu entkommen, lehnt er die auf dem theologischen und philosophischen Markt seiner Zeit angebotenen hermeneutischen Vermittlungsangebote als unaufrichtig ab. Sowohl die traditionelle rechtgläubige Dogmatik als auch die philosophische Metaphysik[94] verwirft er, weil die eine den Glauben in heteronome Strukturen zwänge, die andere ihn durch ein blutleeres Surrogat ersetze[95]. Schleiermachers existenzieller Fassung des Religionsbegriffes schließt er sich nicht an. Ihm wirft er vor, „alte kirchliche Ausdrücke in der Art anzuwenden, daß denselben ein neuer Sinn unterschoben wird"[96], und polemisiert gegen seinen Subjektivismus[97].

Demgegenüber wahrt Gfrörers Lösung von 1838 die Eigengesetzlichkeit der Historie in ihrer Unabhängigkeit von theologischen und philosophischen Setzungen, die historische Objektivierung gegenüber der theologischen Objektivierung und Subjektivierung. Es ist seine unbestreitbare Leistung, daß er sie nicht nur postuliert,

---

[91] AaO. 140; das genau umgekehrte Argument findet sich später bei Reuss (Phar 506; s. S. 105), Hausrath, (Zeitg I¹ 416; s. S. 186) und Wellhausen (PhS 124ff.; s. S. 211; 214f.). Dahinter steht eine grundsätzliche Differenz auf der Ebene theologischer Werturteile.

[92] AaO. 10f.

[93] Bei E. Troeltsch ist dies die „Absolutheit" des Christentums (s. S. 295ff.).

[94] Diese Polemik ist primär auf Hegel und die Hegelschule gemünzt (Jahrh I 111; Sage I, VII).

[95] Jahrh I, XIff.

[96] Heiligthum 3; an dieser Stelle schillert Gfrörers Standpunkt durch den Vorwurf an Schleiermacher, „Unwissende durch den Schein der Rechtgläubigkeit zu täuschen" (ebd.). Als ob Gfrörer von irgendeiner Rechtgläubigkeit aus argumentieren würde!.

[97] Durch Schleiermachers Auffassung des „christlichen Bewußtseyns" sei „die individuelle Meinung zum größten Nachtheil der Wissenschaft ... auf den Richterstuhl erhoben worden" (Jahrh I 109). Der Aufhänger dieser theologischen Kritik sind die historischen Probleme des Schleiermacher'schen Ansatzes, vgl. Sage I, V: „Dieser Mann hätte von jeder historischen Aufgabe ferne bleiben sollen; Alles nimmt unter seinen Händen die Farbe seines eigenen, mir höchst widerlichen Ichs an". Welche Probleme gerade der Religionsbegriff Schleiermachers und seine Derivate auf historischer Seite aufwerfen, wird sich im weiteren Verlauf dieser Arbeit zeigen (s. Anm. 78; s. S. 145f.; 296–298; 335f.). In der Sache trifft Gfrörers Kritik auch die Probleme in Semlers hermeneutischem Ansatz.

sondern in seinem Entwurf auch durchhält. Diese Lösung geschieht aber auf Kosten der theologischen Aspekte. Sein Begriff des „wahren Christenthums" entspricht einem aufgeklärt-humanistischen Leitbegriff allgemeiner Menschlichkeit[98]. Den christlichen Glauben gibt er im Grunde der historischen Relativität preis. Seine Darlegungen, daß von der Kernsubstanz des Glaubens durch die historische Betrachtung nichts verlorengehe, haben mehr Postulat- als Beweischarakter und machen einen recht bemühten Eindruck. Bezeichnend hierfür sind die Ausführungen über die für ihn problematische „negative Wahrheit" David Friedrich Strauß': Gfrörer akzeptiert im Prinzip seine historische Vorgehensweise, nicht aber die den Glauben destruierenden Folgerungen[99].

Indem er die Einsicht Lessings zurückweist, daß es keine Vermittlung zwischen relativen historischen Wahrheiten und absoluten Wahrheiten geben kann[100], begibt er sich in eine folgenschwere Aporie: In der auf Semler'sche Terminologie zurückgehenden Unterscheidung zwischen den historischen Erkenntnissen, die die hergebrachte Religion sprengen, und der öffentlichen Religion, die für die große Masse unentbehrlich ist, aber von den Einsichtigen als „Wahn"[101] erkannt wird, tritt sie signifikant in Erscheinung. Das an dieser Stelle entstehende Problem der Heuchelei glaubt er, im Anschluß an Semler ernstlich dadurch lösen zu können, daß er es als seine Pflicht erklärt, die von der Kirchenlehre abweichenden Einsichten in der Öffentlichkeit zu verschweigen, um die schlichten Rechtgläubigen nicht zu verunsichern[102]. Er als Einsichtiger könne sich aber allein auf den historischen

---

[98] Heiligthum 401f.; In begrifflicher Anknüpfung an J. ARNDT, der orthodoxen Theologen vorwirft, „tantum in cortice haerere" (Brief an J. GERHARD, zit. n. RE II³ 108), unterscheidet GFRÖRER das „wahre" Christentum als „geistigen Kern", „die Psyche", vom „pfäffischen und jüdischen Element". Er beschreibt es aber der Sache nach in aufgeklärt-humanistischen Kategorien als „Gerechtigkeit, allgemeine Wohlfahrt" (GFRÖRER, ebd.), mit den Bezugsgrößen „Natur" und „Geschichte" (aaO. 408). Vgl. LIEBESCHÜTZ' Einordnung GFRÖRERS in den „Frühliberalismus" (H. LIEBESCHÜTZ, Judentum 110).

[99] Jahrh I, VII.

[100] G. E. LESSING, „Über den Beweis des Geistes und der Kraft" (Werke VIII, 9–14). Direkt gegen LESSING ist der Satz gerichtet: „Aber was ich *glaube*, das kann ich gegen Jedermänniglich *beweisen*, so gut als man darthun mag, daß Caius Julius Cäsar aus einer römischen Vielherrschaft eine Monarchie gemacht, und daß Augustus sein Nachfolger gewesen" (GFRÖRER, aaO. XIX, Hervorhebungen von mir; vgl. LESSING, aaO. 12).

[101] GFRÖRER, aaO. IX; der für das Verständnis dieser Begrifflichkeit bei SEMLER konstitutive Zusammenhang von privater und öffentlicher Religion fällt in GFRÖRERS vergröbernder Zuspitzung völlig auseinander (zu SEMLER s. S. 35; 41; zur Rezeption SEMLERS bei WELLHAUSEN s. S. 223).

[102] AaO. IXf.; wohl auf solche Zusammenhänge ist der Vorwurf des „vulgären Rationalismus" (ADB IX 140) in GFRÖRERS Frühschriften gemünzt. Durch ausführliche lateinische Zitate beabsichtigt er, „Leuten, die gar keine gelehrte Bildung besitzen, das Lesen meines Werkes … unmöglich" zu machen (Jahrh I, XXV). In ihrer Naivität zeigt diese Idee die Verlegenheit GFRÖRERS an. Sie findet sich bereits bei J. M. GOEZE: Dieser hatte im Streit um die REIMARUS-Fragmente die Forderung an LESSING gerichtet, allenfalls „bescheidne Einwürfe gegen die christliche Religion, und selbst gegen die Bibel" dürften „nicht, ohne besondere wichtige Ursachen, in einer andern Sprache, als in der Sprache der Gelehrten geschehen" (GOEZE, Etwas Vorläufiges gegen des Herrn Hofrats Lessings mittelbare und unmittelbare feindselige Angriffe auf unsere allheilige Religion etc. II, 1778, in: LESSING, Werke VIII, 102–116; die zit. Passage aaO. 116; vgl. auch aaO. 173. vgl. LESSINGS Antwort darauf in: Anti-Goeze IV, 1778, aaO. 224–229). C. ULLMANN greift dieses

Glauben stützen[103]. Dieser Versuch, in der umrissenen Aporie doch die intellektuelle Redlichkeit zu bewahren, hat etwas fast tragisch Gewaltsames[104]. Es verwundert nicht, daß Gfrörer sie später durch seine 1853 erfolgte Konversion zum Katholizismus einseitig aufgelöst hat. Hatte er dies 1838 weitgehend auf Kosten der theologischen Dimension getan, so geschah es 1853 auf Kosten der historischen.

5.6. Gesellschaftspolitische Perspektiven – Erziehung der Juden zu Staatsbürgern

Gfrörer betrachtet den Übertritt der Juden zum Christentum als erwünschten Fortschritt. Dies begründet er rein gesellschaftspolitisch mit der „allerdings sehr lästigen Eigenthümlichkeit des Volkes", der er „den Todesstoß"[105] versetzt wissen möchte. Die Fortexistenz des Judentums als solches betrachtet er nicht als Wert. Vollständig auf dieser Argumentationsebene bewegen sich seine Erwägungen zur Gestaltung des aktuellen Verhältnisses von Juden und Christen[106]. Das eigentliche Problem ist für ihn die gesellschaftliche Sonderexistenz der Juden, nicht der Umstand, daß sie sich in manchen Aspekten ihrer religiösen Auffassung von den Christen unterscheiden. Unter dieser Prämisse formuliert er als Zielvorstellung,

„Christen und Juden einander näher zu bringen, und gewisse religiöse Begriffe Jener Diesen zugänglich zu machen"[107].

Die Notwendigkeit der Abkehr vom Rabbinismus hat ihren Grund darin, daß in ihm die Scheidewand zwischen den Juden und ihrer christlichen Umwelt liege[108]. Dieser Impetus treibe auch die reformwilligen Juden[109]. Die Assimilation und Emanzipation der Juden ist eine „Pflicht der Menschlichkeit"[110], um den Teufelskreis von Abschließung und Verfolgung zu durchbrechen, der den Juden schweres

---

Argument in seiner Rezension über D. F. STRAUSS' „Leben Jesu" wieder auf (ThStKr 9/1836, 777; vgl. A. SCHWEITZER, Leben-Jesu-Forschung[6] 101); dort könnte es GFRÖRER begegnet sein. Vom Problem der öffentlichen Religion aus erschließt sich das Verständnis dafür, daß GFRÖRER so stark die Notwendigkeit der Selbsterhaltung religiöser Organisationen betont und als deren notwendige Begleiterscheinungen Heteronomie (Macht und Hochmut der Rabbinen) und Heuchelei begreift.

[103] AaO. XXVI nimmt er für sich in Anspruch, „auf dem mühsamen Wege historischer Studien ein Christ geworden" und von der Gestalt Jesu ergriffen worden zu sein.

[104] Dies kommt vor allem in seiner thetischen Argumentationsweise in diesen Fragen zum Ausdruck, aber auch in der Schärfe seiner Polemik.

[105] AaO. 198; vgl. J. F. FRIES, aaO. 10: „Die bürgerliche Lage der *Juden* verbessern heißt eben das *Judenthum* ausrotten" (zur aufklärerischen Herkunft dieser Anschauungen vgl. CH. HOFFMANN, Judentum 14).

[106] Bezeichnenderweise bringt GFRÖRER die historischen Beispiele jüdischer Assimilierungstendenzen an ihre Umwelt rein aus dem antiken Bereich bei (aaO. 199f.).

[107] AaO. 207.

[108] AaO. 202.

[109] GFRÖRER postuliert ein Dilemma der jüdischen Reformer, durch Abtun des Rabbinismus automatisch zum Christentum zu gelangen, nicht aber zu einem Reformjudentum. Er begrüßt es aber als dem Assimilationsprozeß förderlich (aaO. 201f.; vgl. später REUSS, Jdt 347; s. S. 113f.).

[110] AaO. 202.

Leid brachte und den Christen zur Schande gereichte. Er lastet dies auf christlicher Seite dem „gebildeten und ungebildeten Pöbel" an, der den Juden keine Menschenwürde zugestand, sie als Sklaven behandelte, unschuldiges Judenblut vergoß und dadurch auf jüdischer Seite haßerfüllte Gegenreaktionen hervorrief[111]. Die Juden ihrerseits hätten solche Haßreaktionen durch ihre Abschließung veranlaßt. Er betrachtet dies als gesamtgesellschaftlichen Schaden, denn auch den Christen seien die Juden in ihrem überkommenen Zustande „zugleich lästig und verderblich"[112]. Seine Vision ist ein gesellschaftlicher Prozeß der Annäherung von beiden Seiten, in dem die Christen die Zurücksetzung der Juden, die Juden die Absonderung von den Christen aufgeben, um als gleichberechtigte Mitbürger eine menschliche Gesellschaft zu gestalten[113].

Der religiöse Wert des Christentums für die Juden spielt hierbei gar keine Rolle. Er erwartet von den Juden die Annahme des Christentums als gesellschaftliches Entréebillett. Der Gedanke, daß ihnen das Christentum auf religiöser Ebene etwas bieten könne, was ihnen ihre hergebrachte Religion vielleicht vorenthält, findet sich bei Gfrörer nicht. Es geht ihm darum, „aus den Juden Staatsbürger zu ziehen"[114]. Die Assimilierung und Christianisierung der Juden betrachtet er primär nicht als religiösen, sondern als staats- und gesellschaftspolitischen Prozeß. Ausdrücklich begrüßt er in diesem Zusammenhang das württembergische Judenrecht von 1828. Dessen besondere Qualität liegt für ihn darin, daß es neben weitgehender rechtlicher Gleichstellung der Juden durch Eingriffe in die jüdische Gemeindestruktur, die diese der kirchlichen Verfassung annähern, innerjüdische Reformen fördert. Er erblickt in solchen Maßnahmen, die den bisherigen Einfluß der rabbinischen Orthodoxie beschneiden, einen wichtigen Schritt für die Assimilierung der Juden ans Christentum[115]. Das Christentum behandelt er in diesem Zusammenhang vor allem als öffentliche Religion der Mehrheit, weniger um spezifischer Qualitäten willen. Folgerichtig empfiehlt er zur Beschleunigung der Judenassimilation rein administrative Maßregeln und kann der Judenmission als spezifisch kirchlicher Aktivität nichts abgewinnen[116].

---

[111] AaO. 203; dies spielt deutlich auf die „Hep-Hep"-Pogrome von 1819 (vgl. H. LIEBE-SCHÜTZ, Judentum 109f.) und Äußerungen von Akademikern wie J. F. FRIES und H. E. G. PAULUS an (vgl. CH. BURCHARD, Paulus 250ff.).

[112] Ebd.

[113] AaO. 206f.

[114] AaO. 207; diese ganze Argumentation steht direkt gegen die Auffassung H. E. G. PAULUS', die rechtliche Gleichstellung der Juden schreibe ihre als schädlich angesehene Absonderung fest und verhindere ihr „Besserwerden" (PAULUS, Begleitschreiben zu Nationalabsonderung, zit. n. R. RÜRUP, Emanzipation 152f.; vgl. BURCHARD, ebd.; zum Begriff der „Nationalabsonderung" s. S. 31; 40). Auch wenn PAULUS' Name nicht fällt, ist der Bezug auf seine Position offensichtlich.

[115] Vgl. H. LIEBESCHÜTZ, Judentum 110; I. M. JOST begrüßt vom reformjüdischen Standpunkt aus diese Maßregeln als Förderung der „inneren Veredlung" (JOST, Allg Gesch II 515). Aus reformjüdischem Kontext stammt auch der o. a. Oberrabbiner MAIER; er saß 1844 der jüdischen Reformkonferenz in Braunschweig vor (vgl. L. GEIGER, Lebenswerk 45f.; 77; 216f.; H. LIEBESCHÜTZ, Judentum 107; s. S. 157; 326).

[116] GFRÖRER, aaO. 203 (s. S. 326); der aufklärerische Optimismus dieser Ideen ist nicht zu verkennen.

5.7. Zusammenfassung

Die weitgehende Zurückstellung theologischer Prämissen hat es Gfrörer ermöglicht, seinem methodischen Anspruch historischer Unparteilichkeit weitgehend gerecht zu werden und insbesondere ein Bild des Judentums und der Pharisäer aus ihrer historischen Eigenart heraus im religionsgeschichtlichen Kontext zu entwerfen. Daß sein Konzept des historischen Glaubens keine Anhänger fand und die theologischen Historiker nach ihm auf theologische Grundmuster Semler'scher und Schleiermacher'scher Prägung zurückgriffen, ist nicht überraschend. Es wird noch zu zeigen sein, welche Antworten sie auf das bei Gfrörer erkennbare Grundproblem gegeben haben. Aber auch sein methodischer Neuaufbruch hat zunächst kaum ein Echo gefunden. Die von ihm aufgeworfene religionsgeschichtliche Fragestellung wird in Reuß', Ewalds und Wellhausens großen Entwürfen der Geschichte Israels nicht aufgegriffen bzw. zurückgewiesen, sein Ansatz zur Auswertung rabbinischer Quellen nicht einmal kritisch gewürdigt. Benutzt wurde er vor allem von Daniel, erwähnt von Schneckenburger. Beider Pharisäerdarstellungen wurden vor dem Erscheinen des IV. Bandes von Ewalds „Geschichte des Volkes Israel" (1852) verfaßt. Erst Wilhelm Bousset hat ihn über die dazwischenliegende Forschungsgeschichte hinweg als wichtigsten Vorgänger in der religionsgeschichtlichen Erforschung des Judentums wiederentdeckt, wenn auch unter anderen theologischen Voraussetzungen und mit methodisch verschobenem Akzent im Hinblick auf die rabbinischen Quellen[117].

Ein Faktor für das Ausbleiben einer unmittelbaren Wirkungsgeschichte Gfrörers dürfte der ihm gegenüber in der Folgezeit wieder stärker gewichtete theologische bzw. geschichtstheologische Akzent gewesen sein, der den Bildern des Judentums wie des Pharisäismus entscheidend andere Prägungen verlieh. Über diese innerwissenschaftlichen Aspekte hinaus dürfte er sich seine Wirkungsgeschichte im protestantischen Bereich durch seine Konversion verscherzt haben[118]. Signifikant für die Mißachtung von Gfrörers Werk ist der Umstand, daß mit Heinrich Ewald in der protestantischen Theologie die Erschließung der Rabbinica als Quelle für den Pharisäismus praktisch noch einmal von vorne begann.

6. Matthias Schneckenburger

Matthias Schneckenburger[119] wurde 1804 als Sohn eines Kaufmanns in der Nähe von Tuttlingen geboren. Er studierte Theologie in Tübingen und Berlin u.a. bei

---

[117] BOUSSET, Rel² 54 (s. S. 279); F. WEBER, der mit völlig anderen Prämissen als GFRÖRER die jüdische Religion systematisiert, erwähnt ihn nicht (vgl. G. F. MOORE, Christian Writers 231; s. S. 253f.).

[118] Anders ist es wohl kaum zu erklären, daß er in drei Auflagen der protestantischen Real-Encyclopädie keines Personalartikels gewürdigt wurde (vgl. H. LIEBESCHÜTZ, Judentum 248). Schlechterdings unbegreiflich ist es, daß dieses Verschweigen auch in der TRE noch anhält.

[119] Zu SCHNECKENBURGER vgl. RE¹ XIII 609–618; RE³ XVII 666–670; ADB XXXII 86–88; GELPKE/WYSS, Schneckenburger; TOBLER, Schneckenburger; GUGGISBERG, Kirchengeschichte 640.

Bengel und Baur, Schleiermacher, Hegel, Neander und Marheineke, ohne sich allerdings einer bestimmten Schulrichtung anzuschließen. 1827 wurde er Repetent in Tübingen und verbrachte im Anschluß daran einige Jahre im Pfarrdienst. 1834 wurde er, der inzwischen etliche Arbeiten auf dem Gebiet der neutestamentlichen Wissenschaft veröffentlicht hatte[120], auf den Lehrstuhl für Kirchengeschichte und Dogmatik der neu eröffneten Universität Bern berufen. Er lehrte dort bald aber auch Neues Testament, sein ursprüngliches Interessengebiet. Auf dem Gebiet der systematischen Theologie beschäftigte sich der in die reformierte Schweiz berufene Lutheraner Schneckenburger besonders mit Dogmengeschichte und vergleichender Dogmatik, die er bewußt mit konfessioneller Unparteilichkeit betrieb. Diese Haltung wird auch in seiner Darstellung der neutestamentlichen Zeitgeschichte sichtbar. Er sollte ursprünglich der Herausgeber der später von Joh. Jak. Herzog übernommenen Protestantischen Realencyclopädie werden. Die Weiterführung nicht nur dieses Unternehmens wurde durch seinen frühen Tod im Jahre 1848 abgebrochen.

Die Darstellung seines Pharisäerbildes stützt sich auf seine „Beiträge zur Einleitung ins Neue Testament", eine Sammlung kurzer Skizzen aus dem Jahre 1832, und die 1862 aus nachgelassenen Manuskripten herausgegebenen „Vorlesungen über neutestamentliche Zeitgeschichte", die aber Fragment blieben und deren genaue Entstehungszeit den vorhandenen Quellen nicht zu entnehmen ist[121]. Daher sind dem fragenden Zugriff auf dieses Werk Grenzen vor allem im Hinblick auf die Auswertung zeitgenössischer Literatur gesetzt.

6.1. Die „Neutestamentliche Zeitgeschichte"

Die „Neutestamentliche Zeitgeschichte" ist als Begriff wie in der Sache ein Neuentwurf Schneckenburgers[122]. In ihm unterscheidet er programmatisch die „neutestamentliche Zeitgeschichte" als historisch zu betrachtendes Umfeld von der theologisch qualifizierten „neutestamentlichen Geschichte". Gfrörers im selben Zeitraum entstandener „Geschichte des Urchristenthums" steht sein Entwurf darin nahe, daß er die Zeitgeschichte als historische Voraussetzung der neutestamentlichen Geschichte begreift. Anders aber als Gfrörer, der die Geschichte und die Zeitgeschichte des Urchristentums auf einer zusammenhängenden historischen und theologischen Ebene betrachtet, unterscheidet Schneckenburger das eigentlich Theologische vom Historischen:

---

[120] „Über das Alter der jüdischen Proselytentaufe und deren Zusammenhang mit dem johanneischen und christlichen Ritus", 1828; über den Herrenbruder Jakobus (TZTh 1/1829f.); über die Lehre der Ebioniten von der Person Christi, aaO., Jg. 1830; „Annotatio ad epistolam Jacobi perpetua", 1832; „Beiträge zur Einleitung in's Neue Testament und zur Erklärung seiner schwierigen Stellen", 1832 (zit. als „Einl"); „Über die Irrlehrer zu Kolossä" (ThStKr, Jg. 1832), u.a.

[121] Zit. als „Zeitg". In Zeitg V bemerkt der Herausgeber Th. Löhlein, daß ihre erste Konzeption aus den 1830er Jahren stamme; sie wurden mehrfach von Schneckenburger vorgetragen.

[122] Vgl. ADB XXXII 87; Hausrath, Zeitg I[1] VIIf.; Schürer, Zeitg 1.

„Die neutestamentliche Zeitgeschichte ist zu unterscheiden von der neutestamentlichen Geschichte. Sie ist die gleichzeitige Geschichte, gleichsam der historische Rahmen für dieselbe, der äussere Boden, auf welchem sich die neutestamentliche Geschichte fortbewegt"[123].

Mit der Unterscheidung der „neutestamentlichen Zeitgeschichte" von der eigentlichen neutestamentlichen Geschichte verbindet Schneckenburger ein dezidiert „apologetisches Interesse"[124]. Einerseits grenzt er sich gegen Gfrörers Relativismus ab, der in der Konsequenz die theologische Qualität der neutestamentlichen Geschichte historisch negiert. Dieses Konzept soll ihn vor der Gefahr schützen, daß die Betrachtung der historischen Relativität des Christentums dieses prinzipiell dem Relativismus preisgibt. Wenn auch das Judentum als historische Basis des Christentums erkannt wird, darf das doch nicht zu der Auffassung führen, das Christentum sei bloßes Produkt des Judentums, womit seine Originalität bestritten würde. Eine solche Betrachtung des Christentums kann er sich nur aus Unkenntnis der neutestamentlichen Zeitverhältnisse erklären[125]. Andererseits zieht er die Grenze gegenüber der „sogenannten mythischen Ansicht" D. F. Strauß', die, indem sie „den Kern und die Handlungen der neutestamentlichen Geschichte in blose Phantasieproducte auflöst", deren historische Dimension preisgibt[126].

In der „Neutestamentlichen Zeitgeschichte" geht es ihm nicht um das Ganze des zeitgenössischen Hintergrundes des Neuen Testamentes und des entstehenden Christentums. Vielmehr beschränkt er sich auf das, „was irgendwie in Beziehung steht zur Kenntniss des Schauplatzes der neutestamentlichen Geschichte und die socialen und geistigen Verhältnisse darstellt"[127]. Dabei berücksichtigt er sowohl politische als auch kulturhistorische Aspekte. Eine wirklich historische Entwicklung zeichnet er nur in der Geschichte des Judentums in Palästina nach. Die anderen Faktoren der neutestamentlichen Zeitgeschichte, das hellenistische Diasporajudentum und das römische Reich, beschreibt er mehr systematisierend als historisch. Hier beschränkt er sich auf die für die historische Weiterentwicklung des Christentums wichtigen Aspekte. Die Diaspora ist die den weiteren Fortgang des Christentums prägende Schnittstelle von Judentum und Heidentum[128].

Auch im Abstecken des zeitlichen Rahmens macht sich sein Grundkonzept geltend, die neutestamentliche Zeitgeschichte von ihrer Bedeutung für die neutestamentliche Geschichte her zu strukturieren. Bestimmt vom Rhythmus der jüdischen Geschichte in Palästina, setzt seine Darstellung nach einem kurzen Abriß der Vorgeschichte seit der Rückkehr aus dem Exil mit der makkabäischen Periode ein. Diese sei für die Verhältnisse der neutestamentlichen Zeit deswegen prägend, weil

---

[123] SCHNECKENBURGER, Zeitg 1; vgl. HAUSRATHS (Zeitg I¹ VIIff.; s. S. 170; 187f.) und SCHÜRERS (Zeitg 1f.; s. S. 227) Charakterisierung der neutestamentlichen Geschichte als „heilige" Geschichte.

[124] SCHNECKENBURGER, Zeitg 4.

[125] Ebd.; vgl. aaO. 238.

[126] Ebd.; vgl. D. F. STRAUSS, Leben Jesu I¹ 75: „Mythen sind geschichtsartige Einkleidungen urchristlicher Ideen, gebildet in der absichtslos dichtenden Sage".

[127] SCHNECKENBURGER, Zeitg 1.

[128] AaO. 4f.; 94.

„sich in dieser Zeit ein eigentlich-jüdischer Staat gründete, mit einer festeren Verfassung und allmählich beträchtlichen Ausdehnung und … in ihr diejenigen religiösen Parteien, welche im Neuen Testament eine so wichtige Rolle spielen, wo nicht ihre Entstehung, doch ihre historische Bedeutung erhalten"[129].

Das Ende der neutestamentlichen Zeitgeschichte ist für ihn der Untergang des Tempels im Jahre 70. In diesem Ereignis hat sich mit der vorbereitenden Rolle des Judentums für das Christentum seine eigentliche Geschichte erfüllt[130].

6.2. Die Pharisäer – asketische Separatisten

Schneckenburger bezeichnet die Pharisäer als eine „ascetische Secte"[131] im Judentum. Den Begriff des Asketischen bringt er durchgängig mit den Pharisäern in Verbindung, allerdings ohne diesen Aspekt im Einzelnen auszuführen. Er bemerkt nur allgemein, daß sie „Verächter weltlichen Guts, in dem die Vornehmen schwelgten"[132], gewesen seien. Ihre „strenge Ascese"[133] hänge mit der „strengen Auslegung des Gesetzes"[134] eng zusammen und sei in der Sache nichts anderes als „das besonders eifrige Bestreben …, die gesetzliche Frömmigkeit auszuüben"[135]. „Ihre Ueberlieferungen … waren nichts anders als gottesdienstliche und ascetische Gebräuche und legale Vorschriften"[136]. Von ihnen erwähnt er allein „eine gewisse Isolirung vom verunreinigenden Verkehr mit der Welt" zur Bewahrung ihrer gesetzlichen Reinheit[137]. Hiervon leitet er auch ihren Namen ab, den er mit „Abgesonderte, Sonderlinge, pietistische Separatisten"[138] umschreibt.

In der Sache besteht die pharisäische „Askese" für ihn in der peniblen Einhaltung der in der „Paradosis" festgelegten Vorschriften. Das Traditionsprinzip führt er als weiteren grundlegenden Aspekt des Pharisäismus an. Neben dem nicht für alle Lebenslagen ausreichenden mosaischen Gesetz wollten die Pharisäer die zu seiner

---

[129] AaO. 125; gegenüber der gängigen Betrachtung des Judentums vom Exil bis 70 bzw. 135 als Gesamtepoche unter relativ einheitlichen Gesichtspunkten (so bei GFRÖRER, s. S. 46ff.; REUSS, s. S. 96ff.; EWALD, s. S. 134ff.) hat SCHNECKENBURGER als erster diese später prägende Epochenabgrenzung in solcher Schärfe vollzogen. Im Vergleich zu GFRÖRER liegt hierin eine Präzisierung des Grundkonzeptes, gegenüber seinen Generationsgenossen REUSS und EWALD, die zur selben Zeit unabhängig von ihm das Judentum im Kontext der gesamtisraelitischen Geschichte betrachten, ein Unterschied in der Perspektive.

[130] AaO. 240.

[131] AaO. 134; vgl. Einl 70f.; belegt durch Apg 26,4f. („ἀκριβεστάτην αἵρεσιν").

[132] AaO. 135; dahinter dürfte Ant. XVIII 1,3 (12) stehen.

[133] AaO. 134.

[134] Einl 71; belegt durch Bell. II 8 (162).

[135] Zeitg 135; hierin klingt die Beurteilung der pharisäischen Gesetzesbezogenheit als Übererfüllung guter Werke nach, wie sie sich bei WÄHNER findet (s. S. 19f.).

[136] Einl 70.

[137] Zeitg 134f.; belegt durch Mk 7,1–4.

[138] AaO. 134; hierbei dürfte SCHNECKENBURGER separatistische Tendenzen vor allem des älteren Pietismus, wie sie zeitweise von G. ARNOLD vertreten wurden, im Blick haben. In seiner Zeit waren zumindest in seiner württembergischen Heimat die pietistischen Konventikel durch das „Herzogliche General-Rescript" von 1743 förmlich weitgehend in die Landeskirche eingebunden. Vgl. EWALDS Herleitung des Namens „Pharisäer" (s. S. 122).

Ergänzung entstandene schriftgelehrte Tradition „über alle Verhältnisse zur Geltung bringen"[139]. Er betont den „grössten Scharfsinn" der Deutung und die „künstlichsten Distinctionen und Schlüsse"[140], mit denen die Pharisäer den Zusammenhang ihrer Tradition mit der Mosetora nachweisen wollten.

„Diese Tradition zu bewahren und zu verbreiten, war nun das Hauptgeschäft der Pharisäer, in ihren Schulen sie streng zu beobachten, die Aufgabe ihres Lebens. Der Nimbus der Heiligkeit, der ihre Person umgab, machte sie ... zu Vertretern des göttlichen Rechts und der göttlichen Wahrheit, und ihre Schulen genossen vor denen der anderen Gesetzeslehrer vorzügliche Gunst"[141].

Die Identifizierung von Schriftgelehrten und Pharisäern aufgrund ihrer häufigen Zusammenstellung im Neuen Testament weist er damit ab, daß „סֹפְרִים" und „γραμματεῖς" einen Berufsstand und keine Sekte bezeichneten und nirgends „Sektenmeinungen der Grammateis" überliefert seien[142]. Aus pharisäischer Halacha erwähnt er nur die besondere Reinheitsobservanz im Allgemeinen[143] und den Grundsatz: „Pharisäer sind diejenigen, welche die gemeine Speise in Reinheit geniessen"[144].

Vor diesem Hintergrund problematisiert Schneckenburger die in der älteren Literatur gängige Anwendung des Begriffes „Secte", als Übersetzung von „αἵρεσις", auf die Pharisäer. Er behält ihn bei, unterscheidet die Pharisäer aber nicht, wie „gewöhnlich", als „speculative theologische Schule" vom Judentum im Ganzen, sondern sieht sie von diesem durch ihre gesetzlich-asketische Strenge abgehoben[145]. Als „ascetische Verbrüderung"[146], als „Orden"[147], den er mit den Bettelmönchen vergleicht[148], seien sie „die par excellence rechtglaubigen Juden"[149], „die eigentlichen

---

[139] AaO. 140.

[140] AaO. 141.

[141] Ebd.; Im Zusammenhang der Pharisäer bedeutet bei SCHNECKENBURGER „die Schule", singularisch verwendet, eine theologische Denkrichtung (aaO. 131ff.; vgl Einl. 71). Bei pluralischer Verwendung, wie im angeführten Zitat, sind Lehranstalten gemeint. Weitere Konnotationen (s. S. 323) verbindet er mit dem Begriff nicht (anders REUSS, Jdt 340f.; s. S. 93). Hillel und Schammai erwähnt er überhaupt nicht.

[142] AaO. 131f.; dies richtet sich gegen GFRÖRER, Jahrh I 131; 141 (s. S. 46).

[143] AaO. 134f., mit Verweis auf Mk 7,1–4.

[144] Einl 74; auch diesem Aspekt geht er nicht weiter nach.

[145] Zeitg 132f.; zum Problem des Begriffs „Sekte" s. S. 322; s. auch S. 47 (GFRÖRER); S. 88 (DANIEL); S. 91 (REUSS).

[146] Einl 71; belegt durch Apg 26,4. Von einer bruderschaftlichen Struktur der Pharisäer sagt diese Stelle aber nichts.

[147] Zeitg 220.

[148] Das *tertium comparationis* lautet: „Dieselbe Auszeichnung und Absonderung durch ascetische Strenge, dann derselbe Einfluss auf die Menge, derselbe leere Formalismus, dieselbe Werk- und Scheinheiligkeit bei Vielen", usw. (Einl 75; s. S. 322f.; 330f.).

[149] Einl 75: „Nur wie man etwa von einer Theologie der Franziskaner und Jesuiten im Unterschied von der katholischen Theologie sprechen kann, darf man auch die pharisäischen Lehrmeinungen von den allgemein jüdischen unterscheiden. Das Unterscheidende besteht nur in einzelnen Uebertreibungen".

Repräsentanten des Judenthums dieser Periode von seiner religiösen Seite"[150]. Der in der pharisäischen „Askese" liegende Unterschied zum Judentum insgesamt ist kein qualitativer, sondern ein quantitativer, ihre übertriebene Gesetzesobservanz lediglich eine Steigerung der jüdischen. Er betont, daß sich die Pharisäer nicht durch dogmatische Sonderlehren, wie es Passagen aus dem Neuen Testament und Josephus nahelegen[151], aus dem Judentum heraushoben. Die Messianologie und die Eschatologie teilten sie mit dem Judentum insgesamt, mit Ausnahme der Sadduzäer[152]. Ihre Auffassung über die Prädestination führt er auf das Alte Testament zurück[153].

Die Pharisäer vertraten das „positive Judenthum"[154], den „streng theokratischen Theil der Nation"[155], und erstrebten „eine absolute Theokratie des Gesetzes"[156]. Als theokratisch orientierte „Partei"[157] waren sie ein ständiges Widerstandspotential gegenüber jeglicher Herrschaft, besonders aber gegenüber jüdischen Herrschern, die von ihnen als konkurrierendes Prinzip gegenüber der erstrebten messianischen Theokratie angesehen wurden, die sie bereits im Diesseits erwarteten. Schneckenburger hebt die diesbezüglichen „fleischlich-sinnlichen Vorstellungen der Pharisäer" hervor[158], die diese wiederum mit dem Judentum insgesamt gemeinsam hatten. Im Ausdruck der „unreinen theokratischen Begeisterung"[159] werden bereits deutliche Wertungen sichtbar.

Als historischen Ursprung der Pharisäer bestimmt Schneckenburger die Asidäer aus 1. Makk 7,12, die er als „Chasidim", „fromme, gesetzeseifrige Juden"[160] charakterisiert. Das Gelingen der Makkabäeraufstände ging eigentlich auf das „pharisäische Princip" zurück, so daß die Pharisäer in der Folge ein „entschiedenes Uebergewicht" bekamen. Da die Pharisäer aber die Theokratie anstrebten, nicht eine „eigenthümliche nationale Herrschaft"[161], „zieht sich vom Anfang der Maccabäerherrschaft eine stille Opposition der Pharisäer gegen die fürstliche Gewalt durch die ganze jüdische Geschichte"[162]. Durch die religiöse Einwirkung auf das Volk waren die Pharisäer auch eine politische Partei geworden,

---

[150] Zeitg 135; vgl. aaO. 140.

[151] AaO. 132f.

[152] AaO. 135; 252ff.

[153] AaO. 249f.; über die Bemerkung „Der Pharisäer musste die empirische Freiheit schon wegen des Begriffs der Verdienstlichkeit festhalten, den er mit dem Gehorsam gegen Gott verband" hinaus entfaltet er diesen Gedanken nicht.

[154] AaO. 148.

[155] AaO. 128.

[156] AaO. 140.

[157] Als „Partei" erscheinen die Pharisäer bei SCHNECKENBURGER im politischen Kontext (aaO. 136 u.a.). Diesen Begriff wendet er auch auf Sadduzäer und Essener an (aaO. 141ff.), auf die Essener daneben auch „Secte" (aaO. 145). Explizit bestimmt er das Verhältnis zwischen den Begriffen „Partei" und „Secte" nicht.

[158] AaO. 253.

[159] AaO. 239.

[160] AaO. 135, vgl. Einl 74 (s. S. 21f.).

[161] SCHNECKENBURGER, ebd.: „Gott sollte König des Volkes sein und durch seinen Oberpriester und den hohen Rath regieren".

[162] AaO. 135f.

„welche für das Schicksal des ganzen Staats von Einfluss war, ja den völligen Untergang desselben herbeiführte. Zwar steuerten sie immer auf den Einen Zweck los, eine absolute Theokratie des Gesetzes, ... aber ihr unpolitischer Blick führte sie oft irre, so dass sie gerade für das arbeiteten, was sie verwünschten"[163].

Ihre Rolle als theokratische Partei bestimmte ihr Verhältnis zu jeglicher politischen Herrschaft bis 70. Ihnen standen die Sadduzäer als weltlich vornehme Gegenpartei mit „freisinnigeren" Ansichten über Religion und Staatsleben gegenüber[164], während sich die Essener unter dem Einfluß orientalischer Lehren aus diesen Auseinandersetzungen zurückzogen[165]. Im Gesamtblick sind „die Pharisäer die Orthodoxen, die Sadduzäer die Freigeister, ... die Essäer die Mystiker des Judenthums"[166].

In der hasmonäischen Verquickung des Hohepriesteramtes mit dem Königtum lag für die Pharisäer die Gefahr, daß die dynastisch-politischen Interessen die theokratischen Belange überwogen. Hinter dem Zerwürfnis der Pharisäer mit Johannes Hyrkan[167] sieht Schneckenburger Pläne der Pharisäer, gestützt auf ihre Mehrheit im Synhedrium den „gesetzwidrigen Hohepriester" beim Volk verhaßt zu machen. Hyrkan wandte sich aber von ihnen ab und „sprengte das Sanhedrin", um „das weltlich-natürliche Recht an die Stelle des traditionellen geistlichen zu setzen, mit den Reformen eines Kaiser Joseph vergleichbar"[168]. Daraus entstand ein Aufstand, der nur mit Mühe zu dämpfen war. „Eine Gährung blieb zurück, die unter seinen Nachkommen mehrmals gewaltsam ausbrach und ein Hauptgrund der inneren Zerrüttung des Staats war"[169]. Alexander Jannai konnte sich dagegen nur mit rücksichtslosester Grausamkeit behaupten. Unter Alexandra Salome herrschten die Pharisäer, die „Theokraten", nach innen, die Königin nach außen. Nach außen herrschten Ruhe und Frieden, „im Innern ließ es die leidenschaftliche Reaction der herrschenden Pharisäer nicht zu einem friedlichen Zustande kommen"[170]. Gegenüber Alexandras Sohn Hyrkan II. stellten die Pharisäer ihre Bedenken gegen die

---

[163] AaO. 140; dahinter dürfte die aaO. 163f. erwähnte Identifikation der Pharisäer mit den Volksvertretern stehen, die nach Ant. XIV 3,2 (41) die Römerherrschaft ins Land holten.

[164] AaO. 141f.; sie bestritten das Traditionsprinzip und die theologischen Lehren der Pharisäer und wurden von ihnen wegen ihres diesseitigen Eudämonismus als „Epikuräer" verabscheut.

[165] AaO. 143f.; hinter dieser Sicht dürfte Gfrörers „Kritische Geschichte" stehen. Die Essener repräsentieren „eine geistigere Richtung gegen den Materialismus des pharisäischen Judenthums", obwohl sie „die pharisäischen Grundsätze noch gesteigert bei sich in Anwendung brachten", namentlich die Reinheitsgesetze. Vgl. S. Wagner, Essener 73–79.

[166] Zeitg 144f.

[167] nach Ant. XIII 10,5–6 (288–296).

[168] Zeitg 137; Josephus berichtet nur über das Aufheben der pharisäischen Satzungen durch Hyrkan. Vom „Sprengen" des Synhedriums weiß er nichts. Diese Konstruktion Schneckenburgers beruht auf der Gleichsetzung der faktischen Macht der Pharisäer mit der legitimen. So kann die Maßnahme Hyrkans nur als Staatsstreich mit der Folge des Aufstandes erscheinen.

[169] Ebd.

[170] AaO. 139; im Ausdruck der „Reaction" der Pharisäer schwingt eine Anspielung auf reaktionäre klerikale Tendenzen mit (s. S. 324).

Ämterverquickung zurück, da ihnen dieser als willfähriges Werkzeug ihrer Absichten erschien[171].

Auf prinzipielle Feindschaft der Pharisäer stieß die Herrschaft des Herodes. Neben der theokratischen Abneigung gegen weltliche Herrschaft sieht Schneckenburger die Gründe dafür vor allem in dessen Person. Die Hinrichtung vieler Mitglieder des als mehrheitlich pharisäisch angesehenen Synhedriums faßt er als gezielte antipharisäische Maßnahme auf, ebenso auch die auf eine Eidesverweigerung der Pharisäer verhängte Geldstrafe. Deren relative Milde erklärt er als politisches Zugeständnis[172]. Die Pheroras-Intrige sei ein Versuch der Pharisäer, durch einen Mord an Herodes den Weg für das messianische Reich freizumachen[173]. Gegenüber der „romanisirenden Reformtendenz"[174] der Regierung Herodes' „schlossen sich die Eifrigeren nur um so ängstlicher gegen sie ab und klammerten sich mit desto größerer Beschränktheit an die hergebrachten Gebräuche an"[175]. Positive Berührungspunkte zwischen den Pharisäern und Herodes[176] haben in diesem Bild keinen Platz.

Die direkte Römerherrschaft brachte anfangs für die Pharisäer den Vorteil mit sich, daß die Oberhoheit des Statthalters ihnen „völlige Autonomie im Innern" ließ[177]. Prinzipiell war jedoch die heidnische Fremdherrschaft für die theokratisch orientierten Juden noch unannehmbarer als die der hasmonäischen oder herodianischen Könige. Bald entstanden in Reaktion auf römische Maßnahmen die Zeloten als „theokratisch-politische Partei. Sonst sind Zeloten = Pharisäer"[178]. Auch für Schneckenburger sind wie für Gfrörer entgegen Josephus' Darstellung die Pharisäer insgesamt für den Ausbruch des Jüdischen Krieges verantwortlich:

„Josephus spricht immer blos von Zeloten; aber ohne Frage ist die ganze pharisäische Partei betheiligt gewesen, und Josephus als Pharisäer hatte Gründe dies zu verschweigen"[179].

Den Ausgang des Jüdischen Krieges betrachtet er als Sieg der Theokratie über die politische Verfassung der Juden. Die Pharisäer, die Vertreter der Theokratie, die bereits die Errichtung des weltlich-politisch orientierten hasmonäischen Gemeinwesens bekämpft hatten, zettelten zusammen mit den Zeloten den Aufstand an. Durch ihn wurde das politische jüdische Gemeinwesen vernichtet. Dessen Erbe

---

[171] Ebd.

[172] AaO. 187; wie sich das mit der Hinrichtung der angeblich pharisäischen Synhedristen verträgt, bleibt offen.

[173] Zeitg 191, nach Ant. XVII 2,4–3,1 (41–47).

[174] AaO. 195.

[175] AaO. 194.

[176] Ant. XV 1,1 (1–4); 10,4 (366–371).

[177] Zeitg 202.

[178] AaO. 208; vgl. Ant. XVIII 1,6 (23); s. S. 325.

[179] AaO. 226; vgl. Gfrörer, Jahrh I 135f. (s. S. 48; s. S. 315; 325). Bell. II 17,2ff. (408ff.; 411ff.) bezieht Schneckenburger nur auf die „angesehensten Priester und Pharisäer". Die Herrschaft der Zeloten vergleicht er mit der des Pariser Konventes in der Französischen Revolution („der ungemessenste Terrorismus herrschte", aaO. 229f.). Den Vergleich der jüdischen „Hierarchie" mit dem Jakobinerstaat stellt bereits H. Leo in seinen „Vorlesungen", 58, an (vgl. Ch. Hoffmann, Judentum 50; 61ff.). Schneckenburger nennt Leos Werk unter den „Hülfsmitteln" von Zeitg (Zeitg 8).

wurde das rein theokratisch strukturierte Judentum, wie es die Pharisäer wünschten: „Die politische Theokratie war gefallen, die Gemeindetheokratie nur befestigt"[180]. Diese Entwicklung schildert er als ein Werk der Rabbinen, die er nicht zwangsläufig mit den Pharisäern identifiziert. Eine weitere Geschichte der Pharisäer selbst erwähnt er nicht mehr, ihr Verbleib – wie der der übrigen „Sekten" – bleibt offen, ebenso, welchen Anteil sie an der rabbinisch-theokratischen „Verknöcherung"[181] hatten.

6.3. Das Judentum – religiöse Kraft in gesetzlicher Schale

In seiner Beschreibung des Judentums hebt Schneckenburger zwei Hauptaspekte hervor, die er als „Kern" und „Schale" bezeichnet[182].

Mit dem „Kern" des Judentums bezeichnet er dessen religiöse Substanz, die „ideale Potenz des Religionsglaubens"[183]. Diese stellt er im Gegenüber zum zeitgenössischen Heidentum dar und konstatiert zwischen ihnen einen Grundgegensatz, der eine doppelte Entwicklungsrichtung des menschlichen Geistes widerspiegele[184]. Die heidnischen Religionen klassifiziert er *in toto* als „Naturreligion". In ihr sei das Religiöse eine Übersteigerung des Natürlichen. Die natürlich-äußerliche Seite des menschlichen Geistes sei im Heidentum in Gestalt der gesamten antiken Kultur zur höchsten Blüte entfaltet. Aber

„ein Grundfehler zieht sich durch Alles hindurch, nämlich der Mangel jener anderen menschlichen Richtung ... nach der inneren Tiefe des Seelenlebens. Dies drückt sich am sprechendsten in der Religion aus, welche nichts anderes war, als die mythische Objectivierung des eigenen Geistes, ... wie schon Luther richtig beobachtete"[185].

An dem allgemeinen Niedergang der antiken Kultur hatte die natürliche heidnische Religion, die keine „Kraft der Erhebung und Neubelebung" besaß, daher vollen Anteil[186]. Als Gegensatz zum so beschaffenen Heidentum sieht er das Judentum.

---

[180] AaO. 236.

[181] AaO. 237; es sei dahingestellt, wie weit diese Unschärfe auf dem fragmentarischen Charakter von Schneckenburgers Werk beruht.

[182] AaO. 103; dieses Bild findet sich bereits bei Schleiermacher in der 2. Rede über die Religion, dort auf die Verfremdung des eigentlichen Wesens der Religion durch Metaphysik und Moral bezogen (Schleiermacher, KGA I/2 211; vgl. aaO. 314f.; s. S. 332f.). Vgl. die von Schneckenburger unabhängige Verwendung dieser Begriffe bei Reuss (Jdt 326; 344f.; s. S. 100) und Ewald (Gesch IV³ 82f. 86; s. S. 135f.).

[183] Schneckenburger, ebd.

[184] AaO. 71f.

[185] AaO. 72; so betrachtet bereits Schleiermacher das antike Heidentum (Reden 308ff.).

[186] AaO. 73; hierin grenzt sich Schneckenburger deutlich von der grundlegenden Bedeutung der klassischen Antike als Modell neuhumanistischer Religiosität im Idealismus und Klassizismus ab (vgl. Lütgert, Idealismus I² 111–153). Dies ist durch den zitierten Hinweis auf Luther (Zeitg 72) deutlich markiert. Die normative Geltung der klassischen Antike begrenzt er auf die kulturellen Aspekte durch die Bemerkung, daß „*Calvin* nicht ansteht darin [*scil.*: in der Kultur des klassischen Altertums] Gaben des heiligen Geistes zu erkennen" (ebd.). Namentlich wendet er sich gegen Hegels und Bruno Bauers dialektische Ableitung des Christentums aus Problemstellungen

Zwar bleibe es kulturell weit hinter der klassischen Antike zurück, religiös aber sei es ihr haushoch überlegen.

„Bei den Juden herrschte der Zug nach Innen, auf die Tiefe des Seelenlebens vor und hielt sich kämpfend gegen den andern, den heidnischen Zug aufrecht. Damit war eine Erhebung über die Natur gewonnen, welcher die anderen Völker ... stets verfallen blieben. Das religiöse Element wurde darum vor allen übrigen geistigen Anlagen ausgebildet; das religiöse Princip setzte der Entwicklung auf allen übrigen, der Welt zugekehrten, Seiten bestimmte Schranken".

Den dafür entscheidenden Zug des Judentums sieht Schneckenburger in seiner monotheistischen Grundidee und seiner sittlichen Höhe. Das Judentum repräsentiert „die Grundseite des menschlichen Wesens"[187], an deren Mangel die heidnische Naturreligion zugrunde ging, während das Judentum „auch in seinen Verkehrtheiten eine Kraft des Bestehens und eine Kraft der Ueberwältigung entwikkelte, welche dem oberflächlichen Blick unbegreiflich bleiben muss"[188]. Diese „ideale Potenz" befriedigte „wahre"[189] Bedürfnisse des Menschen, indem sie Antworten auf grundlegende Lebensfragen gab, und erwies sich darin als dem Heidentum überlegen. Der abstrakten Spekulation der Philosophie stellt Schneckenburger auf jüdischer Seite die historische Verankerung in der Volksgeschichte gegenüber, der auf gegenseitige Leistung berechneten heidnischen Religiosität den Glauben an Gottes Gerechtigkeit, dem unberechenbaren Chaos der antiken Götterwelt und des Fatums das Vertrauen auf Gottes Verheißungen[190]. In diesem Vergleich läßt er vor allem die universalistischen Züge des Judentums hervortreten, seinen Wahrheitsgehalt für alle Zeiten und Menschen. Er betont dabei, daß der Synagogenkult ein geistiger Kult sei[191], und spricht insgesamt vom „geistigen Charakter des jüdischen Volkes"[192]. Diese Seite des Judentums beschreibt er an Hand der hellenistischen Diaspora. Sie betrachtet er nicht als prinzipiell vom Judentum in Palästina unterschieden und findet auch in ihr genuin Jüdisches verkörpert[193].

Zu diesem Wesenskern des Judentums kommt aber seine partikularistische „Schale" hinzu. Hiermit sind diejenigen Aspekte des Judentums gemeint, durch die es sich nicht nur vom Heidentum unterscheidet, sondern auch abschließt und als Sondergemeinschaft konstituiert. Schneckenburger hebt ihre Notwendigkeit

---

der antiken Religion (aaO. 73ff.) und argumentiert in Betonung der jüdischen Wurzeln des Christentums gegen die „grelle Verletzung der *geschichtlichen* Wahrheit" in den geschichtsphilosophischen Konstruktionen der Hegelschule (aaO. 75, Hervorhebung von mir; vgl. LÜTGERT, aaO. 150–153). Mit den Hinweisen auf LUTHER und CALVIN knüpft er hingegen an reformatorische Grundpositionen gegenüber dem antiken Erbe an (vgl. SCHLEIERMACHER, aaO. 314).

[187] Zeitg 75.
[188] AaO. 76.
[189] AaO. 103.
[190] AaO. 100ff.
[191] AaO. 106.
[192] AaO. 233.
[193] Dies hat er mit GFRÖRER gemeinsam; anders z.B. REUSS, Jdt 343 (s. S. 98); EWALD, Gesch IV³ 597ff. (s. S. 130f.).

zum Erhalt des Judentums hervor. Neben dem Monotheismus verhinderten vor allem sie die Auflösung der jüdischen Religion ins heidnische Pantheon[194]. Ihr wichtigstes Element war das Gesetz. „Je beschwerlicher und geistloser" dessen Äußerlichkeiten seien, umso mehr sei die Anhänglichkeit der Menge an das Gesetz bewirkt worden[195]. Die Veräußerlichung war der Preis für die historisch notwendige stabilisierende Funktion der jüdischen Gesetzlichkeit:

> „Das Gesetz aber war es, das fast alle Bewegungen des täglichen Lebens ... regelte. ... Je mehr Aufmerksamkeit und Aufopferung eine Lebensregel erfordert, desto stabiler bleibt sie, wenn sie einmal Eingang gefunden. Durch die Speisegesetze waren die Juden von der Theilnahme an geselligen Mahlen mit den Heiden ausgeschlossen; ihre Lustrationsgebote erinnerten sie jeden Augenblick an die Verunreinigung, welche der Umgang mit den Heiden bringt, und machte stets wiederholte Tilgungen derselben nöthig. Die Sabbatpflicht regelte die Arbeiten, zu welchen sie also sich nicht ohne Rücksicht mit Heiden associren konnten. Wie genau und eng auch der Verkehr der Juden mit den Nationen, unter welchen sie lebten, war: eine Kluft gegen ihr geselliges Ineinanderfliessen war durch die unmittelbare Religionspflicht eines jeden Juden befestigt"[196].

Bestärkt wurde diese Wirkung des Gesetzes durch seine schriftliche Form, seinen streng fixierten Lehrbegriff, durch den wohlorganisierten gesetzlichen Unterricht von klein auf und durch den Synagogenkult, der einen beständigen Unterricht außerhalb des Tempels ermöglichte[197]. Mit dieser gesetzlichen Identitätswahrung ging ein ausgeprägter „Nationalstolz"[198] einher. Die exklusive Errungenschaft des Monotheismus, verbunden mit dem jüdischen Erwählungsbewußtsein, bewirkte die messianische „jüdische Nationalhoffnung", die sich auf „das Uebergehen der Weltherrschaft von den Römern auf die Juden"[199] richtete.

Hier werden bei Schneckenburger deutlich Werturteile sichtbar. Die „sehr excentrischen politischen Erwartungen der Juden von einer ihnen bald zu Theil werdenden Weltherrschaft"[200] schildert er mit Berufung auf Tacitus unter Verwendung antiker Judenpolemik. Die von Tacitus formulierte Stereotype des „*odium humani generis*"[201] nimmt er für eine Tatsache und charakterisiert die Diasporajuden als

---

[194] Zeitg 103 ff.

[195] AaO. 120; SCHNECKENBURGER paraphrasiert hier Erwägungen GFRÖRERS aus Jahrh I 130 (s. S. 52).

[196] Zeitg 103 f.

[197] AaO. 105 ff.; so auch GFRÖRER, Jahrh I 188 (s. S. 50 f.).

[198] AaO. 67; 241; 251.

[199] AaO. 251; SCHNECKENBURGER bezeichnet diese Erwartung der messianischen Periode als „sinnlich" (aaO. 252). In der Sache meint er damit den diesseitig-politischen jüdischen Messianismus im Gegensatz zum geistigen Jesu (aaO. 239). Die negative Bewertung „sinnlicher" religiöser Aspekte verweist auf das Fortwirken idealistischer Vorstellungsmuster über den engeren Kreis des Idealismus hinaus, wie dies besonders deutlich bei EWALD zu Tage tritt (s. S. 142 f.).

[200] AaO. 224 (s. S. 328).

[201] AaO. 67; Tacitus, Hist. V,5 (s. S. 328); vgl. den Verweis auf das „berüchtigte" „*hostile odium adversus alios*" (aaO. 240; Tacitus, Ann. XV,44). So auch GFRÖRER, aaO. 114; 197 f. (s. S. 51 f.).

„diese sich überall einschleichenden, betriebsamen und wohlhabenden Fremdlinge, welche nie wie andre Einwanderer mit dem Gemeinwesen ganz verwachsen konnten und immer ihre eigenen Sitten und eigene exclusive Religion behielten"[202].

Diese negative Seite des jüdischen Partikularismus resultiert für ihn aus der diesseitigen „sinnlich-politischen Färbung"[203] des jüdischen Messiasglaubens. Ihre Wurzeln findet er vor allem im palästinischen Judentum, im Besonderen bei den Pharisäern. Hier sieht er „den theokratischen Eifer"[204] der Rückwanderer aus dem Exil wirksam, der den „Zaun um das Gesetz" zog. Dieser war „das Charakteristische des Judenthums der folgenden Zeiten" und „der Ursprung des sogenannten pharisäischen Satzungswesens"[205]. Die Pharisäer repräsentieren das „starr fleischliche Judenthum"[206].

Nach 70 erhielt die durch die Pharisäer repräsentierte gesetzlich-partikularistische Seite des Judentums das Übergewicht. Es erstarrte im Rabbinismus.

„Mit der völligen Abschliessung des Judenthums durch den ausgebildeten Rabbinismus hören nun aber die Juden auf, das geistige Ferment[207] unter den Völkern zu sein, welches sie vor ihrer gänzlichen Verknöcherung in die starre Form gewesen waren; und wie sehr auch dieser durch Jahrtausende sich unvermischt hindurcharbeitenden Volksthümlichkeit in ihrer unbegreiflichen Anomalie noch irgend eine grosse Aufgabe in der Weltgeschichte zu lösen vorbehalten scheint, so ist doch der welthistorische Beitrag, den die Juden als Nation und Religionsgemeinde für die bisherige Entwicklung der Menschheit überhaupt zu geben hatten, mit der Vernichtung ihrer politischen Existenz und ihres nationalen Heiligthums als beendigt anzusehen"[208].

6.4. Quellenauswertung

Die Quellen von Schneckenburgers Pharisäerdarstellung sind in der Hauptsache Josephus und das Neue Testament. Josephus entnimmt er den Verlauf ihrer Geschichte, vermutet aber, der Pharisäer Josephus verharmlose ihre Rolle im Jüdi-

---

[202] AaO. 64.

[203] AaO. 239.

[204] AaO. 117.

[205] AaO. 119f.

[206] AaO. 159 (aaO. 253: die „fleischlich-sinnlichen Vorstellungen der Pharisäer" von der Unsterblichkeit); vgl. 1. Kor 10,18.

[207] Der Begriff des „geistigen Fermentes" entspricht hier in seiner Funktion dem neutestamentlichen Bild des „Sauerteiges" (Mt 13,33; 1. Kor 5,6; Gal 5,9): Das Judentum vor 70 spielt die später vom Christentum übernommene Rolle in der Heidenwelt. Vgl. dieser im Kern theologischen Aussage gegenüber TH. MOMMSENs spätere Bezeichnung des Judentums als „wirksames Ferment des Kosmopolitismus und der nationalen Decomposition" (Römische Geschichte III[6.7] 550; vgl. W. BOEHLICH, Antisemitismusstreit 211f.; 219f. und CH. HOFFMANN, Judentum 92–103; s. S. 191).

[208] Zeitg 237; welcher Art die angedeutete weltgeschichtliche Aufgabe für das Judentum sein könnte, läßt SCHNECKENBURGER offen (s. S. 76). Hierin dürfte ein geschichtstheologischer Reflex auf Röm 11,11ff. 23ff. liegen (s. S. 338); vgl. REUSS, Jdt 341; Phar 508 (s. S. 112).

schen Krieg[209]. Darüber hinaus zieht er seine historische Darstellung nicht in Zweifel. Im Verhältnis der Pharisäer zu Herodes problematisiert er die Quelle Josephus nicht, stellt aber die dort erwähnten positiven Berührungspunkte in den Hintergrund. Josephus' Darstellung der Pharisäer als philosophisch-theologische Sekte betrachtet er als hellenistische Stilisierung[210]. Die Dogmen der Pharisäer seien allgemein jüdisch, den Begriff der Philosophie gebrauche Josephus auch für das Gesetz und das gesetzliche Leben[211]. Wo er historisch von ihnen spreche, beschreibe er sie „überall als strenge Gesetzesleute und Asceriker"[212].

Das Neue Testament spielt im Vergleich zu anderen Autoren für Schneckenburgers Bild der Pharisäer und des antiken Judentums eine recht geringe Rolle. In der „Neutestamentlichen Zeitgeschichte" haben die neutestamentlichen Aussagen über die Pharisäer mehr die Funktion, die aus Josephus erhobenen Fakten zu illustrieren. Er zitiert Aussagen über das Verhältnis von Schriftgelehrten und Pharisäern[213] und nennt als einzige halachische Besonderheit der Pharisäer ihre Reinheitsobservanz mit Verweis auf Mk 7,1–4[214]. Die *loci classici* christlicher Pharisäerwahrnehmung wie Mt 6. 23, Lk 18,11f. und die johanneische Pharisäerpolemik erwähnt er in der „Zeitgeschichte" gar nicht[215], mit der Hinrichtung Jesu bringt er die Pharisäer nicht dezidiert in Verbindung. Die differenzierte Pharisäerdarstellung der Apostelgeschichte nimmt er auf und bemerkt zum Eintreten der pharisäischen Synhedristen für Paulus in Apg 23, daß „der alte Hass der Pharisäer gegen die Anhänger des Propheten von Nazareth"[216] inzwischen verflogen sei.

Die talmudischen Quellen bezeichnet er grundsätzlich als „sehr beachtenswerthe Quelle für die neutestamentliche Zeitgeschichte"[217]. Eine direkte Linie zwischen Pharisäismus und Rabbinismus zieht er nicht, wie er auch präzise zwischen Pharisäern und Schriftgelehrten unterscheidet. Eine Unschärfe bleibt jedoch insofern bestehen, als er einerseits die Pharisäer als Repräsentanten des Judentums zur neutestamentlichen Zeit im Allgemeinen und als die hauptsächlichen Bewahrer der schriftgelehrten Satzungen im Besonderen vorstellt[218], sie andererseits aber in der Besprechung des Rabbinismus und der talmudischen Literatur[219] nicht mehr erwähnt. Tat-

---

[209] Zeitg. 226; vgl. GFRÖRER, aaO. 135f. (s. S. 48); die Debatte über diesen Punkt dauert bis heute an. Vgl. die Kontroverse zwischen J. NEUSNER („Josephus's Pharisees") und D. R. SCHWARTZ („Josephus and Nicolaus on the Pharisees") sowie S. MASON, Flavius Josephus, 32ff. (s. S. 5).

[210] Einl 69f.; Zeitg 133.

[211] Zeitg 133; belegt durch Ant. XIII 10,5.

[212] Ebd.

[213] AaO. 132; 134.

[214] AaO. 134f.

[215] In der Pharisäerdarstellung in Einl sind die Verweise auf neutestamentliche Belege häufiger (so auf Mt 23 und verschiedene Joh-Belege, aaO. 70f.). Bis auf die Bemerkung, daß das Neue Testament von den Pharisäern „den das wahre göttliche Gesetz verdunkelnden und erdrückenden Wust von Menschensatzungen" (aaO. 71) ableite, macht sich SCHNECKENBURGER die neutestamentliche Polemik nicht zu Eigen.

[216] Einl 88.

[217] Zeitg 7.

[218] AaO. 141.

[219] AaO. 6ff.; 236ff.

sächlich haben die talmudischen Quellen in seiner Pharisäerdarstellung kaum Gewicht. In der „Zeitgeschichte" bezieht er sich nur in der Erklärung des Namens „Pharisäer" darauf[220], in der „Einleitung" zitiert er einige Passagen aus der Mischna zur Bestätigung der Annahme, daß die Pharisäer eine asketische Sekte seien[221]. Auf halachische Einzelheiten geht er hier nicht ein. Die pharisäische Reinheitsobservanz gilt ihm als „übertriebene Askese"[222]. Aus Kirchenvätern führt er vereinzelte Aussagen an[223]. Diese haben aber kein Eigengewicht.

Schneckenburgers Hauptquelle für die Geschichte der Pharisäer ist Josephus. Seine Bestimmung ihres Wesens gründet er auf Josephus und das Neue Testament. Die rabbinische Literatur illustriert das aus diesen Quellen gewonnene Bild. Das Neue Testament erhält als Quelle kein Übergewicht, aber hinter seiner Sicht der Pharisäer und des Judentums sind christliche Deutungskategorien deutlich erkennbar.

6.5. Theologische Hintergründe – Judentum und Christentum

Mit dem wohl erstmalig von ihm geschichtstheologisch gewendeten Bild von Kern und Schale[224] bewältigt Schneckenburger das Problem, den historischen Konnex zwischen Judentum und Christentum mit der Prävalenz des Christentums zu verbinden. Die Anknüpfung des Christentums ans Judentum liegt im geistigen religiösen Kern, in den bereits im Judentum formulierten wesentlichen theologischen Aussagen, insbesondere zum Messianismus und zur Eschatologie[225]. Paulus hat jüdische Theologie ins Christentum vermittelt. Von jüdischen Theologen und Philosophen der Diaspora sind entscheidende Impulse für die Theologie der Alten Kirche ausgegangen[226].

---

[220] AaO. 134.

[221] Einl 74; M Abot III 13; Sota IX 15 (zitiert als „Sota VI am Ende"). In M Sota III 4 fügt er den „Schlägen der Pharisäer" der Zusatz „welche sie sich selber geben" als Interpretament in Richtung pharisäischer Askese bei (vgl. WÄHNER, Ant. II 766; s. S. 20). Die Angabe „Chagiga XVII,2. Glossa: Pharisäer sind diejenigen, welche die gemeine Speise in Reinheit geniessen" bezieht sich auf die Gemara in Chag 18b („XVII,2" ist ein Fehlzitat) zu M Chag II 7 („die Kleider der Peruschim etc."). Dort ist sie allerdings nicht explizit auf die Pharisäer bezogen. Sie stammt aus J. LIGHTFOOT, Horae[2] 232 (dort richtig mit „18,2" zitiert), der seinerseits auf den „Aruch" des NATHAN B. JECHIEL verweist (VI 452, ed. A. KOHUT; vgl. G. SURENHUSIUS zu M Demai II 3). Sie taucht später bei GEIGER (Jdt II 90f.; s. S. 160), WELLHAUSEN (PhS 19; s. S. 203) und SCHÜRER (Gesch II[4] 470; s. S. 41f.) auf. Eine andere Erklärung von „Chaber" findet sich bei GFRÖRER (Jahrh I 168; s. S. 48) und HAUSRATH (Zeitg I[1] 76f.; s. S. 175).

[222] SCHNECKENBURGER, ebd.

[223] So bei der Etymologie des Namens „Pharisäer" in Zeitg 134.

[224] In dieser Hinsicht hat SCHNECKENBURGER m. W. keine Vorläufer. Charakteristisch war in der Forschung vor ihm vielmehr eine theologisch systematisierende Bestimmung des Verhältnisses des Christentums zum Judentum, wie sie bei SCHLEIERMACHER(s. S. 42f.; 335f.) und im Grundansatz auch bei GFRÖRER (s. S. 54) anzutreffen ist.

[225] Zeitg 252ff.

[226] AaO. 3; SCHNECKENBURGER hebt hier besonders Philo hervor.

Der wesentliche Vorzug des Christentums liegt in der geistlichen Fassung dieses Kernes, während er im Judentum „fleischlich" verstanden wurde, d.h., an die ihm wesensfremde Schale der Gesetzlichkeit gebunden blieb. Jesus verkündigte gegenüber dem fleischlichen jüdischen den geistigen Messianismus[227], die „wahre Theokratie". Die jüdische Theokratie ist die falsche, äußerliche, geistlose, „unrein-einseitig angewandte theokratische Grundidee"[228]. Sie ist eine Vorform des Christentums. Der eigentliche geistige Gehalt des Judentums ist im Christentum zu der ihm gemäßen geistigen Existenzform gelangt. Er hat die nunmehr auch historisch entbehrlichen partikularistischen Schlacken und äußerlichen Stützen, die allein beim Judentum verbleiben, abgestoßen und „das geistige Heiligthum der Weltreligion" auch für die Heiden zugänglich gemacht[229]. Gegenüber dem Heidentum ist das Judentum durch seine später ins Christentum übergehenden Züge als dessen Vorstufe qualifiziert. Sein geistiger Inhalt war „nach einer tieferen Auffassung ein Zustreben zu den christlichen Ideen"[230].

Wenn Schneckenburger auch die jüdischen Wurzeln des Christentums betont, so legt er doch Wert darauf, in ihm etwas qualitativ Neues und nicht einfach eine Fortschreibung jüdischer Entwicklungslinien zu sehen. Er betont den fundamentalen Unterschied der geistigen christlichen Grundlegung gegenüber der fleischlichen jüdischen und spricht vom „wesentlich Höheren und Neueren des Christenthums, das nicht ein blosses und natürliches Product des Judenthums sein konnte"[231]. Diese theologische Verhältnisbestimmung setzt er geschichtstheologisch in die historische Verhältnisbestimmung von Judentum und Christentum um:

Die Katastrophe von 70 und die danach einsetzende Entwicklung des Judentums zum Rabbinismus stehen in innerem Zusammenhang mit der Entstehung des Christentums. Der Tod Jesu und der Untergang des Tempels seien historisch zusammengehörige Erscheinungen, „beides die unausweichliche Folge der nämlichen unreinen theokratischen Begeisterung ... Nur auf einem Wege konnte diese elektrische Gluth abgeleitet werden, in der Weise Jesu, geistig ... weil man eben keine geistige Messiashoffnung anerkannte und von dem Berauschenden jener sinnlich-politischen Vorstellung ganz trunken war", brachte man Jesus zu Tode und „das Heiligthum in Trümmer, die Nation ins Grab"[232]. Beide Ereignisse zusammengenommen bewirkten die Scheidung der Christen von den Juden und markieren die historische und theologische Trennlinie zwischen ihnen.

„Das Judenthum gibt seinen weltgeschichtlichen Beitrag durch das in seinem Schoosse geborene Christenthum und hat seine wahre Bedeutung, eine pädagogische und prophetische, nur in diesem"[233]. – „Das wahre, geistige Judenthum trat hervor, die Hülle, unter der es

---

[227] Vgl. Röm 7,7ff.
[228] AaO. 238.
[229] AaO. 240.
[230] Ebd.
[231] AaO. 238; dies gegen GFRÖRER.
[232] AaO. 239.
[233] AaO. 238f.

verborgen herangereift war, wurde gesprengt und vernichtet und schleppt sich nur noch als Schlacke in der Weltgeschichte fort"[234].

Das Judentum nach 70 besteht nur noch aus der „Schale", der „Kern" ist ins Christentum übergegangen. Einen historischen Übergang zwischen Judentum und Christentum sieht er in den gegen die pharisäische Äußerlichkeit opponierenden Essenern: „Von ihrer Religions-Ansicht war der Uebergang zum Christenthum sehr leicht". In diesen Zusammenhang stellt er auch eine Theorie aus den pseudoclementinischen Homilien, „welche Judenthum und Christenthum nur für verschiedene Formen einer und derselben wahren und ursprünglichen Religion annimmt, und daher jedes Uebergehen von der einen zur andern für unnöthig, die gegenseitige liebevolle Toleranz und Anerkennung dagegen für die erste und höchste Pflicht erklärt"[235]. Das ist nicht ohne Sympathie geschrieben. Als die natürlichste Konsequenz aus dieser Vermittlungsposition betrachtet er den Übergang der Juden zum Christentum nach dem angenommenen Muster der Essener[236].

Die Pharisäer repräsentieren die ganze „religiöse Seite"[237] des Judentums. Das bedeutet zum einen, daß Schneckenburger die Defizite der von den Pharisäern vertretenen gesetzlichen Traditionen hervorhebt und von „leerem Formalismus", „Werk- und Scheinheiligkeit"[238] spricht. Zum anderen aber sind sie die Repräsentanten auch der religiösen Innenseite des Judentums, die ihm das Christentum verdankt. Dementsprechend verwendet er die neutestamentliche Pharisäerpolemik in der „Einleitung" sehr sparsam. In der „Zeitgeschichte" greift er überhaupt nicht auf sie zurück. Die Pharisäer erscheinen bei ihm als die typischen Juden im Hintergrund der neutestamentlichen Geschichte, ohne daß er diesen Aspekt forciert. Sie erscheinen als eine von mehreren verschiedenartigen Tendenzen im Judentum der neutestamentlichen Zeit, die er alle als verschiedene Gestaltungen der einen jüdischen Grundidee interpretiert. Charakteristisch für sein Bild des Judentums ist, daß er keinen der verschiedenen Aspekte in den Hintergrund schiebt, sondern alle als Bestandteile eines zusammenhängenden historischen Bildes begreift.

---

[234] AaO. 240; unabhängig davon EWALD, Gesch VII³ 428ff.; 439ff. (s. S. 131f.); vgl. SCHLEIERMACHER, Reden 315 (s. S. 42f.; 335f.). SCHNECKENBURGER verbindet hier historische Ereignisse mit theologischer Deutung, indem er die Zerstörung der Tempeltore durch die Römer nach Bell. VI 4,2ff. (232; 265f.) aus der Perspektive von Mt 27,51 interpretiert.

[235] Einl 91; belegt durch Ps.Clem.Hom. VIII 6. Für die Vermutung, die Essener seien im ebionitischen Christentum aufgegangen, beruft er sich auf F. C. BAUR („De Ebionitarum origine et doctrina, ab Essenis repetenda", Tübingen 1831; vgl. S. WAGNER, Essener 185–189). Auf BAUR geht auch die Identifikation der Pseudoclementinen als judenchristliches Dokument zurück („Die Christuspartei in der korinthischen Gemeinde", TZTh 1831, 61–206); vgl. G. STRECKER, Judenchristentum 1ff.

[236] Hierin gibt SCHNECKENBURGER ein insgesamt auf Vermittlung bedachtes liberales und überparteilich-irenisches theologisches Profil zu erkennen (vgl. RE³ XVII 667ff.).

[237] Zeitg 135.

[238] Einl 75.

6.6. Zeitgeschichtliche Bezüge – liebevolle Toleranz im Vormärz

In die theologisch aus Röm 11 gespeiste Formulierung, daß dem Judentum „noch irgend eine grosse Aufgabe in der Weltgeschichte zu lösen vorbehalten scheint"[239], ist das zeitgenössische Judentum eingeschlossen. Sie ist zu offen, um eine bestimmte aktuelle Option daraus ableiten zu können, artikuliert darin aber Schneckenburgers Grundeinstellung zum Judentum: Auch wenn für ihn, wie für Gfrörer, die religiösen Inhalte der einen wahren Religion im Christentum besser aufgehoben sind als im Judentum und er eine Konversion der Juden als wünschenswert ansieht, bekennt er sich zur „liebevollen Toleranz und Anerkennung" des Judentums, die er mit dem zitierten Rückgriff auf paulinische Gedanken geschichtstheologisch begründet. Hierin drückt sich die Spannung zwischen der emanzipationsbejahenden Anerkennung jüdischer Gegenwartsexistenz und dem geschichtstheologischen Urteil über das Ende der jüdischen Geschichte aus. Diese Zeitstimmung schlägt sich auch in seinem Bild der Pharisäer nieder. Sie erscheinen als Repräsentanten des ganzen jüdischen Wesens, der abgelehnten wie der bejahten Züge. Gerade die letzteren werden als gemeinsames Gut von Christentum und Judentum betrachtet. Die hiervon unabhängige Analogie bei Reuß[240] verweist darauf, daß diese Perspektive zeittypische Einstellungen der 1830er und 1840er Jahre widerspiegelt, in deren Kontext auch Gfrörers Ideen zur Judenassimilation gehören. Der Hintergrund dieser Ansichten Schneckenburgers, in dessen württembergischer Heimat 1828 ein von Gfrörer begrüßtes liberales Judengesetz in Kraft gesetzt wurde, ist die in der Schweiz, in der er seit 1834 lebte, seit der Restaurationszeit herrschende restriktive Judengesetzgebung, die weit hinter Errungenschaften der napoleonischen Ära zurückfiel[241]. Zu diesen Zusammenhängen stellt er keine direkten Bezüge her. Andere neuzeitliche Anspielungen wie der Vergleich der Pharisäer mit der Orthodoxie und katholischen Mönchsorden haben lediglich illustrierende Funktion. Die Wahl der Beispiele läßt eine Distanz zu diesen Größen erkennen, ohne daß dieser Aspekt in den Vordergrund tritt.

6.7. Zusammenfassung

Von Schneckenburger stammt nach Gfrörer der zweite Anlauf zu einer historisch-kritischen Betrachtung des antiken Judentums im Rahmen der neutestamentlichen Zeitgeschichte. Wie Gfrörer erkennt er das Judentum als historische Voraussetzung des Christentums und sucht in seinen religiösen Vorstellungen die Wurzeln der christlichen Lehren. In dem diesbezüglichen Abschnitt zeigt sich auch konzeptionell die stärkste Anknüpfung an Gfrörer[242]. Gemeinsam mit Gfrörer ist

---

[239] Zeitg 237.

[240] s. S. 71; REUSS, Jdt 341; vgl. Phar 508 (s. S. 112).

[241] So beklagt I. M. JOST 1832, die Schweiz stelle „die früher ganz freien Bürger unter drückende Gesetze", ohne daß eine Änderung absehbar sei (Allg Gesch II 515). Die volle Emanzipation wurde in der Schweiz erst relativ spät 1874 vollzogen (vgl. R. RÜRUP, Emanzipation 80).

[242] Zeitg 240ff.; vgl. die bereits erwähnte Paraphrase, aaO. 120 (s. S. 70).

auch die Betrachtung der Gesetzesbezogenheit von ihrer historischen Funktion her als für den Bestand des Judentums notwendiges stabilisierendes Element. In beider Darstellung erscheinen die Pharisäer als Repräsentanten der kritisch betrachteten Außenseite wie der positiv beurteilten, mit christlichen Vorstellungen prinzipiell identischen Innenseite der jüdischen Religion. Beider Werturteile über die Pharisäer sind zurückhaltend.

In der geschichtstheologischen Rahmung der neutestamentlichen Zeitgeschichte markiert Schneckenburger anders als Gfrörer eine klare Prävalenz des Christentums und nimmt daher im Jahre 70 eine sehr viel schärfere Epochenabgrenzung vor als jener. Er unterscheidet schärfer zwischen Pharisäern und Schriftgelehrten und läßt die Geschichte der Pharisäer im Jahre 70 enden. Eine Fortsetzung des Pharisäismus im Rabbinismus zieht er nicht in Betracht. Dieser ist nur noch die historische Schlacke des Judentums vor 70.

Die Wirkungsgeschichte von Schneckenburgers aus den 1830er und 1840er Jahren stammendem Entwurf der neutestamentlichen Zeitgeschichte setzt erst nach seiner posthumen Veröffentlichung 1862 ein. Hausrath hat 1868 als erster den historischen Rahmen dieses Entwurfes aufgegriffen, nicht aber die für Gfrörer und Schneckenburger charakteristische Darstellung der jüdischen Theologie als Wurzelgrund der christlichen.

7. *Hermann Adalbert Daniel*

Hermann Adalbert Daniel (1812–1871)[243], nach dem Studium der Theologie und Philosophie 1835 in Halle zum Dr. phil. promoviert, war von 1834 bis 1870 Lehrer am Pädagogium in den Francke'schen Stiftungen in Halle. Auf theologischem Gebiet veröffentlichte er kirchen- und dogmengeschichtliche, hymnologische, aber auch neutestamentliche Studien[244], sowie grundlegende geographische Lehrbücher[245]. In seinem persönlichen Glaubensleben empfand Daniel, der ursprünglich erwecklich geprägt war, Neigungen zur katholischen Frömmigkeit. Konvertiert ist er aber nicht.

Sein 1846 erschienener Artikel „Pharisäer" in der „Allgemeinen Encyclopädie"[246] ist, nach einem Überblick über die Quellen und die wichtigste Sekundärliteratur, eingeteilt in die Kapitel „Ursprung und Name", „Die pharisäische Theologie", „Die pharisäische Asketik", „Die pharisäische Sittlichkeit", „Verhältniß zu

---

[243] Zu DANIEL vgl. ADB IV, 731–734 und V. CONZEMIUS, Daniel.

[244] „Tatianus der Apologet", 1837; „Hülfsbuch für die Gottesdienste in Gymnasien", 1838; „Erklärung von Luther's kleinem Katechismus", 1840; „Thesaurus Hymnologicus", 5 Bde., 1841–1856; „Codex Liturgicus", 4 Bde., 1847–1854; „Wahrheit und Dichtung von unserem Herrn Jesu Christo", 1847; u.a.

[245] „Lehrbuch der Geographie", 1845; „Handbuch der Geographie", 3 Bde., 1859–62; u.a.

[246] In: Allgemeine Encyclopädie der Wissenschaften und Künste, Sect. III, Bd. 22, 17–34 (zit. als „Phar").

Christo", „Die pharisäische Politik". Angefügt ist ein kurzer Ausblick auf die Verwendung des Pharisäerbegriffes in der innerkirchlichen Polemik.

7.1. Die Pharisäer – unpneumatische Gesetzeseiferer

Daniels historische Darstellung der Pharisäer stützt sich wesentlich auf historisch-kritische Forschungsergebnisse Gfrörers und Schneckenburgers[247]: Aus den Asidäern hervorgegangen, von denen der Widerstand gegen die Hellenisierung des Judentums ausging, vertraten die Pharisäer eine strikte Gesetzesobservanz und legten Wert auf die Verrichtung von *opera supererogationis*[248]. Deren schriftliche Fixierung in den über das Gesetz hinausführenden Traditionen bewirkte die Abspaltung der Karäer, aus denen später u.a. die Sadduzäer hervorgingen[249]; die Asidäer ihrerseits spalteten sich in die extrem rigoristischen Essener[250] und die von da an als solche bezeichneten Pharisäer, die mit diesem Namen als Abgesonderte charakterisiert werden[251]. Ihre Absonderung wurzelt in einem „particularistischen Nationalstolz" und bezieht sich nicht nur auf das Gottlose, sondern auch auf das Fremde[252]. Dies gilt aber für das Judentum insgesamt. Die Anwendung des Begriffes „Sekte" auf die Pharisäer, der eine Abspaltung in der Sache markiert, lehnt er mit Rückgriff auf Schneckenburgers Formulierung ab, die Pharisäer seien, analog zu den Franziskanern und Jesuiten, „die par excellence rechtgläubigen Juden"[253], und vergleicht sie bzw. ihre asidäischen Vorgänger, wie schon Schneckenburger, mit den zeitgenössischen Pietisten[254].

Das spezifische Wesen pharisäischer Theologie sieht Daniel in einem perfektionistischen Gesetzeseifer[255]. Die daraus erwachsene autoritative, „glossirende Gesetzesinterpretation"[256] ist vor allem dadurch charakterisiert, daß „der Commentar …

---

[247] GFRÖRER, Jahrh I (1838); SCHNECKENBURGER, Einl (1832). Ferner verwendet er Material aus den älteren Werken u.a. J. TRIGLANDIUS', B. UGOLINIS und J. LIGHTFOOTS.

[248] DANIEL, aaO. 19; s. S. 21.

[249] DANIEL, ebd.; hierin folgt er J. SCALIGER (in TRIGLANDIUS, Syntagma II 444). Gegen SCALIGER vertritt TRIGLANDIUS, mit Verweis auf MAIMONIDES' Kommentar zu M Abot I 3 die Identität von Karäern und Sadduzäern; den Namen „Karäer" hätte die Gruppe in Ägypten getragen (Diatribe de secta Karaeorum, in: Syntagma III 1 ff.; die genannte Stelle aaO. 7; so auch LIGHTFOOT, Horae² 235. Vgl. dagegen WÄHNER, s. S. 23; 26).

[250] AaO. 19; DANIEL vergleicht diese mit dem rigoristischen Trappistenorden. Die Zusammenschau der Essener mit katholischen Mönchsorden reicht bis in die Reformationszeit zurück (vgl. S. Wagner, Essener 3–8).

[251] AaO. 20: „separati, ἀφωρισμένοι"; so schon WÄHNER und SCHNECKENBURGER im Rückgriff auf Epiphanius, Panarion I, 16,1 (s. S. 17; 63).

[252] AaO. 21; zur Argumentationsfigur des nationalen Partikularismus s. zu SEMLER S. 30f.

[253] AaO. 20; SCHNECKENBURGER, Einl 75 (s. S. 64; s. S. 322f.); vgl. REUSS, Phar 496 (s. S. 91). Anders als SCHNECKENBURGER, der die Anwendung des Begriffes „Sekte" auf die Pharisäer problematisiert, diesen aber doch beibehält, lehnt DANIEL dies generell ab (s. S. 322).

[254] AaO. 19; den Aspekt des Separatismus (vgl. SCHNECKENBURGER, Zeitg 134; s. S. 63) verbindet er nicht mit ihnen.

[255] AaO. 22; belegt durch Bell. II 8,14; Apg 22,3; 26,5; Gal 1,13f.

[256] AaO. 23; das Bild stammt aus M Abot I 1.

in das Riesenhafte" wächst, die Religion den „Charakter peinlicher Kleinlichkeit" erhält und notwendigerweise „immer mehr eine Sache des Studiums und der Gelehrten" wird, der ursprüngliche Geist aber immer spärlicher und dürftiger[257]. Aus den im Neuen Testament gegebenen Beispielen pharisäischer Lehren schließt er, daß diese primär „sich nicht auf Dogmatik, sondern auf bürgerliches Recht und Cerimoniell bezogen"[258]. Als besonders charakteristisch „für die ganze pharisäische Richtung"[259] betrachtet er die in der neutestamentlichen Polemik erwähnte pharisäische Korban-Praxis und Differenzierungen beim Schwören[260]. Hierin erblickt er „superstitiös-religiöse Gesinnung" und kommt gleich zum „Grundfehler pharisäischer Theologie", dem „Verkennen des Pneumatischen" im Gesetz, von Gericht, Barmherzigkeit, Glauben und der Liebe Gottes[261]. Die falsche Gewichtung von Haupt- und Nebensachen im Glauben, das Übergewicht der Peripherie über das Zentrum gipfelte in ihrer Verkennung Christi[262].

Die Glaubenslehren der Pharisäer über Engel, Auferstehung und Schicksal betrachtet Daniel „als eigenthümlich-pharisäische Combinationen über die Stellen des alten Testamentes …, welche jene Lehren mehr oder weniger bestimmt andeuten"[263]. In der Auferstehungslehre sieht er wie Gfrörer und Schneckenburger die stärksten Gemeinsamkeiten zwischen Pharisäismus und Christentum[264]. Er konstatiert aber eine „crasse Vergeltungslehre der Pharisäer, welche gleichsam immer mit einem zu honorirenden Prämienscheine dem Höchsten gegenüber stand", weswegen Jesus oftmals gegen sie polemisiert habe[265]. Den in M Abot I 3 überlieferten Ausspruch des Antigonos von Sokho fanden die Pharisäer „unbillig". Die Lehre des Antigonos „wurde hernach mit manchen Entstellungen und falschen Consequenzen Eigenthum der Sadducäer"[266]. Die von Josephus überlieferte Prädestinations-

---

[257] AaO. 21; dies beschreibt DANIEL für „das spätere Judenthum" insgesamt.

[258] DANIEL, aaO. 23; belegt durch Mt 12,1–13; 15,1ff.; 23,23ff.; Mk 2,23–28; 3,1–6; 7,1ff.; Lk 11,38ff.; 13,10–17; 14,1–6; 18,12; Joh 9,16 („Joh 9,46" dürfte ein Versehen sein). AaO. 24 führt DANIEL mit Berufung auf Epiphanius aus, „die pharisäischen Priester und Leviten hätten wieder von dem erhaltenen Zehnten den Zehnten gegeben". Da hierdurch „eigentlich ein Proceß in das Unendliche entstehen müßte", kann er sich keinen Reim darauf machen und gibt der Sache nicht weiter nach. Belege dafür gibt er nicht an. Aus Epiphanius, Panarion I 16.1,5, wo pharisäische Zehntpraxis beschrieben wird, geht dieser Sachverhalt nicht hervor.

[259] AaO. 24.

[260] Mk 7,10–12 par.; Mt 23,16–22.

[261] Ebd.; Mt 23,23; Lk 11,42; die Werke der Barmherzigkeit rechnet DANIEL aber andererseits zu den pharisäischen *opera supererogationis* (aaO. 19). Zum Begriff „superstitio" s. S. 17f.; 19f.; 23.

[262] Ebd.

[263] Ebd.; so auch GFRÖRER und SCHNECKENBURGER. Daß die Pharisäer eine Auferstehungslehre und nicht eine Seelenwanderungslehre vertraten, geht für DANIEL aus neutestamentlichen Belegen gegen Josephus hervor (Apg 24,15). Den Seelenwanderungsglauben, den er in Mt 14,2; 16,14; Lk 9,7.18ff. findet, betrachtet er als volkstümliche Weiterbildung dieser Lehre.

[264] AaO. 25.

[265] AaO. 26; belegt durch Lk 17,10; vgl. SCHLEIERMACHER, Reden (KGA I/2) 315.

[266] Ebd.; diese auf Abot de R. Nathan V zurückgehende Kombination beruht darauf, daß DANIEL die dort von den Baithusäern gegen die Sadduzäer vertretene Position mit den pharisäischen *opera supererogationis* und daher die Baithusäer als Pharisäer identifiziert. Dies geht auf H. E. G. PAULUS zurück (Exeg. Handb. I 319f.).

lehre der Pharisäer stellt er als einzig tragfähige Mittelansicht zwischen den Extremen der Sadduzäer und Essener dar. Sie sei „versöhnend für das Gefühl, abstoßend für das scharfe Denken" und hierin der christologischen Formel von Chalcedon vergleichbar[267].

Als gegenüber den theologischen Dogmen wichtigere Konsequenz aus der pharisäischen Übererfüllung des Gesetzes beschreibt Daniel, wie vorher Schneckenburger, „die pharisäische Asketik"[268]. Hierunter versteht er in erster Linie die in Mt 6,1–18 genannten guten Werke Beten, Fasten und Almosengeben[269], die den Pharisäern zur Selbstdarstellung nach außen dienten. Die polemische Tendenz der neutestamentliche Belege übernimmt Daniel unbesehen. Er erkennt zwar – gegenüber „dem rohen Spott fleischlicher Menschen" – als positive Motivation an, daß die Askese um Gottes willen geschehe, mißt sie jedoch an dem Kriterium, „daß nur die Seele, das bewegende Princip solcher Handlungen vor Gott gelte und eine tiefe sittliche Verrottung mit der strengsten Askese bestehen kann"[270].

Unter diesem Aspekt betrachtet er auch „die pharisäische Sittlichkeit"[271]. Deren Schilderung besteht in der systematischen Darstellung ihrer „Hauptgebrechen", äußerlicher Heiligkeit, Hochmut und Heuchelei[272]. Als deren erstes nennt er „jenen bornirt-pedantischen Kleinigkeitsgeist …, der im Sittlichgroßen klein und im Sittlichkleinen groß ist[273]. Er wirft den Pharisäern vor, in äußerlicher vermeintlicher Heiligkeit ein „enges Gewissen", auf dem eigentlichen Felde der Ethik, der Nächstenliebe, aber ein „weites Gewissen" zu haben[274].

Als zweiten „Hauptmakel" der Pharisäer nennt er „Hochmuth und Stolz". Er breche sich „wiederum in drei trüben und unreinen Farben: Nationalstolz, Gelehrtenstolz und Tugendstolz"[275]. Der „Nationalstolz" äußere sich im Pochen auf die Abrahamskindschaft und „in Ostentation mit den äußerlichen Erkennungszeichen des Israeliten"[276]. Den „Gelehrtenstolz" findet er in der Verachtung des unwissenden Volkes[277] dokumentiert. Der „Tugendstolz" der Pharisäer sei gegründet auf „ängstlich-genaue Erfüllung des Gesetzbuchstabens, zu der wol noch opera supere-

---

[267] AaO. 27; Gfrörer (Jahrh II 126) vertritt den Gedanken nicht so pointiert. Er liegt aber auf der gleichen Linie positiver Anerkennung pharisäischer Theologie.

[268] AaO. 28; vgl. Schneckenburger, Einl 71; Zeitg 134 (s. S. 63f.).

[269] Ebd.; daneben verweist er u.a. auf Mt 23,14; Lk 20,47; 18,9–14.

[270] Ebd.

[271] Ebd; mit der zusätzlichen Überschrift „Verhältniß zu Christo" ist der normative Rahmen für dieses Kapitel abgesteckt.

[272] AaO. 29; diese Zusammenstellung variiert Gfrörers Beschreibung von Macht, Hochmut und Heuchelei der Rabbinen (s. S. 49f.).

[273] Ebd.; mit Anspielung auf Lk 10, 25–37 und Mt 27,6; vorangestellt ist dieser Passage das Zitat von Mt 23,24.

[274] Diese Formulierungen entstammen einem Zitat aus J. L. v. Mosheims „Sittenlehre der Heiligen Schrift" III, 241f.

[275] Daniel, aaO. 29.

[276] Ebd; belegt durch Mt 3,9; Joh 8,33f. und eine rabbinische Stelle, die Daniel ohne Quellenangabe lateinisch zitiert.

[277] Ebd.; belegt durch Joh 7,49 und – mit Verweis auf Gfrörer, Jahrh I 188ff. – rabbinische Polemik gegen den Am Ha-aretz (u.a. aus b Pesachim 49 a/b).

rogationis hinzutraten"[278]. Auf die verkehrte und überhebliche pharisäische Gerechtigkeit führt er „die Verschlossenheit für die neue Theorie der Sündenverge-
bung, wie sie der Heiland lehrte"[279], zurück. Hier wird die in den von Daniel angegebenen neutestamentlichen Belegen erkennbare Reserve der Pharisäer gegenüber
dem messianischen Anspruch Jesu umgemünzt in den moralischen Vorwurf des un-
bußfertigen religiösen Hochmutes, den er durch den Hinweis auf den allgemein
„dünkelhaften Sippschaftsgeist" der Pharisäer ergänzt[280].

Heuchelei ist für ihn „die dritte Pest in der pharisäischen Tugend"[281]. Der zentrale Vorwurf ist der äußerer Frömmigkeit und innerer Heuchelei und Untu-
gend[282], der Diskrepanz von Wort und Tat[283], verbunden mit dem Hinweis auf Jesu
Warnungen vor der Heuchelei der Pharisäer. Daniel beläßt es aber nicht bei diesen
pauschalen Vorwürfen. Er gesteht den Pharisäern zu, subjektiv durchaus alles, was
sie taten, um Gottes Ehre willen zu tun, und folgert: Also liegt bei den Pharisäern
eine unbewußte Heuchelei, ein frommer Selbstbetrug vor – und darin waren sie
noch schlimmer als in bewußter Heuchelei mit „desto gefährlichern Banden an das
Böse, in der Form der Heuchelei, gefesselt", weil sie durch die auf äußere Wirkung
berechnete Frömmigkeit ihr Gewissen, das „Gesetzbuch ihres Innern", völlig igno-
rierten[284]. Dies illustriert er mit den talmudischen „Sieben Schlägen der Pharisäer"[285].

Ferner sagt er ihnen Geiz und Habsucht nach[286]. Positive Aspekte pharisäischer
Sittlichkeit gibt er nicht zu erkennen, verwahrt sich aber gegen das „unbillige"
Mißverständnis der verkehrten pharisäischen Sittlichkeit als „allgemeine Lasterhaf-
tigkeit" bei G. B. Winer[287].

Das bisher gezeichnete Bild bestätigt sich für Daniel in der Politik der Pharisäer:
Da Religion und Politik im jüdischen Bewußtsein untrennbar zusammengehörten,
seien die Pharisäer wie die Sadduzäer auch eine politische Partei gewesen. In Daniels Sicht instrumentalisierten die Pharisäer ihre Frömmigkeit politisch; an sich
positiv bewertete Verhaltensweisen beurteilt er als heuchlerisches Mittel zum politischen Zweck.

---

[278] AaO. 29.

[279] Ebd. belegt durch Lk 5,17–26; 7,36–50.

[280] Ebd. belegt durch Lk 14,1–13.

[281] Ebd.

[282] Ebd. belegt durch Mt 23,27f. par.

[283] AaO. 29f.; belegt durch Mt 15,7f.; 23,3f. par.

[284] AaO. 30.

[285] Ebd.; vgl. j Ber. 14b; j Sota 20a; b Sota 22b; angefügt ist eine polemische Paraphrase dieser
Liste aus J. E. Veith, Lebensbilder 17.

[286] Ebd.; den Quellenbelegen, die Daniel für Geiz und Habsucht der Pharisäer anführt (Mt
23,14; Lk 16,14; 20,46) ist dies selbst bei polemischer Kombination der Texte nicht zu entnehmen. Gfrörers gegenteiliges Plädoyer (Gfrörer, aaO. 155ff.; s. S. 49f.) will er nur für „später sel-
tene Ausnahmen" gelten lassen.

[287] Ebd.; mit Bezug auf G. B. Winer, RWB II³ 246 (zu Winer s. S. 42).

Hierher gehört vielleicht die von Josephus erwähnte große Ehrerbietung gegen das Alter, ihr auf gelinde Strafen lautender Pönal-Codex ... Überhaupt waren ihre Sitten gefällig und einschmeichelnd, ihr Betragen gegen Geringere herablassend"[288].

Dennoch sei nicht zu leugnen, daß die Pharisäer „wirklich die volksthümliche Partei"[289] waren. Sie verkörperten für das Volk die genuin jüdische Existenz, den Nationalstolz und den Abscheu gegen jegliche Fremdherrschaft und konnten es, auf das Volk gestützt, wagen, Hohepriestern, Königen und Römern Paroli zu bieten. Sie waren „überhaupt in politischer Beziehung Radicale und Demagogen"[290]. Sie waren auch die eigentlich Schuldigen am Ausbruch des Jüdischen Krieges: „Daß die Pharisäer in den letzten Decennien vor Jerusalems Zerstörung das Feuer des Römerhasses immer fort geschürt haben und Träger des Aufstandes waren"[291], steht für ihn fest. Die Zeloten stimmten bis auf die Frage gewaltsamen Widerstandes mit ihnen überein. Insgesamt aber stand die „treffliche Organisation"[292] der Pharisäer hinter dem Aufstand, die sich die römischen Wirren nach dem Tode Neros gezielt zum Beginn des Aufstandes wählten[293]. Aus der politischen Macht, die Daniel den Pharisäern zuschreibt, leitet er eine straffe innere Organisation ab: „Der ἄρχων τῶν Φ., Luc. 14, 1, bedeutet vielleicht einen Pharisäer, General oder Provinzial"[294]. Ausführliche Schilderungen widmet er der Politik der Pharisäer nicht. Das Hauptgewicht seiner Darstellung liegt auf ihrer religiösen Existenz.

7.2. *Pharisäer und Christentum – Finsternis und Licht*

Mit diesem äußerst unerfreulich gezeichneten Pharisäerbild verbindet Daniel Betrachtungen über das Verhältnis der Pharisäer zu Christus und dem Christentum. Gegenüber Christus verkörpern sie schlichtweg das diesem diametral entgegengesetzte Prinzip:

---

[288] DANIEL, aaO. 32.

[289] Ebd.; GFRÖRERS Ansicht über die größere Volkstümlichkeit von „Glaubensweisen, welche ihren Bekennern eine Menge Äußerlichkeiten aufbürden" (GFRÖRER, aaO. 130; vgl. aaO. 132; s. S. 52; vgl. auch SCHNECKENBURGER, Zeitg 120, s. S. 70) stimmt DANIEL nur „zum Theil" zu. Darin waren ihm wohl die Vorteile der als äußerlich beurteilten katholischen Volksfrömmigkeit zu einseitig gegenüber der von ihm favorisierten innerlichen pietistischen Frömmigkeit betont.

[290] Ebd.; dieser Vergleich läßt DANIELS Distanz zu „radikalen" und „demagogischen" Tendenzen der Vormärzzeit erkennen. U. a. führt er hier ihr Verhältnis zu Herodes d. Gr. an.

[291] AaO. 33; vgl. SCHNECKENBURGER, Zeitg 226 (s. S. 67).

[292] AaO. 34; DANIEL zitiert hier GFRÖRER, Jahrh I 134.

[293] Ebd.; der jüdische Aufstand begann nach Josephus bereits 66 n. C., Neros Tod fällt aber erst ins Jahr 68 n. C.; DANIEL macht sich hier eine Ansicht GFRÖRERS aus Jahrh I 135f. (s. S. 48) und dessen Zuordnung der historischen Tatsachen unbesehen zu Eigen. Durch das Fortlassen der Begründung GFRÖRERS, Josephus habe die Chronologie zur Entlastung der Pharisäer gefälscht, bleibt das Argument bei DANIEL unverständlich, entspricht aber der Tendenz seines Pharisäerbildes.

[294] DANIEL, aaO. 32; DANIEL baut hier ein Zitat SCHNECKENBURGERS (Einl 72) aus und stellt es in den Kontext der politischen Macht der Pharisäer. Dieses Bild hat keinen Anhaltspunkt in den Quellen. DANIEL gibt solche auch nicht an. Die Parallelisierung mit katholischen Orden stammt ebenfalls von SCHNECKENBURGER, wie auch der Verweis auf Franziskaner und Jesuiten, aaO. 20 (s. Anm. 253).

„Dort ein beschränkter, pedantischer Formelgeist, hier eine die enge Hülse des Judenthums sprengende, reine Blüthe von wundersamem Bau – dort auf jüdische Nationalität
pochender Kastengeist, hier die immer freier ausgesprochene Tendenz, alle Völker der Erde
zu einem Gottesreiche zu vereinigen ... – dort aufgeblasene Werkheiligkeit der schlimmsten
Art, hier ein Dringen auf die Gesinnung und den Glauben ... Nach dem uralten Gesetze eines Kampfes zwischen Licht und Finsterniß mußte das Leben unsers Herrn zum großen
Theil eine Reaction gegen den Pharisäismus sein"[295].

Er schildert das Unvermögen der Pharisäer, sich Jesu Bußruf zu Eigen zu machen
und spricht von ihrer „Verstockung gegen Wahrheitsmomente und Erweise, die sie
ebenso wenig ableugnen konnten als den Tag und die Sonne außer sich"[296]. Aus der
Verstockung wurden Belauerungen und Mordpläne[297]. „Feine psychologische
Winke über die Stellung der Pharisäer zu Jesu" entnimmt er einer ausführlich von
ihm zitierten Passage aus Mosheims „Sittenlehre", in der der Weg der Pharisäer zur
offenen Ablehnung Jesu als ein zwangsläufiger psychologischer Prozeß beschrieben
ist[298].

Mit dem Verhalten der Pharisäer gegen Jesus ist der Kreis dessen, was Daniel vor
allem gegen ihre Sittlichkeit einzuwenden hatte, abgeschritten. Einzelne differenzierende Gesichtspunkte bringt er aber nun doch zur Geltung. Allerdings nimmt er
positive Aspekte der Pharisäer nur im Vergleich mit den aus seiner Sicht noch defi-
zitäreren Sadduzäern wahr[299]. Unter dieser Prämisse findet sich bei ihnen „lebendige und tiefe Ehrfurcht vor Gott und göttlichen Dingen, jener von Paulus so treffend
bezeichnete ζῆλος οὐ κατ' ἐπίγνωσιν"[300]. Dazu gehört ein „lebhaftes Interesse für
religiöse Erscheinungen und Bewegungen":

„Selbst in dem Zudrängen zu Jesu muß man nicht durch und durch und überall nur Bos-
heit wittern. Pharisäer sind es, die Jesum über Herodes' Mordplan unterrichten, Luc. 13, 31–
35, die ihm Fragen ohne verfängliche Absicht im reinen religiösen Interesse vorlegen ...
Auch die Frage nach dem höchsten Gebot halten wir ... für eine gutgemeinte, die in der
Lehre von der Collision der Pflichten von Wichtigkeit war"[301].

In diesem Zusammenhang weist er auf bekehrte Pharisäer wie Nikodemus und
Paulus hin und erkennt in Joh. 9,16 „unter den Pharisäern eine für den Herrn gün-
stige Partei". „Gamaliel's mäßig-besonnenes Urtheil" aus Apg 5,38f. erwähnt er allerdings mit dem relativierenden Hinweis auf den dahinter stehenden „wachsenden

---

[295] AaO. 30f.; DANIEL verweist namentlich auf die Bergpredigt.

[296] AaO. 31; der Lästerung des Geistes hätten sie nicht mehr fern gestanden, „sonst hätte der
Erlöser nicht so nachdrücklich darauf hingewiesen". Diese Folgerung ist nur von der Annahme
der absoluten göttlichen Autorität Jesu aus haltbar.

[297] Ebd.; DANIEL führt Mt 12,14; 21,45f. und Lk 6,11; 11,53f. an.

[298] Ebd.; MOSHEIM, aaO. VII, 135; das hier gezeichnete Bild der Pharisäer wiederholt im Wesentlichen die Stereotypen über die pharisäische Sittlichkeit.

[299] DANIEL, aaO. 32.

[300] Ebd.; vgl. Röm 10,2.

[301] Ebd.; diese Darstellung steht im Widerspruch zu den aaO. 31 betonten Mordplänen der
Pharisäer gegen Jesus. DANIEL gleicht den Widerspruch nicht aus.

politischen Fanatismus der Partei, der sie alles Übrige vergessen machte"[302]. Diese Differenzierungen im Einzelnen ändern Daniels negatives Pharisäerbild aber nicht im Grundsatz. Überdies stellt ein guter Teil der erwähnten Pharisäer seine positiven Seiten allein dadurch unter Beweis, daß er sich zu Christus bekehrt.

7.3. Quellenauswertung

Als normative Quelle für Daniels Pharisäerbild hat sich das Neue Testament herausgestellt, illustriert durch Josephus und Rabbinica. Von Kirchenvätern wie Epiphanius grenzt er sich kritisch ab. Dennoch formuliert er zu Beginn einige quellenkritische Erkenntnisse über die Evangelien. Sie enthielten zwar im Wesentlichen ein übereinstimmendes Pharisäerbild; jedoch habe Matthäus aus speziellem Interesse für die Pharisäer ungünstige Aussprüche Jesu gesammelt. Er beziehe manches, was bei Lukas auf die Schriftgelehrten oder das Volk bezogen sei, auf die Pharisäer. Markus verhalte sich indifferent, während Lukas als einziger auch Annäherungen zwischen Jesus und den Pharisäern berichte und „ein für die Pharisäer etwas günstigeres Colorit" trage. Bei Johannes werde vor allem der Einfluß der Pharisäer im Synhedrium geschildert, und sie verschwimmen bei ihm häufig mit den Juden allgemein[303].

In der Durchführung spielt dies keine Rolle. Daniel behandelt die Evangelien unterschiedslos als zusammenhängende Quelle der authentischen und normativen Äußerungen Christi, in denen sich dieser als göttliche Autorität ausspricht[304]. Damit werden die angeführten quellenkritischen Argumente *a priori* wieder aus seiner Pharisäerdarstellung ausgeschlossen.

In der Auswertung talmudischer Quellen hält es Daniel um der schwierigen Unterscheidung des älteren Textgutes vom jüngeren willen für geboten, „von der pharisäischen Theologie die rabbinische zu trennen und gesondert zu behandeln"[305]. *De facto* aber wertet er rabbinische Quellen ohne erkennbare Differenzierung für die Pharisäer aus. Ebenso wird auch die Unterscheidung zwischen Pharisäern und Schriftgelehrten in den Evangelien hinfällig, deren Polemik gegen Schriftgelehrte und Pharisäer unterschiedslos zur Charakterisierung der Pharisäer dient.

7.4. Die Pharisäer als Typus

Daniels Interesse richtet sich vor allem auf die Pharisäer als Urbilder des Frömmigkeitstypus der gesetzlichen Heuchler. Ihre Wahrnehmung als historische Gruppe im antiken Judentum ist dem deutlich nachgeordnet. Charakteristisch für seine

---

[302] Ebd.

[303] AaO. 17f.; DANIEL sagt nichts über die Herkunft dieser Einsichten.

[304] AaO. 28: Das in Mt 3,7; 12,34; 23,33; Lk 3,7 ausgesprochene Urteil ungebührlich abzumildern hieße, „dem Ansehen und der Heiligkeit unseres Herrn geradezu entgegenzutreten".

[305] AaO. 18; hierin grenzt er sich explizit von GFRÖRER ab, der dieses Argument nicht gelten ließ (s. S. 55). Das Problem ist auch heute noch Gegenstand der Diskussion, vgl. STRACK/STEMBERGER 55ff.; STEMBERGER, Pharisäer 40f.; 129ff.; GASTON, Pharisaic Problems.

Betrachtungsweise sind der Grundsatz „Nicht das Volk, sondern die Sitten machten den Pharisäer"[306], sowie die Erkenntnis,

> „daß die durch so eigenthümliche Verhältnisse bedingte Erscheinung des Pharisäismus im eigentlichen Sinne nie wiederkehren kann; daß andererseits die Flecke pharisäischer Sittenlehre an keine Confession und an kein Bekenntniß gebunden sind, sondern in allen so lange an Einzelnen vorhanden sein werden, als der Erbfeind menschlicher Tugend ... noch im Menschenherzen seine Stätte hat"[307].

Er mißt die Pharisäer ausschließlich an ihrem Verhalten zu Christus und zum Evangelium. In den Pharisäern der Evangelien erkennt er den Pharisäer als Archetypus des unerweckt am Evangelium vorbeilebenden Christenmenschen[308]. Sie werden mit dem Geist Christi zwar konfrontiert, aber von ihm nicht wirklich erfaßt. „Die das alte Testament durchzuckenden Strahlen einer höhern Offenbarung"[309], das Evangelium, erkennen sie nicht. Ohne dessen wahre Erkenntnis bleibt ihnen auch „das Pneumatische im Gesetz"[310] unzugänglich, und sie stehen deshalb „der Lästerung des Geistes nicht mehr fern"[311]. Sie eignen sich das Gesetz als Willen Gottes nicht pneumatisch, sondern mechanisch und „anatomisch"[312] an und treten Gott nicht in der durchs Evangelium vermittelten Freiheit des Christenmenschen gegenüber, sondern unfrei, an ein aufrechnendes Anspruchsdenken gebunden[313]. In diesem theologischen Rahmen bewegt sich Daniels anthropologisch-psychologische Analyse des Phänomens „Pharisäismus": Frommer Hochmut und Heuchelei, die er in ihrer psychologischen Struktur zu zergliedern und in ihrer Entwicklung durchsichtig zu machen versucht, und die kleinliche kasuistische Glossierung der biblischen Überlieferung, die jegliche Subjektivität ausschließt[314] – kurz: „Pharisäismus" entsteht durch den Versuch, den Mangel an Heiligem Geist aus eigenem Bemühen auszugleichen[315].

---

[306] AaO. 34; der unmittelbare Bezug dieser Bemerkung liegt in altkirchlichen Streitigkeiten.

[307] Ebd.

[308] Daher hat DANIEL keine Schwierigkeiten, christliche Parallelen zu Elementen des Pharisäismus heranzuziehen, wo er analoge religiöse Phänomene sieht, wie im Vergleich mit dem Bekenntnis von Chalcedon (aaO. 27), und kann auch anerkennen, daß Pharisäer sich nicht nur mit Fangfragen oder schriftgelehrten Spitzfindigkeiten, sondern mit echten Anliegen an Jesus wenden (aaO. 27f.).

[309] AaO. 23.

[310] Ebd.

[311] AaO. 31; aus der Passage, der dieses Zitat entstammt, wird deutlich, daß DANIEL eigentlich innerchristlich argumentiert.

[312] AaO. 22f.; hinter dem Gegensatz von „anatomisch" und „pneumatisch" steht der paulinische Gegensatz von „κατὰ σάρκα"; und „κατὰ πνεῦμα" aus Röm 8. Wo DANIEL von „ihrem Gesetz" (aaO. 30) spricht, meint er nicht das alttestamentliche Gesetz, dem er ausdrücklich pneumatische und evangelische Anteile zuspricht, sondern dessen Aneignung durch die Pharisäer. Hinter der Unterscheidung des an sich guten Gesetzes von seiner falschen Aneignung dürften Texte wie Röm 7,7ff. stehen.

[313] Vgl. die aaO. 26 erwähnte „crasse Vergeltungslehre der Pharisäer, welche gleichsam immer mit einem zu honorirenden Prämienscheine dem Höchsten gegenüber stand".

[314] AaO. 21.

[315] Vgl. ebd.: „Der Buchstabe bedarf überall des zutretenden und auslegenden Geistes" (vgl. 2.

Bemerkenswerterweise ist diese Beschreibung so allgemein gehalten, daß sie über den Pharisäismus hinausweisend auch als Möglichkeit anderer religiöser Gruppen erscheint. Ohne daß Daniel direkte Hinweise gibt, wird deutlich, daß er an Beispiele auch im christlichen Bereich denkt[316]. Das Verhalten der Pharisäer gegenüber Christus dokumentiert, wie Menschen zwangsläufig reagieren, wenn ihr Mangel an Heiligem Geist aufgedeckt wird[317].

In Daniels Reflexionen über die Pharisäer kommt immer wieder der Teufel ins Spiel, der den Menschen durch verkehrte, d.h., unpneumatische Religion von Gott entfremdet. Die unbewußt heuchelnden Pharisäer waren „mit feinern, aber desto gefährlicheren Banden an das Böse … gefesselt"[318]. Hinter der Beschreibung der klugen Pharisäer, die „das sich allmälig erhebende Gebäude des neuen Tempels Gottes, den Jesus Christus erbaute", durch geheuchelte Hochachtung vor ihm untergraben wollten, steht Luthers Rede von der neben der Kirche Gottes errichteten „Kapelle des Teufels"[319]. Der Urheber der pharisäischen Untugenden ist „der Erbfeind menschlicher Tugend „durch den die Engel fielen"[320]. Die Auseinandersetzungen Jesu mit Pharisäern erscheinen als Kampf zwischen Licht und Finsternis[321].

In seiner Pharisäerdarstellung gibt Daniel seine Herkunft aus pietistischer Tradition Spener-Francke'scher Prägung zu erkennen. Sie wird deutlich in der Betonung des Umstandes, daß nur der von Gottes Geist erleuchtete Glaube und die Hinwendung zu Christus wahre Sittlichkeit hervorbringen, sowie in der Herausstellung der Sittlichkeit als Erkennungsmerkmal wahrer Religiosität[322]. Dazu gehört auch ein ausgeprägtes Interesse an der Erforschung des religiösen Innenlebens und Gewissens des Menschen und an deren psychologischer Zergliederung[323] – Seele und Gewissen sind zentrale Bezugspunkte pietistischer Frömmigkeit. Auch der positive Zugang zum Gesetz weist ihn als Pietisten aus. Bei ihm tritt die lutherische Polemik gegen das Gesetz zurück zu Gunsten eines Konzeptes vom richtigen Gebrauch des Gesetzes mit besonderem Augenmerk auf der Sittlichkeit. Charakteristisch für Da-

---

Kor 3,6); pharisäische Gesetzlichkeit entsteht „in einer Zeit, die sich nicht der Geistesfülle und Geistesfrische der ersten Liebe rühmen kann" (ebd.).

[316] Vgl. GFRÖRERS Analyse von Macht, Hochmut und Heuchelei der Rabbinen in Analogie zum römischen Katholizismus (s. S. 48ff.).

[317] Bezeichnend für DANIELS Charakterisierung der Pharisäer als allgemeinen Typus ist seine ausführliche Verwendung von MOSHEIMS auf allgemein menschliche – das sind in diesem Fall allgemein christliche – Verhältnisse berechneter „Sittenlehre".

[318] AaO. 30.

[319] AaO. 31; vgl. LUTHER, WA 50, 644,12ff. (s. S. 325). DANIEL gibt das Motiv in der Formulierung MOSHEIMS wieder.

[320] DANIEL, aaO. 34.

[321] AaO. 31; Joh 8,44 erwähnt er nicht.

[322] Deutlich kommt das in der zitierten Passage, daß die Sitten den Pharisäer machten, zum Ausdruck, aaO. 34.

[323] Vgl. aaO. 30 („Gesetzbuch ihres Innern") sowie P. J. SPENERS empirisch-anthropologische Zergliederung der Rechtfertigung und Wiedergeburt mit dem Hauptakzent auf den in Seelenleben und äußerer Existenz erfahrbaren Konsequenzen („Der hochwichtige Articul von der Wiedergeburt", 2. Aufl. 1715, 150ff.) und A. H. FRANCKES „Unterricht zur Gottseligkeit und Klugheit" von 1702 (Werke in Auswahl, 124ff.).

niels Zeichnung der Pharisäer als allgemein menschlichen Typus, die in pietistischer Theologie wurzelt, ist die Passage über die Geschichte des Begriffes „Pharisäer" als innerchristlicher Schimpfname am Schluß seines Artikels[324]. Wenn er betont, daß „in der pietistischen Streitigkeit … den Orthodoxen die Parallele zwischen Pietisten und Pharisäern äußerst bequem" sei, reagiert er auf den Vorwurf des Pharisäertums gegen die pietistische Betonung der äußeren Heiligung. Manches dürfte an Hand der Pharisäer *pro domo* gesprochen sein [325]. Hierin mag eine der Wurzeln des auffälligen Abgrenzungsbedürfnisses liegen, das in den krassen Werturteilen über sie aufscheint.

Als jüdische Repräsentanten spielen die Pharisäer bei Daniel eine sehr geringe Rolle. Sie erscheinen im historischen Kontext als Juden, werden als solche aber nicht zum Typus des Pharisäers in Beziehung gesetzt. In der Liste der Gruppen, die sich den Pharisäismusvorwurf gefallen lassen mußten, erscheinen die Juden nicht. Aber indem er mit Schneckenburger die Pharisäer als „par excellence rechtgläubige Juden"[326] vorstellt und zu erkennen gibt, daß die unpneumatische Gesetzesglossierung eine Eigenart des „späteren Judenthums"[327] sei, das hernach ganz „in pharisäischer Lehranschauung aufging"[328], indem er den Talmud als Illustration der neutestamentlichen Pharisäerpolemik heranzieht und nicht wirklich zwischen Schriftgelehrten, Rabbinen und Pharisäern unterscheidet, erscheint im Hintergrund doch der Typus des Pharisäers als für das Judentum im Ganzen charakteristisch, auch wenn er diesen Aspekt nicht entfaltet[329]. Das antike Judentum kommt in Daniels Pharisäerdarstellung nur marginal in den Blick, das neuzeitliche überhaupt nicht. Die Beanspruchung der Pharisäer als religiösen Typus drängt das historische Phänomen „Pharisäer" in den Hintergrund und erklärt Daniels krasse, durch keine Quellen mehr gedeckte Urteile über sie.

7.5. Zusammenfassung

Daniels Bild der Pharisäer ist primär von ihrem Symbolwert als unpneumatische Heuchler geprägt, die er ausdrücklich als allgemeinen religiösen Typus beschreibt. Dieses typisierende Bild zeichnet er in das Bild der historischen Pharisäer ein und verwendet die neutestamentliche Polemik wortwörtlich als Grundlage eines psychologisch systematisierten Pharisäerbildes. Durch die von ihm nicht reflektierte Kombination von historischer Rekonstruktion, die an die Arbeiten Gfrörers und

---

[324] Daniel, aaO. 34.
[325] Vgl. aaO. 19 (die Chasidim als Pietisten).
[326] AaO. 20.
[327] AaO. 21.
[328] AaO. 34.
[329] Wie wenig dabei die Unterscheidungen gegenüber den Schriftgelehrten und dem Judentum wirklich von Belang sind, zeigt sich in dem Abschnitt über die Sittlichkeit der Pharisäer, in dem Daniel an die Pharisäer den Vorwurf des Gelehrtenstolzes – der eigentlich den Schriftgelehrten gelten müßte – und des Nationalstolzes – dessen Adresse eigentlich die Juden insgesamt wären – richtet (aaO. 29).

Schneckenburgers anknüpft, mit einer theologischen Disposition, wie sie im Rückgriff auf Mosheims Sittenlehre zum Ausdruck kommt, werden die historischen Pharisäer in Daniels Darstellung erheblich verzeichnet und mit Werturteilen, die durch die von ihm durchaus rezipierten Ergebnisse historisch-kritischer Quellenauswertung nicht gedeckt sind, symbolisch überfrachtet. Das historische und das theologische Element verbindet er nicht wirklich miteinander, grenzt beides aber auch nicht wirklich voneinander ab. Geschichtstheologisch ist sein Pharisäerbild nicht verankert.

Gegenüber den geschichtstheologischen Entwürfen Schneckenburgers, Reuß' und Ewalds, die den Pharisäismus im Kontext der historischen Entwicklung des Judentums im Ganzen interpretieren, findet bei Daniel eine Transformation des allgemein religiösen Charakters „des" Pharisäers in einen spezifisch jüdischen nur ganz am Rande statt. Sein Artikel repräsentiert den Typus einer konfessionell, im vorliegenden Falle pietistisch gebundenen Pharisäerdarstellung, wie er unter anderen theologischen Vorzeichen später bei Ferdinand Weber wieder begegnen wird.

IV. Darstellungen im Rahmen der Geschichte Israels

8. Eduard Reuß

Eduard Reuß[1] wurde 1804 als Sohn eines Kaufmanns in Straßburg geboren. In Göttingen und Halle studierte er Theologie, u.a. bei Eichhorn, Wegscheider und Gesenius. 1831 wurde er Privatdozent für biblische und orientalische Wissenschaften am protestantischen Seminar in Straßburg, 1834 dort zum außerordentlichen, 1836 zum ordentlichen Professor ernannt. 1838 trat er in die theologische Fakultät der Straßburger Universität ein und arbeitete nach 1870 an der Wiederherstellung der deutschen Universität in Straßburg mit. Reuß, der sich als bewußter protestantischer Elsässer verstand, war an vielerlei Aktivitäten im Protestantismus seiner Heimat beteiligt. Er hatte auch, auf „Versöhnung und Vermittelung"[2] bedacht, intensive Kontakte zur Reformierten Kirche Frankreichs, zu deren Erneuerung er mit der Verbreitung der Ergebnisse der deutschen historisch-kritischen Bibelwissenschaft beitragen wollte[3]. Sein Wirken umspannt eine lange Epoche der Forschungs- und Zeitgeschichte. Forschungsgeschichtlich bedeutet sie den Übergang zur historischen Kritik. In der Zeitgeschichte vollzog sich in Frankreich nach 1830 die Entwicklung von der konstitutionell-liberal bestimmten Julimonarchie über die Revolution von 1848 zum Zweiten Kaiserreich. In Deutschland blühte, wenn auch zeitweise durch restaurative Tendenzen gehemmt, nach den Revolutionen von 1830 und 1848 der Liberalismus auf und bereitete sich die Reichsgründung von 1871 vor. Hier setzte sich die in Reuß' elsässischer Heimat bereits unter Napoleon erfolgte Judenemanzipation allmählich durch. 1891 ist Reuß in Straßburg gestorben.

8.1. Der Artikel „Judenthum"

Zu den Pharisäern hat sich Reuß primär in Lexikonartikeln der Jahre 1850–60 geäußert[4]. Deren erster ist der Artikel „Judenthum" in der Ersch/Gruber'schen En-

---

[1] Zu REUSS vgl. RE³ XVI 691–696; ADB LV 579–590; REUSS/GRAF, Briefwechsel; H.-J. KRAUS, Erforschung⁴ 242–248; J. M. VINCENT, Leben und Werk.

[2] RE³ XVI 695.

[3] In diesen Kontext gehören die Mitarbeit an der CALVIN-Gesamtausgabe (1863 ff.) und sein 1874–1881 erschienenes französisches Bibelwerk.

[4] Art. „Judenthum" in der Allg. Encyclopädie (Bd. 27, 1850; zit. als „Jdt"); in RE¹ Art. „Pharisäer" (Bd. XI, 1859; zit. als „Phar") und Art. „Sadducäer" (Bd. XIII, 1860; zit. als „Sadd"); diese Artikel sind erweiterte Auszüge aus dem Art. „Judenthum". Der Art. „Judenthum" in SCHENKELS

cyclopädie. Darin sind seine bereits vor dem Erscheinen von Gfrörers „Geschichte des Urchristenthums" entwickelten, aber als Gesamtentwurf erst wesentlich später veröffentlichten Anschauungen über die israelitisch-jüdische Geschichte erkennbar[5]. Reuß präsentiert hier *in nuce* einen geschichtstheologischen Gesamtentwurf dieser Geschichte von den Anfängen bis in seine Gegenwart, in dem er besonders den Aspekt der für die Entstehung des Christentums bedeutsamen Ideengeschichte betont. In Bezug auf das Bild der Pharisäer markiert Reuß' Artikel – neben Ewalds „Geschichte des Volkes Israel" – insofern einen Einschnitt, als dieses darin zum ersten Mal innerhalb eines solchen geschichtstheologischen Gesamtentwurfes erscheint. Hierin unterscheidet er sich von Gfrörers die geschichtliche Entwicklung noch recht wenig berücksichtigender Betrachtungsweise und von Schneckenburgers Darstellung, die auf den Rahmen der neutestamentlichen Zeitgeschichte beschränkt bleibt.

8.2. Die Pharisäer – Patrioten und Orthodoxe

In den Pharisäern erkennt Reuß die „Patrioten" und „Orthodoxen" im Judentum und fügt ausdrücklich hinzu: „Nach beiden Seiten hin verbanden sie empfehlungswürdige Eigenschaften mit den entsprechenden Fehlern"[6]. Die Verbindung des orthodoxen und des patriotischen Aspektes rührt von der gleichermaßen religiösen wie nationalen Orientierung des nachexilischen Judentums her, ohne daß das eine vom anderen zu trennen wäre. Orthodox sind die Pharisäer in ihrer Bindung an das Gesetz, patriotisch in der Bindung der Gesetzlichkeit an die jüdische Nation.

Die positiven Seiten des Pharisäismus, seine „schöpferischen, erhaltenden, gemeindebildenden Bestrebungen"[7] erkennt Reuß vor allem in dessen Vorläufer, der theokratischen Richtung im frühnachexilischen Judentum. Als deren Verdienst betrachtet er die Konsolidierung des Judentums auf dem festen religiösen Boden der Prophetie und der theokratisch-gesetzlichen Verfassung. Sie bewahrte das Judentum vor dem Aufgehen im Heidentum und brachte als „schönste Frucht" die „nationale Erziehung" hervor, die die Religion im Volksleben verwurzelte und eine Reinigung des religiösen Gefühles bewirkte[8]. Diesen Aspekten gibt er zu Beginn des Artikels „Pharisäer" breiten Raum. Die Nachteile dieser Richtung findet er seit der Makkabäerzeit in den Pharisäern selber, die dieses Werk „am festesten und folgerichtigsten" fortführten[9].

Bibel-Lexikon (Bd. III, 1871, 436–445; zit. als „Jdt²") ist eine gekürzte Fassung des Artikels von 1850, von dem er sich in der Sache nur in Nuancen unterscheidet.

[5] Direkt spricht er dies in Jdt 334 aus. Die 1881 erstmalig erschienene „Geschichte der Heiligen Schriften Alten Testaments" (im Folgenden zit. als „Gesch AT"), in der er die nachexilische Herkunft des priesterschriftlichen Gesetzes vertrat, konzipierte er bereits in den frühen 1830er Jahren (vgl. Gesch AT² VIIff.).

[6] Jdt 340; Phar 501.

[7] Phar 504.

[8] AaO. 498f.

[9] AaO. 500.

„Der Pharisaismus erscheint uns als die schärfere Ausprägung derjenigen Ideen und Bestrebungen, welche von Anfang an den Lebenskern des neujüdischen Gemeinwesens gebildet hatten. Es mußte in ihm … das menschlich Unvollkommne, Schiefe, Irrthümliche dieses Judenthums allmälig mehr hervortreten, sich gewissermaßen verkörpern …, während die edlern Elemente, die es enthielt, in ihrer freiern Entwicklung beengt, sich anderweitige Auswege suchen … mußten"[10].

Ursprünglich positive Antriebe wurden mit der Zeit korrumpiert. Reuß gibt die Notwendigkeit dieser Entwicklung zu erkennen. Indem er die positiven Seiten des Pharisäismus in seiner Vorgeschichte sucht, in der von „Pharisäern" im engeren Sinne noch gar nicht gesprochen werden kann, seine negativen Seiten aber bei den Pharisäern selber, ist bereits in der methodischen Grundlegung seines Pharisäerbildes ein deutliches Gefälle zu einem negativ gefärbten Bild der Pharisäer angelegt. Zunächst beschreibt er sie jedoch ohne erkennbare Wertungen.

Die bis dahin weithin gängige Auffassung der Pharisäer als „Sekte", die eine durch besondere Eigentümlichkeiten, vor allem in Lehrfragen, im Widerspruch zu einer größeren Einheit befindliche Partei charakterisiere, weist er als unhistorische Verzeichnung ab. Die Pharisäer seien die Repräsentanten des Ganzen[11]; mit den Begriffen αἵρεσις und φιλοσοφία meine Josephus keine philosophische Sekte, sondern eine praktisch orientierte Partei[12]. Ihren Namen erklärt er zunächst nur aus der jüdischen Absonderung vom Heidentum[13]. Später führt er ihn darüber hinaus als tadelnde Bezeichnung aus dem Volksmunde auf ihre innerjüdische „Sonderung" zurück[14]. Diese hängt für ihn insofern mit ihrer Repräsentantenrolle zusammen, als sie eine Übertragung der gesamtjüdischen Absonderung nach außen auf innerjüdische Verhältnisse darstelle. Die Pharisäer gingen über die allgemein übliche Gesetzesobservanz charakteristisch hinaus und betrieben „am eifrigsten die Isolirung des ächten Israeliten von allem, was dem Urbilde der Gesetzlichkeit fern stand", indem sie sich auch innerhalb des Judentums abgrenzten. Dies begründet Reuß rein halachisch, indem er als ihr zentrales Element eine verschärfte Auffassung levitischer Reinheit herausstellt:

„Die Strenge Einzelner in der Beobachtung der Regeln, wodurch die levitische Reinheit bewahrt werden sollte, wurde so groß, daß sie sich verunreinigt glaubten durch jede Berührung mit solchen, welche sich nicht gleicher Strenge beflissen, *wenn sie auch noch so rechtgläubig waren*. Diese Exclusiven heißen wohl deswegen, und um keiner andern Ursache willen, die Abgesonderten"[15].

---

[10] AaO. 508; vgl. Jdt 341.

[11] Phar 496; vgl. Semler, Canon I^2 6 (s. S. 36f.); Gfrörer, Jahrh I 141 (s. S. 47); Schneckenburger, Einl 71; Zeitg 132f. (s. S. 64f.).

[12] AaO. 503; vgl. I. M. Jost, Jdt I 197. Möglicherweise gehen die genannten Erwägungen Reuss' auf diese Stelle bei Jost zurück. Dies wird von Reuss nicht qualifiziert, liegt aber insofern nahe, als die Artikel von Reuss und Jost in der Allg. Encyclopädie eng nebeneinander liegende Themen behandeln (s. S. 152). Ebenso ohne gegenseitige Abhängigkeit Schneckenburger, Zeitg 133 (s. S. 64f.; 322); vgl. auch Semler (s. S. 37).

[13] Reuss, Jdt 340; Phar 500.

[14] Phar 500f.

[15] AaO. 500; Hervorhebung von mir.

In dieser rituellen Observanz findet er den Wesenskern des Pharisäismus, der der eigentlichen Parteibildung vorausgeht. Daher sei dieser „von Haus aus nicht eine dogmatische Speculation, sondern ein praktisches und kirchlich-sociales Streben"[16] gewesen. Alle darüber hinausgehenden Anschauungen seien erst sekundär hinzugewachsen, indem „zuletzt auch die Solidarität auf Ansichten und Grundsätze ausgedehnt werden konnte, die ursprünglich gar nicht in Frage gewesen waren. Die Richtung konnte eine Schule werden, der Gedanke zu einem System sich verzweigen"[17]. Auf die Gruppenbezeichnung „Chaberim" geht er nicht ein, was angesichts seiner präzisen halachischen Definition des Pharisäismus an Hand levitischer Reinheit auffällig ist.

Die einzelnen Aspekte des Pharisäismus beschreibt Reuß für die Zeit von den Makkabäern an – in der sich die Waagschale bereits zum Negativen senkt. Zur Erläuterung der positiven und negativen Seiten der Pharisäer vergleicht er sie mit den Jesuiten, mit denen ihnen gemeinsam sei,

„daß ihre großen Verdienste, um ihrer nicht minder großen Fehler willen, besonders wegen einer zweideutigen und gefährlichen Moral, vergessen worden sind und daß sie doch eigentlich, trotz einem verschrieenen Namen, die festesten Stützen, ja zuletzt die ächtesten Repräsentanten" ihrer „Kirche" waren[18].

Nach der orthodoxen Seite ist die Bindung der Pharisäer an das Gesetz und seine kontinuierliche Weiterbildung signifikant[19]. Obwohl Reuß das Wesen des Pharisäismus in einer verschärften Auffassung religionsgesetzlicher Fragen sieht, geht er nur kurz und summarisch auf pharisäische Halacha ein. Ihre Darstellung erschöpft sich in der Sicht einer minutiös verschärften Gesetzeskasuistik, in der „die höhern Interessen zu Schaden kommen" und im Gegensatz zur frühnachexilischen Zeit „der Geist des Volksunterrichts ein beklagenswerther seyn mußte". Zur Illustration zählt er ausschließlich den Evangelien entnommene Beispiele auf, ohne sich auf Einzelheiten einzulassen[20]. Die im Talmud überlieferten Differenzen von Pharisäern und Sadduzäern erwähnt er flüchtig als „untergeordnete Schulfragen"[21]. In diesem Verfahren drücken sich Werturteile über die pharisäische Gesetzlichkeit aus, die Reuß ohne genauere Darlegung pharisäischer Halacha als „allgemeine Karakteristik" der Darstellung im Einzelnen vorausschickt. Als Grundübel der pharisäischen Gesetzlichkeit gilt ihm die einseitige Dominanz des Intellekts über das Gemüt, wodurch eigentlich positive Elemente der Frömmigkeit in eine schiefe und einseitige Richtung gedrängt werden. Willkürliche Exegese und Buchstabenklauberei verderben den Geist der Religion, die Zeremonie triumphiert über das Ethos,

---

[16] AaO. 501; vgl. SCHNECKENBURGER, ebd. (s. S. 63).

[17] REUSS, aaO. 500.

[18] AaO. 508; vgl. Jdt 341.

[19] AaO. 505; belegt durch „παράδοσις" in Gal 1,14; Mt 15,3ff.; Mk 7,2ff.; „ἀκριβεστέρα ἐξήγησις" nach Bell. II 8,14; „ἀκρίβεια τοῦ νόμου" in Apg 22,3.

[20] AaO. 505f.; namentlich nennt er nur „die Verhandlungen über die Sabbathheiligung"; auf andere Stücke weist er lediglich durch Stellenangaben hin.

[21] Sadd 295.

das Gewissen wird durch die Kasuistik paralysiert. „Das gemüthliche Element fehlte der Moral gänzlich". Für Reuß liegt hierin eine Korruption des einst religiös wie politisch segensreichen Gesetzes. Den Pharisäern kam der Geist immer mehr abhanden. Was ihnen „von geistigem Leben übrig geblieben" war, vergeudeten sie „an die hohlen Formen, welche das unvertilgbare Erbe des Volkes geblieben sind, jenen Muscheln ähnlich, die allen Revolutionen einer Erde trotzen"[22].

Verantwortlich für diese Verkehrungen ist weniger der einzelne Pharisäer, als vielmehr das pharisäische Prinzip, „die Schule". An diesen Begriff heftet Reuß negative Wertungen, die sich im Kern auf „das Gesetz" beziehen. Er spricht von der „einseitigen Verstandesrichtung des jüdischen Schulgeistes"[23] und differenziert zwischen „der Schule", die alle negativen Aspekte des Pharisäismus repräsentiert, und dem im Einzelnen vielleicht positiveren Erscheinungsbild des individuellen Pharisäers[24]. Diese Unterscheidung macht er auch für die Pharisäerpolemik der Evangelien geltend: Jesus habe nicht die positiven Leistungen des Pharisäismus in der Geschichte im Blick – diese scheinen schon etwas länger zurückzuliegen –, sondern beurteile die „Zucht ihrer selbstgeschaffnen Schulregel"[25] nach ihren Wirkungen im konkreten menschlichen Leben der Pharisäer. Er habe aber nicht „jeden einzelnen ihm im Leben begegnenden Mann der Schule in gleicher Weise für alles von dieser Ausgehende verantwortlich" gemacht[26]. In dem einzelnen, differenziert betrachteten Pharisäer liegen positive Anknüpfungspunkte zwischen Christentum und Pharisäismus. Die negativ bewertete „Schule" dagegen markiert den grundsätzlichen Dissens, weniger nach den bloßen Inhalten ihrer Lehre als nach ihren Konsequenzen im Menschlichen[27].

Zwischen den Pharisäern als Partei und dem Berufsstand der insgesamt nicht notwendig pharisäischen Schriftgelehrten differenziert er zwar im Grundsatz; faktisch waren die Pharisäer für ihn aber „die thätigsten, gelehrtesten, einflußreichsten Vertreter" der Schulwissenschaft[28]. Entwicklungen im Inneren der pharisäischen „Schule" sieht er lediglich in kleinlichen „Schulfehden" und der Differenzierung

---

[22] Phar 502; dies nimmt die Entwicklung des Judentums nach 70 vorweg (vgl. Jdt 345 f.).

[23] Ebd.; Jdt 340 f.

[24] „Und wie auch im Leben Einzelner Tugend und Edelsinn sich erhalten und ausprägen mochten, die Schule wenigstens that ihr Möglichstes um sich und das Volk über die verhältnißmäßige Wichtigkeit von Form und Wesen zu täuschen" (ebd.; vgl. Jdt 341). In diese Darstellung der pharisäischen „Schule" fließen Interpretationsmuster aus der protestantischen Abgrenzung gegen die Scholastik und aus der aufgeklärten Polemik gegen die konfessionelle Orthodoxie ein (s. S. 323; 330 f.). Der Begriff „Schule" bezeichnet bei REUSS aber „nicht nur die scholastische oder orthodoxe Theologie, sondern auch jedes theologische System, insbesondere das spekulative" (VINCENT 286; vgl. SCHNECKENBURGER, Zeitg 131 ff.; s. S. 64).

[25] AaO. 504; REUSS mißt die „spitzfindigen Schulfragen" der Pharisäer ohne „höheres Interesse", die er in Mt 19,3 und 22,36 findet, an der von Jesus vertretenen „Norm der Wahrheit".

[26] Ebd.; belegt durch positive Berührungen zwischen den Pharisäern und Jesus bzw. der Urgemeinde.

[27] Vgl. Mt 23,2.

[28] AaO. 505.

des gesetzlichen Lehrstoffs in verschiedene Meinungen[29]. Im Ganzen bleibt sein Pharisäerbild aber statisch.

Theologische Lehraussagen der Pharisäer sind bei Reuß dem umrissenen pharisäischen Prinzip als „dogmatische Speculationen"[30] deutlich nachgeordnet und werden von ihm dementsprechend weitgehend summarisch behandelt. Lediglich bei den Stücken Messianismus, Eschatologie und Angelologie, die auch für das Christentum von Belang sind und im Neuen Testament erscheinen, verweilt er etwas ausführlicher und rechnet den Pharisäern diese „fruchtbare" Fortbildung der Religion als Verdienst an, weil hier „dem Evangelium der Weg geebnet wurde"[31]. Gegenüber Gfrörers Herleitung dieser Lehrstücke aus dem Parsismus vertritt er ausdrücklich eine gesamtbiblisch, im Kern heilsgeschichtlich bestimmte Position[32]. Er betont, daß sie auf der natürlichen Fluchtlinie alttestamentlicher Anschauungen lagen. Insbesondere die Eschatologie hatte ihren Anhaltspunkt an den an die alttestamentliche Vergeltungsidee gebundenen messianischen Hoffnungen[33].

Im politischen Bereich schildert Reuß die Pharisäer als fromme Patrioten zunächst positiv: „Ihr Gut und Blut" gehörte „dem Vaterlande, sobald es das Opfer forderte oder ihm damit geholfen war". Er erwähnt mit Sympathie ihre „jeder Probe gewachsene Ueberzeugungstreue", „die Redlichkeit ihrer Absichten", die „Spannkraft und Zähigkeit ihres Strebens" und ihren „jüdischen Nationalsinn".

„Ueberall und immer erschien ihnen die bürgerliche Unabhängigkeit, die es galt zu erobern oder zu wahren, als der erste Schritt zur Verwirklichung der glänzenden Hoffnungen, welche tief in ihrem religiösen Glauben wurzelten"[34].

Stellte er in Bezug auf die Juden in der unmittelbar nachexilischen Zeit noch fest, daß ihnen „das ideale religiöse Vaterland das Bedürfniß eines realen bürgerlichen" ersetzte[35], so läßt er in seiner Beschreibung der Pharisäer anklingen, daß sie selber aktiv wurden, um die eschatologischen Hoffnungen innerweltlich zu befördern. Innenpolitisch waren sie, religiös konservativ und an der theokratischen Verfassung orientiert, die tonangebende Elite im Volk. Dieses wurde

„von Geschlecht zu Geschlecht mehr pharisäisch zugeschult und hatte zuletzt von dieser langsamen und consequenten Erziehung so viel in sich aufgenommen, daß die Begriffe Judenthum und Pharisäismus sich mehr und mehr deckten"[36].

---

[29] AaO. 506. Dies folgert er aus den unterschiedlich akzentuierten Pharisäerbildern bei Josephus und im N.T. (aaO. 502f.).

[30] AaO. 501.

[31] AaO. 508; diesen Aspekt schwächt er jedoch mit dem Hinweis auf die „blos theoretische" Beschäftigung der Pharisäer hiermit wieder ab (aaO. 504; belegt durch Lk 17,20ff.).

[32] Ohne direkte Namensnennung bezeichnet er HERDERS und GFRÖRERS Auffassung als „irrig" (aaO. 497; s. S. 46).

[33] AaO. 507; vgl. SCHLEIERMACHER, Reden (KGA I/2) 315.

[34] AaO. 501f.; diese positive Schilderung bezieht sich mehr auf die Chasidim/Asidäer, wie nach REUSS die späteren Pharisäer vor der Makkabäerzeit hießen, als auf diese selbst. Zum „nationalen" Aspekt im Judentum vgl. SEMLER (s. S. 31f.).

[35] Jdt 339.

[36] AaO. 502.

Die Pharisäer bildeten „eine thätige, tief ins Leben der Volksgemeinde eingreifende Partei"[37]. Mit diesem Begriff beschreibt Reuß sie unter politischen Gesichtspunkten; in religiöser Hinsicht bezeichnet er sie als „Schule".

Auch politisch sieht er ursprünglich positive Impulse der Pharisäer mit der Zeit in ihr Gegenteil umschlagen. Zur Volkspartei seien sie durch den „Schein größerer Frömmigkeit" und durch „heuchlerische Demagogie"[38] geworden. Ihr Patriotismus ließ mit der Zeit Trübungen erkennen. Die Aussichtslosigkeit des Kampfes gegen die Heiden „verbitterte die Herzen statt sie zu heben" und vertiefte den Haß zwischen den Völkern „ohne Gewinn für die gute Sache". Aus jüdischem Nationalsinn wurde politischer Fanatismus mit „durch keine Klugheit geregelten Antipathien"[39].

Ihre eigentlich politischen Aktivitäten behandelt er summarisch. Wichtiger als deren Einzelheiten erscheint die Kontinuität des pharisäischen Wesens unter wechselnden Bedingungen. Er identifiziert die Pharisäer mit den in den Makkabäerbüchern erwähnten Asidäern. Die Makkabäer stammten aus ihren Reihen. Den späteren politischen Widerstand der Pharisäer gegen die hasmonäischen Könige erklärt er mit dem Gegensatz deren dynastischer Interessen gegen die „freie Gottesherrschaft", die Theokratie. Gegenüber Herodes nahmen sie wiederum für die Hasmonäer Partei „als für die letzten Vertreter des ächten Volksthums, als die Fremdherrschaft in hassenswürdigerer Gestalt es zu erdrücken drohte" und „störten unaufhörlich die derselben dienstbare Regierung des Herodes"[40]. Auch Reuß macht die Pharisäer für die politische Katastrophe des Jahres 70 verantwortlich[41]. Sie waren in eine „extreme Partei von Fanatikern"[42] und eine „vielleicht auch nur im Muthe nicht im Hasse der anderen" nachstehende Partei gespalten, „welche zuwartete, schürte, hoffte, die Kluft in der Stille erweiterte, den Frieden unmöglich machte und das Beste dazu that, die Zukunft der Nation durch krampfhafte Ueberspannung zum Voraus zu verderben". Den Versuch führender Pharisäer, den Krieg durch eine mäßigende Position zu verhindern, betrachtet er nicht als echtes Bemühen, sondern als feiges subversives Spiel grauer Eminenzen[43]. Im Untergang des jüdischen Staates „feierte die Politik der Pharisäer ihren höchsten Triumph"[44]. Gegenüber der Charakterisierung der Pharisäer als nationale und patriotische Partei ist

---

[37] AaO. 501.

[38] Sadd 291; Jdt 342.

[39] Phar 501f.

[40] AaO. 501.

[41] AaO. 501f.; Jdt 342; Sadd 291; so auch GFRÖRER, Jahrh I 135f. (s. S. 48); SCHNECKENBURGER, Zeitg 226 (s. S. 67); DANIEL, Phar 33 (s. S. 82).

[42] Phar 506; namentlich erwähnt er die Zeloten nicht. In die Darstellung der „fanatischen" Aspekte des Pharisäismus dürften Ereignisse aus der Juli-Revolution des Jahres 1830 eingeflossen sein, an der REUSS in Straßburg auf liberaler Seite beteiligt war. Er erlebte dort die Spaltung der Liberalen in verschiedene Richtungen und wurde dabei „mit Schrecken" (VINCENT 161) mit den Ideen der radikalen Republikaner konfrontiert. Aus dieser Zeit ist ihm ein „Ekel vor jedem Radikalismus" (aaO. 163) erhalten geblieben (zum Begriff des „Fanatischen" s. S. 324f.; vgl. auch dessen Akzentuierung bei SEMLER, s. S. 32f.).

[43] Phar 506, vgl. SCHNECKENBURGER, ebd.; Bell. II 17,2ff. (408ff.; 411ff.). Hierzu paßt der Vergleich mit den Jesuiten (aaO. 508); vgl. EWALD, Gesch IV³ 482 (s. S. 146ff.).

[44] AaO. 502; vgl. SCHNECKENBURGER, ebd.

hier eine grundsätzliche Distanz der Pharisäer zu einem wirklich politischen Gemeinwesen ausgedrückt.

Reuß läßt etliche differenzierende Nachrichten aus den Quellen über Haltung der Asidäer gegenüber den Makkabäern, die Zwiespältigkeiten im Verhältnis zu den Hasmonäern und zu Herodes[45] unbeachtet. Eine wirklich historische Entwicklung der Pharisäer erkennt er nicht. Die Elemente historischer Entwicklung, die er den Quellen entnimmt, dokumentieren für ihn den patriotisch-orthodoxen Geist der Pharisäer als einziges Maß ihres Handelns. Eine Entwicklung sieht er allenfalls im Überwiegen der weniger empfehlungswürdigen Seiten dieses Geistes auch im historisch-politischen Bereich. Was sich historisch entwickelt, ist das geschichtliche Umfeld, nicht aber die Pharisäer: Sie verknöcherten. Man kann daher von einer sehr statischen und trotz des historischen Anspruches von einer symbolisch festgelegten Sicht der Pharisäer bei Reuß sprechen[46].

8.3. Das Judentum – Produkt des Willens und der Erziehung

Das Judentum vom Exil an definiert Reuß wie folgt:

„Judenthum, Judaismus, Jude, jüdisch, ist hinfüro Alles, was die alten Mosaischen und prophetischen Religionsideen, durch feste Gesetze zu einer kirchlich-volksthümlichen Verfassung verkörpert, in strenger Absonderung von Allem, was jenen und dieser fremd ist, zur Regel wie des religiösen so des bürgerlichen Lebens nimmt".

Die so konstituierte jüdische Nation ist „weniger das Product der Natur, als der Erziehung und Politik". Daraus erklärt sich für Reuß das Fortleben des Judentums, „nachdem die Naturkräfte, welche den Völkern das Dasein fristen, Muth, Macht, Sprache, Heimath für sie erstorben sind"[47]. Seine innere Verfassung war die Theokratie, eine rein religiöse nationale Verfassung ohne Konkurrenz weltlicher Organe und politischer Eliten. Auch die in ihr herrschenden, von den Propheten eingeklagten „mosaischen Ideen" waren, nunmehr konkurrenzlos, fest mit dem religiösen Bewußtsein des Volkes verbunden. Die Theokratie war die „natürliche Regierungsform", ein „naturverwandter Leib" des alten Glaubens[48]. Indem die jüdische Nation durch die Religion in der Abgrenzung gegen die Umwelt konstituiert wurde, fielen in der Theokratie Religion und Nation in eins[49]. Das Wesensmerkmal

---

[45] Ant. XIII 10,5–6 (288–298); 15,5–16,2 (399–418); XV 1,1 (1–4); 10,4 (366–371); XVII 2,4–3,1 (41–47).

[46] Innerpharisäische Entwicklungen erkennt er lediglich in von außen bewirkten „Spaltungen" wie in der uneinheitlichen Haltung der Pharisäer zum Christentum und zum Jüdischen Krieg (aaO. 506).

[47] Jdt 338; vgl. W. M. L. DE WETTES Unterscheidung zwischen „Hebraismus" und „Judaismus" als dessen „verunglückte Wiederherstellung" (DE WETTE, Bibl. Dogmatik, § 142; vgl. R. SMEND, de Wette 103; KUSCHE, Judentum 62f.).

[48] Phar 497.

[49] REUSS betont den nationalen Aspekt und spricht von der „vaterländischen Ueberlieferung" und vom „religiösen Patriotismus" (ebd.). An dieser doppelten Bestimmung des Judentums hält REUSS anders als EWALD bis in seine Gegenwart hinein fest.

seiner streng homogenen Struktur und Identität gewann das Judentum durch die Absonderung nach außen. Reuß würdigt in diesem Zusammenhang das Gesetz sehr positiv als „Nahrung, welche das eigenthümliche Volksleben kräftigte und erhielt"[50]. In der Folge dieser Entwicklung gewannen die aus der Notwendigkeit des Gesetzesunterrichtes auch außerhalb des Zentralheiligtums entstandenen Synagogen eine dieses allmählich überflügelnde Bedeutung. Die Versöhnung von Kult und Prophetie im Gesetz brachte die Synagoge hervor, die den Kult überflüssig machte. Diese Entwicklung ließ die Schriftgelehrten als eigentlich maßgebliche Gruppe aufkommen.

„Die wichtigen Leute in der Gemeinde waren nun bald nicht mehr die Priester, sondern die Gesetzkundigen, die Theologen und Juristen ..., deren praktische Bedeutung der Natur der Sache nach viel wichtiger werden mußte, als die der Levitenkaste",

deren Form den „weltbürgerlichen Tendenzen der Nation"[51] nicht mehr entsprach.

Die entscheidende Bestimmung, von der alles Weitere abhängt, ist die Begründung des nachexilischen Judentums als Religion wie als Nation auf einen bewußten Willensakt, nachdem es der natürlichen Faktoren für eine solche Gründung durch das Exil beraubt war. Daher enthält es schon von seinen Grundlagen her ein intellektualistisches Gefälle. Die Wurzeln dieses Intellektualismus sieht Reuß in der prophetischen Predigt, die mehr an Verstand und Willen denn an Gemüt und Gefühl appellierte[52]. Durch die auf „prophetischen Religionsideen"[53] beruhende jüdische Verfassung wurde er zu einem Wesensmerkmal des Judentums. Hierin sieht er die Wurzel für die Defizite der gesetzlichen Orientierung. Nachdem er diese zunächst mit Sympathie als das ursprünglich in der Theokratie positiv Gemeinte geschildert hatte, macht er nunmehr ihre negative Kehrseite geltend:

„Der feste, unbeugsame Buchstabe ... trat an die Stelle des freien Wortes; die schaffende Subjectivität überlegener Individuen räumte den Platz der Ordnung des Gesetzes und die Geschichte selbst gerann und stockte in diesem engen Bette. Ein Volk, das mit seinen Gesetzen auskommt und sie achtet, und dabei keine politische Macht hat, ein solches Volk hat keine Geschichte".

Im Gegensatz zu allen anderen Völkern ersetzte den Juden „das ideale religiöse Vaterland das Bedürfniß eines realen bürgerlichen"[54]. Als Gegenbegriff zur romantisch gefärbten Kategorie der lebendigen Geschichte erscheint hier „der Buchstabe". Hinter der innerweltlich-historischen Akzentuierung steht die theologische Rede vom „tötenden Buchstaben" aus 2. Kor 3,6. Festzuhalten ist, daß Reuß einerseits für die nachexilische Zeit das Gesetz als Mittel der Konsolidierung des Gemeinwesens, der Volksbildung und des nationalen Zusammenhaltes ausdrücklich

---

[50] AaO. 499.
[51] Jdt 339; Phar 499.
[52] AaO. 335.
[53] AaO. 338.
[54] AaO. 339.

positiv würdigt[55], andererseits aber bereits hier Aversionen gegen „den Buchstaben" durchscheinen läßt. Er sieht nach durchaus positiven Anfängen Mängel überhandnehmen, die in der intellektualistischen Grundlegung des Judentums bereits angelegt waren.

Diese Entwicklung verschärfte sich im Judentum seit der hellenistischen Zeit. Dieses ist vor allem durch die Disparatheit seiner Parteiungen von der alten Theokratie unterschieden. Das Zurücktreten des religiösen Behauptungszwanges und die Absonderung nach außen bewirkten die Verlagerung der inneren Dynamik des Judentums auf innerjüdische Parteibildungen.

„Unverkennbar treten entgegengesetzte Richtungen hervor, welche die Grundsätze, aus denen sie erwachsen waren, entweder übertrieben oder umwandelten oder untergruben"[56].

Die innere „Sonderung" wird zum strukturellen Merkmal des Judentums und läßt neben dem herrschenden Pharisäismus ein breites Spektrum von Richtungen entstehen: Die politisch und kulturell an der hellenistischen Umwelt orientierten *Sadduzäer* brachte ihr Kosmopolitismus in den Gegensatz zum gesetzlichen Partikularismus der Pharisäer. Mit der äußeren Struktur der Religion gaben sie aber auch ihren positiven Kern, den Glauben an die prophetischen Verheißungen, preis. Der Sadduzäismus ist daher „nur eine Verkümmerung des Judenthums"[57]. Im *Diasporajudentum* wurde der religiöse Kern des Judentums mit dem Übergang zu hellenistisch-philosophischer Begrifflichkeit so umgedeutet, daß von seinem echten Gehalt nichts mehr übrig blieb – eine auf die weitere Entwicklung einflußlose „Verflüchtigung des Judenthums"[58]. In den *Essenern* erfuhr die vorher völlig fehlende „gemüthliche" Seite des jüdischen Geisteslebens[59] eine begrenzte Ausprägung – eine „mystische Idee", eine „Verinnerlichung des Judenthums". Aber auch sie blieb unfruchtbar, weil sich die Essener in „die Irrgänge orientalischer Theosophie" verstiegen und durch ihre Askese „die gesunden Triebe der menschlichen Natur" unterdrückten, so daß sie schließlich unbeachtet verschwanden[60]. Insgesamt konstatiert Reuß:

„So haben wir denn gesehen, daß die sämmtlichen Richtungen, welche darauf ausgingen, neue Elemente des Lebens in das sich selbst versteinernde Judenthum einzuführen, theils jene mit diesem nicht in eine organische Verbindung zu bringen wußten, theils ohne Einfluß auf die Massen blieben, sodaß der im Pharisäismus gegebene Entwickelungsproceß, als der allein naturwüchsige, immer entschiedener vorherrschte"[61].

In dieser Richtung liegen aber auch die wesentlichen Defizite des Judentums. Die Entstehung der anderen Gruppierungen mit spezifischen Akzenten betrachtet

---

[55] Dies hat er mit GFRÖRER und SCHNECKENBURGER gemeinsam.
[56] Phar 500.
[57] Jdt 342.
[58] AaO. 343.
[59] Ebd.: „Eine Seite des menschlichen Geisteslebens, die *gemüthliche*, war dem Judenthume, wie dem semitischen Orient, überhaupt fremd" – jedenfalls aus der Perspektive REUSS'.
[60] Ebd.; Die Essener hält REUSS als einzige der jüdischen Gruppen wirklich für eine Sekte.
[61] AaO. 343f.

Reuß als „organische Reaction" auf die „naturgemäße Verknöcherung"[62] der Pharisäer. Die anderen Gruppen versuchten, der Engführung dieser herrschenden Richtung zu entkommen, verfingen sich jedoch in neuen charakteristischen Mängeln. Alle gehen sie am eigentlichen Sinn ihrer Religion vorbei, weil sie jeweils nur einzelne Aspekte, die sie unvollkommen zu fassen bekommen, verabsolutieren. So erhält jede Bestrebung, obwohl sie einen positiven Kern enthält, etwas Schiefes und Destruktives. Dies ist eine Folge der wesenhaft schiefen intellektualistischen Grundlegung des Judentums. Selbst die Essener, die seiner gemüthaften Seite Geltung verschaffen wollten, brachten nur einen auf den Kopf gestellten Intellektualismus zu Wege, nicht aber eine wirkliche Alternative zu ihm[63]. Diese liegt im Christentum, der jüngsten der im Judentum entstandenen Gruppierungen.

Reuß' Interesse gilt vor allem der inneren Entwicklung des Judentums. Dessen äußere Geschichte setzt er in seinen Artikeln voraus[64]. Die jüdische Geschichte der nachmakkabäischen Zeit ist für ihn wesentlich die Geschichte der zunehmenden Versteinerung im Pharisäismus, der immer schärferen Ausprägung des ursprünglichen jüdischen Wesens. Reuß zieht eine stringente Linie von der voluntaristischen Grundlegung des Judentums bis hin zur letzten Konsequenz, der völligen Verknöcherung unter Führung der Pharisäer, der Erstarrung im Pharisäismus. Die Katastrophe von 70 ist ein folgerichtiger Schritt auf diesem Wege. Die Pharisäer waren die eigentlich Schuldigen und Nutznießer dieses Geschehens. Sie bereiteten den Boden der Katastrophe und wurden durch sie die nunmehr unangefochten dominierende Gruppe im Judentum[65]. Sie bestimmten es schon vor 70 so erfolgreich, daß sie auch das Christentum, das allein die inneren Widersprüche des Judentums lösen und es wahrhaft „religiös und moralisch vervollkommnen" konnte, aus dem Judentum verdrängten und dessen „zähe Eigenthümlichkeit" behaupteten[66]. Reuß sieht darin den Triumph des pharisäischen als des eigentlich jüdischen Geistes, der das vergängliche Staatswesen überdauert. Er bestimmt das Verhältnis beider nicht näher. Es scheint aber durch, daß das innerlich widersprüchliche Judentum den profanen Staat nicht integrieren konnte und ihn abstieß, um ihn in seiner eigentlichen Gestalt zu überstehen. Der Untergang des jüdischen Gemeinwesens ist eine Folge der inneren Defizite des Judentums[67].

An der das ganze Judentum umfassenden pharisäisch-nomistischen Entwicklungslinie sind alle anderen jüdischen Erscheinungen vor 70 orientiert. Das Christentum schert als einzige jüdische Gruppe aus dieser Linie und folgerichtig auch

---

[62] AaO. 341: „In den Händen der Pharisäer ging das Judenthum einer vollständigen Verknöcherung entgegen, ein längeres, mumienartiges Fortbestehen um den Preis edlerer Güter erkaufend" (vgl. Phar 508).

[63] Diese Sicht entspricht strukturell EWALDs Schema von der Entstehung der „drei Sekten" aus einem inneren Grundwiderspruch im Judentum (EWALD, Gesch IV[3] 477ff.; s. S. 128–130).

[64] Auch in Gesch AT behandelt er sie eher summarisch.

[65] Phar 501f.

[66] Jdt 344.

[67] Phar 501f.; 506; analog dazu ist für EWALD damit die jüdische Heiligherrschaft an ihren eigenen Widersprüchen gescheitert (Gesch VII[3] 425f.; s. S. 134ff.).

alsbald aus dem Judentum aus[68]. Gegenüber einer so stark markierten inneren Grundlinie verblassen die historischen Ereignisse zu Illustrationen ohne eigenes Gewicht[69]. Mit der Zerstörung des jüdischen Gemeinwesens trennen sich die Wege von Judentum und Christentum.

> „Mit der Entstehung des Christenthums ist in gewissem Sinne die Geschichte des Judenthums zum Abschlusse gekommen, in sofern der Proceß jener Vergeistigung, der allerdings nur allmälig sich vollendete, uns als die Geschichte des Christenthums selbst erscheinen muß"[70].

Der Geist des Judentums, der Kern seiner Religion und seine eigentlich entwicklungsfähige Seite sind ins Christentum übergegangen, um sich zu vollenden. Das weiterexistierende Judentum hingegen versinkt endgültig im Pharisäismus und erstarrt in Gesetzlichkeit und Absonderung. Im Talmudismus erkennt Reuß den ins Extreme potenzierten Pharisäismus und betont, daß es sich nur mehr um „die dem Steine verwandte Schale" handele, die das einst in ihr enthaltene Lebendige um Jahrtausende überdauern, aber nie wieder belebt werden könne[71]. Eine innere Legitimation seiner Existenz besitzt das Judentum nun nicht mehr. Sein Dasein beschränkt sich darauf, „das ewig Unbrauchbare, das längst Erstorbene" seiner bloßen Scheinexistenz „bei seinem eingebildeten Leben zu erhalten. Eine Illusion ohne alle Phantasie, ein ideales Wesen ohne die geringste poetische Zuthat, ist das talmudische System grade kräftig genug gewesen, den Körper, dem es zur Seele diente, vor Fäulniß zu bewahren, und dem Auge seiner Beschauer durch einen bunten Schleier die bitterste aller Wirklichkeiten zu verhüllen"[72]. Es ist ein „Automat, unter dem täuschenden Gewande nur ein künstliches Getriebe mechanischer Bewegungen bergend", „dem Leben nicht zugänglicher und dem Tode nicht näher"[73].

Die eigene Erstarrung und die unterdrückte Stellung im christlichen Abendland, die bestimmenden Faktoren der nachbiblischen jüdischen Geschichte, haben zusammen das Judentum zu der traurigen Erscheinung gemacht, die es zu Beginn der Emanzipationsepoche darstellte. In der Schilderung dieser Epoche bemüht sich

---

[68] Jdt 344.

[69] so in Phar 501f.

[70] Jdt 344.

[71] Ebd.; aaO. 345.

[72] AaO. 345; zum Bild von Schale und Kern vgl. SCHNECKENBURGER, aaO. 103; 240; EWALD, Gesch IV³ 82; 86 (s. S. 332f.).

[73] AaO. 346; von SCHLEIERMACHERs Bild der „Mumie" (DERS., Reden 314) distanziert sich REUSS als einer vorkritischen Geschichtsauffassung zugehörig (REUSS, aaO. 326). Im Bild („mumienartiges Fortbestehen", aaO. 341) wie in der Sache nimmt er es jedoch bereits hier in mehreren Zügen wieder auf (vgl. die ganze Passage bei SCHLEIERMACHER, aaO. 314–316; s. S. 42f.). Dies übersieht KUSCHE, der diese Wiederaufnahme erst in Gesch AT an Hand des Begriffes „Mumie" (Gesch AT² 747f.) und des Ahasver-Motives (aaO. 773f.) konstatiert und eine chronologische Entwicklung der Ansichten REUSS' durchschimmern läßt (KUSCHE 21). Die von REUSS verwendeten Bilder spiegeln romantische Anschauungen und Motive wider, wie sie beispielhaft E. TH. A. HOFFMANNS Erzählung „Die Automate" von 1814 vermittelt: Die unheimliche Lebensähnlichkeit mechanischer „Automaten" wirkt zutiefst verstörend und abstoßend auf den authentisch Empfindenden. Vgl. EWALDS Rede von der „Afterbildung", Gesch VII³ 444 (s. S. 133).

Reuß sichtlich um Differenzierung. Lobend hebt er Nationalbewußtsein, Gemein-
deleben und „eine treue Familientradition" der Juden hervor. Er nimmt in der jüdischen Frömmigkeit substantielle Elemente wie die Individualisierung des Kultus im
Gebet wahr[74], erkennt in der mittelalterlichen Bildung den Vorsprung der Juden
vor den Christen an[75] und rühmt, daß das Judentum

> „auch in seinen trübsten Zeiten, aus seinen heiligen Schriften die Lehren des Guten und
> Wahren sich zu vergegenwärtigen verstand und nach dem Muster derselben ähnliche unter
> das Volk zu bringen wußte, in edler, körniger Spruchweisheit, in eindringlichen Gleichnis-
> sen und in gefälliger Ausschmückung der ohnehin schon so poetischen Sagen der Urzeit"[76].

Diese Erkenntnisse kontrastiert er nachdrücklich mit den christlichen Sünden
am jüdischen Volkscharakter.

> „Den besten Theil der Rückschritte, die er gemacht haben kann, hat nicht der Talmudis-
> mus verschuldet, sondern die Feindschaft des christlichen Vorurtheils, welches ihm unabläs-
> sig alles Gift einflößte, das bürgerliche Unterdrückung, religiöse Seelenquälerei und häusli-
> ches Elend zusammen ausbrauen mögen"[77].

Keine dieser Anerkennungen gilt jedoch uneingeschränkt, weder für die jüdische Tradition und Frömmigkeit – „Aber auch hier überall überstrickte und erstickte die Form, der Ritus alsobald das Wesen und die Empfindung"[78] – noch für
das mittelalterliche jüdische Geistesleben, das er nicht für ein genuin jüdisches Phänomen hält, und den jüdischen Volkscharakter, in dem der negative Einfluß des
Talmudismus „wol am Tage" liegt[79]. Die „Lehren des Guten und Wahren" heben
das Urteil der vollständigen Verknöcherung nicht auf. Die Anerkennung der „ed-
len, körnigen Spruchweisheit" und der „poetischen Sagen der Urzeit" werden
durch das Urteil der „Abwesenheit jedes gemüthlichen Elementes"[80] über die antike jüdische Spruchweisheit und des Intellektualismus über den „älteren Hebraismus"[81], dem doch auch die Sagen der Genesis angehören, relativiert. Entgegen
Reuß' Bemühen, dem Judentum mit sichtlicher Anteilnahme und historischer Dif-
ferenziertheit historisch gerecht zu werden, schillert seine Darstellung hier doch.
Das Schwanken in seinen Bewertungen zeigt, wie schwer es ihm fällt, seine grundsätzlichen Auffassungen vom Wesen des Judentums mit den Resultaten seiner historischen Forschungen in Einklang zu bringen. Das eigentliche theologische
Axiom vom wesenhaft gesetzlichen Judentum wird durch anderslautende Aspekte
der jüdischen Geschichte nicht in Frage gestellt. Er bemüht sich, sowohl das theo-

---

[74] Jdt 345.
[75] AaO. 345f.
[76] AaO. 346; beachtenswert ist, daß Reuss hier die Kategorie des Poetischen auch auf jüdische
Verhältnisse anwendet.
[77] Ebd.
[78] AaO. 345.
[79] AaO. 346.
[80] Jdt 341.
[81] AaO. 340f.

logische Axiom als auch das „freundliche" Anerkennen[82] positiver Seiten des Judentums durchzuhalten.

8.3.1. Judentum und Christentum

Im Art. „Judenthum" behandelt Reuß das Christentum im Zusammenhang der anderen Gruppen im antiken Judentum. Er stellt es aber, obwohl es historisch aus dem Judentum hervorgegangen ist, als eine von allen bisherigen Gruppierungen im Positiven wie im Negativen unabhängige Bildung heraus.

„Das Christenthum steht keiner der bisher beschriebenen Richtungen so nahe, daß es als eine Frucht derselben anzusehen wäre, es ist aber auch keiner derselben in der Weise entgegengetreten, daß die Annahme einer einfachen und energischen Reaction seinen Ursprung erklärte. Wichtige Elemente seines Wesens lassen sich vielmehr in allen diesen Richtungen nachweisen, und ebenso scheiden es bestimmte Widersprüche von allen"[83].

Als einzige der jüdischen Tendenzen konnte es „den alten Mosaischen Prophetismus nicht blos philosophisch und juridisch vervollständigen, sondern religiös und moralisch vervollkommnen" – und zwar an den Punkten, an denen die älteren Tendenzen ihre Defizite haben. Seine Überlegenheit beruht auf einer grundsätzlich vollkommenen religiösen Basis, an der es den jüdischen Gruppen mangelte. Diese liegt in seiner „Vergeistigung"[84], der innerlichen anstelle der äußerlichen Fundierung, die es vor Intellektualismus und bodenloser Phantasie schützt. Aus ihr folgt die rechte Unterscheidung des Wesentlichen, Innerlichen und der bloß äußeren Form der Religion, sowie deren Verankerung im Herzen des Individuums. So war es in der Lage, die im Judentum herausgebildeten Gegensätze und Widersprüche zu überwinden, und führte die Religion über den Horizont der jüdischen Gruppen hinaus, indem es ihre Grundansichten ins rechte Verhältnis zum menschlichen Leben und zur Religion rückte:

Mit dem *Pharisäismus* hat das Christentum die Hochschätzung des Gesetzes, die Bindung der religiösen Menschheitsentwicklung an die jüdische Nationalität und Religion, d. h., an die alttestamentliche Tradition und die Eschatologie gemeinsam. Seine Überlegenheit gründet sich auf die Unterscheidung von Wesen und Form und auf die Wertschätzung des Individuums. Mit dem *Sadduzäismus* hat es den Universalismus gemeinsam. Seine Überlegenheit gründet sich darauf, daß es sich der ganzen Menschheit zuwandte, ohne den Kern der eigenen Religion preiszugeben. Mit dem *hellenistischen Judentum* hat es die Offenheit gegenüber philosophischer Vernunft gemeinsam. Seine Überlegenheit gründet sich darauf, daß es sich nicht auf phantastische Spekulationen einließ, sondern die Philosophie in seine religiöse Wahrheit integrierte. Mit den *Essäismus* hat es die Ausrichtung auf die Innerlichkeit

---

[82] Jdt[2] 444: „Jeder Lichtblick auf diesem dunkeln Hintergrund wird also doppelt willkommen geheißen und freundlich anerkannt werden müssen".

[83] Jdt 344.

[84] Ebd.; vgl. EWALDS Unterscheidung der „wahren" jüdischen und „vollkommenen wahren" christlichen Religion (Gesch I[3] 8ff.; s. S. 118ff.).

und das Anliegen der Heiligung durch Askese gemeinsam. Seine Überlegenheit gründet sich darauf, daß es die Mittel der Heiligung nicht verabsolutierte, die Separation von seiner Umwelt unterließ und durch eine wahrere Sündenerkenntnis einen gangbaren Weg zur Vollendung in der „Mystik der Liebe und Gnade" fand. Von der Basis des Christentums aus können sich diese Grundansichten nach ihrer positiven Seite hin entfalten, anders als bei den unter intellektualistischen Voraussetzungen existierenden jüdischen Gruppen. Das Judentum hatte nicht die innere Kraft, der Vergeistigung zu folgen, und blieb vollends in pharisäischer Äußerlichkeit erstarrt zurück[85].

Im Art. „Pharisäer" wendet Reuß diese grundsätzliche Unterscheidung auf das Verhältnis zwischen Christentum und Pharisäismus an. Stärker als im Art. „Judenthum" treten die Pharisäer hier als Repräsentanten der jüdischen Religiosität insgesamt hervor. In der äußerlich-gesetzlichen Struktur sieht er „den radikalen Unterschied zwischen Pharisaismus und Evangelium" begründet, wie ihn vor allem Paulus „klar erkannt"[86] habe. Die Pharisäer repräsentieren dieses „Gesetz" auch im theologischen Sinne. Die Predigt Jesu dagegen „hatte es mit dem inneren religiösen Leben zu thun gehabt, mußte also ihrer innersten Natur nach in feindliche Berührung mit dem Pharisäismus kommen"[87]. Das gemeinsame Erbe von Pharisäern und Christen, das Reuß in den theologischen Lehren findet, ist im Christentum nicht in der Sache verändert, sondern auf ein neues, innerliches Fundament gestellt worden. Diese Gemeinsamkeit bestätigt sich für ihn in neutestamentlichen Nachrichten über den gesellschaftlichen Verkehr Jesu mit Pharisäern, über ihren „Zudrang" zur Urgemeinde[88] und, „so weit die gesetzwidrige Richtung des Stephanus und Paulus nicht in's Spiel kömmt", über ihre Rolle „als deren Gönner, Vertheidiger und Anhänger" in der Apostelgeschichte[89]. Den Messianismus der ihnen sonst suspekten Christen nahmen die Pharisäer als verwandte Erscheinung gegen die Sadduzäer in Schutz. Reuß fügt allerdings den Hinweis auf mögliche parteitaktische Erwägungen gegenüber den Sadduzäern bei[90].

Die Abgrenzung des Christentums vom Pharisäismus, die er durch die scharfe grundsätzliche Unterscheidung des christlichen Evangeliums vom pharisäischen Gesetz erreicht, ermöglicht Reuß die unbefangene und historisch distanzierte Würdigung der Gemeinsamkeiten in den religiösen Kernfragen. Er arbeitet die Aspekte heraus, in denen sich Pharisäismus und Christentum historisch sehr nahe waren und theologisch sehr nahe sind, ohne die grundsätzliche Abgrenzung preiszugeben zu müssen. Beispielhaft für diese Sicht erkennt Reuß einerseits den Pharisäern große Verdienste zu, weil sie die Religion der Propheten um die Eschatologie bereicherten. Andererseits aber hebt er diese Verdienste primär um ihrer Bedeu-

---

[85] Ebd.
[86] Phar 505; belegt durch Phil 3,5ff.
[87] Sadd 293.
[88] AaO. 504f.; belegt durch Apg 15,5; 23,6; 26,5; Phil 3,5ff.; gegenüber den von Jesus zu Recht angegriffenen Pharisäern waren sie „die Pharisäer der bessern Richtung" (Gesch AT[2] 716).
[89] Sadd 293; belegt durch Apg 5,17.34.; vgl. SCHNECKENBURGER, Einl. 86ff. (s. S.75).
[90] Ebd.; bezogen auf Apg 23,6ff.

tung für die Entwicklung der christlichen Eschatologie willen hervor[91]. In allen diesen Zusammenhängen ist das Verhältnis des Christentums zum Pharisäismus repräsentativ für sein Verhältnis zum Judentum insgesamt.

8.4. Quellenauswertung

Die divergierenden Pharisäerbilder, die Reuß in verschiedenen Quellen vorfindet, erklärt er mit jeweils individuellen Akzenten der pharisäischen „Gelehrten, Schulmänner, Staatslenker, Theologen, Juristen", die keine falschen, aber stets nur partielle Aspekte des Pharisäismus vermittelten[92]. Dessen Wesen liege aber ohnehin nicht in bestimmten Lehrmeinungen[93]. Dem „schiefen und einseitigen"[94] landläufigen Pharisäerbild, das auf der Gleichsetzung solcher Teilaspekte mit dem Wesen des Ganzen beruhe, will er mit einer wirklich historischen Auswertung der Quellen begegnen. Als solche dienen ihm vor allem das Neue Testament und Josephus. Nur an Hand von ihnen reflektiert er Quellenprobleme. Die Rolle der rabbinischen Quellen erörtert er nicht, zitiert sie auch nicht direkt, sondern verweist nur summarisch auf sie.

Von den Evangelien her sei man es gewöhnt, „den Begriff Pharisäer mit dem von Heuchlern, werkstolzen, pfäffischen Pietisten zu verwechseln"[95]. Dabei gelte es zu beachten, daß Jesu Urteil nicht auf einer historisch abwägenden Anschauung des Pharisäismus unter Berücksichtigung aller seiner Aspekte beruhe. Es halte sich vielmehr an das konkrete menschliche Erscheinungsbild der einzelnen Pharisäer. Mit dieser Konstruktion hält er zwar prinzipiell die Erkenntnis fest, daß die neutestamentliche Polemik historisch nicht für bare Münze genommen werden dürfe. Dies nimmt er aber implizit wieder zurück, indem er hinzufügt, Jesus habe ihre Intentionen nicht nur mit ihren Wirkungen, sondern auch, wenn auch nicht eigentlich historisch, „mit der Norm der Wahrheit" verglichen – „und wer ist berechtigt, im Namen der letztern gegen seine Darstellung Einsprache zu erheben?" Aber auch historisch habe die Sicht Jesu eigentlich das Richtige getroffen und sei nicht „im Eifer der Polemik ins Schwarze gemalt"[96].

Mit der „Norm der Wahrheit" führt Reuß überhistorische Kategorien nahezu ungebrochen in die Historie ein. Das Neue Testament ist die Quelle der „Wahrheit", der er „Offenbarung" und den Willen „der Vorsehung"[97] als historische Tatsachen entnimmt. Aus ihm stammen die Elemente zur grundsätzlichen Charakterisierung der Pharisäer. Deutlich sichtbar ist aber sein Bemühen, diese Ergebnisse historisch als „auf anderem Wege ... gefunden"[98] in den anderen Quellen zu veran-

---

[91] Phar 508.
[92] AaO. 503.
[93] AaO. 500f.
[94] AaO. 502.
[95] AaO. 503.
[96] Phar 504.
[97] Jdt 344.
[98] Phar 504; vgl. Jdt 341: Das Urteil über die Pharisäer sei „mit nichten blos von jenem bekann-

kern. Mehrfach betont er, daß z.B. „der ganze Talmud" „die Richtigkeit der gegebenen Karakteristik"[99] erweise. Ihn führt er aber nur sehr vage und summarisch an. Die evangelischen Berichte über die Pharisäer harmonieren für ihn „vollkommen mit dem sonst aus Geschichte und Literatur bekannten Geiste und Unterricht", nur daß sie negativ beurteilten, was diese positiv begriffen[100]. Den Begriff der „Wahrheit" problematisiert er nicht. Der paulinische „radikale Unterschied zwischen Pharisaismus und Evangelium" ist für ihn eine historisch verifizierbare Tatsache[101]. Dementsprechend sind die Resultate in seiner Charakteristik der Pharisäer. Ausschließlich nach den Evangelien beschreibt er ihre einzelnen Aspekte. Dabei referiert er nicht nur, seinen methodischen Überlegungen folgend, hinter den neutestamentlichen Texten stehende historische Tatsachen, sondern übernimmt in erheblichem Maße deren polemische Tendenz und gibt eigenen polemischen Assoziationen Raum. Die Vorwürfe in den Weherufen, die Verhandlungen über Sabbatheiligung demonstrieren für ihn den Geist der pharisäischen Tradition. Sie seien nicht etwa „einseitige Uebertreibung"[102]. Die Debatte über Ehescheidung betrachtet er als „spitzfindig" und „ohne höheres Interesse". Die Korban-Praxis zeige eine allgemein korrumpierte Moral. Die kultische Orientierung der Pharisäer gilt als rein äußerlich „ohne Beteiligung an der Hauptsache", die Vermeidung von Unreinheit ist generell heuchlerisch. Die messianische Hoffnung der Pharisäer – immerhin ein „höheres Interesse" – schwächt er durch die Wertung „blos theoretisch" ab[103].

Hierin zeigen sich Reuß' Schwierigkeiten, in seiner Pharisäerdarstellung die intendierte historisch wahrhaftige Zeichnung der Pharisäer mit seinem grundsätzlichen, im Kern doch auf neutestamentlichen Bewertungskategorien beruhenden Bild der Pharisäer als Repräsentanten des „Gesetzes" in Einklang zu bringen. Er steht hier vor dem Problem, auf der einen Seite das erkannte unhistorische Moment der neutestamentlichen Polemik aus seiner Darstellung herauszufiltern, auf der anderen Seite aber die darin enthaltenen Bewertungen als historisch zutreffend und historiographisch fundiert zu präsentieren. Hierauf beruhen die widersprüchlichen Züge seines Pharisäerbildes. Den wirklichen Beweis für den „anderen Weg" nicht nur zu seinen Erkenntnissen, sondern auch zu seinen Werturteilen bleibt er schuldig. Daß im Neuen Testament „Wahrheit" in einem übergeordneten Sinne vermittelt wird, bleibt auch in Reuß' Historiographie implizit bestehen.

Josephus steht bei Reuß als Quelle für die Pharisäer hinter dem Neuen Testament zurück. Ihm entnimmt er die Schuldogmen der Pharisäer. Prinzipiell stimme

---

ten Verwerfungsurtheile des Stifters der christlichen Religion abhängig ..., aus dessen Munde jenem Parteinamen ein unauslöschlicher Fleck angeheftet worden ist. Die Rücksichten, aus denen er sprach, sind für unsern Standpunkt nicht die allein maßgebenden". Er fügt hinzu: „Ehrenwerthe Grundsätze können immerhin zu praktischen Irrthümern führen" (ebd.).

[99] AaO. 506.
[100] AaO. 504.
[101] AaO. 505.
[102] AaO. 506.
[103] AaO. 504.

er mit dem Neuen Testament überein. Übereinstimmend mit diesem beschreibe er die Kontinuität der Tradition als das Wesen des Pharisäismus[104]. Hier wie auch in der Beschreibung pharisäischer Frömmigkeit biete Josephus nur „sehr blaßfarbige Parallelen" zum Neuen Testament[105]. Um den politischen Aspekt der Pharisäer wisse Josephus, der sie als „die demokratische" Partei[106] kennzeichnet. Hier hebt Reuß aber den apologetischen Charakter des Josephus hervor. Weil dieser selbst „als Pharisäer im politischen Sinne" im Aufstand gegen die Römer beteiligt war, verschweige und verfärbe er für diese Zeit ihre politische Rolle und hebe das Schuldogma hervor. Hinter den hellenistisch stilisierten Schulfragen sei das spezifisch Jüdische „nur flüchtig berührt" und „kaum für den Kundigen erkennbar". Insgesamt sei Josephus ein „schlechter Historiker", dessen Darstellung aber mit einer „wirklich pragmatischen" Geschichtsschau immerhin nicht unvereinbar sei[107].

Den Kern der pharisäischen Parteibildung findet Reuß in ihrer halachischen Strenge in levitischer Reinheit, ohne daß es ursprünglich um Rechtgläubigkeit und Lehrmeinungen ging[108]. Diese überaus exakt akzentuierte Definition des Pharisäismus erweckt den Eindruck, auf rabbinische Nachrichten zurückzugehen. Das Verhältnis der Reinheitshalacha zu den übrigen Elementen pharisäischer Frömmigkeit legt er so dar, als hätten ihm Texte wie M Chag II 7 oder b Bechorot 30a/b vorgelegen, in denen die Einhaltung priesterlicher Reinheit als Konstitutivum von „Peruschim" bzw. „Chaberim" erscheint, die Verzehntung dem nachgeordnet ist und spezifisch pharisäische Dogmen überhaupt nicht erscheinen. Er selber gibt keinerlei Aufschluß über seine Auswertung rabbinischer Quellen. Er weist nicht auf die Herkunft seiner Erkenntnisse hin und gibt keine rabbinischen Fundstellen an[109]. Die Mischna erwähnt er nur einmal sehr pauschal[110] und beruft sich zur Bestätigung der neutestamentlichen Pharisäercharakteristik allgemein auf „den ganzen Talmud"[111]. Dieser sei ein „großes echtes Denkmal des pharisäischen Judenthums". Mehr als die Hälfte seiner Vorschriften seien allerdings ausschließlich theoretisch, da ihr Lebensbezug zur Zeit ihrer Abfassung schon lange nicht mehr existiert habe[112]. Außer allgemeinen Hinweisen, u. a. auf Vorschriften über Grundbesitz, Opferkult und peinliche Justiz, macht er auch hier keine näheren Angaben.

Zwischen Reuß' pointiertem Eruieren der halachischen Grundlagen des Pharisäismus und seiner äußerst zurückhaltenden direkten Verwertung rabbinischen

---

[104] AaO. 505.

[105] AaO. 504.

[106] AaO. 503.

[107] AaO. 504; s. S. 314f.

[108] AaO. 500f.

[109] In Jdt 341 verweist er auf „mehre Spruchsammlungen …, zum Theil mit dem Namen älterer Weisen geschmückt". Gemeint sind wohl Pirqe Abot und Abot de R. Natan. REUSS selber macht keine Angaben darüber.

[110] Phar 505.

[111] AaO. 506; genau umgekehrt argumentiert GFRÖRER, Jahrh I 140 (s. S. 55). Dies erscheint historisch zunächst als Differenz zweier verschiedener Wege zum selben Resultat. Es steht aber tatsächlich eine tiefgreifende Differenz auf der Ebene werthafter Urteile dahinter.

[112] Jdt 345.

Materials besteht eine auffällige Diskrepanz. Dies macht es sehr wahrscheinlich, daß er sich hierbei nicht auf eigene Talmudstudien stützt. In seinen „Erinnerungen" erwähnt er einen Judenmissionar namens Hausmeister, einen geborenen Juden aus Württemberg, als Teilnehmer seines erstmals 1839 gehaltenen Kollegs über rabbinisch-jüdische Literatur: Von diesem habe er vieles aus der rabbinischen Wissenschaft gelernt[113]. Ferner weist er auf talmudische Nachrichten hin, die „erst durch jüdische Gelehrte unserer Zeit dem früher vorhandenen Material hinzugefügt worden" seien, zitiert aber kein einziges Werk[114]. Gegenüber seinem Anspruch, „ein Volk, eine Zeit, eine Thatsache nur aus sich und ihren authentischen Denkmälern erkennen wollen und können"[115], bleibt seine Rezeption dieser Denkmäler in seinen Lexikonartikeln widersprüchlich, zumal im Vergleich mit den ausführlich und exakt zitierten Belegen aus Josephus und dem Neuen Testament.

8.5. *Historisches Programm und theologischer Hintergrund*

Zu Beginn seines „Judenthum"-Artikels umreißt Reuß sein historiographisches Programm, indem er den Unterschied von „historischem Forschen" und „philosophirendem Urtheilen" geltend macht. Um zur rechten Anschauung geschichtlicher Gegenstände zu gelangen, müsse man

„ein Volk, eine Zeit, eine Thatsache nur aus sich und ihren authentischen Denkmälern erkennen wollen und können, nicht aber aus der Auslegung, welche in später Zeit von ganz verändertem Standpunkte und in ganz verändertem Interesse von denselben gemacht worden ist"[116].

Er weist damit nicht nur eine Geschichtskonstruktion an Hand philosophischer Modelle ab, sondern wendet sich vor allem programmatisch gegen ein „Verfahren, welches das Judenthum mit Hilfe des christlich-kirchlichen Lehrsystems definirt und beurtheilt". Die Kirche definierte das Judentum vom heidenchristlichen Standpunkt aus „nicht äußerlich und geschichtlich, sondern innerlich und theologisch", „nicht durch sich selbst, aus seinen Denkmälern, aus seinen historischen Ergebnissen, aus dem ihm entsprossenen und noch lebendigen Volksthume", sondern

---

[113] „Erinnerungen aus meinem Leben" IV 135f.; zit. n. VINCENT 308f., der hier auch auf Jdt verweist.

[114] Sadd 294; im Literaturverzeichnis des 1859 erschienenen Art. „Pharisäer" hebt er unter den „allgemeinern Werken über die Geschichte der Juden", die er summarisch erwähnt, „besonders die neusten von Israeliten geschriebenen" hervor (Phar 508), nennt namentlich aber keinen der jüdischen Autoren. Hier könnte er benutzt haben: H. GRAETZ, Gesch III[1] (1856); L. HERZFELD, Gesch III[1] (1857); I. M. JOST, Jdt I (1857); A. GEIGER, Urschr (1857). Darüber hinaus dürfte er auf ältere Werke christlicher Autoren zurückgegriffen haben (genannt sind u.a. J. TRIGLANDIUS, Syntagma und J. BASNAGE, Histoire; von den Neueren nennt er u.a. GFRÖRER, Jahrh und DANIEL, Phar).

[115] Jdt 325; vgl. Phar 504: „Denkmäler ihrer eigenen Schule".

[116] Jdt 325; wohl in Abgrenzung gegen die Tübinger Schule (vgl. EWALD, Gesch I[3] 12. Zu EWALDs Abgrenzung gegen die Tübinger Schule s. S. 142–144).

aus ihrer eigenen Lehre, „die Geschichte rückwärts construirend"[117]. Das sei „unhistorisch und deswegen verwerflich". Die geschichtliche Entwicklung des Judentums diene dabei jeweils „einer theologischen Richtung zum Spiegel". Reuß' Kritik richtet sich hier in erster Linie gegen das methodische Prinzip. In der Formulierung, daß damit „in wichtigen Stücken das Rechte getroffen" worden sei, gibt er aber zu erkennen, daß er sich aus diesem Prinzip gewonnene Ergebnisse durchaus zu Eigen macht[118].

Im Anschluß daran setzt er sich mit der überkommenen christlich-theologischen Sicht der jüdischen Geschichte auseinander. Diese folge einer gesamtbiblischen heilsgeschichtlichen Vorstellung und teile sie in zwei wesentliche Epochen ein: In die Zeit bis Christus, in der ihre Entwicklung „eine von Gott gewollte und geleitete war, eine Zeit der Hoffnung, des Lebens und der Kraft", und in die Zeit nach Christus, „da Gott ... die Hand von Israel abgezogen, ein anderes Volk sich an dessen Stelle erkiesend, eine Periode des Siechens, der Selbsttäuschung und des Elends", in der von Israel nur noch eine „ekelhafte Mumie", das substanzlos gewordene Äußere weiterexistierte, „als ewiges Zeugniß wider sich selbst". Er kritisiert, daß diese Sicht „im Einzelnen von unerwiesenen Voraussetzungen ausgehe, im Ganzen aber ein religiöses Vorurtheil zur Grundlage habe und in dieser Gestalt unhaltbar sei"[119]. Er will die Geschichte Israels nicht an Hand systematischer Vorentscheidungen, gleich welcher Herkunft, darstellen, sondern gemäß ihrer Eigengesetzlichkeit.

Mit diesem Programm bemüht sich Reuß nicht nur um methodisch redliche Historiographie, sondern auch um historische Gerechtigkeit gegenüber dem Judentum – auch dem nachbiblischen und dem Pharisäismus im Gegensatz zu theologisch motivierten Verzeichnungen. Dies ist besonders in seiner Darstellung der mittelalterlichen jüdischen Geschichte erkennbar, in der er die Schuld der Christen am traurigen Zustande des Judentums hervorhebt[120], wie auch in seinem Ansatz zur differenzierten Wahrnehmung der Pharisäer. Dieses Bemühen kollidiert aber mit seinen grundsätzlichen Wertsetzungen, die sich auch in seinem Bild der israelitisch-jüdischen Geschichte niederschlagen. Deren Eigenart sieht er in Folgendem:

> „Wir haben es ja hier weniger mit den Begebenheiten als mit einer Idee und ihrer Entwickelung zu thun, und beschränken uns darauf, die Phasen, welche diese durchlebt hat, nachzuweisen"[121].

Aus der Heilsgeschichte wird bei Reuß eine innerhistorisch begründete ideengeschichtliche Entwicklung, in deren Nachzeichnen er Wertungen ausspricht, die

---

[117] Ebd.; dementsprechend weist er das sprichwörtliche „verzeichnete" Pharisäerbild (Phar 496) ab.

[118] Ebd.

[119] AaO. 326; neben vorkritischen Geschichtsbildern richtet sich dies auch gegen SCHLEIERMACHERS Abgrenzung des „mumienhaften" Judentums vom Christentum (SCHLEIERMACHER, aaO. 314ff.; vgl. EWALD, Gesch V³ XXIIIf.; XXXVIII).

[120] AaO. 345f.

[121] AaO. 326.

„in wichtigen Stücken" denen der theologisch begründeten Nachzeichnung der Heilsgeschichte entsprechen. In der alttestamentlich-jüdischen Religion sind die entscheidenden Elemente der Religion entwickelt, aber auf falscher Grundlage. Erst im Christentum wird die jüdische Religion vom Kopf auf die Füße gestellt. Das ihr wesentlich anhaftende Intellektualistisch-Defizitäre wird so vergeistigt, daß sie, im Gemüt des Individuums verankert, im rechten Verhältnis zum menschlichen Leben diesem eine wirklich tragfähige Basis vermitteln kann.

In seinem historisch begründeten Geschichtsbild übersetzt er das von ihm im Namen der Historie abgelehnte heilsgeschichtliche Bild in historische Kategorien. Die grundsätzliche Struktur der Heilsgeschichte behält er, nunmehr in profanem Gewande, bei. Signifikant hierfür ist, daß er den entscheidenden qualitativen Unterschied zwischen Judentum und Christentum in überhistorischer theologischer Begrifflichkeit begründet, die er aber im Sinne historischer Kategorien verwendet. Das Christentum sei „die von der Vorsehung gewollte" Frucht und ideengeschichtliche Fortsetzung des Judentums, für deren Entstehung es der „Sonne einer neuen Offenbarung" bedurfte[122]. Historische Ursachen für die Entstehung des Christentums nennt er hier weniger als geschichtstheologische Begründungen. Er selber läßt das Bewußtsein durchblicken, daß er hier eigentlich Heterogenes, nämlich relative historische Erkenntnisse und absolute theologische Werturteile zusammenstellt, indem er diese Anschauungen „nichtsdestoweniger" vom „rein geschichtlich-philosophischen Standpunkte" aus formuliert[123]. Dennoch sind unter dem romantischen Gewand von auf Schleiermacher zurückweisenden Kategorien deutlich theologische Grundaussagen erkennbar. Diese Kategorien leisten die Vermittlung zwischen Theologie und Historie. Im Schema des Christentums, das die Grundübel des intellektualistischen Judentums, seiner defizitären Vorform, überwindet und durch die Vergeistigung der Religion diese wieder in ein vitales Verhältnis zur menschlichen Existenz versetzt, erscheinen die theologischen Kategorien von tötendem Gesetz und lebendigmachendem Evangelium historisch auf Judentum und Christentum verteilt und in ihnen verkörpert.

Mit dem Christentum verbinden sich in Reuß' Geschichtsbild positive Wertvorstellungen. Das Verhältnis des Christentums zum Judentum ist einerseits durch historische Kontinuität bestimmt: Reuß arbeitet eine Entwicklunglinie von der alttestamentlich-jüdischen Religion zum Christentum heraus, auf der er die Elemente christlicher Religiosität bereits im Alten Testament und im Judentum vorgebildet findet. In diesem Zusammenhang betont er ihre Gemeinsamkeiten. Andererseits vollzieht er die Abgrenzung des Christentums vom Judentum auf der Ebene der grundsätzlichen religiösen Struktur. Hier stehen sich Judentum und Christentum recht schematisch als historisch nicht überbrückbare Größen gegenüber. Auf dieser Ebene hebt er hervor, daß das Christentum, obwohl historisch aus dem Judentum entstanden, diesem gegenüber in seinem Wesenskern eine nicht

---

[122] AaO. 344; vgl. Phar 504: „Norm der Wahrheit".

[123] Ebd.; die Zurückweisung philosophischer Geschichtsbetrachtung (aaO. 325) richtet sich gegen philosophische Systeme, nicht gegen Geschichtsphilosophie an sich.

ableitbare, originelle, offenbarte, d.h., absolute Größe darstellt und ihm gegenüber in Anknüpfung wie in Widerspruch völlig selbständig sei[124]. Der so entschieden festgehaltene Unterschied auf der grundsätzlichen Ebene ermöglicht es ihm, auch weitgehende Gemeinsamkeiten im Einzelnen unbefangen herauszuarbeiten und die Defizite des Christentums im historischen Verhältnis zum Judentum freimütig zuzugestehen, ohne davon Einbußen für die christliche Identität gegenüber dem Judentum befürchten zu müssen. Diese ist durch die grundsätzliche Verschiedenheit der religiösen Grundrichtungen von Gesetz und Evangelium hinreichend gesichert.

Dieses ambivalente Verhältnis ist konstitutiv für die Rolle der Pharisäer in Reuß' Geschichtsbild. Im vorchristlichen Judentum, das zumindest partiell für die weitere Entwicklung zum Christentum hin offen war, verkörpern die Pharisäer die grundsätzlich gesetzliche und damit nicht entwicklungsfähige Seite des Judentums. Ihre Verknöcherung geht der des Judentums im Ganzen voraus. Sie sind es, die zur Zeit des Zweiten Tempels die Verknöcherung des Judentums betrieben und nach der Katastrophe von 70 die gesetzliche Mumifizierung des Judentums ins Werk setzten. Diese Rollenzuweisung wird durch die Erkenntnis vieler einzelner Berührungspunkte zwischen den Pharisäern und dem Christentum nicht in Frage gestellt. Aus dieser Konstellation ergeben sich Reuß' Bestimmung des Wesens der Pharisäer und seine Werturteile über sie. Die Widersprüche seiner Pharisäerdarstellung entstehen an der Schnittstelle zwischen dem Bemühen um historische Redlichkeit und den in der Rollenverteilung in seinem Geschichtsbild angelegten Prämissen. Hierbei hat letztlich das im Grundsätzlichen verankerte Pharisäerbild die Oberhand behalten. Differenzierende Elemente, die nicht ohne Weiteres in dieses Bild passen, verschweigt er nicht, aber er relativiert sie so weit, daß sie das Bild nicht gefährden. In den genannten Widersprüchen zeigt sich daneben das ernsthafte Bemühen, dem historischen Programm treu zu bleiben. Über die prinzipiell aus seiner Betrachtungsweise ausgeschlossene theologisch-werthafte Ebene legt er sich allerdings keine Rechenschaft ab.

In seiner Geschichtsbetrachtung verbindet Reuß einen gemäßigten Rationalismus, wie er ihm von Eichhorn, Wegscheider, Gesenius und seinen Straßburger theologischen Lehrern vermittelt worden war, mit auf Herder und Schleiermacher zurückgehenden romantischen Anschauungen[125]. Rationalistisch beeinflußt ist seine ideengeschichtliche Nachzeichnung der biblischen Geschichte im Art. „Judenthum": Die Ereignisse der Geschichte treten zurück hinter der Entwicklung der prophetischen Religionsideen. Diese enthalten wesentlich „ein erleuchtetes Verständnis der wahren Foderungen der Gottheit an die Menschen, eine klare Einsicht" über Form und Wesen in der Religion, „eine höchst reine Ansicht von Nationalbestimmung und Nationalglück" sowie den Glauben „an die Verwirklichung eines schönen Ideals und die … geistige Kraft, das Vollkommene beharrlich in der

---

[124] Ebd.
[125] Reuss selber verwendet für sein religiöses Bewußtsein die Begriffe „rationalistisch" und „mystisch" (Brief an K. H. Graf v. 4.10.1837, in: Briefwechsel 26f.).

Zukunft zu suchen und nicht in der Vergangenheit"[126]. In dieser Zusammenstellung sind zentrale Themen des theologischen Rationalismus wie die Erleuchtung des intellektuellen Verständnisses und die durch Erkenntnisse und Ideen vermittelte Orientierung auf eine zukünftige sittlich-moralische Vollkommenheit angeschnitten. Dies gehört zu Reuß' theologischem Erbe. Er selber aber lastet diese Sicht der Prophetie den Propheten selber als intellektualistische Einseitigkeit und Mangel an Mystik an[127] – womit das romantische Thema seiner Theologie ins Spiel kommt. Angeregt vor allem durch seinen „Lieblingsschriftsteller" Herder[128], verbindet Reuß mit seinen rationalistischen Anschauungen Vorstellungen einer intuitiven Erkenntnis des authentisch Göttlichen[129]. Romantisch inspirierte Wertvorstellungen wie die im Namen des wirklichen Lebens vorgebrachte Abwehr gegen intellektualististische und erstarrte scheinlebendige Strukturen bestimmen seine Darstellung besonders des nachbiblischen Judentums[130]. Hierin zeigt sich eine nicht behobene Spannung zwischen den beiden Polen in Reuß' theologischem Denken. Einerseits macht er sich die genannten romantischen Anschauungen Schleiermachers, die er in der methodischen Reflexion zurückweist, im Vollzug seiner Darstellung wieder zu Eigen. Andererseits schwingt im Intellektualismusvorwurf an das Judentum die Abgrenzung gegen extreme Erscheinungsformen des von ihm selber festgehaltenen Rationalismus mit[131]. Sowohl dieser als auch romantisch geprägte Anschauungen erscheinen bei Reuß seit seinen theologischen Anfängen in gebrochener Form. Er selber hat die Heterogenität dieser Elemente sehr wohl erkannt und spricht vom Widerstreit des Rationalismus gegen „das gemüthliche Element in mir"[132]. An ihrer Synthese in einem mystischen Rationalismus hat er aber festgehalten. Es verwundert nicht, daß auch die darin liegende Spannung bestehen blieb. Die theologischen Anschauungen, die Reuß grundsätzlich prägten, repräsentieren im Rahmen der theologischen Geschichtsschreibung den Übergang vom theologischen und historischen Rationalismus, für den die Wahrnehmung historischer Phänomene als Ausdruck eines übergeordneten Ideenzusammenhanges prägend war, zur Würdigung des individuellen Eigengewichtes der einzelnen geschichtlichen Erscheinung in der romantischen Geschichtsauffassung, wie sie sich seit Ewalds „Geschichte des Volkes Israel" allgemein durchzusetzen begann[133].

---

[126] Jdt 334.

[127] AaO. 335; REUSS beschreibt das ganze Judentum als intellektualistisch. Die von SCHNEKKENBURGER (Einl. 75; s. S. 66) vertretene Auffassung, die Sadduzäer seien innerjüdisch als „rationalistische" Gruppierung von anderen unterschieden, weist er ohne Namensnennung zurück (Sadd 293f.).

[128] VINCENT 61, mit Berufung auf Erinnerungen I 242.

[129] VINCENT 270ff.

[130] Jdt 345f.

[131] Bezeichnenderweise bringt VINCENT (aaO. 270) „Intellektualismus" mit REUSS selber in Verbindung.

[132] Erinnerungen II 2f.; zit. n. VINCENT 62.

[133] Vgl. die Gegenüberstellung von REUSS' und EWALDS Auffassungen der hebräischen Prophetie und Poesie bei VINCENT 266; 274.

8.6. Zeitgenössische Perspektiven – Emanzipation und Konversion

Das Judentum seiner Gegenwart charakterisiert Reuß im Artikel „Judenthum" von 1850 als „Kirche ..., deren Aufgabe für die Menschheit noch lange nicht gelöst scheint"[134]. Er läßt in dieser Äußerung offen, welche Aufgabe das Judentum an der Menschheit trotz der Existenz des Christentums doch noch haben könnte. 1859 spricht er in Abwandlung dieser Passage von einer „Kirche ..., deren *providentielle Bestimmung* noch nicht erfüllt ist"[135]. Wie Schneckenburger stellt Reuß hier – unabhängig von diesem – Perspektiven aus Röm 11 in einen geschichtstheologischen Deutungshorizont. Wie dieser beläßt er es bei diesem offenen Ausblick und gibt keine Hinweise auf mögliche Konkretionen dieser Aussagen. Stattdessen spricht er im konkreten zeitgeschichtlichen Kontext von einer „gewaltigen Krise", die auf das Judentum „sowol als Religion als auch als Volksthum"[136] vor allem durch die Emanzipation und in Gestalt des Liberalismus zukomme.

Das Dilemma des Judentums als Religion liegt für ihn darin, daß dessen religiöse Besonderheit und Sonderexistenz weniger von seinen religiösen Ideen herrühre – die stimmen mit dem gesunden Menschenverstand, mit christlichen Vorstellungen oder der Vernunftreligion der Aufklärung überein[137] –, als vielmehr auf den spezifischen Formen seiner Religion beruhe. Das Abwerfen der traditionellen Formen zugunsten einer Annäherung an die christliche Umwelt nach reformjüdischem Modell muß daher zwangsläufig, da sich dem Judentum nach wie vor „die Gemüthlichkeit ... nicht einimpfen lassen" will, zu seiner Auflösung führen. Die jüdische Reform verschafft dem Judentum nicht den Anschluß an die Moderne – dazu ist es seinem Wesen nach nicht fähig –, sondern bringt es in die Klemme „zwischen dem tödtlichen Beharren bei einem geistlosen Buchstaben und der Aussicht auf eine endliche und gewisse Auflösung, wenn er verlassen würde"[138]. Mit dem Talmudismus, d.h., dem weiterentwickelten Pharisäismus, wird nicht nur ein bestimmter Aspekt des Judentums, sondern sein eigentlicher Wesenskern überwunden[139]. Zwischen dem Verharren im Talmudismus und der Auflösung in die christliche Umwelt haben die Juden keine Alternative. Angesichts solcher trüben Aussichten liegt der einzige Trost für den „auf der Höhe der Zeit stehenden Israeliten" in dem Gedanken, daß das Judentum seine providentielle „Bestimmung für die Menschheit" bereits in der Vergangenheit im Hervorbringen des Christentums erfüllt hat, eine Wohltat, „welche um so größer erscheint, als sie fürder unverlierbar ist"[140].

---

[134] Jdt 341.

[135] Phar 508 (Hervorhebung von mir); vgl. unabhängig davon SCHNECKENBURGER, Zeitg 237 (s. S.71; 338).

[136] Jdt 346.

[137] AaO. 346f.; mit dieser letzteren Ansicht rezipiert REUSS auf M. MENDELSSOHN zurückgehende jüdische Auffassungen, deren prominentester Vertreter zu seiner Zeit A. GEIGER war (vgl. H. LIEBESCHÜTZ, Judentum 125). Er gibt darüber keine Auskunft, wie auch seine Hinweise auf jüdische Gelehrte seiner Zeit (Phar 508; Sadd 294) unbestimmt bleiben.

[138] AaO. 347.

[139] AaO. 346.

[140] AaO. 347.

Hatte das Judentum unter pharisäischen Vorzeichen seit der Entstehung des Christentums in Wirklichkeit nur noch ein durch die Form aufrecht erhaltenes Scheinleben geführt, so kann eine Reform, die dieses Scheinleben beendet, nur noch den tatsächlichen Tod des Judentums feststellen, ihm aber kein neues Leben einhauchen. Das Lebendige des Judentums ist schon längst ins Christentum übergegangen und dort verewigt. Die Krise der Emanzipation kann in Reuß' Sicht für die modernen Juden nur dazu führen, diesen nach 70 durch die pharisäische Orthodoxie verhinderten und inzwischen längst überfälligen historischen Fortschritt nachzuvollziehen[141]. Was die Aufgabe des Judentums für die Menschheit und seine providentielle Bestimmung sei, ist für ihn in der zeitgeschichtlichen Konkretion keine offene Frage der geschichtlichen Zukunft, sondern schon längst in der Vergangenheit beantwortet. Offen ist lediglich noch der historische Vollzug der bereits gegebenen Antwort.

Eine Reform des Judentums erscheint ihm daher als absurd, und er schlägt polemische Töne gegen die jüdischen Reformer als „geistreiche Zeitgenossen, die äußerlich noch der Synagoge angehören"[142], an. Der Versuch einer jüdischen Reform sei seit Mendelssohn eine „Selbsttäuschung"[143] gewesen. Die zeitgenössischen Vertreter der Reformpartei „verbergen sich selbst, so sehr als Anderen, daß es eigentlich nicht mehr das religiöse, sondern blos noch das historische Interesse ist", was sie zum Studium der jüdischen Geschichte motiviere[144]. Sofern sie „der Zeitphilosophie dienstpflichtig" geworden sind, sagt er ihnen „pantheistische Neigungen" nach. Auch die zwischen Reformern und Orthodoxie vermittelnde konservative Richtung habe wegen ihrer Unklarheit „kaum Aussicht, zu irgend einem haltbaren Resultate zu gelangen"[145]. Auch auf der Ebene des Volkstums führe die in

---

[141] So auch bei aller Verschiedenheit im Grundansatz GFRÖRER, Jahrh I 197ff. (s. S. 58f.); vgl. EWALD, aaO. VII³ 444 (s. S. 132f.). Eine ähnliche Auffassung, aber mit sehr andersartigen Konsequenzen, vertritt H. E. G. PAULUS (Nationalabsonderung 148; s. S. 40; 59; vgl. CH. BURCHARD, Paulus 257f. sowie den Gesamtzusammenhang bei BURCHARD, aaO. 250ff.).

[142] REUSS, aaO. 344; hierin spielt REUSS wohl auf die jüdischen Reformkonferenzen der Jahre 1844–46 und die dort angestoßenen innerjüdischen Bewegungen an (vgl. L. GEIGER, Lebenswerk 114ff.; zur allgemeinen Entwicklung der jüdischen Reform vgl I. M. JOST, Allg Gesch II 511; 527–557; J. KATZ, Aus dem Ghetto; R. RÜRUP, Emanzipation 11–36).

[143] AaO. 346.

[144] AaO. 347; dies dürfte sich, ohne daß REUSS Namen nennt, gegen die entstehende Wissenschaft des Judentums richten, wie sie von I. M. JOST und A. GEIGER vertreten wurde; 1835 wurde durch GEIGER die „Wissenschaftliche Zeitschrift für jüdische Theologie" begründet, an der namhafte jüdische Gelehrte wie L. ZUNZ und S. J. RAPOPORT mitwirkten (vgl. L. GEIGER, Lebenswerk, 40–45; s. S. 157). Allerdings zieht REUSS die Parallele zu einer „ganz gleichen Erscheinung im Schooße des Protestantismus" (ebd.). Der Vorwurf religiöser Substanzlosigkeit richtet sich so gleichermaßen gegen das Reformjudentum wie gegen liberale Protestanten. Diese Anspielung führt er nicht weiter aus. Möglicherweise handelt es sich um einen Seitenhieb gegen D. F. STRAUSS (vgl. VINCENT 290f.; 341).

[145] AaO. 347; auffällig ist in diesem Zusammenhang die Bemerkung, durch die Reform würde das Judentum „jedenfalls etwas ganz anderes werden, als es ursprünglich zu sein bestimmt war" (ebd.). Daß REUSS eine Entwicklung des Judentums zu einer völlig neuen eigenständigen Existenzform nicht ganz und gar ausschließt, verdient Beachtung. Es bleibt allerdings bei diesem unbestimmten Hinweis.

der Emanzipation angebahnte Verschmelzung jüdischen Volkstums mit fremdem
Volkstum zum Aufgehen der Juden in den anderen Völkern, da „die angestammte
Eigenthümlichkeit" des Judentums „in der Isolirung des israelitischen Stammes"
wurzelte[146].

Gegenüber seiner pointiert vorgetragenen Auffassung über die Reform- und
Emanzipationsunfähigkeit des Judentums spricht sich Reuß dezidiert zugunsten
der bürgerlichen Emanzipation der Juden als Individuen als einer „der merkwür-
digsten Aufgaben des Staatsrechts und der Humanität" aus, von der beide Seiten
nur profitieren könnten. Dieser gesellschaftlichen Entwicklung bringt er große
Sympathie entgegen:

> „Wir bemerken nur, daß auch da, wo sie noch nicht staatsrechtlich entschieden ist, bereits
> eine Annäherung der *Individuen* stattgefunden hat, auf den immer reicher sich entfaltenden
> Gebieten des geistigen Lebens, in Kunst und Wissenschaft, und daß dieselben Juden, welche
> einst, da sie neben den anderen Völkern lebten, so hohe Vorzüge bethätigten, und welche
> später, da sie unter andern Völkern lebten, derselben nicht durchaus verlustig gingen, jetzt,
> wo sie endlich anfangen mit andern Völkern zu leben, ihnen ein nicht unbedeutendes Capi-
> tal an geistiger Kraft zu gemeinsamer Arbeit zuschießen".

Den einzelnen Juden führt die Emanzipation aus dem Judentum heraus. Diejenigen Individuen, die der Assimilationstendenz folgten, gerieten zwangsläufig in „eine feindliche Stellung ... gegen das Judenthum"[147]. Diese Entwicklung faßt er wie
Gfrörer[148] ausdrücklich als gesellschaftlich-politischen Prozeß auf. Er bedeutet auf
der Seite der Juden, durch die Überwindung der orthodoxen Erstarrung die Isolierung von der Umwelt zu durchbrechen. Auf der Seite der Christen bedeutet er die
gesellschaftliche Bewegung zur Überwindung des christlichen Vorurteils und zur
Gleichstellung der Juden.

In dieser Sicht der bürgerlichen Emanzipation, insbesondere auch in der kritischen Sicht christlichen Unrechts an den Juden, läßt er ähnliche Grundsätze wie
Gfrörer erkennen. Gegenüber diesem spiegelt sich in seinem Art. „Judenthum" der
Stand der Dinge nach 1848 wider. Die Emanzipation, die in seinem unmittelbaren
Straßburger Erfahrungsbereich ohnehin schon länger eine selbstverständliche und
von ihm bejahte Tatsache ist, sei in anderen Staaten „wenigstens angebahnt und von
vielen gefördert"[149] – ein inzwischen weit fortgeschrittener gesellschaftlicher Prozeß. Das Weitere ist für ihn nur noch eine Frage der Zeit, nicht aber spezieller Ju-
dengesetze, wie Gfrörer 1838 aus württembergischer Perspektive noch meinte. Der
Optimismus dieser Erwartung ist dem Elsässer Reuß abzuspüren. Hierin repräsentiert er das gegenüber Deutschland fortgeschrittenere Frankreich, in dem die recht-

---

[146] AaO. 346; daß mit dem pharisäisch geprägten Judentum kein Staat zu machen sei, gibt
Reuss wie Ewald und später Wellhausen an Hand der Katastrophe von 70 deutlich zu erkennen
(Phar 501f.; 506).

[147] Ebd.; Hervorhebung von mir.

[148] Vgl. Gfrörer, Jahrh I 197ff. (s. S.58f.).

[149] Reuss, ebd.; dies dürfte sich primär auf die deutschen Staaten beziehen.

liche Emanzipation der Juden eine bereits seit der napoleonischen Zeit vollzogene Tatsache ist, sowie das traditionell liberale protestantische Milieu Straßburgs[150]. Wie seine Sicht des neuzeitlichen Judentums der des antiken entspricht, so betrachtet er die jüdischen Tendenzen seiner Zeit in Analogie zu antiken jüdischen Gruppierungen. Mangels tragfähiger Grundlagen sind alle ihre Bestrebungen zum Scheitern verurteilt. Jüdische Diaspora und jüdische Reform führen zur Auflösung des Judentums in den Zeitgeist, ohne daß sie diesem wirklich etwas spezifisch Jüdisches entgegenstellen können. Pharisäismus und jüdische Orthodoxie stellen das durch religiöse Formen von der Umwelt abgeschnittene Wesen des Judentums dar. Die Sackgasse des Judentums ist in der Antike durch die Entstehung des Christentums, in der Neuzeit durch die Emanzipation offenkundig geworden. In seiner Zeit rechnet Reuß damit, daß die Konsequenzen nicht auf sich warten lassen werden. So sehr er auch die bürgerliche Emanzipation der Juden befürwortet, hindert ihn dies nicht, das Judentum nach christlichen Wertmaßstäben zu beurteilen.

Darüber hinaus sind in seinem Pharisäerbild Einflüsse zeitgenössischer Konstellationen kaum erkennbar. Der Vergleich mit den Jesuiten[151] hat die Funktion, die Pharisäer als Repräsentanten hierokratischer Strukturen zu kennzeichnen, die sich soziologisch und durch gesteigerte Observanz, nicht aber im Grundsatz vom religiösen Gesamtverband unterschieden. Dahinter läßt er einen protestantischen Standpunkt gegenüber der römisch-katholischen Hierokratie, die auch noch nicht zu ihrem providentiellen Ziel gelangt sei, erkennen. Dieser Aspekt bleibt, wie auch die Rede von der „demokratischen Partei"[152], in seiner Geschichtsdarstellung beiläufig. Reuß stand 1830 auf der Seite der Julirevolution, die sich, namentlich bei den mehrheitlich liberalen protestantischen Elsässern, auch gegen „le jésuitisme", die in der Restaurationszeit wachsende Macht des katholischen Klerus in Frankreich richtete[153]. Diese Konstellationen sind für sein Pharisäerbild nicht direkt prägend gewesen. Dies gilt auch für das im zeitgenössischen Hintergrund seiner Darstellung der Pharisäer als „Orthodoxe" stehende Bild der protestantischen Orthodoxie, gegen die Reuß im Hallischen Rationalismusstreit dezidiert Partei ergriff[154]. Den Einfluß dieser Bezüge wird man nicht allzu hoch anschlagen dürfen. Reuß stellt hierin Vergleiche zu seiner Gegenwart an, ohne sie im Einzelnen zu forcieren.

8.7. Zusammenfassung

Das wichtigste Merkmal in Reuß' Pharisäerdarstellung ist die Entschiedenheit, mit der er ein betont auf die Historie ausgerichtetes Programm gegen dogmatische und philosophische Vorentscheidungen abgrenzt und auch weitgehend durchführt.

---

[150] Vgl. VINCENT 143; 160ff.

[151] AaO. 341; Phar 508; vgl. GFRÖRER, aaO. 124f.; SCHNECKENBURGER, Einl. 75; DANIEL, Phar 20; EWALD, aaO. IV³ 482; sowie G. B. WINER, RWB II³ 246 (s. S. 322f.).

[152] Phar 503, mit Verweis auf Ant. XVII 2,4.

[153] Vgl. VINCENT, 143; 161.

[154] Vgl. VINCENT 152ff.

Deutlich wird dieses Programm vor allem in der sehr differenzierten historischen Zeichnung des Pharisäismus und in der ausführlichen Darstellung der Berührungspunkte zwischen Pharisäismus und Urchristentum, aber auch in der menschlich anteilnehmenden Schilderung der jüdischen Geschichte in Mittelalter und Neuzeit. Umso schärfer fallen aus heutiger Sicht aber die Grenzen dieses Programmes ins Auge. Sie verlaufen dort, wo es mit grundsätzlichen, ihrer Struktur nach apriorischen, aus traditionellen christlich-protestantischen Motiven gespeisten Wertvorstellungen kollidiert. Hier ist ein scharfer Kontrast unübersehbar.

Wenn es Reuß gerade auch an Punkten, an denen sich das landläufige Vorurteil festmacht, gelingt, die Juden als Menschen betont vorurteilsfrei darzustellen, so werden „das" Judentum und „der" Pharisäismus doch als religiöse Strukturen im Spiegel christlich-protestantischer Theologie wahrgenommen, obwohl er dies grundsätzlich als nicht sachgerecht abweist. Daß er nicht nur historische Tatsachen, sondern in seinen Werturteilen auch historische Wahrheiten vermittelt, bezweifelt er nicht und kombiniert die Forderung nach unvoreingenommener historischer Anschauung mit der Grundüberzeugung, daß das Christentum historisch verifizierbare allgemeingültige religiöse Wahrheiten enthalte. Aufgrund dieses allgemeingültigen Wahrheitsgehaltes, nicht aufgrund dogmatischer Sätze, kann es als kritische Norm dem Judentum und insbesondere dem Pharisäismus gegenübergestellt werden. Daß diese Größen damit nun doch wieder weitgehend am Maßstab protestantischer Theologumena – in historische Kategorien übersetzt – gemessen werden, problematisiert er nicht. Von dieser Voraussetzung ist auch Reuß' ansonsten nicht dogmatisch gefärbtes Verhältnis zum zeitgenössischen Judentum bestimmt. Ein sich religiös wirklich erneuerndes Judentum, das nicht zwangsläufig ins Christentum mündet, konnte er sich schlechterdings nicht vorstellen.

In der Forschungsgeschichte markiert Reuß den Übergang von den Anfängen historisch-kritischer Forschung in den Arbeiten Gfrörers und Schneckenburgers zu den geschichtstheologisch geprägten Entwürfen Ewalds und Wellhausens. Mit Gfrörer hat er vor allem das lebhaft teilnehmende Interesse am nachbiblischen Judentum und am Emanzipationsprozeß gemeinsam. Dies schlägt sich in ihren historischen Darstellungen nieder, sowie – im Einklang damit – im Bemühen, die jüdische Gesetzesbezogenheit historisch nach ihren Verdiensten und Fehlern zu würdigen. Im Unterschied zu Gfrörer liegt hier eine wesentliche Verschiebung in der gesamtbiblischen, im Kern heilsgeschichtlichen Sicht der jüdischen Geschichte vor. In ihrem Zusammenhang weist Reuß die religionsgeschichtliche Herleitung der nach dem Exil neu formulierten Lehrstücke aus außerjüdischen Zusammenhängen dezidiert zugunsten ihrer rein innerbiblisch aufgefaßten Entwicklungsgeschichte zurück. Diese Sicht sollte für die theologische Forschung bis zum Aufkommen der Religionsgeschichtlichen Schule maßgeblich bleiben. Mit Schneckenburger hat Reuß – unabhängig voneinander entstandene – Analogien im geschichtstheologischen Ansatz und in Einzelzügen der Geschichtsbetrachtung gemeinsam[155]. Von dessen vom Neuen Testament her bestimmter Sicht des Judentums unterscheidet

---

[155] SCHNECKENBURGERs Zeitg ist älter als REUSS' Lexikonartikel, erschien aber erst nach ihnen.

sich seine Wahrnehmung des Judentums vom Exil bis in die Gegenwart. Er betrachtet es in der gesamtbiblischen Perspektive der israelitischen Geschichte und leitet seine Entstehung, und damit auch die des Pharisäismus, aus der genuinen Entwicklung der alttestamentlichen Religion her.

In der geschichtstheologischen Verhältnisbestimmung von Judentum und Christentum, in der der historische Relativismus Gfrörers überwunden ist, nimmt er eine ähnliche Zwischenstellung ein wie der ebenfalls 1804 geborene Schneckenburger und steht darin dem im selben Zeitraum wie seine Lexikonartikel entstandenen Entwurf der Geschichte Israels seines Generationsgenossen Ewald nahe. Seine ideengeschichtliche Darstellung der jüdischen Geschichte, die rationalistische Auffassungen mit romantischen Motiven verbindet, markiert methodisch den Übergang zwischen Gfrörers auf einer Fläche aufgetragenen religionsgeschichtlichen Erkenntnissen und den die innerbiblische historische Entwicklung in den Vordergrund stellenden geschichtstheologischen Entwürfen der Folgezeit. Er setzt zwar den Akzent auf die historische Entwicklung, stellt aber die historischen Ereignisse in den Hintergrund der Ideengeschichte. Hierin ist er fachlich wie auch im gesellschaftspolitischen Horizont noch den Tendenzen der 1820er bis 1840er Jahre verbunden. Seine methodische und theologische Orientierung weist aber bereits über sie hinaus.

9. *Heinrich Ewald*

Heinrich Ewald[156] wurde 1803 in Göttingen geboren. Er studierte dort klassische Philologie, orientalische Sprachen und Theologie und lehrte dort ab 1827 als Orientalist und Theologe. 1837 wurde er als einer der „Göttinger Sieben" entlassen und lehrte seit 1838 in Tübingen, zunächst an der philosophischen, dann an der theologischen Fakultät. 1848 kehrte er nach Göttingen an die philosophische Fakultät zurück. Seinen wissenschaftlichen Ruf begründete er zunächst mit sprachwissenschaftlichen Werken[157]. In seinen exegetischen Arbeiten[158] hat er sich insbe-

---

[156] Zu EWALD vgl. WELLHAUSEN, Grundrisse 120–138; RE³ V 682–687; ADB VI 438–442; H.-J. KRAUS, Erforschung⁴ 199–208; RE³ V, 682–687; TRE X 694–696; L. PERLITT, Ewald.

[157] WELLHAUSEN betont: „Auf dem Gebiete der Sprachwissenschaft liegen nicht nur seine ersten, sondern auch seine wichtigsten und originellsten Leistungen" (Grundrisse 122). Zu ihnen gehören u. a.: De metris carminorum Arabicorum, 2 Bde. 1825; Critische Grammatik des hebräischen Sprache, 1827; Über einige Sanskrit-Metra, 1827; Grammatik der hebräischen Sprache des AT (ab der 5. Aufl., 1844, unter dem Titel „Ausführliches Lehrbuch der hebräischen Sprache des Alten Bundes"), 8. Aufl. 1870; grammatica critica linguae Arabicae, 2 Bde. 1831–33; Hebräische Sprachlehre für Anfänger, 1842, 4. Aufl. 1874.

[158] Zu ihnen gehören u. a.: Die Composition der Genesis, 1823; Das hohe Lied und der Prediger, 1826, 3. Aufl. 1866; Commentarius in Apocalypsin Johannis, 1828; Die poetischen Bücher des Alten Bundes, 4 Tle. 1835–39; 3. Aufl. unter dem Titel „Die Dichter des Alten Bundes" 1866–67; Die Propheten des Alten Bundes, 2 Bde. 1840–41; 3. Aufl. 1867–68; Die drei ersten Evangelien, 1850, 2. Aufl. (mit Apg) in 2 Bdn. 1871–72 (zit. als „Evv"); Die Sendschreiben des Apostels Paulus, 1857; Die Johanneischen Schriften, 2 Bde. 1862; Das Sendschreiben an die Hebräer und Jakobos' Rundschreiben, 1870.

sondere durch die bahnbrechende Erschließung der prophetischen und poetischen Quellen des Alten Testamentes große Autorität erworben. Die hier gewonnenen Erkenntnisse sind in sein gewichtigstes Werk eingeflossen, die ab 1843 veröffentlichte „Geschichte des Volkes Israel"[159]. Seit 1837 entwickelte er eine zunehmende wissenschaftliche und politische Streitsucht, die von seiner Seite auf das Bestreben zurückging, mit dem Pathos der biblischen Propheten, denen er sich kongenial verbunden fühlte, auf „ächte Religion" und „ächte Wissenschaft" als Grundlage aller Lebensbereiche zu dringen[160]. Heftige Angriffe richtete er im wissenschaftlichen Bereich vor allem gegen den als atheistisch geschmähten F. C. Baur und die „Tübinger Schule" und den orthodoxen E. W. Hengstenberg. Politisch waren namentlich der ultramontane Katholizismus und Preußen dauernde Gegenstände seiner Polemik[161]. 1866 wurde er in Göttingen erneut seiner Professur enthoben – dieses Mal wegen Eidesverweigerung gegenüber der neuen preußischen Obrigkeit, die er als illegitim betrachtete. 1875 ist er gestorben.

9.1. Die „Geschichte des Volkes Israel"

In der „Geschichte des Volkes Israel" zeichnet Ewald die biblische Heilsgeschichte vom Alten zum Neuen Testament als innerweltlich-historische Entwicklung nach, als Entwicklung von der am Sinai erkannten wahren Religion Israels bis zur Ausbildung der vollkommenen wahren Religion, des Christentums. Die schon im Grundgedanken des Entwurfes enthaltene theologische Prämisse legt das Christentum als die Religion schlechthin fest: Es ist wahr und vollkommen. Demgegenüber ist die alttestamentlich-jüdische Religion defizitär. In der 1. Auflage umfaßt das Werk diese Geschichte „bis Christus"; in den folgenden reicht sie unter Einschluß der urchristlichen Geschichte bis zum Bar-Kochba-Krieg und zu der endgültigen Trennung des Christentums vom Judentum.

Ewald präsentiert diese Geschichte in einem Entwurf von strenger innerer Geschlossenheit: In drei dialektisch aufeinander folgenden „Wendungen", der jeweils in drei „Schritte" unterteilten vorexilischen „Gottherrschaft" und „Königherrschaft" und der nachexilischen „Heiligherrschaft", entwickelt sich die wahre Religion Israels bis zur Entstehung der vollkommenen wahren christlichen Religion. Diese schließt sich an die letzte Wendung wiederum dialektisch nach Erfüllung dreier „Vorbedingungen", in denen sich das Ausreifen der messianischen Hoffnung

---

[159] 1. Aufl., Bd. I-V 1843–1855; 2. Aufl., Bd. I-VII 1851–1859; 3. Aufl., Bd. I-VII 1863–1868 (zit. als „Gesch"; der in dieser Zählung nicht enthaltene Anhangsband „Die Alterthümer des Volkes Israel" ist zit. als „Alt"). Als Zusammenfassung der in der „Geschichte des Volkes Israel" enthaltenen theologischen Anschauungen und ihr theologisches Rahmenwerk gab EWALD am Schluß seines Lebens in 4 Bänden „Die Lehre der Bibel von Gott oder Theologie des Alten und Neuen Bundes" heraus (1871–76, der letzte Band erschien posthum), ein „schwer lesbares" Spätwerk (L. PERLITT, Ewald 210; vgl. WELLHAUSEN, aaO. 133 und R. SMEND, Heinrich Ewalds Biblische Theologie).

[160] u.a. in Alt[1] XII; vgl. PERLITT, aaO. 176ff.

[161] Zu EWALDS wissenschaftlichen Fehden vgl. PERLITT, aaO. 175ff.; 181ff.; 186ff.; zu den politischen aaO. 194ff.; 204ff.

vollzieht, in den drei „Erhebungen" der Ankündigung, des Wirkens und des Ausganges Christi in die Ewigkeit an. Zusammen machen die „Erhebungen" als die Zeit Christi, gefolgt vom apostolischen Zeitalter bis 70 n. Chr. und vom nachapostolischen Zeitalter bis 135 n. Chr., die erste von drei „Stufen" aus, in denen sich die vollkommene wahre Religion von der wahren frei macht wie ein Keim von der Schale.

Die innere Dynamik der Geschichte Israels entstand aus dem Grundproblem, daß zwar am Sinai die „wahre Religion", die Offenbarung des rein geistigen Gottes, erkannt wurde, aber ein der Unmittelbarkeit dieser Offenbarung gewachsenes vollkommenes menschliches Gegenüber fehlte, das diese unmittelbar an die Menschen weitergeben konnte. So bestand das Defizit der wahren Religion darin, daß die Menschen stets nur zu einem mittelbaren, d.h., unvollkommenen Gottesverhältnis gelangen konnten[162]. Dieses Spannungsfeld wird von einer positiven und einer negativen Entwicklungslinie markiert. Die positive Linie zielt auf die Überwindung dieses Defizites durch die Gottunmittelbarkeit des Menschen und läuft damit – vertreten u.a. durch Prophetie[163] und messianische Hoffnung[164] – auf Christus als den vollkommenen Mittler und das Christentum als die vollkommene wahre Religion hin[165], das „unsterblich verklärte Israel"[166]. Sie ist der innere rote Faden der Geschichte Israels. Die negative Linie ist durch Konzessionen an dieses Defizit und ihre Konsequenzen bestimmt: Weil der Mensch der Gottunmittelbarkeit nicht gewachsen ist, tritt diese als heteronomer Zwang an ihn heran. Dazu gehören die jeden Widerspruch gegen das Sinaigesetz ausschließende Autorität des Mose, das Nichtannehmen der prophetischen Botschaft, die hierokratische Veräußerlichung des Gesetzes nach dem Exil und schließlich das schuldhafte Nichtannehmen Christi, des Überwinders der Heteronomie, durch das jüdische Volk. Diese Linie bestimmt den äußeren Rhythmus der Geschichte Israels und mündet schließlich im nachbiblischen Judentum, dem „irdischvergänglichen irrthumsvollen Israel"[167], das seit der Verwerfung Christi dauerhaft in gesetzlicher Heteronomie verharrt. Im Spannungsfeld dieser beiden Linien wird die Geschichte Israel in dialektischer Wechselwirkung bis zum Christentum vorangetrieben, indem in den einzelnen Epochen – den drei „Wendungen" der vorexilischen „Gottherrschaft" und „Königsherrschaft" und der nachexilischen „Heiligherrschaft" – die überhandnehmenden Schäden der negativen Linie die Kräfte zum erneuten Durchbruch der positiven freisetzen[168]. Insofern ist unter den von Defiziten bestimmten Fakten der äußeren Geschichte doch der der wahren Religion immanente Zug zu ihrer Vollendung

---

[162] EWALD, Gesch II³ 163ff.

[163] AaO. 68–83; 199ff.; Alt³ 342–345.

[164] Gesch V³ 135ff.

[165] Gesch II³ 162f.; V³ 265ff.

[166] Gesch VII³ 439.

[167] Ebd.; dieser Entwurf weist auf SEMLERS innerbiblische Unterscheidung des Universalistischen und Partikularistischen zurück (s. S. 35f.).

[168] Gesch II³ 384; IV³ 74; VII³ 427ff.

wirksam, durch den sie ihre Defizite sukzessive überwindet[169]. Die „Heiligherr-schaft", die letzte „Wendung" der Geschichte Israels an der Schnittstelle zum Christentum, ist *in nuce* dadurch gekennzeichnet, daß die Dominanz des äußerlichen Gesetzes eine hierokratische Blockade jeglicher wirklichen, innerlichen Religiosität bewirkte. Darin stellt sie die dialektische Vorbedingung und das Gegenbild des Christentums dar[170].

Ewald hat hier die geschichtstheologischen Grundanschauungen, die Schnekkenburger zur selben Zeit – in den 1840er Jahren – im historiographischen Rahmen der „Neutestamentlichen Zeitgeschichte" entwickelte, erstmalig in einem ausgeführten Gesamtentwurf der israelitisch-jüdischen Geschichte entfaltet. Seine „Geschichte des Volkes Israel" ist die erste große historisch-kritische Darstellung dieser Geschichte. Damit geht er über Gfrörer und dessen die geschichtliche Entwicklung wenig berücksichtigende Betrachtungsweise hinaus und führt ein Vorhaben aus, das bei Reuß zunächst Skizze geblieben war. Mit diesem Werk hat er Epoche gemacht. Die über ihn hinausführenden Arbeiten seines Meisterschülers Wellhausen bauen trotz des Widerspruchs in der Pentateuchfrage in vielen Aspekten darauf auf.

9.2. Die Pharisäer – herrschsüchtige Frömmler

Sein Bild der Pharisäer hat Ewald erstmals 1852 in Band III/2[1] der „Geschichte des Volkes Israel" veröffentlicht[171]. Sie erscheinen in seiner Beschreibung als eine primär politisch orientierte Partei. Ihr Ursprung liegt historisch zwar in der religiösen Bewegung der Chasidim. Deren Anliegen haben sie aber im Interesse machtpolitischer Zielsetzungen instrumentalisiert[172]. Diese Entwicklung vollzog sich, nachdem in den makkabäischen Kämpfen die religiösen Zielsetzungen der Chasidim erstmalig auch machtpolitisch wirksam geworden waren und mit dem Sieg der Makkabäer die Möglichkeit für eine solche Gruppe entstand, sich einen machtpolitischen Wirkungskreis aufzubauen. Der Primat der Politik erscheint als konstitutiv für Ewalds Bild der Pharisäer. Er sieht ihre religiösen Überzeugungen durch den politischen Zweck zu psychologisch funktionalisiertem Beiwerk degradiert: „Denn ihr trieb ging von anfang an ... auf handeln und herrschen im volke". Sie wollten

„vor allem den nun errungenen sieg [*scil.*: der Makkabäer] mit seinen angenehmen früchten festhalten und ausbeuten. Sie begriffen recht wohl daß nur die frömmigkeit auch im großen volke so große thaten bewirken und die gemeinde zusammenhalten und stark machen konnte: aber von herrschsucht getrieben und dunkler oder bewußter der eignen selbstsucht fröhnend, machten sie die frömmigkeit zu einer art von kunst und gewerbe, um durch sie

---

[169] AaO. 163f.

[170] Genauer wird dies S. 134ff. erörtert.

[171] Die Pharisäer sind hier 414ff. behandelt (Bd. III/2[1] ist identisch mit Bd. IV[2]). Die folgende Analyse bezieht sich i. d. R. auf die Darstellung in Bd. IV[3] (1864) 477ff.

[172] Anders als z.B. REUSS (Jdt 340f.) beschreibt er sie nicht als eine religiöse Gruppe, die machtpolitische Mittel im Interesse ihrer religiösen Belange einsetzt.

dauernd zu herrschen". – „Um die frömmigkeit hinter gewissen frommen worten zeichen und gebräuchen bequem verbergen zu können",

bedienten sich die Pharisäer des Gesetzbuches, „dieses in ihrem sinne durchspähend und auslegend"[173]. Sie erscheinen so als die grauen Eminenzen im Judentum seit der hasmonäischen Zeit.

„Unter sich gern enger verbunden, wagten sie auch den machthabern troz zu bieten wo es ihnen nüzlich und bequem schien; dem volke schmeichelnd um es zu beherrschen, widmeten sie aus gleicher ursache auch einzelnen machthabern, insbesondere angesehenen weibern gern ihre dienste wo sie ihren vortheil zu sehen meinten"[174].

Andererseits schreckten sie nicht einmal vor dem „schwärzesten vaterlandsverrath" des Bürgerkrieges gegen Alexander Jannai zurück, wo ihnen dieses Mittel geboten schien. Ewald wertet das ausdrücklich als moralisch verwerflich[175]. Die Pharisäer bieten ihm das unerfreuliche und bedrohliche Bild einer politischen Partei, deren einst religiöser Impetus zur gesinnungslosen Pose verkommen ist und ihr nur noch in Gestalt geheuchelter frommer Gesinnung und Anständigkeit als Fassade dient, hinter der sie ihre machtpolitischen Ziele in der Art einer zum Teil verdeckt operierenden Geheimgesellschaft verfolgt, die Ewald mit den Jesuiten vergleicht[176]. Die politisch so durchsetzungsfähigen Pharisäer kann er sich nur als eine fest geschlossene Genossenschaft vorstellen. Den Hinweis darauf findet er in den „Chaberim"-Belegen in M Demai II. Neben der als wesentliches Element postulierten äußeren Selbstdarstellung befindet er,

„die zur engeren schule gehörenden unterschieden sich gewiß nebst jenen stets zu tragenden abzeichen auch durch einige besonders zu leistende pflichten, ohne daß sie deshalb sämmtlich gelehrte oder gesezesausleger (schriftgelehrte) zu seyn brauchten"[177].

Diese besonderen Pflichten treten in Ewalds Beschreibung aber gegenüber den ausführlich gewürdigten „äußeren abzeichen eines Frommen ... in der gesellschaft"[178] zurück. Deren Bedeutung für Ewald zeigt sich in der aufschlußreichen Bemerkung: „Daß die Pharisäer sich durch solche abzeichen unterschieden, sagt zwar Josephus nirgends: es wird aber aus allen übrigen merkmalen sicher"[179]. Insbesondere die Tephilin wurden „infolge des durch die Pharisäer beförderten neuen

---

[173] Gesch IV³ 478; er betont, daß die Geschichte von „leben und unternehmungen" der Pharisäer „weit mehr zu erzählen hat als von ihren weisheitssäzen und neuen tiefen einsichten" (ebd.). Vgl. die Vorgeschichte dieses Motives bei Semler (s. S. 36f.).

[174] AaO. 482; belegt durch Ant. XVII 2,4.

[175] AaO. 508; seine Sympathie ist hier auf der Seite des Königs, dessen Massaker an seinen Gegnern er im Vergleich zum Urteil über die Pharisäer recht neutral darstellt (s. Anm. 373).

[176] AaO. 482 (s. S. 146ff.).

[177] AaO. 480; damit weist er die ausschließliche Auffassung der „Chaberim" als Schriftgelehrte ab (vgl. Gfrörer, Jahrh I 168; s. S. 48); über die „engere schule" macht er keine näheren Angaben, auch nicht über ihr Verhältnis zu der Gesch V³ 14ff. beschriebenen pharisäischen Rabbinenschule.

[178] Gesch IV³ 480; aaO. 479 belegt durch Mt 23,5.

[179] Ebd.

aberglaubens als zaubermittel verehrt" und daher wenigstens in Jerusalem von ihren Gegnern verworfen[180]. Auf der Linie des bisher Gesagten deutet er den Namen „Pharisäer" als „Gesonderte oder Besondere, ... die vor anderen durch frömmigkeit ausgezeichnet und gleichsam mehr oder heiliger als andre seyn wollten" und sich vom Am Ha-aretz, den sie beherrschen wollten, abgrenzten[181]. Anders als „Chaberim" beschreibt er „Pharisäer" als „Zerrnamen" von außen, der sie als „Frömmler" charakterisiere[182].

Zusammengehalten wurde diese ehrenwerte Gesellschaft durch das Disziplinarmittel des Synagogenbannes, mit dem Abweichler in den eigenen Reihen und in der jüdischen Gemeinde überhaupt verfolgt wurden. Zunächst gegen die Essener stießen die Pharisäer „auch wohl wo sie es vermochten ihren bann aus und verfolgten die wie sie meinen konnten ihnen untreu gewordenen heftig"[183]. An anderer Stelle erläutert Ewald differenzierter, es habe vor 70 als gelindes Strafmittel den „kleinen Bann", eine befristete Ausschließung aus einzelnen Synagogen, gegeben[184]. Nach 70 sei daraus ein Mittel des restituierten Hohen Rates geworden, um Dissidenten aus dem Judentum insgesamt auszuschließen[185]. Ewald setzt die angenommene Bannpraxis der Pharisäer mit der Verfolgung Andersdenkender gleich, was aus den angegebenen Belegen aber nicht zwingend hervorgeht[186]. Indem er die legitimierte Disziplinargewalt der Rabbinen nach 70 in eine nicht legitimierte der Pharisäer vor 70 ummünzt und als Verfolgung der Betroffenen darstellt, entsteht der Eindruck einer angemaßten Machtausübung der Pharisäer mit unredlichen Mitteln. Dieses Bild der grauen Eminenzen rundet er ab mit dem Hinweis darauf, daß sie nur als „einige tausende im volke" diese große Macht ausübten[187].

Als eigentliches Machtzentrum im Judentum vor 70 betrachtet Ewald in der 2. Auflage seines Werkes eine „Hohe schule der erklärung der h. schriften und der

---

[180] AaO. 479; belegt durch den Ausdruck „φυλακτήρια" in Mt 23,5 und durch M Sanhedrin XI 3. EWALDS assoziative Kombination ist durch letztere Quelle nicht gedeckt. Die „Sicherheit" der bei Josephus fehlenden „übrigen Merkmale" erscheint daher fragwürdig.

[181] AaO. 482f.; belegt durch M Demai I 2, II 2 u.a.

[182] Gesch V³ 36; zu dieser Herleitung des Namens „Pharisäer" vgl. SCHNECKENBURGER, Zeitg 135 (s. S. 63) und REUSS, Phar 500f. (s. S. 91).

[183] Gesch IV³ 493; belegt durch Hen. 95,4; daß sich hier unter pharisäischem Bann leidende Gegner artikulieren, geht aus der Quelle nicht hervor. Die in Bell. I 5,3 (113); Ant. XIII 16,2 (410f.) berichtete wirkliche Verfolgung politischer Gegner durch die Pharisäer führt EWALD hier nicht an. Möglicherweise steht ein Bild der späteren rabbinischen Gerichtsbarkeit hinter dieser Sicht (vgl. GFRÖRER, Jahrh I 183f.).

[184] Dies entnimmt EWALD in erster Linie dem Johannesevangelium, das dies „sehr klar" andeute (Gesch V³ 384; auch 452; 477; Joh 7,1.13.21; 9,22.34f.; 12,42; 16,1 [gemeint ist wohl: „16,2"]; Mt 23,34). Aber schon diese paradoxe Formulierung zeigt, daß eine solch differenzierte Betrachtung des Bannes den angegebenen Belegen nicht zu entnehmen ist. Zum Sachproblem vgl. (STRACK)/BILLERBECK IV/1, 293–333, C.-H. HUNZINGER, Spuren pharisäischer Institutionen (1971), sowie DERS., Art. „Bann II", TRE V (1979/80); dort auch weitere Literatur.

[185] Gesch VII³ 48.

[186] zur Sache vgl. (STRACK)/BILLERBECK IV/1, 329ff.

[187] Gesch IV³ 480; diese Zahlenangabe geht auf Josephus zurück, der in Ant. XVII 2,4 (42) von „über sechstausend" Pharisäern spricht (Zum Sachproblem vgl. J. JEREMIAS, Jerusalem³ 286; G. STEMBERGER, Pharisäer 109f.).

gesezeskunde". Sie habe in der Zeit häufig wechselnder Oberherrschaften das unterhalb dieser Herrschaftsebene entstandene Macht- und Autoritätsvakuum in der Hauptstadt ausgefüllt, den Tempel und seinen Besitz verwaltet, das politische und wirtschaftliche Leben in Jerusalem bestimmt und ihre Gesetzesauslegung für Volk und Kultpersonal verbindlich gemacht[188]. Er bescheinigt ihr „gefährlichsten hochmuth" und „starreste verblendung" sowie die Verachtung des gesetzesunkundigen Volkes[189]. Dieses Bild einer hierokratisch-schriftgelehrten Institution paßt er in der 3. Auflage bruchlos in sein Pharisäerbild ein, indem er sie nunmehr als pharisäische Rabbinenschule identifiziert[190]. Auch hier streicht er nochmals ihre Machtstellung und ihr Machtstreben heraus. Wie auch die Pharisäer, war sie eine unangreifbare Gewalt neben der politisch legitimierten, die das Denken und Handeln der Menschen viel wirksamer bestimmte als diese:

> „Alle anderen mächte sanken jahrhunderte lang vor ihrem zauber nieder: sie lähmte die vaterländische Hasmonäische königsmacht, untergrub die halbheidnische Herodeische, hielt die furchtbare römermacht lange in schach ja wagte den todeskampf mit ihr"[191].

Die Zeichnung dieser scharf umrissenen Institution kann er in der 2. Auflage nicht auf Quellen stützen, sondern konstruiert sie[192]. In der 3. Auflage räumt er ein, daß Josephus eigentlich keine zureichenden historischen Informationen darüber biete und sich in den rabbinischen Schriften außer den Vätersprüchen in Pirqe Abot nichts über sie finde[193]. Der Begriff der „Schule" schillert bei Ewald: Seine Beschreibung ihrer Machtstellung hinterläßt den Eindruck einer zusammenhängenden, einheitlich agierenden und zentral gelenkten Institution. Seine Rezeption der rabbinischen Traditionen über die Schulen Hillels und Schammais aber läßt „die Schule" mehr als Sammelbegriff für das pharisäisch-rabbinische Schulwesen erscheinen, was im Kontext schriftgelehrter Kontroversen zwanglos denkbar ist, aber nicht recht zum Bild einer straff durchorganisierten Institution passen will[194]. Hierin zeigt sich die Diskrepanz zwischen einer auf Quellen beruhenden histori-

---

[188] Gesch V² 63ff. = V³ 116ff.; In Bd. V¹ von 1855 ist die Beschreibung der „Hohen Schule" noch nicht enthalten. Sie dient im Rahmen des ab der 2. Aufl. eingefügten Kapitels „Der zustand und die hoffnung des volkes in seinem altheiligen lande" der gebündelten Charakterisierung der „Heiligherrschaft" im unmittelbaren Vorfeld des Erscheinens Christi, das EWALD im Anschluß behandelt.

[189] Gesch V² 64f. = V³ 118f.; gestützt auf Mt 23,2 und Joh 7,49.

[190] Gesch V³ 14f.; Das Verhältnis von Pharisäern und Schriftgelehrten bleibt bei EWALD letztlich offen. Über den Hinweis hinaus, daß nicht alle Pharisäer auch Schriftgelehrte seien (Gesch IV³ 480), gibt er hierüber keine Auskunft.

[191] Gesch V³ 14; die Verwendung des Begriffes „Zauber" zeigt, welche unheimlich-dämonischen Züge EWALD dem Phänomen Pharisäismus zuschreibt.

[192] Gesch V² 63 = V³ 116f.; als Beleg dienen u.a. die allgemeine Wertschätzung der Gesetzesgelehrten und die Erwähnung von Schriftgelehrten aus Jerusalem in den Evangelien.

[193] Gesch V³ 15f.

[194] AaO. 44ff.; aaO. 20 spricht er von „zwei rabbinenschulen". In Gesch IV³ 480; 482 erscheinen die Pharisäer allgemein als „Schule" (s. S. 323). Vgl. auch REUSS' Rezeption dieses Begriffes (s. S. 93).

schen Beschreibung und seiner von vorgefaßten Wertungen bestimmten freischwebenden Konstruktion der „Hohen Schule".

Im traditionellen Kontrast von Hillel und Schammai präsentiert sich der Pharisäismus für Ewald als ein „zwitterwesen"[195]. Hillel kann er einerseits als „geistesfreiestem der Pharisäer" einige positive Züge abgewinnen[196]. Andererseits sei er jedoch in der „beschränktheit" und im „tieferen allgemeinen irrthume seiner schule" ein typischer Pharisäer geblieben[197], dessen seichter Geistreichtum „den tieferen mangel ersezen"[198] sollte. Durch ihn wurde der Pharisäismus „so scharf entwickelt", daß er „von Christus schon vollkommen gerichtet werden konnte"[199]. Schammai verkörpert für Ewald die nationale und gesetzesstrenge Seite der zwitterhaften Pharisäer. Sein observantes Eifertum führte schließlich zur Entstehung der Zeloten und zum Krieg mit den Römern[200]. In der „folgerichtigkeit des Pharisäischen wesens" setzte sich nach 70 die enge Richtung Schammais durch und bewirkte die endgültige Erstarrung des rabbinischen Judentums[201]. Hier zeigt sich noch einmal, wie sich für Ewald das Bild der religiösen Sackgasse der Heiligherrschaft im Pharisäismus spiegelt. Die verschiedenen Schulen des Pharisäismus treten als unterschiedliche Erscheinungsformen ein und derselben religiösen Aporie auf, der inneren Substanzlosigkeit in Observanz wie in Freiheit, die hier auf die Schulen Hillels und Schammais verteilt ist[202].

Diesem Bild ordnet er alle weiteren Nachrichten über die Pharisäer ein. Er erkennt in ihrer Frömmigkeit „die größte strenge in den ... theils vorgeschriebenen theils freiwilligen h. bräuchen, in der abgabe mannichfacher zehnten, den waschungen aller art, den fasten u. s. w."[203]. Die Frömmigkeitspraxis der Pharisäer betrachtet er weniger als prinzipielles Merkmal gegenüber anderen Gruppen des antiken Judentums[204] denn als gesteigerte Ausprägung der gesetzesobservanten „ängstlichen und steifen richtung" in der Tradition Esras[205]. Die schriftgelehrte Halacha beschreibt er dementsprechend als „zu ängstliche erklärung" der Tora[206], nicht aber als spezifisch pharisäische Fortbildung. In ihrer Darstellung hält er sich weitgehend

---

[195] Gesch V³ 43; 44.

[196] AaO. 36 f.; dies entnimmt er M Abot I 13; II 4 und HILLELs sprichwörtlicher Milde (aaO. 41).

[197] AaO. 37; belegt durch Gesetzlichkeit und Verachtung des Am Ha-aretz, die EWALD in Abot II 5.7 (mit Verweis auf Joh 7,49) findet.

[198] AaO. 43.

[199] AaO. 47.

[200] AaO. 46; die Zeloten erscheinen als radikale Vertreter der Ansichten der Pharisäer, „theils in theils außer ihren reihen" (aaO. 63; vgl. aaO. 65; 67).

[201] AaO. 46; vgl. Gesch VII³ 440ff.

[202] Was hier als innerpharisäisches Phänomen erscheint, dient im Hinblick auf die „Heiligherrschaft", auf Pharisäer und Sadduzäer verteilt, als Begründung für die innere Zerrissenheit des Judentums im Ganzen (vgl. Gesch IV³ 493f.).

[203] Gesch IV³ 480.

[204] Vgl. seine Beschreibung der Essener, aaO. 485ff.

[205] AaO. 359.

[206] AaO. 479.

an die im Neuen Testament erwähnten Aspekte von Reinheit, Verzehntung, Fasten, Gebet, Wohltätigkeit. Darüber hinaus behandelt er spezifisch pharisäische Festtage[207].
Die pharisäische Reinheitspraxis nimmt Ewald aus der Sicht von Mk 7,3–4 wahr. Dieser Abschnitt dient ihm als zentrale historische Information für diesen Aspekt. Er sieht hierin eine Verschärfung der für das ganze Volk gültigen Bestimmungen über Rein und Unrein in Lev 11–15. Diese „übertrieben" die Pharisäer[208] und grenzten sich damit vom Am Ha-aretz ab[209]. In der Mischna findet er das aus Mk 7 gewonnene Bild bestätigt, „wie viele höchst kleinliche reinigungsgeseze die Pharisäischen schulen endlich aus den wenigen A.Tlichen ableiteten und mit welcher strenge sie aufrecht erhalten werden sollten"[210], ohne sich auf weitere Einzelheiten einzulassen. Seine Darstellung der pharisäischen Zehntpraxis gibt letztlich das in Mt 23,23 polemisch Gesagte als historische Erkenntnis wieder. Die Entrichtung des Zehnten dehnten die Pharisäer über das in Dtn 14,23 Geforderte hinaus auch auf Kräuter und Gewürze aus. Dies sowie „ihre verdopelung ja verdreifachung desselben floss aus ungeschichtlicher erklärung der gesezes-stellen"[211]. Bei dieser summarischen Sicht bleibt es. Auf spezifische Aspekte der ebenso summarisch genannten Mischna geht Ewald nicht ein. Unter die Übertreibungen kultischer Äußerlichkeiten rechnet er auch das aus Lk 18,12 abgeleitete zweimalige Fasten am Sabbat, der eigentlich kein Fasttag sei[212].

„Erst die unächte Pharisäische frömmigkeit der lezten zeiten des alten volkes wollte auch diese schranke überspringen, und es gab nun solche die sich rühmten auch am Sabbate ein- oder zweimahl zu fasten, und denen eine solche düstere stimmung gar auch zeit- und ortsweise zur herrschenden zu machen gelang"[213].

Zur Begründung dessen verweist er neben Lk 18,12 und anderen Quellen auf den „Essäisch-Pharisäischen geist selbst"[214], d.h., auf sein Bild dieses Geistes. Die

---

[207] In Bezug auf den Sabbat erscheinen die Pharisäer in Gesch V³ 381 ff. an Hand von Mk 2,23–3,6 als Repräsentanten der allgemein jüdischen „höchst spizfindigen ausbildung" der Sabbatgeseze (aaO. 381). Spezifisch pharisäische Sabbatbräuche macht EWALD nicht geltend.

[208] Evv¹ 264, z. St.; hierauf verweist EWALD in Gesch IV³ 480; ein zusätzlicher Hinweis auf Offb 13,17 dürfte auf recht freien Assoziationen beruhen.

[209] Gesch. IV³ 483; die „Chaberim" sind für EWALD mit den Pharisäern identisch.

[210] Alt³ 207; er verweist allgemein auf „die langen abhandlungen טהרות, אהילות, כלים, דמאי und andere"; in Gesch IV³ 480 führt er M Demai II 3 ff. an.

[211] Alt³ 399; er verweist außerdem allgemein auf Tob 1,7; Ant. IV 8,22; M Abot V 9; M Demai (Gesch IV³ 253, 480).

[212] Alt³ 142; mit Verweis auf Judith 8,6.

[213] AaO. 112; belegt durch die Übersetzung „Ich faste zweimal des Sabbats" von Lk 18,12 (vgl. Evv¹ 137 f.). EWALD selber stellt aber aaO. 135 fest, daß mit solchen Wendungen („δὶς τοῦ σαββάτου") die Wochentage vom Sabbat an gezählt werden, so daß demnach ein zweimal in der Woche stattfindendes Fasten, nicht aber eines am Sabbat gemeint wäre. Das zweimalige Fasten am Sabbat paßt allerdings besser zum Bild der mürrischen Heuchelei. EWALD interpretiert hier Lk 18,12 von der nicht erwähnten Stelle Mt 6,16 her. Zum Sachproblem vgl. (STRACK)/BILLERBECK II² 244.

[214] AaO. 112.

Gebetspraxis der Pharisäer steht unter denselben Vorzeichen. „Der mißbrauch des scheinheiligen vielen betens wurde im Pharisäischen zeitalter groß"[215], und „die Pharisäer scheuten sich nicht es überall recht geflissentlich vor dem volke zu zeigen"[216]. Direkt ist in keinem der von Ewald angeführten Belege von Pharisäern die Rede. Er interpretiert hier wesentlich Mt 6,5ff. auf die Pharisäer hin[217]. Aus guten Werken machten diese ein heuchlerisches „schaugepränge"[218]. Dem Gebot der Barmherzigkeit in Sir. 29,9–13 stellt Ewald den Vorwurf des Mißbrauchs ohne Quellenangabe, wohl aber mit Mt 6,1ff.; 23,5 im Hintergrund, gegenüber. Die Festtage, deren Einführung er den Pharisäern zuschreibt, dienten in seiner Sicht der Befestigung ihrer politischen Macht im Volke gegen die Sadduzäer.

„In solchen lagen liegt für die eine oder die andere partei stets die versuchung nahe alle mittel zu ergreifen welche sich nur als wirksam darbieten die alleinherrschaft zu erreichen und zu sichern; aber nur die Pharisäische fühlte sich alle mittel dieser art zu versuchen wie durch ein unvermeidliches verhängniß getrieben"[219]. – „Allein die zeit fand einmahl an solchen neuen rauschenden festen und ihrer jährlichen wiederholung geschmack: so beschloß man denn jezt von Pharisäischer seite aus daraus ein neues schönes mittel zur mehrung der eignen macht und herrlichkeit zu schaffen. Man stellte den saz auf jeder gute Judäer müsse besonders auch solche volksthümliche siegesfeste eifrig feiern, mehrte ihre zahl leicht durch neue welche noch offener als jenes Tempelweihfest ... den vielfachen sieg der bloßen partei verewigen sollten, und wollte so bloße parteisiege sogar bei fragen rein gelehrter bedeutung zu dauernden volksfesten erheben"[220].

Daß die Pharisäer das Volk mit diesen Festen für ihre Zwecke ködern wollten, entnimmt Ewald dem in nachtalmudischer Zeit entstandenen Scholion zu Megillat Ta'anit, obwohl dieses auch für ihn „nur noch höchst unsichere erinnerungen an den ursprung dieser freudentage" enthält. Dennoch gebe es „uns noch jezt ein klares zeugniß über die mittel ... womit die Pharisäer ihre herrschaft im volke befestigen und mehren wollten"[221]. Das Scholion verbietet meist das Fasten an den bezeichneten Tagen. Auf „rauschende Feste" gibt es keine Hinweise, ebenso wenig auf die allgemeine Verbindlichkeit dieser Festtage vor 70. Die Nachrichten dieser nach seinem eigenen Befund historisch zweifelhaften Quelle enthalten für Ewald deshalb ein „klares zeugniß" über die Pharisäer, weil sie sein Pharisäerbild bestätigen[222].

---

[215] Gesch IV³ 33; belegt durch Sir 7,14; Mt 6,7.

[216] Gesch IV³ 479; Judith 9,1; Sir 7,14 belegen die Entartung des Gebetes (ebd.).

[217] Die anderen angegebenen Stellen gewinnen erst von dieser Stelle her in EWALDs Sinne Aussagekraft: Sir 7,14 wendet sich gegen „δευτεϱόειν λόγον" im Gebet, was er offenbar auf die Bezeichnung „δευτέϱωσις" für die Mischna bezieht (vgl. Gesch V³ 20). Der Hinweis auf Judith 9,1ff. bleibt unklar.

[218] Gesch IV³ 479.

[219] AaO. 496.

[220] AaO. 497.

[221] AaO. 498; zum Sachproblem vgl. WELLHAUSEN, PhS 56–63; STRACK/STEMBERGER 44f.

[222] Im Vergleich der angeblich „rauschenden Feste" mit der „düsteren Stimmung" pharisäischen Fastens erscheint der Hinweis auf Lk 7,33f. angemessen.

In der Frömmigkeitspraxis der Pharisäer erkennt Ewald neben ihrer übersteigerten Gesetzesobservanz weitere Züge allgemein altgläubiger jüdischer Frömmigkeit: Herkömmliche Schrifterklärung, das Festhalten volkstümlicher Bräuche und guter Sitten, ein distanziertes Verhältnis zu griechischer Bildung[223]. Ihre theologischen Lehren berücksichtigt er auffallend gering. In den Lehren über Engel und Auferstehung erkennt er nichts spezifisch Pharisäisches[224]. Hinter der synergistischen Auffassung der Pharisäer in der Frage der Willensfreiheit, die Josephus als Mittelstellung zwischen der streng prädestinatianischen essenischen und der die menschliche Willensfreiheit betonenden sadduzäischen Lehre beschreibt, sieht er die machttaktische Absicht,

„daß die Pharisäer zwischen den zwei schon bestehenden ansichten eine mittlere sich bilden wollten welche am bequemsten und am wenigsten gefährlich schien"[225].

Aus taktischen Erwägungen stellten sie auch ihre eigentlich strenge Ablehnung griechischer Bildung zurück. Ihre Gesetzeskunde diente vor allem dazu, die Sadduzäer, ihre politischen Gegner, „in allen wichtigen dingen bestreiten zu können". Gleichzeitig machten sie auch hier, wie in ihren theologischen Anschauungen, um der Macht willen gegenüber dem Volk taktische Konzessionen, selbst um den Preis, „das zu mindern odergar zu läugnen was sie ursprünglich ammeisten hätten stärken und behaupten müssen"[226]. Worauf sich Ewald stützt, bleibt unklar. Eine Quelle für diese Behauptungen gibt er nicht an. Es wird deutlich: pharisäische Frömmigkeit und Lehre interpretiert er konsequent von seiner Auffassung der primär politisch ambitionierten Pharisäer her. Ihr eigentliches Wirkungsfeld ist die Politik. Ihre Frömmigkeit und Lehre sind ihrem Machtkalkül dienstbar und haben kaum Eigengewicht. Weil die Pharisäer alle ihre religiösen Ziele politisch instrumentalisierten, betrachtet Ewald sie als Heuchler par excellance. Gleichzeitig repräsentieren sie darin das Judentum insgesamt:

„Durch keine schule sind die tieferen gebrechen der Heiligherrschaft Israel's so deutlich ans licht gebracht wie durch die Pharisäer"[227].

---

[223] EWALD, aaO. 480f.
[224] Vgl. Evv² II 219; Bell. II 8,14 (163), Ant. XVIII 1,3 (14), Apg 23,8.
[225] Gesch IV³ 481; belegt durch Bell. II 8,14; Ant. XIII 5,9; XVIII 1,3. Das setzt voraus, daß die pharisäische Auffassung jünger sei als die anderen beiden, was gegenüber EWALDs Darstellung, die Essener seien im Widerspruch zu den Pharisäern entstanden (aaO. 476ff.), also jünger als diese, zumindest erklärungsbedürftig ist. EWALDs Annahme, daß die Prädestinationslehre der Essener ein Erbe der vormakkabäischen Chasidim sei, löst das Problem nicht wirklich, da er als Quelle hierfür nur Josephus' Aussagen über die Essener anführt (aaO. 362; 481). Tatsächlich liegt das Problem in seinem Pharisäerbild, in das er einzelne Aspekte der Historie beliebig einpaßt.
[226] AaO. 481.
[227] AaO. 482.

9.3. Das Judentum – Selbstwiderspruch der Hierokratie

Dem Judentum vor 70 schreibt Ewald analog zum Pharisäismus eine in religiöser Substanzlosigkeit wurzelnde innere Zerrissenheit zu, die er vor allem in der Konkurrenz rivalisierender religiös-politischer Parteien findet. In seiner Beschreibung der „theilungen" und „schulen" im antiken Judentum legt er die Struktur des Drei-Sekten-Schemas des Josephus zugrunde. Sie sind aber nicht parallel entstanden, wie Josephus suggeriert[228], sondern nacheinander, jeweils aus dem Widerspruch gegen die Defizite in Lehre und Praxis der gerade tonangebenden Gruppe.

Die Sadduzäer, die älteste dieser Parteien[229], waren die Partei des hellenisierten Judentums, die vor der makkabäischen Zeit gegen die einseitig gesetzesobservante Richtung esraischer Prägung das Ideal griechischer Freiheit in Kultur und Lebensführung anstrebte. Diese jüdisch-heidnische Synthese war aber mit der Preisgabe der wahren Religion verbunden[230], indem die Sadduzäer „auch das was sie gegen die Ezra'ische richtung mitrecht einwenden konnten nicht richtig begrenzten"[231] und sich im „reinmenschlichen wollen und bestreben"[232] verloren. Nach dem Sieg der Makkabäer wurde diese freiere Richtung zunächst zu völliger Bedeutungslosigkeit herabgedrückt[233]. Im Widerspruch gegen die „großen einseitigkeiten" der Pharisäer gewannen diese „alten Freigesinnten" aber wieder an Einfluß. Unter dem Namen der Sadduzäer ließen sie nunmehr „vieles jezt zu schädlich gewordene auch ganz fahren" und fanden als eine Art gemäßigte Fortschrittspartei den Anschluß an die Oberschicht[234].

Die Altgläubigen, die sich gegen die Hellenisten unter dem Namen „Chasidim" zu einer festen Gruppe zusammengeschlossen hatten[235], spalteten sich nach dem Sieg der Makkabäer in Pharisäer und Essener. Die Essener, abgestoßen vom politischen Ehrgeiz der Pharisäer und dem Einfluß ihrer falschen Frömmigkeit im öffentlichen Leben, zogen sich aus der Gesellschaft in klösterliche Einsamkeit zurück[236]. In ihnen sieht Ewald das Wertvollste des vorchristlichen Judentums verkörpert. Er hebt einerseits hervor, daß das pharisäisch bestimmte Judentum ihrem Anliegen keinen Raum mehr gewährte, wirft aber andererseits den Essenern vor, dem

---

[228] AaO. 359; 477; mit Verweis u.a. auf Bell. II 8,2ff.; Ant. XIII 5,9; XVIII 1,2ff.; vgl. WÄHNERS Behandlung dieses Problems (s. S. 24 f.).

[229] AaO. 358; er begründet dies mit der Zurückführung der Sadduzäer auf Zadok, den Schüler des Antigonos v. Sokho nach ARN 5 (vgl. J. LIGHTFOOT, Horae[2] 235f.; problematisiert bei G. B. WINER, RWB II[3] 352f.; vgl. GFRÖRER, Jahrh I 131 (s. S. 47); anders DANIEL, Phar 19 (s. S. 78); REUSS, Jdt 342; Sadd 290 (s. S. 98). GEIGERS Herleitung des Sadduzäismus in Urschr (1857; s. S. 158ff.) akzeptiert EWALD auch in der 3. Aufl. seines Werkes nicht, sondern bleibt bei seiner bereits 1852 veröffentlichten Darstellung (s. Anm. 358).

[230] AaO. 359ff.

[231] AaO. 366.

[232] AaO. 363.

[233] AaO. 358f.

[234] AaO. 493f.

[235] AaO. 366f.; belegt durch „συναγωγὴ Ἀσιδαίων", 1. Makk 2,42.

[236] AaO. 483.

Judentum durch den Entzug wertvoller Kräfte geschadet zu haben[237]. Ihr Wesen beurteilt er, im Kontrast zu den Pharisäern, als auf Selbstzucht gerichtet positiv, aber ihre Frömmigkeit sei sklavisch an den Buchstaben gebunden gewesen[238]. Die eigentlich das Bild des Judentums bestimmende Partei sind die Pharisäer. Die anderen Parteien sind in Reaktion auf die von ihnen vertretenen Tendenzen entstanden.

Im Gesamtblick repräsentieren „die zweifelsucht des Sadduqäer's die bedächtigkeit und scheu des Pharisäers und die lust zu mürrischer zurückgezogenheit des Essäers" die verschiedenen Tendenzen des Volkslebens. Indem sie aber nur einzelne Aspekte negativ, nicht mehr „durch einen höheren gedanken zusammengehalten", erfaßten, bewirkten sie eine haltlose Disparatheit, ohne Chance einer Gesamtintegration – mit der Folge, daß sie alle das Wesentliche in der Religion verfehlten:

„Der Pharisäer will die Heiligherrschaft als mittel der eignen herrschaft; der Essäer beschränkt sie auf seine einöde und seinen eignen geist; der Sadduqäer hat sie gar nicht und bezweifelt vieles an ihr, wagt aber nicht sie zu verwerfen"[239]. – Es „ging in ihnen, eben weil alle diese theilungen doch nur besondere bestrebungen verfolgten, nie das ganze Israel auf, und die einseitigkeit jeder hielt sie wechselseitig stets so weit aus einander daß sie schon unter sich fast in nichts gemeinsam zusammenwirken konnten"[240].

Diesem düsteren Bild stellt Ewald ein idyllisches Bild bäuerlicher Romantik vom gesund gebliebenen „kern des volkes" auf dem Lande gegenüber, dessen urkräftiges, schlicht-frommes Volksleben mit noch intakter Religiosität sich von der überspannten Morbidität des Parteiengetümmels abhebt, der sich „vollkommen wie ein ächtes volk" zufrieden der landwirtschaft widme und „in stiller arbeit um feste herde seßhaft" sei. Er spricht von „volksthümlicher genügsamkeit unbefangenheit lust und heiterkeit", der reinen Vaterlandsliebe und dem „ruhigen gesunden sinne des gemeinen mannes", an dem der Streit der Schulen und die Gewalttätigkeit der Machthaber abprallten[241]. Für diese Schilderung gibt er erneut keine Quellen an. Sie sind wohl eher in Anschauungen seiner eigenen Zeit und Welt als in der Antike zu suchen. Entscheidend für ihn ist, daß aus einem solchermaßen prädisponierten Milieu Jesus von Nazareth hervorging. Hier findet er „eine möglichkeit zu jeder höheren entwickelung"[242] – nämlich zum Christentum.

Gegenüber dem diffusen, historisch gar nicht faßbaren, dafür umso besser stilisierbaren „Kern des Volkes" erhalten die historisch überlieferten Größen des nach-

---

[237] AaO. 490; bereits W. M. L. DE WETTE erkannte bei den Essenern die schärfere Ausprägung einer insgesamt jüdischen „Neigung zur mystischen Askese und zum thatenlosen beschaulichen Leben" (Sittenl. II/1[1] 78). AaO. 101 spricht er in diesem Zusammenhang von einer „krankhaften Richtung" (vgl. S. WAGNER, Essener 17f.). Ähnlich urteilt REUSS, Jdt 343 (s. S. 98).

[238] AaO. 485; 490.

[239] AaO. 495.

[240] AaO. 494f.; vgl. REUSS, Jdt 343f. (s. S. 98).

[241] AaO. 600f.; vgl. aaO. 596. Offensichtlich meint EWALD, auch wenn er an dieser Stelle nicht explizit davon spricht, den Am Ha-aretz als Gegenbild vor allem des Pharisäismus (vgl. aaO. 483; Gesch V[3] 37).

[242] Gesch IV[3] 600; vgl. Gesch V[3] 193 und aaO. 250: Jesus habe nie die aaO. 116 erwähnte „Hohe Schule für die Gesezeslehrer" besucht.

makkabäischen Judentums bei Ewald deutlich den Charakter der Negativfolie. Aber auch die positive Darstellung des Volkskernes läßt er nicht uneingeschränkt gelten. Der Geist des Volkes habe durch die andauernden politischen Wirren seit Antiochus IV. „wieder viel an seiner gesundheit und geradheit" verloren[243]. Die volkstümliche Beschaulichkeit sei nur „bei irgend erträglichen zeiten imgroßen noch ungebrochen" gewesen. Die Religion war epigonal geworden, das Volk fühlte sich „schon allein von der kraft und den wahrheiten der ewigsten seiner alten schriften abhängig"[244]. Dies läßt erkennen, daß Ewald letztlich auch die von ihm für relativ gesund gehaltenen und romantisch überhöhten Elemente des jüdischen Volkslebens in die genannte Negativfolie, deren eigentlich positives Gegenstück das Christentum ist, einbezieht. Hieraus wird deutlich: Die Prämisse der inneren Haltlosigkeit des hierokratisch verfaßten Judentums findet Ewald nicht nur durch die heillos zerstrittenen Schulen, sondern auch im gesamten Leben des jüdischen Volkes dokumentiert.

Abgerundet wird dieses Bild durch seine Darstellung des Diasporajudentums[245], der folgendes Schema zu Grunde liegt: Die Juden erheben den universalen Geltungsanspruch ihrer Religion gegenüber den Heiden als stolzes Recht der Heiligherrschaft auf Weltherrschaft, münzen ihn aber in ihr eigenes Streben nach weltlicher Herrschaft über die Heiden um und leiten daraus Forderungen nach Privilegien im weltlichen Bereich ab[246]. Durch das „erschlaffen einer innigeren religion unter dem einschläfernden mantel der heiligherrschaft" sind diese Ambitionen aber nicht mehr von der religiösen Wirklichkeit gedeckt, so daß der eigentliche Vorzug Israels vor den Heiden, „das erwählte fromme Messianische volk" zu sein, zur Anspruchshaltung gegenüber den Heiden verkommt, die als Vorwand für die Jagd „nach äußeren lebensvortheilen" dient[247]. Hierin sieht Ewald die Ursache antiker Judenfeindschaft. Religiös-exklusiver „Judäischer stolz" und weltschlaue „Judäische klugheit" seien gegenüber den Heiden „ewig fließende quellen für reizung und erbitterung" gewesen[248].

Ewald beschreibt hier die jüdische Diaspora wesentlich auf Grund der Außenperspektive der heidnischen Judenpolemik. Deren Sachgrund sieht er in der den Heiden unverständlichen, durch die Heiligherrschaft bewirkten gesetzlichen Exklusivität. Er übernimmt aber darüber hinaus ihre antijüdischen Vorurteilsmuster unkritisch als historische Tatsachen. Neben einzelnen aus Quellen belegten Fakten ergänzt er das Bild mit Schlagworten wie „durch handel und verkehr von den Heiden gewinn ziehen"[249], „blinder und gieriger hast"[250], von „weltlicher klugheit"

---

[243] Gesch IV[3] 596.
[244] AaO. 601.
[245] AaO. 375–378; 474–476; 597–599; vgl. SCHNECKENBURGER, Zeitg 64 (s. S. 68ff.), sowie G. B. WINER, RWB I[3] 638f. (s. S. 42); s. S. 327ff.
[246] AaO. 376; 475; 598.
[247] AaO. 376.
[248] AaO. 598.
[249] Ebd.
[250] AaO. 474.

und vom „strudel raschen gewinnes"[251], vom „sinnlichen wohlergehen"[252] usw. – es ist deutlich, daß er sich hier gängiger Klischees aus seiner eigenen Zeit bedient. Mit dieser Darstellung, vor allem in der stereotyp wiederkehrenden Formel von der Gier nach sinnlichen Vorteilen[253], erbringt er den Beweis dafür, daß das Judentum auch in der Diaspora von der inneren Haltlosigkeit der Heiligherrschaft geprägt ist.

Daß Ewald auf der anderen Seite die Juden gegen die Ausfälligkeiten antiker Polemik mit dem Hinweis auf tatsächliche Verhältnisse in Schutz nimmt und ihre Entstehung aus historischen Mißverständnissen und „langwierigen feindschaften zwischen volk und volk"[254] erklärt, bleibt letztlich folgenlos. Diese durchaus sachliche Betrachtung relativiert er kurz darauf wieder mit einem Hinweis auf die Pharisäer als Urheber der die Heiden aufreizenden gesetzlichen Exklusivität der Juden:

„Denn soviel unklares und übertriebenes auch in diesen vorwürfen lag, so hatten sie doch soferne sie gegen den herrschenden Pharisäischen geist gerichtet waren guten grund"[255].

Gegenüber der Pharisäerpolemik ist die negative Wahrnehmung des antiken Judentums im Ganzen bei Ewald ein vorzugsweise am Beispiel der Diaspora entfaltetes selbständiges Thema, das das Verhältnis der Juden zu den anderen Völkern zum Gegenstand hat. Dagegen zielt seine Beschreibung der Pharisäer primär auf innerjüdische Konstellationen. Beide Themen sind unter dem Oberbegriff der „Heiligherrschaft" und dem Motiv der zum Vorwand für irdische Ziele degenerierten Religion vereint. In diesem Sinne verknüpft der zitierte Hinweis auf die Pharisäer die beiden polemischen Felder in der Sache. Deren Topik aber entnimmt Ewald unterschiedlichen und voneinander unabhängigen Themenkreisen. Die Funktion der antijüdischen wie der antipharisäischen Ausführungen Ewalds ist es, den Geschichtsbeweis für die hinter der glänzenden Fassade der jüdischen Heiligherrschaft lokalisierte religiöse Hohlheit und innere Haltlosigkeit zu erbringen.

Nach der letzten jüdischen Niederlage im Bar-Kochba-Krieg verschiebt sich die antijüdische Polemik in Ewalds Darstellung. Nunmehr soll sie die Vorstellung abweisen, daß Israel auch nach 135 noch ein Volk sei. Mit dem Hervorbringen des Christentums hat Israel seine historische Mission erfüllt. Dem providentiellen Laufe seiner Geschichte folgend, hätte es unter Zurücklassen seiner bisherigen Entwicklungsstufen in dieser Weiterentwicklung seiner religiösen Existenz aufgehen müssen, um zu bleiben, was es war: Das Volk Gottes. Da es das aber nicht tat, sondern das Christentum sogar bekämpfte, wurde es durch die Folgen des Bar-Kochba-Krieges von der verdienten Strafe Gottes dafür getroffen. „Nur die wirkliche vertilgung nicht nur der äußern macht und herrlichkeit des volkes" wie im Jahre 70, „sondern seines ganzen bisherigen bestandes als ‚volk Gottes' konnte hier die rechte

---

[251] AaO. 376.

[252] AaO. 476.

[253] AaO. 376; 474.

[254] Gesch VII³ 95.

[255] AaO. 97; vgl. Gesch IV³ 598: Stolz und Klugheit der Juden begründet er hier damit, daß „die herrschende Pharisäische schule nur im Gesetzlichen und Gebräuchlichen" streng gewesen sei.

strafe seyn"[256]. Mit dem Status des Volkes Gottes hat Israel nun den Kern dessen an die Christen verloren, was es überhaupt zu einem Volk gemacht hat: Die wahre Religion. Als Volk ist es völlig aufgelöst[257], denn

> „statt des irdischvergänglichen irrthumsvollen Israel war ... jenes rein unsterblich verklärte Israel nun wirklich da"[258]. – „In das Christenthum ist nun alles wahre edle und herrliche übergegangen was je in dem alten volke sich höher regte"[259].

Was auf jüdischer Seite übrig bleibt, ist „die Heiligherrschaft als die saftlose Kruste der alten wahren religion", die nur noch durch die „altersschwache erinnerung an ehemalige größe und an einst in ihrer mitte lebendig gewesene hohe wahrheiten" aufrecht erhalten wird[260]. Daß Israel „als volk" nicht das in Jesus erschienene „rein Göttliche" erkannte, ist „seine einzige große schuld"[261], für die ihm „auch das urteil der geschichte"[262], das Urteil Gottes gesprochen ist. Es hat sich dem historisch notwendigen und gottgewollten Fortschritt verweigert[263].

Eigentlich ist für Ewald damit die Geschichte des Volkes Israel zu ihrem Ziel und Ende gekommen, um fortan in der Geschichte des Christentumes aufzugehen. Da es aber trotz alledem auch nach dem Bar-Kochba-Krieg und bis in Ewalds Gegenwart hinein Juden gibt, die sich als Gottes Volk verstehen, wendet er beträchtliche argumentative und emotionale Energie für den Nachweis auf, daß dies gar nicht so sein kann. Der Verlegenheit zu erklären, was die Juden nach Bar Kochba, *realiter* betrachtet, denn seien, wenn nicht ein Volk, begegnet er wiederum mit dem Rückgriff auf gängige antijüdische Stereotype:

> „Sie sind vielmehr wie schlinggewächse die sich an andre und am liebsten an die starken hohen bäume anzulehnen suchen, die sie auch wohl überwuchern möchten und ihnen oft licht und luft nehmen, aber nie selbst sich halten noch andre stüzen können. ... aber schon weil es ihnen an wahrer selbständigkeit gebricht, wird der bloße niedere trieb der selbsterhaltung auch aus unedlen stoffen leicht in ihnen überwiegend".

Statt „schöpferisch zu seyn oder gar den wahren übeln einer zeit und dieses volkes kräftig entgegenzuwirken", hätten sie sich „immer durch diese selbst treiben und bestimmen lassen"[264]. Als „nur höchst thöricht" wehrt er mehrfach vehement „alle die noch heute fortdauernden meinungen daß jenes damals untergegangene volk je wieder auferstehen und seine geschichte fortsezen werde, sowie alle bestre-

---

[256] Gesch VII³ 429; insofern ist der Titel „Geschichte *des Volkes* Israel" (Hervorhebung von mir) für EWALDs bis 135 n. Chr. reichende Darstellung programmatisch. Vgl. das gehäufte Auftreten des Terminus „Strafe" in der ganzen Passage aaO. 427–429.

[257] AaO. 431.

[258] AaO. 439.

[259] AaO. 438.

[260] AaO. 441; vgl. SCHLEIERMACHER, KGA I/2 315 (5. der „Reden über die Religion").

[261] Gesch V³ 529.

[262] Gesch VII³ 441.

[263] Dies ist eine historisierte Fassung der theologischen Kategorien von Erwählung und Verwerfung.

[264] AaO. 443; vgl. dagegen REUSS, Jdt 345f.

bungen welche auf solchen meinungen beruhen", ab[265], „wie dieses sogar einige neuere evangelische Christen wegen eines für sie schmachvollen mißverständnisses einiger ATlicher weissagungen meinen"[266]. Da Ewald außer seinem geschichts-theologischen Postulat keine weiteren Argumente gegen die Existenz des Juden-tums als Volk vorbringen kann, ist auch hier die Polemik der Indikator für das dün-ne sachliche Fundament. Was in Wirklichkeit in Frage steht, ist die historische Be-rechtigung und Notwendigkeit des Überganges der wahren Religion vom Juden-tum ins Christentum und damit die historische und theologische Legitimität des Letzteren.

Hierin haben Ewalds hartnäckiges Insistieren darauf, daß Israel nach Bar Kochba „ein volk bleiben will und doch keins mehr ist noch seyn kann"[267], und dessen Be-zeichnung als „afterbildung"[268] ihren Sachgrund, wie auch die Auffassung, die Ju-den seien, auch wenn sie es nicht wahrhaben wollen, eigentlich schon längst vom Christentum „mit allen seinen bis heute fortschreitenden schäzen von erkenntniß und frömmigkeit" abhängig, die sie undankbarerweise „mindern und ... zerstören" wollen. Er stellt eine Prognose, aus der deutlich wird, daß er mit seinen antijüdi-schen Ausfällen das Christentum auch vor Infragestellungen seiner eigenen Zeit bewahren will:

„Sollte man aber je wagen ein neues volksreich Israel irgendwo aufzurichten, so würde man alsbald erfahren daß das im Talmude und Rabbinenthume noch immer allein gültige ATliche gesez dennoch nicht mehr auszuführen und das Christenthum dennoch nicht zu entbehren sei"[269].

---

[265] EWALD, aaO. 440.

[266] AaO. 442; dies dürfte sich auf Ansichten beziehen, wie sie die einflußreiche erweckliche „London Society for promoting Christianity among the Jews", die auch in Deutschland aktiv war, vertrat (Seit 1825 war FR. A. THOLUCK ihr Repräsentant in Preußen, vgl. J. DE LE ROI, Christenheit III 86). Danach geht, in Erfüllung prophetischer Heilsweissagungen, von den nach Jerusalem zu-rückgekehrten und dort bekehrten Juden (vgl. Jes 49,14ff.), die Wiederbelebung der vom Glau-ben abgefallenen Kirche aus (vgl. I. M. JOST, Allg Gesch II 546ff.; de le Roi, aaO. 86–116; RE[3] XIII 179; TRE XVII, 328f.; s. S. 326). Der prominenteste Vertreter solcher Anschauungen im 18. Jh. war J. A. BENGEL, der sie mit konkreten chiliastischen Erwartungen verband (vgl. TRE V, 587f.; TRE VII, 741). Zu erinnern ist auch an J. C. LAVATER, der vor dem Hintergrund sol-cher Erwartungen M. MENDELSSOHN 1769 die Bekehrung zum Christentum nahelegte (vgl. M. ALBRECHT, Mendelssohn 108). Daß EWALDs Polemik auch in die Richtung BENGELs zielt, ist nicht unwahrscheinlich.

[267] EWALD, aaO. 431; er merkt zwar auch an: „Daß aus der fortdauernden entwürdigung von unterthanen eines reiches am ende nur für dieses selbst das größte übel entsteht, ist ebenso wahr und auch durch die geschichte der Juden genug bewiesen; ein christliches reich muß also auch da-gegen zeitig vorsorge treffen" (aaO. 432). Diese politische Einsicht hat für EWALDs geschichtstheo-logisch motivierten Antijudaismus keine Folgen. Berechtigt ist aber die Warnung vor dessen poli-tischer Fehldeutung (L. PERLITT, aaO. 174).

[268] AaO. 441; 444; er bestimmt dies näher als „erstarrte und entartete überbleibsel älterer reiner und gesunder völker- und gemeindebildungen". Das Präfix „after-" bezeichnet in EWALDs pole-mischem Repertoire stets das „Unächte", vgl. PERLITT, aaO. 198.

[269] EWALD, aaO. 444.

Die Pharisäer haben in der 1. Auflage von Ewalds Werk mit dem nachbiblischen Judentum nichts zu tun. Er negiert hier völlig den historischen Konnex zwischen ihnen und den Rabbinen[270]. Dieses Bild bleibt im Wesentlichen auch in der 3. Auflage erhalten, in der Ewald erkennt, daß die Pharisäer „mit der zerstörung Jerusalems als das was sie ursprünglich und wesentlich waren"[271], untergegangen seien, d. h., sie haben ihr politisches Wirkungsfeld völlig eingebüßt, „und nur ihre wissenschaftlichen überkommnisse und grundsäze sofern man sie noch jezt lehren konnte hatten die zerstörung überdauert"[272]. Ihre Nachfolger haben sie in den Rabbinen gefunden[273]. Die Pharisäer gehören in den Kontext der jüdischen Heiligherrschaft vor 70 und repräsentieren sie vor allem in ihrem illegitimen und maßlosen politischen Herrschaftsanspruch. Im Rabbinismus nach 70 wird ihre bis dahin politisch instrumentalisierte enge Gesetzesfrömmigkeit, das eigentliche Erbe der vormakkabäischen Chasidim, wieder bestimmend für ihr Erscheinungsbild, repräsentiert durch die pharisäisch geprägten Rabbinen. Der Pharisäismus ist sowohl für die politischen Abwege der Heiligherrschaft vor 70 repräsentativ, als auch für ihre endgültige Erstarrung in rabbinischer Gesetzlichkeit, wie sie sich seit Esra kontinuierlich ausgebildet hatte[274].

9.3.1. „Heiligherrschaft" und Christentum

Die „Heiligherrschaft", d. h., die Epoche des Judentums, ist in Ewalds Entwurf nach den Epochen der „Gottherrschaft" und der „Königsherrschaft" die dritte und letzte „Wendung" der auf das Christentum hinführenden Geschichte Israels. Im Exil bewirkten das Wegfallen der äußeren Stützen der Religion – Staat, Land, Kult, Tempel – und die Konfrontation mit dem Heidentum die Rückbesinnung des Jahweglaubens auf sein Eigentliches, die Erkenntnis des wahren Gottes[275]. Da sich diese Entscheidungs- und Wahrheitsfrage nunmehr ohne die Stützen des „volksthümlichen bewußtseyns"[276] zwangsläufig im Individuum vollzog, erhielt sich „das leben in der wahren religion allein durch ihre eigne wahrheit und kraft"[277]. Aber auch dieser Fortschritt konnte das nach wie vor bestehende Defizit, das Fehlen des vollkommenen menschlichen Mittlers der wahren Religion, nicht überwinden. Daher konnte sich auch in dieser Epoche noch nicht die den Menschen befreiende Gottunmittelbarkeit, „das alleinherrschen … der reinen liebe d.i. der göttlichen liebe wirksam im menschen"[278] durchsetzen. Das wichtigste Ergebnis der bisherigen Geschichte Israels sieht Ewald in der Erkenntnis dieses Defizites, ohne daß es damit

---

[270] Gesch III/2¹ = IV² 419.
[271] Gesch IV³ 483.
[272] Gesch VII³ 55.
[273] AaO. 50ff.
[274] AaO. 50f.
[275] Gesch IV³ 27ff.; 35f.
[276] Gesch III³ 830.
[277] Gesch IV³ 35f.
[278] AaO. 40.

allerdings schon überwunden werden konnte[279]. Dadurch verlagerte sich die seit dem Beginn dieser Geschichte vorhandene Spannung zwischen vollkommenem Anspruch und Ziel der wahren Religion und ihrer unvollkommenen Wirklichkeit mehr und mehr ins Bewußtsein der Juden, wo sie eine „tiefe unbefriedigtheit"[280] hinterließ.

Die in dieser Situation entbehrte innerliche Orientierung erhoffte man sich vom restaurativen Rückgriff auf die bereits vorhandenen äußeren Ordnungen und Formen der wahren Religion aus der Frühgeschichte Israels[281], die sich aber bald verselbständigten und den Platz des Heiligen einnahmen. So entstand die „Heiligherrschaft", in der an Stelle Gottes, des eigentlich Heiligen, das für heilig Gehaltene, das Gesetz herrschte[282]. Ewald sieht dies als historisch zunächst notwendigen Behelf mangels einer besseren Perspektive[283]. Jedoch legte sich das Gesetz als eine harte Kruste um den eigentlichen Kern der Religion mit der Tendenz, deren Wahrheit zu verdunkeln und zu ersticken[284]. Weil dieser Kern mehr und mehr nur als Möglichkeit präsent blieb, erhielt diese Epoche gegenüber der Frühzeit Israels ein ausgesprochen epigonales Gepräge[285]. Die Ausrichtung der Existenz lediglich am gesetzlichen Substitut bewirkte die im Judentum vor 70 erkennbare innere Zerrissenheit, Widersprüchlichkeit und Haltlosigkeit. Die tiefgehende religiöse Unsicherheit führte zu einer überängstlich-heteronomen Gesetzesobservanz, die sich auf der Suche nach einem existenziellen Halt zu immer kleinlicheren Vorschriften verstieg[286] und ihn gerade deshalb verfehlte, die gesetzliche Dynamik aber nur noch steigerte. Der demgegenüber überhandnehmende Zweifel aber stellte diese Struktur nur auf den Kopf, ohne über sie hinausweisen zu können[287]. So zeichnet Ewald vom Judentum unter der Heiligherrschaft das Bild eines innerlich haltlosen und zerrissenen, in Heteronomien befangenen Volkes, dem dieser Zustand nach innen durch ein mürrisches Wesen mit einem Hang zu innerer Uneinigkeit anzumerken ist[288], nach außen durch ein sowohl in Abgrenzung als auch in Assimilation unfreies Verhältnis zur heidnischen Umwelt und ihren Errungenschaften[289].

Diese Widersprüchlichkeit der Heiligherrschaft steigerte sich schließlich dermaßen, daß sie den notwendigen dialektischen Umschwung der Verhältnisse bewirkte. Christus, der vollkommene Mensch und Mittler, erschien, als die Zeit dafür reif war. Er ging aus der unmittelbaren Kraft des Volkes hervor, nicht aus den hierokra-

---

[279] AaO. 40f.; 50f.

[280] AaO. 85.

[281] AaO. 76f.; dies bezieht sich vor allem auf die von EWALD für vorexilisch gehaltenen priesterschriftlichen Teile des Pentateuchs.

[282] AaO. 77.

[283] AaO. 40; 78f.

[284] AaO. 82f.; vgl. SCHLEIERMACHER, KGA I/2 211; SCHNECKENBURGER, Zeitg 103 (s. S. 68ff.); REUSS, Jdt 326; 344f. (s. S. 100); s. S. 332f.

[285] AaO. 250.

[286] AaO. 251f.

[287] AaO. 249f.

[288] AaO. 85, 257f., 493f.

[289] AaO. 359ff.

tischen Institutionen[290]. Indem er den direkten Weg zu Gott wies, löste er alle Widersprüche der Heiligherrschaft. Mit seinem Erscheinen hat sich deren Funktion überlebt. Ihre Katastrophe in den Jahren 70 und 135 betrachtet er als folgerichtige Selbstzerstörung des Entwicklungsunfähigen[291]. Sie war die letzte Konsequenz aus dem inneren Widerspruch zwischen dem universalen Geltungsanspruch der wahren Religion und ihrer gesetzlich-partikularistischen Fassung in der Heiligherrschaft. Hieraus ging der äußerliche Weltherrschaftsanspruch der Juden hervor, der sie in den Krieg gegen Rom trieb. So bewirkten die inneren Widersprüche der Heiligherrschaft schließlich im Kampf gegen Rom selbst die Sprengung der harten gesetzlichen Kruste, um das ins Urchristentum übergegangene „ewig offenbare Heilige aus sich in alle welt zu entlassen"[292]. Danach trennen sich die bislang in dialektischer Spannung stehenden Entwicklungslinien der Geschichte Israels, für die Ewald einen doppelten Ausgang feststellt: „Zum bleibenden heile" des universalistischen Christentums und „zum bleibenden verderben"[293] des gesetzlich erstarrten Judentums.

Einer linearen Zeichnung dieser geschichtlichen Entwicklung steht der historische Bruch zwischen Judentum und Christentum entgegen. Ihn integriert Ewald dialektisch in sein Geschichtsbild. Die Heiligherrschaft erhält darin die Funktion des dialektischen Gegenübers des Christentums. Notwendig wird dies durch Ewalds Prämisse, einerseits die Kontinuität zwischen Judentum und Christentum historisch darzustellen, andererseits aber theologisch die grundsätzliche Überlegenheit des Christentums über das Judentum festzuhalten. Dessen gesetzliche Mängel brachten dialektisch das christliche Evangelium hervor. Der in diesem Geschichtsbild notwendigen Entstehung des Christentums aus dem Judentum steht die notwendige Erstarrung des Judentums im Gesetz gegenüber. Die Rolle der Pharisäer als Negativfolie des Christentums ist hier vorprogrammiert. Sie repräsentieren die historische Antithese zur vollkommen wahren Religion, die notwendige Entartung der wahren Religion, die durch ihre Defizite den notwendigen Fortschritt zum Christentum bewirkt. Auf ihr Konto gehen alle „tieferen Gebrechen" und Widersprüche der Heiligherrschaft – von der Entstehung der Sadduzäer bis zum Krieg gegen Rom.

9.4. Quellenauswertung

Das Neue Testament ist die wichtigste Quelle für Ewalds Pharisäerbild. Er beansprucht insbesondere für die Evangelien höchste Dignität als Quelle der in Christus verwirklichten vollkommen wahren Religion. Auf sie wendet er nicht nur historische, sondern auch theologische Kategorien an und spricht von der in Entstehung und Bildung „wunderbaren geschichtsschreibung" der „wunderbaren geschichte

---

[290] Gesch V³ 173ff.; 250ff.
[291] AaO. 3ff.
[292] Gesch IV³ 86.
[293] Gesch VII³ 13.

Christus'"[294] in den Evangelien, die sich durch „schlichte" und „strenge wahrheits-
liebe" und „tiefsten sinn für geschichtliche wahrheit" auszeichnen und aus dem
„unverdorbensten ... theil dieses volkes" stammen. Die Evangelien sind aber nicht
nur ein getreuer Spiegel der Geschichte Christi, sondern auch der ihr innenwoh-
nenden religiösen und historischen Wahrheiten, der auf Erden erschienenen
„macht der reinsten wahrheit selbst"[295]. Alle vier Evangelien geben die Wahrheit
der Geschichte Christi historisch im Allgemeinen wie im Detail wahr und richtig
wieder[296]. Ewald setzt den von ihm festgestellten theologischen Wahrheitsgehalt
der Evangelien, ihr Christuszeugnis, ungebrochen en gros und en détail in das Postulat ihrer historischen Richtigkeit um[297]. Die unmittelbare Verwurzelung der
Evangelien in der absoluten Wahrheit läßt sie in Ewalds Sicht, wenn auch mit einer
historisierten Begründung, als quasi inspirierte Literatur erscheinen, deren auch historisch nicht mehr hinterfragbare Autorität er für seine eigene Sicht der Pharisäer
in Anspruch nimmt[298]. Historisch begründet er dies mit der Frühdatierung der synoptischen Evangelien bzw. der apostolischen Verfasserschaft des Johannesevangeliums und mit der in ihnen widergespiegelten Erhabenheit Christi[299]. Die historische
Wahrheit der Evangelien ist in jeder Hinsicht konstitutiv für Ewalds gesamte Konstruktion der Geschichte Israels.

Vor allem die polemisch-abgrenzenden Aussagen Jesu über die Pharisäer in den
Evangelien versteht er ungebrochen als objektive Aussagen über das Wesen des
Pharisäismus[300] und geht in seiner grundsätzlichen Beschreibung der Pharisäer sogar darüber hinaus. Die Verbindung zwischen seinem Pharisäerbild und differenzierenden oder davon abweichenden Quellentexten stellt er durch in seine Betrachtung regelmäßig eingeflochtene polemische Anmerkungen her. Der ausgleichende Rat des Gamaliel in Apg 5 sei von parteipolitischer Räson eines Pharisäers
bestimmt, der das Christentum ohne Sinn für seine religiöse Dimension als „ge-
wöhnlicher Jurist und Politiker" betrachte[301]. Apg 23 entnimmt er, daß die Pharisäer ihren Grundüberzeugungen nach „dem Christenthum ungleich näher stehen

---

[294] Gesch V³ 190; im weiteren Verlauf der Passage vertieft EWALD diese Einsicht vor allem unter
literaturästhetischen Gesichtspunkten.

[295] AaO. 192f.

[296] AaO. 189f.

[297] In diese Sicht bezieht EWALD auch die anderen neutestamentlichen Schriften ein (aaO. 188).

[298] Demgegenüber erscheinen bei EWALD die antiken jüdischen Schriftsteller, wie auch die
neuzeitlichen (s. S. 144f.), als unwissenschaftlich und unfähig, einen wirklich historischen Standpunkt einzunehmen (Gesch VII³ 89ff.).

[299] Gesch V³ 189ff.; dies hält er, wie auch SCHLEIERMACHER in den „Vorlesungen über das Leben Jesu" (gehalten 1832, erschienen 1864; vgl. EWALD, aaO. XXIIIf.), gegen die Annahme fest,
das Johannesevangelium sei erst im 2. Jh. entstanden, wie sie u.a. von D. F. STRAUSS („Das Leben
Jesu", 1835/36), GFRÖRER (Jahrh I XXI; Sage II 317–336; s. S. 45) und F. C. BAUR („Die Komposition und der Charakter des johanneischen Evangeliums", Tüb. Theol. Jahrb. 1844; „Kritische
Untersuchungen über die kanonischen Evangelien", 1847) vertreten wurde (vgl. EWALD, aaO.
XXVI, über die „Strauß-Baurische Schule").

[300] Paulinische Aussagen über den Pharisäismus haben für EWALDs Pharisäerbild keine eigenständige Bedeutung.

[301] Gesch VI³ 204.

mußten"[302] als die Sadduzäer. Für sein Pharisäerbild bleibt diese Erkenntnis folgenlos. Im selben Zusammenhang sieht er es nicht als Widerspruch an, das Verhalten des von ihm ausdrücklich als Sadduzäer benannten Hohenpriesters in Apg 23,2 mit der „hohlheit alles Pharisäischen wesens" und der Polemik gegen Schriftgelehrte und Pharisäer in Mt 23,27 in Verbindung zu bringen[303]. In Mt 23 sieht Ewald das Wesen des Pharisäismus geradezu systematisch beschrieben:

> „Die rede ist nun recht eigentlich darauf angelegt alles geordnet zu umfassen und zu erschöpfen was gegen die schriftgelehrten und Pharisäer jener zeiten gesagt werden konnte ... Sie trifft daher ebensowohl die grundfehler der handlungsart dieser leute als die vielerlei einzelnen verkehrtheiten zu denen sie dadurch verleitet werden"[304].

Im weiteren Verlauf dieser Passage läßt sich sehen, wie Ewald aus Mt 23 Zug um Zug das Bild der „herrschsüchtigen frömmler"[305] kombiniert: Mt 23,1–4 liest sich in seiner Version so, daß die Pharisäer „als leute die von der arbeit und dem schweisse der übrigen leben nicht den kleinsten finger anlegen um solche lasten zu bewegen"[306]. Verschärft Ewald hier den Vorwurf der Heuchelei zu dem des parasitären Lebens, so erklärt er zu V. 8–12, daß „im gebiete der religion nichts verderblicher ist als durch äußeres ansehen und zwang über andere herrschen zu wollen"[307]. Aus dem Vorwurf, sich als Lehrer gesellschaftlich ehren zu lassen, wird in Ewalds Lesart der auf andere ausgeübte Zwang. Auf derselben Interpretationslinie liegt gegenüber Mt 23,3 die Bemerkung, daß die Geschichte von „leben und unternehmungen" der Pharisäer „weit mehr zu erzählen habe als von ihren weisheitssäzen und neuen tiefen einsichten"[308].

Diese Verschärfung der matthäischen Pharisäerpolemik, z. T. mit politischen Akzenten, ist nicht allein ein Ausziehen von in Mt 23 prinzipiell schon vorhandenen Linien. In ihr drückt sich ein Vorverständnis Ewalds aus, das über die bei Mt zweifellos gegebenen Anhaltspunkte hinausgeht. Ein wichtiger Grund hierfür liegt in der Rolle der Pharisäer als Repräsentanten der Mängel der Heiligherrschaft. Das Bemühen, ihre für sein Geschichtsbild notwendige innere Haltlosigkeit historisch zu dokumentieren, hat Ewalds Phantasie sichtlich beflügelt. Seine Stilisierung der Pharisäer als primär politisch agierende unlautere Partei ist damit aber nicht hinreichend erklärt, zumal sie in seiner Darstellung der Jesusgeschichte, in der sie nach traditioneller Topik als Versucher Jesu auftreten, nur eine marginale Rolle spielen[309].

---

[302] Evv² II 219; Lk 13,31 erwähnt er nicht (vgl. Gesch V³ 383).

[303] AaO. 217f.

[304] Evv¹ 324f.; EWALD bezieht die Heuchlerpolemik aus Mt 6 in seine Pharisäerbetrachtung ein (Gesch IV³ 477ff.). Gegenüber der scharfen Akzentuierung der Pharisäerpolemik bleibt er in seinen Aussagen über die in Mt 23 ebenfalls angegriffenen Schriftgelehrten teils gemäßigter, teils verwischen sie sich mit ihnen, wie im Falle der „Hohen Schule".

[305] Gesch IV³ 483.

[306] Evv¹ 325.

[307] Ebd.

[308] Gesch IV³ 478.

[309] Gesch V³ 383; 504; 509.

Josephus wird von Ewald sowohl in seiner Biographie als auch in seinen Pharisäerberichten bei seinem Pharisäismus behaftet[310]. In ihm erblickt er exemplarisch
„die halbheit verworrenheit und schwäche aller Pharisäischen grundsäze" und ihren „im tiefsten wesen rein weltlichen sinn"[311]. Er berichte tendenziös zugunsten
der Pharisäer. Ihre Herrschaft „durch den Schein der Frömmigkeit" findet Ewald
bei ihm nicht. „Dies freilich hebt Jos. als selbst Pharisäer nicht hervor, es muß aber
aus dem NT. ergänzt werden"[312]. Die von Ewald vermutete wahre politische Rolle
der Pharisäer läßt sich in dieser Form den Werken des Josephus in der Tat nicht entnehmen – allerdings ebensowenig dem Neuen Testament. Die Schilderung pharisäischer Intrigen am Hof Herodes' kommt aber Ewalds Pharisäerbild recht nahe, so
daß er geradezu erstaunt registriert, Josephus müsse hier „fast gegen seinen willen
sehr frei über sie reden"[313]. Die hinsichtlich der Rolle der Pharisäer etwas undeutli-
che Passage über den Bürgerkrieg gegen Alexander Jannai habe Josephus absichtlich dunkel gehalten, um ihren „schwärzesten vaterlandsverrath" herunterzuspie-
len[314]. Auch in politischen Verwicklungen unter Alexandra Salome vertusche er ihre destruktive Rolle[315]. Hier wird überdeutlich: Ewald findet sein Pharisäerbild in
den Berichten des Josephus nicht bestätigt. Aber nicht sein Pharisäerbild zieht er in
Zweifel, sondern die Glaubwürdigkeit des Josephus, wofür dessen Pharisäismus einen willkommenen Anhaltspunkt bietet.

Josephus' Drei-Sekten-Schema übernimmt Ewald mit Modifikationen. Allerdings spreche Josephus „über dies alles ohne jede tiefere erkenntniß"[316]. Mit der
Behauptung, daß die Pharisäer sich die politisch brauchbarste Philosophie aneigne-
ten[317], stellt Ewald die Verbindung dieses Schemas zu seinem eigenen Pharisäerbild
her. Von diesem Bild abweichende differenziertere Nachrichten Josephus' über die
Pharisäer referiert er, ohne sie zu seinem vorhandenen Bild in Beziehung zu setzen[318]. Josephus' Schweigen über die von ihm konstruierte pharisäische Hohe
Schule erklärt er damit, daß dieser „als ein mann Hohepriesterlichen geschlechtes
in seinem höhern alter nicht gerade sehr wohlgesinnt gegen sie war"[319]. Schönfär-
berei der Pharisäer und mißgünstiges Verschweigen ihrer Schule – beides will
Ewald im selben Werk finden[320]. Diesen Widerspruch nimmt er in Kauf, um die für
sein Pharisäerbild wichtige Rabbinenschule trotz des Schweigens einer so gewich-

---

[310] Gesch VI³ 700ff.; Josephus, Vita 2 (7–12); s. S. 314f.

[311] AaO. 718.

[312] Gesch IV³ 482.

[313] Ebd.; bezogen auf Ant. XVII 2,4. Ob hinter diesen Berichten Nikolaus v. Damaskus steht,
erwägt EWALD nicht (vgl. aaO. 516; 544ff.).

[314] AaO. 508; mit Bezug auf Ant. XIII 14,2; 13,5.

[315] AaO. 515.

[316] AaO. 477.

[317] AaO. 481.

[318] So ihre ausgleichende Haltung zu Beginn des Jüdischen Krieges in Gesch VI³ 663f.; Bell. II
17,2ff. (408ff.; 411ff.).

[319] Gesch V³ 16.

[320] Bei den einschlägigen Vorwürfen verweist EWALD ausschließlich auf Ant.; das Verhältnis der
Pharisäerbilder in Bell. und Ant. reflektiert er nicht.

tigen Quelle wie Josephus aufrechterhalten zu können. Auch gegenüber Josephus ist Ewalds Pharisäerbild gegen Nuancierungen und anderslautende Auskünfte der Quellen resistent. Über den flexibel verwendeten Vorwurf tendenziöser Beschreibung hinaus bringt Ewald keine kritischen Aspekte gegenüber Josephus' Pharisäerdarstellung zur Geltung.

Für das bereits in der 1. Auflage der „Geschichte des Volkes Israel" entwickelte Pharisäerbild Ewalds spielen die rabbinischen Schriften so gut wie keine Rolle. Er gibt nicht zu erkennen, daß der historische Zusammenhang zwischen Pharisäern und Rabbinen zu dieser Zeit in seinem Blickfeld lag:

> „Da die Pharisäer mit der Zerstörung Jerusalems völlig untergingen, so ist nicht zu verwundern, dass von ihnen im Talmude nicht geredet wird"[321].

Auf anderslautende Auskünfte in zeitgenössischen Werken und auf ältere Werke geht er hier nicht ein[322]. Daß er mit dieser Auffassung seine Darstellung vor der Gefahr anachronistischer Konstruktionen wie derjenigen Gfrörers bewahren wollte, ist möglich. Leider gibt er darüber keine Auskunft.

Demgegenüber ist vor allem in der 3. Auflage des Werkes eine auffällige Zunahme in der Verwendung talmudischen Materials zu verzeichnen[323]. Dieser Umschwung ist zuerst in dem 1859 erschienenen Band VII², dem letzten der 2. Auflage, faßbar. Auskunft über eventuelle neue methodische Zugänge oder Vermittlungen gibt Ewald aber nicht. Ob er sich hier auf eigenständige Forschungsarbeit stützt oder, was wohl wahrscheinlicher ist, auf inzwischen erschienene jüdische Forschungsergebnisse zurückgreift, kann nur als Frage formuliert werden[324]. Die eben zitierte Passage lautet nunmehr folgendermaßen:

> „Da die Pharisäer mit der zerstörung Jerusalems als das was sie ursprünglich und wesentlich waren nämlich als politische partei völlig untergingen, so ist nicht zu verwundern daß von ihnen in den Talmudischen schriften in sofern gar nicht geredet wird: nur sofern sie im streite mit Saddukäern und Boethusiern schulmeinungen hatten, ist von den פְּרוּשִׁים ... genannten fortwährend viel die rede"[325].

So erhält Ewald sowohl die historische Verbindung zwischen Pharisäern und Rabbinen als auch sein davon unabhängiges, politisch akzentuiertes Pharisäerbild

---

[321] Gesch III/2¹ = IV² 419 (erschienen 1852); die Wurzel „פרש" verbindet EWALD hier nicht mit den Pharisäern. Das talmudische „פְּרִישׁ" entspreche dem althebräischen „נָזִיר" (ebd.). M Abot ist für ihn eine Quelle nicht spezifisch pharisäischer, sondern allgemein rechtgläubiger und schriftgelehrter Traditionen vor 70 (aaO. 313f.).

[322] An Hand der zitierten Bemerkung über den Untergang der Pharisäer hebt I. M. JOST ausdrücklich hervor, „wie wenig ihm die [*scil.*: talmudischen] Quellen zu Gebote stehen" (Jdt I 206).

[323] Gesch IV³ 479ff.; 496ff.; V³ 16ff.

[324] Daß er GEIGER, GRAETZ und JOST, die dafür in Frage kämen, als historisch inkompetente „Pharisäer" abqualifiziert, muß nicht gegen seine Verwertung ihrer Werke sprechen (Gesch IV³ 477, im selben Sinne über L. HERZFELD im Jahrb. d. Bibl. wiss. VII/1855, 145). Diese erschienen 1847–57 (HERZFELD, Gesch); 1856 (GRAETZ, Gesch III¹); 1857 (GEIGER, Urschr); 1857 (JOST, Jdt I).

[325] Gesch IV³ 483; es bleibt aber bei diesem und anderen marginalen Hinweisen (vgl. aaO. 504f.; VII³ 55f.). Für die Pharisäer wertet er ausschließlich die Mischna aus.

aufrecht. Ihren zunächst angenommenen völligen Untergang schränkt er auf ihren politischen Wirkungskreis ein und läßt nur ihre Lehre überdauern. Der in dieser Form gewonnene historische Konnex zwischen Pharisäern und Rabbinen ermöglicht ihm nun die Auswertung rabbinischer Texte für die Pharisäer und die Ausdehnung der Werturteile über sie auf den Rabbinismus. In ihm erkennt er „das wesentlich ungebesserte Schriftgelehrtenthum Pharisäischer färbung" nach 70[326].

Fast ausschließlich auf M Abot, wo er die Reste der Lehrtradition vor 70 findet[327], stützt sich das erst in der 3. Aufl. eingefügte Kapitel „Die schule Hillel's und deren gegner"[328]. Methodisch charakteristisch, fügt Ewald neue Nachrichten den alten stets hinzu, ersetzt oder verändert diese aber nicht. So bleibt das vorhandene Bild, wenn auch um einige Widersprüche angereichert, erhalten, wie die bereits in der 2. Auflage enthaltene Passage über die Hohe Gesetzesschule neben dem Kapitel über die Schule Hillels[329]. Der Gruppenbezeichnung „Chaberim" in M Demai II entnimmt Ewald die Existenz von gegenüber dem Am Ha-aretz entstandenen pharisäischen Genossenschaften, die er in den vorhandenen Zusammenhang der Herrschaft durch Frömmigkeit einordnet, geht auf die dort verhandelte Halacha und den Begriff „Am Ha-aretz" aber nur summarisch ein[330]. Darüber hinaus macht er nur eklektischen und häufig assoziativen Gebrauch von rabbinischen Belegen zur Illustration seines Pharisäerbildes. Von diesem abweichendes Material spielt er als untypische Randerscheinung herunter[331].

Andere antike jüdische Schriften wie das Henochbuch, die Fastenrolle und die Assumptio Mosis[332] dienen ebenfalls nur der Bestätigung des vorhandenen Pharisäerbildes. Auch an sie trägt er es mitunter sehr frei assoziierend heran und findet ihre Aussagen „auf das lehrreichste"[333] mit dem Neuen Testament in Übereinstimmung – besser: Mit seinem daran anknüpfenden Pharisäerbild.

9.5. *Historisches Programm und theologischer Hintergrund*

Im ersten Band der „Geschichte des Volkes Israel" steckt Ewald im vorangestellten Entwurf den methodischen Rahmen dieses Werkes ab[334]. Seinem Programm nach ist Ewald vorurteilsfrei-distanzierter, historisch-„objektiver" Geschichtsbetrachtung verpflichtet. Er beabsichtigt, die Geschichte „mit möglichster treue so zu beschreiben wie sie wirklich war"[335]. Ewald geht von einem allgemeinwissen-

---

[326] Gesch VII[2] 46 = VII[3] 50.

[327] Gesch V[3] 16.

[328] AaO. 12–48.

[329] AaO. 116–119 (= aaO. V[2] 63ff.).

[330] Gesch IV[3] 480; 482; als rabbinischen Würdentitel (vgl. ELIAS LEVITA, Tisbi 107f.; GFRÖRER, Jahrh I 168; s. S. 48) erwähnt er „Chaber" nicht.

[331] Gesch V[3] 36f.

[332] Gesch IV[3] 493; 496–498; V[3] 73ff.

[333] Gesch V[3] 81.

[334] Gesch I[3] 3–17.

[335] AaO. 12; dies ist in Anspielung auf L. v. RANKE formuliert (vgl. PERLITT, aaO. 173). So in der Sache auch GFRÖRER, Jahrh I XIIf. (s. S. 45).

schaftlichen Geschichtsbegriff aus, der jegliches geschichtsphilosophische oder dogmatische Apriori als „starrbleibende voraussezung" und „fremdartig"[336] ablehnt. Von vorhandenen Prämissen der Aufklärung, der konfessionellen Orthodoxie und der Tübinger Schule hat er sich schroff distanziert[337]. Die Geschichte Israels ist keine *historia sacra*[338], sondern steht im Kontext der paganen Geschichte, einschließlich der Religionsgeschichte. Israel ist zwar durch seine Religion von den anderen Völkern unterschieden, hat aber die Suche nach der wahren Religion als Stimulans der geschichtlichen Entwicklung mit anderen Völkern gemeinsam. Sein Proprium liegt darin, daß es als einziges Volk dieses Ziel auch erreicht hat[339]. Am Beginn der Geschichte Israels findet Ewald ihr ursprüngliches Wesen[340] und die „Grundgedanken"[341] ihres Gesamtzusammenhanges, den er erfassen will.

In diese Betrachtungsweise will sich der Begriff der „wahren Religion" nicht recht einfügen. Ewalds Anspruch, die wahre Religion durch kongeniales Quellenstudium aus der historischen Materie erkennen zu können[342], vermag den Brückenschlag zwischen den werthaften Kategorien von „Wahr" und „Unwahr" und der Historie nicht zu leisten. Indem er die Entwicklung der Geschichte Israels bis hin zur vollkommenen wahren christlichen Religion als den aus ihr selbst, aus zufälligen Geschichtswahrheiten erhobenen inneren Zusammenhang postuliert, begibt er sich in einen hermeneutischen Zirkel, in dem das Postulat der Wahrheit zur objektiv ermittelten historischen Aussage wird, die sich der kritischen Rückfrage entzieht. Dieser Zirkelschluß ist der Preis für die Rettung vor einem historischen und theologischen Relativismus, wie er bei Gfrörer zu sehen war. Ewald ist indessen zuversichtlich, in der Religion Israels den Geist und die Wahrheit der individuellen historischen Existenz dieses Volkes zu finden. Dies betrachtet er als genügende Gewähr historischer Objektivität.

Die „wahre Religion", das Kernstück seines Geschichtsentwurfes, verankert Ewald historisch und spricht dabei stets von Gotteserkenntnis, nicht von Offenbarung. Sie erschließt sich dem religiösen Menschen, allerdings mit Hilfe zuvorkommender Gnade[343], durch die Welterfahrung als Erfahrung des wahren, rein geistigen Gottes[344]. Es geht hierbei nicht um bloße Vernunfterkenntnis, wie Ewald in Abgrenzung zu Descartes und Lessing betont[345], sondern um existenziell und in star-

---

[336] Gesch I³ 13; im selben Sinne äußert sich auch REUSS, Jdt 325 (s. S. 107ff.).

[337] Gesch II³ 157; V³, XVI-XXX; vgl. REUSS, ebd.

[338] Hierin steht EWALD in der Wirkungsgeschichte SEMLER'scher Gedankengänge (s. S. 29ff.).

[339] Gesch I³ 8f.

[340] AaO. 5f.; in der Frühzeit der Völker findet EWALD deren Individualität noch ganz unverfälscht vor. Die Betonung der reinen Frühzeit, in der sich Individuelles und Werthaft-Ursprüngliches auffinden lassen, wie auch die Hervorhebung der den Geist einer Epoche repräsentierenden Prophetie und Poesie (aaO. 15) verweisen auf die romantischen Deutungsmuster dieses Entwurfes.

[341] Gesch II³ 156ff.

[342] Gesch I³ 13ff.; vgl. GFRÖRERS Intuitionsargument (GFRÖRER, aaO. XXIII; s. S. 45).

[343] EWALD, Gesch II³ 160.

[344] AaO. 158ff.; 166f.; vgl. SEMLERS Ausführungen über die „geistliche volkommene" und „wahre" Religion in Fragmente 259 (s. S. 29f.).

[345] AaO. 156f.

ken Anstößen des eigenen Erlebens unmittelbar erfahrene Wahrheit[346]. Ihr Erlösungscharakter besteht darin, daß das Leben des Menschen für ihn spürbar auf seine wahre geistige Grundlage über der Welt gestellt wird, gegen deren Nöte er so gewappnet ist[347]. Eine solche Gotteserkenntnis ist ihrer Natur nach nicht heteronom vermittelbar, etwa durch autoritative Glaubenssätze oder eine bloße *fides historica*. Weil aber der im Irdisch-Stofflichen verhaftete Mensch mit der Erwartung, auf die Anrede des reinen Geistes als verwandter Geist mit Vertrauen und Glauben zu reagieren, überfordert ist, tritt der Grundgedanke der wahren Religion als heteronome Glaubensforderung an ihn heran[348]. In dieser Heteronomie sieht Ewald die Ursache aller von ihm polemisch hervorgehobenen Mängel des Judentums. Sie wird in Christus, dem vollkommenen Mittler der wahren Religion, aufgehoben. Indem in ihm das „höchstgeistige", „das göttliche selbst"[349] in wahrhaft menschlicher Gestalt[350] erlebbar den Menschen nahekommt, fallen die die religiöse Heteronomie verursachenden Schranken zwischen irdischem Menschen und rein geistigem Gott fort. In Christus ist Gott nunmehr für jeden Menschen unmittelbar zugänglich. Sein Vorbild bewirkt für die, die an ihn glauben, die Befreiung von religiöser Heteronomie. Darin liegt die Vollendung der wahren Religion.

Dieser Religionsbegriff Ewalds beruht auf einem existenziellen Wahrheitsbegriff. Die wahre Religion ist insofern wahr, als sie eine Verwurzelung des menschlichen Subjektes im objektiven Ursprung und Grund seiner selbst und der Welt ermöglicht. Ihre Wahrheit beruht auf der Übereinstimmung des als objektiv wahr Erkannten mit der subjektiven Lebenswirklichkeit. Die erlebte, nicht als dogmatische oder spekulative Kategorie gefaßte Wahrheit ist damit gleichermaßen im Objektiv-Göttlichen wie im Subjektiv-Individuellen und historisch Beschreibbaren verankert.

Die für seinen Geschichtsentwurf konstitutive Brücke über den garstigen Graben zwischen dem subjektiv-individuellen Wahrheitsgehalt der Religion und ihrer göttlich-objektiven Wahrheit schlägt Ewald mit einem *syllogismus practicus*: Wenn der von Israel erkannte Gott der wahre Gott, der Urgrund der Welt ist, dann läßt er sich in Krisensituationen wie der ägyptischen Bedrängnis oder der Not Hiobs als die einzig tragfähige Grundlage der Existenz erkennen – zunächst für die Beteiligten selber, indem die Krise die Kräfte zu dieser Erkenntnis freisetzt, damit aber auch für den distanziert betrachtenden Historiker[351]. Diesen Syllogismus legt Ewald als Maßstab an das Judentum, insbesondere an den Pharisäismus, wie auch an das Chri-

---

[346] AaO. 158; vgl. aaO. 169: „Israel hat diesen grundgedanken *erlebt*" (Hervorhebung von mir; vgl. SEMLERS Akzentuierung des „Moralischen", s. S. 29).

[347] AaO. 159f.; 165f.

[348] AaO. 164f.

[349] Gesch V³ 251.

[350] Vgl. das chalcedonensische „*vere deus – vere homo*"!.

[351] Gesch II³ 159f.; der christliche Historiker ist sogar in der Lage, die Erlebnisse der Israeliten besser zu verstehen als diese selber, weil ihm die Wahrheit des „Jahvethumes" in Christus „verleiblicht" vor Augen steht (aaO. 168). Von der Erkenntnis des „allein wahren" Gottes spricht im Hinblick auf Christus bereits SEMLER (Fragmente 270; s. S. 29f.).

stentum an. Die durch gesetzliche Heteronomie bedingte Entfremdung vom religiösen Lebensgrund in Judentum und Pharisäismus beweist Ewald mit einer nach außen hin in Haltlosigkeit und Zerrissenheit erkennbaren Desorientierung. Im Christentum findet er, wie es in den Prämissen seines Religionsbegriffes angelegt ist, die gottunmittelbare Verwurzelung des Individuums dagegen ideal verwirklicht. Dies ist allerdings auf seine eigene Auffassung des protestantischen Christentums eingeschränkt. Diese Anschauung ist der Sachgrund für Ewalds Polemik nicht nur gegen Judentum und Pharisäismus, sondern auch gegen Katholizismus, konfessionelle Orthodoxie und Tübinger Schule[352].

Ewalds Religionsbegriff stellt eine begriffliche Transformation reformatorischer Theologumena in idealistisch beeinflußte Terminologie dar. In seinem Zentrum steht die Anschauung der *libertas christiana*. Die Einheit des inneren Menschen mit Gott, deren Wesen keinerlei heteronome Vermittlung zuläßt, befreit von der Bedrohung durch die Welt und ermöglicht den richtigen realistischen Umgang mit ihr. Diesen theologischen Freiheitsbegriff, der – grundlegend bei Luther[353] – die von außen nicht verifizierbare innere Freiheit von existenziellen Anfechtungen durch Sünde, Tod und Leiden im Glauben meint, setzt Ewald im Sinne des erwähnten Syllogismus als innere Freiheit im Sinne psychisch-bewußtseinsmäßiger Befindlichkeit um und spricht von auf „unendlicher kraft"[354] beruhender Gelassenheit, die aus ihr erwachse. Die christliche Freiheit erscheint als im wissenschaftlich-objektiven Sinne nachprüfbare vollkommene wahre Religion. Zu deren Erkenntnis dient Ewald die „sichere" und „strenge"[355], „ächte Wissenschaft"[356], die historisch objektiv hinter den innerweltlich betrachteten Erscheinungen doch die vollkommene wahre Religion auf den wahren geistigen Gott[357] zurückführt. Darin, daß Ewald ein den Protestantismus prägendes Theologumenon in allgemeingültiger Fassung als Maßstab an die Geschichte Israels anlegt, zeigt sich noch einmal der oben beschriebene Zirkelschluß. Hierin spricht sich neben christlich geprägtem Wahrheitsbewußtsein auch das Überlegenheitsgefühl des christlichen Wissenschaftlers gegenüber der entstehenden Wissenschaft des Judentums aus[358].

---

[352] Gesch II[1], XI; Alt[1] XVff.

[353] Luther, „Von der Freiheit eines Christenmenschen", WA VII, 20–38; „de libertate christiana", WA VII, 49–73.

[354] Ewald, Gesch II[3] 160.

[355] Gesch VII[3], XV; XVII.

[356] Alt[1] XII.

[357] Gesch II[3] 166ff.

[358] Läßt sich nur von der „ächten", „vollkommenen wahren" Gottesanschauung aus „ächte" historische Wissenschaft betreiben, kann jegliche jüdische Wissenschaft in Antike und Neuzeit *a priori* Ewalds Ansprüchen speziell an die historische Disziplin nicht genügen. Hieraus speisen sich seine Urteile über den „ungeschichtlichen sinn" der Pharisäer und Rabbinen (so Gesch V[3] 16; vgl. Gesch VII[3] 93) und den „trüben und niedrigen Sinn", der sich, im Gegensatz zum „edelen Geist" der „christlichen Wissenschaft", in der Historiographie des zeitgenössischen Judentums zeige (in Bezug auf Herzfelds „Geschichte des Volkes Jisrael", Jahrb. d. bibl. Wiss. VII/1855, 145; zit. n. Herzfeld, Gesch III[2], III). Die Ansichten Geigers, Graetz' und Josts über Pharisäer und Sadduzäer qualifiziert er aus diesem Grunde als „völlig ungeschichtlich und grundlos, weil sie selbst nichts als Pharisäer sind und bleiben wollen" (Gesch IV[3] 477; vgl. über Geiger aaO. 358;

Für Ewald bedeutet die wahre Religion den folgerichtig entwickelten und strukturierten „Gedanken" Gottes als des reinen Geistes. Hier klingen idealistische Begriffsmuster an. Trotz der deterministischen Züge in Ewalds Geschichtsbild steht dahinter aber kein idealistisches System. Es bleibt im Kern geschichtstheologisch geprägt. Die genannte Begrifflichkeit dient darin der Zusammenschau theologisch-werthafter und historisch verifizierbarer Aspekte. Nicht zufällig vermeidet Ewald den Begriff der „Idee"[359] und spricht eben vom „Gedanken", den er als Ergebnis subjektiv erlebter Geschichte begreift[360].

In seinem Verständnis der „wahren Religion" knüpft er an den Religionsbegriff Schleiermachers an[361]. Das gilt sowohl für das Grundanliegen, die wahre Religion unabhängig von dogmatisch-spekulativen und metaphysischen Entwürfen[362] im ursprünglichen Empfinden des Individuums in Anschauung und Gefühl[363] zu verankern, als auch für die Auffassung, daß Christus der vollkommene Mittler wahrer Religion sei[364]. Vor diesem Hintergrund weisen Schleiermacher und Ewald dem nachbiblischen Judentum in polemischer Abgrenzung die Rolle eines substanzlosen Undinges zu, das in seiner gegenwärtigen Existenz eigentlich eine Größe der Vergangenheit sei und im Kontrast zur Herrlichkeit des Christentums erscheint[365].

über Jost Gesch VII[3] 446). U. a. gegen Hausraths Aufsatz „Die Resultate der jüdischen Forschung" ist die anschließende Bemerkung gerichtet: „schmachvoll ist es aber daß Berlinische und Darmstädtische Kirchenzeitungen ihnen zujubeln" (zu Hausraths Aufsatz s. S. 170ff.).

[359] Reuss, Jdt 326 u.a. (s. S. 108f.) verwendet den Begriff der „Idee" in der Sache identisch wie Ewald den des „Gedankens". Gemeint ist der innere religiöse Zusammenhang der Geschichte Israels.

[360] Daß Ewald die Religion idealistisch interpretiere (Kraus, Erforschung[4] 204f.), ist ein auf diese Terminologie zurückgehendes Mißverständnis. Vgl. seine scharfe Abgrenzung speziell gegen den Hegelianismus der Tübinger Schule (Alt[1], XVI; Gesch VII[3] XVIff. u.a.; Perlitt, aaO. 173). Auch die vordergründig auf Hegel zurückweisende dialektische Verknüpfung positiv und negativ bewerteter Aspekte der israelitisch-jüdischen Geschichte in Ewalds Werk (s. S. 118–120) bedeutet keine Übernahme idealistischer Anschauungskategorien.

[361] Von „wahrer Religion" spricht Schleiermacher u.a. in der 4. und 5. Rede (KGA I/2 278; 297). Die Übereinstimmung mit Schleiermachers Religionsbegriff hat Ewald erst 1867 in Gesch V[3] mit Hinweis auf dessen 1864 erschienene „Vorlesungen über das Leben Jesu" formuliert. Obwohl er darin historische „Mängel" feststellt, erkennt er doch ausdrücklich „funken ächter religion" und „ächte wissenschaft" an (aaO. XXIIIf.), sowie bei Schleiermacher im Gegensatz zur Tübinger Schule „Religion, Freiheit von Vorurtheilen, Liebe zu Christus und seinem Werke" (aaO. XXXVIII). Vgl. dagegen Gfrörers grundsätzliche Ablehnung der historischen und theologischen Anschauungen Schleiermachers (Gfrörer, Jahrh I 109; Sage I, V; Heiligthum 3; s. S. 54; 56).

[362] Schleiermacher, aaO. 199ff.

[363] AaO. 213ff.

[364] AaO. 321f.; wenn auch Ewalds Grundbegriff der „wahren Religion" mit demjenigen Schleiermachers übereinstimmt, so stellt doch seine schlichte Gleichsetzung der „wahren Religion" mit der biblischen Religion und letztlich mit dem Christentum eine erhebliche Vergröberung und einseitige Zuspitzung des von Schleiermacher Gemeinten dar (Zu Schleiermacher s. S. 42f.; 295–300; 335f.).

[365] Wo Schleiermacher von einer „unverweslichen Mumie" spricht, aus der Leben und Geist längst „einer mechanischen Bewegung" gewichen seien (aaO. 314–316), spricht Ewald von einer „Afterbildung" die wiederbeleben zu wollen „nur höchst thöricht" sei (Gesch VII[3] 440f.).

Ewald, der sich zu Schleiermachers Religionsbegriff bekennt, distanziert sich dagegen ausdrücklich von dessen Ablehnung der historischen Kontinuität zwischen Judentum und Christentum[366]. Altes Testament, Judentum und Christentum sind bei Ewald, anders als bei Schleiermacher, verschiedene Entwicklungsstufen der einen wahren Religion. Ihre Unterschiedenheit und den Vorrang des Christentums begründet er daher nicht als notwendige Konsequenz qualitativ unterschiedlicher Grundgedanken, sondern als objektiv erkennbares, notwendiges Resultat ihrer historischen Entwicklung.

9.6. Zeitgeschichtliche Bezüge – Jesuitenpolemik vor dem Kulturkampf

Es fällt auf, daß Ewald den Pharisäern erheblich stärkere Emotionen entgegenbringt als anderen Erscheinungen des Judentums vor 70. Neben seiner Pharisäerpolemik ist die Schilderung anderer Gruppen und Personen wohl wertend, aber durchaus differenzierend, selbst bei schillernden und grausamen Gestalten wie Alexander Jannai oder Herodes d. Gr.[367]. Umso mehr springt aber der schon in der Wesensbestimmung als herrschsüchtige Frömmler liegende antipharisäische Affekt ins Auge, der überall durchschlägt, wo Ewald auf Pharisäer zu sprechen kommt. Von der Polemik gegen die Heiligherrschaft und das Judentum ist speziell dieser Topos unabhängig. Ewald muß ihn an die Quellen herantragen. Der Schlüssel zu diesem Bild dürfte in der Bemerkung liegen, daß die Pharisäer

„die wahre religion ammeisten verfinstern und hemmen" mußten, „ähnlich wie sich dies unter uns mit den *Jesuiten* wiederholt"[368].

Die Jesuiten sind für den leidenschaftlichen Protestanten Ewald die schlimmsten Repräsentanten römisch-katholischer Heiligherrschaft[369], so wie die Pharisäer der mit ihr parallelisierten jüdischen. Beide Heiligherrschaften haben die wahre Religion zum Zerrbild verformt[370] und verfolgen deren universalen Geltungsanspruch als machtpolitisch usurpierten Weltherrschaftsanspruch in Gestalt scheinfrommer religiöser Beherrschung des Volkes[371]. Pharisäer wie Jesuiten sind ihre Avantgarde, die dieser illegitimen Herrschaft gegen die legitime politische durch geheuchelte Frömmigkeit vorarbeiten. „Jesuiten in allen ihren Vermummungen", die die „Grundlagen deutschen Lebens" hassen, treiben unter frommem Schein die Rekatholisierung Deutschlands voran, dienen aber in Wirklichkeit nur den machtpolitischen Interessen der ausländischen politischen Macht des Vatikans und entzweien

---

[366] Gesch V³ XXXVIII. Namentlich hebt er hervor, daß „das Alte Testament und damit der große feste zusammenhang dieses Christus mit dem ganzen alterthume" SCHLEIERMACHER fremd geblieben sei (vgl. SCHLEIERMACHER, aaO. 314f., sowie GFRÖRERS Urteil über SCHLEIERMACHER, s. S. 54; 56).

[367] EWALD, Gesch IV³ 507ff.; 543ff.

[368] AaO. 482 (Hervorhebung von mir).

[369] Gesch II¹, IX.

[370] Gesch I³ 8, Anm. 1.

[371] Gesch V³ 14f.; VII³ 425f.

die Deutschen untereinander[372] mit dem Ziel, den Papst wieder zum wahren Herrscher Deutschlands zu machen, dabei „alle Geseze des Staats und der christlichen
Billigkeit verachtend"[373]. „Der Papst mit seinen Jesuiten und bischöfen"[374] schüre
im eigenen Machtinteresse die konfessionelle Zerrissenheit in Deutschland und
untergrabe damit die Grundlage des deutschen Volkslebens. Deutschland, das Land
der Reformation, droht deren Errungenschaften, das Durchkämpfen des richtigen
Verständnisses der vollkommenen wahren Religion gegen das hierokratische Rom,
wieder zu verspielen, indem es auf jesuitische Umtriebe hereinfällt[375]. Damit sieht
Ewald Deutschland in einer Entscheidungszeit wie Israel zur Zeit Christi, in der es
um Sein oder Nichtsein seiner selbst und seiner edelsten Güter geht, der „Wissenschaft" und des „lauteren Christenthums"[376].

Israel ist in dieser Entscheidungssituation der Heiligherrschaft erlegen, hat ihr seine
edelsten Güter preisgegeben und mit der Verwerfung Christi sein providentielles Ziel
verfehlt. Dafür wurde es mit dem Verlust seiner Existenz als Volk gestraft. Ewald pro-
phezeit Deutschland dasselbe Schicksal, wenn es sich nicht dem Zugriff der römischen Heiligherrschaft entziehe. Hier berührt sich Ewalds emotional hoch aufgela-
dene Polemik gegen die Jesuiten mit der gegen die Pharisäer als Speerspitzen beider
Heiligherrschaften. Jene sind im Begriffe zu bewirken, was diese bereits erreicht haben, den völligen religiösen und politischen Ruin eines ganzen Volkes durch gesetz-
lich-heuchlerische Herrschaft im Gewande frommer Rechtgläubigkeit[377]. Die Annahme, daß Ewald die Pharisäer bis hin zu ihrer Dämonisierung nach dem Bild zeitgenössischer Jesuitenpolemik zeichnet, wird dadurch gestützt, daß er die jüdische
Heiligherrschaft explizit mit ihrem ultramontanen Pendant parallelisiert:

> „Es ist wesentlich dasselbe mit dem Papstthume, und die geschichte beider könnte sich
> wechselseitig erläutern"[378].

Diese Parallelisierung kehrt im Einzelnen besonders in den durch Quellen nicht
gedeckten Passagen seiner Pharisäerdarstellung wieder. Die grundsätzliche Beschreibung des Wesens der Pharisäer gipfelt im Vergleich mit den Jesuiten. Das ist
umso gewichtiger, als Ewald von Anhaltspunkten bei Josephus, die sein Pharisäerbild stützen könnten, ausdrücklich keinen Gebrauch macht und das Neue Testa-

---

[372] Gesch II[1], IX; auch die jüdischen „theilungen" beschreibt EWALD als Folge der Heiligherr-
schaft (Gesch IV[3] 361f.; 494). In der scharfen Akzentuierung pharisäischen Machtstrebens in
Analogie zu Phänomenen seiner eigenen Zeit ist EWALDS Pharisäerbild nahe mit demjenigen
U. DA COSTAS und B. SPINOZAS verwandt (s. S. 30 Anm. 106).

[373] Gesch II[1], VIII; von hier aus erschließt sich EWALDS ansonsten schwer verständliche Bewertung des – von ihm als pharisäisches Unternehmen betrachteten – Bürgerkrieges gegen Alexander
Jannai als „schwärzester vaterlandsverrath" (Gesch IV[3] 508; s. S. 121).

[374] Alt[3] IX; vgl. Gesch VII[3], XIII.

[375] Gesch II[1] VIff.

[376] AaO. XVI; vgl. PERLITT, Ewald 194–197.

[377] Daher verbindet EWALD mit Pharisäern wie mit Jesuiten die Motive von Geheimbund und
Hochverrat (Gesch IV[3] 482; 508; II[1], IX); vgl. PERLITTS Hinweis auf zwei „militante" Traktate
EWALDS zur Jesuitenfrage (PERLITT, aaO. 197).

[378] Gesch VII[3] 426; vgl. Gesch IV[3] 81; 250. Hierin berührt sich EWALDS Pharisäerdarstellung
mit derjenigen GFRÖRERS (s. S. 52).

ment ein solches Bild trotz seiner Bemühungen um Mt 23 nicht hergeben will[379].
Seiner bereits beschriebenen Auslegung von Mt 23,1–12, in der die Pharisäer als
Urheber religiösen Zwanges erscheinen, fügt er, wie zur Erklärung der über den
Text hinausgehenden Züge seines Pharisäerbildes, eine Invektive gegen den Papst
und seine Macht, „in der religion … zu befehlen und anzuordnen"[380], hinzu. Auch
das Rätsel um die „Hohe Schule" löst sich von hier aus. In den Quellen findet
Ewald überhaupt keinen Anhaltspunkt für seine eindrucksvolle Darstellung ihrer
dämonischen Macht – aber er vergleicht sie mit der römischen Kurie und ihrem
universalen Herrschaftsanspruch und das von ihr angeblich beherrschte Jerusalem
mit dem „päpstlichen Rom"[381]. Diese Passagen zeichnen sich nicht nur durch den
Widerspruch von engagierten detaillierten Beschreibungen und nahezu fehlender
Quellenbasis aus, sondern weisen auch in den genannten, scheinbar beiläufig ver-
gleichenden Anspielungen auf Rom und die Jesuiten auf die eigentliche Herkunft
dieser Beschreibungen hin. Ewald trägt seine in zeitgenössischen Konstellationen
wurzelnden Werturteile nicht nur in seine historische Darstellung, sondern auch in
seine Quellenauswertung ein und sucht nicht zufällig ihre Bestätigung in der für ihn
normativen Quelle Neues Testament. Charakteristisch für Ewald ist nicht der Jesuitenvergleich an sich, sondern seine Anreicherung mit zeitgenössischer Polemik[382].

9.7. Zusammenfassung

Es hat sich gezeigt, daß Ewalds rein historisch-kritisches Programm in der Umsetzung seines Geschichtsentwurfes an der historischen Nahtstelle zwischen Judentum und Christentum vielerlei Beweiszwänge erzeugt hat, die sich als Konsequenzen eines im Grundansatz enthaltenen hermeneutischen Zirkels erwiesen haben.
Dem Judentum ist insbesondere durch die folgenschwere Prämisse des sich dialektisch vollziehenden historischen Fortschritts von vornherein die Rolle der historisch notwendigen Negativfolie gegenüber dem Christentum zugeteilt. Repräsentiert es vor der Entstehung des Christentums die diese hervorrufenden Widersprüche der Heiligherrschaft, so wird es danach ausschließlich auf deren negative
Aspekte reduziert. Dies geht der historischen Erkenntnis im Einzelnen voraus. Eine
solche werthaft festgelegte Geschichtsschau ist nicht nur offen für werthafte Eintra-
gungen, sondern bedarf ihrer auch als Geschichtsbeweis für Zusammenhänge, die
sich rein historisch nicht ermitteln lassen. Durch die Voraussetzung werthaft bestimmter Urteile bürdet Ewald der konkreten Geschichte die historisch-empirische
Beweislast ihrer Richtigkeit auf.

---

[379] Gesch IV³ 482; Evv¹ 324ff.

[380] Evv¹ 326.

[381] Gesch V³ 15; 118; s. S. 330f.

[382] Der Vergleich ist bereits vor EWALD bei vielen der bisher behandelten Autoren gängige
Münze (GFRÖRER, Jahrh I 124f.; SCHNECKENBURGER, Einl 75; DANIEL, Phar 20; REUSS, Jdt 341;
auch G. B. WINER, RWB II³ 246; s. S. 42). Jedoch dient er bei diesen als schlichte Analogie *ad vo-
cem* gesteigerter religiöser Observanz, namentlich bei GFRÖRER und REUSS im Zusammenhang einer differenziert wertenden Sicht.

Die Pharisäer und die Heiligherrschaft übernehmen in diesem Geschichtsbild theologisch die symbolische Funktion des vom lebendigmachenden geistigen Evangelium fundamental unterschiedenen tödlichen Gesetzesbuchstabens. Darüber hinaus dienen sie als Folie für polemische Bilder aus Ewalds eigener Zeit. Die Antike wird für Ewald stärker als für andere Gelehrte zum Spiegel seines eigenen Jahrhunderts. Neben der unverkennbaren persönlichen Handschrift Ewalds drücken sich hierin Zeitstimmungen der Jahrhundertmitte aus, in der im Entscheidungsprozeß um die zukünftige politische Gestalt Deutschlands vieles noch offen und damit dem Einfluß heterogener Kräfte ausgesetzt war[383]. Ewalds Vorwort-Polemiken und sein Pharisäerbild, in denen er Stimmungen des Kulturkampfes vorwegnimmt, sind ein Spiegel auch dieses Kräftespiels. Die Judenemanzipation spielt für ihn in diesem Zusammenhang keine Rolle. Über das zeitgenössische Judentum hat er sich zwar am Rande differenzierter geäußert als zunächst zu vermuten war[384]; dieser Aspekt wird in seinem Werk aber neben der geschichtstheologisch funktionalisierten antijüdischen Terminologie nirgends wirksam. Diese belegt aber nicht zuletzt, daß Ewald sich gegebenenfalls in ihm völlig wesensfremde Gesellschaft begeben konnte[385].

Gegenüber seinen ihm in der historischen Programmatik sehr nahe stehenden Generationsgenossen Gfrörer und Reuß, die ihre Geschichtsschreibung dezidiert in den Kontext emanzipatorischer Bestrebungen stellten, vollzieht Ewald einen folgenreichen Paradigmenwechsel: Die werthaft bestimmte Reflexion aktueller Interessenlagen, die Gfrörer und Reuß als Bestandteil ihres historisch-kritischen Programms aufgefaßt hatten, verweist er als nicht zur Sache gehörig aus dem seinen – um sie durch die Hintertüre der Geschichtstheologie ohne kritischen Filter wieder aufzunehmen. Typisierungen, wie sie Daniel in aller historischen Unschuld dem an kein Volk und keine Konfession gebundenen Charakterbild des „Pharisäers" zugeschrieben hatte, weist Ewald in Gestalt nicht hinterfragter historischer Tatsachen den Pharisäern ausschließlich als Repräsentanten des Judentums zu[386]. Den werthaft bestimmten Vorwurf der Heuchelei, den Gfrörer, Schneckenburger und Reuß historisch differenziert einbetten, historisiert Ewald und verankert ihn im Wesen der Sache selbst.

Die Beweiszwänge des *in actu* nicht durchhaltbaren, ausschließlich historisch-distanzierten Anspruches in der Geschichtsschreibung Ewalds bewirken Konsequenzen auf der Ebene von Werturteilen, die dem historischen Phänomen schroffer gegenüberstehen als manche vorkritische Typisierung. Seine historiographische Zuversicht hat dies indessen nicht angefochten.

---

[383] Speziell von der schwebenden kleindeutschen Frage war das zukünftige konfessionelle Schwergewicht abhängig; vgl. Gesch VII³, XIIIff.

[384] Gesch VII³ 432; 445; vgl. PERLITT, aaO. 174.

[385] Weitere Beispiele bei WELLHAUSEN, Grundrisse 136f. und PERLITT, aaO. 191; 197.

[386] Mit dieser Historisierung von Werturteilen geht die Rezeption der von GFRÖRER vom Standpunkt der *fides historica* zurückgewiesenen Vermittlungstheologie SCHLEIERMACHERS einher.

Exkurs 1: Isaak Marcus Jost

Isaak Marcus Jost (1793–1860)[387], ein jüdischer Historiker und Pädagoge, hatte in seiner Jugend zunächst eine traditionell talmudische Schulbildung erhalten. Prägend blieb aber seine Schulzeit auf der 1807 im Sinne der Aufklärung reformierten Samsonschule in Wolfenbüttel, die er gemeinsam mit Leopold Zunz verbrachte. Er studierte Philologie in Göttingen und Berlin und war von 1835 bis zu seinem Tode Lehrer am „Philanthropin" in Frankfurt am Main. Den Werten der Aufklärung blieb er zeitlebens verbunden und engagierte sich in der jüdischen Reformbewegung. Der „extrem-reformistischen Richtung"[388] um Geiger schloß er sich jedoch nicht an und setzte sich für die Beibehaltung des Hebräischen in Gottesdienst und Unterricht ein.

Mit seinem ab 1820 veröffentlichten Werk „Geschichte der Israeliten seit der Zeit der Makkabäer bis auf unsere Tage"[389], der ersten jüdischen Gesamtdarstellung dieser Geschichte in der Neuzeit, wurde Jost zum Begründer der neuzeitlichen jüdischen Historiographie. Die Pharisäer beschreibt er in diesem Werk, gegenüber den Sadduzäern und Samaritanern, den „Anhängern der heiligen Schrift", gemeinsam mit den Essenern als „Anhänger der Überlieferungslehre", die die Satzungen des Gesetzes erweiterten. „Der große Haufen" stand auf ihrer Seite; als Vorgänger der Rabbinen haben sie „für Jahrtausende gewirkt"[390]. Sie waren mehr religiös als weltlich; die „Aufrechterhaltung der Religion" war ihr höchstes Ziel[391]. Die pharisäische Exegese und ihre Resultate beurteilt Jost kritisch:

> „Je scharfsinniger die Belege benutzt worden sind, desto wohlgefälliger waren ihre Schlüsse im Auge derer, die nur Gelehrsamkeit und Scharfsinn bewundern, die Wahrheit selbst aber nicht prüfen wollen. Die Pharisäer richteten daher mit Spitzfindigkeit mehr aus, als die deutlichste Klarheit eines *Weltweisen* vermag"[392].

Daraus entstanden „Frömmelei" und „blinde Wuth ... mit dem Schein des Heldenmuthes"[393], sowie die religiöse „Sonderlingssucht der Pharisäer", die den Geist ihrer Anhänger herabwürdigten und ein Unheil für den Staat waren[394].

> „Wenn der Vorwurf die Juden trifft, daß sie sich [*scil.*: im Jahre 70] selbst zerstört haben, so tragen die Pharisäer die größte Schuld"[395].

---

[387] Zu JOST vgl. ADB XIV, 577–581; NDB X, 628–630; EJ[Berl] XI, 455–457; EJ[Jer] X, 298–299; JOST, Jahrhundert; S. W. BARON, Jost; G. HERLITZ, Three Jewish Historians; H. ZIRNDORF, JOST; R. MICHAEL, Jost; I. SCHORSCH, From Wolfenbüttel to Wissenschaft; DERS., Scholarship; R. DEINES, Pharisäer 140–145.

[388] EJ[Berl] X 456.

[389] zit. als „Gesch". Dieses Werk ist SAMUEL MEYER EHRENBERG, dem Reformer der Samsonschule, unter Hinweis auf seine wegweisenden Impulse gewidmet.

[390] JOST, Gesch I 55.

[391] AaO. 56; für die Darstellung der Pharisäer verzichtet JOST fast völlig auf rabbinische Quellen und benutzt meist Josephus.

[392] AaO. 55f.

[393] AaO. 57.

[394] Gesch II 159; vgl. Gesch I 57: „Staatsklugheit war ihnen ein Gräuel".

[395] Gesch I 57; die Sadduzäer erscheinen gegenüber den Pharisäern nicht als positives Gegenbild (aaO. 66f.), die Essener beschreibt JOST als Pharisäer im Superlativ.

Dies führte das nunmehr rabbinische Judentum gegenüber dem Christentum historisch ins Abseits[396]: Es wurde „die längst veraltete, leidende Mutter" des Christentums, in der „der ganze Pharisäismus aller Glaubensparteien" wirksam ist[397]. Die Hinrichtung Jesu sei ein Zeichen „niederer Zwietracht" und „geistlosen Zwanges". Das Judentum habe sich mit diesen Waffen letztlich selbst geschlagen[398]. Wesentlicher für das Judentum als die äußerlich-gesetzlichen Maßregeln der Pharisäer sind ihre darunter liegenden religiösen Anschauungen[399]. Auf dieser Ebene stellt Jost den Vergleich des Judentums mit dem Christentum in Gestalt einer gerecht abwägenden, von Apologetik freien Gegenüberstellung an[400] und konstatiert als ihre wesentliche Verschiedenheit:

> „Die eine findet ihren Grund im *Glauben*, die andere im *Gehorsam*"[401].

Josts Resümee der Tempelzerstörung und ihrer Folgen entspricht, auch wenn er sich von theologischen Bewertungen distanziert, christlichen geschichtstheologischen Anschauungen dieser Ereignisse, wie sie, analog zu Jost, später in den Entwürfen von Schneckenburger, Reuß und Ewald in historisiert-säkularisierter Gestalt erscheinen[402]: In Folge der pharisäischen „Absonderung" verlor das rabbinische Judentum den Anschluß an die „Wahrheit" und „Klarheit" der allgemeinen Kultur- und Geschichtsentwicklung und erstarrte in seiner von pharisäischer Spitzfindigkeit geprägten religiösen Binnenwelt[403]. In dieser Sicht der Pharisäer ist die aufklärerisch bestimmte Polemik gegen das rabbinische Judentum, in der sich auch Josts Aufbruch aus dieser Tradition widerspiegelt, unverkennbar. In dieser Neuorientierung lag die Schwierigkeit, gegenüber der grundsätzlichen Negativbewertung des Judentums durch die von christlichen Grundwerten geprägte Aufklärung ein reformjüdisches Selbstverständnis zu formulieren, das von aufklärerischen Werten getragen ist. Jost begegnet diesem Problem mit der Auffassung, das Judentum gründe sich gegenüber dem Christentum, das auf Glauben beruht, auf „Gehorsam": Darin bringt er im Anschluß an Baruch Spinoza und Moses Mendelssohn gegenüber dem rabbinischen Ju-

---

[396] JOST betont, daß das Jahr 70 ein historisch, nicht theologisch zu bewertendes Ereignis sei (aaO. 162–168; vgl. Gesch I 57: „*Die Geschichte* wird uns ihr [*scil.*: der Pharisäer] Verfahren zeigen"; Hervorhebung von mir).

[397] Gesch I 299f.; JOST bemerkt ausdrücklich im Hinblick auf seine eigene Zeit, daß die meisten Juden in Europa die zahllosen, unausführbar scheinenden pharisäischen Satzungen heilig wie das Gesetz hielten (aaO. 56).

[398] AaO. 300; in der Beschreibung des Verhältnisses Jesu zu den Pharisäern, einschließlich der Schilderung des Todes Jesu, schließt sich JOST weitgehend an die Darstellung und Bewertung der Evangelien an: Jesus wurde von den Pharisäern und vom Synhedrium zu Tode gebracht, denen seine Lehre am gefährlichsten war: Sie befürchteten den „Umsturz" des gesetzlichen *status quo* durch Jesu neue Eschatologie (aaO. 298).

[399] Diese findet JOST in den Berichten des Josephus über die pharisäische Prädestinationslehre und Eschatologie dokumentiert.

[400] Gesch II 157–165.

[401] AaO. 165.

[402] s. S. 74f.; 98ff.; 131ff.

[403] Gesch I 55f.; die Anspielung auf die „Klarheit" der Aufklärung ist unverkennbar (vgl. auch §51f. in LESSING, Erziehung; DERS., Werke VIII 501.

dentum, das von der Aufklärung geradezu als Antitypus angesehen wurde, eine jüdische Wesensbestimmung zur Geltung, die auf die ethisch orientierte aufgeklärte Vernunftreligion hin angelegt ist"[404].

1857 zeichnet Jost in seinem letzten Werk „Geschichte des Judenthums und seiner Secten"[405] ein Bild der Pharisäer und des rabbinischen Judentums, in dem er seine früheren scharfen Urteile revidiert[406]. Die Gruppenbildung im nachmakkabäischen Judentum zeichnet er nun als „innere Entfaltung der Grundlagen" der jüdischen Geschichte[407] nach. Die jüdischen Gruppen seien jedoch nicht als „Sekten" im Sinne gegenseitiger Separation und Verketzerung[408] zu betrachten; vielmehr sei ihre Vielfalt das Ergebnis fruchtbarer Auseinandersetzungen um die sorgfältigste Übung des Gesetzes und somit Ausdruck innerer Kraft des Judentums[409]. Die „abgesonderten" Pharisäer, die Jost hier als „die strengsten Vertreter des Judenthums" und „die Erhalter der Religion" beschreibt[410], beurteilt er in dieser Rolle nun positiv:

> „Sie standen ganz und gar auf dem Boden des biblischen Judenthums, wie es nach der Ueberlieferung sich fortbildete" und betont „die Frömmigkeit und Demuth, welche das Wesen des Pharisäers ausmachte"[411].

Die Erhaltung des Judentums, auch in seiner pharisäisch-rabbinischen Gestalt, erscheint in dieser Darstellung deutlich als Wert. Die Gleichsetzung der Pharisäer mit Heuchlern und Scheinheiligen in den Evangelien hat zwar ihren Sachgrund darin, daß es „der Pharisäer genug" gab, „die den Anschein der Frömmigkeit zum

---

[404] Zum Problem von Aufklärung und Judentum vgl. H. LIEBESCHÜTZ, Judentum 1–22 (zu B. SPINOZA 4ff.; zu M. MENDELSSOHN 113–117); CH. HOFFMANN, Judentum 32–37, sowie N. PORGES, Pharisäer bei Spinoza; F. NIEWÖHNER, Spinoza und die Pharisäer; DERS., Veritas 312–316; J. GUTTMANN, Mendelssohn und Spinoza (s. S. 30 Anm. 106). Die Schwierigkeit, der aufgeklärten christlichen Umwelt ein aufgeklärt-jüdisches Selbstverständnis zu vermitteln, zeigt sich in der Fortwirkung der aufklärerischen Negativbewertung des Judentums auch bei den Juden wohlwollenden und deren Emanzipation befürwortenden Betrachtern wie GFRÖRER und REUSS (s. S. 58f.; 112ff.).

[405] 3 Bde., 1857–59; zit. als „Jdt".

[406] Eine Zusammenfassung seines ersten Geschichtswerkes erschien 1831/32 (Nachdr. 1850) unter dem Titel „Allgemeine Geschichte des Israelitischen Volkes sowohl seines zweimaligen Staatslebens als auch der zerstreuten Gemeinden und Sekten bis in die neueste Zeit". Die scharfen Werturteile von 1820f. sind bereits hier zurückgenommen. Vgl. auch JOSTS Art. „Jüdische Secten" in der Allg. Encyclopädie, Bd. 28 (1851), 18ff.

[407] Jdt I, V.

[408] Jdt I 197. JOSTS Gebrauch des überkommenen Begriffes „Sekte" ist nicht eindeutig: Einerseits übernimmt er ihn im Titel seines Werkes geradezu programmatisch, andererseits aber weist er ihn als für die jüdischen Verhältnisse nicht sachgerecht zurück und spricht stattdessen von „Parteien" und „Richtungen" (so aaO. 198). Eine analoge Umwidmung des Begriffes findet sich bei SCHNECKENBURGER (s. S. 64f.). Seine Problematisierung bei REUSS, Phar 496 (1859) könnte auf JOSTS Erwägungen zurückgehen (s. S. 91; 322).

[409] Jdt I 197f.; dies richtet sich implizit gegen die Beschreibung eines von inneren Widersprüchen zerrissenen Judentums, wie sie bei REUSS, Jdt (s. S. 98ff.) und EWALD, Gesch (s. S. 128–130) erscheint.

[410] AaO. 200.

[411] AaO. 206; als „das Wesen ihrer Religion" erkennt er „Gehorsam gegen das Gesetz, Uebung aller religiösen Bräuche und aller Menschenpflichten, Ergebung in die Fügungen Gottes, Vertrauen auf die Gerechtigkeit der Weltleitung, daher auch auf eine zukünftige Vergeltung" (ebd.).

Deckmantel verwerflicher Neigungen benutzten". Dies beschreibt er jedoch als „Ausartung" gegenüber der „religiösen Gesammtrichtung"[412] und fügt an:

„Es ging dieser Bezeichnung [*scil.*: „Pharisäer"] wie dem Namen *Jesuiten* im Munde des Volkes und der Gegner"[413].

In sein Pharisäerbild bezieht Jost nunmehr auch die talmudischen „חֲבֵרִים"-Belege ein. Die Verhältnisbestimmung von חֲבֵרִים und פְּרוּשִׁים bleibt aber unscharf: Einerseits gibt Jost ihre Identität zu erkennen und spricht mit Rückgriff auf den „Aruch" des Nathan b. Jechiel von der „Absonderung der *Haberim,* die sich in Betreff ihrer Sorgfalt in Beobachtung der Heiligkeit *Peruschim* (Pharisäer) nannten"[414]. Andererseits bleibt aber im Unklaren, ob der Ursprung dieser Gruppenbildung in den Chasidim bzw. Peruschim aus der Zeit der Makkabäerkriege liegt, als deren wichtigstes Anliegen Jost die Reinheit hervorhebt[415], oder in dem zur Zeit Hyrkans I. entstandenen „Haber-Bund", der sich die gewissenhafte Ablieferung des vom Am Ha-aretz vernachlässigten Zehnten zum Ziel setzte[416]. Überdies ist es mit der Identifikation von Peruschim und Chaberim nicht vereinbar, daß Jost die in M Chag II 7 enthaltene Reinheitsskala als Abstufung innerhalb der Chaberim beschreibt, mit den Peruschim als deren niedrigstem Grad[417]. Nicht ohne Spannung zu seiner Interpretation der jüdischen Gruppenbildung als Zeichen innerer Stärke bemerkt Jost hierzu, das Volk „theilte sich geradezu in Haber und Am-haarez", wodurch der Zusammenhang dieser „Klassen" erheblich gestört wurde[418].

Hier wird ein bis heute bestehendes quellenkritisches Problem sichtbar: Die talmudischen „Chaberim"-Texte wirken wie pharisäische Binnentexte. Es gibt jedoch keine Quellenaussagen über das Verhältnis beider Bezeichnungen; eine Gleichsetzung von Pharisäern und Chaberim bleibt stets auf Kombinationen angewiesen. Die Brüche in Josts Darstellung sind das Resultat vorschneller Harmonisierung unterschiedlicher Quellenaussagen[419]. Dies steht im Zusammenhang einer gegenüber der scharfen antirabbinischen Polemik von 1820 insgesamt harmonisierenden Tendenz in Josts spätem Werk. Hinter dieser Tendenz ist im zeitgenössischen Kontext die Perspektive einer gesamtjüdischen Reform wirksam, die in der inzwischen entstandenen Vielfalt jüdischer Gruppen in der Gegenwart nicht das Disparate, sondern das Verbindende sucht und sich in diesem Zusammenhang auch

---

[412] AaO. 205; Jost betont, daß es in allen jüdischen Gruppen „Auswüchse" gab, die durch das „eigentliche Judenthum" überwunden wurden (aaO. 198).

[413] AaO. 205; dieser Satz dürfte ein indirektes Zitat aus Reuss, Jdt 341 sein (s. S. 92). Ewalds Bild der „herrschsüchtigen" Pharisäer weist er zurück (aaO. 206f.; s. S. 104ff.; 138), ebenso G. B. Winers Darstellung ihrer „Lasterhaftigkeit" (aaO. 205; s. S. 42).

[414] AaO. 204; vgl. „Aruch" (ed. A. Kohut) VI 452 (übers.): „פְּרוּשִׁים sind die חֲבֵרִים, die ihre profane Speise in Reinheit essen" (s. S. 73).

[415] so aaO. 199f.

[416] so aaO. 201ff.

[417] AaO. 204f.

[418] AaO. 203; Jost gesteht dies ersichtlich widerstrebend zu.

[419] Vgl. die Nachwirkung dieser Darstellung Josts bei Hausrath (s. S. 171f.). Zum Sachproblem s. S. 6; 316.

um eine positive Anknüpfung an die pharisäisch-rabbinische Tradition der Antike bemüht. Diese Entwicklung von Josts Anschauungen zielt letztlich auf eine Relativierung seiner früheren, radikal aufgeklärt-universalistischen Haltung zu Gunsten einer stärkeren Betonung des genuin Jüdischen[420], verbunden mit einer Distanzierung von christlich geprägten Werturteilen über die Pharisäer. An diese Entwicklung wird, mit politischer Akzentuierung, Abraham Geiger anknüpfen[421].

Exkurs 2: Ignaz von Döllinger

Ignaz v. Döllinger (1799–1890)[422] lehrte ab 1826 als Kirchenhistoriker in München und wurde später im Zuge einer zunehmenden Distanzierung vom Ultramontanismus der Wortführer der Deutschkatholiken. In seinem 1857 veröffentlichten Werk „Heidenthum und Judenthum. Vorhalle zur Geschichte des Christenthums" will er die historischen Voraussetzungen des Christentums darlegen:

> „Die Geschichte des Christenthums hat, auch was das Verständnis betrifft, die Geschichte des Heidenthums und des Judenthums zu ihrer nothwendigen Voraussetzung"[423].

In seinen Grundzügen entspricht dieses Konzept Schneckenburgers „Neutestamentlicher Zeitgeschichte". Anders als in dessen Entwurf liegt der Hauptakzent bei Döllinger allerdings auf der ausführlichen Darstellung der heidnischen Antike als des Raumes, in den das Christentum hineinwuchs. Dies unterscheidet sein Werk von Gfrörers – auch in der Anlage andersartigen – „Geschichte des Urchristenthums", der seine Darstellung auf die jüdischen Voraussetzungen des Christentums beschränkt. Gegenüber Schneckenburgers und später namentlich Schürers protestantisch geprägten Konstruktionen der neutestamentlichen Zeitgeschichte spiegelt dies die traditionelle Bedeutung der antiken Philosophie für die katholische Theologie wider[424]. Das Judentum, den historischen Herkunftsraum des Christen-

---

[420] Hierin zeigen sich gegenüber der dezidierten Parteinahme für die Aufklärung in JOSTS Frühwerk auch romantische Einflüsse (dies gegen NDB X 630). Die Entwicklung von JOSTS Anschauungen dürfte auch von den erheblichen Spannungen innerhalb der jüdischen Gemeinden beeinflußt worden sein, die durch das Auftreten der radikalen Reformer um GEIGER entstanden (vgl. L. GEIGER, Lebenswerk 34ff.; 50ff., u.a.).

[421] GEIGERS „Urschrift" erschien zeitgleich mit Jdt I. Die Pharisäerdarstellungen von HERZFELD (Gesch III² 356ff.;) und GRAETZ (Gesch III¹ 87ff.) stimmen im Grundansatz mit dem Bild in Jdt I überein und bewerten die Pharisäer positiv als Repräsentanten des Judentums, unter Abzug von „Fehlern" (HERZFELD, aaO. 359) und „Entartungen" (GRAETZ, aaO. 91). Zu JOST, HERZFELD und GRAETZ vgl. GEIGER, SPh 14f.; zu GRAETZ vgl. H. LIEBESCHÜTZ, Judentum 132–156; DEINES, Pharisäer 148–193, dort (aaO. 138ff.) auch weitere Literatur.

[422] Zu DÖLLINGER vgl. J. FRIEDRICH, Döllinger; RE³ IV 724–733; TRE IX 20–26; BISCHOF, Theologie und Geschichte.

[423] DÖLLINGER, Heidenthum IIIf.

[424] Explizit setzt sich DÖLLINGER im Vorwort das Ziel, „heidnisches Religionswesen, heidnische Denk- und Anschauungsweise, heidnische Philosophie, Leben und Sitte, so weit diese Dinge mit der Religion zusammenhängen, durch dieselbe bestimmt wurden und hinwiederum gestaltend auf sie einwirkten", darzustellen (aaO. III). Eine dem entsprechende Gewichtung der jüdischen Voraussetzungen des Christentumes nimmt er daher nicht vor; eine explizite theologische

tumes, behandelt er anhangsweise im letzten von zehn Büchern des Gesamtwerkes. Darin zeichnet er einen Abriß der israelitisch-jüdischen Geschichte, der von den Erkenntnissen protestantischer historisch-kritischer Wissenschaft geprägt ist. Sein Bild des Judentums, und darin das der Pharisäer, stimmt in wesentlichen Zügen mit dem Bild überein, das Reuß 1850 im Artikel „Judenthum" präsentiert. Direkt bezieht er sich nicht auf Reuß. Auf den 1852 erschienenen IV. Band von Ewalds „Geschichte des Volkes Israel" nimmt er weder direkt noch indirekt Bezug.

Als charakteristisch für die Pharisäer hebt Döllinger die „Verbindung des Religionseifers mit dem Nationalstolz"[425] hervor. Sie waren im Guten wie im Schlechten die Repräsentanten der jüdischen Nation, in ihrer gesteigerten Gesetzesobservanz und ihrer Absonderung vom Heidentum der Musterfall und eine potenzierte Erscheinungsform allgemein jüdischer Tendenzen[426]. Um ihrer Repräsentantenrolle willen betont Döllinger, daß sie sich nicht vom Volk absonderten, sondern „die Lehrer der Nation" waren. Der Name „Pharisäer" ist auf den Antihellenismus gemünzt, den sie von ihren Vorgängern, den Chasidim übernommen hatten[427], ihre Bezeichnung als „αἵρεσις" auf ihren Gegensatz gegen die mit dem Hellenismus sympathisierenden Sadduzäer[428]. Die pharisäische Gesetzesobservanz betrachtet er als „Verzerrung" des im Gesetz wirklich Gemeinten. Sie lastete „wie ein schwerer Fluch auf der Nation und machte sie für alles edlere Geistige … stumpf und unempfänglich"[429]. Wie Reuß betrachtet er die Gesetzlichkeit als sekundäre Schale, die sich um den eigentlichen Kern der Religion legte[430]. Das rabbinische Judentum nach 70 sieht auch er auf die gesetzliche Schale reduziert. Er findet darin ein „Scheinleben" der zerstükkelten Glieder eines „ehemals lebendigen Organismus", in dem „die Mumie des zum großen Theile unanwendbar gewordenen Gesetzes" konserviert wird[431]. Das nachbiblische Judentum begreift er als historische Anomalie:

„Das Schicksal zersprengter Nationalitäten, von der herrschenden Bevölkerung aufgesogen zu werden, war den Juden nicht bestimmt. Sie sollten bleiben, eine abgesonderte, ungemischte Race, zum Zeugnisse für die Welt, und als ein Werkzeug der Vorsehung in ferner Zukunft"[432].

Verhältnisbestimmung zwischen der urchristlichen Geschichte und ihrer Zeitgeschichte unternimmt er, anders als SCHNECKENBURGER und später SCHÜRER, nicht. Zu SCHNECKENBURGERS in den 1840er Jahren konzipiertem, aber erst 1862 erschienenem Werk gibt es keine Querverbindungen (zu GFRÖRERS. S. 44f.; 53f.; zu SCHNECKENBURGER s. S. 61f.; zu SCHÜRER s. S. 227; vgl. auch zu HAUSRATH, s. S. 188).

[425] DÖLLINGER, Heidenthum 748; vgl. REUSS, Jdt 340: „Patrioten" und „Orthodoxe" (s. S. 90).

[426] AaO. 748f.; vgl. REUSS, ebd. (s. S. 91).

[427] AaO. 750; den Ursprung der Pharisäer in den Chasidim setzt REUSS in Jdt implizit voraus (ebd.). Explizit ist dies in Phar 501 (erschienen zwei Jahre nach DÖLLINGERS Werk) formuliert (s. S. 95).

[428] AaO. 751; vgl. REUSS, Jdt 341f. (s. S. 98).

[429] AaO. 775; vgl. REUSS, aaO. 340f. (s. S. 98ff.).

[430] Ebd.; vgl. REUSS, aaO. 344f. (s. S. 100).

[431] AaO. 856; vgl. REUSS, a.a.O 341; 345 (s. S. 100f.).

[432] AaO. 859; vgl. REUSS, aaO. 345f.; die Anspielung auf Röm 11 (s. S. 338) bleibt hier ebenso vage wie bei REUSS, Jdt 341 (s. S. 112) und SCHNECKENBURGER, Zeitg 237 (s. S. 71).

Dagegen kommt im Christentum der religiöse Kern des Judentums, das Ideal einer vom Prinzip der Liebe bestimmten Gesetzeserfüllung, zur Entfaltung. Die Pharisäer repräsentieren das jüdische Gegenbild dieses christlichen Ideals.

Döllingers Annäherung an die protestantische Bibelwissenschaft hat die weitgehende Übernahme eines dort vertretenen historisch-kritisch gefaßten Judentums- und Pharisäerbildes und damit verbundener geschichtstheologischer Anschauungen in seinem Werk nach sich gezogen. Grundsätzliche Wertsetzungen sind hierdurch nicht berührt worden. Mit Reuß' geschichtstheologisch bestimmtem Bild von Pharisäern und Judentum verbindet Döllinger Wertsetzungen innerlich-geistig getragener Gesetzlichkeit. Stärker als Reuß, der im Pharisäismus die schon in der gesetzlichen Grundlegung des Judentums angelegten Mängel zu Tage treten sieht, betont er als das Positive im Gesetz das „Princip der Liebe"[433], dem gegenüber der Pharisäismus als Abweg erscheint[434]. Diese Werte sind indessen keine katholischen Spezifika. Sie erscheinen auch im Rahmen protestantischer Anschauungen, die nicht von der traditionellen lutherischen Antithese von Gesetz und Evangelium dominiert werden, wie bei Daniel im pietistischen Kontext oder bei Winer im rationalistischen. Letztlich bestimmend für Döllingers Darstellung ist das historisch-kritische Element – und damit der Einfluß der protestantischen Bibelwissenschaft[435].

---

[433] Hierin berührt er sich mit älteren protestantischen Anschauungen aus Aufklärung und Pietismus, wie sie sich bei DANIEL (s. S. 84ff.), auch bei G. B. WINER (s. S. 42) finden.

[434] DÖLLINGER, aaO. 778: „Wenn später die Masse des Volkes in einen mechanischen Werkdienst verfiel, sich an das äußere Gesetzeswerk allein hielt, … so war das nicht die Schuld des Gesetzes" (vgl. aaO. 742: Der ursprüngliche Sinn des Gesetzes wurde durch immer neue, zumeist äußerliche Satzungen „übersehen oder zurückgedrängt"). Die insgesamt positive Würdigung des mosaischen Gesetzes, von dessen sinaitischem Ursprung DÖLLINGER ausgeht (aaO. 735f.), bestimmt das gesamte Kapitel „Das Gesetz" (aaO. 777ff. Diese Gesamttendenz prägt auch EWALDS „Die Alterthümer des Volkes Israel", 1. Aufl. 1848). An anderer Stelle schließt er in „das Gesetz" jedoch ersichtlich die pharisäischen Satzungen ein (aaO. 749).

[435] Ein knappes Jahrzehnt nach dem Erscheinen von DÖLLINGERS Werk veröffentlichte 1866 der Bonner katholische Neutestamentler JOSEPH LANGEN (1837–1901; vgl. RE³ XI, 268–271; RGG² III 1484), der sich später ebenfalls den Deutschkatholiken anschloß, sein Buch „Das Judenthum in Palästina zur Zeit Christi". Darin beschreibt er die jüdische Religiosität der zwischentestamentlichen Zeit als wichtigste Voraussetzung für das historische Verständnis des Neuen Testamentes, da die Verbindung des alttestamentlichen „Dogmas" mit der griechischen Philosophie in dieser Epoche die Brücke zwischen Altem und Neuem Testament darstelle. Eine wirkliche Synthese war aber mangels eines Mittlers wie Christus im Judentum nicht möglich: Dieses konnte die Alternative von starrem Offenbarungsglauben und haltloser Spekulation nicht überwinden. Die Pharisäer repräsentieren dieses jüdische Unvermögen als Vertreter des zum Fanatismus entarteten Glaubenseifers. Dies führte schließlich zu der dogmatisch verknöcherten Unfruchtbarkeit des Rabbinismus. Als Quellen dieser Epoche legt LANGEN, hierin auf BOUSSET vorausweisend, fast ausschließlich die alttestamentlichen Apokryphen und Pseudepigraphen zu Grunde. Seine Darstellung steht den geschichtstheologischen Entwürfen von REUSS und EWALD in der Akzentuierung eines innerjüdischen Widerspruches und in der Unterscheidung des Historischen vom Dogmatischen nahe. LANGEN hebt die Versöhnung von offenbarter und spekulativ erschlossener Wahrheit als leitenden Wert hervor. Er verwahrt sich damit gegen die Erstarrung des kirchlichen Dogmas, bleibt aber stärker als DÖLLINGER an die katholische Lehrtradition gebunden.

V. Liberal inspirierte Entwürfe

10. *Impuls jüdischer Wissenschaft*: Abraham Geiger

Abraham Geiger[1] wurde 1810 in einer orthodox-jüdischen Familie in Frankfurt am Main geboren. Vor allem durch seinen älteren Bruder Salomon, einen orthodoxen jüdischen Gelehrten, wurde er schon frühzeitig zum Talmudstudium angeleitet. Er studierte ab 1829 in Heidelberg und Bonn semitische Philologie und Philosophie, befaßte sich daneben aber auch weiterhin intensiv mit biblischen und talmudischen Studien. Er gehört zu den ersten jüdischen Gelehrten, die sich auf die neuzeitliche historische Fragestellung einließen[2]. Da er als Jude aber von akademischen Positionen ausgeschlossen blieb, erwarb er nach Verlassen der Universität ein Rabbinerdiplom, zu dem ihn sein bisheriger Bildungsgang befähigte[3]. Als Rabbiner wirkte er seit 1832 in Wiesbaden, später in Breslau, Frankfurt und Berlin. Er wurde einer der wichtigsten Vertreter der jüdischen Reform. Ihre Grundlage „sollte die prophetische Gesinnungsreligion, ihr Ziel der Universalismus sein"[4]. Es ging nicht allein um eine Neuordnung einzelner kultischer Elemente, sondern um eine Umgestaltung des Judentums und seinen Anschluß an die von der Aufklärung geprägte Moderne. Dafür wirkte er in Gemeinde und Wissenschaft durch vielfältige Aktivitäten. 1835 gründete er zu diesem Zweck die „Wissenschaftliche Zeitschrift für jüdische Theologie", als deren Mitarbeiter er Gelehrte wie Rapoport, Zunz und Luzzato gewann. Ab 1862 gab er die „Jüdische Zeitschrift für Wissenschaft und Leben" heraus. Auf den liberalen Rabbinerkonferenzen der Jahre 1844–46 trat er als Wortführer der entschiedenen Reformer auf. Obwohl er die 1854 erfolgte Gründung des „Jüdischen theologischen Seminars" in Breslau beeinflußt hatte, blieb er diesem wegen Richtungsdifferenzen fern. Ab 1872 lehrte er in der neugegründeten „Hochschule für die Wissenschaft des Judentums" in Berlin. Er starb 1874.

10.1. Die „Urschrift"

Sein Pharisäerbild hat Geiger erstmals in seinem 1857 erschienenen Hauptwerk „Urschrift und Übersetzungen der Bibel in ihrer Abhängigkeit von der innern Ent-

---

[1] Zu GEIGER vgl. L. GEIGER, Leben in Briefen; DERS., Lebenswerk 1–231; EJ[Berl] VII 157–160; EJ[Jer] 357–360; TRE XII 157–159; R. DEINES, Pharisäer 145f..

[2] Vgl. WELLHAUSEN, Pharisäer und Sadducäer (zit. als „PhS") 121.

[3] L. GEIGER, Lebenswerk 18.

[4] EJ[Berl] VII 157.

wicklung des Judenthums" vorgestellt[5]. Das zumal für den jüdischen Bereich charakteristisch Neue dieses Werkes liegt in der engen Verzahnung von Text- und Religionsgeschichte und der Nachzeichnung ihres wechselseitigen Einflusses. Geiger rekonstruiert die Entwicklung der inneren Geschichte des Judentums seit dem Exil an Hand der Geschichte des jüdischen Schrifttums von der Hebräischen Bibel bis zum Abschluß der babylonischen Gemara. Namentlich innerhalb der talmudischen Überlieferung erkennt er diese Entwicklung durch die bis dahin nicht vorgenommene Sonderung älterer und jüngerer Halacha in den tannaitischen Traditionsstoffen[6]. In der Anwendung der historischen Kritik auf die talmudische Überlieferung liegt sein besonderes Verdienst[7]. Aus ihr gewinnt er – unter Einbeziehung von Aussagen aus dem Neuen Testament und Josephus – die neue Erkenntnis, daß es sich bei den Sadduzäern nicht, wie bis dahin angenommen, um eine weltanschaulich-dogmatisch orientierte Partei handele, die nach Abot de Rabbi Nathan 5 von einem sonst unbekannten Rabbinen namens Zadok begründet wurde, sondern um die Zadokiden, d.h., um die Angehörigen und Parteigänger des alten Priesteradels, der sich auf den zur Zeit Davids lebenden Hohepriester Zadok zurückführt. Daraus zieht er die Konsequenz, daß die Sadduzäer eine primär nicht durch religiöse Anschauungen, sondern durch soziale und politische Interessen konstituierte Gruppierung darstellen. Analog dazu betrachtet er auch die Pharisäer als primär politisch motivierte Partei, die gegenüber den Sadduzäern die Belange des Volkes vertrat. Aus dieser Grundkonstellation entwickelt er seine Nachzeichnung der inneren Geschichte des Judentums seit den Makkabäern, mit den Pharisäern und Sadduzäern als entscheidenden Protagonisten.

10.2. Die Pharisäer – bürgerliche Demokraten

Der seit den Makkabäerkriegen in der inneren jüdischen Geschichte erkennbare Antagonismus zwischen Pharisäern und Sadduzäern stellt sich für Geiger im Kern als ein Kampf um die politische Macht dar, der aber, den Zeitumständen entsprechend, auf religiösem Felde ausgetragen wurde.

Sein Bild der Pharisäer ist wesentlich von seinen Erkenntnissen über die Sadduzäer her entworfen. Die Sadduzäer hatten in der frühnachexilischen Zeit aufgrund ihrer Funktion als hohepriesterliche Aristokratie unter der Fremdherrschaft unangefochten die innere Macht im Judentum innegehabt. Sie fanden sich nach den Umwälzungen der Makkabäerzeit als Partei im Volke wieder, in Konkurrenz zu anderen. Durch den Aufstieg der Hasmonäer ins Hohepriesteramt waren sie ihrer früheren exklusiven Stellung beraubt. Umso mehr waren sie bestrebt, die an ihre noch

---

[5]　2. Aufl. 1928 (zit. als „Urschr"; im Textsatz identisch mit der 1. Aufl.). Ergänzt und präzisiert ist dieses Bild in „Sadducäer und Pharisäer", JZWL 2/1863 (zit. als „SPh") und „Das Judenthum und seine Geschichte II" 77ff., 1865 (zit. als „Jdt II"). Zu GEIGERs Pharisäerdarstellung vgl. S. POS-NANSKI in L. GEIGER, Lebenswerk 356–367; S. MASON, Problem of the Pharisees 104; R. DEINES, ebd.

[6]　Zur Idee der Entwicklung bei GEIGER vgl. H. LIEBESCHÜTZ, Judentum 124f.

[7]　Vgl. Urschr² II (Vorwort P. KAHLES).

verbliebenen priesterlichen Funktionen gebundenen gesellschaftlichen und kultischen Privilegien nach Kräften zu wahren. So wurden sie zu einer abgeschlossenen aristokratischen Partei,

> „welche in ihrer Exclusivität den Zudrang der Masse von sich abwehrte, aber doch als adlige, durch Alter des Geschlechts, durch Priesterheiligkeit oder durch neu erworbenes Ansehn den bedeutendsten Einfluss hatte, eine kleine aber mächtige Partei"[8].

Die nationalen und religiösen Belange vertraten sie im Rahmen ihrer Standesinteressen. Sie hielten konservativ an den überkommenen Einrichtungen und Gebräuchen fest, die ihre gesellschaftliche Stellung sicherten. Hierzu zählt Geiger „die Nichtvermischung mit fremden Völkern ..., Festtage, Tempeldienst, Priester- und Levitenabgaben"[9]. Der althergebrachten „praktischen" Frömmigkeit blieben sie treu und betrachteten Weiterentwicklungen dieser Gegebenheiten grundsätzlich mit Mißtrauen, da diese den *status quo* potentiell gefährdeten[10]. Weil die Vorzugsstellung der Sadduzäer vor allem an ihre priesterlichen Funktionen gebunden war, legten sie besonderen Wert darauf, die an die Person und die legitime Abstammung der Priester gebundene Heiligkeit als ihren Besitz exklusiv aufrecht zu erhalten[11].

Ihre Opponenten, die Pharisäer, verkörpern dagegen das Element nationaler Demokraten. Geiger führt sie auf die sich vom Heidentum absondernden „נִבְדָּלִים" aus den Büchern Esra und Nehemia zurück, die später als innerjüdische Partei den gleichbedeutenden Namen „פְּרוּשִׁים" annahmen. Nur während der Makkabäerkriege nannten sie sich „Chassidim, Asidäer", kehrten aber bald zu ihrem ursprünglichen Namen zurück[12]. Religiös betrachtet, ist ihre Differenz zu den Sadduzäern keine prinzipielle. Die Ehrerbietung gegenüber den religiösen Institutionen und das Festhalten an ihnen sowie die Absonderung von den Heiden verbanden beide Parteien. Die Verschiedenheit ihrer sozialen und politischen Interessen aber bewirkte, daß sich nach und nach auch die zunächst unbedeutende Differenz ihrer „religiösen Hoffnungen und Anforderungen" immer weiter vertiefte[13]. Im vordergründig religiös ausgetragenen Konflikt der Parteien artikulierte sich ihre eigentlich politische Rivalität.

Deren eigentlichen Kern sieht Geiger im Kampf der demokratischen Pharisäer um die politische Gleichberechtigung des Volkes gegenüber der sadduzäischen Aristokratie. Er wurde, der Zeit entsprechend, auf religiösem Gebiet geführt. Als Hebel gegen die Privilegien und den priesterlichen Exklusivitätsanspruch der Sadduzäer diente den Pharisäern das polemisch gefaßte Prinzip des allgemeinen Priester-

---

[8] Urschr 102.

[9] AaO. 103.

[10] AaO. 104; aus Standesinteressen erklärt er auch ihre größere Offenheit gegenüber hellenistischer Kultur und ihr härteres Vorgehen im Strafverfahren (aaO. 103; 139).

[11] Urschr 104.

[12] AaO. 71; 103; Geiger fügt an, daß „die Chassidim ... sich in die asketischen Essäer umgestalteten" (aaO. 103). Dies steht aber im Widerspruch zu der Auffassung, daß die Chasidim zum Namen „Peruschim" zurückkehrten. Er gibt keine Anhaltspunkte zur Auflösung des Widerspruches, etwa in Gestalt einer Spaltung der Partei.

[13] AaO. 104.

tums, nach dem „das Königreich, das Priesterthum und die Heiligung" nach 2.
Makk 2,17 dem ganzen Volke Israel verliehen seien[14]. Zur Durchsetzung dieses Anspruches schufen sie für das ganze Volk offenstehende Parallelstrukturen zu religiösen und politischen Institutionen, die ursprünglich der abgeschlossenen sadduzäischen Aristokratie vorbehalten waren. So waren die „Fürsten" und „Präsidenten
des Magistrats", die als „pharisäische Volksbehörde"[15] in der pharisäischen Tradition unter dem Namen „Sugoth" erscheinen, in Konkurrenz zu levitischen „Du-
umviri" entstanden, „die höchsten Verwaltungs und richterlichen Beamten"[16].
Deren Funktionen wurden nach und nach von ihrem pharisäischen Pendant übernommen. Unter diesem Blickwinkel betrachtet Geiger auch die pharisäischen
Chaburot. Sie entstanden in Anlehnung an den auf hasmonäischen Münzen als
„חֶבֶר הֵיהוּדִים" bezeichneten priesterlichen Senat[17] sowie an die patrizische Gemeinschaft der Sadduzäer. Diese drückte sich in priesterlichen Opfermahlzeiten
aus, die durch die Einhaltung der für die Priester geltenden Reinheitsmaßregeln religiös qualifiziert waren[18]. Die Pharisäer übernahmen diesen Brauch und machten
sich insbesondere die Einhaltung der speziell für die Priester geltenden Reinheitsvorschriften, „profane Frucht mit der Reinheit des Heiligthums" zu genießen, zu
Eigen[19]. Die Chaburot der Pharisäer waren das wichtigste Element in dem Bestreben, „sich zu einer größeren, der priesterlichen sich annähernden Heiligkeit" em-
porzuheben[20]. Hierin drückte sich ihr Anspruch auf Teilhabe an der heiligen, den
Priestern vorbehaltenen Sphäre und, untrennbar damit verbunden, an der politischen Macht aus. Das Priestertum der Laien, das Bemühen, „das ganze Volk möglichst mit jener äußerlichen Priesterheiligung zu belasten"[21], sollte der religiösen
und damit politischen Gleichberechtigung des Bürgertums den Weg ebnen. In Folge dessen wurde durch die pharisäischen Laiengenossenschaften die Erinnerung an
die „alte enggeschlossene Aristokratie fast ganz verdrängt"[22].

Die unterschiedlichen Lehrauffassungen über Eschatologie, Prädestination und
Angelologie führt Geiger auf die Grundverschiedenheit der vom sozialen Standort
abhängigen Lebensanschauungen zurück. Gegenüber der praktisch-nüchternen
Frömmigkeit der sadduzäischen Oberschicht, die sich im Diesseits gut etabliert hatte und gar keine Umgestaltung der Verhältnisse wünschte, vertraten die Pharisäer
eine „ideellere, aber auch schwärmerische Frömmigkeit". Sie suchten eine innigere
Nähe zu Gott, wie sie nur in einem neuen Äon denkbar war, der die unbefriedi-

---

[14] SPh 32; zur Argumentationsfigur des allgemeinen Priestertums vgl. D. R. SCHWARTZ,
„Kingdom of Priests" – a Pharisaic Slogan?
[15] Urschr 116; belegt durch M Abot I 4–15; Pea II 6; Chag II 2; T Jad II.
[16] AaO. 118; belegt u.a. durch 2. Chr 31,12f.; M Sota IX 9 (aaO. 116f.).
[17] AaO. 122.
[18] AaO. 122ff.; SPh 24f.; Jdt II 90f.
[19] Jdt II 90f.; dies geht auf den „Aruch" des NATHAN B. JECHIEL zurück (VI 452; vgl. J. LIGHT-
FOOT, Horae[2] 232 und SCHNECKENBURGER, Einl 74, s. S.73).
[20] SPh 25.
[21] AaO. 33.
[22] Urschr 124.

genden Zustände des gegenwärtigen aufhob. Hierin repräsentierten sie „die heiss-blütigeren nationalen Hoffnungen" des Volkes, das auf bessere Zeiten hinlebte[23].

In der von den Pharisäern vertretenen und von den Sadduzäern abgelehnten „Paradosis" erblickt Geiger nicht die gesamte talmudische Halacha[24]. Die Sadduzä-er hatten „die Grundlage des ganzen erweiterten jüdischen Systems" geschaffen und dabei auch Erweiterungen der pentateuchischen Tradition vorgenommen, die allgemein anerkannt waren[25]. „Allein die Pharisäer, als oppositionelle Partei und an religiös-nationalem Eifer die Sadd. überbietend, begründeten auch eigene Einrich-tungen", die den sadduzäischen entgegenstanden. Nur auf diese jüngere pharisäi-sche Halacha bezog sich die sadduzäische Ablehnung. Der Eindruck, daß es über-haupt nur pharisäische Halacha gegeben habe, resultiert daraus, daß allein diese sich in der späteren rabbinischen Tradition durchsetzte[26]. Die Auffassung, daß die Sad-duzäer nur die Schrift als religiöse Norm gelten ließen, sei darauf zurückzuführen, daß spätere Rabbinen die Sadduzäer als Karäer identifizierten und deren Grundsät-ze auf jene übertrugen[27]. In einer späteren Veröffentlichung unterscheidet Geiger auch innerhalb des Pharisäismus zwischen der älteren Halacha Schammais, die noch sadduzäernahe Positionen vertrat, und der jüngeren Hillels, deren weitergehende Neuerungen sich schließlich durchsetzten[28].

Den Widerspruch der jüngeren pharisäischen Halacha gegen die ältere sadduzäi-sche betraf „Vorschriften über Reinheit, über Opfer- und Tempeldienst und über Strafverfahren"[29], was Geiger vor allem hinter den im Talmud überlieferten hala-chischen Streitigkeiten zwischen Pharisäern und Sadduzäern erkennt. Die Rein-heitshalacha der Pharisäer zielte darauf, die Heiligkeit der Person der Priester, die die sadduzäischen Privilegien gewährleistete, zu relativieren. Um den Kult von die-ser Heiligkeit unabhängiger zu machen, stellten die Pharisäer dagegen die Reinhal-tung der kultischen Gefäße in den Vordergrund[30]. Im Opfer- und Tempeldienst lag die Hauptdifferenz darin, daß die Pharisäer die Verwendung der Opfer zu Gunsten

---

[23] AaO. 132; Jdt II 96f.
[24] Dies war, der Angabe in Ant. XIII 10,6 (297f.) folgend, die allgemeine Ansicht, so bei WÄH-NER (Ant. II 764, s. S. 18); GFRÖRER (Jahrh I 131f.; 140, s. S. 46f.); SCHNECKENBURGER (Zeitg 140f., s. S. 63f.); DANIEL (Phar 20–22, s. S. 78f.); REUSS (Phar 505f., s. S. 106); JOST (Jdt I 214f., s. S. 150). Vgl. auch G. B. WINER, RWB II[3] 245, und L. HERZFELD, Gesch III[2] 361ff.
[25] GEIGER, Urschr 133.
[26] AaO. 134.
[27] AaO. 133; GEIGER gibt keine genauen Belege an. Die Angabe findet sich in MAIMONIDES' Kommentar zu M Abot I 3 (vgl. J. LIGHTFOOT, Horae[2] 235; J. TRIGLANDIUS, Syntagma III 7; s. S. 23; 26; 78].
[28] SPh 38; Hillel erscheint bei GEIGER als Vorkämpfer der pharisäischen Volksheiligkeit. In Hil-lels halachischen Entscheidungen erkennt GEIGER die Tendenz, die Befugnisse und Vorrechte der Priester zugunsten der Laien zu beschneiden (aaO. 46ff.). Ferner habe er gegenüber der formali-stischen Erstarrung der älteren Halacha den Bezug der Lehre zu Menschlichkeit und Innerlichkeit betont, ohne allerdings empfindsam oder schwärmerisch zu sein. GEIGER nennt ihn einen „echten Reformator" (Jdt II 104). Deutlich tritt auch in diesen Scheidungen des Jüngeren vom Älteren der Gedanke der Entwicklung hervor.
[29] Urschr 134.
[30] AaO. 134ff.; belegt u.a. durch T, j Chag Ende, M Jad IV 6; T Jad II.

der – sadduzäischen – Priester einschränken wollten und diese als ausschließlich
Gott geweiht betrachteten[31]. Andere halachische Differenzen wie diejenige um die
Berechnung des Neumondes seien lediglich aus dem „Kampfe um Parteiansehn"
entsprungen[32]. Die größere Strenge der Sadduzäer im Strafverfahren ist für Geiger
kein Spezifikum dieser Partei, sondern eine natürliche Folge ihrer herrschenden
Stellung. Die Pharisäer hätten sich zur Zeit ihrer eigenen Herrschaft nicht anders
verhalten[33]. Eine besondere Rolle spielen für ihn die in M Jad IV 6–8 und T Jad II
19–20 überlieferten Streitgespräche zwischen Pharisäern und Sadduzäern. Sie seien
eine „Einkleidung politischer Parteiansichten in abweichende religiöse Grundsätze", wie sie dem Charakter des damaligen Judentums entsprochen hätten[34]. So erblickt er hinter der pharisäischen Position, die das Erbrecht einer Tochter bestreitet
und keine Haftpflicht eines Herrn für Schäden, die sein Sklave verursacht, anerkennt, eine politische Stellungnahme der Pharisäer für die Hasmonäer gegen Herodes d. Gr.. Die Nachkommen Herodes' aus seiner Ehe mit der Hasmonäerin Mari-
amne seien keine legitimen Erben der hasmonäischen Herrschaft. Vielmehr seien
sie nur die Knechte der Hasmonäer. Für die üblen Taten des Herodes seien sie aber
nicht verantwortlich[35]. Diese halachischen Streitigkeiten sind für Geiger das Spiegelbild seiner Auffassung von der wesentlich politischen Natur des Parteienstreites.

Auf der anderen Seite schieden sich die Pharisäer durch diese Bestrebungen vom
Am Ha-aretz. Dieser ist für Geiger die Masse des Volkes, die, „nur ihr tägliches Be-
dürfniss im Auge, die national-religiösen Vorschriften nicht mit Strenge beobachtete, den ,Genossenschaften' nicht angehörte und politisch bald der einen bald der
andern Partei sich zuneigte, meistens aber, der Natur des Volkes angemessen, der
Aristokratie abhold war und den Pharis., als den Eifrigeren, sich zuwandte"[36]. Im
Ganzen spielt das Verhältnis der Pharisäer zum Am Ha-aretz in Geigers Darstellung
jedoch nur eine marginale Rolle.

Die geschichtliche Entwicklung der Pharisäer stellt sich für ihn vor diesem Hintergrund wie folgt dar: In den Makkabäerkriegen stürzten zunächst die Hasmonäer,
auf den pharisäischen „Bürgerstand" gestützt, „die Nachkommen der Zadokiten
von dem Throne"[37], um sich aber hernach wieder mit dem alten mächtigen Adel
zu verbinden, nachdem sie zunächst zwischen beiden Seiten geschwankt hatten. So
fanden sich die Pharisäer erneut in der Opposition wieder. Diese Stellung nahmen
sie auch gegenüber der herodianischen Herrschaft ein[38]. Ihre Rolle als bürgerliche
Demokraten ist bestimmend für ihr Verhältnis zu den verschiedenen Herrschaften.

---

[31] AaO. 136; belegt u.a. durch Meg. Ta'an. 1, b Men 65a.
[32] AaO. 137 belegt u.a. durch M Rosch Haschana II 1.
[33] AaO. 139ff.; belegt durch j Sanh VI 4; Mechilta zu Ex 23,7; Ant. XX 9,1 (199).
[34] AaO. 145.
[35] AaO. 142–145.
[36] AaO. 150; vgl. Gfrörers (Jahrh I 130; s. S. 52) und Schneckenburgers (Zeitg 120; s. S. 70)
Erwägungen über die Bindewirkung äußerlicher und beschwerlicher Gesetzesvorschriften auf die
große Menge.
[37] Jdt II 89.
[38] Urschr 143; den Herodäern machten die Pharisäer die Legitimität der Herrschaftsübernah-
me von den Hasmonäern streitig.

Zu den Hasmonäern, mit denen sie einst verbündet waren, gerieten sie in Opposition, weil diese sich mit den aristokratischen Interessen der Sadduzäer verbündeten. Ihr Gegensatz gegen die Herodäer gründete sich darauf, daß sie, das national und religiös gesinnte Bürgertum[39], deren als Fremdherrschaft angesehenes Regiment ablehnten. Die durch die Herodäer geadelten Boethusier schlossen sich zudem ihren Gegnern, den Sadduzäern, an[40]. Die Ablehnung der Römerherrschaft ergibt sich aus der nationalen Orientierung der Pharisäer. Diesen Aspekt berührt aber Geiger, der sie als einen Faktor primär der inneren jüdischen Geschichte beschreibt, nur am Rande[41]. Wichtiger ist für ihn der Aspekt, daß die Pharisäer zunehmend die eigentlich bestimmende Gruppe im Volk waren und durch ihren inoffiziellen Einfluß den offiziell herrschenden Sadduzäern allmählich immer mehr Macht abnahmen. Die spätere Entwicklung des Pharisäismus zur alleinherrschenden Richtung im Judentum nach 70 war damit vorgezeichnet.

10.3. Quellenauswertung

Durch Geigers Identifikation der Sadduzäer als Partei der Priesteraristokratie ist die soziologische Dimension für sein Pharisäerbild bestimmend geworden. Dies führt ihn zu einer Neubewertung der Quellenaussagen auch über diese Gruppe. Die Nachrichten über die Sadduzäer als Oberschichtpartei, Aristokraten und Hohepriester wurden vor dem Erscheinen von Geigers „Urschrift" in ein Bild eingeordnet, das durch ihre Entgegensetzung zu den primär religiös definierten Pharisäern bestimmt war. So ging man von einer primär religiös–weltanschaulichen Wesensbestimmung auch der Sadduzäer aus[42]. Geigers Neueinsatz liegt darin, daß er, bewogen durch die Erkenntnis der primär politischen Orientierung der Sadduzäer, das bisherige Bild der Sadduzäer wie der Pharisäer umkehrte und, von den Sadduzäern ausgehend, auch die religiösen Belange der Pharisäer als vorwiegend politisch motiviert erklärte. Quellenkritisch beruht diese Erkenntnis auf der Ableitung des Namens „Zedukim" nicht, wie bisher, von „Zadik"[43] oder dem in Abot de Rabbi

---

[39] AaO. 150.

[40] AaO. 102; 126.

[41] AaO. 126; vgl. aaO. 143; mit dem Ausdruck „wilde Demokratie" (SPh 38) kennzeichnet er die Zeloten als extremen pharisäischen Flügel. Akiba erscheint als Repräsentant des „muthig vorschreitenden" Pharisäismus (aaO. 39). In dieser Sicht spiegelt sich GEIGERS Haltung zu den revolutionären Vorgängen von 1848 wider (vgl. L. GEIGER, Leben und Lebenswerk 108f.).

[42] Die Sadduzäer erschienen in bisherigen Darstellungen als gegenüber den Pharisäern torakonservativere, aber in Wandel und allgemeinen Lebensanschauungen infolge hellenistischer Einflüsse zu Freigeisterei, Rationalismus und Weltbürgertum tendierende Partei, deren Klientel aus den Aristokraten und Reichen bestand: So in unterschiedlicher Gewichtung bei GFRÖRER, Jahrh I 131f.; 137 (s. S. 47); SCHNECKENBURGER, Zeitg 141f. (s. S. 66); REUSS, Jdt 342; Sadd 292; 296 (s. S. 98); EWALD, Gesch IV³ 358ff.; 494 (s. S. 128); JOST, Allg Gesch I 518–520; Jdt I 214ff. (s. S. 150; 152); auch bei HERZFELD, Gesch III² 366. Vgl. die Übersicht bei GEIGER, SPh 14ff.; s. S. 331.

[43] So bei SCHNECKENBURGER, Zeitg 142; REUSS, Sadd 296; HERZFELD, Gesch III² 358. Diese Ableitung findet sich bereits bei Epiphanius, Panarion I 14,2; dort ist allerdings auch auf den Priester Zadok hingewiesen.

Nathan 5 erwähnten Schüler des Antigonos v. Sokho namens Zadok[44], sondern von dem gleichnamigen Hohepriester aus der davidisch-salomonischen Zeit, dem Ahnherrn der Jerusalemer Priesteraristokratie[45].

In der Auswertung des Neuen Testamentes und Josephus' betont er besonders die dort erkennbaren Aussagen über politische Aktivitäten der beiden Parteien. In diesem Zusammenhang zeichnet er nach, wie die Evangelien in der Reihenfolge Mk–Mt–Lk–Joh eine immer geringere Kenntnis jüdischer Verhältnisse zeigen und so die Entwicklung des Christentums aus dem Judentum heraus widerspiegeln[46]. Die neutestamentliche Polemik, sofern sie von Jesus selber herrühre, wende sich an die Pharisäer als die eigentlichen Repräsentanten des Volkes. Sie erhebt für Geiger gewissermaßen im Namen des wahren, noch zu verwirklichenden Pharisäismus Einspruch gegen die Halbheiten und Widersprüche des tatsächlich existierenden[47]. Mt 6 und 23 erwähnt er nicht. Vor allem aus den markinischen Auseinandersetzungen Jesu mit Pharisäern folgert er:

> „Der Boden also, auf dem Jesus stand und den er bearbeiten wollte, war der des Pharisäismus, er bekämpfte seine Halbheit, kämpfte aber mit dessen eigenen Waffen"[48].

Die heidenchristliche Partei habe sich dagegen „mit ihrer vollen Aufhebung des Gesetzes gegen bestimmt ausgesprochene Worte Jesus' selbst in vollen Widerspruch" gesetzt[49].

In der Auswertung der talmudischen Quellen liegt die augenfälligste Konsequenz aus der soziologischen Akzentuierung des Pharisäer- und Sadduzäerbildes darin, daß Geiger hinter ihren halachischen Streitgesprächen in verschlüsselter Form dargebotene politische Auseinandersetzungen erblickt. Der politische Interpretationshorizont eröffnet ihm ebenfalls die Möglichkeit, die pharisäischen Institutionen als Konkurrenzunternehmen zu ursprünglich sadduzäischen Einrichtungen zu betrachten. Auf diese Weise verknüpft er die Nachrichten aus den jüngeren Büchern des Alten Testamentes, Josephus und dem Neuen Testament mit den talmudischen Überlieferungen. Der Talmud hat, unter den Auspizien historischer Kritik, als Quelle für die Pharisäer bei Geiger programmatisch Priorität vor Josephus und dem Neuen Testament. Die argumentativen Kunstgriffe aber, mit denen er seine historischen Auffassungen vom wesentlich politischen Charakter der sadduzäisch-pharisäischen Differenz an die talmudischen Quellen herantragen muß[50], zeigen doch, daß seine Sicht der historischen Entwicklung stärker von Nachrichten

---

[44] So bei J. LIGHTFOOT, Horae² 235f.; GFRÖRER, Jahrh I 131f.; EWALD, Gesch IV³ 357f.

[45] Urschr 20ff.; 104f.; vgl. 2. Sam 8,17; 1. Kön 1,34ff.; 1. Chr 5,34ff.; 16,39; Ez 40,46; u.a.

[46] AaO. 107; SPh 35–37; vgl. LIEBESCHÜTZ' Hinweis auf die „geistige Nachbarschaft" (H. LIEBESCHÜTZ, Judentum 123) des GEIGER'schen Programmes zur Tendenzkritik der Tübinger Schule.

[47] Daher betont er SPh 42 die Parallele der Reformbestrebungen Hillels zu den Auseinandersetzungen Jesu mit dem zeitgenössischen Judentum.

[48] SPh 37.

[49] AaO. 38.

[50] Vgl. Urschr 108f.: „Das deutlichste Bild der damaligen religiösen und bürgerlichen Verwaltung liefern uns die thalmudischen Urkunden, *wenn wir sie zu lesen verstehen*" (Hervorhebung von mir).

aus Josephus und dem Neuen Testament bestimmt ist, als er in seinem quellenkritischen Programm zugesteht. Wellhausen bemerkt dazu mit Recht: „Der aus den
letzteren gewonnene Eindruck ist der unwillkürliche Massstab der Kritik gewesen,
der unbewusste Leitfaden, der zur Auffindung der verwitterten Trümmer einer
nichtthalmudischen Ueberlieferung innerhalb des Thalmud selbst diente"[51]. Geigers Versuch, durch die Anwendung historischer Kritik auf den Talmud diesen als
eigentliche Quelle für die geschichtliche Entwicklung des Judentums zum Sprechen zu bringen, führt durch den Vergleich mit den griechischen Quellen *de facto*
zu einer starken Relativierung seines historischen Wertes. Im Hintergrund seiner
methodisch-quellenkritischen Grundentscheidung spiegeln sich in der Doppelheit
von Hochschätzung und Kritik der talmudischen Tradition Problemstellungen des
zeitgenössischen Reformjudentums wider.

10.4. *Gesellschaftspolitische Perspektiven und jüdische Reform*

Geiger ist auch in seiner Darstellung der Pharisäer als entschiedener Vertreter der
Ideale des liberalen Reformjudentums erkennbar. In den Pharisäern, die dem gesamten rabbinischen Judentum ihren Stempel aufgedrückt haben, erkennt er, auf
seine eigene Zeit bezogen, das über den Rabbinismus hinausführende Prinzip von
Fortschritt und lebendiger Weiterentwicklung. Durch die Verknüpfung des Ent-
wicklungsgedankens mit den Pharisäern löst er folgendes Problem: Die Pharisäer
verkörpern einerseits auch für ihn das Judentum an sich, das jüdische Prinzip, mit
dem er sich identifiziert. Andererseits stehen sie aber für den Rabbinismus, von
dem er sich in wesentlichen Stücken distanziert. Daher läßt er sie als eine Stufe derjenigen Entwicklung erscheinen, die ihrer eigentlichen Ausrichtung nach zu den
von ihm erstrebten Idealen hinführt. Ihre Rolle als idealtypische Repräsentanten
des Judentums behalten sie auch in diesem Geschichtsmodell. Sie sind in einem die
Gründerväter des Rabbinismus und die Träger der über ihn hinausführenden reformjüdischen Leitbilder. Sie verkörpern das wesentlich auf Fortschritt und Weiterentwicklung hin angelegte Judentum und die Ideale innerlicher Gesinnungs-
frömmigkeit des liberalen Bürgertums um die Jahrhundertmitte, verbunden mit
dem Streben nach demokratischer Mitwirkung in Politik und Religion. Die Überwindung des infolge nicht konsequent durchgeführter Reformen erstarrten Rabbinismus ist für ihn der eigentliche Pharisäismus, d.h., das wahre Wesen des Judentums[52]. Die Aussage, die Pharisäer litten, wie auch Jesus,

> „an dem inneren Widerspruche, das Gesetz einerseits aufrecht erhalten, andererseits es
> aber doch brechen zu wollen"[53],

beschreibt *in nuce* das Dilemma der jüdischen Reformer zwischen traditionsbe-
zogener jüdischer Identität und traditionskritisch-liberalem Impetus. Diesem Di-

---

[51] Wellhausen, PhS 122 (s. S. 219f.).
[52] Geiger, SPh 40f.
[53] AaO. 38.

lemma setzt Geiger die Idee der fortschreitenden Entwicklung entgegen. Einer ihrer wesentlichen Bestandteile ist ihre Offenheit auf die Zukunft hin, die Abgrenzung von allen endgültig abgeschlossenen, erstarrten Strukturen. Einen spezifisch jüdischen Akzent erhält dieser Entwurf durch Geigers Kombination der religiösen Dimension mit der politischen. Seine Darstellung des Fortschrittskampfes der Pharisäer als eigentlich politische, aber auf religiösem Felde ausgetragene Kontroverse spiegelt zeitgenössische Konstellationen im Kampf des Reformjudentums seiner Zeit um die Emanzipation wider. In der Auseinandersetzung um die Reform der jüdischen Religion nach innen und ihre gleichberechtigte Anerkennung nach außen geht es letztlich um die Zielvorstellung der vollständigen Gleichberechtigung der Juden im bürgerlichen Gemeinwesen[54].

Geiger sucht die Engführung auf den ausschließlich jüdischen Bereich zu vermeiden, indem er den Pharisäismus als Musterfall des fortschrittlichen Prinzips der Weltgeschichte begreift, gegenüber dem Sadduzäismus, der für die Erstarrung auf dem einmal Erreichten steht. So sieht er einerseits im politischen Bereich in jeglichem „Kampf eines aufstrebenden Bürgerthums gegen einen engherzigen, selbstsüchtigen Adel" sich den Kampf der demokratisch-patriotischen Pharisäer wiederholen und zieht so die Verbindungslinie zum politischen Liberalismus seiner Zeit[55]. Andererseits ist im religiösen Bereich der Kampf des fortschrittsorientierten Protestantismus gegen den erstarrten Katholizismus um das allgemeine Priestertum eine dem Kampf der Pharisäer gegen die Sadduzäer parallele Erscheinung, worauf er großen Wert legt:

„Der Protestantismus ist das volle Spiegelbild des Pharisäismus, wie der Katholicismus das des Sadducäismus, sein geschichtlicher Verlauf entwickelt sich in gleicher Weise, und nicht minder wird es das Ende sein"[56].

Indem Geiger den Fortschritt zur liberalen Demokratie als genuin pharisäisches, d.h., jüdisches Anliegen charakterisiert, stellt er die Verbindung zu gesamtgesellschaftlichen liberalen Leitbildern her. In der Verknüpfung politischer und religiöser Reformimpulse, im Kampf sowohl gegen die restaurativen politischen Mächte als auch gegen die orthodoxen religiösen, stehen jüdische, protestantische und katholische Liberale an derselben Front[57]. Diese welthistorische Entwicklung betrachtet er

---

[54] Vgl. H. Liebeschütz, Judentum 124f.

[55] Geiger, aaO. 41; seine Darstellung der Pharisäer und Sadduzäer als Demokraten und Aristokraten hat ihre Darstellung an Hand der älteren, noch auf Kontroversen der Aufklärung zurückweisenden Parallele von Orthodoxen und Freigeistern abgelöst. Hierauf macht Hausrath (Die Resultate der jüdischen Forschung 970; s. S. 170f.) aufmerksam. Dessen Darstellung dieser Korrektur hat sich wiederum Geiger ausdrücklich zu Eigen gemacht (SPh 15ff.).

[56] Geiger, aaO. 41; wie sehr diese Äußerung zeitgenössisch inspiriert ist, zeigt der Vergleich mit Gfrörer, der, stärker historisch argumentierend, nach dem Kriterium des Schriftprinzips gerade umgekehrt die Sadduzäer mit den Protestanten und die Pharisäer mit den Katholiken vergleicht (Jahrh I 132; s. S. 47). Geiger selbst hatte zunächst lediglich die Parallele zum Kampf der Independenten und Puritaner gegen die Episkopalen in England gezogen (Urschr 104).

[57] SPh 41: „Auch der Protestantismus leidet an den Halbheiten, die dem Pharisäismus anklebten; jüngere, consequentere Richtungen müssen ihn zu seiner Wahrheit bringen. Auch im Schoße

keineswegs als beendet. Es sei Aufgabe der Gegenwart, noch vorhandene, durch Zugeständnisse an das Alte entstandene Halbheiten zu überwinden, um zur Idealgestalt der Religion vorzustoßen. Als Zielvorstellung ist hier ein durch Überwindung erstarrter konfessioneller Strukturen zu konstituierender, alle Konfessionen verbindender bürgerlich-demokratischer Liberalismus erkennbar, einschließlich eines auf dieser Grundlage religiös, politisch und gesellschaftlich völlig emanzipierten Judentums[58]. Geiger präsentiert hier eine klassische Vision liberaler jüdischer Reform aus den 1850er und 1860er Jahren, deren jüdische Leitbilder er in der historischen Gestalt der Pharisäer präsentiert.

10.5. Zusammenfassung

Geiger hat seine neuen Erkenntnisse über Sadduzäer und Pharisäer mit einem dezidiert liberal-jüdischen Geschichtsbild verbunden. Forschungsgeschichtlich betrachtet, hat er insbesondere die historisch-kritisch gesichtete Verwendung talmudischen Materials in die Darstellung der Sadduzäer und Pharisäer eingeführt und durch seine Darstellung das bislang geltende Bild vom Verhältnis dieser beiden Gruppen im Gesamtkontext der Geschichte des Judentums seit den Makkabäern entscheidend revidiert.

Weniger folgenreich war Geigers Verbindung historischer Erkenntnisse mit zeitgenössischen Perspektiven des liberalen Reformjudentums der 1850er Jahre. Dessen beherrschende Themen, die wesentliche Fortschrittsorientierung des Judentums und, damit verbunden, der untrennbare Zusammenhang der innerjüdischen Reform mit der bürgerlichen Emanzipation und des jüdischen religiösen Liberalismus mit dem politischen, trägt er in seine Darstellung antiker jüdischer Verhältnisse ein, mit der Folge von historisch problematischen Zuordnungen.

Auf jüdischer Seite wurden zunächst weder die historischen noch die zeitgenössischen Aspekte des Pharisäerbildes Geigers akzeptiert[59]. Entscheidende Anstöße

---

des Katholicismus machen neuerdings pharisäische Bestrebungen sich geltend". Hillel und Jesus zeichnet er als in diese Richtung wegweisende Persönlichkeiten.

[58] LIEBESCHÜTZ charakterisiert in diesem Zusammenhang GEIGERS Ideale als „universale Vernunftreligion" (H. LIEBESCHÜTZ, Judentum 125) und hebt seine Nähe zu aufklärerisch-rationalistischem Denken hervor (aaO. 128f.).

[59] JOSTS letzte Pharisäerdarstellung (Jdt I) erschien wie Urschr 1857. HERZFELD erklärt 1863 in Gesch II² XI, er könne „Geiger's geistreiche Ansicht von dem Entstehen der Zedukim nicht billigen". GRAETZ geht auch in den späteren Auflagen seines Werkes auf GEIGERs Erkenntnisse in den entscheidenden Aspekten nicht ein. Dies gilt auch für die Pharisäerdarstellung in der seinerzeit weit verbreiteten „Real-Encyclopädie für Bibel und Talmud" (erschienen 1862; 2. Aufl. 1870–1883; 3. Aufl. unter dem Titel „Real-Enzyklopädie des Judentums" 1896–1901) JACOB HAMBURGERS (1826–1911, seit 1859 Landesrabbiner in Mecklenburg-Strelitz; vgl. EJ^Berl VII 898–899). Im Art. „Sadducäer, Pharisäer und Baithusäer oder Boöthusäer" (Real.Enz. II²·³ 1038–1059) lehnt er GEIGERS Herleitung der Pharisäer und Sadduzäer ab und beschreibt die Pharisäer als eine religiöse Gruppierung, die aus dem Zusammenfluß von Tendenzen bereits vorhandener Religionsparteien zur Zeit der Makkabäer, der Chassidäer und der Zaddikim, hervorging. Das Hauptmerkmal der Chassidäer war die „Absonderung vom Erlaubten, von dem durch das Gesetz nicht Verbotenen" (aaO. 1038; mit Bezug auf das Nasirat in Num 6,5f.). Der ursprüngliche Name dieser von HAM-

hat er aber vor allem der protestantischen Bibelwissenschaft vermittelt. Alle nach 1857 erschienenen maßgeblichen Pharisäerdarstellungen aus diesem Bereich beziehen sich auf sein Werk, rezipieren aber weithin lediglich seine historischen Ergebnisse[60]. Eine positive Resonanz auf die zeitgenössischen Anliegen in Geigers Pharisäerdarstellung findet sich allein in einem 1862 erschienenen Aufsatz des liberalen Protestanten Hausrath, die aber bereits 1868 in dessen „Neutestamentlicher Zeitgeschichte" einem traditionelleren christlichen Pharisäerbild weicht[61]. Schürer übernimmt weitgehend Geigers historische Erkenntnisse, weist aber seine Verbindung der Entwicklungsidee mit den Pharisäern und die zeitgenössischen Implikationen in seiner Darstellung ab[62]. Auch Wellhausen kritisiert deren aktuellen Bezüge[63]. Er ist es aber, der nach Hausrath und Schürer in seiner Schrift „Die Pharisäer

---

burger als „extrem" und „überfromm" bezeichneten Gruppe lautete „פוֹרְשִׁים", „Sichabsondernde"; üblich wurde dann die polemische Form „פְּרוּשִׁים": „Abgesonderte", „Sonderlinge" (aaO. 1042). Er schreibt ihnen innerliche Frömmigkeit und lebendige Weiterbildung biblischer Aussagen zu. Dagegen hielten die Zaddikim, die „Gerechtigkeitsbeflissenen" (aaO. 1039; identifiziert mit den „ζητοῦντες δικαιοσύνην" in 1. Makk 2,29) gegenüber den chassidäischen Weiterentwicklungen biblischer Lehren am „älteren Hebräismus" fest (aaO. 1045). Im Sirachbuch als wichtigstem Dokument der Zaddikim erkennt HAMBURGER ihre Richtung als nüchtern-maßvolle Gesetzesgerechtigkeit, die mit Gesetzeseifer Augenmaß und Realitätssinn verband (aaO. 1039). Dieser Darstellung liegt die Deutung des Namens „Sadduzäer" bei Epiphanius, Panarion I 14 zu Grunde. „Das Wesen des Pharisäismus" bestehe im „Compromiß der Vereinigung der zaddikitischen und der chassidäischen Richtung" (aaO. 1045). Die Pharisäer erscheinen als diejenige Gruppe, in der verschiedene Tendenzen des Judentums zu einer wirklich tragfähigen Synthese integriert werden konnten. Diese Darstellung ist nicht aus den Quellen zu erheben, sondern geht HAMBURGERS Auswertung der Quellen voraus, die er über weite Strecken nicht in eine historische Beziehung setzt, sondern kompiliert. Überdies erblickt er hinter den in den Quellen vorkommenden Gruppenbezeichnungen der „Chaberim", „Zadikim", „Chasidim" usw. jeweils feste und klar abgrenzbare religiöse Parteien, was erhebliche Spannungen in seinem Pharisäerbild mit sich bringt. Als Quellen zieht er neben der hebräischen Bibel und dem Talmud Josephus heran, vereinzelt auch das NT und Kirchenväter. Vor dem zeitgenössischen Hintergrund innerjüdischer Auseinandersetzungen um reformerische Bestrebungen (vgl. JOST, Allg. Gesch. II 527ff.; L. GEIGER, Lebenswerk 50–95; 114ff.) erscheint diese Pharisäerdarstellung als Option für einen Ausgleich der verschiedenen Strömungen, der von allen das Beste aufnimmt: Von der Orthodoxie die intellektuelle Nüchternheit und Traditionsgebundenheit, vom neuzeitlichen Chassidismus die lebendige Frömmigkeit, von den Reformern die Offenheit gegenüber der nichtjüdischen Umwelt. Ein Schlüsselsatz dürfte hier der von HAMBURGER positiv hervorgehobene Grundsatz sein, „der Zeit und ihren Ansprüchen nur so weit nachzugeben, so weit sich dasselbe mit dem jüdischen Gesetz verträgt" (aaO. 1039). Hierin steht er der u.a. von GRAETZ vertretenen „konservativen" jüdischen Mittelposition nahe. Die positive symbolische Bewertung der Pharisäer dokumentiert wie bei GEIGER das Anliegen, aus der gleichwohl als problematisch angesehenen rabbinischen Tradition neue Perspektiven jüdischer Existenz zu gewinnen, ohne aber die Tradition, die HAMBURGER stärker gewichtet als GEIGER, grundsätzlich preiszugeben.

[60] Dies gilt nicht für die in der Substanz älteren Darstellungen REUSS' und EWALDS, deren spätere Fassungen zwar nach 1857 erschienen, dennoch aber ältere Anschauungen beibehalten. Vgl. EWALDS Rezeption rabbinischer Texte ab 1859 und seine Polemik gegen GEIGER und andere jüdische Gelehrte (s. S. 140; 144f.; 219f.).

[61] HAUSRATH, „Die Resultate der jüdischen Forschung über Pharisäer und Saddukäer", 1862 (s. S. 170ff.); Neutestamentliche Zeitgeschichte, 1868ff. (s. S. 174ff.).

[62] SCHÜRER, Zeitg 431 (s. S. 248).

[63] „Die Lücken der Quellen ergänzt der politische Schematismus *nicht gerade der jüngsten Gegen-*

und die Sadducäer" Geigers Theorie über die beiden Parteien in modifizierter
Form zu allgemeiner Anerkennung gebracht hat.

11. Adolf Hausrath

Adolf Hausrath[64] wurde 1837 in Karlsruhe als Sohn eines in rationalistischer Tradition stehenden Theologen geboren. Von 1856 an studierte er in Jena, Göttingen,
Berlin und Heidelberg Theologie und erwarb in Berlin mit einer kirchenhistorischen Arbeit den Grad eines Lizenziaten der Theologie. Nach zwei Jahren als Stadtvikar in Heidelberg wurde er 1864 zu Beginn der liberalen Periode in Baden als As-
sessor in den evangelischen Oberkirchenrat berufen und hatte als dessen Mitglied
Anteil an den kirchlichen Reformen. Auch publizistisch engagierte er sich in diesem Sinne. 1867 kam er als außerordentlicher Professor für neutestamentliche Exegese und Kirchengeschichte nach Heidelberg, 1871 erhielt er dort den Lehrstuhl
für Kirchengeschichte. In Heidelberg ist Hausrath bis zu seinem Tode im Jahre
1909 geblieben. Hausrath war kirchlich wie politisch ein dezidierter Liberaler. Im
Protestantenverein, der 1863 unter Federführung der ihm nahestehenden Richard
Rothe und Daniel Schenkel gegründet wurde, war er eine Zeitlang Schriftführer.
Mit liberalen Theologen und Historikern wie Holtzmann, Häusser, Droysen und
Treitschke stand er in zum Teil enger freundschaftlicher Verbindung. Zeitgenössische liberale Akzente sind in Veröffentlichungen über David Friedrich Strauß, Richard Rothe und in den in „Alte Bekannte"[65] gegebenen Porträts erkennbar. Auf
dem Gebiet des Neuen Testamentes sind vor allem ein Werk über Paulus und die
„Neutestamentliche Zeitgeschichte" von Bedeutung[66]. Insgesamt lag sein Schwerpunkt aber doch im kirchenhistorischen Bereich, wie er auch seine „Neutestamentliche Zeitgeschichte" als Arbeit des „Kirchenhistorikers" ansieht[67].

Mit den Pharisäern hat sich Hausrath erstmalig in dem programmatischen Aufsatz „Die Resultate der jüdischen Forschung über Pharisäer und Saddukäer"[68] von

---

wart" (WELLHAUSEN, PhS 79; Hervorhebung von mir). Dies führt er in einer Anmerkung noch etwas genauer aus: „Für Geiger ist die Kirchen- und Weltgeschichte aller Völker und Zeiten wesentlich ein Kampf der Pharisäer und Sadducäer. Wie alle nicht der Geschichte angehörigen Menschen sich unter die Alternative gewisser Handwerkertypen unterbringen lassen, so greift über die
geschichtlichen die Classifikation in Pharisäer und Sadducäer durch" (ebd.). Hierin liegt eine polemische Parallelisierung des zeitgenössischen Bezuges in GEIGERS Geschichtsbild mit dem geschichtsphilosophischen Konzept in K. MARX' „Manifest der Kommunistischen Partei" (1848;
gemeinsam mit F. ENGELS). Zu WELLHAUSENS Bezug auf GEIGER s. S. 219f.

[64] Zu HAUSRATH vgl. RE³ XXIII 623–631; TH. KAPPSTEIN, Hausrath; K. BAUER, Hausrath; ferner A. MERX zu HAUSRATHS 70. Geburtstag (PrM XI/1907, 111–113) und H. J. HOLTZMANNS
Nachruf auf HAUSRATH (PrM XIII/1909, 369–376).

[65] Zit. als „Bekannte".

[66] „Der Apostel Paulus", 1. Aufl. 1865; 2. Aufl. 1872; „Neutestamentliche Zeitgeschichte",
1. Aufl. in 3 Bänden, 1868–74; 2. Aufl. in 4 Bänden 1873–77; 3. Aufl. 1879ff. (zit. als „Zeitg").

[67] Zeitg I¹, XIII; in der Kirchengeschichte sind neben fachwissenschaftlichen Veröffentlichungen einige seiner Romane angesiedelt (vgl. KAPPSTEIN 116ff.; 144ff.; RE³ XXIII, 629ff.).

[68] In: PKZ 44, IX. Jg. 1862 (zit. als „Resultate"); vgl. H. LIEBESCHÜTZ, Judentum 250. Weitge-

1862 beschäftigt, einem charakteristischen Dokument des theologischen Liberalismus dieser Epoche. In der „Neutestamentlichen Zeitgeschichte" erscheinen die Pharisäer im Gesamtkontext des Judentums in der neutestamentlichen Zeit.

In der „Neutestamentlichen Zeitgeschichte" führt Hausrath das Konzept des gleichnamigen Fragmentes Schneckenburgers umfassend aus. Auch in seinem Entwurf ist die neutestamentliche Zeitgeschichte der historische Kontext der neutestamentlichen Geschichte, die als Heilsgeschichte theologisch qualifiziert ist. Über den von Schneckenburger abgesteckten Rahmen hinaus gliedert Hausrath seinem Werk auch die neutestamentliche Geschichte selber ein, d.h. die Geschichte des Urchristentums. Deren Rhythmus folgt seine Darstellung der neutestamentlichen Zeitgeschichte, die er in die Zeit Jesu (Bd. I), das apostolische Zeitalter bis ca. 70 (Bd. II–III) und das nachapostolische Zeitalter bis ca. 135 (Bd. IV) einteilt. Diese Einteilung sowie teilweise auch die Binnengliederung folgt dem Aufriß der Bände V–VII von Ewalds „Geschichte des Volkes Israel". In dieser Periodisierung ist die theologische Disposition der „Neutestamentlichen Zeitgeschichte", wie bereits auch der „Geschichte des Volkes Israel", unverkennbar. In diese Disposition arbeitet Hausrath die in „Resultate" rezipierten Forschungsergebnisse Geigers über Pharisäer und Sadduzäer ein. Dieses Werk, nach O. Holtzmanns Urteil mehr belletristisch anregend als zur wissenschaftlichen Benutzung geeignet[69], erlebte drei Auflagen; dann wurde es durch Schürers anders konzipiertes, in der Erstausgabe aber noch als „Lehrbuch der neutestamentlichen Zeitgeschichte" erschienenes Standardwerk „Geschichte des jüdischen Volkes im Zeitalter Jesu Christi" überflügelt.

11.1. Die Pharisäer – Demokraten und Reaktionäre

11.1.1. Die Pharisäer im Aufsatz von 1862

Dieser Aufsatz ist auf christlicher Seite der erste Versuch nach Gfrörer, in der Auswertung der Rabbinica als Quelle für die Pharisäer mit Hilfe jüdischer Gelehrter methodisch festen Grund unter die Füße zu bekommen. Hausraths Impuls geht in erster Linie auf Geigers „Urschrift" zurück. Ferner rezipiert er Passagen aus Josts „Das Judenthum und seine Secten"[70]. Dabei verfolgt er dezidiert das Ziel, das durch ausschließliche Benutzung griechischer Quellen „verzerrte" Pharisäerbild historisch zu korrigieren[71].

Hausrath übernimmt 1862 im Wesentlichen Geigers Bild der Pharisäer. Sie waren die gesetzesstrenge Richtung im nachexilischen Judentum. Ihren Namen hatten sie durch ihre Absonderung von den Heiden und ihren Kampf gegen die Mi-

---

hend damit identisch ist sein Art. „Pharisäer und Sadducäer" in D. Schenkels Bibellexikon (Bd. IV, 1872, 519–529; zit. als „PhS").

[69] O. Holtzmann, Zeitg[1] 3.

[70] Zu Jost s. Anm. 81. Daneben bezieht er sich u.a. auf Herzfeld, Gesch II und Graetz, Gesch III/IV.

[71] Resultate 967f.

schehen erhalten[72]. Innerhalb des Judentums sonderte sie ihre spezifische Observanz in Reinheits- und Zehntfragen aus und ließ sie Distanz zum weniger observanten Am Ha-aretz halten. Der religiöse Abfall der zadokidischen Aristokratie unter den Seleukiden machte hieraus eine regelrechte Parteibildung auch im politischen Bereich. Nachdem die Pharisäer unter dem Namen „Chasidim" zusammen mit den Makkabäern den Sieg gegen die Syrer erkämpft hatten, sahen sich sich von den nunmehrigen Sadduzäern im Bündnis mit den zur Königsdynastie aufgestiegenen Hasmonäern um die „Früchte des Siegs" geprellt und in die Opposition verwiesen[73]. Sie waren nunmehr die im Gegensatz zur „aristokratischen" Partei der Sadduzäer stehende „demokratische" Partei[74].

Auch in der näheren Darstellung des eigentlichen Konfliktes der beiden Parteien folgt Hausrath Geiger. Gegenüber den Sadduzäern, die den gesellschaftlichen Vorrang der Priesteraristokratie durch Betonung der persönlichen Heiligkeit der Priester wahrten, vertraten die Pharisäer die Idee des allgemeinen Priestertums, die Hausrath wie Geiger als „demokratisch" bezeichnet, und betonten die Korrektheit der kultischen Handlungen und die Reinheit der Gefäße. Mit dieser Konstruktion übernimmt er von Geiger auch deren Herleitung aus den rabbinisch überlieferten Kontroversen der Parteien[75]. Diese seien gleichermaßen orthodox und nicht durch prinzipielle Differenzen voneinander geschieden gewesen. Der Unterschied liege vielmehr darin, „daß die Saddukäer konservativ, restringierend, hochkirchlich auftreten"[76], während die Pharisäer die apokalyptisch und messianisch geprägte, vorwärts drängende und nach religiöser Gleichberechtigung strebende Volksfrömmigkeit vertreten. Mit dieser Auffassung übernimmt Hausrath Geigers Korrektur der bisherigen Sicht, nach der sich Pharisäer und Sadduzäer als theologische Richtungen von altgläubigen Orthodoxen und destruktiven Freigeistern gegenüber standen[77]. Diese Korrektur sollte auch dort in Geltung bleiben, wo das Bild der Pharisäer als Demokraten keinen Bestand hatte.

Geigers Bild der pharisäischen Chaburot als konkurrierende Nachahmung sadduzäischer Gemeinschaften übernimmt Hausrath nicht. Stattdessen macht er sich Josts Auffassung zu Eigen, daß diese der Einhaltung der seit den Makkabäerkämpfen üblichen verschärften Gesetzesobservanz dienten[78].

„So entstand aus den Juden strengerer Observanz eine Art von Verein, dessen einzelnes Mitglied Haber hieß".

---

[72] AaO. 972; HAUSRATH übernimmt damit GEIGERS Gleichsetzung der Pharisäer mit den „נְבְדָּלִים" aus Esra und Neh (GEIGER, Urschr 71; 103; s. S. 159).

[73] AaO. 972f.

[74] AaO. 970.

[75] AaO. 975f.; HAUSRATH übernimmt hier GEIGERS Referat der Kontroversen aus Urschr 134ff.; 143ff.; vgl WELLHAUSENS Kritik in PhS 63ff. (s. S. 214; 219f.).

[76] AaO. 974.

[77] AaO. 969f.; HAUSRATH nennt u.a. GFRÖRER (vgl. Jahrh I 131f.) SCHNECKENBURGER (vgl. Einl 75; Zeitg 144) und EWALD (vgl. Gesch IV³ 359; 493f.). Vgl. GEIGERS ausdrückliche Zustimmung in SPh 15ff. (s. S. 163).

[78] JOST, Jdt I 200ff.

Konstituiert wurde er durch „eine, wenn nicht gesetzliche, so doch religiöse, Verpflichtung von allen Erzeugnissen 1. eine unbestimmte Abgabe an den Priester die Theruma abzuliefern, deßgleichen 2. den Levitenzehnten und endlich 3. im dritten Jahr auch einen Armenzehnten auszusondern". Den Zusammenschluß der Chaberim zu einem „Verein" parallelisiert Hausrath mit der Formierung der Pharisäer zur „Partei". Seine Verhältnisbestimmung beider bleibt allerdings unklar. Explizit erklärt er sie nirgends für identisch und hebt beim religiösen „Verein" der Chaberim die Zehntobservanz hervor, bei der auch politisch aktiven „Partei" der Pharisäer die Reinheitsobservanz. Obwohl Hausrath ersichtlich auf ihre Identität hinaus will, bleiben die unterschiedlichen Aspekte nebeneinander stehen:

> „Indem nun die Peruschim erklärten, daß der Genuß von Unverzehntetem verunreinige, so hatten die Heberim im Verkehr mit Andern unendlich viele Umständlichkeiten zu beobachten, um dem Gesetz zu genügen"[79].

Die Pharisäer wiederum steigerten ihre Absonderung, indem sie eine innerparteiliche Reinheitskonkurrenz entwickelten und „die Mitglieder in Stufen je nach der Reinigkeit, die sie erzielt hatten", einteilten. Damit erreichten sie die „Gränze der Sektenbildung"[80]. Ob es sich hierbei um Wechselbeziehungen verschiedener Gruppen handelt oder um verschiedene Aspekte einer einzigen, läßt Hausrath in „Resultate" letztlich ohne erkennbare Klärungsansätze offen[81].

Mit der Übernahme des Jost'schen Bildes des Chaberbundes gewichtet Hausrath stärker als Geiger, der die Pharisäer primär nach ihrem Verhältnis zu den Sadduzäern beschreibt, ihr Verhältnis zum Am Ha-aretz, auf das dieser nur marginal eingeht. Es handelt sich hierbei zunächst um eine Kombination unterschiedlicher Anschauungsmodelle jüdischer Herkunft. Hausrath knüpft jedoch mit dieser Gewichtung an überkommene christliche Bilder der Pharisäer an, in denen ihr Verhältnis zum Am Ha-aretz ein bevorzugter Gegenstand der Polemik ist[82]. Diese Betrachtungsweise deutet sich bereits in den Passagen an, in denen er Geigers und Josts Auffassungen referiert. Auf die Steigerung der bis zur Makkabäerzeit „pedantischen" Gesetzesobservanz zu „fast lächerlich" komplizierten Höchstleistungen führt er die Entstehung der Chaburot zurück und stellt diese als „schroff" abgesonderte Gruppe an der „Gränze der Sektenbildung" dar[83]. Mit Geiger tituliert er zwar die Pharisäer als „demokratische" Partei, zeichnet sie aber nicht als Verfechter wirklich demokratischen Gedankengutes, sondern als „fanatische Volksführer"[84] und „orientalische Demagogen", die „dem Volke schmeichelnd und herablassend

---

[79] HAUSRATH, aaO. 973.

[80] Ebd.

[81] Auch bei JOST stehen die Nachrichten über Chaberim faktisch unverbunden neben denen über die Peruschim. Bei ihm finden sich auch die bei HAUSRATH gänzlich fehlenden Verweise auf hinter diesem Bild stehende rabbinische Quellen sowie auf den „Aruch" des NATHAN B. JECHIEL (JOST, aaO. 204; s. S. 153; zum „Aruch" s. S. 73).

[82] So bei EWALD in Gesch V³ 37 mit Verweis auf Joh 7,49 und M Abot II 5 („kein Am Ha-aretz ist חָסִיד").

[83] HAUSRATH, ebd.

[84] AaO. 973.

begegneten, so weit ihre Reinigkeitsmarotten es erlaubten"[85], eine „demokratische, vorwärts drängende, mit apokalyptischen Schwärmereien gemischte Frömmigkeit" gegen die Tempelaristokratie benutzten[86] und „am Volk hetzten, schoben, vorwärts drängten". Hausrath charakterisiert sie als „fromm aufgeregte und aufregende Partei"[87], die „fanatische Zelotenbanden" hervorbrachte und der er „Gewaltthätigkeit"[88] und „Terrorismus"[89] nachsagt.

Die verwunderliche Tatsache, daß ein engagierter Liberaler wie Hausrath „Demokraten" schlankweg mit „Demagogen" gleichsetzt, erklärt sich daraus, daß er mit der soziologischen Zuordnung der Pharisäer und Sadduzäer von Geiger auch die von diesem verwendete Begrifflichkeit vorschnell übernommen hat[90] – unter Preisgabe des spezifischen Kontextes. Geiger zeichnet ein in sich stimmiges Bild der Pharisäer als religiöse und politische „Demokraten" sowohl in ihrem Verhältnis zu den Sadduzäern als auch zum Volk. Bei Hausrath erscheinen sie nur im wesentlich politischen Kontext gegenüber den aristokratischen Sadduzäern als „Demokraten". In ihrem Verhältnis zum Volk ist die aus christlicher Perspektive negativ bewertete religiöse „Absonderung" bestimmend[91]. Hier bringt Hausrath nun doch die eingangs als unhistorisch zurückgewiesene neutestamentliche Pharisäerpolemik ins Spiel. Er zweifelt nicht an ihrer Richtigkeit, bezieht sie aber auf „Auswüchse", die nicht das Wesen des Pharisäismus ausmachen, wohl aber in der Konsequenz seiner Verbindung von Frömmigkeit und Politik liegen. Richtgeist und Heuchelei entstanden aus dem Bestreben, ihre religiösen Ziele als politische Macht durchzusetzen. Demgegenüber liege das Wesen der Pharisäer in ihrer Absonderung vom Unreinen und in der Feindschaft gegen die Römer und Herodes[92]. Insofern aber auch die Feindschaft gegen politische Mächte zur Wesensbestimmung der Pharisäer gehört und die Absonderung den Maßstab zur Taxierung ihrer Umwelt abgibt, verschwimmt *in praxi* die Unterscheidung zwischen religiösem Wesen und politisierenden Auswüchsen doch wieder[93].

Die Bezeichnung der Pharisäer als „Demagogen" resultiert aus der unausgeglichenen Spannung dieser unterschiedlichen Verhältnisbestimmungen und Wertbezüge, insbesondere zwischen der soziologischen und der religiösen Wesensbestimmung der Pharisäer. Nach der ersten dienten den Pharisäern die religiösen Fragen als Hebel eigentlich politischer Interessen. Nach der zweiten waren sie eine primär religiöse Partei, die ihre Belange auch im politischen Bereich vertrat. Hausrath stellt keinen Zusammenhang zwischen dem „demokratischen" Kampf der Pharisäer ge-

---

[85] AaO. 976.
[86] AaO. 973.
[87] AaO. 976.
[88] AaO. 974.
[89] AaO. 970.
[90] Hierbei mögen auch HAUSRATHs Wahrnehmungen der Ausschreitungen radikaler Demokraten im Jahre 1848 eine Rolle spielen. Seine Familie flüchtete aus Furcht davor für einige Zeit aus Karlsruhe nach Frankreich (vgl. K. BAUER, Hausrath 8ff.; 54f.).
[91] Vgl. GEIGER, Urschr 102ff.
[92] HAUSRATH, aaO. 977f.
[93] Vgl. aaO. 969 und GRAETZ, Geschichte III[1] 91 (= III[5] 86f.).

gen die Sadduzäer und ihrer religiösen „Absonderung" vom Volk her. Der Begriff der „politisierenden Frömmigkeit"[94] drückt eben diese Unverbundenheit aus. Er gibt in ihm zu erkennen, daß sich darin wesensfremde Gebiete berühren, problematisiert die Frage aber auch nicht. Die neutestamentliche Pharisäerpolemik dient dazu, diese aus der Kombination von Geigers Darstellung mit einem traditionellen christlichen Pharisäerbild entstandene Diskrepanz als innerpharisäischen Widerspruch plausibel zu machen. Den Widerspruch dieser Polemik gegen die von Geiger übernommenen Aspekte positiver Würdigung des Pharisäismus gleicht Hausrath durch die Annahme ihres „sittlichen Verfalles" aus, der zur Zeit Jesu „reißende Fortschritte" gemacht habe[95]. Geigers Idee des dem Pharisäismus eigenen fortschreitenden Entwicklungsprinzipes hat er dabei völlig fallen gelassen. Aus dem Jüdischen Krieg läßt er sie widersprüchlicherweise aber „geläutert" hervorgehen und der Nation „im Talmud ein gemeinsames Band" schaffen[96].

Hinter der Absonderung der Pharisäer sieht er „ihre gesetzliche Rechtfertigung" als eigentlichen Wesenskern[97]. Dies formuliert er 1862 nur beiläufig. 1868 werden sich diese Gewichte verschieben. Es ist aber hier schon deutlich, daß Hausrath, der Geigers Pharisäerbild in die christliche Bibelwissenschaft einführt, es gleichzeitig in den Rahmen christlich geprägter Werturteile stellt und nur vordergründig Geigers werthaft besetzte Titulatur „Demokraten" übernimmt[98].

11.1.2. Die Pharisäer in der „Neutestamentlichen Zeitgeschichte"

In der „Neutestamentlichen Zeitgeschichte" ist die Entstehung der pharisäischen Bewegung erst ein Resultat der Makkabäerkämpfe. In dieser Zeit rief die Bedrohung der gesetzlichen Lebensweise als Reaktion eine gesteigerte Gesetzesobservanz hervor, deren Niveau in normalen Zeiten auf breiter Basis nicht aufrecht erhalten werden konnte. Die Orientierung am Gesetz bekam nunmehr eine „bedenkliche Tendenz zum Kleinlichen und Aeußerlichen", wurde „peinlich" und zur „Fratze"[99]. Für die Angehörigen jener Minderheit, die diese überstrenge Observanz beibehielt und sich innerjüdisch „von der befleckenden Berührung" der von ihnen für permanent unrein Gehaltenen zurückzogen, kam der Name „Peruschim/Pharisäer" auf[100].

---

[94] AaO. 977.

[95] Ebd.; diese beschreibt er an Hand neutestamentlicher Polemik als „bizarre Verzerrungen" der Religion „in's Lächerliche" und „zur Karrikatur" (aaO. 976) und spricht in Anspielung auf Mt 15,14 von blinden Blindenleitern, „die selbst voll Fanatismus und Aberglauben stecken und doch Beides bei den andern ausbeuten", und bezieht sich des Weiteren namentlich auf Mk 7,8ff.; Mt 6,5; 23,3ff. (aaO. 977).

[96] AaO. 978.

[97] AaO. 977.

[98] Die in Zeitg I³ 146 nachgetragene Bemerkung, daß die Bezeichnung „demokratisch" für die Pharisäer trotz ihrer Absonderung wegen ihres Gegensatzes gegen die Aristokratie „immer noch die passendste" sei, reflektiert diese Problemlage, ohne sie indessen aufzulösen.

[99] Zeitg I¹ 119; mit Anspielung auf 1. Makk 1,66; 2,32–38; 2. Makk 6,18–7,41.

[100] AaO. 120; GEIGERS Herleitung des Namens gibt er damit auf.

Die Beschreibung ihrer Rolle als Demokraten gegenüber den aristokratischen Sadduzäern entspricht der von 1862. Allerdings stehen die Pharisäer dem Tempeladel jetzt nicht mehr nur allgemein als Volksführer gegenüber, sondern speziell als „Volksführer der Synagoge" und „Sprecher der Schule"[101]. Die 1862 mehr implizit vorausgesetzte Identität von Pharisäern und Rabbinen vor 70[102] entfaltet Hausrath nun explizit und macht nur die geringfügige Einschränkung, daß man erst „zu Ausgang der jüdischen Geschichte schließlich alle Schriftgelehrten unter sie rechnen" konnte[103]. Er begründet diese Behauptung aber nicht weiter und gibt keine Quellen dafür an. *De facto* differenziert er nicht zwischen den Pharisäern als Partei und den Schriftgelehrten als Berufsstand[104]. Die Pharisäer sind ihm die Vertreter des rabbinischen Traditionsprinzips gegenüber dem sadduzäischen Festhalten am Wortlaut der Tora[105]. An der Darstellung der Streitfragen zwischen Pharisäern und Sadduzäern und ihrer Bewertung als Konflikt zwischen Demokraten und Aristokraten ändert die synonyme Behandlung von Pharisäern und Schriftgelehrten nichts, wohl aber in der Darstellung des Chaber. Dieser ist in der „Neutestamentlichen Zeitgeschichte" ein noch nicht ordinierter Schriftgelehrter[106]. Auf das in „Resultate" über die Chaberim Gesagte und die spezifisch pharisäische Reinheits- und Zehnthalacha als Basis der Absonderung kommt Hausrath hier überhaupt nicht mehr zurück. Auf der halachischen Seite spricht er neben den bereits 1862 verhandelten Streitfällen mit den Sadduzäern nur allgemein von einem gegenüber dem Volk strengeren Gesetzeseifer der Pharisäer in Reinheits-, Sabbat- und Speisegeboten[107], während sich die Sadduzäer auf das geschriebene Gesetz zurückzogen[108].

Gegenüber den allgemeinen und beiläufigen Angaben von 1862 präzisiert Hausrath nun das Bild der pharisäischen Eschatologie und verankert sie, wie auch ihre

---

[101] Ebd.; der Begriff „Schule" meint, wie auch „Synagoge", bei Hausrath über konkrete Institutionen hinaus im kollektiven Singular die theologische Denkrichtung, mit Anklängen an scholastische und orthodoxe Schultheologie (vgl. Schneckenburger, Zeitg 131 ff. (s. S. 64); Reuss, Jdt 340 f.; Phar 502 ff. (s. S. 93); Ewald, Gesch V³ 14 ff.; 116 ff.; s. S. 122 ff.; 148). Im Plural bezeichnet er die konkreten Lehranstalten (so aaO. 220 f.); s. S. 323.

[102] 1862 nennt Hausrath die Pharisäer allgemein einen Kreis „des religiösen Eifers, der Gesetzeskunde, der literärischen Bildung" (Resultate 972), „Rabbinen" (aaO. 974) und die Urheber des Talmud (aaO. 978), ohne Weiteres daran zu knüpfen.

[103] Zeitg I¹ 133.

[104] Daran ändert auch die 1879 in Zeitg I³ 132 eingefügte Erkenntnis, daß Schriftgelehrte und Pharisäer nicht prinzipiell deckungsgleich seien, nichts.

[105] Zeitg I¹ 120 f.; belegt durch Ant. XIII 10,6; XVIII 1,4.

[106] AaO. 76 f.; Hausrath gibt keine Quellen oder Gründe dafür an, weshalb er hier diese von Elias Levita, Tisbi 107 f. stammende Sicht in Zeitg an Stelle der von Jost stammenden Definition der Chaberim, die er in Resultate übernommen hatte (s. S. 172), verwendet. Sie könnte durch Gfrörer, Jahrh I 168 vermittelt sein; vgl. B. Ugolini, Thesaurus XXI 907 (s. S. 48). Es ist nicht ersichtlich, was Hausrath nicht nur zur Verschiebung des Begriffes des Chabers, sondern auch zum Fortlassen wesentlicher Quellenbelege darüber bewog. Auffällig ist dies angesichts seiner programmatischen Rezeption der Rabbinica von 1862. Vom Am Ha-aretz spricht er in Zeitg nicht. In PhS sind Chaberim überhaupt nicht mehr erwähnt.

[107] Hausrath, Zeitg I¹ 119.

[108] AaO. 120 f.; belegt durch Ant. XIII 10,6; XVIII 1,4.

Gesetzlichkeit, in der Vergeltungslehre als entscheidendem Motiv. Das Gottesreich sei unter der Bedingung verheißen, daß „das Volk seinerseits seiner gesetzlichen Verbindlichkeit nachkam"[109]. Hieraus begründet er einen inneren Widerspruch zwischen dem Synergismus der pharisäischen Prädestinationslehre[110] und ihrer messianischen Naherwartung. Mit der Verankerung dieses Widerspruches im „Gesetz"[111] bezieht er ihn einerseits auf das Judentum als Ganzes. Andererseits aber präsentiert er ihn als spezifisch pharisäisches, in der synergistischen Prädestinationslehre enthaltenes Problem. Vorausgesetzt, daß er tatsächlich im Gesetz enthalten sei, müßte er entweder das Problem aller jüdischen Parteien sein, nicht nur der Pharisäer – oder die Sadduzäer und Essener, die ihn nach Josephus einseitig aufgelöst haben, stehen nicht mehr auf dem Boden des Gesetzes. Diese Konsequenz zieht wiederum Hausrath nicht, sondern betont den „schreienden Widerspruch in den Doctrinen der Pharisäer"[112]. Die Frage bleibt, wie vieles, offen.

Die dogmatischen Positionen der Pharisäer sind in dieser Darstellung an ihre wesentliche Gesetzlichkeit gebunden. In der fundamentalen Bedeutung der Vergeltungslehre liegt gegenüber dem Bild von 1862 eine auffällige Verschiebung. Das Werturteil über das unerfreuliche Erscheinungsbild der Pharisäer nach dem Neuen Testament bezieht er nun nicht mehr auf „Auswüchse", sondern auf die religiöse Substanz, das Wesen des Pharisäismus selbst. Die Wurzel ihres Gesetzeseifers mit „all der Unruhe, der Uebertreibung, dem Wetteifer und der sittlichen Unlauterkeit" ist nun anstelle politisierender Frömmigkeit der pharisäische „Lohndienst"[113]. Gegenüber den programmatischen Forderungen von 1862 liegt hierin eine signifikante Wiederannäherung an ein traditionelles christliches Pharisäerverständnis. Allerdings ist dies eine Entfaltung dessen, was neben den Grundansätzen von 1862 auch schon in der Durchführung des Pharisäerbildes Hausraths präsent war.

Die geschichtliche Entwicklung der Pharisäer behandelt Hausrath in der „Neutestamentlichen Zeitgeschichte" erst von der herodianischen Epoche an. Mit ihr läßt er die neutestamentliche Zeitgeschichte beginnen. Auf die Entstehung des Pharisäismus und auf seine nicht unerhebliche Geschichte in der makkabäisch-hasmonäischen Zeit geht er hier nicht ein, sondern betrachtet nur die für die neutestamentliche Zeit unmittelbar konstitutiven Faktoren.

Die Schwerpunkte der pharisäischen Geschichte liegen in der Zeit Herodes des Großen und Herodes Agrippas. Herodes d. Gr. bemühte sich nach seiner Regierungsübernahme, gegenüber den Juden als gesetzeskonform zu erscheinen, und versuchte besonders mit den Pharisäern, d.h. „mit den Häuptern der Rabbinenschulen auf guten Fuß zu kommen"[114].

---

[109] AaO. 127, an Hand des Danielbuches, mit Verweis auf M Abot II 7. In Resultate 977 erwähnt er nur allgemein „ihre gesetzliche Rechtfertigung".

[110] Zeitg I[1] 129f., nach Josephus' Drei-Sekten-Schema. HAUSRATH stellt nur dessen hellenistische Färbung in Frage.

[111] Zeitg II[1] 425.

[112] AaO. 447; vgl. die „Orthodoxie" der Parteien, Zeitg I[1] 121.

[113] Zeitg I[1] 127; M Abot I 3 sei dessen sadduzäische Kritik.

[114] AaO. 220; HAUSRATH bezieht dies vor allem auf Pollio und Sameas in Ant. XV 1,1 (1–4) und

„Allein er nahm den Synedrien und Schulen ihren Antheil an der Justiz und den öffentlichen Dingen allmälig ab und überließ ihnen nur die Erledigung der bürgerlichen und Cultus-Angelegenheiten, was allerdings die Folge hatte, daß unter seiner Regierung die Schule als solche ihre glänzendsten Blüthen trieb"[115].

Das beeindruckte die Umworbenen jedoch nicht. Sie betrachteten ihn als „Zuchtruthe Jehova's und keineswegs als legitimen König Judäas"[116]. So blieben „die Schulen" trotz aller Bemühungen Herodes' „seine schlimmsten Gegner"[117]. Das Verhältnis der Pharisäer zu Herodes Agrippa habe sich freundlich gestaltet, weil dieser „trotz aller religiösen Frivolität" in Judäa stets „im Gewande strengster pharisäischer Gesetzesgerechtigkeit" auftrat[118]. Dessen Lob von „pharisäischer" Seite bei Josephus und im Talmud[119] beweist ihm die sittliche Verkommenheit der Pharisäer[120]. „Von den verhängnißvollsten Wirkungen" war für Hausrath die Regierung Herodes Agrippas, weil er wesentliche Vorarbeit für die ausschließliche Herrschaft der „fanatischen" Pharisäer im Volk leistete[121].

Innerhalb des Pharisäismus wurde zur Zeit Herodes' Hillel zur eigentlich prägenden Figur. Gegenüber dem buchstabengetreu rigorosen Schammai setzte er zahlreiche „durchgreifende Reformen" ins Werk, die Hausrath sehr positiv beurteilt, namentlich ihre soziale Fortschrittlichkeit. Dies konnte aber nur um den Preis der „spitzfindigen Syllogistik der Rabbinen" erzielt werden[122]. Der spätere hillelitische Synhedrialpräsident Gamaliel I. habe sich im Gegensatz zu den Schammaiten um eine Reinigung des Pharisäismus „von seinen Uebertreibungen" bemüht[123].

10,4 (370f.), die er als Schemaja und Abtalion identifiziert (vgl. M Abot I 10f.; gegen EWALD, Gesch V³ 22ff.).

[115] AaO. 221; das Blühen der Schule entnimmt er GRAETZ, Gesch III¹ 146.

[116] AaO. 220; Für die Übergabe Jerusalems an ihn nach Ant. XV 1,1 habe Schemaja/Sameas „vom Standpunkt seiner pharisäischen Prädestinationstheorie" gestimmt. Nach aaO. 129 hätte er hiermit aber die strenge essenische Prädestinationslehre und nicht den pharisäischen „Synergismus" vertreten – das Ereignis paßt nicht in HAUSRATHS Bild der „demokratischen" Partei.

[117] AaO. 222; dies findet er in pharisäischen Palastintrigen (aaO. 277f.; belegt durch Ant. XVII 2,4), durch die Beseitigung des goldenen Adlers am Tempeltor (aaO. 279f.; belegt durch Ant. XVII 6,2f., nicht „Ant. XVII 5,2") und in der mit GEIGER als verschlüsselte Kritik an Herodes' Usurpation interpretierten Reinheitsdiskussion in M Jad IV 7 bestätigt (aaO. 241, vgl. GEIGER, Urschr 136; 147; s. S. 162).

[118] Zeitg II¹ 249; der genannte Beleg Ant. XIX 6,1 spricht nur von der ostentativen Gesetzesobservanz des Königs, nicht von Reaktionen der Pharisäer oder des Volkes.

[119] AaO. 258; die talmudischen Belege zitiert HAUSRATH (aaO. 250–259) nicht direkt, sondern vor allem nach GRAETZ, aaO. 272ff., und J. N. DERENBOURG, Essai I 210ff.

[120] AaO. 259; dies sollen auch die Laster des herodianischen Familienlebens belegen. Hierzu verwendet er Motive aus Mt 23,23f.; 27f.

[121] AaO. 324.

[122] Zeitg I¹ 231f.; vgl. EWALD, Gesch V³ 41–43. HAUSRATH nennt u.a. die Erleichterung der Ehescheidung, die Reform der Bestimmungen über Erlaßjahre und die Rückkauffrist von Häusern.

[123] Zeitg II¹ 419f.; belegt durch M Abot I 16 und Verweis auf GRAETZ, aaO. 274 und DERENBOURG, Essai I 239f.

Im Jüdischen Krieg entlud sich der Konflikt der beiden Schulen im Haß der Zeloten gegen die Pharisäer der „vermittelnden" hillelitischen Richtung[124].

Über die Geschicke des Pharisäismus nach 70 gibt Hausrath widersprüchliche Auskünfte. 1862 wurde der Pharisäismus durch die Katastrophe von 70 „geläutert"[125]. 1868 hatten die Pharisäer „dem Staat einen Abgrund" gegraben, „in dem Tempel und Schule zumal versank"[126] – ein Ende auch des Pharisäismus in der allgemeinen Katastrophe. 1877 jedoch kommt er im Kern auf seine ursprüngliche Sicht zurück, indem er die Reorganisation des Rabbinates aus den Resten „der alten Pharisäerschulen" nach der talmudischen Tradition schildert, allerdings nicht als Läuterung, sondern als nunmehr unangefochtene „engherzige Herrschaft der Schule"[127]. Das Urchristentum, das „letzte reformatorische Element", wird jetzt endgültig ausgegrenzt und ist seinerseits „der Fessel seiner geistigen Entwicklung ledig"[128]. Hier formuliert Hausrath nun geläufige Aussagen christlicher Geschichtstheologie, wie sie auch Reuß und Ewald[129] vertreten. Ins Christentum sind die eigentlich zukunftsweisenden Elemente der jüdischen Religion übergegangen, auf jüdischer Seite bleiben Erstarrung und Weltflucht zurück. „Lichtscheu und weltscheu schließen sie sich von der Weltentwicklung ab ... Noch abergläubiger als zuvor klammert sich die Schule an die Einrichtungen und heiligen Bücher der Väter, in dumpfer Erinnerung, daß in ihnen die Größe der Vergangenheit und ein unbestimmter Segen Israels liege"[130]. Treibende Kraft dieser Entwicklung ist „die Schule", d.h., die Pharisäer. Sie repräsentieren das legalistische, nicht mehr entwicklungsfähige Judentum. Die früher hervorgehobene hillelitische Schule scheint in dieser Passage völlig vergessen zu sein und Hausraths Pharisäerbild sich in sein genaues Gegenteil gewandelt zu haben. Im 1. Band der „Neutestamentlichen Zeitgeschichte" sind die Pharisäer die „reformirende Partei"[131]. Im 4. Band der „Zeitgeschichte" ist das Christentum das „letzte reformatorische Element" im Judentum, die Pharisäer sind seine Gegenspieler. 1862 ist die Begründung der talmudischen Tradition ein Akt der Läuterung gegenüber der Gefahr des „Verdump-

---

[124] HAUSRATH, aaO. 420; Schammaiten und Hilleliten identifiziert HAUSRATH, „mit dem Evangelium zu reden", als „Zeloten und Herodianer" (aaO. 419). Die Gleichsetzung von Zeloten und Schammaiten (vgl. EWALD, Gesch V³ 46f.; s. S. 124) beruht auf der Identifikation des „ζηλωτής" Paulus (Apg 22,3; Gal 1,14; Phil 3,6) als Schammaiten. Die vor allem aus dem guten Einvernehmen Gamaliels mit Herodes Agrippa kombinierte Identifizierung der Hilleliten als „Herodianer" erscheint gegenüber den Evangelienbelegen (Mk 3,6; 12,13 par. Mt 22,16) nicht als stichhaltig. Es dürfte Apg 12,1ff. dahinterstehen (vgl. aaO. 254). Ihre Bezeichnung als „vermittelnd" spielt auf die Rolle der Vermittlungstheologie des 19. Jh. gegenüber der konfessionellen Orthodoxie an (vgl. K. BAUER, aaO. 131ff.). Diese Analogie hat aber insgesamt wenig Gewicht.
[125] Resultate 978.
[126] Zeitg I¹ 133.
[127] Zeitg IV² 45; 48 („Die Tendenz der Abschließung nach außen wächst, Haß der Heiden und Rachsucht wird schulmäßig gepflegt und die griechische Literatur geächtet").
[128] AaO. 341f.; dies sei eine bereits von Jesus erkannte „nothwendige Entwickelung" (Zeitg I¹ 439).
[129] REUSS, Jdt 344f. (s. S. 98ff.); EWALD, Gesch VII³ 437ff. (s. S. 131ff.).
[130] HAUSRATH, Zeitg IV² 341.
[131] Zeitg I¹ 117.

fens"[132], 1877 ein endgültiger Rückfall in „dumpfe" Erinnerungen. Aber im selben Band findet Hausrath darin wieder eine prophetische

> *Energie des religiösen Glaubens und sittlichen Wollens*, die nahe an die Prophetie der alten Zeit"

heranreicht[133]. In einen logischen Zusammenhang sind diese beiden Bilder nicht zu bringen. Hausrath selber läßt das Problem auf sich beruhen. Es bleibt der Eindruck eines völligen Widerspruches zurück.

Auffällig ist in diesen Passagen die Akzentverlagerung auf die Darstellung der Pharisäer ausschließlich als streng gesetzliche Partei. Der in Hausraths grundsätzlich entwickeltem Pharisäerbild betonte Aspekt der „demokratischen Partei" tritt völlig zurück[134]. Hier zeigen sich die Schwierigkeiten, das von Geiger übernommene Bild der Pharisäer als „demokratische Partei" mit ihrer durch das Neue Testament bestimmten Sicht überein zu bringen. Für diese ist der Begriff „Fanatismus" signifikant, seit 1862 ein fester Bestandteil in Hausraths Pharisäerbild[135]. In der Sache ist damit der pharisäische Gesetzeseifer gemeint, der seine Belange nicht nur im ausschließlich religiösen, sondern auch im politischen Bereich vertrat[136]. Die Pharisäer sind für ihn die geistigen Urheber des praktischen Fanatismus der Zeloten. Diese erscheinen als die konsequenten Verwirklicher des von den Pharisäern unbekümmert um die Folgen nur theoretisch geschürten Fanatismus[137].

Von einer wirklich historischen Entwicklung des Pharisäismus kann in der Darstellung Hausraths trotz aller historischen Momente, die er berührt, nicht die Rede sein. Vielmehr präsentiert sich dieser als eine statische Größe, die in sich eigentlich keine Entwicklungen durchmacht, sondern lediglich in ihrer Eigenart auf die wechselnden Zeitumstände reagiert und dabei ihre Wesenszüge zunehmend schärfer hervortreten läßt. Das gilt sowohl für die Passagen, in denen er die Pharisäer nach ihrem „demokratischen" Wesen, als auch für die, in denen er sie nach ihrem „gesetzlichen" Wesen beschreibt. Diese beiden Themenkreise sind prinzipiell voneinander unabhängig. Hausrath verknüpft sie lose mit dem Begriff des Fanatismus. Dies kann jedoch die widerstrebenden Elemente beider Pharisäerbilder nicht integrieren. Auffällig ist dabei, wie uneinheitlich er in wechselnden Zusammenhängen auf verschiedenen Stufen seines Werkes die Frage der pharisäischen Geschichte nach 70 beantwortet.

Nach Hausraths Programm und in Teilen seiner ersten Durchführung ist seine Beschreibung des pharisäischen Wesens nicht traditionell christlich strukturiert.

---

[132] Resultate 978; so auch noch 1872 in PhS 529.

[133] Zeitg IV² 74; Hervorhebung von mir.

[134] Dieses vertritt er auch noch in Zeitg I¹ 117ff.

[135] Resultate 972ff.; 977; Zeitg I¹ 120; 420; II¹ 324; in Resultate 970 spricht er vom „Terrorismus", 974 von der „Gewaltthätigkeit" der Pharisäer. Die Sicht Jerusalems als „fanatische Stadt" (Zeitg II¹ 456) zeigt die Anwendung dieses Begriffes auch auf das Judentum insgesamt.

[136] Insofern korrespondiert der Begriff des Fanatismus mit dem der „politisierenden Frömmigkeit" in Resultate 977; zum Begriff „fanatisch" s. S. 324f.; zu seiner Verwendung bei SEMLER s. S. 32f.

[137] Zeitg I¹ 304ff.; II¹ 254; III² 426f.

Dieser programmatische Impetus tritt in seinem Werk indessen mehr und mehr zurück, bis er schließlich wieder auf dem Standpunkt christlicher Kontroverstheologie angekommen ist: Die Pharisäer repräsentieren in diesem Bild als eigentlich im Judentum herrschende Gruppe dessen gesetzliches Wesen. Ihre innere Herrschaft macht der Aristokratie auch die offizielle streitig und erobert sie sukzessive. Über den Verlauf dieses Prozesses macht Hausrath widersprüchliche Angaben und hält auf z. T. fragwürdiger Quellenbasis fest, daß alle herodianischen Könige die Juden gegen sie nicht regieren konnten. Hierin repräsentieren sie das gesetzliche Judentum.

11.1.3. Pharisäer und Christentum

Diese Repräsentanzfunktion der Pharisäer tritt besonders im Gegenüber zu Jesus und zur Urgemeinde hervor. Hier markiert Hausrath einen scharfen Kontrast: Jesus gehöre „nicht unter die Rabbinen des Landes", verdanke „der Schule lediglich nichts" und treffe „ohne alle Schulform überall den einfachsten Ausdruck der menschlichen Empfindung vom Göttlichen"[138]. Seine neue Botschaft, „daß Gott der liebende Vater der Menschen sei", sei „in keiner Weise" aus bestehenden Verhältnissen ableitbar, sondern entspringe seiner gottunmittelbaren Individualität, die ihn sämtlichen Spielarten des Judentums gegenüber original und unabhängig mache[139]. Ein historisch nicht verifizierbarer Faktor, eine „neue Gottesoffenbarung"[140], verlieh ihm die Vollmacht, „den Bann der Gesetzesknechtschaft zu brechen"[141].

Die Verschiedenheit zwischen Jesus, dessen Person und Botschaft dem historischen Entwicklungsmodell entzogen sind, und den Pharisäern ist fundamental und unüberbrückbar. Jesus verkündigte das Himmelreich als innerliche Gotteskindschaft, als „Gesinnung". Die Pharisäer, denen diese Dimension fehlte, mußten es in der immer weiter gehenden Perfektion des Gesetzes suchen[142] und mit irdisch-theokratischen Mitteln als „politisches Programm" konstruieren[143]. Ihr sonst auch positiv gewürdigtes Bemühen um demokratischen Fortschritt ordnet Hausrath hier als Medium ihrer gottfremden gesetzlichen Rechtfertigung in das Bild der gesetzesgerechten Pharisäer ein. Dieses Bemühen erscheint durchweg als „negativ"[144]. Mit den Anschauungen Jesu aber fielen sowohl die Voraussetzungen als auch die Konsequenzen der jüdischen Theokratie weg, d.h. die Grundlagen des Pharisäismus[145]. Den Grund für Jesu Auftreten speziell gegen die Pharisäer „mit diesem besondern

---

[138] AaO. 354; Hausrath nimmt die Reden Jesu ohne kritische Differenzierung als dessen authentische Äußerungen.

[139] AaO. 357ff.

[140] AaO. 357; sie ist in der Sache identisch mit der „Gotteserkenntniß" Jesu (aaO. 405).

[141] AaO. 414.

[142] AaO. 412f.

[143] AaO. 359.

[144] AaO. 319; 356.

[145] AaO. 359f.

Nachdruck und solch unerbittlicher Polemik" gegen ihr „System" sieht Hausrath in der doppelten Notwendigkeit, die Pharisäer einerseits als Vertreter der Gesetzesgerechtigkeit, eines seiner Verkündigung des Gottesreiches grundsätzlich feindlichen Prinzips, andererseits als Partei, die das Volk beherrscht, zu bekämpfen. Nicht nur ihre Frömmigkeit, auch ihre Macht steht dem Gottesreich im Wege[146].

Beim Tode Jesu wirkten pharisäische und sadduzäische Motive zusammen. Die Sadduzäer wollten ihn aus politischem Kalkül beseitigen, verbunden mit einem generellen Widerwillen gegen die messianische „Reichshoffnung"[147]. Den Pharisäern war zwar Jesu „Reichspredigt" prinzipiell sympathisch. Ihr „tödlicher Haß" richtete sich aber gegen ihn als falschen Messias, Tempelschänder, Gotteslästerer und Gesetzesübertreter[148]. Die aristokratischen Sadduzäer faßten den Todesbeschluß auf politischer Ebene im Synhedrium. Die Agitation der demokratischen Pharisäer sorgte dafür, daß das Volk dem Auftreten der sadduzäischen Hohepriester vor Pilatus den für die Gegenzeichnung des Todesurteils erforderlichen Nachdruck verlieh[149]. Gegen Jesus vereinigten sich selbst ansonsten unausgleichbare Tendenzen: Die populistischen Pharisäer setzten mit dem Druck der Straße durch, was die exklusiven Sadduzäer im politischen Zirkel für notwendig befunden hatten. Trotz dieser scheinbar klaren Rollenverteilung bleibt die Funktion der Pharisäer im Synhedrium völlig im Nebel. Waren sie in diesem Gremium vertreten, dann hatten sie auch am Todesbeschluß Anteil, den Hausrath als sadduzäisches Politikum darstellt. Waren sie es nicht, müßte man schlicht die Quellen ignorieren. In dieser Frage ist von Hausrath keine Klarheit zu gewinnen. Er schwankt zwischen der Auffassung, daß bereits unter Herodes d. Gr. Pharisäer sogar als Vorsitzende im Synhedrium vertreten waren[150], und der Ansicht, daß erstmalig Herodes Agrippa pharisäische Schriftgelehrte ins Synhedrium beförderte[151]. Komplett wird dieses Wirrwar durch die Mitteilung, daß Jesus für seine Ablehnung der „nationalen Sache" „durch die Pharisäer … an's Kreuz geschlagen wurde"[152].

Ähnlich stellt sich bei Hausrath das Verhältnis der Pharisäer zur Urgemeinde dar. Nach dem Tode Jesu hatten sie, repräsentiert durch die Haltung Gamaliels in Apg 5, für kurze Zeit ihre Gemeinsamkeiten mit den Christen gegenüber den Sadduzäern entdeckt[153]. In der „pharisäischen Restauration" unter Agrippa besannen sie sich jedoch wieder auf ihren alten Zorn gegen die Anhänger Jesu. In diesem Kontext sei die Hinrichtung des Zebedaiden Jakobus eine pharisäisch inspirierte Tat Herodes

---

[146] AaO. 419f.; das findet HAUSRATH in der pharisäischen Volksaufwiegelung in der Passionsgeschichte bestätigt.

[147] AaO. 447; belegt durch Lk 23,2.5 und Joh 19,12.15.

[148] AaO. 448; belegt durch Mt 26,61.65; Joh 18,30; 19,7. HAUSRATH bezieht diese Stellen völlig willkürlich nach seinem Bild auf die Pharisäer.

[149] Ebd.

[150] AaO. 230ff.; dies geht auf GRAETZ zurück (Gesch III⁵ 99ff.).

[151] Zeitg II¹ 250; er bezeichnet diese Ansicht zwar als „problematisch" (ebd.; gemünzt auf DERENBOURG, Essai I 213), macht sie sich aber in seiner Darstellung implizit zu Eigen (aaO. 306); vgl. dagegen WELLHAUSENS quellenkritische Auflösung dieser Konfusion in PhS 26ff. (s. S. 211; 214f.).

[152] AaO. 326.

[153] AaO. 306.

Agrippas gewesen[154] – obwohl Hausrath findet, daß die Urgemeinde unter der Leitung Jakobus' des Gerechten, dem allgemeinen Zuge folgend und hinter die Errungenschaften Jesu zurückfallend, geradezu eine Repharisaisierung vollzogen habe[155], und er bei der Hinrichtung des Zebedaiden Jakobus die Pharisäer als „Leidtragende" auftreten sieht[156].

Paulus ist für Hausrath zeitlebens ein Pharisäer geblieben[157], der seine strikte Observanz vor der Bekehrung und die pharisäischen Wurzeln seiner Theologie betont. In den Mittelpunkt seiner Paulusinterpretation stellt er die Erkenntnis, daß dieser in seiner „herben" und „schwermüthigen" Gesetzesauffassung den Pharisäismus, freilich auf den Kopf gestellt, repräsentiere. Vom pharisäischen Thema des Gesetzes sei er auch in der Negation nie losgekommen[158]. In der Erkenntnis, daß Paulus das Gesetz nach seiner Bekehrung nicht einfach mit der Gelassenheit dessen, der auch innerlich darüber hinaus ist, wirklich für nichtig zu halten vermag[159], klingt kritische Distanzierung an. Als pharisäisches Erbe identifiziert Hausrath auch die zentrale Stellung seiner Rechtfertigungslehre, besonders in der juridischen, auf objektive Satisfaktion zielenden Argumentationsweise[160]. Paulus erscheint einerseits als Beleg dafür, daß „alle besten Geister" im Judentum seiner Zeit dem Pharisäismus angehörten[161]. Andererseits stellt er Paulus' originären „Reichthum seines eigenen Gemüths" in scharfen Kontrast zur „Hohlheit" der pharisäischen Formen[162]. Hausrath bringt die „Hohlheit" des Pharisäismus und die Originalität und Tiefe der paulinischen Theologie, die doch daraus hervorgegangen sein sollen, nicht wirklich zusammen.

Das Wesen des Christentums liegt in der wahren, innerlichen und befreienden Gottunmittelbarkeit. Der Pharisäismus ist sein prinzipielles Gegenbild, das ihm fundamental widersprechende jüdische gesetzliche Prinzip. Dies bestimmt die Zeichnung des Pharisäismus im Verhältnis zu Jesus und der Urkirche sowie als historischen Ursprung Paulus'. Daraus entsteht ein charakteristisches Mißverhältnis zwischen Historie und Theologie in Hausraths Darstellung: Das Bemühen, die Historie zu ihrem eigenständigen Recht kommen zu lassen, kollidiert mit theologischen Prämissen. Differenzierte historische Erkenntnisse stehen unverbunden neben theologischen Werturteilen über das pharisäische Prinzip und werden letztlich doch von ihnen überlagert. Was historisch disparat erscheint, erklärt sich schlüssig aus theologischen Werturteilen.

---

[154] AaO. 323; nach Apg 12,1ff.

[155] AaO. 324f.

[156] AaO. 327; der angegebene Beleg Ant. XX 9,1 (201) erwähnt in dieser Rolle nur „die eifrigsten Beobachter des Gesetzes".

[157] AaO. 427; die hier relevanten Passagen aus Hausraths Paulusbuch sind mit ihren Entsprechungen in Zeitg weitgehend identisch.

[158] AaO. 472ff.

[159] AaO. 472.

[160] AaO. 422f.; 427.

[161] AaO. 423.

[162] AaO. 440.

11.2. Das Judentum – Haß und Dünkel

Als prägenden Wesenszug des Judentums hebt Hausrath in Gegenüberstellung zum Christentum seine Gesetzlichkeit hervor. Das Judentum erscheint ausschließlich auf die äußerliche und traditionelle Form des Gesetzes fixiert, die sich gegenüber dem eigentlichen Kern der Religion völlig verselbständigt hat. Hierin wird das gesamte Judentum bei Hausrath von den Pharisäern idealtypisch repräsentiert. „Die Grundvoraussetzung alles Judenthums und das treibende Rad aller pharisäischen Mühseligkeit" sei die Anschauung des unerbittlich gerechten, zürnenden und rächenden Gottes, der die Menschen überfordere. Mit der daraus entstehenden einseitigen Fixierung auf die äußeren Stützen der Religion geht der Verlust ihrer inneren Wahrheit einher. Die daraus folgende Konsequenz innerer Haltlosigkeit findet er in allen jüdischen Gruppen. Sie bewirkte die Gesetzesgerechtigkeit, unter der „der Pharisäer geschäftig sich quälte in der Erfüllung von tausend minutiösen, scrupulösen Vorschriften", „der Essäer sich härmte in vorsichtiger Einsamkeit", „der Sadducäer sich wichtig gebährdete im Tempeldienst" und „das Volk sich ängstete im Gefühl der Gottentfremdung und Gottverlassenheit"[163]. Sie hat auch zur Folge, daß das Judentum nach innen und außen durch Abgrenzung und Haß bestimmt ist. Hausrath spricht von der

„mistönenden jüdischen Welt, die in ihrer argwöhnischen Angst um ihr Gesetz fast nichts mehr producirte als Haß"[164].

Indem Hausrath in der Passionsgeschichte mit Pharisäern, Sadduzäern und dem verhetzten Volk das Gesamtspektrum der jüdischen Gesellschaft für die Verwerfung Jesu bemüht, stellt er historisch unter Beweis, daß das ganze Judentum den Messias verwarf, der das entgegengesetzte Prinzip der Liebe vertrat:

„Dem jüdischen Volk war das Gottesreich angeboten worden, und eben als Volk, als gegliederte Gesellschaft, hatte es den Ruf abgelehnt"[165].

Da das Judentum damit die einzige Möglichkeit zur Überwindung seiner fundamentalen Schäden von sich gewiesen hatte, wird es von Hausrath prinzipiell dabei behaftet – an vorderster Front repräsentiert durch die Pharisäer, die als die Haupttäter erscheinen[166].

Hausrath findet, wie bereits Schneckenburger, daß der eigentliche, rein geistige Wesenskern des Judentums, seine „Grundwahrheiten"[167], in den dem Heidentum unmittelbar gegenüberstehenden Synagogengemeinden der hellenistisch-römischen Diaspora viel reiner erkennbar sei als im palästinischen „orthodoxen" Judentum, das von der übermäßigen Forcierung des Gesetzes durch die Pharisäer be-

---

[163] Zeitg I¹ 357; vgl. EWALD, Gesch IV³ 495 (s. S. 129).
[164] Zeitg I¹ 360.
[165] AaO. 409; vgl. aaO. 357; vgl. EWALD, Gesch V³ 529 (s. S. 131 f.).
[166] Zeitg II¹ 326.
[167] AaO. 108; HAUSRATH faßt sie als „Monotheismus und messianische Hoffnung" zusammen (vgl. SCHNECKENBURGER, Zeitg 75 f.; s. S. 69).

stimmt ist[168]. Die Synagogen in der Diaspora waren „die ersten Kirchen eines rein geistigen Gottesdienstes"[169]. Als wichtigster Vorzug des Judentums vor dem Heidentum erscheint seine existenzielle und moralische Überlegenheit über die Religionen der niedergehenden Antike[170]. Diese positive Zeichnung der Diaspora hat aber, wie vieles bei Hausrath, über ihren engeren Kontext hinaus keine Gültigkeit[171]. Trotz ihrer geistigeren Ausprägung hat die Diaspora doch Anteil am gesetzlichen Grundwiderspruch des Judentums, wenn auch nicht explizit, wie die Pharisäer, sondern, wie ihr Repräsentant Philo, in philosophisch rationalisierter Form[172]. Dem Heidentum ist das Judentum zwar überlegen. Letztlich wird sein Bild aber von seinen im Gegenüber zum Christentum erkannten wesenhaften Defiziten bestimmt. Das gilt auch für die Diaspora: Hier nimmt Hausrath religiösen Substanzverlust und innere Widersprüchlichkeit in Gestalt von Haß und Dünkel gegenüber den Heiden wahr und spricht geradezu von der unproduktiven „Mißart" des alexandrinischen Judentums[173]. Vom Bild des existenziell und moralisch überlegenen Judentums bleibt in diesen Passagen kaum etwas übrig. Die religiöse Haltlosigkeit der Juden hat im Vergleich mit der heidnischen allenfalls ein etwas höheres Niveau.

Die Belege dafür entnimmt Hausrath der antiken Judenpolemik. Auch wenn er die Entstellungen Apions und anderer zurückweist[174], übernimmt er die judenfeindlichen Ausfälligkeiten vieler antiker Autoren ungebrochen als Tatsachenbehauptungen. Die Ursache der Konflikte zwischen Juden und Heiden sieht er neben tatsächlichen Mißverständnissen vor allem auf Seiten der Juden. Wie Ewald[175] konstatiert auch er eine weltliche Umwertung des tatsächlichen religiösen Vorzuges der Juden vor den Heiden. Die gesetzliche Absonderung von den Heiden wandelte sich in Haß gegen sie[176], das Bewußtsein der eigenen Erwählung in weltlichen Dünkel gegenüber den Heiden[177], die Erwartung des messianischen Reiches in diesseitige jüdische Weltherrschaftsansprüche.

Alle diese Motive verbinden sich für Hausrath zum charakteristischen Erscheinungsbild der jüdischen Diaspora, und die antike Judenfeindschaft erscheint als natürliche Reaktion der Umwelt auf diese Entartungen. Besonderen Widerwillen erregte ihr Hochmut gegen heidnische Religion und Kultur: „Ohne Pietät für die Vergangenheit des Volkes, mit dem er lebte, ohne Verständniß für die Herrlichkeit der Welt Homers und der Jugendzeit der Hellenen" bekämpfte der Jude der Diaspora „das Heidenthum mit der auflösenden und zersetzenden Ironie einer lieblo-

---

[168] AaO. 131; der Begriff der „Orthodoxie" ist hier so relativ wie alle neuzeitlichen Analogien Hausraths.

[169] AaO. 102.

[170] So aaO. 103; 109; 115; vgl. Schneckenburger, ebd.

[171] In ihrem Hintergrund ist Hausraths Vorliebe für liberalere Gestaltungen der Religion erkennbar.

[172] AaO. 155.

[173] AaO. 403; vgl. dagegen Semlers positive Würdigung des Diasporajudentums (s. S. 37f.).

[174] Zeitg I[1] 157ff.; IV[2] 63ff.; vgl. Ewald, Gesch VII[3] 91ff. (s. S. 327ff.).

[175] Vgl. Ewald, Gesch IV[3] 376–378; 474–476; 597–599 (s. S. 130f.).

[176] Hausrath, Zeitg II[1] 249.

[177] AaO. 553.

sen Kritik"[178]. Weniger sein sachlicher Gehalt macht diesen Spott für Hausrath so „äzend", sondern die Instinktlosigkeit der Juden, sich als „Fremde" in vorderster Reihe daran zu beteiligen[179]. In der Formulierung von der jüdischen „rabulistischen Neigung, sich an die paradoxe Seite des Gegenstands zu hängen und darüber die Hauptsache zu übersehn"[180], klingt in diesem Zusammenhang wieder das Motiv des „Negativen", der inneren Haltlosigkeit durch. Der mit diesem Überlegenheitsgefühl einhergehende Weltherrschaftsanspruch äußerte sich vor allem in immer neuen Forderungen nach weltlichen Privilegien vor den Heiden[181]. In dieser Sicht nahmen die Juden damit außerordentlich zugestandene Rücksichten für selbstverständliches Bürgerrecht und wachten eifersüchtig über ihre penibelste Einhaltung mit der Tendenz, durch ihre Ausdehnung Einfluß zu gewinnen.

„Denn Israel war überall und wo es war, wollte es herrschen"[182].

Dieses Bild bündelt er im Motiv vom zudringlichen Fremden. Er spricht von „jüdischen Eindringlingen", die sich „geschmeidig" anpaßten, und findet besonders den „emancipirten Juden" mit der „ihm eigenen Zudringlichkeit" in allen Bereichen der Gesellschaft präsent, zum Erstaunen des „langsameren Römers"[183]. Insgesamt beschreibt er die Diasporajuden als eigentlich zweitrangige Menschenklasse, die es mit Anmaßung, mentaler Überlegenheit und religiös salvierter Skrupellosigkeit zu Reichtum und für „Fremde" unberechtigt großem Einfluß in der Gesellschaft gebracht hatten. Deutlich kommt zum Ausdruck, daß dies wohl formell legal, gewiß aber nicht legitim war, kurz: Die Juden waren „lästige Gäste"[184]. Das religiöse Moment tritt hier in den Hintergrund. Die aus diesem Motivkreis erwachsenen Konflikte zwischen Juden und Heiden schildert Hausrath als „Haß der Racen"[185], eine über die zwischen Völkern geläufigen Unterschiede hinausgehende grundsätzliche Diskrepanz zwischen Juden und Heiden.

Die Ursache für den Widerspruch dieses Bildes zum geistigen Wesenskern des Judentums sucht Hausrath in dessen gesetzlicher Fassung, nicht in seiner eigenen Darstellung. In dieser macht er sich antike Judenpolemik, ausgesprochen unbekümmert um die Wortwahl, in der Sprache des Vorurteils seiner Zeit zu Eigen[186].

---

[178] AaO. 102.

[179] AaO. 106; 167.

[180] AaO. 146.

[181] AaO. 96ff.

[182] AaO. 102.

[183] Zeitg III[2] 386f.; das Motiv findet sich bereits bei SCHNECKENBURGER, Zeitg 64 (s. S.70f.), und EWALD, aaO. 598 (s. Anm. 175).

[184] HAUSRATH, aaO. 392.

[185] Zeitg II[1] 103; der Begriff „Race" ist hier noch in überkommener Diktion, „als Synonym von Stamm, Volk, Menschheit usw." (J. KATZ, Wagner 185) verwendet, wie auch bei TH. MOMMSEN (Römische Geschichte III[1] 549, vgl. CH. HOFFMANN 93) und WELLHAUSEN (s. S. 221). Seine biologistische Interpretation, wie sie später unter J. A. DE GOBINEAUS Einfluß allgemein üblich wurde, darf in diese Äußerungen nicht hineingelesen werden.

[186] Bis hin zur Formulierung vom „Verjuden" des kaiserlichen Hofes (Zeitg IV[2] 58). Die Verbreitung speziell dieses Motives im wilhelminischen Deutschland wird durch seine Verarbeitung in H. MANNS 1914 vollendetem Roman „Der Untertan" dokumentiert.

Explizite Hinweise auf das Judentum seiner Zeit sind in seiner Geschichtsschreibung demgegenüber nirgends zu finden. Über die Wort- und Schablonenwahl geht die Analogie nicht hinaus. Dort ist sie allerdings frappierend.

11.3. Quellenauswertung

Der auffälligste Zug innerhalb von Hausraths Pharisäerdarstellung ist das Auseinanderfallen eines positiv bewerteten „demokratischen" und eines negativ bewerteten „gesetzlichen" Pharisäerbildes. Dies erscheint zunächst als Quellenproblem: Das Negativbild der „gesetzlichen" Pharisäer geht auf die Polemik des Neuen Testamentes zurück, deren Einseitigkeit Hausrath 1862 im zuversichtlichen Rückgriff auf die „im Ganzen ziemlich sichern Resultate rabbinischer Forschung über die jüdischen Sekten jener Tage"[187] und das Bild der „demokratischen" Pharisäer bei Josephus ausgleichen will. Die Diskrepanz der beiden Bilder geht aber nicht nur auf gegensätzliche Tendenzen der Quellen zurück, sondern auch darauf, daß Hausrath sich in Erschließung und Bewertung der rabbinischen Quellen weitgehend von Geiger und anderen jüdischen Forschern abhängig macht. Mit Geigers Quellenerschließung übernimmt er auch dessen reformjüdisch angelegtes, in sich stimmiges Pharisäerbild. Dieses reißt nun Hausrath einschließlich der in ihm enthaltenen Wertsetzungen aus Geigers Entwurf heraus und fügt es in seinen von ganz anderen Voraussetzungen und Wertsetzungen her bestimmten Entwurf ein, in dem es ein nur sehr oberflächlich integrierter, auffälliger Fremdkörper bleibt[188].

Durch die kritiklose Kombination zweier Bezugssysteme, deren Wertsetzungen sich auf verschiedene Quellen beziehen, entsteht der fundamentale Widerspruch in Hausraths Pharisäerbild. Er stellt beide Bilder nebeneinander, offenbar in der Meinung, mit Hilfe von Geigers Talmudexegese seien *per se* einschlägige Verzerrungen der griechischen Quellen zu beheben[189]. Er verzichtet fast völlig darauf, die unterschiedlichen Quellenbefunde zu systematisieren, die er so gut wie unproblematisiert nebeneinander stehen läßt, und verliert darüber den roten Faden. Das Ergebnis ist daher nicht, wie man es nach dem in „Resultate" formulierten Programm erwarten sollte, eine größere Weite und Objektivität in seiner Quellenrezeption, sondern eine wenig geschlossene, widersprüchliche Darstellung, in der er den jeweiligen Tendenzen seiner Quellen und Gewährsleute freien Lauf läßt, ohne daß ein kritisches Prinzip erkennbar wäre[190]. Dieses Vakuum wird durch christliche Werturteile gefüllt.

---

[187] Resultate 968; vgl. WELLHAUSENs Polemik gegen dieses kritiklose Zutrauen HAUSRATHS zur jüdischen Rabbinistik (WELLHAUSEN, PhS 121–124; s. S. 220).

[188] Gegenüber seiner Rezeption GEIGERS in „Resultate" bestätigt ihm in Zeitg nunmehr „jedes Blatt des Talmud" die neutestamentliche Pharisäerpolemik (Zeitg I[1] 416); vgl. GFRÖRER, Jahrh I 140 (s. S. 56); REUSS, Phar 506 (s. S. 105); die Heterogenität seiner Pharisäerbilder behebt er damit nicht.

[189] Resultate 968.

[190] Vgl. WELLHAUSEN, PhS 121 ff. und RE[3] XXIII 628: Für HAUSRATH sei „nicht die mühsame literarkritische Untersuchung die Hauptsache" gewesen.

Die Widersprüche im Wesen des Pharisäismus, die Hausrath mit Formulierungen wie „fanatische Volksführer"[191] oder „politisierende Frömmigkeit"[192] andeutet, weisen auf die unausgeglichenen Widersprüche und Probleme seiner eigenen Methode hin, vor allem auf das weitgehende Fehlen eines quellenkritischen Rahmens seiner Darstellung. Mit dem Bild des Chaberbundes übernimmt er ungeprüft von Jost die Unschärfe im Verhältnis der Peruschim und Chaberim. Wenn er an Hand der Reinheitshalacha der Chaberim die Pharisäer fast zur Sekte werden sieht[193], ist nicht mehr nachvollziehbar, wie sie, dem Bilde Geigers entsprechend, die demokratische Partei gewesen sein sollen. Es wird nicht ersichtlich, nach welchen Kriterien er seine ursprüngliche Bestimmung der Chaberim als halachisch observante Pharisäer aus „Resultate" zu Gunsten ihrer Sicht als noch nicht ordinierte Schriftgelehrte in der „Zeitgeschichte" aufgibt[194]. Dieses und mehr[195] bleibt bei Hausrath in der Schwebe. Der Impetus, die polemische Verzerrung der Pharisäer als „gewisse Typen" im Neuen Testament zu korrigieren[196], versandet hierbei völlig. Durch ihre letztlich bestimmende Darstellung als idealtypische Gegner Jesu und des Christentums behält das Neue Testament schließlich doch seine Funktion als normative Quelle.

Josephus betrachtet Hausrath biographisch wie literarisch als „unverbesserlichen Pharisäer"[197], der der gesetzlichen „Verstockung" und den „Thorheiten" der „Schule" verhaftet blieb[198]. Er berichte tendenziös zugunsten der Pharisäer. Eine in „Bellum" ursprünglich enthaltene ausführliche wohlwollende Pharisäerbeschreibung sei von christlichen Rezensenten entfernt worden[199]. Die Komponenten für das polemische Bild der jüdischen Diaspora entnimmt er synchron verwendeten Quellen vom ersten vorchristlichen bis zum zweiten nachchristlichen Jahrhundert. Sie reichen von Cicero bis zum nach Bar-Kochba datierten Johannesevangelium.

11.4. Theologische Hintergründe

Hausraths Entwurf der neutestamentlichen Zeitgeschichte steht sichtlich im Spannungsfeld von Theologie und Historie. Hausrath selber freilich betrachtet dies

---

[191] Resultate 973; Zeitg I[1] 120.

[192] Resultate 977.

[193] Resultate 973; vgl. JOST, Jdt I 205.

[194] Resultate 973; Zeitg I[1] 76f.; Für beides geben die talmudische und die mittelalterliche jüdische Tradition Anhaltspunkte. Das Bild der observanten Chaberim gründet sich auf b Bechorot 30a/b und den „Aruch" NATHAN B. JECHIELS. Im schriftgelehrten Kontext erscheinen die Chaberim in M Abot I 6 (vgl. b Baba Batra 75a; b Berachot 63b) und bei ELIAS LEVITA.

[195] So klärt er das Verhältnis von Pharisäern und Schriftgelehrten nicht einheitlich. Unklar bleibt auch die Rolle der Pharisäer im Synhedrium und beim Todesurteil gegen Jesus.

[196] Resultate 970.

[197] Zeitg III[2] 464.

[198] AaO. 442; da der Maßstab seines sittlichen Urteils die überlieferte rituelle Frömmigkeit sei, spricht er ihm einen „höheren Standpunkt" ab (Zeitg IV[2] 72f.).

[199] Resultate 969 (s. S. 314f.); möglicherweise denkt HAUSRATH hier an eine Analogie zur Essenerbeschreibung in Bell. II 8,2–13 (119–161). Nähere Angaben macht er nicht.

als überbrückbar und begreift die neutestamentliche „heilige Geschichte" „zwar nicht als Product, wohl aber als Theil eines allgemeineren historischen Processes". Dieser ist ihr „ursprünglicher Zusammenhang", aber „das Christenthum ist das Werk Christi, nicht der Verhältnisse". Programmatisch bettet er die „heilige Geschichte", deren Proprium um so deutlicher werde, je genauer ihre historischen Bezüge erkannt werden, in den Prozeß der natürlichen Geschichte ein[200].

Das theologische Zentrum dieses Entwurfes ist die Auffassung der Person Christi. Jesus hat gegenüber dem auf Vergeltung, Legalismus und Haß gegründeten Judentum[201] die neue Anschauung Gottes als des liebenden Vaters vermittelt. Sie hat eine Offenbarungsqualität, die Hausrath in der idealtypischen Persönlichkeit Jesu begründet[202]. Das Grundprinzip der hieraus gewonnenen „neuen Gottesanschauung"[203] ist „eine Verfassung des Gemüths"[204], die Jesus als „schlechthinniges Kindschaftsbewußtsein"[205] gegenüber Gott in vollkommener Weise zu Eigen war. So ist Jesus, der individuelle und originelle Mensch im vollen Sinne, der Träger der neuen Offenbarung der Liebe. Diese Originalität Jesu will Hausrath in den historischen Konnex einbetten. Tatsächlich aber zerreißt sie ihn: Die jüdische Umwelt Jesu erscheint als zufälliger Rahmen, aus dem seine Lehre nicht ableitbar ist, in dem er sie nicht entwickelt, sondern nur genauer bekannt macht. Das Einarbeiten theologisch-werthafter Prämissen in den historisch-relativen Rahmen bewirkt die Darstellung historischer Verhältnisse nach theologischen Vorgaben. Auf diese Weise werden die Pharisäer zu Vertretern des Prinzipes determiniert, das Jesus und der Grundanschauung des Christentums entgegensteht. In der Abfolge der Veröffentlichungen Hausraths wird das aus Anregungen jüdischer *Historiographie* gewonnene Pharisäerbild von 1862 im Jahre 1868 durch den Rekurs auf Keims 1867 erschienene *theologisch* geprägte „Geschichte Jesu"[206] überlagert und faktisch außer Kurs gesetzt, obwohl Hausrath es beibehält.

Dieser Revisionsvorgang bedeutet die explizite Hinwendung zu einer von Schleiermacher geprägten Theologie. Hausraths Pharisäerbild ist nach demjenigen Ewalds das zweite in der hier vorgestellten Reihe, das in einem größeren historischen Entwurf in deren Wirkungsgeschichte steht[207]. Schleiermacher hat besonders in seinem Jesusbild deutliche Spuren hinterlassen. Sie sind vor allem in der Darstellung Jesu als des vollkommenen Mittlers der wahren religiösen Grundanschauung,

---

[200] Zeitg I[1], VIIIf.; dies nimmt SCHNECKENBURGERS Konzept auf (s. S. 61f.); vgl. auch SCHÜRER (s. S. 227).

[201] AaO. 357; 360f.

[202] AaO. 358; Jesus erscheint als „wahrer Mensch" im Sinne des chalcedonensischen Symbols.

[203] Ebd.; sie unterscheidet HAUSRATH von der jüdischen „Weltanschauung", aaO. 357.

[204] AaO. 362.

[205] AaO. 366.

[206] Auf K. TH. KEIM bezieht er sich ausdrücklich (aaO. XIIf.).

[207] Hierin trifft er sich mit KEIM. Wie dieser grenzt er sich auch gegen STRAUSS' idealistisches Jesusbild ab (aaO. 356; vgl. KEIM, Gesch Jesu I 4). Zu SCHLEIERMACHERS Theologie hatte HAUSRATH bereits seit 1858 in seiner Studienzeit in Berlin positiven Zugang gefunden (K. BAUER, aaO. 132; 134f.; 137f.).

auf der das Christentum beruht, erkennbar[208]. Auch das von Schleiermacher diesem Verständnis Jesu und des Christentums zugeordnete Verständnis des Judentums – und damit indirekt auch des Pharisäismus – findet sich bei Hausrath: Das von Christus überwundene defizitäre jüdische Prinzip liegt in der alttestamentlichen Vergeltungslehre und in der Gesetzlichkeit[209]. Im Judentum ist nach der Trennung vom Christentum kein wirklich religiöser Lebenskern mehr zu finden[210]. Die Probleme dieser schroffen Antithese auf der historischen Seite finden sich bei Hausrath ebenso wie bei Ewald. Gegenüber diesem steht Hausrath Schleiermacher darin näher, daß er aus ihr trotz dahin weisender Ansätze kein geschichtstheologisches Bild ausführt. Sein Entwurf zeichnet eine historische Entwicklung nur im begrenzten Rahmen der neutestamentlichen Zeitgeschichte, die bei ihm über weite Strecken als breit ausgeführte Momentaufnahme erscheint.

11.5. Liberalismus im Widerspruch

Eine politisch wie theologisch-kirchlich entschieden liberale Option steht hinter Hausraths Zeichnung der Pharisäer als Demokraten, die er mit geschichtsphilosophischen Reflexionen über den schließlich notwendigen Sieg der Demokratie in der Geschichte verbindet. Der Gegensatz zwischen Pharisäern und Sadduzäern sei „nur der allbekannte Gegensatz einer conservirenden und einer reformirenden Partei" der in wechselnden Formen als historisch fruchtbare Antithese stets den Fortschritt beförderte[211]: „Noch nirgends im Kampf zwischen Demokratie und Aristokratie hat zuletzt die Aristokratie das Schlachtfeld behauptet"[212]. Hausraths Sympathien liegen unverkennbar auf der Seite der Demokraten. Seine Aversion richtet sich gegen jegliche, insbesondere religiöse Restauration und Reaktion, gegen den „hochmüthigen" Adel und das „vornehme, kalte Hochkirchenthum"[213], wie sie von den Sadduzäern verkörpert werden – ein Spiegel der Aversion Hausraths gegen die Restaurationstheologie der 1850er Jahre, die „das eigentliche Pathos seines Lebens" war. „Alles, was entfernt an Pietismus und Muckerei, Hochkirchentum und Salontheologie erinnerte, fand in ihm einen unversöhnlichen Todfeind"[214]. Die „demokratischen" Pharisäer jedoch nimmt Hausrath engagiert gegen ihre Darstellung als „Kreuzzeitungsleute von Jerusalem"[215] u.a. bei Ewald in Schutz. Eben als solche erscheinen sie aber im Vergleich mit Jesus, Hausraths Fortschrittsgestalt par excellence. Im Verhältnis zum Urchristentum läßt er sie als erstarrte rückständige

---

[208] Vgl. SCHLEIERMACHER in der 5. Rede über die Religion (KGA I/2 320ff.; s. S.42f.; 335f.).

[209] Vgl. aaO. 315.

[210] Vgl. aaO. 314ff.; HAUSRATH, Zeitg IV² 341.

[211] Zeitg I¹ 117; vgl. GEIGER, SPh 41.

[212] AaO. 132; vgl Resultate 977.

[213] Resultate 973.

[214] H. J. HOLTZMANN, Nachruf 372; vgl. RE³ XXIII 627 sowie TH. KAPPSTEIN, 24ff. und das Kap. „Anteil am badischen Kirchenregiment" in K. BAUER, Hausrath 197ff.

[215] Resultate 970; so auch in PhS 519.

Orthodoxe auftreten, die den wahren Fortschritt bis hin zu „Restauration" und „Reaction"[216] nach Kräften hemmen.

So verkörpern die Pharisäer einmal die von Hausrath vertretenen liberalen Werte, das andere Mal ihr Gegenteil. Ihre symbolische Prägung als Antitypus des Christentums hat einen religiös-weltanschaulichen Akzent, die als Rivalen der Sadduzäer einen politisch-weltanschaulichen. In diesen beiden unausgeglichenen Rollen der Pharisäer reibt sich Hausraths protestantisch-liberales Jesusideal, dessen Negativfolie die Pharisäer darstellen, mit dem von Geiger übernommenen Pharisäerbild, in dem sie das politische Ideal der Demokratie symbolisieren.

Der Anknüpfungspunkt für Hausraths positive Hinwendung zu Elementen reformjüdischen Selbstverständnisses im historiographischen Programm von 1862 liegt in seinem politischen Liberalismus. Über die historische Wissenschaft hinaus eröffnet er damit einen emanzipatorischen gesellschaftspolitischen Horizont[217]. Dieser Hintergrund tritt in der „Neutestamentlichen Zeitgeschichte" im Ausblick auf die von christlicher Judenfeindschaft bestimmten Schicksale des nachantiken Judentums zu Tage. Die Ursache hierfür findet er bereits im Neuen Testament. Schon Lukas rede „eine entschieden judenfeindliche Sprache", und vollends die noch härteren Urteile im Johannesevangelium dokumentierten die völlige Entfremdung von Juden und Christen nach dem Bar-Kochba-Krieg. Hausrath redet vom „Haß der alten und der neuen Kirche" und spricht auch die Christen davon nicht frei[218]. Die Wirkungsgeschichte der johanneischen Urteile betrachtet er hier sehr kritisch im Kontext der antiken Judenfeindschaft:

> „Es ist kaum ein erheblicher Unterschied zwischen der Gesinnung des Tacitus gegen die Juden und der des vierten Evangelisten, und dieses „Evangelium der Liebe" hat am Haß der Zeit Hadrians gegen die Juden seinen reichlich zugemessenen Antheil. Für Tacitus sind die Juden die Feinde des menschlichen Geschlechts, für den vierten Evangelisten sind sie schlechtweg die Feinde des Lichts, des Messias, Gottes. Der vierte Evangelist hat dem Judenhaß seine religiöse Prägung gegeben, indem er die Juden schlechthin als das Volk zeichnet, das Jesum von der ersten Stunde an tödten will, zu tödten versucht und schließlich wirklich tödtet. Vordem haßte man den Juden aus nationaler Abneigung, der mittelalterliche *religiöse* Haß dagegen geht wesentlich auf die Darstellung des vierten Evangelisten zurück, für den die Juden nicht mehr das Volk sind, das Jesus vor allen anderen retten wollte, sondern das, das ihn gemordet hat"[219].

Diese differenzierenden Betrachtungen, in denen eine historisch gleichberechtigte Sicht der „alten und neuen Kirche" anklingt, sind im Vollzug von Hausraths Darstellung der Juden und Pharisäer folgenlos geblieben. Er schildert sie eben so, wie er es an den Evangelisten und an Tacitus mit guten Gründen kritisiert. Vollends

---

[216] Zeitg II[1] 321; 323; den Begriff der „Reaction" verbindet bereits SCHNECKENBURGER, Zeitg 139 mit den Pharisäern (s. S. 66).

[217] Über den wissenschaftlich-historischen Objektivitätsanspruch, wie ihn REUSS (Jdt 325 f.; s. S. 107 f.) und EWALD (Gesch I[3] 3–17; s. S. 141 ff.) formulieren, geht dies hinaus. Vgl. WELLHAUSENS Polemik in BARNIKOL 30 (vgl. H. LIEBESCHÜTZ, Judentum 249 f.).

[218] HAUSRATH, Zeitg IV[2] 347.

[219] AaO. 348, mit Bezug auf Tacitus, Ann. XV,44; vgl. REUSS, Jdt 345 f.

schillernd wird diese Kritik, indem er unmittelbar daran anschließend erklärt, Johannes habe eigentlich die Diasporajuden vor Augen gehabt: „Händelmacher", die „in Chören" von ihren Ältesten geführt werden,

> „hämisch, heidenfeindlich, beschränkt, und doch spöttisch, *kurz ganz so, wie die Juden im Ausland zu sein pflegten*"[220].

Hier mischen sich kritische Abwehr judenfeindlicher Tendenzen des Neuen Testamentes und judenfeindlicher Polemik heidnischer Schriftsteller mit ihrer unkritischen Akzeptanz in für Hausrath charakteristischer Weise, wie auch gegenüber dem neuzeitlichen liberalen Pathos die Rezeption antiker Judenfeindschaft eine deutlich neuzeitliche Komponente enthält.

Die Juden in der Diaspora charakterisiert er durchgängig als verschlagene und skrupellose, taktlose und zudringliche „lästige Gäste"[221], die sich gegenüber der weniger wendigen, biedereren und ehrlicheren autochthonen Bevölkerung ein parasitäres Dasein erlauben und dabei unangemessene und illegitime Vorteile erschleichen oder als angemaßtes Recht einfordern. Diese von Hausrath in der Antike verhandelte Fragestellung rührt an ein zentrales Thema von Emanzipation und Antisemitismus in seiner eigenen Zeit: Ist die volle bürgerliche Gleichstellung der Juden selbstverständliches Bürger- und Menschenrecht, oder handelt es sich um Zugeständnisse auf Widerruf gegenüber „Gästen" und „Fremden"? Mit der davon handelnden zeitgenössischen Polemik weist Hausraths Bild eine auffallende Ähnlichkeit auf, so daß die Unterscheidung zwischen antiker Polemik gegen die römische Judenschaft und neuzeitlicher Polemik gegen die Juden in Berlin fließend erscheint. Die meisten der von ihm 1872 und 1873 erstmalig formulierten judenfeindlichen Stereotypen finden sich 1879 im Artikel „Unsere Aussichten", mit dem sein Freund Heinrich v. Treitschke den Auftakt zum Berliner Antisemitismusstreit gab[222].

Hausrath empfindet die jüdische Polemik gegen heidnische Kulte als pietätlos „zersetzende" Kritik. Treitschke beklagt „die schlagfertige Gewandtheit und Schärfe des jüdischen Geistes" und einen „eigenthümlich schamlosen Ton" in der Behandlung vaterländischer und kirchlicher Fragen in der zeitgenössischen Presse[223]. Hausraths Beschreibung der ehrgeizigen Zudringlichkeit der Juden in der heidnischen Gesellschaft hat ihr Gegenstück in Treitschkes Motiv der „vielgeschäftigen Vordringlichkeit" der Juden[224], die für beide „orientalische" Fremdlinge sind[225]. Vor allem „auf dem literarischen Gebiet" war für Hausrath „der langsamere

---

[220] AaO. 348f.; Hervorhebung von mir.
[221] Zeitg III[2] 392.
[222] W. BOEHLICH, Antisemitismusstreit 7ff.; die engere Freundschaft zwischen ihnen bestand seit beider Berufung nach Heidelberg zum Wintersemester 1867/68 (vgl. Bekannte II 34f.; TH. KAPPSTEIN 29–34).
[223] HAUSRATH, Zeitg II[1] 102; vgl. aaO. 166; BOEHLICH 12; zur antijüdischen Entwicklung des Begriffes „Zersetzung" (s. S.71) vgl. CH. HOFFMANN, Judentum 97f. (im Zusammenhang der Kontroverse zwischen TREITSCHKE und MOMMSEN).
[224] HAUSRATH, aaO. 166; 216; III[2] 387; BOEHLICH 12.
[225] HAUSRATH, Zeitg II[1] 114; BOEHLICH 14.

Römer nicht wenig erstaunt, welche Talente im Plündern, Bewerthen, Recensiren die jüdischen Schöngeister entwickelten". Treitschke beklagt die Unterlegenheit der „gemüthlichen" Deutschen gegenüber den agileren Juden und spricht vom „Literatenschwarm" der „betriebsamen Schaar der semitischen Talente dritten Ranges"[226]. Vulgärer Judenhaß bedeutet für Hausrath nur die „Schaumflocken einer in der Tiefe wühlenden Bewegung", die sich bei „ernsteren Geistern" als Sorge um die klassische Kultur äußere. Treitschke diagnostiziert den beginnenden Antisemitismus, der „bis in die Kreise der höchsten Bildung hinein" reiche, als Ausdruck einer „wunderbaren mächtigen Erregung" „in den Tiefen unseres Volkslebens"[227]. Der natürlichen „tiefen" Abneigung zwischen „semitischem und lateinischem Wesen" bei Hausrath entspricht Treitschkes Befund der seit jeher bestehenden „Kluft zwischen abendländischem und semitischem Wesen"[228].

Ob ein direkter Zusammenhang zwischen Hausraths Darstellung und der sechs Jahre später veröffentlichten Polemik Treitschkes besteht, muß hier offen bleiben. Manche Übereinstimmung in der Formulierung und ihr persönliches Verhältnis sprechen allerdings dafür. Hausrath distanziert sich später zwar von Treitschkes „Übertreibungen" und dem „höhnenden Ton seiner Artikel", stimmt ihm aber im Grundsatz zu. Die Judenemanzipation, die für Gfrörer und Reuß eine noch zu festigende Perspektive war, setzt Hausrath voraus. 1901 handelt es sich für ihn, mehr pragmatisch als engagiert,

> „nicht um die Frage, ob es ein Glück sei, daß wir die Juden haben, das möchten Mommsen und Stöcker miteinander ausmachen, mir sei die Frage, was unsere Pflicht sei, da wir sie haben"[229].

Daß Hausrath in der Darstellung der antiken Diasporajuden diese neuzeitlichen Themen verhandelt, ist deutlich. Viele der genannten Vorurteilsmuster teilt Hausrath nicht nur mit Treitschke, sondern auch mit ihm richtungsmäßig völlig Fernstehenden wie Richard Wagner oder Adolf Stoecker. Auch Hausrath hat Anteil an einer allgemeinen Entwicklung, die von den emanzipatorischen Idealen der liberalen Ära zu zunehmend judenfeindlichen Stimmungen des zweiten Kaiserreiches führt[230]. Die scharfe Diskrepanz zwischen seiner programmatisch wohlwollenden

---

[226] Hausrath, Zeitg III[2] 387; Boehlich 11.

[227] Hausrath, aaO. 389 (vgl. das Motiv jüdischer Kulturfeindschaft bei Schneckenburger, Zeitg 75); Boehlich 7; 13.

[228] Hausrath, aaO. 388; Boehlich 14.

[229] Bekannte II 122f.; die Zusammenstellung von Mommsen, dessen eigentlicher Gegner doch Treitschke war, mit Stoecker als gleichwertigem Kontrahenten hat apologetische Funktion. Privatim äußerte sich Hausrath noch schärfer, nach Auskunft M. Webers 1883 „natürlich sämtliche Vertreter des konstitutionellen Prinzips unter dem Namen ‚Juden' zusammenfassend" (Weber, Jugendbriefe 74 ed. Marianne Weber 1936, zit. n. H. N. Fügen 41).

[230] Wagner hatte bereits 1850 in „Das Judenthum in der Musik" antisemitische Ressentiments in bewußter Abkehr von seinem früheren, oberflächlich aufgetragenen liberalen Philosemitismus formuliert (Ges. Schr. XIII 7ff.; vgl. J. Katz, Wagner 39–58; 59ff.). Der aus konfessionell-erwecklicher Tradition stammende Stoecker trat, irritiert durch das gründerzeitliche Berlin, ab 1876 mit antisemitischen Äußerungen hervor (Stoecker, Christl.-Soz.[2] 359ff.; vgl. H. Engelmann, Kirche 71ff.). Daß auch Hausraths erstmals 1872/73 veröffentlichtes Bild der jüdischen Diaspora, wie

Aufnahme des reformjüdischen Geschichtsentwurfs Geigers von 1862 und seinen späteren Äußerungen kann für diese Verschiebung als typisch gelten. Der grelle Widerspruch zwischen liberaler Annäherung an das Judentum und der Rezeption judenfeindlicher Vorurteile ist bei Hausrath durchgängig. Eine Klärung oder einen Ausgleich vermeidet er geradezu und hinterläßt den Eindruck eines beständigen Schwankens zwischen unterschiedlichen Tendenzen. So sehr er immer wieder das liberale Anliegen historischer Gerechtigkeit akzentuiert – in der „Neutestamentlichen Zeitgeschichte" hält er keinen seiner Anläufe durch. Es sind zwar durchgängig liberale Wertsetzungen erkennbar. Die Beliebigkeit ihrer historischen Zuordnung jedoch verwickelt Hausrath in heillose Widersprüche und läßt vorkritische Stereotype zu Tage treten. Die Pharisäer spielen auf dieser Betrachtungsebene keine wirkliche Rolle mehr. Gegenüber dem hellenistischen „Reformjudentum" zeichnet er sie als Vertreter des „altgläubigen" palästinischen Judentums[231], ohne sie mit der antijüdischen Polemik in Verbindung zu bringen. Diese zielt primär auf die Juden als soziale Minderheit. Hausraths Pharisäerbild repräsentiert das Judentum vor allem als religiöse Struktur.

11.6. Zusammenfassung

Die Bilder von Pharisäismus und Judentum, die Hausrath in der „Neutestamentlichen Zeitgeschichte" entfaltet, haben sich als statischer Hintergrund der neutestamentlichen Geschichte erwiesen. Eine wirklich historische Entwicklung findet im Judentum wesentlich nur in der politischen Geschichte statt, nicht aber in deren religiösen Dimensionen. Das Bild der Pharisäer ist im Gegenüber zu Jesus fixiert. Von hier bestimmt sich ihr Wesen. Eine wirkliche Entwicklung vollziehen sie nicht. Auch das Wesen des Judentums ist übergeschichtlich theologisch fixiert. Es bleibt, was und wie es ist. Trotz aller historischer Bezüge geraten Hausraths Bilder von Pharisäern und Juden in den geschilderten Zusammenhängen zu statischen Kulissen der neutestamentlichen Geschichte.

TREITSCHKES Polemik (vgl. H. LIEBESCHÜTZ, Judentum 157ff.), durch Wahrnehmungen in der Gründerzeit beeinflußt wurde, ist möglich. Zu beachten sind aber auch die Nähe dieses Bildes zu EWALDS Darstellung des Diasporajudentums sowie seine Berührungen mit judenfeindlichen Vorurteilsstrukturen in den weithin rezipierten Romanen „Soll und Haben" (1855) von G. FREYTAG und „Der Hungerpastor" (1864) von W. RAABE, die beide vor 1870 dem Nationalliberalismus nahestanden. In beiden Werken wird dem Helden, dessen Reifungsprozeß positiv verläuft, ein jüdischer Antitypus mit abstoßenden Zügen gegenübergestellt. Namentlich RAABES Gestalt des Moses Freudenstein nimmt die von HAUSRATH und TREITSCHKE beschriebene Figur des „jüdischen Literaten" vorweg (zu FREYTAG und RAABE vgl G. KARS, Bild des Juden 72–87; zu RAABE vgl. H. DENKLER, Das „wirckliche Juda" und der „Renegat"). In diese Richtung weist bereits GFRÖRERS wohl auf L. BÖRNE und H. HEINE gemünzte abschätzige Bemerkung, die literarische Gruppe des „Jungen Deutschland" bestehe „meist aus dem Abschaum der jüdischen Burschenschaft" (GFRÖRER, Jahrh I 201; zur antijüdisch akzentuierten Polemik gegen die „Jungdeutschen" und zum Verhältnis BÖRNES und HEINES zu dieser Gruppe vgl. J. KATZ, Wagner 32ff.).
[231] HAUSRATH, Zeitg II[1] 141.

Dahinter haben sich mehrere Bewertungsebenen herauskristallisiert. Auf der grundsätzlichen theologischen Ebene bleibt Hausrath bei der überkommenen Wahrnehmung der Pharisäer als Repräsentanten des jüdischen Gegenbildes des Christentums. In der Übernahme ihrer Darstellung als fortschrittliche Demokraten und in der kritischen Wahrnehmung judenfeindlicher Elemente in der christlichen Tradition artikulieren sich politische Ideale der liberalen Epoche der Jahrhundertmitte. In der Sicht der Diasporajuden kommt das in seiner Struktur nicht reflektierte gesellschaftliche Vorurteil ins Spiel. Hiermit haben die Pharisäer gar nichts mehr zu tun. Diese völlig unterschiedlich strukturierten Bezugssysteme haben sich bei Hausrath als nicht ausgleichbar erwiesen.

Wissenschaftsgeschichtlich stellt Hausraths „Zeitgeschichte" die breite Ausführung des Schneckenburger'schen Konzeptes dar, „diese Zeit zu beschreiben, so weit ihr Inhalt mit den großen religiösen Thatsachen des neuen Testaments in mittelbarer oder unmittelbarer Beziehung steht"[232]. Mit ihm hat Hausrath auch die mehr implizit als explizit erkennbare geschichtstheologische Rahmung der neutestamentlichen Zeitgeschichte übernommen. Eine wesentliche Verschiebung liegt aber in der theologischen Grundlegung. Mit dem Rückgriff auf Schleiermacher negiert Hausrath die historische Verwurzelung der „neuen Gottesoffenbarung" Jesu im Judentum und zeichnet stattdessen eine schroffe Antithese, die mit scharfen Werturteilen über Judentum und Pharisäismus verbunden ist. Hierin nimmt er eine zu Ewald analoge Haltung ein: Die Pharisäer repräsentieren im Kontrast zu Jesu Originalität die innere Haltlosigkeit der jüdischen Gesetzlichkeit. Im selben Sinne ist das Zerrbild der Diaspora theologisch funktionalisiert. Dies bedeutet einen markanten Bruch gegenüber Gfrörer und Schneckenburger, denen die historische Zurückführung der urchristlichen Botschaft auf das Judentum einen positiven Zugang zu jüdischer und pharisäischer Religiosität eröffnete, auch wenn es bei Schneckenburger bereits Ansätze zu der von Hausrath verwirklichten Betrachtungsweise gab. Über Ewald hinaus weist vor allem die Rezeption der seit Ende der 1840er Jahre erschienenen jüdischen Forschungsergebnisse, aus denen aber erst Wellhausen durchgreifende historische Konsequenzen für das Bild der Pharisäer zog.

Die Wertvorstellungen des politischen Liberalismus der 1860er Jahre, den Hausrath zeitgeschichtlich repräsentiert, finden sich allenthalben in seiner wissenschaftlichen Arbeit. In den daneben erkennbaren emotionalen Ressentiments drückt sich ein trotz der Zustimmung zur Emanzipation fortbestehendes Unbehagen gegenüber ihren gesellschaftlichen Konsequenzen aus, das die Juden bei allem Wohlwollen auf die Rolle des Fremden festlegt. Das Beispiel Hausraths zeigt, daß diese Stimmung auch bei ehrlich engagierten Liberalen bereits mit dem Aufkommen des Antisemitismus präsent war[233]. In dem Versuch, einerseits die Absolutheit des Christentums festzuhalten, andererseits aber damit eine unbefangene und gerechte Wahrnehmung außerchristlicher religiöser und gesellschaftlicher Phänomene zu

---

[232] Zeitg I¹, VIII; vgl. SCHNECKENBURGER, Zeitg 1f. (s. S. 62).

[233] Dies zeigt sich besonders im Vergleich mit dem sich anders als HAUSRATH konservativ entwickelnden TREITSCHKE (vgl. Bekannte II 98ff.; 127ff.).

verbinden, kommen Grundprobleme speziell des theologischen Liberalismus im 19. Jahrhunderts zum Ausdruck. Hausraths „Neutestamentliche Zeitgeschichte" dokumentiert den Versuch einer Lösung wie seine Grenzen.

VI. Historismus und Religionsgeschichtliche Schule

12. *Julius Wellhausen*

Julius Wellhausen[1] wurde 1844 als Sohn eines „streng orthodoxen"[2] und politisch konservativen lutherischen Pfarrers in Hameln geboren. Ab 1862 studierte er Theologie in Göttingen und wurde recht bald Ewalds Schüler. 1870 schloß er seine Studien mit dem Lizenziatenexamen ab und erhielt 1872 die alttestamentliche Professur an der Greifswalder theologischen Fakultät. Neben exegetischen Arbeiten[3] entstanden seine ersten historischen Werke: 1874 „Die Pharisäer und die Sadducäer"[4]; 1878 die „Geschichte Israels I", die späteren „Prolegomena"[5]. Dieses Buch machte ihn mit einem Schlage bekannt. 1882 bestimmte ihn die Auffassung, daß sich seine kritischen Anschauungen nicht mit den Bedürfnissen der theologischen Ausbildung für den kirchlichen Dienst vertrugen, die theologische Professur niederzulegen. Seit 1882 lehrte er in Halle und Marburg als Orientalist und befaßte sich hauptsächlich mit arabistischen Studien. 1892 wurde er auf den Lehrstuhl Ewalds und Lagardes in die philosophische Fakultät nach Göttingen berufen. Dort wandte er sich auch wieder dem biblischen Forschungsgebiet zu. 1894 veröffentlichte er die „Israelitische und jüdische Geschichte"[6], den zu den „Prolegomena" gehörenden Geschichtsentwurf. Seit 1903 galt seine Arbeit ausschließlich dem Neuen Testament[7]. 1913 wurde er emeritiert. 1918 starb er.

---

[1] Zu WELLHAUSEN vgl. E. SCHWARTZ, Wellhausen; H. COHEN, Abschiedsgruß; A. JEPSEN, Wellhausen; E. BARNIKOL, Briefe; E. BAMMEL, Briefe; H.-J. KRAUS, Erforschung[4] 255–274; L. PERLITT, Vatke und Wellhausen; DERS., Wellhausen, sowie die WELLHAUSEN-Aufsätze R. SMENDS; jetzt auch R. DEINES, Pharisäer 40–67.

[2] E. SCHWARTZ, aaO. 329.

[3] „Der Text der Bücher Samuelis", 1871; „Die Composition des Hexateuchs", 1877.

[4] Zit. als „PhS".

[5] Zit. als „Prol".

[6] Zit. als „IJG"; ihr gehen 1881 der Art. „Israel" in der 9. Aufl. der Encyclopaedia Britannica (zit. als „Isr") sowie 1884 der „Abriß der Geschichte Israel's und Juda's" voraus. Eine kurze Zusammenfassung ihres Inhaltes bietet die Skizze „Israelitisch-jüdische Religion" von 1906 dar (zit. als „IJR"; in: WELLHAUSEN, Grundrisse 65–109).

[7] „Das Evangelium Marci", 1903; „Das Evangelium Matthäi" und „Das Evangelium Lucae", 1904; „Das Evangelium Johannis", 1908; „Einleitung in die drei ersten Evangelien", 1905 (3. Aufl. 1911; zit. als „Evv").

12.1. „Die Pharisäer und die Sadducäer"

Ein gutes Jahrzehnt nach Geigers Neuentwurf eines Pharisäerbildes und seiner Rezeption durch Hausrath hat der Ewaldschüler Wellhausen in der Monographie „Die Pharisäer und die Sadducäer" im kritischen Rückgriff auf Geiger ein epochemachendes historisches Pharisäerbild entwickelt, das in seinen Grundzügen in der protestantischen Bibelwissenschaft bis heute rezipiert wird[8]. Von den sechs Kapiteln des Buches sind die ersten beiden dem Wesen der Pharisäer und der Art ihrer Herrschaft über das Volk gewidmet; das dritte beschäftigt sich mit den Sadduzäern, gefolgt von der Analyse pharisäisch-sadduzäischer Streitfragen in den rabbinischen Quellen. Im fünften Kapitel beschreibt er in einem Abriß der jüdischen Geschichte von der Makkabäerzeit bis 70 den Konflikt zwischen Pharisäern und Sadduzäern als Musterfall eines das ganze Judentum bestimmenden Grundmusters, des inneren Widerspruches zwischen sakraler und profaner Orientierung. Im sechsten Kapitel sind seiner Darstellung quellenkritische Reflexionen angefügt, sowie eine ausführliche Interpretation der erstmals von ihm als pharisäisch betrachteten Psalmen Salomos, in denen er Dokumente des Zerwürfnisses zwischen Pharisäern und Hasmonäern bzw. Sadduzäern erblickt[9]. Das in seinen späteren Werken ausgeführte Geschichtsbild ist in dieser frühen Monographie *in nuce* bereits vorausgesetzt.

12.2. Die Pharisäer – die kirchliche Partei

Das Wesen der Pharisäer charakterisiert Wellhausen damit, daß sie im Judentum ihrer Zeit „die Juden im Superlativ, das wahre Israel"[10] und die „kirchliche ... Partei"[11] waren. Diese Grundbestimmungen spezifiziert er dahingehend, daß die Pharisäer ausschließlich religiöse Ziele verfolgten. Das gilt auch dort, wo sie im öffentlich-politischen Rahmen auftraten. Sie waren die Vertreter der Theokratie[12], zu deren Anwalt sie sich insbesondere in Abgrenzung zu weltlichen und verweltlichenden Tendenzen im Leben des Volkes und in seinen Institutionen machten. Die ihrem Handeln zu Grunde liegende Norm war die strengste Observanz gegenüber dem Gesetz und vor allem seinen schriftgelehrten Auslegungen, mit dem Hauptakzent auf den äußerlichen Ritualen der Heiligkeit und der Aversion gegen alles Pro-

---

[8] Signifikant ist dies in den S. 1f. Anm. 2 besprochenen Pharisäerdarstellungen von JEREMIAS (Jerusalem³ 279–303), GRUNDMANN (LEIPOLDT/GRUNDMANN, Umwelt I⁷ 269–286) und LOHSE (Umwelt⁷ 53–58). Dies belegt auch der zweimalige Nachdruck des Werkes (1924 und 1967).

[9] PhS 112ff.; angefügt ist eine Beilage mit WELLHAUSENS Übersetzung der PssSal und einem kurzen Kommentar (1967 nicht mehr mit abgedruckt).

[10] AaO. 17.

[11] AaO. 94; den Begriff „Partei" verwendet er zur soziologischen, nicht zur inhaltlichen Charakterisierung der Pharisäer als vom Judentum unterschiedene Gruppe (vgl. REUSS, Phar 496). „αἵρεσις" gibt er auch mit „Häresis" (PhS 75), „Theilung" (aaO. 78; vgl. EWALD, Gesch IV³ 477) und „Sekte" (IJG⁹ 277) wieder; in der Sache ist zunächst dasselbe wie mit „Partei" gemeint. Auf die religionssoziologische Interpretation des Begriffes „Sekte" wird noch einzugehen sein.

[12] PhS 92ff.; er versteht darunter eine rein „kirchliche" Verfassung des Judentums unter der Voraussetzung der Fremdherrschaft, wie sie seit dem Exil bestand.

fane[13]. Vom übrigen Volk unterschieden sie sich durch den Grad ihres Gesetzeseifers – insofern waren sie eine „Partei". Sie unterschieden sich aber nicht in der Sache und der grundsätzlichen Gesetzesbezogenheit – insofern waren sie die idealtypischen Juden und lebten als „Virtuosen der Religion"[14] eigentlich für das ganze Volk bestimmte Verhaltensmuster vor. Sie waren die

> „Starken ..., die in der Lage waren, dem Ideale der Schriftgelehrten von einem rechten Israeliten zu entsprechen"[15],

und repräsentieren das Judentum in seiner äußerlich-gesetzlich strukturierten Frömmigkeit auf der Linie der Reform Esras, die ihren Ursprung und Rückhalt im Wirken der Schriftgelehrten hat. Was die Pharisäer im Judentum des zweiten Tempels als Partei vertraten, setzte sich später im rabbinischen Judentum allgemein durch[16]. Wellhausen ist überzeugt, daß die Pharisäer mit ihrer ausschließlich gesetzlichen Orientierung die „,Idee' des Judenthumes" nicht nur repräsentierten, sondern auch gegen andere Tendenzen retteten[17].

Das Problem der Verhältnisbestimmung zwischen Schriftgelehrten und Pharisäern liegt darin, daß es sich um erkennbar unterschiedene Gruppen handelt, obwohl beide mit normativem Anspruch dieselben Belange der hierokratisch motivierten Gesetzlichkeit mit den Sadduzäern als Gegnern vertreten und in den Quellen teilweise synonym behandelt werden. Wellhausen löst es, indem er dem Berufsstand der Schriftgelehrten die Pharisäer als „Partei der Schriftgelehrten"[18] zuordnet. Ihre Belange und die innere Herrschaft über das Volk hatten sie gemeinsam. Der Unterschied liegt in der Hauptsache darin, daß die Pharisäer die von den schriftgelehrten „Theoretikern"[19] aufgestellten Postulate in die Lebenspraxis umsetzten.

Den Namen „Pharisäer" gibt er mit „Separatist" wieder[20]. Seine Entstehung verbindet er mit dem Wandel der früheren antihellenistischen Bewegung der Asidäer aus 1. Makk 2,42 und 7,12 zur „kirchlichen" Partei im inzwischen profanen Gemeinwesen, angestoßen durch den Gegensatz zum hasmonäischen Königtum[21]. Einen direkten Bezug zur Bedeutung des Namens stellt er weder von diesen Ereignissen noch von der allgemeinen Aversion der Pharisäer gegen das Profane her und bringt ihn mit seiner Definition des pharisäischen Wesens nur hinsichtlich ihrer Auszeichnung durch Frömmigkeit in Verbindung. Die darin zu Tage tretende Kol-

---

[13] AaO. 14ff.
[14] AaO. 20; anders als SCHLEIERMACHER in den „Reden" (so in der 1. Rede, KGA I/2 190ff.; in der 4. Rede, aaO. 278f.) gebraucht WELLHAUSEN diesen Begriff ironisierend negativ, im Sinne eines auf „persönliche Musterhaftigkeit" gegründeten religiösen Herrschaftsanspruches und einer seelenlos mechanisierten und äußerlichen religiösen Brillanz (vgl. PhS 119: „Pedantismus des geistlichen Virtuosenthums"). Direkt bezieht er sich nicht auf SCHLEIERMACHER.
[15] AaO. 18; die Pharisäer erscheinen hier als stark an Erkenntnis im Sinne von 1. Kor 8,1.
[16] AaO. 15.
[17] AaO. 95.
[18] AaO. 11.
[19] AaO. 39; er unterscheidet sie als „wandelnde" von den „lehrenden νομικοί" (aaO. 20).
[20] IJG⁹ 275.
[21] PhS 94.

lision zwischen der innerjüdischen Absonderung der Pharisäer, die er in ihrem Namen erkennt, und ihrer Repräsentantenfunktion für das Judentum insgesamt sucht Wellhausen durch die Bemerkung zu vermeiden, daß

„Pharîs" „ein Ehrenname ist und daß die beabsichtigte Absonderung dabei weniger hervortritt als die wirkliche Auszeichnung durch Frömmigkeit"[22].

Warum in diesem Ehrennamen der eigentlich sekundäre Aspekt als Hauptsache erscheint, bleibt offen, so daß der Eindruck einer insgesamt heterogenen Argumentation bestehen bleibt und das Verhältnis zwischen Pharisäern und Volk bei Wellhausen widersprüchlich erscheint. Die Gründe ihrer Absonderung liegen im Königtum der Hasmonäer, aber er beschreibt ihre Absonderung nicht von diesen, sondern von dem von ihnen beherrschten Volk her. Das Volk seinerseits verehrte die Pharisäer, nahm aber ihre Verachtung hin. Es akzeptierte ihre Normen, befolgte sie aber nicht[23]. Im Gesamtzusammenhang erscheint dies als Aspekt innerjüdischer Widersprüchlichkeit. Tatsächlich reiben sich hier normative Urteile am historischen Befund.

Wohl aus derselben Problemlage heraus identifiziert er die im Talmud erwähnten „Chaberim" nicht mit den Pharisäern und übergeht die u.a. von Ewald angeführten talmudischen „Chaberim"-Belege[24], in denen mehr der Aspekt der Absonderung als der der Repräsentanz hervortritt. Vielmehr erklärt er mit Rückgriff auf Geiger die Chaberim als Mitglieder des Synhedriums, deren Titel die späteren Rabbinen mit der gesamten Institution erst nach 70 usurpiert hätten[25].

Der Konflikt mit den Hasmonäern, der die Asidäer zu Pharisäern machte, war prinzipieller Natur. Die Hasmonäer hatten erstmalig seit dem Exil wieder einen selbständigen jüdischen Staat errichtet, der sich „weltliche und praktische Ziele steckte"[26]. Dieses profane Staatswesen war mit der überkommenen, auf der Heiligkeit ihrer äußeren Formen beruhenden theokratischen Verfassung der Juden prinzipiell nicht zu vereinbaren und rief den Widerstand der Gesetzestreuen hervor, die eine Verweltlichung des Volkslebens befürchten mußten. Der Streit entzündete sich am Hohepriesteramt, das die Hasmomäer *nolens volens* annahmen, um als Könige überhaupt anerkannt zu werden. Die Gesetzestreuen erblickten aber in diesem politischen Schachzug zu Recht eine für sie unannehmbare Unterordnung des geistlichen unter das weltliche Amt[27]. Der Konflikt wurde dauerhaft. Er durchzog die

---

[22] IJG[9] 276; insofern stehe die Bezeichnung, entsprechend dem historischen Ursprung der Pharisäer, sehr nahe bei dem Namen „Asîd", „Pietist" (aaO. 275). Die „Absonderung", und zwar von den Heiden, ist bei WELLHAUSEN die „Basis" (PhS 77) des von den Pharisäern repräsentierten Judentums.

[23] PhS 20f.; 26; 92ff.; vgl. GFRÖRER, Jahrh I 131 (s. S. 48f.).

[24] EWALD betrachtet an Hand von M Demai II „Chaberim" als Binnenbezeichnung der Pharisäer (EWALD, Gesch IV[3] 480, s. S. 121; vgl. HAUSRATH, Resultate 973, s. S. 171f.; implizit auch REUSS, aaO. 500f., s. S. 91f.). Mit diesen Texten übergeht WELLHAUSEN auch den speziellen Bezug der Chaberim auf Reinheitsfragen.

[25] PhS 40f.; GEIGER, Urschr 121ff. (s. S. 160).

[26] AaO. 94.

[27] AaO. 92; in Interpretation von Ant. XIII 10,5 (aaO. 89ff).

gesamte hasmonäische Ära[28], erbte sich als Streit der Pharisäer und Sadduzäer fort und zerklüftete „am Ende das jüdische Volk und den jüdischen Staat"[29]. Ein Ausgleich der überkommenen Idee einer rein heiligen Verfassung mit einem nach natürlichen profanen Notwendigkeiten regierten Staat war unmöglich. Bezeichnend für Wellhausens Sicht ist die innere Notwendigkeit des Konfliktes:

> „Aus dieser widerspruchsvollen Sachlage ward die Reaction der Pharisäer gegen die hasmonäische Herrschaft geboren, und wenn sie nicht bezeugt wäre, so müsste man sie erfinden"[30].

In Reaktion auf die pharisäische Opposition formierten sich die Hasmonäer und ihr Anhang zur Gegenpartei der Sadduzäer[31]. In den Parteien verkörpern sich die unüberbrückbaren Pole von geistlich und weltlich, von kirchlich und politisch, der

> „Gegensatz einer vorwiegend politischen gegen eine vorwiegend religiöse Partei in einem mehr geistlichen als weltlichen Gemeinwesen"[32].

Hiermit weist Wellhausen endgültig die Auffassung zurück, daß der Streit der Pharisäer und Sadduzäer die Fortsetzung des vormakkabäischen Kampfes zwischen orthodoxen Gesetzestreuen und freigeistig-rationalistischen Hellenisten gewesen sei[33]. Diese Annahme baut er zu der These aus, daß die Sadduzäer von der Hasmonäerzeit bis zur Zerstörung Jerusalems kontinuierlich der Gegenpol zu den ebenso kontinuierlichen klerikalen Bestrebungen der Pharisäer gewesen seien. Die Quellen schildern auch in späterer Zeit übereinstimmend Pharisäer und Sadduzäer als Gegner, allerdings abgeblaßt auf theologische Schulstreitigkeiten reduziert. Die von den Pharisäern eigentlich bekämpfte weltliche Sinnesart der Sadduzäer müsse daher erst aus dem Gesamtzusammenhang wieder erschlossen werden, um den wahren Kern des Konfliktes zu verstehen[34], der im Grundkonflikt des kirchlichen Wesens des Judentums mit jeglicher profaner Lebensgestaltung besteht.

Die Pharisäer repräsentieren als eigentlich unpolitische, die Dimension des Politi-

---

[28] Unter Alexander Jannai eskalierte er. Unter Salome Alexandra ruhte er, weil der Konflikt um das Hohepriesteramt entfiel (aaO. 97). Schließlich war es die „richtige Consequenz" der Pharisäer aus ihrer Haltung, als Repräsentanten des Volkes Pompejus um die Abschaffung der Königsherrschaft zu bitten (aaO. 100; belegt durch Ant. XIV 3,2).

[29] PhS 89.

[30] AaO. 93; Die Pharisäer repräsentieren hierin das Wesen des Judentums, dessen Norm „nicht das irdische Vaterland, sondern Gott und das Gesetz" war (aaO. 95).

[31] In Gestalt der Sadduzäer verband sich die alte Tempelaristokratie mit den Hasmonäern auf der Basis ihrer gemeinsamen weltlichen Interessen gegenüber den Gesetzestreuen (aaO. 51 ff.; 90 f.).

[32] PhS 56.

[33] So bei SCHNECKENBURGER, Zeitg 141 f.; 144 (s. S. 66; ihm folgend DANIEL, Phar 20); REUSS, Jdt 341 f. (s. S. 98); EWALD, Gesch IV³ 358 ff.; 493 f. (s. S. 128); weniger ausgeprägt bei GFRÖRER, Jahrh I 131 (s. S. 47). GEIGER und HAUSRATH, mit denen sich WELLHAUSEN primär auseinandersetzt, interpretieren den Streit zwischen Pharisäern und Sadduzäern zwar nicht mehr als Gegensatz zwischen Orthodoxen und Rationalisten, wohl aber als Fortsetzung vormakkabäischer Kontroversen und Problemstellungen.

[34] AaO. 75; hinter dem „dogmatischen Colorit" des Josephus erkennt er in Wirklichkeit mentale Unterschiede (aaO. 74 f.). So belegt ihm die Auferstehungsleugnung der Sadduzäer deren vor-

schen und des profanen Menschenverstandes destruierende Partei dieses Wesen und besitzen daher im Volk großen Einfluß. Gegen sie konnte mit Erfolg nicht regiert werden. Die Sadduzäer repräsentieren als weltliche Bestreiter dieses kirchlichen Wesens eine notwendige Reaktion gegen die pharisäische Ausklammerung aller profanen Aspekte aus dem Volksleben. Gegen den Einfluß der „lebendigen Sitte"[35] der Pharisäer im Volk konnten sie das konventionelle „ältere Herkommen" nur noch als unfruchtbare „oppositionelle Chikane" geltend machen[36]. Dies sei aber „eine Folge und nicht der Grund der Feindschaft"[37]. Daß die Quellen ihre Parteianliegen auf religiöse Prinzipien reduzierten, beruhe auf dem Verlust ihrer weltlichen Stellung bereits vor deren Abfassung. Die Kontinuität des Parteiengegensatzes ergibt sich mit innerer Notwendigkeit aus der Grundtatsache der inneren Spaltung des jüdischen Volkslebens. Über die direkten Parteistreitigkeiten hinaus begreift Wellhausen alle im Spannungsfeld von Heilig und Profan erkennbaren Konflikte als pharisäisch-sadduzäisch. Die Auffassung, daß der in den Psalmen Salomos artikulierte innerjüdische Konflikt „im ersten Jahrhundert vor Christo *nur der Gegensatz der Sadducäer und Pharisäer sein kann*"[38], ist für Wellhausens Sicht signifikant.

Mit der Regierung Herodes d. Gr. standen sich die Pharisäer gut, weil dieser die kirchlichen Belange aus taktischen Gründen streng respektierte, um politisch freie Hand zu haben. Hoherpriester war er nicht. Seine Proskriptionen gegen das Synhedrium schwächten vor allem ihre sadduzäischen Gegner[39]. Wellhausen hebt gegenüber der Hasmonäerherrschaft das durch die Aufteilung der kirchlichen und weltlichen Interessen begründete gute Einvernehmen zwischen Herodes und den Pharisäern hervor, die unter Herodes größeren Einfluß im Synhedrium gewannen und „gradezu ihre Blüthezeit gehabt haben, wie denn ihre berühmten Meister, Schemaja und Abtalion, Hillel und Schammai, damals lebten"[40]. Die in Ant. XVII 2,4–3,1 (41–47) überlieferte Verfolgung von Pharisäern durch Herodes spielt Wellhausen mit dem Argument der allgemeinen Unzurechnungsfähigkeit des alten Herodes herunter, der analog zu Mt 2 den unpolitischen Messianismus der Pharisäer mit einer politischen Verschwörung gegen ihn verwechselt habe[41]. Für Wellhausen waren die Pharisäer notwendigerweise unpolitisch. Von ihnen trennten sich die

---

wiegend weltlich-diesseitige Mentalität (aaO. 54f.); vgl. Mt 22,23; Apg 4,1f.; 23,8; Bell. II 8,14 (164f.); Ant. XVIII 1,4 (16).

[35] In Form der „Paradosis", belegt durch Ant. XIII 10,6 (aaO. 73).

[36] Belegt durch Ant. XVIII 1,4 (aaO. 72f.).

[37] AaO. 74; auch dies richtet sich gegen das überkommene Bild des Streites.

[38] AaO. 112; Hervorhebung von mir.

[39] Daß Herodes als der „grosse Rabbinenmörder" gelte, beruhe auf der irrigen talmudischen Annahme, das Synhedrium habe in dieser Zeit aus lauter Schriftgelehrten bestanden (aaO. 105f.; dies richtet sich aaO. 26ff. gegen HAUSRATH (Zeitg I[1] 63ff.; s. S. 181); aaO. 32f. gegen GRAETZ (Gesch III[1] 151ff.; 243) und JOST (Jdt I 120–128; 270–281); aaO. 63 gegen DERENBOURG (Essai 102f.). Zur Feindschaft zwischen Herodes und den Pharisäern vgl. REUSS, Phar 501 (s. S. 95); EWALD, Gesch IV[3] 571; 581; V[3] 14; GEIGER, Urschr 143f.; Jdt II 99 (s. S. 161); HAUSRATH, aaO. 220f. (s. S. 176f.).

[40] PhS 109; vgl. Ant. XV 1,1 (1–4); 10,4 (370f.); HAUSRATH, aaO. 220f.; EWALD, Gesch V[3] 65.

[41] PhS 24ff.; 108f.

Zeloten, die die Gottesherrschaft mit politischen Mitteln und mit nationalen Akzenten durchsetzen wollten[42]. Im Rahmen des Grundkonfliktes von Heilig und Profan sieht er darin bereits eine folgerichtige Reaktion auf die pharisäische Begünstigung der faktischen Fremdherrschaft des Herodes[43].

Der direkten Herrschaft der Römer standen die Pharisäer „aus kirchlichen und nicht aus nationalen Motiven" feindselig gegenüber, weil diese im Gegensatz zu Herodes „zunächst ahnungslos, hinterher auch aus Muthwillen die furchtbarsten Greuel gegen das Gesetz begiengen"[44]. Diese Feindschaft setzten sie nicht in politische Aktion um, deshalb „lief das Volk den Pharisäern aus der Schule". Es entstand ein zunehmend nationaler und „realerer" Zug im Volksleben, der schließlich zum Aufstand gegen Rom führte. Von dieser weltlichen Tendenz zu Lasten der Pharisäer profitierten kurzfristig die Sadduzäer, konnten aber die „kirchliche Herrschaft" der Pharisäer nicht wirklich brechen[45]. Diese überstanden schließlich durch ihr Festhalten an der unpolitisch-religiösen Linie als einzige Gruppe die Katastrophe, die den weltlich orientierten Gruppen den Untergang bereitete. Sie sind die eigentlichen Gewinner des Krieges, den sie indirekt durch ihren jede ausgewogene nationale Entwicklung blockierenden kirchlichen Einfluß herbeigeführt haben. Nach der kurzen Unterbrechung der Vorkriegszeit wurden sie nun unangefochten, offiziell und endgültig, was sie vorher *de facto* und inoffiziell waren: Die das Bild des Judentums bestimmende und sein Wesen repräsentierende Schicht, die es nunmehr endgültig auf sein wahres kirchliches Wesen reduzierte und zur „internationalen Gemeinschaft"[46] machte:

„Fortab ist die nicht bloss moralische, sondern auch die officielle Herrschaft der Schriftgelehrten und Pharisäer über Israel unbestritten. Die … nationale Hierokratie war dahin, die internationale Nomokratie trat völlig an ihre Stelle"[47].

Für die Frömmigkeit der Pharisäer ist eine quantifizierende Gesetzesgerechtigkeit mit naturgemäß perfektionistischen Zügen wesentlich. Sie zogen für die Praxis die „strengsten Consequenzen" aus einem „Wust von Bestimmungen" der Schriftgelehrten[48]. Daraus entstand eine Frömmigkeitsstruktur, deren verselbständigte äußerliche Handlungen ihren ursprünglichen Sinn völlig verdunkelten, Wichtiges und Unwichtiges vertauschten und das Gewissen ausschalteten.

---

[42] AaO. 22f.

[43] AaO. 109; dies gegenüber Josephus, der in Bell. II 8,1 (117f.) das Auftreten der Zeloten ausdrücklich mit der Umwandlung Judäas in eine römische Provinz verbindet, und der bis dahin gängigen Auffassung der Zeloten als praktischer Verwirklicher pharisäischer Ideen (GFRÖRER, aaO. 135f. (s. S. 48); SCHNECKENBURGER, Zeitg. 208 (s. S. 67); REUSS, Phar 501f.; 506 (s. S. 95); EWALD, Gesch V[3] 46 (s. S. 124); HAUSRATH, Zeitg II[1] 419 (s. S. 178).

[44] PhS 111.

[45] AaO. 110.

[46] IJG[9] 357.

[47] PhS 112. Die Darstellung der Pharisäer als eigentliche Urheber und Gewinner des Jüdischen Krieges findet sich, unabhängig von der Bestimmung ihrer historischen Rolle im Einzelnen, bei GFRÖRER, Jahrh I 135f.; SCHNECKENBURGER, Zeitg 208; 226; DANIEL, Phar 33f., REUSS, Phar 501f.; anders EWALD, Gesch IV[3] 483; HAUSRATH, Zeitg I[1] 133).

[48] AaO. 18.

„Die Summe des Abgeleiteten erstickte die Quelle … Die Summe der Mittel wurde zum Zweck, man vergass Gott über der Thora und den Zugang … zu ihm über der Etikette, durch welche er ermöglicht werden sollte. Das merkwürdig Indirecte im Verhältnis zu Gott, die Unfreiheit, wie Paulus sich ausdrückt, ist ein Hauptkennzeichen der herrschenden Frömmigkeit jener Tage. Es machte sich ein ethischer und religiöser Materialismus breit, der in den äußerlichen Substraten der Handlungen verkam … und nach ihrer Beziehung zu etwas unbedingt Werthvollem nicht fragte"[49].

Wellhausen beschreibt hier einen blinden, positivistischen Gesetzesgehorsam, dem der natürliche Sinn oder Unsinn des Gebotenen gleichgültig ist[50]. Daraus entsteht ein unnatürliches Gottes- und Weltverhältnis. Der äußerliche Gesetzeskult verhindert nächstliegende Liebestaten[51], ein innerlich direktes Gottesverhältnis wird durch das äußere Regelwerk minutiöser Gebote blockiert. Die Folge der Gesetzesgerechtigkeit ist Selbstgerechtigkeit gegen Gott und Mensch. Wellhausen resümiert:

„Die Pharisäer ertödteten die Natur durch die Satzung"[52].

In der Praxis führte dies zum möglichst weitgehenden Hineinziehen des Profanen in den Bereich des kultisch Geheiligten. Nach dem „theokratischen Grundsatz Exod. 19,6"[53] wurde

„das ganze Leben in den Kreis der Heiligung gebannt und den Adiaphoris (chollin) immer mehr Terrain abgewonnen"[54].

Als einzelne Elemente dieses Bestrebens nennt er ihre „steten Reinigungen, die sie auf das Gleichgiltigste ausdehnten", ihre „Strenge in der Sabbathsfeier" sowie „namentlich auch die Sitte, gewöhnliches Essen als heiliges Opfermahl zu verzehren (ekol lechem chol beqodesh)"[55]. Die im Neuen Testament und in den rabbinischen Quellen stark akzentuierte Reinheitspraxis der Pharisäer ist für ihn kein Sonderthema. Den Verzehr von Profanem als heiliges Opfermahl greift er nicht unter dem Aspekt der Übernahme priesterlicher Reinheit auf, sondern als Facette der scharfen Trennung des Heiligen vom Profanen. Geigers Interpretation der pharisäischen Gemeinschaftsmähler als Nachahmungen priesterlicher Opfermahlzeiten weist er zurück und klammert damit die darin berührte Reinheitsproblematik

---

[49] AaO. 19 (vgl. IJG⁹ 367); mit Verweis auf Mt 11,25–30 und Gal 4,1–11.
[50] AaO. 21.
[51] AaO. 19; hier ist auf Mk 7,10–13 par. angespielt.
[52] Ebd.
[53] AaO. 72.
[54] AaO. 18f.
[55] Ebd.; als Quelle für beides führt er allgemein das Neue Testament an. Die Sabbatstrenge belegt er mit einem nach DERENBOURG, Essai 190, zitierten Spruch aus b Jom Tob 16a. Die Formulierung „ekol lechem chol beqodesh" dürfte eine Rückübersetzung aus GEIGERS Formulierung sein, die Pharisäer genossen „profane Frucht mit der Reinheit des Heiligthums" (GEIGER, Jdt II 90; s. S. 160). Der von WELLHAUSEN genannte Wortlaut ist allerdings nicht belegt: Im Talmud heißt es stets „אוכל חולין בטהרת הקדש" (b Chag 18b, b Chulin 35a; vgl. Aruch des NATHAN B. JECHIEL VI 452; SCHNECKENBURGER, Einl 74, s. S. 73; SCHÜRER, Gesch II⁴ 470, s. S. 234).

aus[56]. Mit diesen Einzelzügen hält er sich nicht weiter auf und erblickt in ihnen „doch stets nur das selbe"[57] – die maßlose Steigerung der jüdischen Gesetzlichkeit durch die Pharisäer. Auf pharisäische Zehntpraxis, auf das im Neuen Testament erwähnte Beten, Almosengeben, Fasten und das Tun frommer Werke[58] geht er nicht ein. Auch aus dem Talmud gewinnt er jenseits der extrem gesteigerten Gesetzesobservanz nicht spezifisch Pharisäisches[59].

Sehr ausführlich dagegen spricht er über den Richtgeist der Pharisäer als wichtigste Folge ihrer Selbstgerechtigkeit. Mit dem Anspruch, das wahre Israel zu repräsentieren, erzeugt er schließlich „schnödeste Verachtung" der Ungebildeten, den „jüdischen Bildungshochmuth"[60] und führt zu einem Wellhausen „widerlichen" „inquisitorischen Wesen", einer unlegitimierten Beherrschung und Kontrolle des ganzen Volkes, mit der die Pharisäer „im Namen eines unpersönlichen Ideals ... ihre eigene Herrlichkeit" aufrichteten[61]. Unfreiheit, Richtgeist und Herrschaftsanspruch der Pharisäer erscheinen nicht nur als Begleiterscheinungen, sondern als notwendige Folgen aus Selbstgerechtigkeit, Gesetzesgerechtigkeit und schließlich Gesetzesfrömmigkeit überhaupt, d.h., aus dem Wesen des Pharisäismus. Es ist signifikant für dieses von Werturteilen geprägte Bild der Pharisäer, daß Wellhausen die Elemente ihrer streng gesetzlichen Lebenspraxis sehr summarisch-flüchtig darstellt, obwohl er darin doch ihr Wesen erblickt, dafür aber ausführlich Unfreiheit und Richtgeist der Pharisäer behandelt.

Hinter der pharisäischen Gesetzlichkeit erkennt Wellhausen als zentrales theologisches Anliegen eine forensische Gerechtigkeit des Menschen vor Gott, die im Grundsatz mit der in Mt 6,33 formulierten identisch ist[62]. Dieses Streben ist durch die messianische Hoffnung auf die eschatologische Gottesherrschaft bestimmt, in der der korrekte Wandel der Gerechten belohnt wird. Die Pharisäer versuchten nicht, sie herbeizuführen, lebten aber ohne Rücksicht auf irdisch-natürliche Gegebenheiten nach ihren Gesetzen[63]. Die Herrschaft Gottes ist der heilige Gegenentwurf zu profanen Weltreichen[64]. Hierin macht er keinen grundsätzlichen Unterschied zwischen jüdischen und christlichen Positionen: Auch die messianologischen „Specialia" wie der Glaube an die Auferstehung der Gerechten[65] und an ei-

---

[56] AaO. 71f.; vgl. GEIGER, Urschr 121ff.; Jdt II 90f. Die diesen Anschauungen zu Grunde liegende Definition der Peruschim in M Chag II 7 und die daran anschließende Gemara (b Chag 18b) tauchen bei WELLHAUSEN nirgends auf. In den Psalmen Salomos faßt er den speziellen Vorwurf der Verunreinigung des Heiligtums (Ps. Sal. 8,13.25f. nach WELLHAUSENS Verszählung in PhS 150 = Ps. Sal. 8,12.22 LXX ed. A. RAHLFS) unter den allgemeinen der Profanierung des Heiligtums und läßt ihn hinter ethischen Vorwürfen zurücktreten (aaO. 113f.).

[57] PhS 19.

[58] Mt 5; 23; Mk 2,18 parr.

[59] PhS 71; 74.

[60] AaO. 21; letzteres belegt durch Joh 9,13ff.; Mt 23,23.

[61] AaO. 20.

[62] AaO. 17f.; 21; belegt durch Dan 6,23, Mt 5; Ant. XIII 10,5.

[63] AaO. 24; Diese Struktur erkennt er aaO. 22 auch in der pharisäischen „Philosophie" in Bell. II 8,14 (162f.).

[64] AaO. 23f.; mit Verweis auf Phil 3,20.

[65] AaO. 24: „Ein speciell pharisäisches Lieblingsdogma".

nen persönlichen Messias seien bei den Pharisäern nachweisbar. Paulus führt er als Gewährsmann jüdischer Eschatologie an. Vom Christentum charakteristisch unterschieden ist der Pharisäismus aber in der Einbindung dieser inneren Frömmigkeitsimpulse in das äußerlich-kultische Medium des Gesetzes[66]. Da diese Elemente in Wellhausens Sicht einander eigentlich fremd sind, beurteilt er Pharisäismus und Judentum als innerlich widersprüchlich[67].

Dieses Urteil gründet sich darauf, daß die Züge innerlicher pharisäischer Frömmigkeit und die Auffassung von Gerechtigkeit, die er den Psalmen Salomos entnimmt, sich mit seinem sehr pointiert gezeichneten Bild pharisäischer Gesetzesgerechtigkeit nicht bruchlos harmonisieren lassen. Zwar sind auch in den Psalmen Salomos die Gerechten durch die Einhaltung des Gesetzes qualifiziert, aber nicht im Sinne einer „simplen Selbstgerechtigkeit"[68], sondern in der Erwartung der Rechtfertigung durch die Gnade Gottes. Das Gewissen der Gerechten sieht Wellhausen hier ausdrücklich auf Gott und seine Gerichte als maßgebliche Instanz bezogen. Das Gesetz ist nicht diese Instanz, sondern lediglich „eine objektive Regel"[69] der Gerechtigkeit. Durch die Pädagogik Gottes in geschichtlichen Leidenserfahrungen kommen den Gerechten ihre Sünden intensiv zu Bewußtsein bis hin zu der Erkenntnis, daß „sie mit der Gerechtigkeit der Werke vor Gott nicht bestehen können"[70] und auf seine Gnade angewiesen sind. Darin erkennt er nicht nur „eine Milderung des absoluten Massstabes" der Gerechtigkeit, sondern „eine ganz andere Betrachtungsweise"[71]. Auch die Gesetzesgerechtigkeit erscheint hier als Gottesbeziehung der Frommen, deren eschatologischer Lohn dementsprechend nicht in einer quantifizierenden „rechnungsmäßigen Compensation" besteht, sondern in Erbarmung und Gnade, durch die sie gegenüber ihrem Leiden in der Welt gerechtfertigt werden[72]. In der Gottesbeziehung liegt das Kriterium eines nicht nur graduellen, sondern eines prinzipiellen Konfliktes zwischen Fromm und Gottlos, zwischen Religion und Profanität. Der u.a. aus der Topik der kanonischen Psalmen stammende Begriff der Gottlosen als Gegner der Frommen macht den Unterschied dieses Bildes zu Wellhausens Beschreibung des pharisäischen Wesens deutlich: In ihr erscheinen stets die Ungebildeten als Antitypus der Pharisäer[73].

Wellhausen nimmt selber wahr, daß die in den Psalmen Salomos sichtbare Auffassung von Gerechtigkeit, die von der christlichen in ihrer Grundstruktur kaum noch zu unterscheiden ist, mit seinem Bild veräußerlichter pharisäischer Gesetzesgerechtigkeit nicht übereinstimmt, das er vor allem im polemischen Reflex des

---

[66] So weist er ohne Quellenangabe auf die Möglichkeit der Rechtfertigung durch fremdes Verdienst hin (aaO. 18). Aus seiner Auslegung der Psalmen Salomos geht dies gerade nicht hervor (vgl. aaO. 119). Für diese Ansicht einschlägige Belegstellen finden sich z.B. bei GFRÖRER (Jahrh II 180ff.).

[67] AaO. 13.
[68] AaO. 116.
[69] AaO. 117.
[70] AaO. 117f.
[71] AaO. 118.
[72] AaO. 119.
[73] AaO. 16ff.

Neuen Testamentes erkennt. Dies veranlaßt ihn jedoch nicht zu einer Revision seiner Wahrnehmung, sondern zu einer Harmonisierung beider Bilder. Am Schluß seiner Exegese der Psalmen Salomos nimmt er die Erkenntnis, daß es auch im Pharisäismus Gerechtigkeit aus dem Glauben gab, Zug um Zug wieder zurück: Im Eifer für das Gesetz sei man sich wohl mehr der eigenen Gerechtigkeit bewußt geworden. Ferner überwiege im Gebet „naturgemäss" das Gefühl der Abhängigkeit von Gott das sonstige „Selbstbewusstsein der Leistung". Überdies wirkten hierin die kanonischen Psalmen nach. Damit verlegt er die Psalmen Salomos in einen für den eigentlichen Pharisäismus nicht repräsentativen Sonderraum. Daß ihre Töne immerhin im Pharisäismus erklingen konnten, führt er nicht darauf zurück, daß dieser seinem Wesen nach für solche Frömmigkeitsäußerungen offen war, sondern auf ungewöhnliche Zeitumstände, die den gesetzlichen Pedantismus der Pharisäer erschütterten. Schließlich, als überzeugten diese Argumente immer noch nicht, fügt er hinzu, es sei „sehr denkbar, dass die Pharisäer erst mit der Zeit mehr und mehr verknöcherten"[74]. Aus all diesen Argumenten, nicht zuletzt bis in die vorsichtige Formulierung hinein[75], wird Wellhausens Bemühen, geradezu seine Verlegenheit deutlich, gegen den in den Psalmen Salomos vermittelten Begriff pharisäischer Gerechtigkeit seine Auffassung vom Wesen der Pharisäer aufrecht zu erhalten. Der generelle innere Widerspruch, den er im Judentum und im Pharisäismus lokalisiert, entpuppt sich hier als Widerspruch zwischen seinem exegetischen Befund aus den Psalmen Salomos und seinem grundsätzlichen Pharisäerbild. Indem er ihn ins Wesen des Pharisäismus und des Judentums verlegt, bestärkt er seine Bestimmung dieses Wesens, anstatt sie in Frage zu stellen.

12.3. Das Judentum – in der Antinomie von Heilig und Profan

Das Judentum vor 70 erscheint Wellhausen als „eine komplexe Erscheinung, voller Antinomien, aufnahmefähig wie alles Lebendige, nicht systematisch, sondern nur historisch zu begreifen"[76]. Besonders auffällig ist ihm der Widerspruch zwischen der Pedanterie, die er im Gesetz findet, und der Freiheit der religiösen Vorstellungen, namentlich in der „bunten und anarchischen" apokalyptischen Literatur[77]. Historisch erklärt er diese Antinomie damit, daß das Gesetz „nur die Praxis", kaum aber den Glauben beherrscht habe[78]. Dahinter erkennt er jedoch, wie bei den

---

[74]   AaO. 119.

[75]   Ebd: „Es läßt sich trotzdem recht wohl denken"; „sehr denkbar".

[76]   IJG[9] 285; bereits in Abriß 97 erscheint das Judentum als „bizarres Produkt der Geschichte" und „ein Gewirr von Antinomien".

[77]   Ebd.; in diesem Zusammenhang registriert er beträchtliche außerjüdische Einflüsse, u.a. aus dem babylonischen und iranischen Bereich, betont aber, daß „die Juden aus Allem Nahrung ziehen und ihr eigentliches Wesen darum doch nicht verändern" (aaO. 291; so bereits IJG[1] 258). Hierin liegt eine Distanzierung von Anschauungen der „Religionsgeschichtlichen Schule", die sich ab 1890 in Göttingen bildete, wo WELLHAUSEN seit 1892 lehrte; vgl. seine scharfe Reaktion auf GUNKELS „Schöpfung und Chaos" (1895) in „Zur apokalyptischen Literatur" (Skizzen VI, 1899). Zum Streit zwischen GUNKEL und WELLHAUSEN vgl. W. KLATT, Gunkel 70–74; LÜDEMANN/SCHRÖDER 31ff.; zu WELLHAUSENS ähnlich gelagertem Konflikt mit ED. MEYER vgl. H. LIE-

Pharisäern, einen das gesamte nachexilische Judentum bestimmenden inneren Grundwiderspruch, der ihm „viele disparate Erscheinungen auf dem Gebiete des Judenthumes erklärt"[79]. Dieser entstand durch die Verbindung der ihrer Natur nach unvereinbaren Elemente prophetisch-innerlicher Impulse mit äußerlichen Strukturen der vorexilischen Theokratie. Die ursprüngliche natürlich-partikularistische Einheit von Profan und Heilig im alten Israel, in der die Religion als natürliches Element ins profane Leben der Nation integriert war[80], hatte der geschichtlichen Erfahrung, daß die selbständige Nationalexistenz Israels 722 und 587 zerschlagen wurde, nicht standgehalten[81]. An das Auseinanderfallen von Nation und Religion knüpft der „ethische Monotheismus der Propheten"[82] an. Diese wenden die profan wie religiös verstandene „Gerechtigkeit" als kritischen Begriff gegen die Nation und ihren natürlichen Kult.

Der genannte innere Widerspruch entstand durch die äußerliche Wiederherstellung der zerbrochenen inneren Einheit von Nation und Religion. Wellhausen betrachtet diese Synthese als falsch, „künstlich"[83], weil die ihrem Wesen nach innerlich-transzendenten Ideen von Gerechtigkeit und Heiligkeit aus ihrem ursprünglich prophetischen Zusammenhang auf den äußerlich-natürlichen Kultus und die äußere Lebensführung übertragen, „umgebogen"[84] wurden. Der Kultus aber, seinem natürlichen Wesen entfremdet, wurde in die transzendente Sphäre gehoben und gerann zur „Übung der Gottseligkeit"[85]. Dies führte zu der gesetzlich normierten Auffassung einer äußerlich-kultisch materialisierten Heiligkeit, die in allen Lebensbereichen einen von der profanen Welt rituell streng abgegrenzten „kirchlichen" Sonderraum als Lebenprinzip des Judentums konstituierte[86]. Zur Beschreibung dieser im Gesetz manifestierten Struktur verwendet auch Wellhausen das Bild von Kern und Schale: Um die eigentliche, wahre Frömmigkeit als Kern der Religion hat sich das Gesetz als Schale gebildet und sie nach und nach „erstickt"[87].

Durch diese Entwicklung sind die Propheten historisch „die Begründer der Religion des Gesetzes, nicht die Vorläufer des Evangeliums"[88] geworden. Im Gesetz ist das Wesen des Judentums manifestiert. Es bewirkte ein unnatürliches Ver-

---

BESCHÜTZ, Judentum 276ff.; CH. HOFFMANN, Judentum 159–165). Zu beachten ist dagegen SCHÜRERS vorsichtige Rezeption religionsgeschichtlicher Erkenntnisse in Gesch II[4] 587 (s. S. 234).

[78] IJG[9] 285; diese Sicht bestimmt bereits die Interpretation der Psalmen Salomos (vgl. PhS 119).

[79] PhS 13.

[80] Vgl. IJG[9] 78ff. („Gott, Welt und Leben im alten Israel").

[81] Vgl. aaO. 104ff. („Der Untergang Samariens").

[82] AaO. 108.

[83] Prol[6] 420.

[84] PhS 13.

[85] Prol[6] 423.

[86] PhS 17ff.; 77; Prol[6] 420ff.

[87] IJG[9] 193; vgl. Prol[6] 424; dieses Bild findet sich vorher bei SCHLEIERMACHER, KGA I/2 211 (in allgemein religiösem Zusammenhang), s. S. 30; 332; GFRÖRER, Heiligthum 401 (in innerchristlichem Zusammenhang), s. S. 57; SCHNECKENBURGER, Zeitg. 103 (s. S. 68ff.); REUSS, Jdt 344f. (s. S. 100); EWALD, Gesch IV[3] 40; 81–83; VII[3] 441 (s. S. 135f.); s. S. 332f.

[88] AaO. 110.

hältnis sowohl zu Gott als auch zu den profanen Aspekten des Lebens und ließ Gottes- und Weltverhältnis unvereinbar auseinanderfallen. Es „entseelt ... die Religion und verdirbt die Moral"[89]. Liegt das Unnatürliche im Gottesverhältnis in der erstarrten Etikette[90], so besteht es im Weltverhältnis im Bekämpfen insbesondere des nationalen Staates und des profanen Volkslebens. Die äußerlich verstandene Theokratie begünstigte unnatürlicherweise die sie von profanen staatlichen Aufgaben entlastende Fremdherrschaft als Voraussetzung des gesetzlichen Lebens[91].

Als sich aber das künstlich unterdrückte natürliche Leben bei den Juden doch regte, war die notwendige Folge des unausgeglichenen Verhältnisses von Geistlich und Weltlich die Spaltung des Volkes in eine kirchliche und eine weltlich-politische Partei, die jeweils nur eine Seite der Medaille zur Geltung bringen konnten. In ihnen manifestiert sich das jüdische Dilemma: Die Pharisäer als kirchliche Partei forcierten als Vertreter der „,Idee' des Judenthums" ihre äußerliche Heiligkeit und Gerechtigkeit auf Kosten ihres Bezuges zur profanen Welt[92] und blockierten die natürliche Integration des Profanen ins Volksleben. Fatal wirkte besonders ihre Destruktion des weltlichen Staates. Die Sadduzäer hielten als pragmatische Politiker und weltlich orientierte Partei am profanen Volksleben fest[93]. Ihre Schwäche lag darin, daß sie mit der veräußerlichten Religion auch ihren Kern, den „rechten innerlichen Halt"[94] preisgaben. Der religiösen Energie der Pharisäer hatten sie nur eine „unfruchtbare Negation" und eine rein äußerliche Macht entgegenzusetzen. So blieben auch sie unter umgekehrten Vorzeichen im inneren Widerspruch des Judentums gefangen[95]. Ihm erlagen auch die Zeloten, deren Versuch, die pharisäische Theokratie politisch-national zu verwirklichen, zu einer Schreckensherrschaft und schließlich zum Untergang der Theokratie überhaupt führte[96].

Mit seinem inneren Widerspruch ist das Judentum nicht ins Reine gekommen. Dieser wurde mit dem Abstoßen seiner profanen Seite durch die Ereignisse von 70 nicht wirklich gelöst, sondern in potenzierter Form besiegelt. Der Integration von Heilig und Profan war das Judentum nicht fähig und erstarrte endgültig zur „Sekte", einem Unding, das weder über die profanen Mittel eines natürlichen Volkslebens noch über den innerlichen Kern wahrer Religion verfügte. Zwar ist das Judentum für Wellhausen einerseits seit dem Exil „kaum eine Nation mehr, eher eine über die ganze Welt verbreitete Sekte"[97], andererseits aber doch „bis zur Zerstörung Jerusalems ein wirkliches Gemeinwesen und keine blosse Sekte", in dem noch „viel reales Volksleben übrig" war[98]. Den Begriff „Sekte" versteht er nicht im dog-

---

[89] Abriß 97.
[90] PhS 19.
[91] AaO. 92ff.; IJG⁹ 280f.
[92] PhS 95; vgl. aaO. 21.
[93] „Unter lauter Religiösen waren sie die einzigen Politiker" (aaO. 52f.).
[94] AaO. 103.
[95] AaO. 73; vgl. die Interpretation des Konfliktes als Wirkung eines innerjüdischen Widerspruchs bei REUSS (Jdt 341ff.) und EWALD (Gesch IV³ 494f.).
[96] AaO. 102; 109–112.
[97] AaO. 95.
[98] AaO. 39.

matischen Sinne[99], sondern religionssoziologisch als Bezeichnung einer religiösen „internationalen Gemeinschaft"[100]. Die Anwendung des Sektenbegriffes auch auf die Pharisäer[101] zeigt, daß er in ihnen diese Sozialgestalt des Judentums idealtypisch abgebildet findet. In der Entwicklung zur Sekte liegt die letzte notwendige Konsequenz aus der ursprünglichen Idee des Judentums. Die wirkliche Auflösung des jüdischen Widerspruches sieht Wellhausen in einer Entwicklung, die aus dem Judentum hinausführt: Im Evangelium Jesu kam der religiöse Kern des Judentums, befreit von der gesetzlichen Schale, wieder rein zur Geltung[102]. Im Judentum blieb nach 70 durch die Abstoßung alles Lebendigen allein die gesetzliche Schale der Religion zurück. Ihren Kern, das Evangelium, hat das Judentum verworfen[103].

Die „Constitutoren"[104] des Judentums und autoritativen Sachwalter des heteronomen Gesetzes, der zur Errichtung eines jüdischen Gemeinwesens in heidnischer Umgebung historisch notwendigen Fassung prophetischer Ideale in einem praktischen Regelwerk[105], waren die Schriftgelehrten in der Tradition Esras. Ihre ständig präsente „Macht in Israel"[106] von Esra bis zum Rabbinismus nach 70, d.h., die soziologische Kontinuität des Schriftgelehrtenstandes bürgt für die historische Kontinuität des Gesetzes als Wesensmerkmal des Judentums: „Die Herrschaft des Gesetzes war das Ziel der Schriftgelehrten, ihre eigene Herrschaft über die Gemeinde war das Ergebnis"[107]. Dabei betont er, daß die Schriftgelehrten ihre Macht nicht über äußere Ämter oder Institutionen ausübten, sondern als

„Privatpersonen ... mit keinerlei öffentlichem obrigkeitlichen Amte bekleidet; ihre Macht war eine wesentlich moralische und beruhte sogar darauf, dass sie auf keiner menschlichen Autorität fussten, sondern auf der göttlichen der Thora"[108].

---

[99] Zur Verwendung des Begriffs „Sekte" für die Pharisäer vgl. WÄHNER, Ant. II 743 (s. S. 16f.; so schon BASNAGE, Hist I 176f.); SEMLER, Canon I² 6 (s. S. 37); GFRÖRER, Jahrh I 131f. (s. S. 47); problematisiert bei SCHNECKENBURGER, Einl 71ff.; Zeitg 132–134 (s. S. 64f.); DANIEL, Phar 20 (s. o. S. 78); REUSS, Phar 496 (s. S. 91); s. S. 322.

[100] IJG⁹ 357.

[101] IJG⁹ 277.

[102] IJG⁹ 367.

[103] Die Vertreter des Gesetzes „haben das Evangelium verworfen und das Buch Esther kanonisiert – zu einem Zeugniss über sich und über den Geist nicht des Judentums überhaupt, wohl aber des officiellen und herrschenden Judentums" (IJG¹ 321). Obwohl in IJG⁹ fortgelassen, enthält dieser Satz eine für WELLHAUSENs Geschichtsbild entscheidende Grundüberzeugung (vgl. EWALD, Gesch VII³ 438ff. sowie zur Wirkungsgeschichte G. KITTEL, Spätjudentum 113ff.).

[104] PhS 13.

[105] AaO. 14; positiv beurteilt WELLHAUSEN auch die Verbreitung religiöser Bildung und die Individualisierung der Frömmigkeit (aaO. 16). In Anspielung auf Gal 3,24f. spricht er von „παιδαγωγία" (vgl. aaO. 19).

[106] AaO. 11.

[107] AaO. 15.

[108] AaO. 26; auch wo die Schriftgelehrten und Pharisäer als Synhedralpartei vor 70 genannt werden, betont WELLHAUSEN, daß der eigentliche Ort ihrer Herrschaft „nicht das Synhedrium, sondern die Schule (Joh. 9,22) und das Leben" gewesen sei (aaO. 43; s. S. 323). Hierin folgt WELLHAUSEN KUENEN, Samenstelling (vgl. aaO. 27; 39).

Die zur historischen Begründung seiner Sicht des gesetzlichen Judentums notwendige innere Herrschaft übten die Schriftgelehrten in einheitlich handelnden berufsständischen Korporationen mit ausgeprägtem Zusammenhalt aus. Hier postuliert Wellhausen auf schmaler Quellenbasis für die innere Macht der Schriftgelehrten eine über Jahrhunderte homogene Struktur und kontinuierliche Wirksamkeit[109], die er in seiner Argumentation gegen die anachronistische Rückdatierung der verfaßten rabbinischen Machtstrukturen für ihre äußere Macht mit guten quellenkritischen Gründen bestreitet[110]. Dies weist auf die Unentbehrlichkeit dieses Faktors in seinem Geschichtsbild hin: Weil die Gesetzlichkeit das Wesen des Judentums ist, müssen die Schriftgelehrten seine wahren Herrscher sein[111].

Der Abfall von diesem Wesen durch die Errichtung eines profanen Staatswesens hatte die Entstehung der Pharisäer als „Partei" notwendig gemacht, d.h. als ihre Belange im profanen Rahmen vertretende Gruppe. Dies war ein durch den Wandel des äußeren Rahmens bewirkter soziologischer Wandel[112]. Die Existenz der Pharisäer beruhte auf dem Gegenüber zum profanen jüdischen Gemeinwesen. Vor dessen Errichtung und nach dessen Zerstörung wird das Judentum seinem Wesen entsprechend ausschließlich von den Schriftgelehrten beherrscht, aus denen die Pharisäer entstehen und in denen sie wieder aufgehen. Die Pharisäer bindet Wellhausen in die Funktion der Schriftgelehrten als Exponenten jüdischen Wesens ein und weist die Annahme eines von den Schriftgelehrten unabhängigen Ursprunges der Pharisäer grundsätzlich ab[113].

Die unmittelbare Macht der Schriftgelehrten über das Volk ging unter diesen äußeren Umständen allmählich auf die Pharisäer über[114]. Sie agierten als Partei der Schriftgelehrten im verhaßten profanen Rahmen des Hasmonäerstaates, in den sie unter der Hand wieder die alten hierokratischen Strukturen hineintrugen. Erklärt dies auf der einen Seite die ungebrochene Weiterwirkung und Steigerung des gesetzlichen jüdischen Wesens im profanen Gemeinwesen, so betont Wellhausen auf der anderen Seite das Illegitime der pharisäischen Herrschaft in diesem Rahmen, die mittels ihres Richtgeistes die eigentlich legitime politische Herrschaft paralysierte[115]. Illegitim ist nicht die inoffizielle geistliche Lenkung des Volkes durch den Berufsstand der Schriftgelehrten unter der Fremdherrschaft: Sie ist durch die histori-

---

[109] AaO. 11; belegt durch 1. Chron 2,55; 1. Makk 7,12. Anders hätte sich ein „complicirtes und keineswegs durch die Consequenz der Vernunft zusammengehaltenes System halb kirchlicher halb bürgerlicher Gesetze" nicht zu allgemeiner Anerkennung bringen lassen.

[110] AaO. 26–43.

[111] Vgl. EWALDS Konstruktion der „Hohen Schule in Jerusalem" (Gesch V³ 14ff.; 116ff.; s. S. 122–124).

[112] Vgl. aaO. 94; der Gegensatz der Asidäer gegen die Hellenisten erscheint bei WELLHAUSEN als Vorstufe dieser Entwicklung.

[113] AaO. 11; diese Annahme findet sich bei allen bisher behandelten Gelehrten. Explizit wendet sich WELLHAUSEN gegen KEIM, Gesch. Jesu I 255.

[114] AaO. 20; 42.

[115] Er spricht in diesem Sinne vom „ewigen Richten und Controliren" der Pharisäer, zu dem „kein Amt sie berechtigte", und von ihrem religiösen „Terrorismus" (aaO. 20f.). Vom „Terrorismus" der Pharisäer spricht bereits HAUSRATH, Resultate 970 (s. S. 173; s. S. 121 zu EWALD).

sche Notwendigkeit legitimiert. Illegitim ist aber ihre Umwandlung in die Partei-
herrschaft der Pharisäer im profanen Nationalstaat und damit die faktische Negie-
rung der legitimen politischen Herrschaft der Hasmonäer. Im Hintergrund der Pha-
risäerherrschaft bleiben die Schriftgelehrten über alle historischen Verwerfungen
hinweg die kontinuierlichen Bewahrer des unveränderlichen jüdischen Wesens. Sie
haben die Herrschaft des Gesetzes ins Werk gesetzt, konsequent ausgebaut, gegen
profane Impulse verteidigt und im Rabbinismus endgültig manifestiert. Der Angel-
punkt dieser Konstruktion ist die dominierende Funktion sowohl der Schriftgelehrten als auch der Pharisäer als Repräsentanten des gesetzlichen jüdischen Wesens[116].

12.4. Quellenauswertung

Wellhausens Pharisäerbild gründet sich auf das Neue Testament, Josephus und
die talmudischen Schriften sowie die Psalmen Salomos. Notizen über antisadduzäi-
sche Festtage im Scholion der Fastenrolle hält er aus quellenkritischen Gründen für
historisch unglaubwürdig. Ferner findet er dort die mit seinem Pharisäerbild kolli-
dierende „verkehrte Grundanschauung", daß die Pharisäer mit der Nation identifiziert werden, die Sadduzäer aber als deren Feinde gelten[117]. Als historisch tragfähi-
ges Fundament betrachtet er die griechischen Quellen Neues Testament und Josephus[118]. Ihnen entnimmt er den historischen Rahmen, in den er Nachrichten aus
den talmudischen Quellen einfügt. Hierfür spricht ihre große zeitliche Nähe und
teilweise Zeitgenossenschaft zu den geschilderten Vorgängen und Zuständen. Vor
allem aber sind ihnen direkte historische Nachrichten zu entnehmen, die in der
völlig unhistorischen talmudischen Tradition bestenfalls als verstreute Anekdoten
erscheinen. Eine umgekehrte Verhältnisbestimmung, wie er sie bei Geiger und
Hausrath vorfindet, führe zu anachronistischen Fehlschlüssen[119]:

„Der Thalmud ist bloss für den Rabbinismus Quelle, aber nicht für das Ganze und nicht
für das Verhältnis des Rabbinismus zum Ganzen"[120].

---

[116] Diese Rolle überdauert alle Differenzierungen von WELLHAUSENs historischer Erkenntnis,
die die gesetzliche Erstarrung des Judentums immer weiter hinausschieben: In PhS (1874) und
Prol (1878) ist das nachexilische Judentum *von Anfang an* durch das Wirken der Schriftgelehrten
und Pharisäer gesetzlich; diese haben Anteil an seinem inneren Widerspruch. In IJG (1894) bewirken nach einer Phase der Weitherzigkeit und Offenheit erst die „pharisäischen Rabbinen *der
nachmakkabäischen Zeit*" (IJG⁹ 185) die gesetzliche Verholzung (IJG⁹ 193: „Bis auf den Pharisaismus blieben die freien Triebe in lebendiger Kraft, die von den Propheten ausgegangen waren").
Schließlich befindet er 1906 in IJR: *„Erst nach der Zerstörung Jerusalems durch die Römer* verschrumpfte das Judentum mehr und mehr im Pharisaismus; vorher war es geistig doch noch sehr
rege" (IJR 108; Hervorhebungen von mir).
[117] PhS 62f.; implizit richtet sich dies u.a. gegen EWALD, Gesch IV³ 497f. (s. S. 126).
[118] PhS 127–129.
[119] AaO. 26ff.; 120ff.; vgl. GEIGER, Urschr; HAUSRATH, Resultate.
[120] AaO. 127; vg. aaO. 124ff.; allenfalls für die gleichbleibenden alltäglichen Verhältnisse akzeptiert er den Talmud als zuverlässig. Derlei Details seien aber historisch unbedeutend und durch ältere Gelehrte wie BUXTORF und LIGHTFOOT bereits hinreichend erforscht (aaO. 130; vgl. GFRÖRER,
Jahrh I 140; s. S. 55).

Das bereits vor Wellhausen aufgeworfene Problem, daß die polemische Tendenz des Neuen Testamentes seinem Wert als Quelle für den Pharisäismus abträglich ist[121], stellt sich für ihn im Grunde nicht. Vielmehr artikuliere sich in polemischen Texten wie Mt 23 ein „frischer und lebendiger Eindruck" der Zeitgenossen, der wertvoller sei als „die im besten Falle abgestandene Überlieferung". Es sei selbstverständlich nötig, aber auch möglich, „das Urtheil und die demselben zu Grunde liegenden Thatsachen" zu trennen[122]. Zwischen den Äußerungen des historischen Jesus und der späteren Redaktion differenziert er hier nicht. Wie die Synoptiker wurzele auch das Johannesevangelium völlig in der Periode des vortalmudischen Judentums, d.h., in der Zeit vor 70. Unkenntnis von dessen Zuständen könne ihm nicht vorgeworfen werden[123]. Die generalisierende Pharisäerdarstellung von Joh befragt er nicht theologisch. Er nimmt sie in Joh 9 historisch für bare Münze und verwendet auch Mt 23,13 als Beleg für den pharisäischen „Terrorismus"[124]. Von der Unterscheidung zwischen Tatsachen und Wertungen ist hier nichts zu merken. Wellhausen übernimmt die polemische Tendenz der Quellen, auch wenn er zugesteht, daß darin nur die negative Seite des Pharisäismus beschrieben sei. Die enge Zusammengehörigkeit der Pharisäer mit den Schriftgelehrten belegt er mit deren gemeinsamer Erwähnung bei Mk, in den „Grundstellen der Reden Jesu" bei Mt und Lk. Joh rede wie die Apostelgeschichte und Josephus auch dort ausschließlich von Pharisäern, wo es ersichtlich um Schriftgelehrte gehe[125].

Er legt ferner Wert auf die paulinischen Briefe als Quelle für den Pharisäismus[126]. Paulus habe „selbst im Judenthume steckend das Judenthum durchschaut wie kein Anderer"[127]. Er ist „der große Patholog des Judentums"[128]. Vor allem dem Galaterbrief entnimmt er die theologischen Kategorien zur historischen Betrachtung der Pharisäer. Die theologische Rede vom Gesetz als „Zuchtmeister auf Christus hin" aus Gal 3,24 setzt er historisch um in die von den Pharisäern ins Werk gesetzte und auf äußerlichen Gesetzesgehorsam zielende „παιδαγωγία" der pharisäischen Schule[129]. Aus der im Horizont christlichen Glaubens formulierten theologischen Denkfigur wird so eine konkrete historische Struktur pharisäischer Religiosität. Daß diese demzufolge unnatürlich, unfrei und indirekt sei, gilt ihm als historische Tatsache. Sie ist im Wesen des Pharisäismus begründet, wie es Paulus beschrieben hat. Eventuell anderslautende Auskünfte wertet er als Einzelfälle, die keineswegs einen „Einwurf gegen das System" darstellen. Sein Bild der Pharisäer ist durch paulinische Theologumena bestimmt. Davon abweichende Züge stellt er zurück. Diese

---

[121] Vgl. GFRÖRER, Jahrh I 140, s. S. 54f.; DANIEL, aaO. 17f., s. S. 94; REUSS, Jdt 341; Phar 496; 504, s. S. 104f.; GEIGER, SPh 35ff., s. S. 164f.; HAUSRATH, Resultate 968ff., s. S. 186f.

[122] PhS 128.

[123] AaO. 124; Dies wendet sich implizit gegen F. C. BAURs Spätdatierung von Joh (vgl. EWALD, Gesch V³ 190ff.; s. S. 137).

[124] AaO. 21.

[125] AaO. 8ff.; die Ausnahme Joh. 8,1ff. hält er für nicht johanneisch (aaO. 10).

[126] AaO. 128.

[127] AaO. 16.

[128] Prol⁶ 423.

[129] PhS 16; 19; s. S. 323.

Aussage gründet sich neben der Bemerkung, daß Gal 4,1–11 „das Treffendste"[130] sei, was über den Pharisäismus gesagt werden könne, auf den folgenden Satz Wellhausens:

„Das Gesetz, welches Paulus bekämpft, ist der Pharisaismus, und *er hat darin auch geschichtlich recht*"[131].

Deutlicher kann die Umsetzung von theologischer Rede in historische Erkenntnis nicht formuliert werden. Die christlichen Glaubensaussagen des Paulus faßt er als historisch normativ auf. Das Neue Testament verwendet er als normative Quelle für die historische Bewertung des Pharisäismus. Den theologischen Rahmen entnimmt er den Paulusbriefen, das historische Anschauungsmaterial der Evangelienpolemik.

Die Pharisäerdarstellung bei Josephus hält Wellhausen wegen ihrer Tendenz für problematisch. Josephus schreibe zu Gunsten der Pharisäer. Man müsse daher „den geschichtlichen Stoff vom Räsonnement des Josephus ... scheiden"[132]. Den geschichtlichen Stoff, d.h., die historischen Tatsachen über die Pharisäer, findet er in „Antiquitates" vor allem in der seines Erachtens pharisäerkritischen Berichterstattung des Nikolaus von Damaskus. Dessen Handschrift erkennt er in Passagen wie der Erwähnung des Neides der Pharisäer auf Johannes Hyrkan in Ant. XIII 10,5 (288). Josephus suche deren Tendenz im weiteren Verlaufe durch die Darstellung der Pharisäer als Opfer einer Intrige zu korrigieren[133]. Als nicht von Josephus überarbeitet betrachtet er dagegen die pharisäischen Hofintrigen in Ant. XVII 2,4–3,1 (41–47). Hier habe vielmehr Josephus' Gewährsmann Nikolaus von Damaskus die verzerrte Wahrnehmung des Herodes wiedergegeben[134]. Den eigentlichen Hintergrund dieses Geschehens erschließt er aus Mt 2. Diese Passage verwendet er als historisch authentisch.

Das Neue Testament behandelt Wellhausen hier gegenüber Josephus als normative Quelle, die den eigentlichen Sachverhalt sowohl nach seiner theologischen als auch nach seiner historischen Bedeutung richtig erfaßt. Josephus und seine Quellen dagegen beschreiben das Phänomen nur von außen. Aber auch wenn man eine getrübte Realitätswahrnehmung des alten Herodes und eine parteiische Berichterstattung des Nikolaus von Damaskus in Rechnung stellt, bleibt doch die Frage, ob dieser sich wirklich über die Absichten der Pharisäer so gründlich getäuscht haben sollte, daß es nötig wäre, eine etliche Jahrzehnte jüngere Quelle zur Korrektur eines Zeitzeugen heranzuziehen[135]. In der Zusammenstellung der Pharisäer mit den

---

[130] AaO. 19.

[131] AaO. 128 (Hervorhebung von mir); Paulus mißt er die Bedeutung zu, den historisch notwendigen Schnitt zwischen Christentum und Judentum vollzogen zu haben (IJG⁹ 369f.).

[132] AaO. 91; Diese Auffassung dürfte u.a. auf Josephus' Selbstvorstellung als Pharisäer in Vita 2 (12) zurückgehen; vgl. GFRÖRER, aaO. 135f.; SCHNECKENBURGER, Zeitg 226; DANIEL, aaO. 17; 32; REUSS, Phar 504; EWALD, Gesch IV³ 482; 515; HAUSRATH, Resultate 969; Zeitg III² 442f.; 464 (s. S. 314f.).

[133] WELLHAUSEN, ebd.

[134] PhS 25.

[135] Das Votum zugunsten der Lebendigkeit der unmittelbaren zeitgenössischen Anschauung (aaO. 127f.) scheint hier nicht zu gelten.

Schriftgelehrten stimmt Josephus für Wellhausen mit dem neutestamentlichen Zeugnis überein: Josephus schreibe die schriftgelehrte „Paradosis" den Pharisäern zu und bezeichne die „Häupter der Schule"[136] stets als Pharisäer.

Wie bereits gesagt, haben die talmudischen Schriften für ihn als Geschichtsquellen für das vortalmudische Judentum gegenüber den griechischen Quellen nur sekundäre Bedeutung. Er begründet dies damit, daß selbst die ältesten Stücke des Talmud wesentlich jünger seien als die griechischen Quellen. Das wiege um so schwerer, als zwischen ihnen und den Pharisäern der epochale Umschwung zum talmudisch-rabbinischen Judentum liege. Auf die Annahme einer in die ältere Zeit reichenden mündlichen Tradition gibt er wenig. Er konstatiert ein völliges historisches Desinteresse der Rabbinen, das den Talmud als Geschichtsquelle weitgehend unbrauchbar mache. Die Geschichte reduziert sich auf verstreute Anekdoten; charakteristisch sei die anachronistische Stilisierung der Vergangenheit nach rabbinischem Muster[137].

In den talmudischen Quellen findet er das grundsätzliche Bild der in einem durch das Gesetz von der profanen Welt separierten heiligen Sonderraum lebenden Pharisäer, die sich die Wirklichkeit nach dem Maßstab der Heiligkeit zurechtstutzen, durchgängig bestätigt. Lediglich in dieser Hinsicht betrachtet er die Mischna „von Anfang bis Ende" als Quelle des pharisäischen Charakters; „es hat aber keinen Werth, in die Einzelheiten einzugehen, die doch nur stets das selbe lehren"[138]. Jenseits der bis ins Letzte verschärften äußerlichen Gesetzesobservanz erkennt er dort keine weiteren pharisäischen Spezifika. Die Pharisäer in der Mischna identifiziert er mit den Schriftgelehrten bzw. Rabbinen: „Diejenigen, die in der Mischna das Wort haben, nennen sich selber die Gelehrten; lassen sie aber einmal Andere zur Rede, so heissen sie in deren Munde Pharisäer", namentlich in den überlieferten Streitgesprächen zwischen פְּרוּשִׁים und צְדוּקִים[139]. Gemäß dieser seinem generellen Pharisäerbild entsprechenden Voraussetzung greift Wellhausen nur diejenigen Belege der talmudischen Schriften auf, in denen Pharisäer und Sadduzäer einander gegenüberstehen. Texte wie Chagiga 18b, in denen die Peruschim unter dem Aspekt der Absonderung durch spezifische Reinheit erscheinen, nimmt er nicht zur Kenntnis, bzw. nur indirekt durch Vermittlung Geigers, Derenbourgs und anderer jüdischer Gelehrter[140], ohne der Sache weitere Bedeutung zuzumessen. Die ebenfalls unter diesem Aspekt beschriebenen Chaberim in der Mischna identifiziert er, wie bereits gesagt, nicht mit den Pharisäern, sondern mit den Rabbinen nach 70.

In den von ihm behandelten talmudischen Texten erkennt er „keine zusammenhängenden Consequenzen eines materiellen Princips"[141], keine pharisäischen Spe-

---

[136] AaO. 8.

[137] AaO. 124–127.

[138] AaO. 19.

[139] AaO. 8; diese sind für ihn „authentisch" (aaO. 63), d.h., sie geben Auskunft über Pharisäer und Sadduzäer vor 70 (vgl. aaO. 63–73).

[140] AaO. 19; GEIGER, Jdt II 90. WELLHAUSEN selber gibt an, „ausser der Mekhilta und einigen Abschnitten der Mischna" habe er aus dem *corpus rabbinicum* „nichts im Zusammenhange gelesen" (aaO. 123).

[141] AaO. 71.

zifika. Da keine wirkliche Differenz zwischen Pharisäern und Sadduzäern aus den talmudischen Belegen ersichtlich sei, widersprachen die Sadduzäer den Pharisäern nur aus Prinzip[142]. Diese Interpretation beruht auf dem Bild des kirchlich-weltlichen Gegensatzes. Darüber hinaus vermag er sich keinen weiteren Reim auf die talmudischen Streitgespräche zu machen.

12.5. Theologische und werthafte Kategorien

Als zentraler Wertbegriff sowohl in innerweltlich-historischem als auch in theologischem Sinne[143] erscheint bei Wellhausen das Natürliche, mit einem starken Bedeutungsanteil von „authentisch". Er findet ihn in Verhältnissen konkretisiert, in denen die Religion den natürlichen profanen Ursprüngen des Menschen noch am nächsten und die natürliche Ursprünglichkeit zu Gott noch nicht durch zivilisatorische Einflüsse verfremdet ist, wie im urtümlichen Leben im alten Israel[144]. Er findet ihn in Persönlichkeiten wie den Propheten verkörpert, deren Empfindung sich ursprünglich und individuell artikuliert, und deren individuelle Gottunmittelbarkeit im innersten Kern ihrer Persönlichkeit verankert ist[145]. Vehement verficht er die Eigenwertigkeit des Profanen, das er als wesentlichen Aspekt des Natürlichen behandelt. Daraus darf man aber nicht ableiten, daß er das verselbständigte Profane als absoluten Wert vertritt. Sein Ideal ist die Integration des Heiligen in die Profanität und die Beseelung und Fundierung des Profanen durch das Heilige. In den Kategorien des „ästhetischen"[146] und des „objektiven Wahrheitssinnes"[147] drückt er die Zusammenschau der historisch-deskriptiven und theologisch-werthaften Ebene aus. Der unmittelbare Eindruck von der Welt in ihrer schlichtesten Profanität ohne

---

[142] AaO. 72f.

[143] Hinter WELLHAUSENs Pharisäerbild liegende Wertbegriffe und theologische Kategorien systematisiert darzustellen bedeutet nicht, in seinem Werk ein theologisches System zu suchen (vgl. PERLITT, Vatke und Wellhausen 240f.).

[144] Die Kapitelüberschrift „Gott, Welt und Leben im alten Israel" (IJG⁹ 78) drückt dies programmatisch aus. In diesem Kontext sind seine kritischen Bemerkungen über „Kultur" zu verstehen (Prol⁶ 301f.; IJG⁹ 371; Evv¹ 113; IJR 81; vgl. BOSCHWITZ 56ff.).

[145] IJG⁹ 139–141; mit dieser Betrachtungsweise steht er in der Wirkungsgeschichte der vor allem von HERDER inspirierten romantischen Geschichtsbetrachtung (vgl. Prol⁶ 410 und den Verweis auf HERDER, GOETHE und die „s. g. Romantik", Grundrisse 118). Die Zurückführung wesentlicher Aspekte seiner Historiographie auf Kategorien HEGEL'scher Geschichtsphilosophie, wie sie KRAUS vertritt (KRAUS, Erforschung⁴ 258; 264; zur Auseinandersetzung mit KRAUS vgl. PERLITT, Vatke und Wellhausen 162–164; H. LIEBESCHÜTZ, Judentum 262–267; KUSCHE 66–69), vermag demgegenüber, zumal angesichts WELLHAUSENs scharfer „Ablehnung philosophischer und theologischer Spekulation" (H. LIEBESCHÜTZ, Judentum 260), nicht einzuleuchten. Bereits bei EWALD hat sich gezeigt, daß der Rückgriff auf idealistische Begrifflichkeit und selbst die Konstruktion der Geschichte Israels im dialektischen Dreischritt keineswegs die Übernahme HEGEL'scher Anschauungen bedeutet. Was KRAUS als „formale und rudimentäre Beziehung des Entwurfes Wellhausens auf die Geschichtsphilosophie Hegels" (KRAUS, aaO. 264) deutet, ist wesentlich EWALD'sches Erbe (s. S. 118–120).

[146] IJG⁹ 187; WELLHAUSEN beschreibt ihn als Darstellung der Dinge „wie sie sind" (ebd.). Ähnlich spielt EWALD in Gesch I³ 12 auf RANKE an.

[147] Prol⁶ 155.

systematisch deutenden Überbau eröffnet Wellhausen den Blick auf die dahinter liegende „objektive", werthafte und theologische Wahrheit. Hierfür verwendet er die romantisch gefaßten Begriffe von „Poesie"[148] und „Evidenz"[149].

In Wellhausens Wertgefüge sind wesentliche theologische Grundanschauungen des Protestantismus erkennbar: Die reformatorische Bestimmung der *libertas christiana* ist in der Bezeichnung des religiösen Individualismus als „Freiheit der Kinder Gottes"[150] direkt faßbar. Luthers Bild vom „fröhlichen Wechsel" steht hinter der Rede von der „unzergliederbaren Wechselwirkung Gottes und der Seele", die die Kraft zur Weltbewältigung vermittelt[151]. Die innerliche Verwurzelung in Gott ist unabdingbar, um die Gotteserfahrung gegenüber der für den Glauben bedrohlichen disparaten Welt festhalten zu können. Sie ermöglicht erst deren realistische Wahrnehmung. Gottes- und Welterfahrung müssen als zusammengehörige Wahrheit vom Glauben umfaßt werden[152]. In Wellhausens historischer Diktion heißt das: Die innere Gottunmittelbarkeit erlaubt, Gott hinter der „Tragödie" der Welt als „Poeten" zu erkennen[153]. Die reformatorische Zwei-Reiche-Lehre[154] steht hinter seiner strikten Abgrenzung insbesondere des profanen Staates gegen „kirchliche" hierokratische Strukturen, die die Eigengesetzlichkeit des politischen Lebens des Staates und des Glaubenslebens des Einzelnen durch heteronome Normen, seien sie ritualgesetzlicher oder dogmatischer Art, potentiell bedrohen. Vor allem aber zeichnet sich die reformatorische Grundanschauung von Gesetz und Evangelium deutlich ab.

Durch das Evangelium Jesu sieht Wellhausen das Paradigma seiner Grundwerte idealtypisch verkörpert. Jesus ist der „in der Poesie des Südens"[155] lebende wahre Verkünder des religiösen Individualismus[156], der Evidentes[157] wie die unmittelbare menschliche und religiöse Empfindung, die nächstliegende „gemeine Moral" und

---

[148] IJG⁹ 176; 366; vgl. Evv¹ 115; BOSCHWITZ 23–25 sowie PERLITTS Warnung, WELLHAUSEN „einfach als einen historischen Romantiker zu bezeichnen" (Vatke und Wellhausen 212).

[149] IJG⁹ 103 („lebendige Evidenz des Gefühlten" im alten Israel); Prol⁶ 398 („moralische Evidenz" der Propheten). Die dieser Anschauung zu Grunde liegende Betonung der Evidenz als Kriterium von Wahrheit wurzelt in der Aufklärung (vgl. E. HIRSCH, Theologie I 65; 299).

[150] IJG⁹ 371.

[151] WA XXV, 34; Abriß 99; dem entspricht die „subjective" bzw. „innerliche" (IJG⁹ 208) Erfahrung der Gemeinschaft Gottes".

[152] „Vor allem muß ich daran glauben ..., daß *Gott* hinter dem Mechanismus der Welt steht, daß er auf meine Seele wirken, sie zu sich hinaufziehen und ihr zu ihrem eigenen Selbst verhelfen kann" (IJG⁹ 371). Vgl. BOSCHWITZ 39: „Sich über die politischen Bedingungen und Forderungen der „gemeinen Wirklichkeit" Illusionen zu machen ist unmoralisch".

[153] IJG⁹ 107; vgl. aaO. 110; WELLHAUSEN übernimmt diese Theologumena lediglich in der Grundstruktur. Von ihrer systematisch-theologischen Ausgestaltung in spekulativen Entwürfen distanziert er sich. KUSCHES pauschales Plädoyer, „Wellhausens bewußten Verzicht auf das Theologe-Sein gelten zu lassen" (KUSCHE 72), greift demgegenüber viel zu kurz (vgl. SMEND, Wellhausen und die Kirche; PERLITT, Vatke und Wellhausen, 240–243).

[154] Vgl. LUTHERS „Von weltlicher Oberkeit" (WA XI, 245–281).

[155] IJG⁹ 366.

[156] AaO. 360; 366; 368; 371.

[157] AaO. 367.

Nächstenliebe lehrt und die natürlichen Gegebenheiten wie die Autorität der profanen Staatsgewalt voll anerkennt[158]. Er heiligt das Natürliche. In ihm ist das wahre *Leben*, das vom Heiligen getragene profane Leben erfahrbar[159].

Das Gesetz und die Pharisäer sind demgegenüber nicht nur das symbolische Gegenbild traditionell protestantischer Ideale, sondern auch das Urbild aller das Individuum uniformierender und den Staat destruierender Züge gesetzlicher kirchlicher Strukturen, gegen die sich Wellhausens persönliche Aversionen richten. Sie haben das Natürliche auf den Kopf gestellt und verkörpern das Künstliche schlechthin. Die Gottunmittelbarkeit blockieren sie durch Etikette, die unmittelbare Empfindung durch gesetzlichen Systemzwang, die Individualität durch Heteronomie, die natürliche Moral durch Zeremonien. Damit machen sie aus dem profanen jüdischen Nationalstaat eine hierokratische „Kirche", aus der natürlichen jüdischen Nation eine künstliche internationale Sekte. Der Realität entfliehen sie in eine Scheinwelt. Profan und Heilig, Innerlich und Äußerlich werfen sie durcheinander[160]. Sie repräsentieren *tödliche* Strukturen[161].

12.6. Die Vorgänger: Das Erbe Ewalds und Geigers

Ewald wollte einst seinem Lieblingsschüler Wellhausen sein wissenschaftliches Vermächtnis anvertrauen – als dieser aber das daran geknüpfte politische Credo nicht ablegen wollte, verstieß er ihn förmlich[162]. Der Vorgang ist bezeichnend für die Gemeinsamkeiten und Brüche in diesem Verhältnis: Wellhausen bekennt, daß Ewald ihn „aus dem Schlafe" geweckt und für das Theologiestudium „gerettet" habe[163] und widmet ihm die „Prolegomena". Aber bereits in deren Vorwort betont er, von Vatke „das meiste und das beste gelernt zu haben"[164]. Im Nachruf auf Ewald distanziert er sich in teilweise scharfer Form von dessen die Einzelheiten gewaltsam harmonisierender Geschlossenheit der Geschichtskonstruktion in der „Geschichte des Volkes Israel"[165]. Dennoch stimmen wesentliche Elemente seines Geschichtsbildes und Wertgefüges über alle Verschiedenheit der Geschichtskonstruktion und Geschichtsmethodik hinweg mit diesem Werk Ewalds überein.

In beiden Geschichtsbildern ist das Christentum das eigentliche Ziel der Geschichte Israels. Nach ihren positiv beurteilten, aber noch defizitären früheren Perioden ist das antike Judentum für beide die Epoche überhandnehmender äußerlich-

---

[158] AaO. 361 ff.
[159] AaO. 366 f.; Evv¹ 114.
[160] AaO. 364: „Das Tun der Hände und das Trachten des Herzens fällt aus einander".
[161] „Die Pharisäer *ertödteten* die Natur durch die Satzung" (PhS 19); „*tote* Werke" IJG⁹ 175; Hervorhebungen von mir); der Rekurs auf 2. Kor 3,6 ist unverkennbar.
[162] E. Schwartz, Wellhausen 337.
[163] AaO. 333; vgl. den Hinweis auf die „drückende" Abhängigkeit von Ewald („Meine Stellung zur Bibel ist ... die Ewald's") im Brief an Dillmann v. 17. 4. 1872 (Barnikol 31).
[164] Prol⁶ 14.
[165] Grundrisse 131 ff.; Ewalds Geschichte Israels verdient nur „*in mancher Hinsicht* volles Lob" (aaO. 131; Hervorhebung von mir).

hierokratischer Gesetzesobservanz[166]. Für das Verhältnis des Gesetzes zum eigentlichen Gehalt der Religion verwenden beide das Bild von Schale und Kern[167]. Die Hierokratie geht im Jüdischen Krieg an ihren durch die Gesetzlichkeit verursachten inneren Widersprüchen zu Grunde, innerlich überwunden vom Christentum, in dem der Kern der wahren Religion zum Durchbruch kommt. Das Judentum, dieses Kernes nunmehr verlustig, besteht als substanzlose gesetzliche Schale ohne historische Daseinsberechtigung fort[168]. Idealtypische Repräsentanten der Hierokratie sind die Pharisäer, die das Volk ohne wirkliches Mandat beherrschen[169]. Sie verkörpern gegenüber ihren rein religiös orientierten Vorgängern und Nachfolgern, den Chasidim und den Rabbinen, einen politischen Abweg des gesetzlichen jüdischen Wesens und dokumentieren hierin ein grundsätzliches Mißverhältnis der jüdischen Hierokratie zur Dimension des Politischen und Profanen. Ihre Gesetzlichkeit hat den das Judentum zerreißenden Parteienstreit verursacht, in dem alle Parteien das Eigentliche der Religion durch die Verabsolutierung nur eines Teilaspektes verfehlen[170]. Die Aggression des Parteienstreites verlagerte sich nach außen und bewirkte den Krieg gegen Rom. So erscheint auch der Untergang des jüdischen Staates als mittelbare Folge der jüdischen Gesetzlichkeit[171].

Ihre Wertvorstellungen finden Ewald und Wellhausen im Evangelium idealtypisch manifestiert. Deren Kern ist bei beiden auf der Basis der *libertas christiana* die innerliche Gottunmittelbarkeit als Voraussetzung des rechten Verhältnisses zur äußeren Welt, die innerliche Durchdringung des Profanen durch das Heilige. In der jüdischen „Heiligherrschaft" finden beide das Gegenbild dieser Ideale. Hinter der wahren christlich-evangelischen Religion bleibt sie als historisch notwendige, aber defizitäre Vorstufe zurück. Ein wesentlicher Teilaspekt beider Wertvorstellungen ist die Dimension des Historischen. Wahre, von Sachfremdem unabhängige historische Betrachtung ist nur möglich, wo das Heilige nicht als normatives Prinzip die Wahrnehmung der profanen Realität verzerrt. Vielmehr muß es durch die profane Weltwirklichkeit hindurch erkannt werden. Eine Religiosität nach dem Muster der *libertas christiana*, die die Erkenntnis des Heiligen als Wirklichkeitsdimension hinter dem Profanen ermöglicht, erscheint als Voraussetzung wirklicher Geschichtsschreibung. Die in Folge verfehlter Religiosität als ahistorisch beurteilte geschichtliche Überlieferung der Rabbinen betrachten beide als Gegenbild ihres eigenen historiographischen Ideals[172].

---

[166] Beide sprechen mit in der Sache identischen Begründungen von „Heiligherrschaft" bzw. „Hierokratie": EWALD, Gesch IV³ 76f. (s. S. 134–136); WELLHAUSEN, PhS 35; Prol⁶ 420; Abriß 90; IJG⁹ 168.

[167] EWALD, aaO. 40; 81–83; WELLHAUSEN, Prol⁶ 424; IJG⁹ 193.

[168] EWALD, Gesch VII³ 441 (s. S. 132f.); WELLHAUSEN, IJG⁹ 358; Isr 431.

[169] EWALD, Gesch IV³ 477ff. (s. S. 128f.); WELLHAUSEN, PhS 20f.

[170] EWALD, aaO. 366f.; 493–495; WELLHAUSEN, PhS 52–55; 72f.; 103; IJG⁹ 281f.

[171] EWALD, Gesch VII³ 425ff. (s. S. 136); WELLHAUSEN, PhS 109–112; IJG⁹ 341.

[172] So EWALD in seinem Urteil über den „ungeschichtlichen sinn" der Rabbinen (Gesch V³ 16; vgl. Gesch VII³ 93; s. S. 144) und WELLHAUSEN über ihre „dreiste" Geschichtsmacherei (Prol⁶ 155).

Die wichtigste Differenz zwischen Ewalds und Wellhausens Pharisäerbild liegt in der Gewichtung des Heiligen und des Profanen. Ewald findet die Gottunmittelbarkeit im innerlich-geistigen Verhältnis zum rein geistigen Gott[173]. Der Messianismus mit Jesus als vollkommenem Repräsentanten ist ihm die Brücke zu diesem Gottesverhältnis. Dieses bleibt durch die äußerliche jüdische Gesetzlichkeit irdisch-profan gebunden[174]. Für Wellhausen erschließt sich die Gottunmittelbarkeit als geheimnisvolle Innerlichkeit in der natürlichen Profanität. Den Messianismus beurteilt er als Versuch, sich dieser Profanität zu entledigen, und sucht anders als Ewald dessen futurisch-eschatologisches Element bei den Propheten und bei Jesus in den Hintergrund zu stellen[175]. Das gesetzliche Judentum bannt das Gottesverhältnis in eine künstlich vergeistlichte Sphäre und grenzt das Profane aus[176]. Dementsprechend unterschiedlich fallen ihre Bilder der Pharisäer aus: Ewald sieht sie als eine Gruppe, die irdische politische Ziele unter religiösem Deckmantel verfolgte[177]. Wellhausen beschreibt sie als wesentlich unpolitische Gruppe, die sich nur um ihrer religiösen Belange willen politisch betätigte[178]. Die Paradigmen ihrer Auffassung des Judentums und der Pharisäer suchen sie an genau entgegengesetzten Punkten: Für den einen sind das gesetzliche Judentum zu irdisch und die Pharisäer zu politisch, für den anderen das Judentum zu unirdisch und die Pharisäer zu unpolitisch. In der Beurteilung des Judentums und der Pharisäer auf der werthaft-symbolischen Ebene sind sie sich jedoch einig[179]. Das weist darauf hin, daß diese Wertvorstellungen und ihre Zuordnung der historischen Erkenntnis vorausgehen.

Mit von Ewald wesentlich beeinflußten Wertsetzungen und symbolischen Zuordnungen verbindet Wellhausen die kritische Weiterführung historischer Einsichten Geigers, dessen historiographische Konzeption, „Urschrift und Übersetzungen der Bibel in ihrer Abhängigkeit von der inneren Entwicklung des Judenthums" zu begreifen[180], schon die Richtung der von Wellhausen in „Prolegomena" entfalteten Geschichtsmethodik – namentlich in der historischen Akzentuierung kultisch-halachischer Bezüge – angibt. Wellhausen übernimmt Geigers soziologische Fragestellung für die Bestimmung des Verhältnisses von Pharisäern und Sadduzäern. Er revidiert aber dessen Ansatz, analog zu den Sadduzäern auch die Pharisäer zu einer primär politischen Partei zu erklären, indem er ihren Konflikt als Gegensatz zwischen der Dimension des Politischen und des Kirchlichen und, hierin Ewald folgend, als Musterfall eines inneren Widerspruches im Judentum beschreibt[181]. Quel-

---

[173] Ewald, Gesch II³ 157f. (s. S. 142ff.).

[174] Ewald, Gesch IV³ 75ff.

[175] Wellhausen, IJG⁹ 123f.; 131; 363ff.

[176] Prol⁶ 420–424; vgl. Wellhausen über Ewald: „Seine religiöse Natur hatte zum Profanen kein Verhältnis" (Grundrisse 137).

[177] Ewald, Gesch IV³ 477ff.

[178] Wellhausen, PhS 76–86; 94f.

[179] Vgl. Brief an Dillmann v. 17. 4. 1872 (Barnikol 31). Deines' Votum, daß Ewald, „der eigentliche Lehrer Wellhausens", in dessen Arbeit am Pharisäerthema eine „auffallend geringe Rolle" spiele (Deines, Pharisäer 43f.), betont einseitig die trennenden Aspekte dieses Verhältnisses.

[180] s. S. 157f.

[181] Dies betrachtete wiederum Ewald mit erheblichem Mißtrauen und polemisierte – aller-

lenkritisch hält er gegen Geiger fest, daß dieser die Ergebnisse seiner problematischen Talmudexegese einfacher und stringenter mit einer Kritik der rabbinischen Quellen durch die griechischen hätte erreichen können, die ohnehin den „unwillkürlichen Massstab der Kritik" abgegeben hätten[182]. Er verbindet dies mit einem recht abschätzigen Hinweis auf den ohnehin geringen Quellenwert des Talmud[183]. Gegenüber den reformjüdischen Leitbildern, die Geigers Entwurf bestimmen, argumentiert er rein auf historischer Ebene. Geigers Auffassung der politisch demokratischen Orientierung der Pharisäer weist er ab und wirft ihm vor, neuzeitliche Zusammenhänge in die antiken Verhältnisse hineinzulesen[184]. Über das implizite christliche Vorverständnis seines eigenen Pharisäerbildes legt er sich dagegen keine Rechenschaft ab.

In der Polemik gegen Hausrath grenzt er sich von dessen unkritischer Übernahme der Forschungsergebnisse Geigers ab. Dabei gilt seine Kritik vor allem dem Bild der Pharisäer als „Demokraten" und der Talmudexegese. In Hausraths Programm, die Grundzüge neutestamentlicher Zeitgeschichte aus dem Talmud zu gewinnen, erblickt er eine Preisgabe wissenschaftlicher Kompetenz aus unwissenschaftlichen Motiven[185]. Die Annäherung an jüdisch-talmudische Prämissen widerspricht nicht nur seinen quellenkritischen Überzeugungen, sondern auch seinem Vorverständnis des rabbinischen Judentums und dessen Literatur.

12.7. Zeitgeschichtliche Bezüge – Realpolitik und innere Einheit

Die Verschiebungen in der Historiographie Wellhausens gegenüber Ewald, Geiger und Hausrath lassen auch den Epochenwechsel zum deutschen Kaiserreich erkennen, mit dessen Gründung der Beginn von Wellhausens Wirkungszeit recht genau zusammenfällt. Anders als der eine Generation ältere Ewald, der in seinem aus den 1840er Jahren stammenden Geschichtsentwurf von strenger innerer Geschlossenheit die Nähe zu idealistischer Denkungsart nicht verleugnen kann und sich auf Schleiermacher und Ranke beruft[186], vertritt Wellhausen in seiner Wertschätzung des Profanen und Einfachen und der starken Gewichtung gerade auch der politi-

dings privatim – gegen WELLHAUSENS Rezeption der „bodenlosen aus bloßem Christenhasse hervorgezimmerten Geiger'schen albernheiten über die Saddukäer" (Brief an DILLMANN v. 28.2. 1872, UB Göttingen, Cod. MS. Ewald 46, zit. n. SMEND, Wellhausen und das Judentum, ZThK 79/1982, 271; vgl. EWALD, Gesch IV³ 477; s. S. 140; 144f.).
[182] PhS 122; zu WELLHAUSEN und GEIGER s. S. 168f.; vgl. SMEND, Wellhausen und das Judentum 273ff.; H. LIEBESCHÜTZ, Judentum 247ff.
[183] AaO. 123; da die Mischna, was auch WELLHAUSEN nicht bestreitet, in Teilen in der Zeit vor 70 wurzelt, ist diese Haltung auch gegenüber seinen eigenen Grundsätzen fragwürdig (vgl. COHEN, Abschiedsgruß 45; H. LIEBESCHÜTZ, Judentum 248f.; SMEND, Wellhausen und das Judentum 266f.).
[184] AaO. 79; vgl. MASON, Problem of the Pharisees 104f.
[185] AaO. 123f. (s. S.186); die Kritik richtet sich mehr gegen das Programm als gegen die Schwierigkeiten in seiner Durchführung (vgl. aaO. 124: „unwissenschaftliche Selbstverleugnung" und H. LIEBESCHÜTZ, Judentum 249f.).
[186] EWALD, Gesch I³ 12; V³ XXIIIf., XXXVIII; PERLITT, Ewald 173 (s. S.141ff.).

schen Realien den – durch Bismarck personifizierten – stärker realpolitisch-konservativ orientierten Zeitgeist des deutschen Kaiserreiches[187]. Diese Orientierung, verbunden mit einer von vornherein eher konservativen politischen Grundhaltung, unterscheidet ihn auch von Geiger und Hausrath, aus denen die liberale Aufbruchsstimmung der 1850er und 1860er Jahre spricht. Die Themen, mit denen sich der aus dem südwestdeutschen liberalen Milieu stammende Hausrath auseinandersetzte, der Kampf gegen die Reaktion der 1850er Jahre und die Reformen der 1860er, sind für den konservativen Hannoveraner und späteren Preußen Wellhausen Probleme der Vergangenheit, wie auch Geigers emanzipatorische Bestrebungen[188]. Ihn beschäftigt zunehmend die Sorge um die innere Einheit des nunmehr geeinten Deutschland. Hausraths kirchliche und politische Aktivitäten sind ihm herzlich zuwider[189]. Nicht nur von Geiger und Hausrath, sondern auch von den eine Generation älteren Gelehrten Gfrörer, Reuß und Ewald, die in ihren Geschichtswerken den Anspruch historischer Objektivität mit pointierten Stellungnahmen zu Problemen des Judentums bzw. des Katholizismus ihrer Zeit verbanden, unterscheidet sich Wellhausen durch seine rigorose Abgrenzung gegen die Vermischung historischer Wissenschaft mit Gegenwartsfragen. Auch in diesem konsequenten Historismus repräsentiert er den mehr an Realien und Tatsachen orientierten Zeitgeist seiner Epoche.

Das zeitgenössische Judentum sieht er in ungebrochener Kontinuität des nach 70 im Pharisäismus „verschrumpften"[190] Rabbinismus:

„Judaism had to be maintained, cost what it might. That the means employed were well adapted to the purpose of maintaining the Jews as a firmly compacted religious community even after all bond of nationality had fallen away cannot be doubted. But whether the attainment of this purpose by incredible exertion was a real blessing to themselves and the world may very well be disputed"[191].

Die einzige Bedrohung des Judentums rührt von „the so-called emancipation" her, die mit der strengen Gesetzlichkeit sein Wesen preisgebe. Besteht es dennoch weiter, so liegen dieser Tatsache nicht vom Gesetz unabhängige religiöse Strukturen zugrunde, sondern allein „the persistency of the race"[192]. Einen positiven Sinn kann Wellhausen seiner Weiterexistenz über die Entstehung des Christentums hin-

---

[187] Nicht von ungefähr schieden sich an BISMARCK die Geister EWALDs und WELLHAUSENS (E. SCHWARTZ, Wellhausen 337). E. SCHWARTZ spricht von einer gewissen Sympathie WELLHAUSENS „für alles was rechts stand" (ebd.); vgl. WELLHAUSENS Verbindung mit MOMMSEN (BOSCHWITZ 52f.; H. LIEBESCHÜTZ, Judentum 252; BAMMEL, Briefe; SMEND, Wellhausen und das Judentum 269; CH. HOFFMANN, Judentum 113f.).

[188] In diesen Fragen spiegelt sich für ihn „der politische Schematismus nicht grade der jüngsten Gegenwart" (PhS 79; zu dieser Anspielung s. S. 168f.); über GEIGERs Engagement vgl. L. GEIGER, Lebenswerk 1–231; über HAUSRATH vgl. K. BAUER, Hausrath 185ff.

[189] Vgl. Briefe an DILLMANN v. 17.2. 1872 u. 18. 12. 75 (BARNIKOL 30; 32).

[190] IJR 108.

[191] Isr 429; vgl. H. LIEBESCHÜTZ, Judentum 261.

[192] AaO. 431; auch WELLHAUSEN gebraucht, wie HAUSRATH und MOMMSEN, den Begriff „Race" nicht im biologistischen Sinne (s. S. 185).

aus nicht abgewinnen. Historisch hat er sich nicht mehr damit beschäftigt[193]. Auch in einem reformierten Judentum findet er jenseits der bloßen Destruktion des Rabbinismus keine Perspektive einer existenziellen Dimension[194]. Die religiösen Aspekte von Geigers Versuch einer reformjüdischen Standortbestimmung und Identitätsgewinnung greift er nicht auf. Die über das antike Judentum abgegebenen theologisch-historischen Urteile gelten auch für das neuzeitliche. Historisch verifiziert hat Wellhausen diese Auffassung in der Zeit des Zweiten Tempels – wo sie für ihn mit dem Fortschreiten seiner historischen Forschung zunehmend problematischer wurde. Gültig sieht er sie erst in der Zeit nach 70 – die er wiederum nicht historisch erforscht hat.

Diese Sicht gilt ausschließlich dem Judentum als religiösem Gefüge. Vorbehalte gegenüber den Juden an sich waren ihm fremd. Daß die Freundschaft mit Hermann Cohen ihn nicht zu einer Revision seines Judentumsbildes veranlaßt hat, läßt dieser in seinem „Abschiedsgruß" schmerzlich durchscheinen. Jüdischen Wissenschaftlern begegnet Wellhausen ohne Ressentiments. Er mißt sie rein an wissenschaftlichen Maßstäben und würdigt die Verdienste jüdischer Gelehrter um die wissenschaftliche Erforschung der rabbinischen Literatur[195]. Auf der wissenschaftlichen Ebene ist ihm Geiger ein vollwertiges Gegenüber. Die Rezeption neuzeitlicher Vorurteilsmuster, wie sie bei Ewald und Hausrath erscheint, liegt Wellhausen ebenso fern wie die in seiner Zeit aufkommenden völkisch-rassischen Vorurteilskategorien. In seiner Verwendung der Begriffe „Rasse"[196], „Semiten" und „Arier"[197] sind keine Wertungen erkennbar. 1894 sieht er sich allerdings bereits genötigt, sich gegen den rabulistischen Mißbrauch von „Semiten" und „Ariern" als werthafte Gegensatzbegriffe zu verwahren[198].

---

[193] Nach SMEND, Wellhausen und das Judentum 266f., lag der Behandlung dieser Zeit im Art. „Israel" keine eigene Forschung WELLHAUSENS zugrunde; vgl. COHEN, Abschiedsgruß 45.

[194] Daher bemerkt COHEN, daß er „kein rechtes Organ für Eigenleben und Eigenwert der jüdischen Religion, nach Abzweigung der christlichen von ihr, hatte" (Sozialistische Monatshefte 24, 1918, Bd. 50, I 359f.; zit. b. SMEND, aaO. 266; vgl. COHEN, Abschiedsgruß 45f.; H. LIEBESCHÜTZ, Judentum 259–261; KUSCHE 73). Anders als REUSS (Jdt 347) spricht WELLHAUSEN eine mögliche Konversion der Juden nicht an (vgl. MOMMSENS Haltung in dieser Frage, BOEHLICH 226f. und SMEND, aaO. 269).

[195] Grundrisse 119; namentlich erwähnt er u.a. ZUNZ, RAPOPORT, DERENBOURG und GEIGER.

[196] Isr 431; vgl. SMEND, aaO. 268.

[197] Die beiden letzteren verwendet er im exakten sprachwissenschaftlichen Sinne (IJG⁹ 127).

[198] IJG¹ 190: „Die Griechen sind Griechen und keine blossen Indoeuropäer; es ist sehr ungerecht, das was wir von den Griechen gelernt haben, die Kunst, die Wissenschaft, die Humanität, dem indoeuropäischen Insgemein zuzuschreiben". In IJG⁹ 219f. betont WELLHAUSEN diesen Aspekt noch deutlicher durch den Zusatz: „und es gegen die Semiten in die Schale zu werfen" (In diesem Sinne auch in IJR 82). Dies richtet sich gegen GOBINEAUS Rassentheorien (Essai sur l'inegalité des races humaines, 1853–55) und ihre Rezeption in Deutschland, wie sie 1899 in H. S. CHAMBERLAINS „Grundlagen des 19. Jahrhunderts" ihren Niederschlag fand (vgl. RÜRUP 96ff.).

12.7.1. Christliche und jüdische Kirche

Ein wichtiges, vielleicht sogar das wichtigste zeitgeschichtliche Thema ist für Wellhausen die Kirche in ihrem Verhältnis zum Staat. Das wirksamste Gegengewicht gegenüber ihren hierokratischen Ansprüchen, die den religiösen Individualismus und das natürliche Leben bedrohen, findet er im Nationalstaat, dessen äußerer Gehorsamsanspruch dem Individuum den notwendigen inneren Freiraum gewährleiste[199]. Er ist als natürliche Gemeinschaft die der natürlichen individuellen Religiosität entsprechende Gemeinschaftsbildung[200]. Deshalb hebt er den religiös getragenen profanen Nationalstaat immer wieder als Wert hervor und wendet sich gegen dessen hierokratische Okkupation durch die Kirche. Die protestantische Kirche nimmt er davon nicht aus. Auch ihr kann er Positives nur sehr zurückhaltend, in Anbindung an die Bezugsgrößen Individuum und Staat abgewinnen. Er erhofft von ihr, die „innere Einheit" vorzubereiten, „das Gefühl zu erwecken, dass wir zusammen gehören" und so auf den „Staat der Zukunft" hinzuarbeiten[201]. Dem neuzeitlichen säkularen Rechtsstaat soll die protestantische Kirche das Innenleben vermitteln, freilich nicht als hierokratische Organisation, sondern als „unsichtbare Gemeinschaft" gläubiger Individuen[202]. Er ist 1884 sehr skeptisch, ob ihr diese Aufgabe gelingen würde. 1894 beschreibt er die „öffentliche Religion", die nicht aufzuhören brauche, als neben dem individualistischen Evangelium, der „Freiheit der Kinder Gottes", weiterhin bestehende mindere Vorstufe[203].

Innerhalb der protestantischen Kirche richtet sich Wellhausens spezifische Antipathie weniger gegen die konfessionelle Orthodoxie[204] als gegen den kirchlichen

---

[199] Gemeinwesen 15: Geistige Freiheit „gedeiht überhaupt nur im Staat, der wie die Arche Noe allerlei Gethier in sich birgt und gewähren lässt".

[200] Die Vokabel „international" ist bei WELLHAUSEN negativ besetzt. Er wendet sie vorzugsweise auf das pharisäische und rabbinische Judentum an, dessen „internationale Nomokratie" den natürlichen nationalen Grundlagen des „realen Volksleben" entfremdet sei (PhS 112; 39; vgl. aaO. 95; IJG⁹ 357), nicht aber auf die nationenübergreifenden „Weltreiche" (IJG⁹ 106). Vgl. BOSCHWITZ 57f.; PERLITT, Vatke und Wellhausen 218f.

[201] Abriß 102; vgl. SMEND, Wellhausen und die Kirche 230; die Sorge um die innere Einheit des äußerlich geeinten Kaiserreiches war nach 1871 weit verbreitet. Sie bestimmt wesentlich die Stellungnahmen TREITSCHKES und MOMMSENS im Berliner Antisemitismusstreit (BOEHLICH 13f.; 217f.). Anders als bei ihnen spielt das zeitgenössische Judentum für WELLHAUSEN in diesem Zusammenhang keine Rolle.

[202] AaO. 101; BOSCHWITZ Rede vom „Ideal des unsichtbaren Staates" (BOSCHWITZ 77; vgl. KUSCHE 72) schneidet das dahinter liegende Motiv der unsichtbaren Kirche ab.

[203] IJG⁹ 371; der von SEMLER stammende Terminus markiert ein vorsichtiges Bekenntnis zur öffentlichen Religion nach staatspolitischen Kriterien (zu SEMLER s. S. 35; 41; vgl. auch GFRÖRERS Rezeption SEMLERS, s. S. 57f.), in dem WELLHAUSEN die skeptische Erwartung aus Abriß 102 bestätigt. Etwas milder als 1884 gesteht er der Kirche auch den Aspekt natürlicher Gemeinschaft zu (IJG⁹ 370). Mit dem individuellen Kern der Religion fällt sie aber völlig auseinander, und ihr gemeinschaftsbildender Aspekt ist nicht mehr betont. Sie entspricht weder dem individuellen noch dem kollektiven Ideal WELLHAUSENS.

[204] Ihr bringt er bei aller Distanzierung auch Achtung und Loyalität entgegen (vgl. E. SCHWARTZ, Wellhausen 332; SMEND, Wellhausen und die Kirche 225ff.; JEPSEN 50ff.; BARNIKOL 34f.). Öffentlich hat er sie nicht angegriffen. Daß der Begriff „positiv" in Gesch I 360 (= Prol⁶

Liberalismus, an dem er vor allem die Einmengung sachfremder politischer Ziele in Glauben und Theologie kritisiert, die dem individuellen Glauben ähnlich im Wege stehen wie die supranaturalistischen Dogmen der Orthodoxie[205]. Auch die Kulturfreudigkeit des Liberalismus stößt auf seine Skepsis[206]. Hiermit verbindet sich ein puristischer wissenschaftlicher Standpunkt: Hausrath, einem der Wortführer des theologischen Liberalismus, wirft er über innerwissenschaftliche Fragen hinaus vor, durch die Instrumentalisierung der Wissenschaft für gesellschaftspolitische Belange ihr Wesen zu korrumpieren[207].

Den Begriff „Kirche" verwendet er als religionssoziologischen Gattungsbegriff für Religionsgemeinschaften, die den religiösen Individualismus einengen[208]. Von der „Sekte" unterscheidet er sie durch die Rahmenbedingung des (nationalen) Staates, ohne den sie nicht bestehen könne[209]. Die „jüdische Kirche"[210] und insbesondere die Pharisäer als „kirchliche" Partei[211] präsentiert er durchgängig als Modellfall dieser Struktur. Unter diesem Gesichtspunkt rückt er die jüdische und christliche „Kirche" eng zusammen: Das hierokratische Religionsmodell ist über die Intentionen Jesu, der Wellhausens individualistisches religiöses Ideal verkörpert, hinweg „eine Erbschaft, die von dem Judentume überging auf das Christentum"[212]. Was er im Christentum ablehnt, hat sachlich und historisch seinen Ursprung im Judentum. Direkte aktuelle Bezüge stellt er hierbei nicht her. Judentum und Pharisäismus symbolisieren generell die für ihn problematischen Aspekte von „Kirche"[213].

---

337) als polemische Spitze gegen die „Positive Union" gemeint sein soll (so SILBERMAN 78), ist nicht ersichtlich (vgl. Abriß 101: „Jesus war so positiv ...").

[205] Vgl. BARNIKOL 30ff.; 36; PhS 120.

[206] Vgl. Prol[6] 301f.; IJG[9] 371; Evv[1] 113.

[207] PhS 123f.; Briefe an DILLMANN v. 17.4. 1872 und 18.12. 1875 (BARNIKOL 30f.; 32); vgl. H. LIEBESCHÜTZ, Judentum 249f.

[208] Abriß 101f.; IJG[9] 366; 370f.

[209] Prol[6] 410f.; s. S. 322.

[210] Prol[6] 421.

[211] PhS 94.

[212] Abriß 101; vgl. Prol[6] 421 und IJG[9] 370. In IJG sind zwar die früheren schroffen Urteile über die christliche Kirche (Abriß 102) abgemildert, nicht aber diejenigen über die jüdische Theokratie: „Jesus hat die Kirche nicht gestiftet, der jüdischen Theokratie hat er das Urteil gesprochen" (IJG[9] 371).

[213] In ihrer Darstellung zieht er in PhS, Abriß, Prol und IJG[1] häufig sachliche und terminologische Parallelen zum Katholizismus (s. S. 330f.): Er vergleicht die „mosaische Verfassung" mit der „römischen Hierarchie" (Prol[6]410), spricht von den Opfern als „göttlichen Gnadenmitteln" (aaO. 422), von der זְכוּת-Lehre als „Lehre vom Thesaurus" (IJG[1] 250), von „frommen Exercitien" (Abriß 98) und „Opera operanda" (IJG[1] 309) der Pharisäer. Deren Rolle im Volk vergleicht er mit der der Mönche des Mittelalters (PhS 20f.), den Nasi der Mischna mit dem Papst (aaO. 40). Diese Bemerkungen sind aber nicht mehr als beiläufige Verweise auf im Protestantismus gängige Zuordnungen. Anders als GFRÖRER (s. S. 52) und EWALD (s. S. 146–148) forciert WELLHAUSEN diese Parallelen nicht. In IJG[9] sind sie durch allgemeinere Formulierungen ersetzt, die nicht direkt auf den Katholizismus anspielen. In PhS und Prol „die Stimmung des Kulturkampfs" zu finden (so LÜTGERT, Religion des deutschen Idealismus IV 374; vgl. BOSCHWITZ 36), geht weit über die Sache hinaus. Bloße Aversion gegen Hierokratie macht noch keine Kulturkampfstimmung. Dies gilt namentlich angesichts von WELLHAUSENS Widerwillen gegen tagespolitisches Engagement (vgl. BARNIKOL 32).

12.8. Zusammenfassung

In Wellhausens Geschichtsschreibung wird die Intention deutlich, Gott und Welt, Heiliges und Profanes in einem Zusammenhang zu sehen, der beide Seiten als einander durchdringend, nicht ausschließend erscheinen läßt und jeder Seite ihre genuine Eigenart beläßt. In der Anschauung der profanen Weltwirklichkeit erschließt sich dem Individuum die dahinter liegende göttliche Wirklichkeit. Damit korrespondieren eine romantisch inspirierte Vorliebe für das Individuelle und für natürliche Urverhältnisse sowie die Abneigung gegen abgeleitete und unnatürliche Verhältnisse, eine ausgeprägte Skepsis gegen Kultur und Zivilisation, gegen spekulative Theologie und Philosophie.

Die bisweilen unerträgliche Spannung zwischen der Tragödie der Welterfahrung und dem Bekenntnis zum heilschaffenden Gott beschreibt er in seiner Hiob-Interpretation: Hiob stellt sich den Tatsachen und hält dem Widerspruch der Erfahrung gegen den Glauben stand[214]. Von diesem Bekenntnis eigener religiöser Existenz Wellhausens her erschließen sich sein Realitätspathos und seine Antipathien gegen heteronome Religion. Es ist die Aversion gegen das Bedürfnis, die gemeine Wirklichkeit im Sinne eines harmonisierenden Dogmas vom gerechten Gott umzulügen und so nicht nur der Wirklichkeit Gewalt anzutun, sondern auch Gott nach eigenen Vorstellungen zu domestizieren und seine furchtbaren Seiten zu nivellieren[215]. Eine Anschauung wie die Hiobs kann für Wellhausen nur vom höchst individuellen Standpunkt aus gewonnen werden und ist das Geheimnis des Individuums. Keine heteronome Dogmatik darf hier zwischeneintreten. Dieses letzte Stichwort markiert die Schnittstelle von Wellhausens persönlich-existenziellem Erleben und seinen wissenschaftlichen Überzeugungen. Die wissenschaftliche Erkenntnis, daß das Gesetz jünger sei als die geschichtlichen und prophetischen Bücher des Alten Testamentes, erlaubte ihm zu seiner persönlichen Erleichterung ihren ungestörten „Genuß"[216], d.h. den nicht dogmatisch reglementierten unmittelbaren persönlichen Zugang. In diesem exegetischen wie religiösen Schlüsselerlebnis sind Sympathien und Antipathien bereits denjenigen Phänomenen zugeordnet, die Wellhausen zeitlebens mit ihnen verbindet. Der Sympathie für religiöse Ursprünglichkeit im alten Israel, in der Prophetie und im Evangelium entspricht die Antipathie gegen heteronome Religiosität im jüdischen Gesetz und bei den Pharisäern.

Das Ungleichgewicht, daß diese Antipathien diejenigen gegen die protestantische Orthodoxie bei weitem überwiegen[217], wurzelt in Wellhausens theologischem

---

[214] IJG⁹ 205–208.

[215] Vgl. IJG⁹ 103.

[216] Prol⁶ 3.

[217] KUSCHES „psychodynamische" Erklärung dieses Phänomens, WELLHAUSENS Pathos im Kampf gegen das jüdische Gesetz rühre daher, daß er auf diesem Felde Kämpfe „gegen überwältigende Autoritäten" geführt habe, die er sich in seinem zeitgenössischen Kontext versagte (KUSCHE 74), übergeht die theologischen Grundlagen seiner Werturteile. Ein Autoritätsproblem WELLHAUSENs mit der Kirche ist den vorliegenden Zeugnissen nicht zu entnehmen. Diesen Nachweis bleibt auch BARNIKOL (aaO. 35f.) schuldig, der hier unkritisch seinem Gewährsmann WILAMOWITZ-MOELLENDORFF folgt (vgl. JEPSEN 52f.).

Untergrund. Von der theologischen Grundlage der *libertas christiana* aus, die ihrerseits in polemischer Abgrenzung gegen das jüdische Gesetz und gesetzliche Strukturen des römischen Katholizismus gewonnen wurde, kommt er bruchlos zur historischen Qualifikation des Gesetzes. Seine historischen Erkenntnisse, die er gegen die Orthodoxie durchsetzte, bestätigen seine vorhandene theologisch-existenzielle Wertung des Gesetzes, deren Grundzüge er mit der Orthodoxie gemeinsam hat. Mit diesen Wertentscheidungen in seinen historischen Arbeiten steht Wellhausen der Tradition der Kirche näher als es zunächst den Anschein hat, der Orthodoxie sicher in Manchem näher als dem kirchlichen Liberalismus. In der kirchlichen Tradition findet Wellhausen, wenn auch mit erheblichen Brechungen, die Werte, von denen er sein Leben gehalten wußte. Im Gesetz und im Pharisäismus sind sie negiert. Es ist deutlich geworden: Wellhausens Wertvorstellungen sind in der Tradition protestantischer Theologie verankert, deren polemische Seite auch er nicht verleugnet. In seinem Pharisäerbild tritt sie unübersehbar zu Tage.

13. *Emil Schürer*

Emil Schürer[218] wurde 1844, im selben Jahr wie Julius Wellhausen, in Augsburg geboren. Von 1862 an studierte er evangelische Theologie in Erlangen, Berlin und Heidelberg. Durch Richard Rothe ließ er sich „zu Schleiermacher und zu Chr. Ferd. Baur hinweisen"[219]. Prägend war der Einfluß Schleiermachers[220]. 1868 wurde er mit einer Dissertation über Schleiermachers Religionsbegriff in Leizig promoviert und dort 1873 zum außerordentlichen Professor für neutestamentliche Wissenschaft ernannt. 1878 wurde er als ordentlicher Professor nach Gießen, 1890 nach Kiel, 1895 nach Göttingen berufen. 1875 begründete er gemeinsam mit Adolf v. Harnack die von ihm bis zu seinem Lebensende herausgegebene Theologische Literaturzeitung. 1910 ist Emil Schürer gestorben.

Sein Lebenswerk ist die „Geschichte des jüdischen Volkes im Zeitalter Jesu Christi". 1874 erstmalig als „Lehrbuch der neutestamentlichen Zeitgeschichte" erschienen[221], ist es in den folgenden Auflagen zu einem Kompendium der jüdischen Geschichte und ihrer Quellen in neutestamentlicher Zeit geworden, das bis heute als grundlegend gilt. Eigenständige Entwürfe der Folgezeit bauen auf ihm auf[222]. Auch das in diesem Werk vermittelte Pharisäerbild hat an seiner nachhaltigen Wirkungsgeschichte Anteil. Schürer hat es unter wesentlichem Einfluß Geigers erst-

---

[218] Zu SCHÜRER vgl. A. v. HARNACK, Nachruf; RE³ XXIV 460–466; E. BAMMEL, Schürer; M. HENGEL, Schürer 20–31; R. DEINES, Pharisäer 68–93.

[219] RE³ XXIV 460.

[220] Vgl. aaO. 464.

[221] zit. als „Zeitg"; unter dem Titel „Geschichte des jüdischen Volkes im Zeitalter Jesu Christi" ist das Werk ab der 2. Aufl. (1886–1890) erschienen (zit. als „Gesch"). Die hier herangezogene 4. Aufl. (1901–1911) wurde 1920 und 1964 nachgedruckt. 1973–1987 erschien ihre Neubearbeitung in englischer Sprache (vgl. HENGEL, Schürer 30ff.).

[222] Vgl. O. HOLTZMANN, Zeitgeschichte 3f.; BOUSSET, Rel² 57.

mals in der „Zeitgeschichte" entwickelt, die kurz vor der Veröffentlichung von Wellhausens „Die Pharisäer und die Sadduzäer" erschienen ist. Dessen grundsätzliche Neubestimmung des Pharisäismus hat sich Schürer in den folgenden Auflagen seines Werkes zu Eigen gemacht.

13.1. Die „Neutestamentliche Zeitgeschichte"

Das Konzept der „Neutestamentlichen Zeitgeschichte" hat Schürer gegenüber Schneckenburger und Hausrath methodisch modifiziert. Auch für ihn ist die „Zeitgeschichte" nur als „Basis und Voraussetzung der heiligen Geschichte" von Interesse[223]. Anders als seine Vorgänger beschränkt er sich aber mit dem Argument, daß die eigentliche „geschichtliche Bedingung und Voraussetzung des Christenthums"[224] nicht das Heidentum sei, auf den jüdischen Hintergrund der urchristlichen Geschichte. Deren „heimathlichen Boden" zu schildern, ist für ihn der „ausschließliche Zweck"[225] der neutestamentlichen Zeitgeschichte. Damit zieht er auch methodisch die Konsequenzen aus dem bereits von Schneckenburger und Hausrath aufgestellten Grundsatz, im Judentum die historischen Wurzeln des Christentums zu suchen[226]. Dies bedeutet, noch deutlicher als bei Schneckenburger und Hausrath, die Abgrenzung von der Tendenzkritik der Tübinger Schule, die „im Christentum die höhere Einheit von Heidentum und Judentum"[227] erblickte. Faktisch behandeln bereits Schneckenburger und Hausrath das Judentum als eigentliche historische Basis des Christentums, aber sie räumen auch der heidnischen Antike in ihrer Darstellung der neutestamentlichen Zeitgeschichte breiten Raum ein. Diesen Horizont gibt Schürer konzeptionell preis. Nur die zeitgenössische jüdische Geschichte bilde „zunächst und im eigentlichen Sinne die Voraussetzung für die älteste Geschichte des Christenthums"[228]. Gegenüber den früheren Entwürfen der „Neutestamentlichen Zeitgeschichte" macht sich Schürer damit, einschließlich der geschichtstheologischen Konsequenzen, die historische Einbettung der urchristlichen Geschichte in den Zusammenhang der gesamtbiblischen Geschichte zu Eigen, wie sie für die Entwürfe Reuß', Ewalds und Wellhausens charakteristisch ist. Ihnen steht er auch darin nahe, daß er den Pharisäismus und seinen Gegensatz gegen den Sadduzäismus als konstitutive Faktoren namentlich der inneren jüdischen Geschichte von der Makkabäerzeit an betrachtet[229].

---

[223] Schürer, Zeitg 2; s.. S. 61f.; 170; 188.

[224] AaO. III.

[225] AaO. 2.

[226] Das drückt sich auch in dem ab der zweiten Auflage veränderten Titel seines Werkes aus (Gesch I⁴ 1; vgl. Wellhausen, PhS 131). Überdies führt die Behandlung der heidnischen Umwelt des Urchristentums für Schürer ins Uferlose (Schürer, Zeitg IV; 2). Die urchristliche Geschichte selber behandelt er, anders als Hausrath, nicht, sondern beschränkt sich auf den Hintergrund der Zeitgeschichte (aaO. 2). Die Geschichte Jesu und Paulus' mit ihren Beziehungen zu den Pharisäern kommt daher nicht vor (aaO. IV).

[227] K. Barth, prot. Theol. 455.

[228] Schürer, Gesch I⁴ 1.

[229] Zeitg 3; vgl. Zeitg 114ff.; 425ff.; Gesch I⁴ 2ff.. In der Darstellung ihres Verhältnisses folgt er

Auf den primären Zweck des Werkes, einen umfassenden Überblick über die neutestamentliche Zeitgeschichte und den aktuellen Forschungsstand auf diesem Gebiet zu geben[230], geht seine Wirkungsgeschichte zurück. In seiner Konzeption als „gelehrtes Nachschlagebuch" sieht Schürers Schüler O. Holtzmann aber seine „Schranke" und verweist darüber hinaus auf die schematisch negative Darstellung der „Erziehung durch das Gesetz" im Judentum: „Ueber den vielen Einzelnen kommen die treibenden Gewalten nicht recht zur Geltung, aus denen sich das Einzelne doch erst erklärt"[231].

13.2. Die Pharisäer – die Herrschaft des Gesetzes

13.2.1. Die Pharisäer in der „Neutestamentlichen Zeitgeschichte"

Das Wesen des Pharisäismus bestimmt Schürer zweifach, auf der religiös-dogmatischen und auf der soziologischen Ebene. *Religiös* betrachtet sind die Pharisäer die Partei[232] des Gesetzes:

„Ihr Ideal war, dass jeder Israelite ein Gesetzeskundiger (תַּלְמִיד חָכָם) sei und das Joch des Gesetzes ... auf sich nehme und dadurch das Erbtheil und das Königthum und das Priesterthum und die Heiligung erlange"[233].

Schürer charakterisiert sie als „die gesetzeseifrige Richtung, die schon durch Esra und Nehemia begründet und in der Makkabäerzeit durch die Chasidim vertreten war"[234], in der Tradition derjenigen, die sich von heidnischer Unreinheit absonderten[235]. In der Makkabäerzeit sei für diese Bestrebungen der Name „Pharisäer" in der Bedeutung „die Abgesonderten" entstanden[236]. In dieser Bestimmung akzentuiert er die Absonderung gegenüber außerjüdischer Unreinheit. Der Pharisäismus verdankt seinen Ursprung „dem Bestreben, *das Judenthum* in seiner Reinheit aufrecht zu erhalten"[237]. Bereits in den Makkabäerkämpfen

---

in Zeitg GEIGER, in Gesch WELLHAUSEN. SCHNECKENBURGER und HAUSRATH sehen im Jahre 63 den die Folgezeit prägenden Einschnitt. SCHNECKENBURGER, Zeitg 135 ff. geht in seiner Darstellung der Pharisäer und Sadduzäer bis in die Makkabäerzeit hinauf, gewichtet ihren Streit aber gering. HAUSRATH übernimmt wie später SCHÜRER GEIGERS Zuordnung der Parteien, behandelt aber in seiner Zeitg I[1] 117 ff. ihre Vorgeschichte vor 63 v. Chr. nur summarisch.

[230] Zeitg III: „Es will ... vor allem zum Studium anleiten und dem weiter Forschenden den Weg zu den Quellen zeigen".

[231] O. HOLTZMANN, Zeitg 4; vgl. RE[3] XXIV 462.

[232] Mit dieser Bezeichnung sei die beherrschende Stellung der Pharisäer und Sadduzäer im Volksleben angemessener ausgedrückt als mit dem Begriff „Sekte" (Zeitg 425).

[233] Zeitg 428 f.; die letzte Passage ist ein Zitat aus 2. Makk 2,17 (vgl. GEIGER, SPh 32; Jdt II 90); das „Joch" zitiert er aus M Horajot III 8 und Abot III 5 (unzitiert im Hintergrund: Gal 5,1); ferner führt er Bell. II 8,14; Ant. XVII 2,4; XVIII 1,3 an.

[234] AaO. 428.

[235] Im Verweis auf die „Nibdalim" aus Esra und Neh folgt SCHÜRER GEIGER (vgl. GEIGER, Urschr 71; s. S. 159).

[236] AaO. 429; den Namen „Chaberim" erwähnt er in Zeitg nicht.

[237] AaO. 115; Hervorhebung von mir.

„hat sich die Abgeschlossenheit gegen alles Fremde, die dem israelitischen Volksgeiste ohnehin eignet, bis aufs Aeusserste gesteigert und jenen engherzigen Pharisäismus erzeugt, der
fortan *das ganze Volksleben* beherrschte"[238].

Die Pharisäer werden damit betont als Repräsentanten des Judentums hervorgehoben. Ihre Sonderrolle innerhalb des Judentums läßt Schürer auffällig zurücktreten und schiebt insbesondere die Verachtung des Am Ha-aretz in den Hintergrund.
Joh 7,49, häufig als Beleg für dieses Motiv angeführt, zitiert er mit „Wer das Gesetz
nicht kennt, der ist verflucht" als „die Grundüberzeugung des nachexilischen Judenthums"[239], ohne speziellen Bezug auf den ὄχλος als Adressaten der Verfluchung
und die in V. 47 als Sprecher genannten Pharisäer. Der Hillelspruch „Sondere dich
nicht ab von der Gemeinde" beweist ihm, daß „namentlich dem Pharisäismus jede
separatistische Tendenz durchaus fern lag"[240]. Den Ausspruch, daß ein Am Ha-
aretz nicht „chasid" sein könne, gibt er mit „Ein Unwissender kann nicht wahrhaft
fromm sein" als Mahnung zum Gesetzesstudium wieder[241], nicht aber als pharisäische Invektive gegen den Am Ha-aretz. Lediglich in der Formulierung, daß die
strenge Gesetzlichkeit notwendig die Absonderung „von der heidnischen und
überhaupt ungesetzlichen Umgebung" nach sich zog, ist die Möglichkeit innerjüdischer Absonderung mit eingeschlossen[242].

Halachische Spezifika der Pharisäer erkennt Schürer gegenüber dem Volk gar
nicht. Sie repräsentieren das gesetzliche Judentum insgesamt. Den halachischen
Unterschieden zu den Sadduzäern mißt er „kein wesentliches Interesse" bei[243]. Die
Verschiedenheit in der religiösen Grundrichtung sieht er dagegen in der Dogmatik.
Hierfür zieht er die Lehrunterschiede in der Eschatologie und Vergeltungslehre,
Engel- und Geisterlehre sowie in der Vorsehungslehre heran[244]. In diesen Differen-
zen sieht er Auswirkungen des Unterschiedes zwischen pharisäischem Traditions-
prinzip und sadduzäischem Schriftprinzip. Die genannten Lehrstücke bildeten die
Pharisäer über die Schrift hinaus fort. Zudem stand die mehr diesseitig orientierte
Lebensphilosophie der Sadduzäer ihnen entgegen[245]. Aus der pharisäischen Geset-
zesobservanz ist der Schriftgelehrtenstand hervorgegangen:

„Das Ziel, auf das der Pharisäismus hinarbeitete, war nun mit einem Worte dies: das ganze
Leben unter die Herrschaft des Gesetzes und überhaupt unter den erziehenden Einfluss der
heiligen Schriften zu stellen. Zur Erreichung dieses Zieles musste zunächst ein eigener Stand
geschaffen werden, der sich berufsmässig mit der Auslegung der heiligen Schriften, besonders

---

[238] AaO. 3; Hervorhebung von mir.

[239] AaO. 464.

[240] AaO. 426; Abot II 4.

[241] AaO. 464; Abot II 5.

[242] AaO. 429; „Hochmuth und Dünkel" der Pharisäer und Schriftgelehrten findet SCHÜRER
„fast unvermeidlich" (aaO. 511), verankert diese Züge aber nicht, wie sonst so oft geschehen, in
der innerjüdischen „Absonderung" der Pharisäer.

[243] AaO. 433; dies in ausdrücklicher Abgrenzung gegen GEIGER (s. S. 160ff.); vgl. WELLHAUSEN,
PhS 71ff. (s. S. 214f.).

[244] Bell. II 8,14 (162–165); Ant. XVIII 1,3f. (13–16); Mk 12,18 parr.; Apg 23,8.

[245] SCHÜRER, aaO. 436.

mit der des Gesetzes zu beschäftigen, und der zugleich das letztere in der Praxis zu handhaben hatte. Dies war der im Zeitalter Christi bereits wohlorganisirte Stand der Schriftgelehrten"[246].

Soziologisch macht Schürer sich Geigers Unterscheidung zwischen Pharisäern und Sadduzäern als Volkspartei und priesterlicher Adelspartei zu Eigen[247]. Die pharisäische „Volkspartei" erscheint als Vertreterin des Ganzen, die Sadduzäer lediglich als nicht repräsentative Oberschichtpartei[248]. Diesen Eindruck verstärkt er, indem er betont, daß der Pharisäismus nicht grundsätzlich zur Priesterschaft im Gegensatz gestanden habe, sondern nur zu den vornehmen sadduzäischen Priesterfamilien[249]. Dadurch, daß er die Darstellung der Pharisäer als Repräsentanten des Judentums ihrer Zeit an sich forciert, geraten die Sadduzäer sowohl in religiöser als auch in soziologischer Hinsicht zu einer extrem randständigen Erscheinung im Ganzen, nicht nur zahlenmäßig, sondern auch ihrer Bedeutung nach. Die Pharisäer bestimmen, was Judentum ist, und beherrschen das Volk, so daß sich eigentlich keinerlei Einfluß der Sadduzäer entfalten kann, auch nicht im Synhedrium[250]. Die Pharisäer repräsentieren als „Nationalgesinnte" und „Patrioten" die jüdische Nation insgesamt, in der nationale Gesinnung und Gesetzeseifer in eins fallen[251]. Entsprechend der Behandlung des Gesetzes als nationale Prärogative Israels vor den Heiden ist für Schürer „die gesetzesstrenge Richtung zugleich die nationale, und die Pharisäer sind als solche die eifrigsten Patrioten", von denen die Zeloten sich „nur durch ein höheres Maass des politischen Fanatismus unterschieden"[252]. Es ist aber nicht ersichtlich, wie es sich unter solchen Voraussetzungen um „zwei Richtungen, in welche *das ganze Volk* sich spaltet"[253], handeln kann. Im Vollzug seiner Darstellung erscheinen weder Pharisäer noch Sadduzäer als Parteien im von ihm gemeinten Sinne, da die Pharisäer das Ganze repräsentieren, die Sadduzäer aber eine sich dagegen wehrende Minorität, die nach ihrem zahlenmäßigen Verhältnis eher als Sekte einzustufen wäre.

Die Geschichte der Pharisäer als gesetzesstrenge Patrioten entwickelt Schürer folgendermaßen: Nach den Makkabäerkriegen mußten sich die Hasmonäer, die ihnen ursprünglich angehörten, um wirklich politisch agieren zu können, von der „ängstlichen pharisäischen Gesetzlichkeit" freimachen[254]. Die Teilnehmer am Aufstand gegen Alexander Jannai, den er als pharisäische Unternehmung ansieht, nennt er „Lan-

---

[246] AaO. 441; entsprechend beschreibt Schürer das „unbedingte Autoritätsprincip" (aaO. 432) gegenüber der schriftgelehrten Tradition als pharisäisches Spezifikum; charakteristischerweise nur im Unterschied zu den Sadduzäern, nicht aber zum Volk im Ganzen.

[247] AaO. 426f.; aaO. 115 spricht er auch von der „demokratischen" und „aristokratischen" Partei (s. S. 159ff.; 171).

[248] Ebd.; belegt durch Ant. XIII 10,5f.; XVII 2,4; XVIII 1,3f.

[249] Ebd.; dies mit dem Hinweis auf pharisäische Priester (belegt durch Josephus, Vita 1–2; 39; M Abot II 8; III 2). Priesterliche Rabbinen der Mischna sind für Schürer Pharisäer. Er übernimmt Geigers Identifikation der Sadduzäer mit den Zadokiden.

[250] AaO. 410.

[251] AaO. 115.

[252] AaO. 431.

[253] AaO. 425.

[254] AaO. 116; der auch von Schürer referierte Aspekt, daß nach Ant. XIII 10,5–6 das Problem zuerst von den Pharisäern aufs Tapet gebracht wurde, spielt hier keine Rolle.

desverräther"[255]. Unter Alexandra Salome konstatiert er eine „pharisäische Reaction"[256]. Herodes mußte, obwohl eigentlich hellenistisch gesonnen, auf die besonders seit Alexandra Salome noch vergrößerte Macht der Pharisäer im Volk politische Rücksicht nehmen und versuchte, sie, besonders ihre Führer Pollio und Sameas, durch Gunst- und Ehrenbezeugungen zu gewinnen[257]. Sie aber sahen dennoch „in der Herrschaft des Fremdlings eine Zuchtruthe Gottes"[258], denn trotz aller Konzessionen an den Pharisäismus habe die Regierung Herodes' einen mehr heidnischen als jüdischen Charakter gehabt[259]. Herodes Antipas habe die Pharisäer für sich gewonnen, „damit diese Jesum durch die Vorspiegelung, dass Herodes ihm nach dem Leben trachte, zum freiwilligen Verlassen des Landes bewegen sollten"[260]. Die Zufriedenheit der Pharisäer mit Archelaus begründet er mit dessen „pharisäisch-nationaler Politik", auf politischer Ebene mit der „Lockerung des Abhängigkeitsverhältnisses von Rom", auf religiöser mit der Verfolgung der urchristlichen Gemeinde[261], unbeschadet der Tatsache, daß diese Zugeständnisse „lediglich Sache der Politik" waren[262]. Den Ausbruch des Jüdischen Krieges referiert er nach Josephus, ohne die Rolle der Pharisäer besonders hervorzuheben[263]. Nach dem Krieg sieht er die Juden sich „mit ängstlicher Treue"[264] um das Gesetz sammeln, ohne die Pharisäer dezidiert zu erwähnen. Aus dem Gesamtzusammenhang geht aber hervor, daß er zwischen Volk und Pharisäern nun gar keinen Unterschied mehr geltend macht.

13.2.2. Die Pharisäer in der „Geschichte des jüdischen Volkes"

In Schürers Pharisäerbild in „Geschichte" liegt die wichtigste Verschiebung gegenüber „Zeitgeschichte" in der Einarbeitung der Forschungsergebnisse Wellhausens[265]. In der Wesensbestimmung der Pharisäer rücken nunmehr die Schriftgelehr-

---

[255] AaO. 124 (vgl. Ewald, Gesch IV³ 508; s. S. 121); darauf, daß dieser Befund zu der Sicht der Pharisäer als „Patrioten" in Spannung steht, geht er nicht ein.

[256] AaO. 128; vgl. Schneckenburger, Zeitg 139 (s. S. 66); Hausrath, Zeitg II¹ 323 (s. S. 189f.). Diese „Reaction" findet er in spezifisch pharisäischen Festtagen in Megillat Ta'anit belegt (aaO. 128f.). Zwischen der Grundschrift und dem Scholion unterscheidet er hierbei nicht und beruft sich auf Graetz, Gesch III² 423ff. und Derenbourg, Essai 102f.; 444f.

[257] AaO. 210f.

[258] AaO. 199; belegt durch Ant. XV 1,1. Vgl. Graetz, Gesch III¹ 197 und Hausrath, Zeitg I¹ 220.

[259] AaO. 211.

[260] AaO. 241; es wird nicht klar, was Schürer veranlaßt, diese Interpretation von Lk 13,31, die mit seinem Pharisäerbild wenig zu tun hat, von Keim (Gesch Jesu II 615) zu übernehmen. Die Person des Herodes Antipas fordert nicht gerade dazu heraus, ihn in die Nähe der Gesetzeseifrigen zu rücken.

[261] AaO. 295f.

[262] AaO. 297.

[263] AaO. 325ff. (mit Verweis auf Bell. II 17,2ff.); 431. An anderer Stelle vermutet er aber, Josephus vertusche die „antirömische Politik" der Pharisäer (aaO. 27; s. S. 233); so schon Gfrörer, Jahrh I 135f. (s. S. 48); Schneckenburger, Zeitg 226 (s. S. 67); Daniel, Phar 34 (s. S. 82).

[264] AaO. 350.

[265] Grundlegend ist hierfür Wellhausens „Pharisäer und Sadducäer" (s. S. 197ff.). Der Einfluß

ten in den Vordergrund. Anders als in „Zeitgeschichte" erscheint ihr Verhältnis nunmehr umgekehrt: „Um die Schriftgelehrten gruppierte sich die Partei der Pharisäer"[266], die nichts anderes war „als die Partei, welche die Satzungen, die von den Schriftgelehrten im Laufe der Zeit ausgebildet worden waren, als bindende Lebensnorm anerkannte und zu strenger Durchführung bringen wollte"[267]. In Wechselwirkung aber habe der Pharisäismus „seinerseits auch wieder die weitere Entwickelung des jüdischen Rechtes beherrscht". Die eigentlich wegweisenden Schriftgelehrten seien pharisäisch gewesen[268]. Mit der Definition:

> „Die Pharisäer sind ihrem Wesen nach die streng Gesetzlichen, die Sadduzäer aber sind zunächst nichts anderes als die Aristokraten"[269]

verlagert Schürer das Schwergewicht seines Pharisäerbildes auf die rein religiösgesetzliche Ebene, das der Sadduzäer aber auf die soziologische[270]. Die Betonung des Aspektes der Volkspartei tritt ebenso zurück wie die der nationalen Komponente im Pharisäismus[271]. Er spricht wohl noch von der „pharisäisch-nationalen Richtung"[272] und der „pharisäisch-nationalen Politik" Herodes Agrippas[273], aber im Grundsatz gilt nun:

> „Eine ‚politische' Partei sind die Pharisäer überhaupt nicht; wenigstens nicht direkt. Ihre Ziele sind keine politischen, sondern religiöse: die strenge Durchführung des Gesetzes. Insofern diese nicht gehindert wurde, konnten sie sich jedes Regiment gefallen lassen. Nur wenn die weltliche Macht die Ausübung des Gesetzes, und zwar in jener strengen Weise, welche die Pharisäer forderten, verhinderte, sammelten sie sich zum Widerstand gegen dieselbe und wurden dann in gewissem Sinne allerdings eine politische Partei, welche der äußeren Gewalt auch äußeren Widerstand entgegensetzte"[274].

Von „Patrioten" spricht Schürer nun nicht mehr; er unterscheidet aber innerhalb des Pharisäismus eine mehr vermittelnde und eine radikalere Richtung. Die vermit-

---

namentlich dieses Werkes findet sich im Pharisäerbild von Gesch[4] so durchgängig, daß im Folgenden nicht ständig auf die Entsprechungen verwiesen wird.

[266] SCHÜRER, Gesch I[4] 4.

[267] Gesch II[4] 380; vgl. Zeitg 428f.; 441; WELLHAUSEN, PhS 18ff.; das Kapitel „Die Schriftgelehrsamkeit" geht nunmehr dem über Pharisäer und Sadduzäer voraus.

[268] AaO. 457; sadduzäische Schriftgelehrte seien nur eine marginale Erscheinung gewesen (aaO. 380f.). Gegenüber WELLHAUSEN ist diese Verhältnisbestimmung allerdings differenzierter.

[269] AaO. 455f.

[270] Diese Aneignung von WELLHAUSENS Sicht der „kirchlichen" und „politischen" Partei (PhS 56; 94) formuliert SCHÜRER explizit: „Man verschließt sich aber von vornherein das Verständnis ihres Wesens, wenn man den Gegensatz zwischen beiden als einen wirklich begrifflichen auffaßt" (aaO. 455), was „zum erstenmal von WELLHAUSEN präzise formuliert" sei. „Die Charakteristik der Pharisäer hat vielmehr auszugehen von ihrer gesetzlichen Richtung, die der Sadduzäer von ihrer gesellschaftlichen Stellung" (aaO. 456).

[271] SCHÜRER hatte sie mit dem Bild des demokratisch-aristokratischen Gegensatzes von GEIGER übernommen.

[272] Gesch I[4] 396; wie Zeitg 210.

[273] AaO. 556; wie Zeitg 295.

[274] Gesch II[4] 463f.; unter diesen Gesichtspunkt stellt SCHÜRER nun den Widerstand gegen Antiochus Epiphanes, Johannes Hyrkan, Alexander Jannai und Alexandra Salome.

telnde Führungsschicht der Pharisäer gehe mehr vom Gedanken der göttlichen Vorsehung aus und nehme die Fremdherrschaft als gottgegeben hin, sofern nicht gesetzliche Belange tangiert werden[275]. Die den eigentlich populären Standpunkt, „wie beim Volk, so auch bei den Pharisäern" vertretende radikalere „Masse der Pharisäer" betrachte vom Standpunkt der Erwählung Israels aus die Herrschaft der Heiden über das Volk Gottes als widerrechtlich angemaßt und abnorm. Sie steht hinter der Eidesverweigerung gegenüber Herodes und hat die Zeloten hervorgebracht[276]. In Gestalt dieser Richtung hatten die Pharisäer Anteil an einer gesamtjüdischen historischen Entwicklung hin zu einer „revolutionären" Strömung „im Zeitalter Christi". Eine genaue Verhältnisbestimmung dieser Richtungen unternimmt Schürer nicht. Er rechnet damit, daß die beiden Auffassungen „übrigens auch nebeneinander hergehen" konnten[277]. Eine aus diesen Differenzen entstandene abgrenzbare Gruppenbildung sieht er nur in den Zeloten. Er gibt aber nicht zu erkennen, ob er sie mit der großen Masse identifiziert.

Was Schürer in „Zeitgeschichte" als Patriotismus interpretierte, ist in „Geschichte" radikale Gesetzesobservanz. Die von den Pharisäern ausgegangenen Zeloten sind hier keine politisch fanatisierten Nationalisten, sondern eine am Gesetz orientierte „Umsturzpartei"[278]. Josephus vertuscht in dieser Darstellung nicht, wie Schürer in „Zeitgeschichte" meinte, die „antirömische Politik" der Pharisäer, sondern die von den Pharisäern vertretene messianische Hoffnung als „tiefste Triebfeder zum Aufstand gegen Rom"[279]. Die Rolle der Pharisäer als Repräsentanten des Judentums ist nicht, wie in „Zeitgeschichte", durch ihren Patriotismus bestimmt. Vielmehr sind sie vor allem als Gesetzeseifrige „die klassischen Repräsentanten derjenigen Richtung …, welche die innere Entwickelung Israels in der nachexilischen Zeit überhaupt eingeschlagen hat"[280]. Schürer betont, daß „zur Charakteristik des Pharisäismus daher alles das" diene, was „die Ausbildung des jüdischen Rechtes durch die Arbeiten der Schriftgelehrten" betrifft und „was über das Wesen der jüdischen Gesetzlichkeit … mitzuteilen sein wird"[281].

Anders als in „Zeitgeschichte" bestreitet Schürer prinzipielle dogmatische und halachische Unterscheidungsmerkmale zwischen den Pharisäern und dem Judentum insgesamt: „Wie in der Stellung zum Gesetz, so vertritt der Pharisäismus auch in den religiösen und dogmatischen Anschauungen lediglich den orthodoxen Standpunkt des späteren Judentums"[282]. Die dogmatischen Auffassungen der Pharisäer, die

---

[275] AaO. 464; belegt durch die Haltung von Pollio und Sameas gegenüber Herodes in Ant. XIV 9,4; XV 1,1 sowie der pharisäischen Führer beim Ausbruch des Jüdischen Krieges.

[276] AaO. 464f.; aus Ant. XV 10,4 (370) geht allerdings hervor, daß auch Pollio und Sameas den Eid verweigerten; vgl. Gesch I⁴ 399.

[277] Gesch II⁴ 465.

[278] Zeitg 431; Gesch II⁴ 465.

[279] Zeitg 27; Gesch I⁴ 94.

[280] Gesch II⁴ 456.

[281] AaO. 457.

[282] AaO. 458; mit dem „späteren" Judentum dürfte, wie schon in Zeitg 498 (s. Anm. 313), das nachmakkabäische gemeint sein. An beiden Stellen ließe der Kontext aber auch eine Deutung auf das spätere talmudische Judentum zu. Den Ausdruck „Spätjudentum" gebraucht SCHÜRER nicht.

er vorher als Weiterbildungen gegenüber den gesetzeskonservativen Sadduzäern dargestellt hatte[283], sind nunmehr „Gemeinbesitz des genuinen Judentums"[284], der „gemeinjüdische Standpunkt der späteren Zeit"[285], „echt alttestamentliche" Anschauungen[286]. Die Pharisäer vertreten „nicht eine Sondermeinung, sondern den korrekten Standpunkt des Judentums"[287]. Anders als in „Zeitgeschichte" schreibt er Sondermeinungen nicht den Pharisäern, sondern explizit den Sadduzäern zu[288]. Die halachischen Differenzen zwischen Pharisäern und Sadduzäern hält er für unwichtig und kann darin kein einheitliches Prinzip erkennen[289].

Für Schürer unterscheiden sich die Pharisäer nur durch „größere Strenge und Konsequenz"[290] in der Gesetzesdurchführung von den anderen Juden. Er lehnt es ausdrücklich ab, in der Mischna priesterspezifische Halacha zu erkennen[291]. Dies ist umso bemerkenswerter, als er sich einen Quellentext zu Eigen macht, der die Übernahme von priesterlichen Vorschriften durch die Pharisäer mit großer Deutlichkeit nahelegt: Sie „sind die Chaberim, welche ihre profane Speise in Reinheit essen"[292]. Er erblickt darin nicht die Übernahme priesterlicher Vorschriften, sondern den idealen Reinheitsstandard der Laien, hinter dem der Am Ha-aretz zurückbleibt[293]. In seiner Darstellung der pharisäischen Dogmatik wie der pharisäischen Halacha repräsentieren die Pharisäer das eigentliche Judentum. Prinzipielle Unterschiede zwischen diesen beiden Größen erkennt er nicht an. Vom Am Ha-aretz sind die Pharisäer lediglich durch die gesteigerte Gesetzesobservanz, insbesondere in Fragen von Reinheit und Verzehntung, von den Sadduzäern durch die verbindliche Anerkennung der „Paradosis" unterschieden. Diese geht in der Sache nicht über den vom Alten Testament und dem Judentum im Ganzen gesteckten Rahmen hinaus. Schürers entschiedene Bestreitung prinzipieller pharisäischer Spezifika hängt mit ihrer Rolle

---

[283] Zeitg 433–437.

[284] Gesch II⁴ 459.

[285] AaO. 459f.

[286] AaO. 461; das Verhältnis zwischen „echt alttestamentlich" und „genuin jüdisch" bestimmt SCHÜRER nicht genauer. Im Falle der pharisäischen Prädestinationslehre hält er sie für identisch. Die anderen pharisäischen Lehrstücke erklärt er lediglich für identisch mit dem „orthodoxen" jüdischen Standpunkt. Aber auch sie dürften für ihn als „Umbildungen oder Ergänzungen" alttestamentlicher Lehren (aaO. 587) gelten, nicht als Verfälschungen. Mögliche Einflüsse aus dem Parsismus gesteht er unter BOUSSETS Einfluß in der 4. Auflage seines Werkes zu, betrachtet sie jedoch als „nebensächlich" (ebd.; vgl. A. F. VERHEULE, Bousset 98; s. S. 279).

[287] AaO. 463.

[288] AaO. 459.

[289] AaO. 481; mit Berufung auf WELLHAUSEN, PhS 56–75 (s. S. 211). Auch in der Bewertung des Scholions zu Megillat Ta'anit folgt er nun WELLHAUSEN (vgl. Zeitg 128f.).

[290] AaO. 456.

[291] Gegen BÜCHLER, Der Galiläische Am-Haares, hält er fest, dieser gebe sich „vergebliche Mühe" (aaO. 565) mit der „zweifellos verkehrten Behauptung" (aaO. 561), bestimmte Vorschriften der Mischna ausschließlich auf Priester zu beziehen.

[292] AaO. 470; SCHÜRER gibt als Fundort für diesen Satz den „Aruch" des NATHAN B. JECHIEL an (VI 452 ed. KOHUT), der sich wiederum auf Chag 18b bezieht; vgl. LIGHTFOOT, Horae² 232 und SURENHUSIUS zu M Demai II 3, sowie SCHNECKENBURGER, Einl 74 (s. S. 73); GEIGER, Jdt II 90f. (s. S. 160); WELLHAUSEN, PhS 19 (s. S. 203).

[293] Vgl. aaO. 453.

als Repräsentanten des Judentums zusammen. Die Anerkennung solcher Spezifika würde dieses Verständnis der Pharisäer in Frage stellen.

In „Geschichte" geht er von einer innerjüdischen Absonderung der Pharisäer aus. Dies ist für ihn zwingend, da die Absonderung von den Heiden ein Merkmal aller Juden war, kein spezifisch pharisäisches. Der Name der Pharisäer rührt daher,

> „daß sie vermöge einer strengeren Fassung des Reinheitsbegriffes ... von derjenigen Unreinheit, welche nach ihrer Auffassung einem großen Teil des Volkes anhaftete, sich absonderten"[294].

Denselben Sinn verbindet er mit dem Namen der „Chaberim" für die Pharisäer. Chaber sei „einer, der das Gesetz, namentlich in betreff der levitischen Reinheit und der Abgaben an die Priester, pünktlich beobachtet"[295]. Das Problem, daß die Pharisäer einerseits „Abgesonderte", andererseits aber Repräsentanten des ganzen Volkes waren, löst Schürer, indem er ihre gesteigerte Gesetzesobservanz als eigentlich für alle Juden gültige Norm betrachtet. In ihren religiösen Bestrebungen repräsentieren sie das eigentlich wahre Israel. Pharisäische Sonderlehren gibt es für Schürer *per definitionem* nicht. Eine Sondergruppe sind sie allerdings faktisch-soziologisch, weil die „Masse des Volkes", der Am Ha-aretz hinter der geforderten Observanz zurückbleibt. Nur in diesem Sinne spricht Schürer von der „besonderen" Reinheit und Zehntobservanz der Pharisäer[296], von ihrem „Eifer", ihrer „Strenge" und „pünktlichen" Gesetzeserfüllung[297]. In „Geschichte" nimmt Schürer das Motiv der Verachtung des Am Ha-aretz wahr. Mit der Repräsentantenrolle der Pharisäer gleicht er es geradezu dialektisch durch die Erklärung aus, daß die hochmütige Exklusivität der Pharisäer sie zur Volkspartei machte:

> „Gerade deshalb, weil sie ihre Forderungen so hoch spannten und nur diejenigen als vollbürtige Israeliten anerkannten, die das Gesetz nach der vollen Strenge ihrer Forderungen beobachteten, gerade deshalb imponierten sie der Menge, die in diesen exemplarisch Frommen ihr eigenes Ideal und ihre legitimen Führer anerkannte"[298].

Es erscheint allerdings als wenig realistisch, daß das Volk einerseits diejenigen verehrte, die es als Israel minderer Güte tief verachteten, andererseits aber keinerlei Anstrengungen unternahm, dem doch anerkannten Ideal selber nachzukommen[299]. Festzuhalten ist, daß Schürer mit dem Begriff der „Volkspartei" die Grundannahme, die Pharisäer seien die wahren Repräsentanten des Judentums als religiöser Struktur, um die Konkretion ergänzt, sie seien auch die Repräsentanten und Führer der Juden

---

[294] AaO. 466f.

[295] AaO. 468; gegenüber der ursprünglich tadelnden Außenbezeichnung „Peruschim" im Sinne von „Separatisten" sei „Chaberim" die ursprüngliche Binnenbezeichnung der Pharisäer gewesen, mit der sie sich als eigentliches Israel kennzeichneten (aaO. 471).

[296] AaO. 467.

[297] So aaO. 456f.; 468; 472f.; 475; zum Begriff des „Eifers" vgl. Zeitg 428; 431; 481.

[298] Gesch II⁴ 475.

[299] Dieses Problem deutet sich aaO. 471f. an. Es hatte sich bereits in der Darstellung Wellhausens gezeigt (vgl. PhS 20f.; s. S. 199).

im soziologischen Sinne[300]. Letzteres wird durch Nachrichten des Josephus ge-stützt[301].

Schürers Darstellung der geschichtlichen Entwicklung des Pharisäismus in „Ge-schichte" ist grundsätzlich mit derjenigen in „Zeitgeschichte" identisch. Stärker als dort tritt indessen hervor, daß der Pharisäismus in sich von seiner Entstehung an bis zum Jahre 70 stets gleich geblieben ist. Eine innere Entwicklung ist in Schürers Bild nicht erkennbar, sondern lediglich Reaktionen eines sich treu bleibenden Prinzips auf wechselnde Einflüsse von außen, die Schürer summarisch behandelt[302].

13.3. Das Judentum – „Eifer im Unverstand"

13.3.1. Das Judentum in der „Neutestamentlichen Zeitgeschichte"

„Aller Eifer der Erziehung in Familie, Schule und Synagoge zielte darauf ab, das ganze Volk zu einem Volk des Gesetzes zu machen. Auch der gemeine Mann sollte wissen, was das Gesetz gebietet; und nicht nur wissen, sondern auch thun. Sein Leben sollte geregelt werden nach der Norm des Gesetzes ... Im Grossen und Ganzen ist dieser Zweck in hohem Maasse erreicht worden"[303].

Mit dieser Passage beginnt Schürer das Kapitel „Das Leben unter dem Gesetz", in dem er das Gesetz als die eigentlich normierende Größe für das gesamte Volksleben vorstellt, eine Wirkung, die vor allem von den Pharisäern ausging: „Was die pharisäi-schen Schriftgelehrten in ihren Schulen als Gesetz Israel's festgestellt hatten, das musste Gemeingut des ganzen Volkes werden, sowohl theoretisch wie praktisch"[304]. Die Motive der Gesetzlichkeit beschreibt er abwertend:

„Wir können leider nicht sagen, dass die letzte Triebfeder überall nur die reine Liebe zu dem heiligen Willen Gottes war. Vielmehr waren in hohem Grade bei Gelehrten wie bei Unge-lehrten eudämonistische Gesichtspunkte maassgebend. Man dachte sich das Verhältniss des auserwählten Volkes zu Gott wie einen Vertrag",

der beide Seiten nach dem Prinzip wechselseitiger Leistung und Belohnung ver-pflichtete.

„Und zwar nahm man die Dinge nicht im Grossen und Ganzen. Sondern jede einzelne Lei-stung sollte Anspruch auf gleichwerthigen Lohn haben; wie umgekehrt jede Uebertretung ei-ner Gesetzesbestimmung gebührende Strafe zu gewärtigen habe"[305],

im diesseitigen oder jenseitigen Leben. Der jüdische „Eifer um das Gesetz wurzel-te fast allgemein in einem äusserlichen Glauben an eine künftige Vergeltung"[306]. So

---

[300] In Zeitg waren sie das als „Patrioten".
[301] so in Ant. XVIII 1,3f. (15; 17).
[302] Gesch II[4] 472–475; aaO. 474 betont er, daß die Pharisäer „die Konsequenz des Prinzipes für sich" hatten.
[303] Zeitg 481.
[304] AaO. 465; s. S. 323.
[305] AaO. 481f.
[306] AaO. 483; demgegenüber stehe „das herrliche Wort des Antigonus von Socho" aus M Abot I 3 „ganz vereinzelt und unbeachtet da" (ebd.).

taten die Juden nur dem Gesetzesbuchstaben Genüge, ohne danach zu fragen, „was an sich gut und recht" war. Schürer spricht von einer „atomistischen Pflichtenlehre" und formuliert: „Auf diese Weise vollzog sich ... mit innerer Nothwendigkeit der Process, der bei jeder äusserlichen Fassung der sittlichen Aufgabe unvermeidlich ist: dass nämlich die Ethik sich auflöst in Casuistik". „Alle gesunden sittlichen Maximen sind begraben von einem Wuste von Kleinlichkeiten und Aeusserlichkeiten". An die Stelle der Gesinnung des Herzens, die allein wirklich sittliches Handeln hervorbringe, trete „ein todter Formalismus"[307]. Aus der Gesetzlichkeit folgt die Auflösung von Ethik und Theologie in Jurisprudenz, so daß „nothwendig" „die juristische Casuistik", die „eine Vergiftung des sittlichen Principes" war, zum Ausspielen der formalen Gesetzeserfüllung gegen die „wahren Forderungen der Sittlichkeit" führte[308].

Die Grundmotive von Schürers Bild des Judentums werden in diesen Passagen deutlich: Das Judentum verharrt im eudämonistisch verstandenen Tun-Ergehen-Zusammenhang[309], der eine rein formal-kasuistische Pflichtenlehre hervorbrachte, kleinlich und äußerlich. Wirkliche, in der Gesinnung und im Herzen wurzelnde Ethik wird aber dadurch blockiert. Es besteht ein notwendiger innerer Zusammenhang zwischen der Vergeltungslehre, der Gesetzlichkeit und ihren Konsequenzen. Die jüdische Gesetzesfrömmigkeit charakterisiert er mit Verweis auf Röm 10,2 als „unverständigen Eifer um Gott". Das darin aus christlicher Sicht ausgesprochene Urteil findet er in einzelnen von ihm vorgestellten halachischen Partien bestätigt. Ausdrücklich hebt er hierbei „hauptsächlich diejenigen Punkte" hervor, „welche in den Evangelien berührt werden"[310].

In diesem Horizont referiert er die Halacha über Sabbat, Reinheitsfragen und Zizit, Tephilin und Mesusot nach der Mischna. Er verweist zunächst auf die der jeweiligen Halacha zu Grunde liegenden Stellen im Pentateuch[311]. Anschließend zählt er die halachischen Bestimmungen bis ins Einzelne her, nach Haupt- und Unterbestimmungen geordnet. Damit erschöpft sich die Darstellung. Diese elaborierte Halacha führt Schürer den Lesern als Kernstück der jüdischen religiösen Tradition systematisch und ausführlich vor und erweckt den Eindruck, damit gewissermaßen die Quintessenz jüdischer Religiosität zu umreißen. Seine Darstellung gibt zu erkennen, daß diese Vorschriften in ihrer Detailliertheit und Spitzfindigkeit den Autor außerordentlich ermüdet haben. Er bemüht sich, diesen Eindruck an seine Leser weiterzugeben[312]. Dies führt auf die Erkenntnis hin:

---

[307] AaO. 483f.

[308] AaO. 506f.; aaO. 509 vergleicht SCHÜRER die Gesetze über geschlechtliche Reinheit mit der „schlüpfrigen Casuistik der Jesuiten" und stellt fest, die Korban-Regelung (ausschließlich nach Mk 7,11f. par. referiert) sei ein „echt jesuitischer Grundsatz: dass eine Gabe zur Bereicherung der Hierarchie besser angewandt sei, als zur Unterstützung von Vater und Mutter". Dies ist insofern auffällig, als die Tempelhierarchie in SCHÜRERS Darstellung der jüdischen Gesetzlichkeit sonst gar keine Rolle spielt (s. S. 248f.).

[309] Vgl. SCHLEIERMACHER in der 5. Rede über die Religion (KGA I/2 315).

[310] SCHÜRER, aaO. 484.

[311] AaO. 484; 491; 496f.

[312] Ähnliche Wirkungen ruft SCHÜRER mit Formulierungen wie „Ein ziemlich harmloses und in seiner Harmlosigkeit komisches Beispiel dafür, wie man mit ausgesuchtem Scharfsinn Mittel

„Ganz bezeichnend für das spätere Judenthum ist es, welchen Werth man gerade auf diese Aeusserlichkeiten legte, und wie sorgfältig ... alles bis ins Einzelnste geregelt war"[313].

Schürer findet in der jüdischen Tradition eine Religiosität vor, die „von wahrer Frömmigkeit ... weit entfernt" ist. Angesichts von Elementen, die mit diesem äußerlichen Formalismus nicht verrechenbar sind, wie vor allem der jüdischen Gebetsformulierungen, stellt er aber fest, daß die wahre Frömmigkeit unter der Last des Formalen allenfalls „noch nothdürftig ihr Leben fristen"[314] konnte.

„Wo das Gebet in solcher Weise unter die gesetzliche Formel gebannt war, musste es *nothwendig* zu einem äussern Werkdienst erstarren. Was half es, dass die Gebete selbst schön und gehaltreich waren (wie man dies namentlich vom Schmone-Esre wird *zugeben müssen*), wenn sie doch nur darum gebetet wurden, damit man ‚der Pflicht genüge'?"[315]

Einen gegen die Degradierung des Gebetes zur „Pflicht" gerichteten Spruch aus der Mischna tut Schürer als im Judentum nicht relevant ab – um sich im selben Absatz die ganz ähnlich gerichtete urchristliche Kritik an geheucheltem Beten als allgemein gültige Tatsachenbehauptung über jüdisches Beten zu Eigen zu machen[316]. Deutlich wird: Für Schürer ist das Judentum Gesetzlichkeit und Lohndienst, „Pflicht" und „Pression auf Gott"[317]. Auch Aspekte, die, wie er „zugeben muß", eigentlich nicht in dieses Schema passen, bringt er damit zur Übereinstimmung, indem er sie für „nothwendig"[318] gesetzlich korrumpiert erklärt.

Mit dem Wort vom unverständigen Eifer um Gott aus Röm 10,2, das er bereits zu Beginn dieses Abschnittes angeführt hatte, beschließt er diesen und macht somit auch formal noch einmal den Bezugsrahmen seiner Beurteilung der jüdischen Halacha deutlich[319]. Mit der messianischen Hoffnung, die er an anderer Stelle als inneren Hauptaspekt der jüdischen Frömmigkeit beschreibt[320], bringt er die jüdische Gesetzlichkeit nicht in Verbindung, sondern betont deren Eudämonismus[321].

---

und Wege fand, das Gesetz gleichzeitig zu umgehen und doch zu erfüllen ..." (aaO. 507) hervor. Vor dem Hintergrund solcher Formulierungen ist das Urteil MOORES begreiflich, dieses Kapitel SCHÜRERS sei „conceived, not as a chapter of the history of Judaism but as a topic of Christian apologetic" (MOORE, Christian Writers 240; vgl. R. DEINES, Pharisäer 71).

[313] SCHÜRER, aaO. 498; zum „späteren" Judentum s. Anm. 282.

[314] Ebd.

[315] AaO. 504f.; Hervorhebungen von mir.

[316] AaO. 505; M Berachot IV 4; Abot II 13; Mt 15,7f. par.; Mk 12,40 par.; „manch schönes Wort" aus der rabbinischen Tradition zeigt SCHÜRER, „dass unter dem Wuste der halachischen Discussionen nicht alles sittliche Urtheil erstickt war". Dies sind jedoch nur „einzelne Lichtblikke", die den „tieferen Schatten" umso deutlicher sichtbar machen (aaO. 510). Zur Wirkungsgeschichte dieser Anschauungen vgl. G. KITTEL, Spätjudentum 124ff.

[317] AaO. 505f.

[318] so aaO. 502; 504; 505.

[319] AaO. 510; vgl. aaO. 484; in Anlehnung an neutestamentliche Polemik spricht er weiterhin vom „Zwang des Buchstabens", der „ein gesundes sittliches Leben" nicht gedeihen ließ, das Leben zur „steten Qual" machte und Hochmut und Dünkel der Schriftgelehrten und Pharisäer „fast unvermeidlich" werden ließ (aaO. 510f.).

[320] AaO. 563–599.

[321] AaO. 481ff.

Die politische Geschichte der Juden endet für Schürer 135 n. Chr. Sie läßt das Judentum als beklagenswerte Ruine seiner selbst zurück, politisch wie religiös[322].

13.3.2. Das Judentum in der „Geschichte des jüdischen Volkes"

Schürers Darstellung des wesenhaft gesetzlichen Judentums ist in „Geschichte" in ihren Grundlinien gleich geblieben. Verstärkt ist die grundsätzliche Festlegung des Judentums auf die Gesetzlichkeit, verbunden mit einer engeren Verzahnung von Pharisäismus und Judentum. Nicht mehr „das jüdische Volk" ist Urheber der gesetzlichen Kasuistik, sondern „die pharisäischen Schriftgelehrten"[323]. Die wichtigste Triebkraft der Gesetzlichkeit, die äußerliche Vergeltungslehre, hatte Schürer in „Zeitgeschichte" auf eudämonistische Antriebe zurückgeführt. In „Geschichte" erkennt er, Wellhausen folgend, die messianische Hoffnung als beherrschendes Motiv auch der gesetzlichen Seite der jüdischen Frömmigkeit[324]; anders als Wellhausen aber bleibt er bei der starken Akzentuierung des Vergeltungsgedankens[325]. Er verankert ihn im „Kern des jüdischen religiösen Bewußtseins", der durch den Satz gebildet werde, „daß Gott dem Volke Israel viele Gebote und Satzungen gegeben hat, um ihm viel Verdienst zu verschaffen"[326]. Da die Erfüllung des Lohnes in der Lebenserfahrung meist ausblieb, richteten sich die Lohnerwartungen in die messianische Zukunft. Aber auch diese Hoffnung blieb für Schürer eng an die Gesetzlichkeit gebunden: „Man eifert für das Gesetz, um dereinst des Lohnes teilhaftig zu werden"[327].

Die historische Entwicklung der messianischen Hoffnung führt immer stärker weg von irdischen hin zu transzendenten Zukunftsvorstellungen. „Während die gesetzlichen Vorschriften bis in ihr kleinstes Detail hinein verbindlich waren und darum unverändert von einer Generation der anderen überliefert werden mußten, war dem Glauben wenigstens ein relativ freierer Spielraum gestattet"[328]. Daher konnte dieser Vorstellungskreis noch stärker im Fluß bleiben. Aber auch er wurde schließlich „durch die emsige Arbeit der Schriftgelehrten immer mehr dogmatisiert". „Nach derselben Methode" wie die gesetzlichen Traditionen „wurde das poetische Bild zum gelehrten Dogma"[329]. Hier klingt ein von Wellhausen her bekanntes Grundmotiv an: Im Judentum gibt es entscheidende religiöse Impulse, die auch das Christen-

---

[322] AaO. 363f.

[323] Gesch II⁴ 550; vgl. Zeitg 483; entsprechend erscheint Abot I 3 nicht mehr, wie in Zeitg, als kaum beachtetes Einzelvotum, sondern ist undifferenzierter „keineswegs ein korrekter Ausdruck der Grundstimmung des pharisäischen Judentums" (Gesch II⁴ 548; vgl. Zeitg 483).

[324] Gesch II⁴ 545ff., in Revision von Zeitg 481ff.; vgl. WELLHAUSEN, PhS 21ff.; IJG⁹ 195ff.

[325] Vgl. WELLHAUSEN, PhS 19; 116f. (s. S. 202ff.). Hier wird, im Unterschied zu WELLHAUSEN, SCHÜRERS theologischer Rekurs auf SCHLEIERMACHER deutlich (s. S. 247f.).

[326] Gesch II⁴ 582; das findet SCHÜRER in M Makkot III 16; aaO. 547 zeigt aber, daß diese Deutung nicht unumstritten ist.

[327] AaO. 583.

[328] Ebd.

[329] AaO. 587f. Der hier gehäuft auftretende Begriff „Dogma" markiert die gesetzliche Knebelung der Religion, im Gegensatz zum „poetischen Bild", usw.. Dahinter steht der romantisch inspirierte Affekt gegen heteronome Religionsformen (s. S. 215–217).

tum prägen werden. Sie können sich aber unter der von den Schriftgelehrten aufrecht erhaltenen gesetzlichen Struktur des Judentums nicht voll entfalten.

Neben der Verbindung ethischer messianischer Ideale mit volkstümlich-eudämonistischen Vorstellungen[330] im Zuge dieser Entwicklung hebt Schürer vor allem die universalistische Akzentuierung des zukünftigen messianischen Reiches gegenüber früheren national-messianischen Vorstellungen hervor. Der Messias ist „Weltrichter und Weltbeherrscher"[331]. Schürer spricht in diesem Zusammenhang ausdrücklich von der „Weltherrschaft der Frommen", nicht von derjenigen Israels[332]. In diesem Vorstellungskreis sind die partikularistisch-nationalen Messiastraditionen eigentlich ein Fremdkörper geworden. „Es handelt sich jetzt nicht mehr in erster Linie um die Frage: ob Jude oder Heide, sondern um die: ob gut oder böse. Der ethische Faktor tritt in den Vordergrund und der nationale zurück"[333]. Unmittelbar darauf relativiert Schürer diese Erkenntnis aber. Über starke Ansätze sei diese Entwicklung nicht hinausgekommen:

> „Die Volkshoffnung behält doch das Übergewicht. Sie wird mannigfaltig modifiziert. Sie wird mit Elementen bereichert, die sich eigentlich disparat zu ihr verhalten; aber sie bleibt der feste Punkt im Wechsel der Zeiten. Erst im Christentum ist sie durch die rein religiösen Gesichtspunkte verdrängt. Aber auch hier hat das Erbstück der jüdisch-nationalen Hoffnung, der Chiliasmus, noch zwei Jahrhunderte lang die Gemüter beherrscht"[334].

Hier zeigt sich wiederum der bereits angedeutete Hintergrund in seiner Judentumsdarstellung: Trotz unverkennbarer universalistischer Züge bleibt das Judentum wesentlich partikularistisch[335]. Seine zum Christentum hinführenden universalistischen Elemente haben zwar Gewicht, verhalten sich aber zu seinem eigentlich partikularistischen Gefüge „disparat". Demgegenüber erscheinen im wesentlich universalistischen Christentum partikularistische Phänomene als vom Judentum ererbte Fremdkörper, von denen es sich nach einer Übergangszeit trennt.

Das Judentum der Diaspora[336] steht grundsätzlich auf demselben Boden wie das palästinische. Ihre schroffe Entgegenstellung[337] vermeidet Schürer. Gegenüber dem

---

[330] AaO. 603.

[331] AaO. 584.

[332] AaO. 630; hierin liegt eine vorsichtige Differenzierung gegenüber SCHÜRERs Position aus Predigt Jesu 19 von 1882, wo er die jüdische Erwartung des Gottesreiches noch mit der Erwartung der Verleihung der Weltherrschaft an Israel gleichsetzte (s. S. 246).

[333] AaO. 648; insofern korrespondieren messianischer Universalismus und religiöser Individualismus (aaO. 647).

[334] AaO. 648.

[335] Vor allem in der „Absonderung" der Juden von den unreinen Heiden und der Pharisäer vom Am Ha-aretz: „Dieser Absonderung hat sich damals ganz Israel unterzogen" (aaO. 466. Als Herkunft dieses Gedankens gibt er WELLHAUSEN, PhS 76ff. an).

[336] Die Darstellung der Diaspora in Zeitg 619ff. beschränkt sich weithin auf die Darstellung des äußeren Rahmens jüdischen Lebens. SCHÜRER erwähnt dort keine wesentlichen Unterschiede zum palästinischen Judentum. Auf antike Judenfeindschaft geht er nur beiläufig ein (Zeitg 630).

[337] So in REUSS' Rede von der „Verflüchtigung des Judenthums" in der Diaspora (REUSS, Jdt 343; s. S. 98).

wesentlich partikularistischen „korrekten pharisäischen Judentum"[338] waren in der Diaspora aber die „Ansätze zu einer „Entschränkung des Judentums" … stärker als bei den Palästinensern … Vollends in der Praxis herrschte eine große Weitherzigkeit"; „in der einen oder anderen Weise fühlte sich Israel als Lehrer der Völkerwelt"[339].

„Den Unwillen der griechisch-römischen Welt erregte aber am meisten die strenge Scheidewand, welche der Jude zwischen sich und den anderen Menschen aufrichtete"[340]. Diese partikularistische Absonderung wurde im antiken Kosmopolitismus als anstößig empfunden und trug den Juden, besonders den Proselyten, den Vorwurf des „*adversus omnes alios hostile odium*" ein[341]. Dem gesteht er im Unterschied zur sonstigen antiken Polemik, die über jüdische Sitten und Anschauungen „die lächerlichsten und gehässigsten Märchen"[342] verbreitete, „ein Wahrheitsmoment"[343] zu. Die Feststellung, daß „die Kluft zwischen römischem und jüdischem Wesen … tief und schroff" gewesen sei, bringt er mit dieser Polemik nicht direkt in Verbindung[344]. Er führt den Gedanken nicht weiter aus.

Auch in der Darstellung der historischen Entwicklung des Judentums, die sonst derjenigen in „Zeitgeschichte" folgt, zeigt sich in „Geschichte" die Verlagerung des Akzentes von primär politisch-nationalen zu primär religiösen Grundstrukturen im Gefolge von Wellhausen[345]. Schürer hebt hier, anders als in „Zeitgeschichte", nicht mehr den jüdischen Nationalismus, sondern die messianische Hoffnung als Triebfeder zum Aufstand gegen Rom hervor[346]. Nach 70 und vollends nach 135 wird das Judentum wieder auf sein gesetzliches, partikularistisches und eigentlich unpolitisches Wesen zurückgeführt.

„Gerade die Vernichtung ihrer politischen Existenz hat dazu geführt, dass diejenigen Mächte die Alleinherrschaft erlangten, welche das unverfälschte Judenthum vertraten: der Pharisäismus und Rabbinismus"[347].

„Der Untergang Jerusalems bedeutete … die Auslieferung des Volkes an den Pharisäismus und an die Rabbinen", die das Erbe der Sadduzäer und Priester antraten. Der Wegfall des staatlichen Rahmens führte dazu, daß „die ganze Kraft der Nation sich auf ihre eigentliche und höchste Aufgabe, die Pflege des Gesetzes, concentrirte"[348].

„Ohne politische Heimath, nur durch die ideale Macht des gemeinsamen Gesetzes zu einer Einheit zusammengeschlossen, haben die Juden fortan nur um so eifriger dieses gemeinsame Gut festgehalten und gepflegt. Dadurch ist freilich die Scheidewand zwischen ihnen und der

---

[338] SCHÜRER, Gesch III⁴ 162.
[339] AaO. 163f.
[340] AaO. 153.
[341] AaO. 154; Tacitus, Hist. V,5 (s. S. 328).
[342] AaO. 151.
[343] AaO. 154.
[344] AaO. 134; anders HAUSRATH, Zeitg I¹ 157ff.; III² 383ff. (s. S. 184f.).
[345] Vgl. das „kirchliche Wesen" des Judentums bei WELLHAUSEN, PhS 93.
[346] SCHÜRER, Gesch I⁴ 94; vgl. Zeitg 27.
[347] Gesch I⁴ 702; vgl. Gesch II⁴ 489.
[348] Gesch I⁴ 656.

übrigen Welt immer schroffer geworden ... Der zur Menschheitsverbrüderung neigende jüdische Hellenismus ist verschwunden; das echte, alle Gemeinschaft mit heidnischem Wesen verabscheuende pharisäische Judenthum hat die Alleinherrschaft gewonnen"[349].

Die Proselytenströme sind zum Christentum umgelenkt. „So sind die Juden immer mehr das geworden, was sie *ihrem Wesen nach* waren: Fremdlinge in der heidnischen Welt"[350]. In diesem Resümee wird nochmals Schürers Identifikation des Wesens des Judentums mit dem Pharisäismus deutlich. Was er über diesen als gesetzliche Partei im Judentum sagt, gilt für das Judentum insgesamt. Im Verhältnis dazu sind alle anderen Erscheinungen jüdischen Lebens Ausnahmen und Abweichungen bzw. temporäre Erscheinungen, die sich schließlich nicht gegenüber dem wahren pharisäischen Judentum behaupten können. Schürer schließt seine Darstellung mit dem Aufstand unter Hadrian ab. Das Judentum nach Bar Kochba ist und bleibt pharisäisch. Ausblicke auf Mittelalter und Neuzeit gibt Schürer nicht einmal anspielungsweise.

Der wichtigste Anstoß zur Modifikation von Schürers Pharisäerbild im Grundsätzlichen stammt aus Julius Wellhausens „Pharisäer und Sadducäer". Von Wellhausen übernimmt er die Auffassung der Pharisäer als Juden im Superlativ, die er in „Geschichte" konsequent in seiner Darstellung umsetzt. Aus diesem Grunde rücken Pharisäismus und Judentum sehr eng zusammen. Schürer läßt gegenüber „Zeitgeschichte" die dogmatischen Unterschiede zwischen beiden völlig zurücktreten. Auch die Halacha der Pharisäer ist nunmehr deckungsgleich mit dem für alle Juden verbindlich Gültigen. Hierin liegt die wichtigste Entwicklung in Schürers Pharisäerbild. Alle anderen Veränderungen, so umfänglich sie in der Quantität sind, betreffen Details. Damit hat sich in Schürers Wesensbestimmung des Judentums unter dem Einfluß Wellhausens von „Zeitgeschichte" zu „Geschichte" vor allem das Paradigma des Gesetzlich-Patriotischen hin zum rein Gesetzlichen verschoben, nicht aber seine grundsätzliche Bewertung des Judentums.

13.4. Quellenauswertung

In „Zeitgeschichte" entwirft Schürer das Bild der Pharisäer als Volkspartei und gesetzlich-nationale Partei primär an Hand von Josephus. Diesen beurteilt er als Quelle im Allgemeinen als zuverlässig; parteiisch sei er nur hinsichtlich des Verhältnisses der Juden zu den Römern. Namentlich verharmlose er die Rolle der Pharisäer[351]. Auf Josephus' Nachrichten geht seine von Geiger übernommene Sicht der Pharisäer und Sadduzäer als Volkspartei und Aristokraten zurück. Die einschlägigen Passagen aus

---

[349] AaO. 703.

[350] Ebd.; Hervorhebung von mir. In der Sache entspricht diese Sicht SCHÜRERS dem Resümmee WELLHAUSENS über das nachantike Judentum, (IJG⁹ 356ff.; s. S. 208f.).

[351] SCHÜRER, Zeitg 27 (s. S. 314f.); die „Andeutungen" des Josephus scheinen aber mehr auf SCHÜRERS Auffassung der Pharisäer als „nationale" Volkspartei zurückzugehen, die er hinter allem stehen sieht, was nach Josephus „das Volk" oder die Zeloten gegen Rom unternehmen. Zu der aaO. 325 referierten Nachricht aus Bell. II 17,2ff., daß die Führer der Pharisäer den Kriegsausbruch zu verhindern suchten, setzt er diese Auffassung nicht in Beziehung.

Josephus stellt er dem Kapitel „Pharisäer und Sadducäer" voran. Dieses Gerüst wird vorwiegend durch Einzelinformationen aus der rabbinischen Literatur ergänzt. Bereits in „Zeitgeschichte" bemüht sich Schürer um eine breite rabbinische Quellenbasis[352]. In diesem Kontext greift er ausdrücklich auf Geigers Forschungsergebnisse zurück und verweist für rabbinische Belege häufig auf Graetz und Derenbourg. Deutlich wird hieraus die Abhängigkeit von der Vorarbeit jüdischer Forscher für die Erschließung der rabbinischen Quellen.

Sehr auffällig ist es aber, daß im Kapitel „Pharisäer und Sadduzäer" neutestamentliche Aussagen fast völlig fehlen. Das Neue Testament führt er nur für einige Einzelaspekte an, vor allem als Bestätigung und Abrundung von Aussagen, die er aus Josephus und den Rabbinica erhebt[353]. Insbesondere die polemischen und abgrenzenden Aussagen des Neuen Testamentes über die Pharisäer, die *loci classici* christlicher Pharisäerbilder, berücksichtigt er nicht. Die gängige christliche Zeichnung der Pharisäer als Prototyp des Heuchlers und Gesetzesgerechten an Hand der Evangelienpolemik kommt insgesamt in diesem Kapitel nicht vor, ebenso wenig die paulinischen Aussagen über Pharisäismus und Gesetzlichkeit und die sich daran knüpfenden grundsätzlichen Werturteile. Sie wendet Schürer aber in dem Kapitel „Das Leben unter dem Gesetz" auf das Judentum insgesamt an. Dieses Kapitel rahmt er in das Pauluswort vom unverständigen Eifer um Gott ein und behandelt dabei programmatisch nur die im Neuen Testament erwähnten, d.h., die dort getadelten halachischen Lehrstükke[354]. Sie beurteilt er unter der Rubrik der äußerlichen Gesetzlichkeit grundsätzlich negativ, als Gegenbild des Ideals innerlicher, in Gesinnung und Herz verankerter wahrer Frömmigkeit und Sittlichkeit.

Damit ist eine weitreichende Grundsatzentscheidung in Schürers Quellenverarbeitung eingeführt. Nur auf die in den Evangelien erwähnten Stücke jüdischer bzw. pharisäischer Halacha einzugehen, heißt von vornherein, auf das in den Evangelien polemisch Bedachte den Akzent zu setzen. So ist in diesem Kapitel methodisch prädisponiert, daß, obwohl überwiegend die Mischna als Quelle herangezogen wird, die eigentlich normsetzende Quelle das Neue Testament ist. Das wird in dem erwähnten Pauluszitat sichtbar. Ferner zeigt sich dies in den Formulierungen, daß „die wiederholten Andeutungen der Evangelien" über halachische Bestimmungen „hinwiederum ihr volles Licht und ihre treffendste Erläuterung eben durch die Ausführungen der Mischna erhalten"[355], und daß man z.B. über das Fasten der Pharisäer „im Allgemeinen" aus den Evangelien wisse, „Näheres über die Art und Weise" aber aus der Mischna erfahre[356]. Das bedeutet: Schürer entnimmt die Grundinformationen

---

[352] Vor allem die Mischna bestätigt in Zeitg die neutestamentliche Beschreibung jüdischer und pharisäischer Gesetzlichkeit; eine Unterscheidung zwischen der Zeit ihrer Abfassung und der neutestamentlichen Zeit macht SCHÜRER nicht geltend. Die rabbinischen „Chaberim"-Belege verwendet er in Zeitg nicht. Megillat Ta'anit behandelt er einschließlich des Scholions als historisch authentisch.

[353] AaO. 427; 430; 433; vgl. WÄHNERS Quellenauswertung (s. S. 24f.).

[354] AaO. 484.

[355] AaO. 496; das ist in diesem Falle auf die Reinheitshalacha bezogen.

[356] AaO. 505.

über diese Dinge dem Neuen Testament. Halacha, von der im Neuen Testament nicht die Rede ist, ist für ihn nicht interessant. Vor allem aber stammen nicht nur die Grundinformationen, sondern auch der Bewertungsmaßstab aus dem Neuen Testament. Die Belege der Mischna sind demgegenüber, obwohl sie quantitativ weit überwiegen, Erläuterung, Ergänzung und Spezifikation des im Neuen Testament Gesagten[357].

Die auf das Neue Testament zurückgehenden Werturteile, die im Kapitel über die Pharisäer zurücktreten, bezieht Schürer im Kapitel über das gesetzliche Leben auf das gesetzliche Judentum insgesamt. Dessen herausragende Repräsentanten und damit auch die ersten Adressaten der Werturteile über die Gesetzlichkeit und ihre Folgen aber sind indessen die Pharisäer. In diesem Kapitel kommt auch die Pharisäerpolemik der Evangelien stärker zum Zuge. Mit ihr nimmt Schürer die Pharisäer als diejenigen, die es „in der Kenntniss und Handhabung des Gesetzes zur Meisterschaft gebracht" hatten[358], in Anspruch. Er weist es zwar ab, in den „Strafworten" Jesu „eine allseitige Charakteristik der ganzen Zeit zu finden"[359]. Was er aber gerechtigkeitshalber als Gegengewicht anführt, kennzeichnet er deutlich als Ausnahmeerscheinung. So tritt das Neue Testament als Quelle gegenüber der Mischna und Josephus in den Hintergrund[360], bleibt als Bewertungsmaßstab jedoch ungebrochen wirksam. Auf die Pharisäer wird es nicht in der direkten Darstellung angewendet, sondern im Kontext des gesamten Judentums. Diese Verwendung des Neuen Testamentes hat ihre Wurzel in Schürers konzeptioneller Entscheidung, nur die neutestamentliche Zeitgeschichte, nicht aber die urchristliche Geschichte darzustellen.

In „Geschichte" hat sich in der Verwendung von Josephus und Neuem Testament als Quellen für Schürers Pharisäerbild im Grundsatz gegenüber „Zeitgeschichte" nichts verändert. Die wichtigste Verschiebung in der Quellenbasis liegt hier in der breiteren Aufnahme von Texten aus der Mischna, insbesondere der Belege, in denen von Chaberim und Am Ha-aretz die Rede ist. Ihnen verdankt er präzisere Informationen über die auf levitische Reinheit gegründete Absonderung der Pharisäer und ihre besonders ausgeprägte Zehntobservanz. Die Chaberim setzt er aufgrund der Verbindung von M Demai II 3 mit M Chagiga II 7[361] mit den Peruschim/Pharisäern gleich. Pharisäische Spezifika entnimmt er diesen Belegen nicht, sondern nur eine überkorrekte Observanz gegenüber der prinzipiell für alle Juden gültigen Halacha. Er arbeitet heraus, daß „Chaber" keine ausschließlich für die Schriftgelehrten reservierte Bezeichnung ist, sondern für alle Pharisäer verwendet wird. Die Anwendung auf Schriftgelehrte sei ein späterer Sprachgebrauch, der nicht in den früheren einge-

---

[357] Zu dieser Zuordnung der Quellen vgl. REUSS, Phar 506 (s. S. 105ff.); HAUSRATH, Zeitg I[1] 416 (s. S. 186ff.); WELLHAUSEN; PhS 19; 120ff. (s. S. 214), sowie auch EWALDS bloßes Einfügen talmudischer Belege in seine an neutestamentliche Aussagen anknüpfende Pharisäerdarstellung ohne Veränderung der Darstellung an sich (s. S. 140f.).

[358] SCHÜRER, aaO. 511; vgl. WELLHAUSEN, PhS 20: „Virtuosen der Religion" (s. S. 198).

[359] SCHÜRER, aaO. 509.

[360] In seiner Übersicht über die Quellen ist es, anders als Josephus (aaO. 19ff.) und die rabbinischen Schriften (aaO. 35ff.), nicht enthalten.

[361] Gesch II[4] 470.

tragen werden dürfe[362]. Neben talmudischen Belegen dienen Schürer hier auch mittelalterliche jüdische Autoren wie Maimonides und Elias Levita als Quellen. Dem Aruch des Nathan b. Jechiel entnimmt er die Information, die Peruschim seien „die Chaberim, welche ihre profane Speise in Reinheit essen"[363]. Über die Gleichsetzung von Peruschim und Chaberim hinaus zieht er daraus keine Folgerungen auf die Übernahme von Priesterhalacha durch die Pharisäer. Die Chaberim-Belege in b Bechorot 30b erwähnt er nur beiläufig[364]. Die Aufnahme der Chaberim-Belege hat nicht zu Modifikationen von Schürers Pharisäerbild geführt, sondern zu seiner detaillierteren Ausgestaltung[365].

13.5. Theologische Hintergründe – Judentum und Christentum

Schürer will seinem Konzept nach die neutestamentliche Zeitgeschichte als Hintergrund und Voraussetzung der „heiligen Geschichte" des Neuen Testamentes darstellen[366]. Sie, insbesondere die Person Jesu, ist in dieser Zuordnung als eigentliche Bezugsgröße der neutestamentlichen Zeitgeschichte angesprochen.

„Aus dem Schoosse des Judenthums ist in der Fülle der Zeiten die christliche Religion entsprungen, zwar als eine Thatsache der göttlichen Offenbarung, aber doch durch unzählige Fäden mit der tausendjährigen Geschichte Israels verknüpft"[367].

Die neutestamentliche Geschichte ist „heilige Geschichte", d.h., Heilsgeschichte im theologisch qualifizierten Sinne, „Offenbarung". Die jüdische Geschichte aber ist ihre nur zeitliche Voraussetzung. Diese Grundannahme spiegelt sich in der beschriebenen normativen Funktion des Neuen Testamentes in Schürers Quellenverarbeitung wider[368].

Als entscheidenden theologischen Bezugspunkt hat der liberale Protestant Schü-

---

[362] AaO. 468ff.; hierin differenziert er zwischen der Zeit vor und nach 70.

[363] AaO. 470; vgl. aaO. 467 aus derselben Quelle: „Parusch ist einer, der sich absondert von aller Unreinheit und von unreiner Speise und vom Volk des Landes, das nicht sorgfältig ist mit dem Essen".

[364] AaO. II[4] 470; die genannten Passagen in Bechorot 30b entsprechen T Demai IIf.. Die Tosephta behandelt er in seiner Quellenbesprechung (Gesch I[4] 124f.), entnimmt ihr aber nichts über die Chaberim.

[365] Das Gleiche gilt von der verstärkten Auswertung der talmudischen Peruschim-Belege. Diese betrachtet SCHÜRER nach dem Muster von WELLHAUSENs Ausführungen in PhS 63ff. Auch in der Beurteilung von Megillat Ta'anit folgt er nun WELLHAUSEN, PhS 56ff.; vgl. Gesch I[4] 288f. (s. Anm. 289).

[366] Zeitg 1.

[367] Gesch I[4] 1; so auch SCHNECKENBURGER, Zeitg 1 (s. S. 61f.), und HAUSRATH, Zeitg I[1], VIIIf. (s. S. 188).

[368] HAUSRATH focussiert einen von SCHLEIERMACHER beeinflußten Offenbarungsbegriff auf Jesus hin. Dies findet sich in SCHÜRERS „Zeitgeschichte" nicht. Die theologischen Grundlinien, die er an anderen Stellen auszieht, stimmen indessen mit den von HAUSRATH formulierten wesentlich überein. Sie finden sich in dem Aufsatz „Die Predigt Jesu in ihrem Verhältniß zum Alten Testament und zum Judenthum", 1882; vgl. „Der Begriff des Himmelreichs aus jüdischen Quellen erläutert" (JprTh. 1876, 166–187); „Das Wesen der christlichen Offenbarung nach dem Neuen Testament" (ZThK 1900, 1–39). Ihrer Zusammenfassung in RE[3] XXIV 462ff. liegt ferner ein

rer in einem 1882 veröffentlichten Vortrag[369] die im Gegensatz zu Judentum und Pharisäismus aufgefaßte Predigt und Person Jesu[370] dargestellt. Er geht von dem Grundgedanken aus, daß die Verkündigung Jesu zwar in ihrer Form an alttestamentlich-jüdische Traditionen anknüpft, aber in diesem Gewande etwas substantiell Neues und Besseres darbietet. Jesus stellte das Verhältnis zwischen Gott und Mensch auf die Basis von Liebe und Gnade und stiftete so eine wahre innerliche Beziehung zwischen ihnen, die die Existenz des Menschen in der Gottesbeziehung verwurzelt und als innere Haltung die „Gesinnung der Liebe" als wahre Sittlichkeit hervorbringt[371]. Diese von Semler und Ritschl beeinflußte präsentische Gottesreichvorstellung ermöglicht dem Menschen durch die Vermittlung der Heilsgegenwart ein positives Weltverhältnis und entlastet ihn davon, das Heil ausschließlich von der Zukunft zu erwarten[372]. Mit dem zukünftigen Reich Gottes ist dieses präsentische durch eine „organische Entwickelung"[373] verbunden.

Das pharisäische Judentum dagegen, das als einzigen Weg zum Heil die Gesetzesbeobachtung kennt[374], faßte das Verhältnis zu Gott juristisch, ohne Beteiligung des inneren Menschen. Seine Religiosität bestand im immer perfektionistischeren Erbringen der rein formalen gesetzlichen Leistung in Erwartung des dafür zustehenden Lohnes. Das verheißene Heil konnte es sich nur äußerlich-politisch vorstellen. Die Gegenwart, in der dieses ausblieb, gaben die Juden preis und setzten alle Hoffnungen auf ein die Gegenwart schroff beendendes Gottesreich, „gleichbedeutend mit der Verleihung der Weltherrschaft an Israel"[375]. Die jüdische Eschatologie bleibt partikularistisch, während in der Botschaft Jesu die Bestimmung des Heiles „eine schlechthin allgemeine"[376] ist. Die jüdischen Vorstellungen werden für Schürer weder der Gegenwart noch dem Reich Gottes gerecht.

Beide Auffassungen gehen auf das Alte Testament zurück. Das Judentum hat, historisch bedingt, „mehr nur die erhaltende" gesetzliche Richtung als Grundlage, die

---

unveröffentlichtes Vorlesungsmanuskript SCHÜRERS über „Neutestamentliche Theologie" zu Grunde (vgl. HENGEL, Schürer 29).

[369] „Die Predigt Jesu Christi in ihrem Verhältniß zum Alten Testament und zum Judenthum".

[370] Predigt Jesu Christi 29.

[371] AaO. 25.

[372] AaO. 19f.; vgl. RITSCHLS 1874 erschienenen programmatischen Vortrag „Die christliche Vollkommenheit", 10ff.; 17ff. (zit. nach der 3. Aufl. 1902). RITSCHL (und C. WEIZSÄCKER) ist die 2. Aufl. von Gesch „in Dankbarkeit" gewidmet (vgl. RE³ XXIV 464 und HENGEL, Schürer 20).

[373] SCHÜRER, aaO. 19; an Hand von Mk 4,26–29; Mt 13,31–33 parr.

[374] AaO. 12.

[375] AaO. 9; dies bezieht sich auf das Danielbuch, wird jedoch durch die Erwägung stark eingeschränkt, daß es hierbei weniger auf die Weltherrschaft Israels ankomme „als vielmehr darauf, daß das Volk Gottes ungestört seinem Gotte dienen und des Genusses seiner Gnade sich erfreuen könne. Nur kann der Verfasser [*scil*.: des Danielbuches] dieses Ziel sich nicht anders als in jenem politischen Rahmen verwirklicht denken" (ebd.; vgl. Gesch II⁴ 630; s. S. 240). Diese Interpretation SCHÜRERS ist deutlich weniger polemisch gefärbt als diejenigen EWALDS (s. S. 130f.) und HAUSRATHS (s. S. 184f.), die den messianisch motivierten Universalismus der Juden in einen Anspruch auf irdische Weltherrschaft ummünzen und namentlich der jüdischen Diaspora Versuche nachsagen, sie sich auf krummen Wegen erschleichen zu wollen.

[376] Predigt Jesu Christi 20.

Predigt Jesu bringt dagegen die davon scharf unterschiedene „eigentlich schöpferische" prophetische Richtung zur Geltung[377]. Im Judentum bekamen auch die prophetischen Ideen eine gesetzliche Struktur[378]. In der Predigt Jesu sind sie dagegen auf ihre eigentliche gottunmittelbare Grundlage gestellt. Im Sinne der hier in Erscheinung tretenden *libertas christiana* vermittelt die Botschaft Jesu[379] den Wesensgehalt der Religion, das Evangelium; darin lebt die eigentlich wahre alttestamentliche Tradition, die prophetische, weiter. Dagegen vollendet sich im Judentum, verkörpert durch die Pharisäer, nur ihre äußere Form, das „erhaltende" Gesetz. Es ist gegenüber dem Evangelium wesentlich defizitär und von ihm im Grundansatz geschieden. In der Sache entspricht diese Sicht dem häufig verwendeten Bild von innerem Kern und äußerer Schale der Religion[380]. Schürer kann auf ein grundsätzliches Auseinanderreißen von alttestamentlicher und jüdischer Lehre verzichten. Die theologischen Lehrstücke des Judentums finden sich auch im Evangelium. Sie stehen dort aber auf dem Boden einer völlig neuen Grundanschauung. Auf dieser Ebene liegt der fundamentale Unterschied. Jesus bedient sich der im Judentum überlieferten Formen, um wahre Religion zu verkündigen.

In diesen theologischen Grundsatzerwägungen macht sich neben dem Einfluß Ritschls auch das theologische Erbe Semlers und Schleiermachers bemerkbar. Schleiermacher benennt Schürer 1873, in dem Jahr, in dem er das Manuskript der „Neutestamentlichen Zeitgeschichte" fertigstellte, als seinen wichtigsten theologischen Gewährsmann[381]. Insbesondere die Verhältnisbestimmung zwischen Christentum und Judentum aus Schleiermachers 5. Rede über die Religion ist bei Schürer deutlich wiederzuerkennen. Das Judentum ist darin auf die alttestamentliche Vergeltungslehre im Zusammenhang von Tun und Ergehen festgelegt[382]. Daraus ergeben sich für Schürer alle weiteren Elemente jüdischer Gesetzlichkeit. In Abgrenzung von ihr macht er die christliche Idealvorstellung geltend, es sei „schon die gesetzliche Behandlung des sittlichen Lebens überhaupt vom Uebel"[383]. Wahre Frömmigkeit

---

[377] AaO. 4.

[378] AaO. 10: sie wurden „mehr und mehr in ein System dogmatischer Vorstellungen gebracht"; vgl. WELLHAUSEN, PhS 13 (s. S. 207f.).

[379] Obwohl hier paulinisch-reformatorische Theologie deutlich im Hintergrund steht, stellt die Person und Lehre Paulus' in SCHÜRERs Werk – zumindest dem gedruckten – keinen Bezugspunkt dar.

[380] Vgl. SCHNECKENBURGER, Zeitg 103; REUSS, Jdt 326; EWALD, Gesch IV³ 40; 81–83; 86; WELLHAUSEN, IJG⁹ 193 (s. S. 332f.).

[381] Brief an C. E. LUTHARDT vom 12. 2. 1873, in RE³ XXIV, 464 (zu SCHLEIERMACHER s. S. 42f.; 335f.). Der von ihm daneben genannte KEIM beruft sich theologisch ebenfalls auf SCHLEIERMACHER (vgl. KEIM, Gesch Jesu I 4). Zu SEMLER, auf den sich SCHÜRER nicht explizit bezieht, s. S. 34f.).

[382] SCHLEIERMACHER, KGA I/2 315f.; mit SCHLEIERMACHER stimmt auch SCHÜRERs Sicht des jüdischen Messianismus überein, den SCHLEIERMACHER als letzte Frucht des Judentums betrachtet: „…ein neuer Herrscher sollte kommen um das Zion … in seiner Herrlichkeit wieder herzustellen, und durch die Unterwerfung der Völker unter das alte Gesez sollte der einfache Gang [*scil.*: der unmittelbare Tun-Ergehen-Zusammenhang] wieder allgemein werden in den Begebenheiten der Welt" (SCHLEIERMACHER, aaO. 316). Diesen behandelt SCHÜRER als zentralen und nahezu einzigen theologischen Aspekt im Judentum.

[383] SCHÜRER, Zeitg 505; Gesch II⁴ 572.

und Sittlichkeit haben nur als Folge der „Gesinnung", „als freie Aeusserung innerster Herzensvorgänge einen Werth"[384].

In der Konsequenz auch von Schürers Judentumsbild liegt dessen Reduktion nach 70 auf die kernlose gesetzliche Schale. Er gibt dies zu erkennen, indem er zum Beschluß der politischen Geschichte der Juden eine Passage von Hieronymus zitiert, in der dieser dem Elend der heruntergekommenen Juden, die die Zerstörung Jerusalems beklagen, die Herrlichkeit des Kreuzes Christi gegenüberstellt[385]. Schürer tadelt wohl den „christlichen Hochmuth" dieser Äußerung, macht sich aber das geschichtstheologische Fazit, daß die Juden, die einst den Sohn Gottes töteten, nunmehr den Zorn Gottes vor Augen führen, zu Eigen. Besser könne die Darstellung der politischen Geschichte der Juden nicht beschlossen werden. Nach der Kreuzigung Christi und der Zerstörung Jerusalems kann das Judentum religiös nur noch als traurige Ruine seiner selbst existieren[386].

13.6. Zeitgeschichtliche Bezüge

Zeitgenössische Konstellationen erscheinen bei Schürer nur ganz am Rande, in eher beiläufigen Vergleichen[387]. Geigers historischen Vergleich zwischen Pharisäismus und Protestantismus als jeweilige Repräsentanten des Prinzipes „der fortschreitenden Entwickelung" weist er zurück[388]. „Nicht ganz mit Unrecht" seien die Pharisäer als „demokratische Partei" bezeichnet worden[389]. Er selber nennt sie die „Volkspartei"[390]. Aktuelle Optionen sind darin nicht erkennbar. Die Rede von der „pharisäischen Reaction"[391] und der Vergleich der pharisäischen Gesetzlichkeit mit der Moral der Jesuiten[392] lassen liberale und protestantische Antipathien ohne sonderli-

---

[384] Zeitg 484; vgl. Gesch II⁴ 550.

[385] Zeitg 363f.; Gesch I⁴ 703f.; Hieronymus, Kommentar zu Zephanja 1,15ff.: „Congregatur turba miserorum; et patibulo Domini coruscante ac radiante ἀναστάσει ejus, de oliveti monte quoque crucis fulgente vexillo, plangere ruinas templi sui populum miserum et tamen non esse miserabilem".

[386] Zeitg 363; vgl. SCHLEIERMACHER, aaO. 314. Dies bedeutet theologisch: Durch das Töten Christi sind die Juden nicht mehr das erwählte, sondern das verworfene Volk Gottes gegenüber dem nunmehr erwählten Gottesvolk der Christen.

[387] Das zeitgenössische Judentum erwähnt er explizit nicht. Seine allgemein gültigen Aussagen über „*das* Judenthum" (so in Zeitg 498; Gesch II⁴ 569) schließen es jedoch unausgesprochen mit ein. Dies kommt auch im erwähnten geschichtstheologischen Fazit zum Ausdruck. Zu beachten ist DEINES' Hinweis auf leichte Anklänge an politische Konstellationen um die Zeit nach 1871 in Zeitg 116 (DEINES 75f.).

[388] Zeitg 431, mit Bezug auf GEIGER, SPh 41 (s. S. 165f.; SCHÜRER zitiert nach dem Separatabdruck, S. 35).

[389] AaO. 115.

[390] AaO. 426.

[391] AaO. 128; 210; wie SCHÜRER wendet schon SCHNECKENBURGER (DERS., Zeitg 139; s. S. 66) diesen Begriff für die Rolle der Pharisäer unter Alexandra Salome an, HAUSRATH (DERS., Zeitg II¹ 323; s. S. 189f.) für ihre Rolle unter Herodes Agrippa.

[392] SCHÜRER, aaO. 509; Gesch II⁴ 577 (s. Anm. 308). Vgl. den Literaturhinweis in Zeitg 423 auf F. WEBERS Artikelserie „Das System des jüdischen Pharisäismus und des römischen Katholicismus", erschienen in der AELKZ 1870, zur Zeit der Auseinandersetzungen um das I. Vaticanum

che Gewichtung erkennen. Der Vergleich der Pharisäer mit den Jesuiten hat, abgesehen von seiner polemischen Tendenz, die Funktion, die Pharisäer als Sondergruppe zu kennzeichnen, die sich einerseits durch extreme Observanz gegenüber dem prinzipiell für die Allgemeinheit Gültigen aus dieser heraushebt, andererseits aber darin das Wesen der Allgemeinheit idealtypisch repräsentiert und einen normativen Einfluß ausübt[393]. Im Vergleich der Pharisäer mit den Pietisten formuliert Schürer dies explizit:

„Diese nennen sich auch schlechthin ‚die Christen'. Sie gestehen dabei den anderen vielleicht eine gewisse Art von Christentum zu. Aber die eigentlichen Christen sind doch nur sie. So erkennt auch der Pharisäer nur den Pharisäer als חָבֵר, als Bundesbruder im vollen Sinne an"[394].

Auf aktuelle Fragen geht er überhaupt nicht ein. Darin ist er wie der gleichaltrige Wellhausen ein Vertreter des Historismus im deutschen Kaiserreich.

13.7. Zusammenfassung

Die Pharisäer sind in Schürers Konzept die Repräsentanten des eigentlichen jüdischen Wesens. Dies zieht ein sehr statisches Bild der Pharisäer nach sich. Sie verändern sich ebenso wenig wie das Wesen des Judentums. Eine wirklich historische Entwicklung des Pharisäismus ist nicht erkennbar. Die Pharisäer reagieren allenfalls auf wechselnde Einflüsse von außen, als Patrioten oder Gesetzestreue. Dieses Pharisäerbild ist durch Schürers theologische Anschauungen bestimmt. Durch die Verbindung von grundsätzlichen theologischen Aussagen Schleiermachers mit Erkenntnissen Wellhausens weitete sich das in „Zeitgeschichte" gezeichnete Bild der Pharisäer als Vertreter der jüdischen Gesetzesbezogenheit in „Geschichte" zum Bild der Repräsentanten des Judentums im Ganzen. Charakteristisch für Schürers Pharisäerbild ist die direkte, durch keinen eigenen wirklichen Geschichtsentwurf gefilterte Anwendung der Schleiermacher'schen Entgegensetzung von Judentum und Christentum aus den „Reden" auf die Pharisäer. Auf Grund dieser theologischen Rollenzuweisung ist in ihnen das Gesetz im theologischen Sinne verkörpert. Ihre Rolle als Phänomen der tatsächlichen Geschichte tritt bei Schürer trotz aller Detailliertheit seiner Darstellung dahinter zurück. Das von Schleiermacher übernommene scharfe Auseinanderreißen von Judentum und Christentum als gesetzlich und evangelisch empfand O. Holtzmann bereits 1895 als historisch defizitäre Engführung:

(Zu F. WEBERS Aufsatz s. S. 250–253). SCHÜRER hebt „die treffliche Parallele zwischen dem Pharisäismus und dem Katholicismus" hervor, „von der nur zu bedauern ist, *dass die Belegstellen fehlen* (aaO. 430; Hervorhebung von mir. Vgl. MOORE, Christian Writers 228). Dies gilt auch für EWALDS weitgehende Parallelisierung der Pharisäer mit den Jesuiten (s. S. 146–148).

[393] In diesem Sinne bedienen sich auch etliche der bislang behandelten Autoren dieses Vergleiches (SCHNECKENBURGER, Einl 75; DANIEL, Phar 20; REUSS, Jdt 341; Phar 508; EWALD, Gesch IV³ 482); vgl. auch G. B. WINER, RWB II³ 246; GFRÖRER, Jahrh I 124f. (s. S. 322f.).

[394] SCHÜRER, Gesch II⁴ 471, s. S. 323f.; vgl. „ecclesiola in ecclesia", aaO. 465 und SCHNECKENBURGER, Zeitg 134 (s. S. 63); DANIEL, Phar 19 (s. S. 78; 86f.); WELLHAUSEN, IJG⁹ 275 (s. S. 199); anders REUSS, Phar 503 (s. S. 104).

„Dass die Erziehung durch das Gesetz auch segensreiche Folgen gehabt hat, dass der jüdische Glaube trotz der makkabäischen Gegenbewegung vom Griechentum reiche Beeinflussung erfahren und dauernd bewahrt hat, das sind Thatsachen, ohne welche sich die Entstehung des Christentums auf diesem Boden nicht begreifen lässt und die bei Schürer nicht recht zur Geltung kommen. Man wird also aus Schürers Werk über den äussern Verlauf der jüdischen Geschichte und die oft wunderlichen Formen jüdischen Volkslebens ganz vortrefflich unterrichtet; doch der wertvolle sittliche und religiöse Gehalt, dem diese Formen gedient haben, und der unmittelbar bis an die christliche Ideenwelt heranführt, ist von Schürer merkwürdigerweise fast kaum zur Darstellung gebracht worden"[395].

Der Wirkungsgeschichte seines Werkes hat Schürer diese Engführung mit auf den Weg gegeben.

14. Ferdinand Weber

Ferdinand Weber (1836–1879) war ein vom Erlanger Neuluthertum geprägter Pfarrer und Schüler von Franz Delitzsch, unter dessen Einfluß er plante, Judenmissionar zu werden[396]. Dies wurde durch ein schweres Leiden, das zu seinem frühen Tod führte, vereitelt. Aus den rabbinischen Studien, mit denen er sich bereits auf seine Aufgabe vorbereitet hatte[397], ging sein 1880 posthum von Delitzsch und Georg Schnedermann veröffentlichtes Hauptwerk „System der altsynagogalen palästinischen Theologie aus Targum, Midrasch und Talmud dargestellt"[398], hervor. Dieses Buch hatte, neben Schürers „Geschichte", über mehrere Jahrzehnte hinweg den Rang eines Standardwerkes inne, das christlichen Theologen einen systematisierten Zugang zu den Glaubenslehren des rabbinischen Judentums bot. In dieser Funktion wurde es erst durch Paul Billerbecks ab 1922 erschienenen „Kommentar zum Neuen Testament aus Talmud und Midrasch" abgelöst[399].

14.1. „Das System des jüdischen Pharisäismus und des römischen Katholicismus"

Mit jüdischen Glaubenslehren hatte sich Weber bereits während der Vorarbeiten zu „Theologie" in der im November 1870 erschienenen Artikelserie „Das System des jüdischen Pharisäismus und des römischen Katholicismus"[400] beschäftigt, einer

---

[395] O. Holtzmann, Zeitg 4; vgl. RE³ XXIV 462.

[396] Zu Weber vgl. ADB XL, 290–292; RGG V² 1774; F. Delitzsch, Weber; G. F. Moore, Christian Writers 228–237; R. Deines, Pharisäer 245–255; zu Delitzsch vgl. S. Wagner, Delitzsch; Deines 243.

[397] Vgl. Moore, aaO. 228.

[398] In 2. Aufl. unter dem Titel „Jüdische Theologie auf Grund des Talmud und verwandter Schriften gemeinfasslich dargestellt" 1897 bearbeitet und herausgegeben von G. Schnedermann (zit. als „Theol").

[399] Auf Grund dieser Wirkungsgeschichte ist Webers Werk in dieser Arbeit behandelt (s. S. 13); zu Billerbeck vgl. TRE VI, 640–642; Deines, aaO. 257–262.

[400] AELKZ 3 (1870), 805–809; 823–828; 845–848 (zit. als „Pharisäismus"); was Weber in

polemischen Reaktion auf das im Juli 1870 vom 1. Vatikanischen Konzil verkündete Infallibilitätsdogma. Die „religionsgeschichtliche Parallele" – so der Untertitel der Artikel – zwischen beiden „Systemen" dient dem Nachweis, daß die „widerchristlichen Prinzipien", aus denen in der katholischen Kirche das Infallibilitätsdogma erwachsen konnte, identisch sind mit jenen „Prinzipien und Konsequenzen ..., die auf jüdischem Boden vom Pharisäismus aufgestellt"[401] und von Paulus bekämpft wurden. Er betont, daß Paulus den „schneidenden Gegensatz zwischen christlicher und pharisäischer Religion" am kürzesten in Röm 11,6 ausgesprochen habe[402] und hält fest:

> „Es ist derselbe Gegensatz in den Grundanschauungen zwischen uns und dem römischen Katholicismus, wie er einst zwischen Paulus und dem Pharisäismus bestanden hat"[403].

Pharisäismus und Judentum fallen für Weber in eins: Zwischen Pharisäismus und Rabbinismus unterscheidet er nicht; ein reformiertes Judentum zieht er nicht in Betracht. Von diesen Voraussetzungen aus beschreibt er zunächst „das materiale und das formale Religionsprinzip" beider „Systeme"[404], sodann die aus diesen Prinzipien erwachsenen Lehren über Urstand, Sünde, Versöhnung und Rechtfertigung, um schließlich, als sein eigentliches Ziel, die Anschauungen über Heilsanstalt und Lehramt darzulegen. Der Darlegung des pharisäischen „Systems" stellt er Punkt für Punkt dessen katholisches Pendant gegenüber, sowie ihre paulinische bzw. neulutherische Kritik.

Das „Materialprinzip des Pharisäismus"[405] liegt nach Weber darin, „daß die Thora die Offenbarung Gottes und daß die Erfüllung derselben das Wesentliche der Religion ist. Deshalb hat sich denn auch die pharisäische Theologie vornehmlich in den Dienst derselben gestellt"[406]. Dies bedeutet,

> „daß der Mensch von sich aus das religiöse Verhältniß begründen muß, während Paulus und ihm folgend unsere Kirche das Wesen der Religion in die gläubige Hinnahme und Aneignung des von Gott ausgehenden Heils setzen"[407].

Aus dieser Verhältnisbestimmung, deren Schwergewicht auf der Heilswirksamkeit des menschlichen Tuns liegt, ergibt sich das Formalprinzip, daß

> „nicht vermöge göttlicher Offenbarung allein, sondern nur vermöge menschlicher Festsetzung des göttlichen Offenbarungsinhaltes die Wahrheit zu erkennen sei. Zur göttlichen

---

Theol breit entfaltet, ist in diesen Artikeln sowohl im Aufriß als auch im Inhalt bereits in Kürze dargeboten.

[401] Pharisäismus 805; der Begriff der „Parallele" ist insofern unscharf, als WEBER zu erkennen gibt, daß das katholische System im jüdischen seinen Ursprung habe (aaO. 806).

[402] AaO. 806.

[403] AaO. 805; er beruft sich dafür auf Gal 3,15–4,7 (aaO. 806), den Römerbrief (aaO. 827f.) und auf LUTHERS Rekurs auf Röm und Gal (aaO. 848).

[404] AaO. 805.

[405] Ebd.

[406] AaO. 806.

[407] AaO. 807; insofern entspricht die paulinisch-lutherische Lehre dem „heiligen Urwesen der Religion" (aaO. 808).

Offenbarung die menschliche Auslegung und Weiterentwickelung, also göttlich-menschliche Lehre"[408].

In Wirklichkeit aber habe sich die menschliche Tradition „bis zum schneidenden Gegensatz gegen Gottes Wort"[409] entwickelt und in den Dienst menschlicher Selbstbehauptung gestellt. Mit Hilfe der Allegorie sei „die Willkür die Meisterin über das Wort"[410] geworden; die pharisäische und römische Handhabung der Schrift habe sich mit ihrer Hilfe „von den historischen Thatsachen emancipirt"[411].

Diese Prinzipien legt Weber dem pharisäischen „System" zu Grunde: Aus ihnen folgt notwendig, daß „in dem Menschen eine selbständige menschliche Kraft" zur Herstellung des Gottesverhältnisses, ein „*liberum arbitrium*" existiere[412]. Der Sündenfall, „ein isolierter schuldbarer Akt", habe nicht die ethische Natur des Menschen verändert, sondern diesen nur „physisch und geistig" geringer werden lassen. Die rabbinische Anschauung vom guten und bösen Trieb enthalte daher einen dem Gegensatz von Gut und Böse entsprechenden Dualismus von Seele und Leib[413]: Es liege in der Verantwortung des Menschen, dem guten Antrieb der Seele oder dem bösen des Leibes zu folgen. Aus alledem leitet er ein juridisches System rechnungsmäßiger Kompensation guter und böser Taten ab: Die Sünden sind in leichte, schwere und unerläßliche unterteilt; analog dazu wiegen die guten Werke unterschiedlich. Beides wird gegeneinander aufgerechnet, so daß die Menschen je nach Verdienst als „Gottlose", „Mittelmäßige", „Gerechte" und „vollkommene Gerechte" klassifiziert werden[414]; auf der Verdienstseite noch Fehlendes wird aus dem „Verdienst der Väter" ergänzt. Durch diese „Versöhnung" kann der Mensch Anteil an der zukünftigen Welt erlangen, wobei das Maß der über die reine Gebotserfüllung hinausgehenden guten Werke „bestimmt, welchen Grad der Herrlichkeit einer in jener Welt zugesprochen erhalten soll"[415]. Weber zieht das Fazit „Der Mensch besorgt also sein ewiges Geschick in jeder Hinsicht selbst"[416] und kontrastiert die Fragwürdigkeit dieses Ergebnisses mit der paulinisch-reformatorischen Auffassung, nach der alle Menschen von

---

[408] AaO. 807.

[409] Ebd.

[410] AaO. 808.

[411] AaO. 809; hinter diesen Ausführungen steht die vom Literalsinn der Schrift aus argumentierende reformatorische Polemik gegen die allegorische Schriftauslegung. Wie wenig WEBER selbst wirklich historisch argumentiert, zeigt sich darin, daß er den „geschichtlich überlieferten" alttestamentlichen Kanon *per se* als „Offenbarung Gottes" qualifiziert, die Apokryphen dagegen als „rein menschliche spätere literarische Produkte" (aaO. 808).

[412] AaO. 823; WEBER spricht in diesem Zusammenhang stets in verallgemeinernder Terminologie vom „religiösen Thun" (ebd.) oder vom Begründen eines „religiösen Verhältnisses" (aaO. 809).

[413] AaO. 824; vgl. BOUSSETS Hinweis, daß diese Darstellung WEBERS „zu korrigieren" sei (Rel² 465; mit Bezug auf ihre Entfaltung in Theol² 225ff.).

[414] Pharisäismus 824f.

[415] AaO. 825.

[416] Ebd.

Natur aus zum „wahrhaft Guten" ohnmächtig seien und allein durch Gottes Gnade gerechtfertigt werden können[417].

Dieses Religionssystem erzeugte im Judentum eine hierarchische Gliederung, „den Dualismus von Lehrenden und Lernenden, von Regierenden und Regierten"[418]. Die Rabbinen konstituieren wesentlich die Gemeinden, weil sie das Verhältnis zu Gott vermitteln: In ihrer Lehre, die denselben Gehorsam wie das Schriftwort beansprucht, legen sie dieses absolut bindend aus. Sie stehen mit ihrer Fürbitte für die Gemeinde vor Gott ein und ordnen deren Leben verbindlich[419]. Dies verschafft ihnen erhebliche Privilegien, namentlich den Anspruch auf materiellen Unterhalt. Ihre Würde hat „einen unauslöschlichen Charakter"[420] und gipfelt im „unfehlbaren Lehramt". Dieses beruht darauf, daß den Rabbinen mit der Ordination der Heilige Geist übertragen wird[421]. Auf diese Parallelisierung mit dem Katholizismus läuft Webers gesamte Darstellung in „Pharisäismus" hin.

14.2. Das „System der altsynagogalen palästinischen Theologie"

In Webers „Theologie" sind seine bereits in „Pharisäismus" enthaltenen Anschauungen über das pharisäische Judentum umfassend ausgeführt. Die direkte Parallelisierung einzelner rabbinischer Anschauungen mit römisch-katholischen Lehren tritt hier allerdings zu Gunsten einer detaillierteren Würdigung rabbinischer Lehren zurück. Dennoch ist der polemische Grundansatz auch dieses Werkes unverkennbar[422]: Das pharisäische Judentum wird, analog zur Wahrnehmung des römischen Katholizismus, als ein hierokratisches System vorgestellt, in dem wahre Religiosität in Folge heteronomer Vermittlungsstrukturen nicht wirklich zum Zuge kommt[423]. Auch hier dient dasselbe christlich-dogmatische System wie in „Pharisäismus" als Maßstab und

---

[417] AaO. 827f.

[418] AaO. 845.

[419] AaO. 845f.

[420] AaO. 846.

[421] AaO. 846f.

[422] Deutlich wird dies aus einer Anmerkung zu „Pharisäismus", nach der WEBER das Erscheinen von Theol ursprünglich unter dem Titel „Das System des pharisäischen Judenthums *und sein neutestamentlicher Gegensatz*" plante (aaO. 848; Hervorhebung von mir).

[423] „Die prophetische Heilsverkündigung, die Glauben fordert, tritt im religiösen Bewußtsein des Volks zurück hinter die gesetzlichen Leistung, welche Gottes Erbarmen erwirkt" (Theol[2] 5). Der Hinweis, daß sich für die kasuistische Erleichterung schwerer Gesetzespflichten die Parallelen überall finden, „wo nomistische Grundanschauungen herrschen" (Theol[2] 34), verweist auch in Theol nicht nur deutlich auf die katholische „Parallele", sondern indirekt geradezu auf die sog. „Jesuitenmoral" (vgl. die Ausführungen im 1880, demselben Jahr wie Theol[1] erschienenen Art. „Jesuitenorden" in RE[2] VI, 622f.; so auch RE[3] VIII 761f.). Dieser Hintergrund (s. auch Anm. 440) ist bei DEINES weitgehend ausgeblendet, der das Fazit zieht, „eine ‚grundsätzlich polemische oder antijüdische Absicht'" verfolge WEBERS Buch nicht (DEINES, aaO. 255, in Aufnahme von F. AVEMARIE, Tora 14). In der Zurückweisung einer böswillig antijüdischen Absicht ist dem zuzustimmen; jedoch wird WEBERS Parallelisierung des Pharisäismus mit dem Katholizismus schlicht die polemische Spitze abgebrochen, wenn man sein Werk wie DEINES, aaO. 246f., ausschließlich von seiner judenmissionarischen Intention her begreift.

Ordnungsprinzip jüdischer Glaubenslehren. Weber präsentiert diese Lehren in „Theologie" nunmehr in einem erweiterten, aus der christlichen Dogmatik übernommenen Aufriß, der in seiner Anordnung der Lehrstücke wesentlich mit Gfrörers „Geschichte" übereinstimmt[424]. Er stellt seinem Werk, auch hierin der Disposition Gfrörers entsprechend, einen Überblick über die herangezogenen rabbinischen Quellen voran[425], sowie einen historischen Abriß über die Entwicklung der „Nomokratie" im Judentum von Esra bis zum Jahre 70. Dies referiert Weber in erster Linie nach Wellhausens Darstellung in „Pharisäer und Sadduzäer"[426]: Esra installierte die Autorität des Gesetzes und damit die Herrschaft der Schriftgelehrten im Judentum; dieses Prinzip, vor allem die Absonderung von Heiden und nicht gesetzestreuen Juden, hielten die Pharisäer gegenüber dem weltlichen Königtum der Hasmonäer aufrecht; nach 70 schließlich trat, in Gestalt der Rabbinen, die „internationale Nomokratie" endgültig die Herrschaft über das Judentum an[427]. Den Pharisäismus betrachtet Weber lediglich als

> „die schärfere Ausprägung derjenigen Ideen und Bestrebungen, welche von Anfang an den Lebenskern des neujüdischen Gemeinwesens gebildet hatten"[428],

die Pharisäer, die er mit den im Talmud erwähnten Chaberim identifiziert, als jüdische *homines religiosos* „im vollen Sinne"[429]. Unter der Überschrift „Der esoterische Charakter der jüdischen Religiosität" beschreibt er sie ausschließlich unter dem Aspekt ihrer „Absonderung" vom Am Ha-aretz[430].

Weber reproduziert in seiner Darstellung geradezu klassisch das Bild der Pharisäer als Repräsentanten des gesetzlichen Judentums, das als Gegenbild des evangelischen Christentums figuriert. Hierdurch ist bereits im Grundansatz seiner Werke ein erhebliches polemisches Gefälle vorgegeben, in dessen Folge die jüdische Religiosität bis an die Grenze zur Karikatur verzerrt wird. Dies liegt nicht nur in der Interpretation einzelner rabbinischer Belegstellen, sondern vor allem darin, daß Weber einzelne rabbinische Aussagen, die weder als Bestandteile eines Systems noch als autoritative Glaubenslehre gemeint sind, zu einem System zusammenordnet. Dieses ist überdies nicht aus jüdischen Quellen erhoben, sondern stammt ersichtlich aus der christlichen Lehrtradition neulutherischer Prägung[431]; zur Darstellung jüdischer Glau-

---

[424] s. S. 53; 60. Auf Gfrörer bezieht sich Weber allerdings nirgends und übergeht ihn in der Aufzählung derer, die „der jüdischen Theologie von christlicher wissenschaftlicher Seite in unserer Zeit" Beachtung geschenkt hätten (Theol² XL; vgl. Moore, a.a.O 231).

[425] Vgl. Moore, aaO. 231f.

[426] Theol² 1–14 (s. S. 209–211).

[427] AaO. 14; in Zitat von Wellhausen, PhS 112 (s. S. 202).

[428] AaO. XIII, in Zitat von Reuss, Phar 508 (zum Kontext bei Reuss s. S. 91).

[429] AaO. 42.

[430] AaO. 42–46.

[431] Dieses System findet sich in C. E. Luthardts 1865 erschienenem „Kompendium der Dogmatik", darin namentlich auch die erst in der protestantischen Dogmatik des 19. Jahrhunderts so vollzogene Unterscheidung von materialem und formalem Prinzip (vgl. Luthardt, Kompendium¹¹ 27ff.). Vgl. Moore, aaO. 229: „The fundamental criticism to be made of Weber's ‚System' ist precisely that it *is* a system of theology, and not an ancient Jewish system but a modern German system. This is far more than a mere matter of disposition, the ordering of the materials under cer-

benslehren hat Weber es in erheblichem Maße mit spezifischen Inhalten römisch-katholischer Lehre angereichert. Dies wird besonders in „Pharisäismus" aus der Annahme eines *liberum arbitrium*, der Gleichsetzung der *concupiscentia* mit sinnlichen Begierden[432], der systematischen Verrechnung von Sünden und Verdiensten und des *thesaurus operum supererogationis*[433] der Väter deutlich. Vor allem aber in der Darstellung des rabbinischen Lehramtes ist in „Pharisäismus" zu sehen, wie Weber das hierarchische katholische Amtsverständnis, vor allem die Aussagen über die Lehr- und Jurisdiktionsgewalt und die Heilsmittlerschaft des kirchlichen Amtes, über den durch die Priesterweihe verliehenen *character indelebilis*, die apostolische Sukzession und die unfehlbare Lehrautorität des Papstes Zug um Zug in die rabbinische Überlieferung einträgt[434].

Das polemische Gefälle dieser Darstellung zeigt sich brennspiegelartig in Webers schillerndem Gebrauch des Begriffes „System": Einerseits gibt seine parallele Anwendung auf Pharisäismus und Katholizismus eine traditionell protestantische Abgrenzung gegen die Scholastik und ihren Systemzwang zu erkennen[435]. Andererseits geht von Webers eigener Darstellung ein erheblicher Systemzwang aus, indem er, mit Rückgriff auf das scholastische Erbe, ein christliches Lehrsystem ohne kritischen Filter in die rabbinisch-jüdische Tradition hineinliest. Mit diesem System kombiniert er Forschungsergebnisse Wellhausens, die er unreflektiert übernimmt. Dabei erweist es sich für Webers Rezeption dieser Erkenntnisse als unerheblich, daß sie von einem historisch-kritischen Ansatz her gewonnen sind, dem das konfessionelle Luthertum seiner Zeit mit erheblichen Vorbehalten begegnete[436]. Diese Kompatibilität verweist darauf, daß in Webers wie in Wellhausens Bild von Pharisäern und Judentum das gemeinsame Erbe der vorkritischen christlichen Polemik gegen das Judentum, das sich auf protestantischer Seite häufig mit antikatholischer Polemik überschneidet, fortwirkt – bei Weber in direkter Übernahme, bei Wellhausen, mit stärkeren neuzeitlichen Akzenten, in historisch-kritischer Brechung[437]. Zu dieser Polemik hat auch Weber ein ambivalentes Verhältnis: Einerseits verbindet er mit dem judenmissionarischen Impetus das Anliegen, das Judentum gerecht zu beurteilen und „die

---

tain heads taken from Christian dogmatics; the system brings its logic with it and imposes it upon the materials" (vgl. DEINES, aaO. 246ff.).

[432] Pharisäismus 826, in der Darstellung der katholischen „Parallele".

[433] So WEBERS Formulierung in Theol² 292.

[434] Diese Wahrnehmung des Pharisäismus ist, unter Abzug der allzu direkten Parallelisierung mit dem Katholizismus, auch in Theol beibehalten (vgl. Theol² 125–147). Lediglich die polemisch forcierte Darstellung eines unfehlbaren rabbinischen Lehramtes nach dem Muster der päpstlichen Infallibilität ist hier fortgelassen.

[435] Vgl. den Hinweis auf „Kasuistik" (Pharisäismus 807) und die Jesuiten, (aaO. 848, s. S. 322f.; 330f.); bei anderen protestantischen Gelehrten wird diese Abgrenzung häufig unter dem Begriff der „Schule" verhandelt (s. S. 323).

[436] Vgl. nur die Polemik von WEBERS Lehrer DELITZSCH gegen die in WELLHAUSENS „Prolegomena" aus dessen historisch-kritischem Ansatz gezogenen Konsequenzen (in: ZKWL I/1880, 116, 224, 625; wiedergegeben in WELLHAUSEN, Prol², 1883, Vf.).

[437] zu WELLHAUSEN s. S. 216f.; 223f.; von diesen Voraussetzungen aus bezieht sich WEBER auch mehrfach auf „den schönen Abschnitt ,das Leben unter dem Gesetz' bei Schürer" (Theol¹ 33; auch 3; 34; s. S. 236–239).

palästinisch jüdische Theologie *in objectiv geschichtlicher Weise* zur Darstellung zu bringen"[438]. Von daher betont er, die „antijüdischen" und „tendentiösen" Judentumsdarstellungen der älteren polemischen Werke seien

„samt und sonders als Darstellungen jüdischer Glaubenslehren ohne wissenschaftlichen Werth. Es sind weit mehr Sammlungen aller möglichen Absurditäten und Frivolitäten, als religionsgeschichtliche Darstellungen"[439].

Andererseits aber bleibt seine Wahrnehmung des Judentums an christliches Überlegenheits- und Sendungsbewußtsein gebunden, so daß seine Darstellung wesentliche kontroverstheologische Elemente der von ihm als unwissenschaftlich verworfenen Polemik aufnimmt, die sich mit landläufigen antijüdischen Stereotypen überschneiden[440]. Hierin unterscheidet sich Webers Sicht, wie auch zunächst diejenige anderer lutherischer Judenmissionare, nicht von gängigen christlichen Urteilen über das Judentum[441]. Das Bemühen um historisch angemessene Darstellung tritt in der durch historische Kritik kaum gefilterten Judentumsdarstellung Webers[442] besonders augenfällig hinter seine theologisch motivierten Werturteile zurück. Die Ambivalenz zwischen diesen Dimensionen ist Webers Werk ebenso deutlich anzumerken wie den Arbeiten der Gelehrten, die das Judentum historisch-kritisch betrachten[443].

---

[438] Theol² XL (Hervorhebung von mir).

[439] AaO. XXXIXf.; als wichtigstes Werk dieser Kategorie nennt er EISENMENGERS „Entdecktes Judenthum".

[440] Vgl. EWALD (s. S. 130f.) und HAUSRATH (s. S. 184f.; 189–193). MOORE weist darauf hin, daß WEBERS Kapitel „Die Judaisirung des Gottesbegriffs" (aaO. 157–162) wesentlich auf EISENMENGER zurückgehe (MOORE, aaO. 232f.). In DELITZSCHS Zeitschrift „Saat auf Hoffnung" (IX/1872, 85ff.) hat WEBER J. DE LE ROIS „Stephan Schultz", in dem dieser die Schuld der Juden an der Entchristlichung Deutschlands betont, zustimmend rezensiert und dies gegen jüdische Einwände verteidigt (SaH XV/1878, 122f.; vgl. H. ENGELMANN, Abgrund 137; zu DE LE ROI aaO. 53ff.); möglicherweise stammt von WEBER auch der Art. „Die Verjudung als Folge der Selbstentchristlichung des modernen Staates" in SaH XVI/1879, 127 (vgl. ENGELMANN, ebd.).

[441] Das Aufkommen des Rassenantisemitismus veranlaßte jedoch DELITZSCH und den ihm nahestehenden H. L. STRACK, dieser Bewegung energisch entgegenzutreten; dies bewirkte in den Jahren nach 1879, u.a. veranlaßt durch A. STOECKERS Zusammengehen mit den Antisemiten, „eine grundsätzliche Änderung der Haltung, die die Judenmission gegenüber dem Antisemitismus und dem Judentum einnahm" (ENGELMANN, aaO. 138; aaO. 136–139 zum Bruch STOECKERS mit DELITZSCH und STRACK, die ihm theologisch keineswegs fernstanden). Aus dieser Perspektive legt DELITZSCH im Vorwort zu Theol Wert auf die Feststellung, WEBER sei frei von der gehässigen polemischen Tendenz in „jenen älteren antijüdischen Werken, aus deren Rüstkammern die moderne Literatur der [scil.: 1879 gegründeten] Antisemitenliga ihre Geschosse entlehnt" (Theol² III; s. S. 326ff.). Da WEBER bereits 1879 starb, muß die Frage nach seinem möglichen Anteil an dieser späteren Entwicklung offen bleiben.

[442] Auf diesen Punkt zielt die Kritik BOUSSETS in Rel² 58: WEBERS Werk sei zwar „ein treffliches Hülfsmittel zur Kenntnis der zeitgenössischen pharisäischen Theologie … Nur ist hier eben die *spätere* jüdische Theologie geschildert und nirgends ein Versuch gemacht, das Ältere vom Jüngeren abzuscheiden, vielmehr alles auf einer Fläche aufgetragen".

[443] s. S. 332ff.; dies gilt in unterschiedlicher Weise auch für die auf christlicher Seite maßgeblichen Artikel über die Pharisäer in den theologischen Enzyklopädien nach 1870: In dem erstmals in der 2. Aufl. der Prot. Realencyclopädie veröffentlichten Art. „Sadducäer und Pharisäer" (RE² XIII, 1884, 210–244) des Erlanger und Bonner Theologen FRIEDRICH SIEFFERT (1843–1911; vgl. RE³ XXIV, 513–517) ist der mit SCHÜRERS „Zeitgeschichte", WELLHAUSENS „Pharisäer und

15. Wilhelm Bousset

Wilhelm Bousset[444] wurde 1865 als Sohn eines lutherischen Pfarrers in Lübeck geboren. Nach dem Theologiestudium in Erlangen, Leipzig und Göttingen, wo er

---

Sadducäer" und WEBERS „Theologie" erreichte Stand der Pharisäerforschung zusammengefaßt. Er ersetzt die 1859/60 in der 1. Aufl. erschienenen Art. „Pharisäer" und „Sadducäer" von ED. REUSS; unter dem Titel „Pharisäer und Sadducäer" wurde er in der 3. Aufl. leicht bearbeitet übernommen (RE³ XV, 1904, 264–292). SIEFFERTS Interpretation des Streites der Pharisäer und Sadduzäer verbindet dessen ältere Sicht als orthodox-freigeistige Kontroverse mit der von GEIGER aufgebrachten als aristokratisch-demokratischen Standeskonflikt (RE³ XV 267ff.; s. S. 159f.; 331). WELLHAUSENS Deutung der Pharisäer als kirchliche und der Sadduzäer als weltliche Partei weist er ab (aaO. 287; s. S. 208). Hinter der pharisäischen Eschatologie und Messianologie findet er als Motiv „die gleiche Lohnsucht, welche auch die treibende Kraft ihrer Gesetzlichkeit war" (a.a.O. 292; s. S. 239; 252). Obwohl SIEFFERT das Gesetz und die messianischen Hoffnungen als gemeinsamen Boden von Pharisäismus und Christentum hervorhebt (aaO. 264), läuft seine Darstellung auf deren stark unterstrichene Antithese zu: Die gesetzlichen Pharisäer sind die Negativfolie des Evangeliums. Er betont den Haß der Pharisäer gegen Jesus und Paulus, der „die eigentümlichen Prinzipien des Christentums gegenüber der alttestamentlichen Gesetzesreligion" geltend gemacht habe (ebd.). Eine solche strikte Entgegensetzung, die auf SCHLEIERMACHER'sche Anschauungen zurückgeht (s. S. 42f.), nimmt die historischen Vermittlungen zwischen Pharisäismus und Christentum zurück, von denen auch SIEFFERT spricht. Dies bedeutet eine erhebliche Vergröberung der Pharisäerbilder SCHÜRERS und WELLHAUSENS (vgl. aber HAUSRATH, s. S. 180ff.). – 1895 veröffentlichte der Bonner katholische Neutestamentler FRANZ KAULEN (1827–1907; vgl. LThK VI, 95; NDB XI, 357–258) den Art. „Pharisäer" in der von ihm herausgegebenen 2. Auflage des „Kirchenlexikons" (KL² IX, 1895, 1990–1995). KAULEN erörtert vor allem die moralische Kehrseite der pharisäischen Gesetzlichkeit. Die im Pharisäismus dominante äußerliche Gesetzlichkeit *„mußte* die innere Umwandlung, welche das eigentliche Ziel der Gesetzgebung war, in den Hintergrund drängen und führte *mit Nothwendigkeit* zu der Heuchelei, welche in den Evangelien als die charakteristische Eigenschaft der Pharisäer bezeichnet wird." – „Die Sucht aber, zu glänzen und als Auserwählte betrachtet zu werden, *mußte mit psychologischer Nothwendigkeit* dazu führen, daß die Pharisäer ihr hohes Ansehen „zum eigenen Vortheil" (aaO. 1993; belegt aus Mt 23; Hervorhebungen von mir) und zum Streben nach „Hegemonie im Volke" (aaO. 1994; belegt durch Ant. XIII 10,5; XVIII 1,3) instrumentalisierten (s. S. 120ff.). KAULENS psychologisch systematisierte Entfaltung von Mt 23 geht wohl auf H. A. DANIEL zurück (s. S. 80f.; 84ff.; vgl. auch GFRÖRER, s. S. 49ff.), den KAULEN allerdings nur im Literaturverzeichnis nennt (aaO. 1995). Im Verhältnis Jesu und des Urchristentums zum Pharisäismus betont KAULEN die Antithese (aaO. 1994f.) von lebendigmachendem Geist Jesu und dem tötenden Buchstaben im Negativtypus der Pharisäer. Der theologische Satz aus 2. Kor 3,6 (zit. aaO. 1995) ist hier ungebrochen in die Historie umgesetzt. Ein spezifisch katholischer Hintergrund wird darin sichtbar, daß KAULEN in den Pharisäern nicht die Gesetzesbezogenheit an sich verurteilt, sondern ihre falsche veräußerlichte Form. Ihr stellt er in Anspielung auf Joh 4,23f. die „Gesetzeserfüllung nach dem Geist und in der Wahrheit" entgegen (aaO. 1991). Hierin repräsentiert der ultramontane Katholik KAULEN, analog zu dem Rationalisten G. B. WINER (s. S. 42), dem Pietisten H. A. DANIEL (s. S. 78f.; 86f.) und dem Deutschkatholiken I. v. DÖLLINGER (s. S. 155f.), gegenüber der Mehrzahl der protestantischen Autoren, die sich in ihrer Beurteilung pharisäischer Gesetzlichkeit vor allem auf paulinische Theologumena stützen, einen matthäischen Lehrtypus. Gemeinsam ist ihnen allen jedoch die kontroverstheologisch akzentuierte Darstellung der Pharisäer als jüdisch-gesetzlicher Antitypus zu christlichen Idealen.

[444] Zu BOUSSET vgl. A. F. VERHEULE, Bousset 5–58; DERS., Einleitung des Herausgebers in W. BOUSSET, Religionsgeschichtliche Studien 1–27; TRE VII 97–101; G. LÜDEMANN/M. SCHRÖDER, Religionsgeschichtliche Schule in Göttingen 55–63; H. RENZ, Troeltsch und Bousset; R. DEINES, Pharisäer 96–135.

Kontakt zu Albrecht Ritschl und einem Freundeskreis gewann, aus dem später die Gruppe der „Religionsgeschichtlichen Schule" hervorging[445], habilitierte er sich 1890 in Göttingen und wurde dort 1896 zum außerordentlichen Professor für neutestamentliche Theologie und Exegese ernannt. Infolge seiner kritischen Stellung zum kirchlichen Bekenntnis[446] und politisch-liberaler sowie sozialer Aktivitäten wurde seine Berufung auf einen preußischen Lehrstuhl verhindert[447]. Eine ordentliche Professur erhielt er erst 1915 in Gießen. Dort starb er 1920.

Boussets Bedeutung liegt in seinem entscheidenden Beitrag zur Durchsetzung der religionsgeschichtlichen Methode in der neutestamentlichen Wissenschaft. Die Themenfelder, auf denen er seine wichtigsten Werke hinterlassen hat[448], sind das „Spätjudentum", Jesus und das Urchristentum. Die religiöse Prävalenz des Christentums hat er bei alledem nicht angetastet[449]. Bousset ist derjenige Vertreter der Religionsgeschichtlichen Schule, der sich am intensivsten mit der jüdischen Umwelt des Neuen Testamentes befaßt hat. Daher soll sein Pharisäerbild beispielhaft für die Religionsgeschichtliche Schule unter der Fragestellung zur Sprache kommen, welche Konsequenzen der neuerschlossene Horizont differenzierender religionsgeschichtlicher Betrachtung für die Wahrnehmung der Pharisäer im antiken Judentum nach sich zog.

15.1. „Die Religion des Judentums im neutestamentlichen Zeitalter"

In Boussets 1903 erstmals erschienener Monographie „Die Religion des Judentums im neutestamentlichen Zeitalter" findet sich, nach einem ersten Anlauf aus dem Jahre 1892[450], seine umfänglichste Darstellung des antiken Judentums und des Pharisäismus. In diesem von ihm selber als „ein erster Wurf"[451] eingeschätzten Werk zeichnet Bousset die religionsgeschichtliche Entwicklung des „Spätjudentums", d.h., des

---

[445] Zu Ritschl vgl. O. Ritschl, Albrecht Ritschl; J. Baur, Ritschl; zur Religionsgeschichtlichen Schule vgl. Lüdemann, Religionsgeschichtliche Schule (hg. v. B. Moeller); ders., Wissenschaftsverständnis; ders., Konsequenzen; ders., „Religionsgeschichtliche Schule"; Lüdemann/Schröder, Religionsgeschichtliche Schule in Göttingen.

[446] Vgl. Verheule 37–43.

[447] Bousset hatte über entschieden liberale Ansichten hinaus Sympathien für die Sozialdemokratie bekundet und engagierte sich gemeinsam mit F. Naumann für den Evangelisch-sozialen Kongreß (vgl. Verheule 25–29; 45ff.). Die Bemerkung „Für Leute wie Bousset gibt es in Preußen kein Ordinariat" des von 1909–1917 amtierenden preußischen Kultusministers A. v. Trott zu Solz überliefert H. Gressmann (Brief v. 31.7. 1920, abgedr. in Klatt, Gunkel 223–226; Zitat 223; vgl. Verheule 335).

[448] Zu ihnen gehören: Jesu Predigt in ihrem Gegensatz zum Judenthum, 1892; Der Antichrist in der Überlieferung des Judenthums, des NT und der alten Kirche, 1895; Die Offenbarung Johannis, 1896 (1906[6] = 1966); Das Wesen der Religion, 1903; 1920[4]; Die Religion des Judentums in neutestamentlichen Zeitalter (1903[1]; 1906[2]; 1926[3], überarbeitet hg. v. H. Gressmann unter dem Titel „Die Religion des Judentums im späthellenistischen Zeitalter" = 1966[4], zit. als „Rel"; Hauptprobleme der Gnosis, 1907; Kyrios Christos, 1913 (1921[2] = 1965); Jesus der Herr (1916).

[449] Vgl. Bousset, Wesen der Religion 192ff.

[450] „Jesu Predigt in ihrem Gegensatz zum Judenthum"; hierzu ausführlicher s. S. 274f.

[451] Rel[1], Vorwort.

Judentums von der Makkabäerzeit bis 70 bzw. 135 n. Chr.. Konstitutiv für seinen Entwurf ist die Annahme, daß die einst partikularistisch-nationale jüdische Kultreligion sich in dieser Zeit unter prägenden Einflüssen aus der babylonischen und persischen Religion zu einer universalistischen Observanz- und Bekenntnisreligion entwickelte. Das Judentum blieb aber auf halbem Wege zum wirklichen Universalismus stehen, da die Bindung der jüdischen Religion an die jüdische Nation nicht gelöst wurde. Als eigentliches Ziel seiner Entwicklung beschreibt Bousset das wesentlich universalistische Christentum. Das Judentum würdigt er als dessen wichtigste Vorstufe.

In der 2. Auflage von „Religion" aus dem Jahre 1906 hat er seine Grundanschauung des „Spätjudentums" aus der Erstausgabe beibehalten, aber konsequenter und differenzierter durchgeführt[452]. Diese letzte Ausgabe des Werkes von Boussets eigener Hand dient als Grundlage für die Betrachtung seines Pharisäerbildes. Noch weiter führende Differenzierungen des Bildes von „Spätjudentum" und Pharisäismus in Boussets Werk sind nicht über Ansätze hinaus gekommen[453].

15.2. Die Pharisäer – Frömmigkeit und Bildung

Die Pharisäer erscheinen bei Bousset wie bei Wellhausen als die Repräsentanten des kirchlichen Wesens des Judentums und stehen vor allem für „das Bündnis zwischen Frömmigkeit und Gelehrsamkeit"[454]. Da die jüdische Frömmigkeit zunehmend die Kenntnis des Gesetzes erforderte, wurde sie mit Bildung gleichgesetzt, verbunden mit dem „Bewusstsein, dass Frömmigkeit lehrbar und der Gelehrte der Träger der Frömmigkeit sei"[455]. Die Entwicklung dahin findet in der herodianischen Zeit statt. Die Frommen sind nun nicht mehr unterdrückt und geächtet wie unter den Hasmonäern, sondern „die Angesehenen, die Geehrten und Herrschenden, ihnen folgt das Volk". Gleichzeitig und im Zusammenhang damit werden sie die Partei der Schriftgelehrten:

> „Fast ganz ausschließlich rekrutiert sich der Stand der Schriftgelehrten aus den Frommen, und diese wiederum bilden die Leibwache und sind die Trabanten der Schriftgelehrten"[456].

---

[452] Vgl. Moore, Christian Writers 247. Eine komprimierte Fassung des in Rel entfalteten Bildes des Judentums und der Pharisäer präsentiert Bousset in „Das Wesen der Religion" im 5. Vortrag über die Gesetzesreligionen Judentum, Parsismus und Islam. Den Pharisäismus stellt er hier als „das klassische Beispiel einer Religion der Observanz" vor (Wesen der Religion 140). Der Begriff „Spätjudentum" wurde, nachdem bereits A. G. Wähner 1743 von den „Judaei recentiores" sprach (s. S. 21), 1794/95 durch K. H. L. Poelitz geprägt (De gravissimis theologiae seriorum Iudaeorum decretis, 1794; Theologie der späteren Juden, 1795; vgl. HWP 9, 1312f.). Die systematisierte Verwendung dieser Begrifflichkeit beginnt 1891 mit dem Erscheinen des Adjektives „spätjüdisch" in W. Wredes Lizenziatenthesen (veröffentlicht in H. Renz/F. W. Graf, Untersuchungen 301; vgl. Lüdemann, Religionsgeschichtliche Schule, hg. v. Moeller, 342f.).

[453] s. S. 274f.

[454] Rel² 212.

[455] AaO. 189.

[456] AaO. 213; vgl. Wellhausen, PhS 20 (s. S. 209–211). Bousset unterscheidet hier allerdings zwischen Pharisäern und Schriftgelehrten genauer als Wellhausen.

Die Hasmonäerzeit stellt die Übergangsperiode zwischen den Chasidim der Makkabäerzeit und den Pharisäern der herodianischen Zeit dar[457]. In den Pharisäern, der Avantgarde des kirchlichen Charakters des Judentums in seiner spezifischen Ausprägung,

> „vollendet sich die Erscheinung der kirchlichen, herrschenden Frömmigkeit. Den Charakter dieser pharisäischen Frömmigkeit im einzelnen zu schildern, ist nicht erforderlich ... Die Frommen, die Pharisäer sind eben die Träger der neuen, vom nationalen Leben sich lösenden, vom Tempel der Synagoge sich zuwendenden, gesetzlichen, exklusiven Frömmigkeit. In ihren Namen: Peruschim, die Separatisten (Pietisten), Chaberim (Genossen, Gemeinschaftsleute) kommt der Grundcharakter ihrer Frömmigkeit zum Ausdruck"[458].

Auf deren halachische Seite geht Bousset nur flüchtig ein. Zwar stellt er fest: „Es galt, das Heiligkeitsideal von den Priestern auf die Laien auszudehnen, ein Bestreben, das vielleicht noch manche andere Weiterentwicklung von Gesetzesvorschriften erklärt"[459]. Doch führt er diesen Aspekt nicht weiter aus und legt ihm wie der pharisäischen Halacha insgesamt keine weitere Bedeutung bei. Die Pharisäer sind für Bousset nun aber nicht einfach die Repräsentanten der gesetzlichen Seite des Judentums, sondern des gesamten Spektrums seiner Frömmigkeit, an deren Vielschichtigkeit sie Anteil haben. Er bringt das in eine bemerkenswerte historische Reihenfolge, wenn er in der eben zitierten Passage fortfährt:

> „Sie sind – das ist zu beachten – die Träger der Fortentwicklung der jüdischen Religion in dieser späten Zeit. So sehr und so bald die Frömmigkeit unter ihren Händen erstarrte: ursprünglich waren sie *Fortschrittler*, in ihrer Mitte entstanden die neuen Gedanken der spätjüdischen Religion, sie hatten im Kampf mit den berufenen Vertretern der Religion das Recht der Laien, die *Demokratie* vertreten. Als sie die Herrschaft errungen hatten, wurden sie allerdings sehr schnell die Konservativen, die Träger einer erstarrten Frömmigkeit, eine neue Aristokratie, die sich an Stelle der alten, verdrängten setzte"[460].

Hier ist Bousset gelungen, woran Hausrath gescheitert ist: Die Integration von Geigers Bestimmung der Pharisäer als fortschrittliche Demokraten[461] und ihrer Darstellung als Vertreter konservativer Gesetzesobservanz in ein stimmiges Gesamtbild. Darin, daß Bousset die Nachrichten über lebendige und erstarrte Frömmigkeit der

---

[457] Das Problem der „politischen" und der „kirchlichen" Pharisäer bei Josephus löst BOUSSET durch die Annahme, die Pharisäer seien im Widerstand gegen die Weltlichkeit des hasmonäischen Herrscherhauses „selbst weltlich geworden" (aaO. 67): Ein Versuch, die für eine „kirchliche Partei" eigentlich atypischen Phänomene zu erklären.

[458] AaO. 213; BOUSSET setzt mit Verweis auf SCHÜRER, Gesch II[3] 387 (= II[4] 454f.; s. S. 234f.) Peruschim und Chaberim ohne weitere Erörterung gleich (aaO. 189f.).

[459] AaO. 146; vgl. GEIGER (SPh 32f.; Jdt II 90f; s. S. 159f.) und WELLHAUSEN (PhS 18f.; s. S. 203).

[460] AaO. 213; hervorgehoben sind die an GEIGERS Pharisäerbild anknüpfenden Schlüsselbegriffe.

[461] GEIGER, Urschr 101ff.; SPh 31ff.; Jdt II 89ff. (s. S. 159ff.); auch der Aspekt, daß der ursprüngliche Fortschrittsgeist der Pharisäer später einer Erstarrung wich, findet sich bei GEIGER. In seiner Besprechung der Sekundärliteratur geht BOUSSET merkwürdigerweise kaum auf GEIGER ein (BOUSSET, aaO. 56; vgl. PERLES, Boussets Religion 7).

Pharisäer verbindet, ohne die erstere zu ignorieren, deutet sich eine gegenüber Wellhausen und Schürer stärkere Relativierung der neutestamentlichen Polemik an.

Entsprechend den beiden Seiten des Pharisäismus, der fortschrittlichen und der erstarrten, wird „ihr Wesen ... durch den doppelten Gegensatz gegen die Sadduzäer und den Amhaarez klargestellt"[462]. Die Sadduzäer vertreten als alte Priesteraristokratie die überkommene partikularistisch-kultische Frömmigkeit und bestreiten auch aus weltlichen Interessen das pharisäische Fortschrittsprinzip. Im Verhältnis zu ihnen waren die pharisäische Traditionsbildung in der „Paradosis" und die theologischen Lehrstücke der Pharisäer ein religionsgeschichtlicher Fortschritt auf dem Wege zu einer kirchlichen Religion. Die entscheidende Phase dieses Konfliktes sieht Bousset in der vorherodianischen Zeit. Er blieb jedoch wirksam, solange die Sadduzäer als Priesteradel noch Einfluß ausübten, d.h. bis zum Jahre 70. Prägend für diese Kontroverse ist, daß die Pharisäer die Sadduzäer zunächst aus der Position der unterdrückten Opposition bekämpften[463].

Im Verhältnis zum Am Ha-aretz jedoch treten die Pharisäer als die Herrschenden auf. Dieser Gegensatz datiert aber erst aus der herodianischen Zeit, als die Pharisäer zusammen mit den Schriftgelehrten „die unbeschränkte und unangefochtene Herrschaft im Volksleben"[464] errangen und die Pharisäer ihrerseits die aristokratischen Allüren einer religiösen Elite angenommen hatten. Diese Elitenbildung war aber insofern „demokratisch", als ihr Maßstab die prinzipiell jedem zugängliche religiöse Bildung war. Bousset betont, daß die neue Frömmigkeit der Pharisäer „einen ausgesprochenen Laiencharakter" trug und der jüdische Gelehrtenstand „doch niemals wieder eine abgeschlossene Kaste geworden"[465] sei. Dennoch sonderten sich die gebildeten Pharisäer vom ungebildeten Am Ha-aretz ab, auf den sie, die nunmehr Angesehenen und Herrschenden, „mit unendlichem Hochmut"[466] herabsahen, weil für die pharisäische Frömmigkeit religiöse Bildung unentbehrlich war: „Wer fromm sein wollte, musste Thora lesen können"[467]. Nach der Tempelzerstörung scheine „der Gegensatz zwischen Chaber und Amhaarez eine besondere Schärfe angenommen zu haben". Dies entnimmt er sehr polemischen Äußerungen, die er in die Zeit kurz nach 70 datiert, „in der die Schriftgelehrten und Pharisäer alles daransetzten, das Judentum zu reorganisieren"[468]. Mit dem Gegensatz gegen Sadduzäer und Am Ha-

---

[462] Bousset, aaO. 213.

[463] AaO. 214.

[464] AaO. 67.

[465] AaO. 131; vgl. Gfrörer, Jahrh I 163f. und seine Verwendung des Begriffes „Kaste" (s. S. 46).

[466] Bousset, aaO. 213.

[467] AaO. 216, vgl. aaO. 189; belegt durch M Abot II 5, die Verhältnisbestimmungen von Chaber und Am Ha-retz in der Mischna, von Frommen und Sündern in den Evangelien sowie Joh 7,49.

[468] AaO. 217; er bezieht sich hier vor allem auf b Pesachim 49b. Die Kontinuität von Pharisäismus und Rabbinismus setzt er voraus: Nach 70 „haben Pharisäer und Rabbinen nunmehr auf die Dauer ... ihr unumschränktes Regiment aufgerichtet und aus dem Judentum jene zähe Macht geschaffen, die aller aufreibenden Kraft der Jahrhunderte spottend widerstanden hat" (aaO. 67).

aretz erschöpft sich Boussets Darstellung pharisäischer Spezifika. Was sonst über sie zu sagen ist, gilt für das Judentum gleichermaßen:

> „So kommt im Pharisäismus die spezifische Frömmigkeit der jüdischen Kirche in ihren Vorzügen, aber auch in ihren Mängeln klar zum Vorschein[469]. Über die berufenen Träger der Religion, die Kultbeamten, Priester und Theologen hinaus erweitert sich der Kreis derer, die in bewusster und reflektierter Weise die Frömmigkeit zu ihrer Lebensaufgabe machen. Es war bei allem Unverstand viel ernstes Streben in diesen Kreisen, bei vielfach überwucherndem Scheinwesen doch auch viel Wahrheit, bei aller Veräusserlichung doch ein nicht erstorbenes Bewusstsein davon, dass es sich um Lebensfragen in der Frömmigkeit handle (Mk 10,17ff.)[470]. Aber auch die Kehrseite ist vorhanden: Die selbstzufriedene Sicherheit, die keine Fragen und Probleme mehr kennt, die engherzige Abgeschlossenheit, die in unverwüstlichem Hochmut keine andere Art als die eigene gelten lässt, das Wertlegen auf Aussendinge, Gewohnheit, Herkommen und so vieles, das mit der Religion nichts mehr zu tun hat, das Aburteilen und Richten, das Belauern und Aufpassen, das Übersehen der eignen Schwäche, die Genialität in der Hervorkehrung der Schwächen anderer, die gänzliche Unfähigkeit, Zeit und Welt ringsumher zu verstehen. Wenn Jesus so häufig gegen das Richten der Frommen polemisiert und gegenüber der religiösen Unbarmherzigkeit nichts so sehr betont hat, als die Pflicht der Barmherzigkeit und das Vergeben, so traf er mit alledem den Zentralfehler der jüdischen Frömmigkeit"[471].

Die Pharisäer repräsentieren im Positiven wie im Negativen die „spezifische Frömmigkeit der jüdischen Kirche". Daher hebt Bousset gegen ihre einseitig negative Zeichnung ihr ernsthaftes Bemühen um den Wesenskern der Religion hervor, auch in dem Bewußtsein, was das Christentum ihnen verdankt. Auf der andere Seite aber nimmt er die neutestamentliche Polemik auf als gegen den „Zentralfehler der jüdischen Frömmigkeit" gerichtet. Die Pharisäer repräsentieren beide Seiten.

15.3. Das Judentum – auf halbem Wege zum Universalismus

Der Gegenstand von Boussets Betrachtung ist das Judentum von den Makkabäerkriegen an. Dessen entscheidendes religionsgeschichtliches Konstitutivum liegt darin, daß durch das Alexanderreich der Partikularismus der kleinen Völker im ganzen Orient in einen universalen Horizont gestellt wurde. In der Folge büßten die einst nationalen Religionen mit dem Verlust der nationalen Autonomie ihre Bindung an das jeweilige Volk ein: „Überall zeigen sich dieselben Erscheinungen im religiösen Leben: Loslösung der Religion von der Nation und die Tendenz der Frömmigkeit

---

[469] Im Grundsatz stimmt diese Bewertung Boussets mit Reuss' Charakterisierung der Pharisäer als „Patrioten" und „Orthodoxe" überein, die „dort wie hier … empfehlungswürdige Eigenschaften mit den entsprechenden Fehlern" verbanden (Reuss, Phar 501; s. S. 90); der Unterschied liegt in den gewählten Paradigmen.

[470] Auch dem sonst geschmähten Intellektualismus (Reuss, Jdt 340f.; Wellhausen, PhS 17) kann Bousset das Positive abgewinnen, daß dadurch ein religiöser Wildwuchs, wie er bei den Nachbarreligionen anzutreffen war, in Grenzen gehalten wurde (Bousset, aaO. 149). Der Begriff „Unverstand" spielt auf Röm 10,2 an (vgl. Schürer, Gesch II⁴ 550f.; 579; s. S. 237f.).

[471] Bousset, aaO. 217f.

zum Universalismus"[472]. In Verbindung damit entstand als wichtigste weitere Neuerung der religiöse Individualismus. Bousset faßt dies insgesamt als Entwicklung der Frömmigkeit zur „Kirche" zusammen[473]. Zu ihren spezifischen Kennzeichen gehört der religiöse Universalismus. Da sie eine nicht mehr national gebundene Religionsgestalt darstellt, sind ihre Ansichten notwendig allgemein gültig. Sie unterscheidet nicht zwischen Angehörigen und Nicht-Angehörigen der Nation, sondern zwischen Bekennern und Nicht-Bekennern, zwischen Frommen und Gottlosen[474].

An diesen Veränderungen hatte auch das Judentum Anteil. Im Gegensatz vor allem zur iranischen Nachbarreligion hat es aber die Entwicklung zur Kirche nicht bis zur letzten Konsequenz vollzogen[475]. Es blieb auf halbem Wege stehen[476] und ist dadurch charakterisiert, daß es die neuen universalistischen „kirchlichen" Elemente der Religion mit einem überdauernden partikularistischen Erbe verband. Dieses Erbe verkörpert sich seit dem Exil in Tempel und Kult, den einzigen noch verbliebenen nationalen Institutionen[477]. An sie war nunmehr das jüdische Gemeinwesen gebunden, das durchaus noch einen nationalen Charakter hatte. „Kirchlich" ist daran aber der Verlust der politischen Dimension, die man an die Fremdherrschaft abtreten mußte[478]. Die Frömmigkeit war primär kultbezogen, auf der Seite der Priester und führenden Schichten mit einer starken Tendenz zu einem „äusserlichen Charakter", auf der Seite der Laien „einfacher, unbefangener und weniger kompliziert"[479]. Damit verband sich die Frömmigkeit der Psalmen mit der Quintessenz schlichten Gottvertrauens und der Formulierung der „sittlichen Grundforderungen"[480]. In Gestalt dieser nationalen Tempelgemeinde hat das Judentum bis zur Zeit der Makkabäer existiert. Mit den Makkabäerkämpfen, die „zunächst eine energische nationale Erneuerung" waren, änderte sich dieser Zustand. Nunmehr sind eine nationale und eine kirchliche Strömung im Judentum deutlich unterscheidbar[481]. Auf der kirchlichen Seite wird eine bis dahin als „Unterströmung" sich vollziehende Metamorphose sichtbar:

> „Diese Frömmigkeit des Tempels und des Kultus ist im Zeitalter des Spätjudentums allmählich von einer zwar der Art nach verwandten, aber doch in ihrer ganzen Struktur wesentlich verschiedenen Frömmigkeit abgelöst: von der eigentlich gesetzlichen Frömmigkeit oder der Frömmigkeit der Observanz"[482].

---

[472] AaO. 62.

[473] AaO. 63; diesen Begriff gebraucht er wie WELLHAUSEN im religionssoziologischen Sinne (WELLHAUSEN, Prol[6] 421; IJG[9] 370f.; s. S. 223f.). Zu den Begriffen „Kirche" und „Sekte" bei BOUSSET s. S. 276f.

[474] BOUSSET, aaO. 63; 211.

[475] AaO. 62; auch in der der griechisch-römischen Religion erkennt BOUSSET diese Tendenz.

[476] AaO. 99.

[477] AaO. 112.

[478] AaO. 64; 112f.; vgl. aaO. 113: „Priesterstaat".

[479] AaO. 115f.

[480] AaO. 121.

[481] AaO. 64.

[482] AaO. 124.

In diesem allmählich stattfindenden Vorgang verlieh das Neben- und Ineinander von alten und neuen Strukturen der jüdischen Frömmigkeit einen „komplizierten" Charakter[483]. Die nationale Erhebung der Makkabäer vermittelte zwar der jüdischen Frömmigkeit einen starken Aufschwung. Diese war jedoch bereits zu sehr verkirchlicht, als daß es sich dabei lediglich um die Erneuerung einer spezifisch nationalen Frömmigkeit handeln könnte. Das Zusammenfließen beider Strömungen war daher nur von kurzer Dauer. Das Einverständnis zwischen den Makkabäern, den Vertretern der politischen, und den Chasidäern, den Vertretern der kirchlichen Strömung[484], bzw. später zwischen Hasmonäern und Pharisäern brach auseinander. Die Pharisäer, unter den Hasmonäern in die Opposition verwiesen, wurden dennoch zunehmend, in der herodianischen Zeit unbeschränkt die eigentlich im Volke Herrschenden. Die Herrschaft des Herodes und der Römer wurde von ihnen so weit begünstigt bzw. mit Gleichgültigkeit quittiert, wie die Belange der Frömmigkeit nicht angetastet wurden[485]. Die Unzuträglichkeiten der Römerherrschaft brachten jedoch als vorübergehende Ausnahmeerscheinung wieder die nationale „Unterströmung" in Gestalt der Zeloten an die Oberfläche. Nach 70 setzten sich das kirchliche Wesen des Judentums und die Herrschaft der Frommen endgültig durch[486].

Das nachmakkabäische Judentum ist insgesamt geprägt von diesem Zwiespalt zwischen der neueren kirchlich-gesetzlichen Orientierung und der überkommenen national-kultischen. Als Gegensatz von Pharisäern und Sadduzäern bestimmt Bousset die politische Geschichte der Juden in dieser Zeit. Er sieht ihn als charakteristisch für das Judentum dieser Epoche an und als notwendige Folge der Situation, daß das noch nicht überwundene partikularistische Alte und das noch nicht konsequent durchgedrungene universalistische Neue im Judentum in einem beständigen Widerstreit liegen, so daß die von den Pharisäern vertretene „offizielle"[487] jüdische Frömmigkeit einen widerspruchsvollen Charakter aufweist.

Diesen Charakter führt Bousset vor allem auf das Gesetz, das „Fundament der spätjüdischen Religionsgemeinschaft"[488], zurück. Religionsgeschichtlich betrachtet ist seine Entwicklung ein Fortschritt. Das Gesetz als Struktur markiert den Übergang von der ursprünglich kultisch bestimmten Nationalreligion zur gesetzlich bestimmten Observanzreligion. Seine Besonderheit liegt darin, daß die von ihm geforderte strukturell universalistische Observanz an den strukturell partikularistischen

---

[483]   Ebd.

[484]   AaO. 65; hinter dieser Darstellung steht deutlich WELLHAUSENS Auffassung der kirchlichen und weltlichen Partei aus PhS (s. S. 200f.).

[485]   AaO. 65f.; vgl. WELLHAUSEN, PhS 103ff. (s. S. 201f.).

[486]   AaO. 66.

[487]   So ein häufig von BOUSSET verwendeter Terminus, z.B. aaO. 230.

[488]   AaO. 136. Als epochemachend für die „Ausbildung des „gesetzlichen" Charakters des Judentums" (aaO. 145) betrachtet er die herodianische Zeit, in der die Herrschaft der Frommen umfassend wurde. Vorher sieht er mit WELLHAUSEN einen allmählichen Prozeß gesetzlicher Verholzung des religiösen Kerns hinter der gesetzlichen Schale (aaO. 116; WELLHAUSEN, IJG[9] 193, s. S. 207, 211; BOUSSET zitiert IJG[5] 208). BOUSSET kommt mehrfach auf diese Feststellung, auf die er großes Gewicht legt, zurück, aaO. 119; 471.

Kult gebunden blieb. Hierin erblickt Bousset eine für das Judentum charakteristische Widersprüchlichkeit:

„Das Spätjudentum beruht seinem Wesen nach auf einer Befreiung vom Priestertum und von ungebrochener Kultfrömmigkeit. Es ist freilich eine *Befreiung eigner Art*. Denn indem sich die Frommen von der unbedingten Herrschaft des Kultus befreiten, gelang es ihnen nicht zu wirklicher sittlicher und religiöser Freiheit durchzudringen. Eine solche Tat hätte schöpferische Geister erfordert, welche diese Periode nicht aufzuweisen hatte. Was sich hier vollzog, war bis zu einem gewissen Grade eine Befreiung von der Institution, aber statt der gebrochenen Ketten schmiedete man sich hundertfältig neue. Und die neue den einzelnen allerdings auf eigne Füsse stellende Frömmigkeit wurde eine Frömmigkeit der strikten Observanz, *an Stelle des Kultus – oder doch dem Kultus zur Seite – trat das Zeremonialgesetz*"[489].

Die Überwindung des Kultes durch die Gesetzesobservanz und deren Kultbezogenheit ist für Bousset geradezu eine „paradoxe Tatsache":

„Die neue Religion war eine Religion der Observanz, die unter vielem andern auch den Bestand der innerlich erstarrten und dem Tode entgegengehenden Kultfrömmigkeit als Rudiment in sich aufgenommen hatte"[490].

Der Kult lebte nur noch durch die Autorität des Gesetzes, aber nicht mehr aus eigener Kraft. Das Gesetz als Zeremonialgesetz ergänzte und ersetzte den Kultus und übernahm dabei als dessen wesentliches Merkmal die partikularistische Ausrichtung. Dadurch wurde die Religion immer enger an die nationale Sitte gebunden[491]. Die Exklusivität wurde als herrschender Zug der jüdischen Frömmigkeit festgeschrieben, sowohl der Juden gegenüber den Heiden als auch der Frommen gegenüber den Gottlosen – ein „Zaun um das Volk"[492]. Auf der anderen Seite hat die enge „Verbindung von Religion und Recht im Gesetz" „der jüdischen Religion den entscheidenden Stempel aufgedrückt". Nicht nur an die zeremoniellen Gebote, sondern auch an die partikularistischen Institutionen des öffentlichen und privaten Rechtes war im Gesetz die jüdische Frömmigkeit unlöslich gebunden. Zusammen werden die zeremonielle wie die juristische Komponente des Gesetzes zum bestimmenden Faktor der Frömmigkeit. Das Recht

„drückte auch der Religion den Stempel der Äusserlichkeit, des erzwungenen Handelns, der vereinzelnden und systematisierenden Kasuistik auf. Das Recht ist wesentlich negativen Charakters, es verbietet, es beschränkt"[493].

In Verbindung mit dem ebenfalls äußerlichen Zeremonialgesetz bewirkte es die Verrechtlichung „namentlich der religiösen Sitte in allen ihren Einzelheiten"[494]. Auf dieser Linie wurde in der Folge das Zeremonialgesetz immer weiter kasuistisch perfektioniert und verfeinert. Dieser Vorgang ist durch eine ausschließlich juristisch ver-

---

[489] AaO. 133.
[490] AaO. 134; vgl. WELLHAUSEN, PhS 13 (s. S. 207f.).
[491] AaO. 141f.
[492] Ebd.; vgl. M Abot I 1.
[493] AaO. 153.
[494] AaO. 141.

standene Gehorsamsleistung bestimmt, der „eine innerliche Beziehung zu den einzelnen Forderungen des Zeremonialgesetzes längst verloren gegangen war"[495].

Neben der äußerlichen Gesetzlichkeit beruht die jüdische Frömmigkeit auf den wesentlich universalistischen, zum Teil durch die Umwelt vermittelten Grundlagen des Monotheismus und des religiösen Individualismus, der universalen und individuellen Gültigkeit von Gerichtsgedanken und Ethik[496]. Damit ist die jüdische Religion von vornherein durch zwei einander widerstrebende Prinzipien bestimmt, den wesentlich universalistischen Kern der Religion und ihre partikularistisch-gesetzliche Schale. Die unausgeglichene Spannung zwischen diesen beiden Polen verleiht der jüdischen Frömmigkeit ihr charakteristisches Gepräge von Widersprüchlichkeit, Disharmonie, Kompliziertheit, Paradoxie, Epigonalität, Unkreativität, Gedrücktheit[497]. Die wichtigste Konsequenz aus dieser Grundlegung ist der Widerspruch von Gerechtigkeit und Gnade im Gottesverhältnis. „An Stelle der barmherzigen Gerechtigkeit Gottes"[498] tritt nun vorwiegend die juristisch gefaßte

> „Überzeugung von der uninteressierten Gerechtigkeit des allmächtigen Gottes, die einen jeden einzelnen nach seinen Taten beurteilt. Das gesamte Gesetzesstreben des pharisäischen Judentums ist ein einziges Zeugnis dafür. Die Gnade und Güte Gottes ist niemals das Fundament des Glaubens, sondern nur eine Ergänzung, ein letztes Auskunftsmittel, dessen der Fromme daher auch niemals gewiss wird"[499].

Der Glaube an die Güte Gottes, der eigentliche „Kern der Frömmigkeit"[500], bleibt in diesem partikularistisch geprägten Vorstellungskreis als Fremdkörper erhalten, steht aber „in einer unausgeglichenen Spannung" zum Glauben an den „gerechten und erbarmungslos strengen"[501] Gott:

> „Denn freilich steht es nun auch nicht so, dass der Glaube an die Güte Gottes aus der spätjüdischen Religion eliminiert wäre. Man macht sich hier oft falsche Vorstellungen und sieht das Judentum zu sehr im Licht der Polemik des Neuen Testaments, der Bekämpfung der Auswüchse des Pharisäismus von seiten Jesu und Pauli. Niemals und nirgends innerhalb der jüdischen Religionsgeschichte ist so viel und so oft von der Barmherzigkeit, Güte und Gnade Gottes die Rede, wie in der spätjüdischen Literatur"[502].

Gerade aber daran, daß selbst solche starken Antriebe nicht durchdrangen, ermißt Bousset das Gewicht der partikularistischen Strukturen. Die Folge sind „zwei gleich verderbliche Auswege": Man verfällt in „trübe Resignation" und „gibt sich mit Surrogaten zufrieden", mit der relativen Gerechtigkeit der Frommen, unnützer Geset-

---

[495] AaO. 149; vgl. WELLHAUSEN, PhS 21f.
[496] AaO. 333ff.; 347ff.
[497] So aaO. 66f.; 124; 134; 343; 430f.; 541f.; hiermit modifiziert BOUSSET WELLHAUSENS Anschauung des gesetzlichen Grundwiderspruches, der, wie schon bei EWALD (s. S. 134ff.), das Judentum zu einer Erscheinung „voller Antinomien" werden ließ (IJG⁹ 285; s. S. 206).
[498] AaO. 437.
[499] AaO. 443.
[500] AaO. 438.
[501] AaO. 441.
[502] AaO. 438.

zesgelehrsamkeit und phantastischen Träumen und Hoffnungen. Vor allem erstickt man „die quälenden, weiter und bis ans Ende gehenden Fragen in der geschäftigen, gesetzlichen Vieltuerei"[503] und versucht, auf dem Wege von Lohn und Leistung die Gnade zu erzwingen.

So herrschen gesetzliche Observanz und Gehorsam anstatt innerer Freiheit. Die jüdische Religion vermittelt zwar das Wissen um die Abhängigkeit des Menschen von Gottes Gnade, ist aber nicht in der Lage, die dem entsprechende Gnadengewiß- heit zu verschaffen. Daraus entsteht für Bousset wie für Wellhausen eine charakteristi- sche „Unausgeglichenheit und Disharmonie der Stimmungen"[504] in der jüdischen Frömmigkeit. „Es fehlen in der Frömmigkeit des Judentums die helleren Töne", „das freie Aufstreben des Geistes, es fehlt das, was dem Glauben des jungen Christentums seinen Schwung verleiht", die „Gewissheit der göttlichen Liebe". Statt dessen findet Bousset „Ergebung" und „Resignation"[505], mehr Sehnsucht als Erfüllung. Die daraus erwachsende „spezifisch pharisäische Stimmung"[506] existenzieller Verunsicherung zieht angesichts des vergeblichen Versuches ihrer Überwindung schiefe menschliche Verhaltensweisen wie Heuchelei und Richtgeist nach sich, wie sie in der Polemik der Evangelien angegriffen werden. Das Recht hat „die Religion des Judentums bis ins Innerste vergiftet"[507]. Die Entfaltung ihrer universalistischen Elemente ist stets durch partikularistische Strukturen blockiert. Die jüdische Eschatologie schwankt zwi- schen exklusiv nationalen Hoffnungen auf die „Malkuth Jahwe"[508] und der universa- len Vorstellung der Welterlösung im zukünftigen Äon[509]. Die jüdische Ethik ist ein unausgeglichenes Gemisch von allgemein gültiger Ethik und exklusiver Binnenethik des Volkes oder der Frommen[510]. Grundlegende ethische Einsichten wie die Goldene Regel[511] sind kasuistisch eingeebnet[512], die Gesinnung als ethische Gesamthaltung durch eine „Ethik der Korrektheit und der guten Gesellschaft" untergraben[513]. Vor- herrschend blieb der „inhumane Charakter der jüdischen Moral"[514]. Ein wesentli- cher Bestandteil dieser Betrachtungsweise ist die Auffassung, daß die Mängel des Judentums im Christentum behoben werden, das, religionsgeschichtlich auf dem

---

[503] AaO. 443f.

[504] AaO. 441; zu WELLHAUSEN wie Anm. 497.

[505] AaO. 430; mit den Themen „innere Freiheit" und „Heilsgewißheit" stellt BOUSSET zentrale Aspekte reformatorischer Theologie in den Mittelpunkt seiner Religionsauffassung.

[506] AaO. 450.

[507] AaO. 153; vgl. a.a.O 445.

[508] AaO. 245ff.

[509] AaO. 278ff.

[510] AaO. 155; 470.

[511] BOUSSET betont aber den „vorwiegend negativen Charakter" der jüdischen Ethik in Gegen- überstellung der Goldenen Regel nach b Schabat 31a mit ihrer Formulierung in Mt 7,12 und Lk 6,31 (aaO. 160).

[512] AaO. 158; vgl. aaO. 428; dahinter steht Mt 23,23.

[513] AaO. 161; BOUSSET spricht in diesem Zusammenhang ausdrücklich von der „Ethik des Pha- risäismus".

[514] AaO. 157; dagegen findet BOUSSET in der Bergpredigt „Gesinnung" und „Heroismus" (aaO. 153; zur Prägung des Begriffes vom Heroischen bei BOUSSET durch TH. CARLYLE vgl. VERHEULE 373–375).

„Spätjudentum" fußend, dessen universalistischen religiösen Kern voll zur Geltung bringt und die partikularistische Schale sprengt. Jesus war „der Prophet und Meister", der „mit seiner persönlichen Zaubermacht die ruhenden Kräfte zur Wirkung und energischen Entwicklung bringen sollte" und die Widersprüche des Judentums löste[515]. Das Judentum hat diese Entwicklung nicht vollzogen.

15.4. Quellenauswertung

Wesentlich für Boussets Blick auf die Pharisäer in religionsgeschichtlicher Perspektive ist die Erkenntnis, daß die von Josephus und dem Neuen Testament überlieferten pharisäischen Lehrstücke Eschatologie, Angelologie und Hypostasenlehre[516] ihren Ursprung in außerjüdischen religiösen Verhältnissen haben. Diese Elemente universalistischer, „kirchlicher" Religiosität, die er in den apokryphen und pseudepigraphischen Quellen erkennt, lassen die Frömmigkeit der Pharisäer wie des nachmakkabäischen Judentums insgesamt in einem neuen Licht erscheinen. Bousset findet daneben aber, wie seine Vorgänger, durch das Neue Testament und die rabbinischen Schriften die später normative partikularistische Frömmigkeit dokumentiert. Er verbindet beide Aspekte mit der bereits vorhandenen Anschauung, daß im Judentum Universalismus und Partikularismus unausgeglichen nebeneinander liegen. Die Kriterien für die Zuordnung der neu erschlossenen Quellen entnimmt er dem Befund von Josephus und dem Neuen Testament[517].

Bousset versucht auch den universalistischen Zügen der Pharisäer gerecht zu werden und die neutestamentliche Polemik entsprechend differenziert zu würdigen. Diese urteile nicht über den Pharisäismus an sich, sondern über seine „schlimmsten Auswüchse"[518]. Jesus bekämpfe „die *durchschnittliche Moral* des Pharisäismus und seine *Grundtendenz*"[519]. Bei Persönlichkeiten wie Hillel, Gamaliel oder Jochanan ben Zakkai sei „*immerhin noch* eine starke ethische Energie" vorhanden gewesen, und „unter der ungeheuren Last des Gesetzes" sei ihre Persönlichkeit „*nicht ganz erstickt*"; die Gesinnung als ethische Gesamthaltung blieb „*nicht ganz vergessen*"; „es *fehlt nicht ganz* an Aussprüchen", die Religion und Moral als einheitliches Ganzes begreifen[520].

---

[515] AaO. 346; auch REUSS, EWALD und WELLHAUSEN sehen das Judentum durch das Gesetz in innere Widersprüche verwickelt, aus denen erst das Christentum herausführte. BOUSSET hält diese Grundannahme mit dem Unterschied aufrecht, daß er das universalistische Element im Judentum vorwiegend von außerjüdischen Einflüssen herleitet.

[516] Bell. II 8,14 (162f.); Ant. XIII 5,9 (172); XVIII 1,3 (13f.); Apg 23,8; mit der Hypostasenlehre identifiziert BOUSSET die in Apg 23,8 erwähnte Geisterlehre der Pharisäer.

[517] In der Interpretation der Psalmen Salomos als Dokument pharisäischer Frömmigkeit folgt er WELLHAUSEN (BOUSSET, aaO. 17; vgl. WELLHAUSEN, PhS 112ff.; s. S.205f.) und bewertet Ass.Mos. beiläufig als „gut pharisäisch" (BOUSSET, aaO. 133). Über solche allgemeinen Zuordnungen hinaus stellt er aber keinen spezifischen inhaltlichen Bezug einzelner apokrypher und pseudepigraphischer Quellen zu den Pharisäern her.

[518] AaO. 44.

[519] AaO. 158; Hervorhebungen von mir.

[520] AaO. 159f.; Hervorhebungen von mir.

Die hervorgehobenen Formulierungen machen aber deutlich, daß Bousset trotz der Aufwertung der universalistischen Züge auch im Pharisäismus die partikularistische Seite für die eigentliche hält, d.h. von den Quellen her betrachtet, das Wesen des Pharisäismus eben doch nach der neutestamentlichen Polemik bestimmt. Er befindet einerseits, daß die neutestamentliche Polemik sich gegen die „schlimmsten Auswüchse" des Pharisäismus richte, d.h. gegen Ausnahmen gegenüber einer andersgearteten Regel. Andererseits aber betont er, daß sie die „durchschnittliche Moral" und die „Grundtendenz", d.h. das Wesen des Pharisäismus bekämpfe, dem gegenüber Aussagen allgemein gültiger Ethik die Ausnahme darstellten. Bousset selber hat die Kritik, daß hier ein innerer Widerspruch vorliege[521], mit dem Argument zurückgewiesen, daß „eine abwägende Beurteilung diffiziler historischer Grössen … doch noch keine widerspruchsvolle"[522] sei. Demnach wäre, wie Boussets Entwurf insgesamt erkennen läßt, der Widerspruch nicht in seiner Darstellung enthalten, sondern im Wesen der Sache selber. Seine unterschiedlichen Auskünfte lassen sich aber nicht ausgleichen. Es bleibt letztlich ungeklärt, ob die von der neutestamentlichen Polemik bekämpften Erscheinungen im Pharisäismus zu dessen Wesen gehören oder Ausnahmen sind. Faktisch folgt er der polemischen Tendenz des Neues Testamentes. Gegenüber dem neuen religionsgeschichtlichen Zugang zu den Quellen bleiben überkommene geschichtstheologische Wertungen in Geltung[523]. Dies bestätigt sich in seiner Rezeption der rabbinisch-talmudischen Literatur. Er zieht sie zwar für die Beschreibung der jüdischen Religion mit heran, aber mehr ergänzend und illustrierend:

„Was wir von Hillel und Schammai und ihren beiderseitigen Schulen wissen, das stimmt ganz zu dem Bilde, das wir uns nach dem Neuen Testament von den Schriftgelehrten und Pharisäern zu machen gewohnt sind. Es lohnt sich kaum, auf das Labyrinth von Einzelheiten einzugehen, da alles Einzelne immer nur wieder den Gesamteindruck bestätigt"[524].

Unter diesen von Wellhausen übernommenen quellenkritischen Prämissen[525] hat Bousset das apokryphe und pseudepigraphische Quellenmaterial unter religionsgeschichtlichen Gesichtspunkten ausgewertet. Die geschichtstheologischen Grundlegungen dieses Entwurfes aber und die in ihm enthaltenen Werturteile hat er beibehalten. Damit verbindet sich die Zurückhaltung, der talmudischen Literatur mehr zu entnehmen als Belege für das anderwärts festgestellte Wesen von Pharisäismus und Judentum. Was die verschiedenen Aspekte der talmudischen Literatur

---

[521] Vgl. hierzu die Gegenüberstellung in PERLES, Boussets Religion 24f.

[522] BOUSSET, Volksfrömmigkeit 12.

[523] Signifikant für diese Annahme ist die Aussage: „Die Grundtendenz, in welcher sich die Moral des Pharisäismus bewegte, ist dennoch von Jesus richtig gezeichnet" (Rel² 160). Diese Problemlösung findet sich bereits bei REUSS (Phar 496f.; 503f.; s. S.104f.).

[524] AaO. 145; dies entnimmt BOUSSET dem von SCHÜRER in Gesch II³ über die Pharisäer zusammengetragenen Material. Die letzte Bemerkung ist ein indirektes Zitat aus WELLHAUSEN, PhS 19 (s. S.214). Vgl. diese Einordnung der Rabbinica bei REUSS (Phar 504; 506; s. S.105) und HAUSRATH (Zeitg I¹ 416; s. S.186).

[525] Vgl. WELLHAUSEN, PhS 120ff. (s. S.211ff.).

zusammenhält, ist die Struktur des „Zaunes um das Gesetz", die jüdische Gesetzlichkeit schlechthin.

Wesentlich um dieses Quellenproblem geht es in der Auseinandersetzung zwischen Bousset und dem Königsberger Rabbiner Felix Perles, die sich an die erste Auflage von „Religion" anschloß[526]. Für Perles ist das rabbinische Schrifttum die authentische Quelle für das Ganze der jüdischen Frömmigkeit vor und nach 70. In ihm finden sich neben partikularistischen Zügen wesentlich auch universalistische Elemente, die charakteristisch für die jüdische Frömmigkeit sind. Das notwendige historische Verständnis des Judentums aus sich selbst heraus sei nur aus dem Korpus der rabbinischen Schriften möglich, die „das wirklich offizielle Judentum"[527] repräsentieren, nicht aber aus „Unterströmungen" und „Nebenformen", wie sie in randständigen Erscheinungen wie den Apokryphen und Pseudepigraphen zu Tage treten, die „das offizielle Judentum von sich gestossen"[528] habe. In den rabbinischen Schriften sieht Perles das Wesen des Judentums, „das Zentrum der jüdischen Religion"[529] dokumentiert.

Bousset unterscheidet demgegenüber zwischen der das gesamte Spektrum der jüdischen Religiosität umspannenden Volksfrömmigkeit vor 70 und dem Schriftgelehrtentum. Dieses stellt nur einen Ausschnitt, nach 70 eine Verengung der Volksfrömmigkeit dar, da viele vorher wesentliche Aspekte der Frömmigkeit abgestoßen wurden[530]. Bousset macht die Differenz von „theologischem System und persönlicher Frömmigkeit"[531] geltend. Von der rabbinischen Überlieferung der Schriftgelehrten werde nur das theologische System überliefert, das keinen Anspruch auf Repräsentanz des Ganzen erheben könne. Diese Bewertung hält er gegen Perles' Kritik aufrecht einschließlich der Annahme, das talmudische „System"

---

[526] BOUSSETS Werk zog neben der Schrift von PERLES noch weitere jüdische Reaktionen nach sich, u.a. des Wiener Oberrabbiners M. GÜDEMANN („Das Judenthum im neutestamentlichen Zeitalter in christlicher Darstellung", 1903) und des Berliner Rabbiners J. ESCHELBACHER („Das Judentum im Urteile der modernen protestantischen Theologie", 1907; schon auf Rel² bezogen). Die Konzentration seiner Replik „Volksfrömmigkeit und Schriftgelehrtentum" auf die Kritik PERLES' in „Bousset's Religion des Judentums im neutestamentlichen Zeitalter kritisch untersucht" (beide erschienen 1903) begründet BOUSSET damit, daß PERLES' Schrift unter den jüdischen Erwiderungen „die ausführlichste und ergiebigste" sei (Rel² VIII), wenn auch im Ton inakzeptabel. Auf GÜDEMANNs Beitrag geht er nur am Rande ein (vgl. Volksfrömmigkeit 45f.). Des weiteren bezieht sich die Schrift „Die Religionsanschauungen der Pharisäer" (1904) von I. ELBOGEN, Dozent an der Berliner Lehranstalt für die Wissenschaft des Judentums, u.a. auf BOUSSETs Werk; vgl. auch J. ESCHELBACHER, Die Vorlesungen Ad. Harnacks, 1902/03 (zu dieser Auseinandersetzung mit HARNACK vgl. DEINES, Pharisäer 103f.; 124–133).

[527] PERLES, Boussets Religion 22.

[528] AaO. 23; die Übernahme und Umwidmung dieser Formulierungen BOUSSETs durch PERLES zeigt, daß es über die Quellenfrage hinaus um das grundsätzliche Verständnis des Judentums geht.

[529] AaO. 33.

[530] BOUSSET, Volksfrömmigkeit 5.

[531] AaO. 6; in der Unterscheidung zwischen Schriftgelehrtentum und Volksfrömmigkeit macht sich die Wertunterscheidung zwischen unmittelbar-ursprünglicher und heteronom-abgeleiteter Religiosität geltend. Letztere betrachtet BOUSSET als genuin jüdisches Erbe nach 70.

lasse sich auf den Aspekt der Gesetzlichkeit reduzieren[532]. Perles' Auffassung, aus dem talmudischen Schriftum lasse sich die jüdische Frömmigkeit insgesamt erheben, weist er als Folge „dogmatischer Beschränktheit"[533] ab. Ein wesentliches methodisches Argument Boussets hierfür ist, daß es sich bei den Apokryphen und Pseudepigraphen um „datierbare zeitgenössische Quellen"[534] handele, nicht dagegen bei den talmudischen Schriften. Diese stammten aus einer ganz anderen, jüngeren Epoche der jüdischen Geschichte und seien daher nur verwendbar, sofern sie mit Belegen „aus den unmittelbaren zeitgenössischen Quellen" übereinstimmten[535]. Die eigentliche jüdische Frömmigkeit vor 70 findet Bousset in Lehranschauungen der Apokryphen und Pseudepigraphen, wie im „Grunddogma"[536] der Auferstehung.

Diese Beurteilung des Judentums vor 70 lehnt Perles als vom „Dogma des Vorurteils"[537] befangen ab. Bousset begegnet diesem Einwand mit dem Verweis auf seine kritische Verwendung des Neuen Testamentes[538]. Die darin enthaltene Frage nach grundsätzlichen Werturteilen in seiner Darstellung betrachtet er damit als erledigt. Es bleibt hier beim wechselseitigen Vorwurf dogmatischer Gebundenheit.

Perles bestimmt das Wesen des antiken Judentums vom rabbinischen Judentum her. Für Bousset hingegen ist die Perspektive maßgeblich, daß aus dem antiken Judentum durch konsequente Entwicklung seiner universalistischen Züge das Christentum hervorgegangen ist. Diese Interpretationsmuster leiten die jeweilige Quellenauswertung. Bousset stellt die Quellen in den Mittelpunkt, aus denen später vom Christentum übernommene Lehren hervorgehen. Eine Verständigung war auf diesem Stand der Dinge nicht möglich. Was als Streit um die Quellen ausgetragen wurde, war in Wirklichkeit die Auseinandersetzung um die Kriterien für die Bestimmung des Wesens des Judentums[539].

15.5. *Theologische und werthafte Urteile – religionsgeschichtliche Differenzierungen*

In der Kontroverse mit Perles ist deutlich geworden, daß trotz des Bemühens um religionsgeschichtliche Unvoreingenommenheit Boussets quellenkritische und religionsgeschichtliche Erwägungen von werthaften Bindungen bestimmt sind. Bousset geht im Gegensatz zu Perles von vornherein davon aus, daß die legitime

---

[532] Ebd.; hier verweist BOUSSET ausdrücklich noch einmal auf die von PERLES kritisierte Auffassung WELLHAUSENS (vgl. PERLES, aaO. 8).

[533] BOUSSET, aaO. 10.

[534] AaO. 4.

[535] AaO. 8; vgl. WELLHAUSEN, PhS 129f.

[536] AaO. 40.

[537] PERLES, aaO. 20.

[538] BOUSSET, aaO. 11f.

[539] Zu diesem Ergebnis kommt im Grundsatz auch MOORE, der sich PERLES' Kritik an BOUSSET anschließt (MOORE, Christian Writers 244ff.). VERHEULES Darstellung des Konfliktes behandelt ausschließlich dessen historische Dimension (VERHEULE 92ff.).

Fortsetzung und das Ziel der im „Spätjudentum"[540] erkennbaren religionsgeschichtlichen Entwicklungslinien allein im wesentlich universalistischen Christentum liegen. Er betont zwar, daß mit der religionsgeschichtlichen Zuordnung von Judentum und Christentum keinerlei Wertaussagen verbunden seien. In der Durchführung aber hat sich dies nicht bestätigt. Stets erscheinen die Elemente jüdischer Frömmigkeit von minderwertigen partikularistischen Schlacken durchsetzt, die erst im Christentum vollständig wegfallen. Deutlich macht Bousset im Vollzug seiner Darstellung einen qualitativen Sprung vom Judentum zum Christentum geltend. In seiner historischen Konkretion des religionsgeschichtlichen Fortschritts in der Zeit nach Jesus und vor allem nach 70, d. h., des Trennungsprozesses zwischen Christentum und Judentum, entrollt sich ein wohlbekanntes Geschichtsbild: Nach 70 hörte das Ringen zwischen Universalismus und Partikularismus im Judentum auf. Die im Verhältnis zu den Palästinensern stets universalistischer geprägte Diaspora[541] fällt fast vollständig dem Christentum zu, sofern sie sich nicht unter die Leitung des partikularistischen palästinensischen Rabbinates begibt. Boussets religionsgeschichtliches Fazit dieses Verhältnisses lautet: „Die Schranken der jüdischen ‚Kirche'" liegen in der unlöslichen Verbindung „mit dem natürlichen Leben eines Volkes und seinen physischen Bedingtheiten":

> „Es ist kein Wunder, wenn die jüdische Synagoge sich niemals zu einer Universalreligion ausgewachsen hat, so viele Keime auch zu dieser Entwicklung in ihr angelegt waren. Die nationale Bedingtheit ist jederzeit zu mächtig geblieben. Selbst als die jüdische Nation endgültig zusammenbrach, wirkte dieser Faktor nur um so mächtiger weiter. In bitterem Groll zog sich das Judentum von der Welt zurück, eine Nation, die nicht leben und nicht sterben konnte, eine Kirche, die sich vom nationalen Leben nicht löste und deshalb *Sekte* blieb"[542].

Sein universalistisches Erbe wird vom Christentum angetreten, das zur „Kirche" im vollen Sinn wird. Historisch wie theologisch ist daher der Satz programmatisch:

> „Das Judentum wird eine Religion der Observanz und des absoluten Beharrens. Das Christentum wird der *Erbe* des Judentums"[543].

Das Christentum beerbt das Judentum als wahre Religion, das Judentum entwikkelt sich von einer Kirche zurück zur Sekte. So urteilte Wellhausen, so urteilten in unterschiedlicher Zuspitzung alle diejenigen, die wie Schleiermacher das Judentum nach 70 als eine „Mumie" oder als eine kernlos gewordene Kruste betrachte

---

[540] Diesen Ausdruck verwendet auch Perles ohne kritische Distanzierung (so Perles, aaO. 21).

[541] In der Diaspora findet wesentlich die Umwandlung zum Universalismus statt, während das palästinensische Judentum mehr die partikularistische Seite vertritt (Rel² 497ff.).

[542] AaO. 110 (Hervorhebung von mir). Bousset verbindet hier die religionssoziologische Beschreibung des Judentums als „Sekte" (s. S. 322) mit Anklängen an Schleiermachers Bild des Judentums (s. S. 421; 335f.).

[543] AaO. 99 (Hervorhebung von mir); in der Sache entspricht diese religionsgeschichtliche Zuordnung Boussets Ewalds geschichtstheologischer Unterscheidung zwischen wahrer und vollkommener wahrer Religion bzw. zwischen dem „irdischvergänglichen irrthumsvollen" und dem „rein unsterblich verklärten" Israel (Ewald, Gesch VII³ 439; s. S. 132). Hierzu gehört auch das durch Wellhausen vermittelte Bild von wahrem Kern und sekundärer Schale der jüdischen Religion (s. Anm. 488).

ten. Gemeinsam ist ihnen allen trotz unterschiedlicher Ausgangspunkte die Auffassung, daß der eigentliche Kern der wahren Religion, der im Judentum nur unvollkommen entwickelt bzw. mit ihm eigentlich wesensfremden Elementen, der „Schale", verbunden war, im Christentum zur reinen Entfaltung gekommen ist, während das Judentum nach der Trennung vom Christentum als religiös substanzlos gewordene Schale zurückblieb. So sehr die Eröffnung des religionsgeschichtlichen Horizontes im Einzelnen eine Absetzbewegung von theologischen Prämissen geschichtlicher Erkenntnis gewesen ist – mit den umrissenen geschichtstheologischen Grundlagen übernimmt Bousset eine in allgemeingeschichtliche Kategorien übersetzte christliche Erwählungstheologie, in der, theologisch gesprochen, das Heil von den Juden zu den Christen übergeht und die Christen anstelle der Juden das wahre Gottesvolk werden. Daran ändert die religionsgeschichtliche Fassung dieser Aussagen zunächst nichts[544].

Dieser Unterscheidung dienen auch die als religionsphänomenologische Kriterien verwendeten Begriffe des Universalistischen und Partikularistischen. Sie greift Bousset letztlich doch in der theologischen Prägung auf, die sie in der Wirkungsgeschichte Semlers erhalten hatten[545]: Auf theologisch-werthafter Ebene steht „universalistisch" für die Allgemeingültigkeit der wahren, existenziellen Halt vermittelnden Religion, „partikularistisch" bezeichnet eine Religion, in der die wahre Gotteserkenntnis verdunkelt wird, weil sie sich an solche Anteile bindet, die ihre Allgemeingültigkeit beschränken. Die Anwendung der christlich bestimmten Fassung der Begriffe „universalistisch" und „partikularistisch" auf die vielfältigen Erscheinungsformen der antiken jüdischen Religion dient zunächst historisch der Zurückführung des ein weites religiöses Spektrum umfassenden Quellenmaterials auf gemeinsame Grundmuster. Darüber hinaus aber bewirkt diese Strukturierung der jüdischen Religion an Hand eines außerhalb ihrer selbst liegenden Maßstabes eine das Judentum disparat, widersprüchlich und letztlich haltlos zeichnende Schematisierung, die es gegenüber dem Christentum von vornherein auf den Platz des nur Halbvollendeten verweist. Der hierin erkennbare Zirkelschluß macht deutlich, daß auch bei Bousset das Grundproblem des Verhältnisses von historischen Tatsachen und theologischen Werturteilen nicht wirklich gelöst ist. Die historische Wirklichkeit des Judentums erbringt den Beweis für seine theologisch notwendige Unterlegenheit gegenüber dem Christentum, d.h. für dessen Absolutheit[546].

Anders als bei seinen Vorgängern ist allerdings in Boussets Gesamtwerk eine deutliche Entwicklung zu einer stärkeren Relativierung seiner Werturteile über Judentum und Pharisäismus erkennbar. Einen ersten Anlauf zu deren Darstellung

---

[544] BOUSSET ist keineswegs der erste, der unter dem Anspruch, sich als Historiker von theologischen Setzungen frei zu machen, doch von historisierten theologischen Denkmustern ausgeht. Explizit findet sich dieser Widerspruch bei REUSS (vgl. Jdt 325f.; s. S. 107ff.) und EWALD (vgl. Gesch I³ 4; 12f.; s. S. 141ff.); implizit auch bei HAUSRATH, WELLHAUSEN, SCHÜRER.

[545] s. S. 29ff.

[546] Die systematische Fassung dieser Anschauungen BOUSSETS hat E. TROELTSCH bereits 1901 in „Die Absolutheit des Christentums und die Religionsgeschichte" formuliert (s. S. 295ff.). U. a. dem Freund TROELTSCH hat BOUSSET die 2. Aufl. von Rel gewidmet.

hatte er bereits in einer frühen Schrift aus dem Jahre 1892, „Die Predigt Jesu in ihrem Gegensatz zum Judenthum" unternommen. Diese Gegenüberstellung ist von Bousset als „ein religionsgeschichtlicher Vergleich" – so der Untertitel – beabsichtigt. Im Wesentlichen aber zeichnet er hier das Bild des Judentums und der Predigt Jesu in enger Anlehnung an Schürers Schrift „Die Predigt Jesu Christi in ihrem Verhältniß zum Alten Testament und zum Judenthum"[547] und an Wellhausens „Abriß der Geschichte Israel's und Juda's"[548]. Wellhausens dort gegebene Darstellung der „charakteristischen Züge des Spätjudentums" macht sich Bousset explizit zu Eigen[549].

Als grundlegend für das Judentum hebt er hier, ausgehend vom „Dogma eines abstrakten, transcendenten Monotheismus"[550], die „gesetzliche Frömmigkeit in ihrer weltabgewandten, nach Heiligkeit strebenden Tendenz"[551] hervor. Die jüdische Frömmigkeit findet zum weltfernen Gott keinen unmittelbaren Zugang und versucht dieses Defizit durch „ungeheure Lasten und Anstrengungen eines äusseren Gesetzesdienstes"[552] zu kompensieren; den Zugang zur real existierenden Welt verstellt sie sich durch die gesetzliche äußerliche Absonderung von allem Profanen[553]. Dies erzeugte eine unausgeglichene Stimmungslage von Heilsunsicherheit gegenüber Gott[554] und Haß gegen die unheilige Welt[555]. Repräsentiert ist dieses Judentum durch „die schablonenhaft, gewerbsmässig gewordene Schulfrömmigkeit des Pharisäismus"[556]. Gegenüber der jüdischen Entfremdung von Gott und Welt hebt Bousset Jesu „Gottvaterglauben" und „Kindesbewusstsein"[557] hervor, durch die Gottes- und Weltverhältnis, „Gottesdienst und Nächstenliebe" wieder unmittelbar verbunden werden[558]. In der Predigt Jesu sind gegenüber dem „Spätjudentum" die Fundamente der Religion neu gelegt[559]. Sie stellt keine Weiterentwicklung jüdischer Frömmigkeit dar, sondern einen „völligen Bruch"[560]. Jesus bediente sich zwar überkommener Begriffe jüdischer Frömmigkeit wie „Gottesreich" und „Menschensohn"[561]; als entscheidend für sein Verhältnis zum Judentum sieht Bous-

---

[547] s. S. 246f.

[548] Umfassend ausgeführt hat WELLHAUSEN seine Anschauungen in seiner 1894 erschienenen „Israelitisch-jüdischen Geschichte" (s. S. 206ff.).

[549] BOUSSET, Predigt Jesu 10. WELLHAUSENS „Abriß" verdankt er „von allen einschlägigen Schriften weitaus das meiste" (ebd.). In der Einordnung der Apokalyptik ist er wesentlich beeinflußt von W. BALDENSPERGER, Selbstbewusstsein Jesu (vgl. Rel[2] 58).

[550] Predigt Jesu 14.

[551] AaO. 13.

[552] Ebd.

[553] AaO. 12.

[554] AaO. 26.

[555] AaO. 46; vgl. HAUSRATH, Zeitg I[1] 360 (s. S. 183).

[556] AaO. 58; vgl. aaO. 32: „Das Spätjudentum ist durchaus und ganz Pharisäismus und nichts weiter als Pharisäismus".

[557] AaO. 44.

[558] AaO. 50.

[559] AaO. 39.

[560] AaO. 85.

[561] AaO. 78.

set aber nicht die Gemeinsamkeit dieser „Schale" an, sondern die wesentliche Differenz des religiösen „Kernes"[562], der „Grundanschauung"[563]. Hinter dieser Konzeption Boussets steht die Vorstellung des zwischen der jüdischen Frömmigkeit und der Predigt Jesu bestehenden Grundgegensatzes von Vergeltung und Liebe, wie ihn Schürer im Anschluß an Schleiermacher konstatiert hatte[564]. Bereits 1903 aber, in der Erstausgabe von „Religion", distanzierte sich Bousset von dem „Fehler einer zu einseitigen Hervorhebung des Gegensatzes der jüdischen Frömmigkeit gegen die evangelische"[565] in der Schrift von 1892 und betont stärker den Aspekt der Entwicklung in ihrem Verhältnis. Später hat er auch über seine in „Religion" entfaltete Sicht hinausführende Differenzierungsansätze zu erkennen gegeben,

„das Spätjudentum in ganz anderer Weise als bisher in seiner positiv vorbereitenden Wirkung für das Christentum zu würdigen und zu betonen. Bisher haben sich uns mehr die Abstände und Höhenunterschiede zwischen Pharisäismus und christlicher Frömmigkeit herausgestellt, und die sind und bleiben vorhanden; jetzt aber wird es auch gelten, energisch die Kehrseite zu betonen"[566].

Das Evangelium Jesu knüpfe nicht nur an die Frömmigkeit der Propheten und Psalmisten an, sondern auch an die „reichen Schätze der Weiterentwicklung" der Synagoge. „Die ganze Frömmigkeit der Synagoge, sagen wir einmal ruhig: des Pharisäismus nach seiner guten Seite" sei der Mutterboden, „in den das Christentum einen Teil seiner Wurzeln senkte"[567]. Im Hinblick auf die bislang einseitig negative Betrachtung des Pharisäismus betont er:

„Ich bekenne mich ... in dieser Hinsicht als schuldig und richte die Kritik auch gegen meine ‚Religion des Judentums'"[568].

Durch seinen frühen Tod ist dies nicht mehr zur Entfaltung gelangt[569].

---

[562] AaO. 79; zum Bild von Kern und Schale s. S. 332f.

[563] AaO. 55.

[564] s. S. 247f.; 336. Anders als Schürer (s. ebd.) distanziert sich Bousset aber von Ritschls Interpretation der präsentischen Eschatologie Jesu: „Auch bei allem Ernst ... ist die Berufsarbeit nicht notwendig Arbeit im Dienste Gottes" (Bousset, Predigt Jesu 77). Vgl. auch Semlers Bestimmung des Verhältnisses der Lehre Jesu zur alttestamentlich-jüdischen Tradition in „Fragmente" (s. S. 34f.).

[565] Rel¹ 52 (= Rel² 58); vgl. Kusche 92.

[566] ThR 18 (1915), 123.

[567] Ebd.; der Anstoß dazu lag u.a. in der Erkenntnis, daß z.B. „‚das ‚unser Vater im Himmel' ... seine Heimat im pharisäischen Sprachgebrauch hat" (aaO. 122; vgl. Rel² 432ff.).

[568] ThR 18, 122; Moore, der die „Die Predigt Jesu" als auch für Rel gültiges Grundsatzprogramm betrachtet (Moore, aaO. 243), nimmt in seiner Kritik an Bousset diese Entwicklungen in dessen Anschauungen nicht wahr. Auf Boussets Distanzierung von „Die Predigt Jesu" und auf seinen ThR-Artikel geht er nicht ein. Vgl. die gleichgerichtete Entwicklung in den Anschauungen Troeltschs (s. S. 298–300).

[569] Vgl. TRE VII 99.

15.5.1. *Jüdische und christliche Kirchlichkeit*

In seiner Anwendung des Begriffes „Kirche" auf das Judentum betont Bousset weit mehr als Wellhausen die Analogie von Judentum und Christentum.

„Wir müssen uns nur klar werden, dass der Vorwurf des Partikularismus bis zu einem gewissen Grade alle spezifisch kirchliche Ethik trifft, dass z.B. das Johannesevangelium oder die Briefe des Johannes in der Beschränkung der Liebe auf die Kinder Gottes, in dem Hass gegen die Juden und Häretiker eine kirchliche Verengung aufweist, die nur graduell von der Ethik der jüdischen Kirche sich unterscheidet"[570].

Für Bousset beruht das „kirchliche" Wesen des Judentums auf der Mischung partikularistischer und universalistischer Elemente. Seine Kritik an „Einseitigkeiten und Auswüchsen dieser charakteristischen Entwicklung der Frömmigkeit" gilt der jüdischen wie der christlichen Kirchlichkeit, die Bousset religionsgeschichtlich als verwandte Phänomene betrachtet[571]. Im Zusammenhang des „Kirchlichen" schlägt er in seiner Darstellung regelmäßig Brücken zwischen jüdischer und christlicher Kirchlichkeit. Das Almosengeben erscheint als Musterfall „aller speziell ,kirchlichen' Ethik", da sich die Kirche durch die organisierte Wohltätigkeit eine Machtstellung als „Patronin der armen und untersten Schichten des Volkes" verschaffe[572]. Die Entwicklung einer Religion zur Kirche ziehe zwangsläufig die Abgrenzung der Frommen von den Gottlosen nach sich[573]. Eine „,kirchliche' Exegese" sei „immer eine Exegese der Gewalttätigkeit"[574].

In der grundsätzlich kritischen Sicht und der Begriffsbestimmung von „Kirche" wie auch von „Sekte" im religionssoziologischen Sinne trifft sich Bousset mit Wellhausen. Gegenüber diesem gebraucht er diese Begriffe jedoch im umgekehrten Sinne. Wellhausen sieht die „Kirche" an die Rahmenbedingung des Nationalstaates gebunden und bestimmt als „Sekte" eine religiöse „internationale Gemeinschaft"[575]. Bousset ordnet der „Kirche" den nationenübergreifenden Universalismus als religionssoziologisches Wesensmerkmal zu, der „Sekte" aber die partikularistische Bindung der Religion an die Nation. Das Judentum nach 70 erscheint aber bei beiden trotz dieser genau entgegengesetzten Bestimmungen als – negativ beurteilte – „Sekte"[576]. Dies zeigt nochmals, wie sehr auch die religionssoziologische Verwendung dieser Begriffe durch werthafte Prämissen bestimmt ist. In der

---

[570] Bousset, Rel^2 156.

[571] AaO. VII; dies liegt auf derselben Linie wie Gfrörers Parallelisierung der rabbinischen Verfassung des Judentums mit der römisch-katholischen Hierarchie (s. S. 52 f.).

[572] AaO. 162; besonders in dieser Passage hat die Zielrichtung auf die christliche Kirche das eindeutige Übergewicht. Möglicherweise dachte Bousset hier an konservative kirchenpolitische Bestrebungen Stoeckers, von dem sich die jüngeren Christlich-Sozialen um Naumann – unter ihnen auch Bousset – 1893/94 trennten (Verheule 26). Dies bedeutete auch eine Absage an Stoeckers Antisemitismus (vgl. Brakelmann 191 f.).

[573] Bousset, Rel^2 211.

[574] AaO. 186.

[575] Wellhausen, Prol^6 410 f.; PhS 95; IJG^9 357 (s. S. 224).

[576] Wellhausen, PhS 95; Bousset, Rel^2 110; vgl. M. Weber über pharisäische „Sektenreligiosität" (M. Weber, Rel. Soz. III 401 ff.; s. S. 283 ff.).

unterschiedlichen Zuordnung der negativen Bewertung von „Sekte" schimmert auch ein unterschiedliches Verhältnis zum „nationalen Leben"[577] durch. Für den 1844 geborenen, politisch konservativen Wellhausen, der die Gründung des deutschen Nationalstaates herbeigesehnt hatte[578], bedeutete dies eine wesentliche normative Größe. Der 21 Jahre jüngere Bousset, dessen politische Sympathien dem Liberalismus und der Sozialdemokratie galten[579], gibt hier eine größere Distanz zu erkennen.

In diesem Kontext tritt auch die Rolle der Pharisäer als Repräsentanten jüdischer kirchlicher Frömmigkeit noch einmal klar heraus. Der Pharisäismus zeige „besonders deutlich die Gefahren einer jeden spezifisch kirchlichen Frömmigkeit"[580]. Der Unterschied zwischen jüdischer und christlicher Kirchlichkeit liegt in Boussets Darstellung allerdings darin, daß der jüdischen Kirche der Partikularismus von vornherein zu Eigen ist, während er in der christlichen Kirche einen Rückfall hinter die reine Universalreligion Jesu darstellt. Was im Judentum wesentlich unaufhebbar ist, ist im Christentum ein untypischer Mißstand, „Trübungen", die behoben werden können[581].

15.6. Zeitgeschichtliche Bezüge

Zeitgenössische Implikationen sind in Boussets Pharisäerbild kaum erkennbar[582], in seinem Judentumsbild sind sie ausgesprochen rar. Der Hinweis auf den

„Reichtum, die Überlegenheit und Skrupellosigkeit im Handel, die der Jude als Orientale mitbrachte, seine Fähigkeit, die Gunst der Umstände zu benutzen, die Gönnerschaft der Grossen und Einflussreichen zu erwerben"[583],

---

[577] BOUSSET, ebd.

[578] Vgl. E. SCHWARTZ, Wellhausen 337.

[579] Vgl. VERHEULE 25ff.; LÜDEMANN/SCHRÖDER 59–61.

[580] BOUSSET, Rel² 452.

[581] BOUSSET, Volksfrömmigkeit 18f.; PERLES' Polemik, in BOUSSETs Darstellung habe das Christentum das in ihm enthaltene Gute und Vernünftige „grösstenteils aus sich selbst herausgeschaffen, das Schlimme und Unvernünftige" aber „vom Judentum übernommen" (PERLES, aaO. 25, vgl. BOUSSET, aaO. 12), ist allerdings übertrieben. In dieser Schärfe träfe sie eher auf WELLHAUSENS Ausführungen über das Verhältnis von jüdischer und christlicher Kirche (IJG⁹ 370f.; s. S. 224) zu.

[582] BOUSSETs von zeitgenössischem Sprachgebrauch beeinflußte Bemerkung, der Charakter der Schriftgelehrten liege hinsichtlich ihres Einflusses auf das Volk „in der Mitte zwischen Seelsorger und Geheimpolizist" (Rel¹ 145), wird von PERLES dahingehend kommentiert, dieses Urteil stehe „schon ganz auf der Höhe der vom Vorwärts gegen die bürgerliche Gesellschaft und alle ihre Institute geschleuderten Anklagen, wonach alle Nichtsozialisten schon Heuchler und Mucker sein müssten" (PERLES, aaO. 42). Diese kurzschlüssige Verbindung zwischen BOUSSETs Forschungen und seinem sozialpolitischen Engagement ist polemisch überzogen. Angesichts dessen, daß BOUSSET hier WELLHAUSENS auf pharisäischen Richtgeist zielendes Motiv vom „inquisitorischen Wesen" der Pharisäer (PhS 20; s. S. 204; 224) mit einer moderneren Analogie variiert, sollte man die tagespolitische Bedeutung dieser Bemerkung von seiner Seite nicht sehr hoch anschlagen (anders DEINES, Pharisäer 114). Wie wenig Gewicht BOUSSET selber auf diesen Satz legte, zeigt sich daran, daß er ihn wohl auf PERLES' Polemik hin in Rel² 193 fortließ.

[583] BOUSSET, Rel² 87.

den er im Zusammenhang der von ihm als „Antisemitismus" bezeichneten antiken Judenfeindschaft[584] gibt, bleibt marginal. Seine Darstellung der jüdischen Diaspora als wesentlich universalistisch wird davon nicht berührt. Auch über das Verhältnis von Judentum und Christentum in der Neuzeit und die von Reuß, Ewald
und Wellhausen bestrittene Möglichkeit, den rabbinischen Partikularismus innerjüdisch auf dem Wege der Reform zu überwinden, äußert er sich in den herangezogenen Quellen nicht. Seine positive Würdigung von Moriz Friedländers Werk
„Die religiösen Bewegungen innerhalb des Judentums im Zeitalter Jesu", das in
diese Richtung weist, bezieht sich nicht auf diesen Aspekt[585]. Sein starkes Engagement für politische und soziale Gegenwartsprobleme, das ihn unliebsam auffallen
ließ, schlägt sich in seiner historischen Darstellung des Judentums und der Pharisäer
nicht nieder. Umgekehrt ist er bestrebt, u.a. durch die federführende Beteiligung
an den „Religionsgeschichtlichen Volksbüchern" und die Mitarbeit an verschiedenen Zeitschriften sowie durch eine umfangreiche Vortragstätigkeit die religionsgeschichtlichen Erkenntnisse einem breiten Publikum zu vermitteln und für das
kirchliche Leben fruchtbar zu machen[586].

15.7. Zusammenfassung

Im Vergleich mit den Pharisäerbildern der vorangegangenen Theologengenera-
tionen bedeutet die religionsgeschichtliche Betrachtungsweise Boussets eine auch
im Hinblick auf die Pharisäer relevante Verschiebung in der Wahrnehmung des
„Spätjudentums". Schürer und Wellhausen sind darin repräsentativ für die historische Erforschung der Geschichte Israels seit der Jahrhundertmitte, daß sie den Pharisäismus und die von ihm vertretenen Lehren als genuine Weiterentwicklung aus
alttestamentlichen Ursprüngen ansahen, als Reaktion der eigentlichen, unabhängig
von der heidnischen Umwelt und im Gegensatz zu ihr herausgebildeten israelitischen Religion auf die historischen Erfahrungen seit der Exilszeit. Die jüdische
Religion ist gekennzeichnet durch die beiden Pole der Universalisierung der Anschauungen, d.h. der Erweiterung des Anschauungshorizontes über das nationale
Leben hinaus, und der Absonderung vom Heidentum als Akt der Bewahrung der
jüdischen Eigenart. Die Pharisäer repräsentieren dabei den zweiten Pol, das konsequente Festhalten der partikularistischen Traditionen in einer zunehmend universalistisch bestimmten Umwelt. Pharisäische Neuerungen in der Glaubenslehre erscheinen als folgerichtige Weiterbildungen von Anschauungen, die im Alten Testa-

---

[584] Ebd.; mit Verweis auf F. STAEHELIN, Der Antisemitismus des Altertums. Als Beleg führt er
aaO. 88 u.a. Tacitus an (s. S. 328).

[585] AaO. 56: „Eine für einen jüdischen Gelehrten höchst bemerkenswerte, unabhängige Auffassung der Dinge" (Zu FRIEDLÄNDER s. *Exkurs 3*). Auch VERHEULE berichtet nichts über BOUSSETS
Haltung zum zeitgenössischen Judentum.

[586] Vgl. VERHEULE 30–37; LÜDEMANN/SCHRÖDER 109–119. BOUSSETS „Jesus" (1. Aufl. 1904;
3. Aufl. 1907; 4. Aufl. 1922) war eines der erfolgreichsten der „Volksbücher"; auch „Das Wesen
der Religion" gehört in diesen Kontext. Er war der erste Herausgeber der „Theologischen Rund-
schau" und an der Gründung der „Kirchlichen Gegenwart" beteiligt.

ment *in nuce* angelegt sind, die pharisäisch-rabbinische Halacha als ursprünglich lebenspraktisch bedingte Perfektionierung des alttestamentlichen Gesetzes[587]. Solchermaßen sind die Pharisäer Repräsentanten jüdischer Kontinuität von den Zeiten Esras bis hin zum rabbinischen Judentum nach 70, über alle disparaten Erscheinungen und Verfremdungen in der Zwischenzeit hinweg[588].

Gegenüber einer ausschließlich innerbiblischen Betrachtung des Judentums nimmt Bousset mit der Darstellung der Pharisäer als Repräsentanten kirchlicher Frömmigkeit über das Judentum hinaus im religionsgeschichtlichen Kontext Erkenntnisstrukturen Gfrörers auf[589]. Eine daraus erwachsende und bei Gfrörer deutlich erkennbare Relativierung des Christentums vermeidet er, indem er die Ansätze Gfrörers in den Bewertungszusammenhang der auf dessen Werk folgenden, von Reuß, Ewald und Wellhausen entwickelten geschichtstheologischen Grundmuster stellt. Diese trotz der religionsgeschichtlichen Perspektive in Boussets Entwurf beibehaltenen theologischen Wurzeln bewirken eine Wesensbestimmung des Judentums als halbfertiges und widersprüchliches Phänomen. Darin entspricht Boussets Darstellung der seiner Vorgänger auf diesem Gebiet.

Auf der anderen Seite eröffnet ihm die religionsgeschichtliche Fassung des theologischen Grundmusters von Partikularismus und Universalismus eine gegenüber seinen Vorgängern differenziertere Darstellung von Judentum und Pharisäismus. Der dadurch erzielte wesentliche Fortschritt liegt in der stärkeren Akzentuierung des Universalismus nicht nur im antiken Judentum, sondern auch im Pharisäismus. Dieser Fortschritt wiegt umso schwerer, als unter christlichen Gelehrten gerade die Pharisäer die partikularistische Seite des Judentums, die im Christentum keine Anknüpfung und Fortsetzung fand, symbolisieren. Das gilt auch dann, wenn man die Grenzen der Differenzierung in Boussets Pharisäer- und Judentumsdarstellung berücksichtigt. Man kann dies als eine Weiterentwicklung des Erkenntnisweges Wellhausens betrachten, der von den „Prolegomena" bis zur „Israelitisch-jüdischen Religion" den Vorgang der vollständigen gesetzlichen Erstarrung immer weiter hinausschob, die Pharisäer aber stets als Avantgarde dieses Vorganges auffaßte[590]. Boussets religionsge-

---

[587] In diesem Sinne wird der Spruch vom „Zaun um das Gesetz" aus M Abot I 1 verstanden.

[588] So formuliert es explizit Wellhausen (PhS 15) im Kontext seiner Darstellung der Pharisäer als „Juden im Superlativ, das wahre Israel" (PhS 17) gegenüber den „Antinomien" (IJG[9] 285) des Judentums im Ganzen.

[589] Gfrörers Auffassung, daß die von den Pharisäern vertretenen religiösen Neuerungen, „von denen ihre Väter nichts wußten" (Jahrh I 131), auf „oberasiatische Lehren" zurückgehen, die aus dem Exil mitgebracht wurden (aaO. 129; s. S. 46), hatte sich bislang nicht durchgesetzt (vgl. Reuss, Jdt 336; Phar 497). Wellhausen registriert in der jüdischen Frömmigkeit zwar viele Umwelteinflüsse; die tangieren aber nicht das gesetzliche Wesen des Judentums (IJG[9] 291; s. S. 206f.). Schürer erkennt mit Bousset 1907 in der 4. Aufl. von Gesch (Gesch II[4] 587; s. S. 234) persische Einflüsse auf die jüdische Eschatologie an, aber als „nebensächlich" (vgl. Verheule 98). Dagegen betont Bousset, Gfrörer habe „die grosse Aufgabe einer umfassenden religionsgeschichtlichen Würdigung des Judentums mit einer Energie aufgestellt, wie kein Forscher nach ihm … Man wird von ihm immer aufs neue lernen müssen" (Bousset, Rel[2] 54). Anders als Gfrörer erhebt er aber die für die Prägung des Christentums entscheidende Volksfrömmigkeit nicht aus Rabbinica (s. S. 54–56), sondern aus Apokryphen und Pseudepigraphen.

[590] Wellhausen, PhS 15ff.; Prol[6] 420ff.; IJG[9] 193; IJR 108 (s. S. 211).

schichtliche Sichtweise erlaubt ihm gegenüber seinen Vorgängern, den Pharisäern als Repräsentanten jüdischer Kirchlichkeit das universalistische Element zuzugestehen[591], ohne dadurch die Höherwertigkeit des Christentums prinzipiell zu relativieren. In dieser Richtung hat Bousset wie keiner seiner Vorgänger eine Entwicklung innerhalb seines Lebenswerkes vollzogen, die über seinen frühen Tod hinausweist.

Exkurs 3: Moriz Friedländer

Moriz Friedländer[592], geboren 1844 in Bur St. Georgen in Ungarn, gestorben 1919 in Wien, war ein rabbinisch gebildeter jüdischer Theologe und Religionslehrer, den sein Eintreten für radikale Reformen und gegen die Herrschaft des Rabbinates im osteuropäischen, insbesondere galizischen Judentum von der Übernahme einer Rabbinerstelle abhielt. Seit 1875 war er Sekretär der „Israelitischen Allianz" in Wien, dann auch Leiter der Baron-Hirsch-Schulstiftung, für die er in Galizien gegen erheblichen Widerstand aus den Reihen der Orthodoxen eine Reihe jüdischer Handwerkerschulen gründete.

Unter seinen zahlreichen Werken ist in dem 1905 erschienenen Buch „Die religiösen Bewegungen innerhalb des Judentums im Zeitalter Jesu" der Pharisäismus am gründlichsten dargestellt[593]. Das hier gezeichnete Bild des Judentums und der Pharisäer stimmt in wesentlichen Aspekten mit demjenigen Boussets überein. Analog zu Bousset findet er das Judentum in der Antike in der Entwicklung von nationalem Partikularismus zu weltumspannendem Universalismus begriffen[594]. Die Pharisäer bzw. die pharisäischen Schriftgelehrten waren allerdings, anders als zunächst bei Bousset, nicht die Avantgarde dieser neuen universalistisch ausgerichteten Tendenzen. Sie bemühten sich vielmehr von vornherein, alle neu aufkommenden religiösen Strömungen gesetzlich zu kanalisieren, und erscheinen generell als Repräsentanten der engen Gesetzlichkeit, wie sie seit 70 das Judentum insgesamt bestimmte[595]. Die neutestamentliche Polemik macht er sich, sofern sie gegen die pharisäische Gesetzlichkeit gerichtet ist, in scharfer Form zu Eigen, beschränkt aber Vorwürfe wie Herrschsucht und Heuchelei auf die politisch aktiven Häupter der

---

[591] Die Verengung der jüdischen Frömmigkeit nach 70 sieht Bousset nicht als eine Wirkung des Pharisäismus an, sondern als einen Vorgang, der den Pharisäismus zugleich mit dem gesamten Judentum betrifft.

[592] Zu Friedländer vgl. EJ[Berl] VI 1189; EJ[Jer] VII 181; The Jewish Encyclopedia V 517f.; The Universal Jewish Encyclopedia IV 454.

[593] Weitere Werke Friedländers aus diesem Forschungsbereich sind u.a.: Über den Einfluß der griechischen Philosophie auf das Judenthum und Christenthum (1872); Zur Entstehungsgeschichte des Christenthums (1894); Das Judenthum in der vorchristlichen griechischen Welt (1897); Der vorchristliche jüdische Gnosticismus (1898); Der Antichrist (1902); Geschichte der jüdischen Apologetik als Vorgeschichte des Christentums (1903); Synagoge und Kirche in ihren Anfängen (1908); Der Kreuzestod Jesu (1919). Ferner sind zu nennen: Lessings Nathan der Weise (1880) und verschiedene Beiträge zu jüdischen Zeitfragen.

[594] Einen direkten Bezug seines Geschichtsentwurfes auf Boussets Konzeption stellt Friedländer nicht her. In seiner Sicht der Entwicklung des Judentums und in seinen quellenkritischen Grundsätzen stimmt er jedoch weitgehend mit Bousset überein.

[595] Friedländer, Bewegungen 13; vgl. Bousset, Rel² 213ff. (s. S. 261f.).

Partei[596]. Die von den Pharisäern schließlich bewirkte ausschließliche Herrschaft des Zeremonialgesetzes betrachtet er als Abweichung von der wahren universalistischen Bestimmung des Judentums und als Unterbrechung des natürlichen Ganges seiner Entwicklung[597]. Dieser führt von der auf Sittenlehren, Messianismus und Universalismus gerichteten Prophetie über die Weisheitslehrer und das „Weltjudentum" des jüdischen Hellenismus hin zur „Weltreligion" – dem Christentum[598]. Bereits in der Apokalyptik, die Friedländer um ihres stark von der Weisheit beeinflußten „Geistes des Individualismus und Universalismus" willen sehr positiv beurteilt[599], und vor allem im „liberalen"[600] jüdischen Hellenismus kam die im Judentum „latente Weltreligion" zum Zuge, wurde der universalistische Kern aus der partikularistischen Schale befreit. Der Pharisäismus aber, der nach den Makkabäerkriegen das palästinische Judentum in gesetzlich-nationalem Partikularismus erstarren ließ, brachte auch die Mission der Diaspora, „das Licht der Völker" zu werden[601], zum Verlöschen und verwandelte das Judentum in eine „tote Masse"[602]. Das Christentum schließlich beerbte in Gestalt des Paulinismus die Diaspora, die ihm den Weg zur Weltreligion gebahnt hatte[603]. Das eigentliche Ziel der Entwicklung des Judentums ist „das Evangelium Jesu". Friedländer versteht darunter die erlösende Botschaft vom inwendig-individualistischen, präsentischen Gottesreich[604].

Mit seiner historischen Darstellung verbindet Friedländer die Perspektive einer weitreichenden jüdischen Reform. Die Juden sollen die pharisäische Unterbrechung der wahren jüdischen Entwicklung rückgängig machen, sich des Rabbinismus radikal entledigen und ihre Religion auf Propheten, Weisheit, Apokryphen und Pseudepigraphen und das Evangelium Jesu gründen. Dies intendiert aber nicht die Konversion der Juden zum Christentum, sondern die Rückbesinnung auf Jesus als jüdischen Messias und dessen Rückholung ins Judentum unter Abstoßen der christologischen Dogmatik: „Denn er war unser, und sein Evangelium ist unser"[605]. So soll das Judentum seine selbst verschuldete Isolierung in der Welt überwinden[606]

---

[596] FRIEDLÄNDER, aaO. 87f.; am schärfsten hat vorher EWALD diese Vorwürfe formuliert (Gesch IV³ 477ff.; s. S. 120ff.).

[597] FRIEDLÄNDER, aaO. VI.

[598] AaO. VII.

[599] AaO. 24; vgl. aaO. 23: „Die Apokalyptiker waren die Frommen der Am-haarez in der hasmonäischen Zeit. Sie sahen die Mission des jüdischen Volkes darin, sich zu dem reinen mit dem Zeitgeist in keinen Widerspruch geratenden Mosaismus emporzuläutern, um das Licht der Heiden, das Vorbild der Völker zu werden". Jesus war für ihn „der größte aller Apokalyptiker" (ebd., mit Verweis auf Mt 23,23).

[600] AaO. 239f.

[601] AaO. X; vgl. Jes 42,6; 49,6; Apg 13,47.

[602] AaO. XV; vgl. die entsprechenden, auf U. DA COSTA, B. SPINOZA und M. MENDELSSOHN zurückgehenden Urteile bei I. M. JOST, Gesch I 57; 299f. (s. S. 30f. Anm. 106; 150–152).

[603] FRIEDLÄNDER, aaO. Xff.; vgl. aaO. 342ff. und BOUSSET, Rel² 497ff. (s. S. 272).

[604] AaO. XXf.; in diesem Zusammenhang spricht er von „wahrer Religion" (aaO. XXIII; s. S. 332ff.).

[605] AaO. XIX; vgl. die Beschreibung Jesu als Vertreter des eigentlichen Pharisäismus bei GEIGER, SPh 35ff. (s. S. 164).

[606] Der Anstoß, den die Juden der Welt bieten, liegt für FRIEDLÄNDER ausschließlich im gesetz-

und zu seiner wahren Bestimmung gelangen. Geschieht dies nicht, so wird die ihrerseits reformbedürftige Kirche die Fehlentwicklungen in ihrer Tradition korrigieren, durch die Beseitigung der in ihrer Dogmatik enthaltenen „heidnischen Philosophie" zum eigentlichen Evangelium Jesu zurückfinden und damit auch dem Judentum den Weg dorthin ebnen. Dies wäre aber ein bloßes „Gnadengeschenk"[607], d.h.: Ein solcher Vorgang würde das geschichtstheologische Urteil bestätigen, daß das aus eigener Kraft nicht reformfähige Judentum auf das Christentum angewiesen sei[608]. Deshalb wünscht sich Friedländer für das Judentum den ehrenvolleren Vollzug dieses Schrittes aus eigenem Antrieb. Anders als Geiger, der gemeinsam mit einem fortschrittlichen Christentum auf die Religion und die Gesellschaft der Zukunft hinarbeiten will, sieht Friedländer das Judentum im Wettbewerb mit dem Christentum um die Vorreiterrolle auf dem Weg zur wahren Religion und findet in den Pharisäern die dabei hinderliche Reformunfähigkeit des Rabbinismus verkörpert[609]. Selbst liberale Interpretationen der pharisäisch-rabbinischen Tradition wie diejenige Geigers stehen diesem Fortschritt im Wege[610].

Friedländers Geschichtsbild ist in der Methodik von der historisch-kritischen protestantischen Bibelwissenschaft und in seinen Wertbezügen von liberalen protestantischen Auffassungen geprägt. Seine Reflexionen über die Aussichten des zeitgenössischen Judentums sind geradezu eine jüdische Ergänzung zu Gfrörers Verhältnisbestimmung von Judentum und Christentum und zu seinen Reflexionen über die Assimilation der Juden[611]. Von den am prägnantesten von Reuß und Ewald formulierten geschichtstheologischen Urteilen über das nachbiblische Judentum, denen er in der Beurteilung des Rabbinismus sehr nahe steht, unterscheidet er sich darin, daß er das Bekenntnis zum Evangelium Jesu nicht von der Konversion zum Christentum abhängig macht, sondern als innerjüdischen Vorgang begreift. Vor allem mit Boussets Bild des Judentums stimmt seine Darstellung der Entwicklung des Universalismus im Diasporajudentum überein, die sich im Christentum fortsetzte, sowie sein energischer Rekurs auf Propheten, Weisheit, Apokryphen und Pseudepigraphen als wichtigste Religionsurkunden des Judentums vor 70. Sein Pharisäerbild kommt demjenigen Schürers am nächsten. Seine Entgegensetzung von Pharisäismus und Apokalyptik, die der Sicht Wellhausens entspricht, wird von Bousset,

---

lichen Partikularismus (FRIEDLÄNDER, aaO. XIIIff.; vgl. GFRÖRER, Jahrh I 197ff., s. S.51ff.). Da diese Ausführungen in erster Linie gegen die rabbinische Orthodoxie gerichtet sind, geht er nicht darauf ein, daß der moderne Antisemitismus sich gezielt auch gegen die assimilierten Juden richtet. In dieser Frontstellung liegt eine Analogie zu denjenigen protestantischen Pharisäerbildern, in denen die Pharisäer als Prototypen der katholischen Hierokratie oder der konfessionellen Orthodoxie erscheinen, so bei EWALD (s. S. 146–148) und HAUSRATH (s. S. 189f.).

[607] AaO. XV.

[608] So REUSS, Jdt 346f. (s. S. 112f.); EWALD, Gesch VII³ 444 (s. S. 131–133).

[609] Vgl. GEIGER, SPh 41 (s. S. 165–167); gegen dessen Deutung des Pharisäismus als „Princip … der fortschreitenden Entwickelung" erklärt FRIEDLÄNDER die Pharisäer für „reaktionär" (FRIEDLÄNDER, aaO. 13).

[610] So dokumentiert L. BAECKS „Das Wesen des Judentums" für ihn nichts als „pseudopharisäischen Stumpfsinn" (aaO. XXI).

[611] Vgl. GFRÖRER, Jahrh I 194ff. (s. S. 58f.).

dem er in der Darstellung der jüdischen Frömmigkeit sehr nahe steht, und der seine Auffassung im Grundsatz lobt, als Fehlgriff kritisiert[612]. Wesentliche Züge seines Bildes des Evangeliums Jesu finden sich bereits bei Wellhausen[613]. Seine Darstellung des Pharisäismus und Rabbinismus als Abweg von der eigentlich universalistischen Bestimmung der jüdischen Geschichte ist aber, gegenüber diesen Gemeinsamkeiten, ein jüdischer Gegenentwurf zu Modellen protestantischer Geschichtstheologie, die das Wesen des Judentums apriorisch auf den unreformierbaren Pharisäismus und Rabbinismus festlegen. Friedländer unternimmt den Versuch, zentrale theologische Werte des liberalen Protestantismus ohne die damit verbundenen theologischen Werturteile über das Wesen des Judentums ins Judentum zu übernehmen.

Exkurs 4: Max Weber

Der Nationalökonom und Soziologe Max Weber (1864–1920)[614] hat sich mit den Pharisäern im Rahmen seiner religionssoziologischen Arbeiten über das Judentum beschäftigt. Zu der Behandlung des nachexilischen Judentums, die er sich nach seinen Studien über das „antike Judentum", d.h. das vorexilische Israel, vorgenommen hatte, ist er im Ganzen nicht mehr gekommen. Ein „bedeutendes Fragment"[615] dieses Unternehmens ist die als Nachtrag an die Studien über das „antike Judentum" angefügte Untersuchung über die Pharisäer[616]. Das dort gezeichnete Bild der Pharisäer stützt sich historiographisch auf die in der protestantischen Bibelwissenschaft, vor allem auch der Religionsgeschichtlichen Schule, gewonnenen Forschungsergebnisse. Seine religionssoziologische Perspektive unterscheidet es aber signifikant von allen bisher behandelten Pharisäerdarstellungen. Deren werthaftes Profil wird im Vergleich mit Webers von außerreligiösen Fragestellungen und Prämissen bestimmtem Pharisäerbild noch einmal deutlich hervortreten.

Die pharisäische Bewegung ist, ausgelöst durch den Antagonismus zwischen Gesetzestreue und weltlichem Königtum bei den Hasmonäern, an die Stelle der früheren chassidischen Bewegung getreten, die keine besonders organisierte Sekte darstellte, sondern das fromme, antihellenistisch gesonnene Volk[617]. Bereits deren Kennzeichen war das Fernhalten von unreinen Personen und Sachen, wie es der Name „Pharisäer" ausdrückt. „Aber die Pharisäer gaben der Bewegung die Form eines Ordens, einer ‚Bruderschaft', chaburah". Dieser Orden war durch die Ver-

---

[612] Bousset, Rel² 56f. (s. S. 278).

[613] Wellhausen, IJG⁹ 358ff. (s. S. 216f.); vgl. A. v. Harnack, Wesen 28ff. (s. S. 292f.).

[614] Zu Weber vgl. Marianne Weber, Lebensbild; H. N. Fügen, Weber; H. Liebeschütz, Judentum 302–335; W. Schluchter, Max Webers Studie über das antike Judentum; ders., Max Webers Sicht des antiken Christentums; S. Talmon, Sektenbildung.

[615] H. Liebeschütz, Judentum 305.

[616] M. Weber, Rel. Soz. III 401–442; der Abschnitt stammt aus Webers Nachlaß und dürfte nach den Aufsätzen über das antike Judentum (erschienen 1917–1919) verfaßt worden sein. Vgl. G. Stemberger, Das rabbinische Judentum; Deines, Pharisäer 480–482.

[617] AaO. 401f.

pflichtung zu strengster levitischer Reinheit konstituiert. Zu ihm gehörte nicht zwangsläufig jeder Pharisäer, aber er bildete den Kern der Bewegung.

„Seine Mitglieder beanspruchten, weil sie in der gleichen Reinheit lebten, die gleiche persönliche Heiligkeit für sich wie die korrekt lebenden und eine höhere als die unkorrekt lebenden Priester"[618].

An Stelle des aristokratischen priesterlichen Charismas trat die persönliche religiöse Qualifikation. Entscheidend ist für Weber, daß hierin nicht nur eine Absonderung nach außen, sondern auch innerjüdisch vom Am Ha-aretz vollzogen wurde. „In dieser Schärfe war das eine Neuerung"; er sieht hierin „die Grenze der rituellen Kastenabsonderung" erreicht und beschreibt die Pharisäer als „interlokale Sekte". Sie übten einen starken sozialen und ökonomischen Einfluß aus, wie er ihn generell bei Sekten, namentlich bei den puritanischen und täuferischen Sekten der Neuzeit beobachtet[619].

Soziologisch war vor allem die Begründung der Synagoge als zentrale religiöse Institution durch die Pharisäer von Belang. Ihre Entstehung bedeutete die Entwertung der an die Aristokratie gebunden Institutionen Kult und Priestertum zu Gunsten der bürgerlich geprägten Religion der Alltagsfrömmigkeit und ihrer Sachwalter, der „im pharisäischen Sinn *gebildeten* Soferim"[620]. Deren Gesetzesauslegung „akkommodierte sich – bei aller Strenge der rituellen Reinheitsforderung – ganz wesentlich dem Interesse der bürgerlichen Schichten", geprägt von einem „praktisch-ethischen Rationalismus", „wie ihn Kleinbürgerschichten zu entwickeln pflegen", bestimmt von Alltagsbedürfnissen und dem „gesunden Menschenverstand". Dies erkennt er namentlich darin, daß die Pharisäer in den Kontroversen mit den Sadduzäern, deren Gesetzesauslegung überall am Buchstaben haftete, auf die lebenspraktische Umsetzbarkeit der Vorschriften achteten. Weber hebt hervor, wie wenig hier das „dogmatische" Element gegenüber den Alltagsfragen eine Rolle spiele. Dies war eine Anpassung an das „bürgerliche Durchschnittsdenken" und kam den „ökonomischen Interessen der Frommen" entgegen[621]. Auch hinter der Übernahme von Frömmigkeitselementen aus dem gemeinorientalischen Volksglauben wie der Angelo- und Dämonologie sowie der Eschatologie sieht Weber neben dem Zugeständnis an den „Massenglauben" rationale Motive. Die starke Betonung der Gnade Gottes, der durch die Annahme von Zwischenwesen von der Verantwortung für das Böse entlastet wurde, und die Erwartung eines besseren Lebens nach dem Tode entsprechen „den überall verbreiteten religiösen Tendenzen plebejischer Schichten"[622]. Hierzu gehört auch die Heiligung des Lebens um Got-

---

[618] AaO. 402; diese Beschreibung der Chaburot und ihrer Zwecke geht auf GEIGER zurück (GEIGER, Urschr 122ff.; SPh 24f.; Jdt II 90f.; s. S. 160); vgl. SCHÜRER, Gesch II[4] 468ff. (s. S. 234f.).

[619] AaO. 403 (s. S. 322); bereits GEIGER hatte die Pharisäer mit den Independenten und Puritanern verglichen (GEIGER, Urschr 104; s. S. 166). Zur Terminologie von „Sekte" und „Kaste" bei GFRÖRER s. S. 47.

[620] AaO. 409; Hervorhebung von mir.

[621] AaO. 405.

[622] WEBER, aaO. 406; vgl. BOUSSET, Rel[2] 213 (s. S. 259).

tes willen und die Einhaltung vor allem der Gesetze, die der Scheidung der Frommen von den Heiden und den weniger frommen Juden dienten[623]. In alledem sowie in der Betonung der Bildung erweist sich der Pharisäismus als bürgerlich-städtisches Phänomen. Die Chaburot dienten als „Ersatz des bäuerlichen Nachbarverbandes für nicht mehr bodenständige Stadtinsassen"[624]. Unter pharisäischer Führung erfolgte schließlich die Umgestaltung des Judentums zu einem „interlokalen, wesentlich stadtsässigen … Gastvolk", die die Pharisäer durch die Chaburot innerjüdisch bereits vorweggenommen hatten[625].

Die Tempelzerstörung im Jahre 70 besiegelte die Herrschaft des Pharisäismus im Judentum. Da das gesamte Judentum nun pharisäisch wurde, verschwand die Sonderorganisation der pharisäischen Chaburot. Die Bezeichnung „Chaber" ging auf diejenigen über, die eifrig im Gesetz studierten[626]. Bereits vor 70 hatte die pharisäisch-bürgerliche Entwicklung des Judentums vor allem den Machtaufstieg der „,Bildungs'-Aristokratie" der Rabbinen bewirkt[627]. Gegenüber den als Berufsstand formell legitimierten Sopherim waren die Rabbinen eine nicht offiziell legitimierte und organisierte „plebejische Intellektuellenschicht", die ihre Funktion „nebenamtlich, neben ihrem weltlichen Beruf" ausübte[628]. „Sie wirkten durch Belehrung in Wort und Schrift"; „ihre Autorität ruhte auf Kenntnis und intellektueller Schulung"[629]. Erst später wurde das Rabbinenwesen auch formell geordnet[630]. Im Vordergrund ihrer Lehre stand der „ethisch rationale Gehalt der Thora". Ihr Erfolg beruhte auf ihrer „jedem Kinde" einleuchtenden, unmittelbaren rationalen Evi-

---

[623] WEBER, ebd.

[624] AaO. 407; von daher erklärt sich für WEBER, daß der Am Ha-aretz, „der Nicht-Pharisäer, eben ursprünglich der „Landmann" ist" (ebd.). Der Begriff „Am Ha-aretz" bezeichnet indessen „ursprünglich die breite Volksmenge Israels, wird dann Benennung der jüdisch-heidnischen Mischbevölkerung, die aus der Besiedelung Palästinas mit Heiden während der Zeit des babylonischen Exils hervorgegangen war" (J. JEREMIAS, Jerusalem[3] 294; Esra 4,4; 9,1.2.11; 10,2.11; Neh 9,24; 10,29–31; vgl. S. TALMON, עם הארץ; A. OPPENHEIMER, Am Ha-aretz) und durch Esra als „unrein" (Esra 9,11) von der jüdischen Kultgemeinschaft ausgeschlossen wurde. Vor diesem Hintergrund wurde er dann auch auf weniger gesetzesobservante Juden angewendet. WEBERS Verständnis des Begriffes setzt, gängigem deutschem Sprachgebrauch folgend, „Land" mit „Landwirtschaft" gleich und blendet die spezifisch national-religiöse Prägung aus, die der Begriff „Am Ha-aretz" in frühnachexilischer Zeit erhalten hatte. Damit transformiert ihn WEBER, wie das Bild der Pharisäer insgesamt, auf die sozioökonomische Ebene (s. S. 288f.). Als Nebenmotiv findet sich diese Interpretation von „Am Ha-aretz" bereits bei EWALD (s. S. 129).

[625] Ebd.; WEBER macht hier keine chronologischen Angaben. Er hat jedoch ersichtlich das Judentum in der Diaspora und nach 70 im Blick.

[626] AaO. 432.

[627] AaO. 407; dies gilt unabhängig davon, daß die Rabbinen mit den Pharisäern „formell nicht das mindeste zu tun" hatten. Sie waren „nicht der Form, doch ihren Ansichten nach Pharisäer" (aaO. 408). WEBER verknüpft hier chronologisch zwei unterschiedliche Interpretationen von „Chaber", die bislang nur alternativ verwendet worden waren (s. S. 48; 73; 171f.; 175).

[628] AaO. 409f.

[629] AaO. 411.

[630] AaO. 432.

denz[631]. In der rabbinischen Gesetzesauslegung erkennt er, ihrem pharisäischen Ursprung entsprechend, „typische Formen und Schranken" des kleinbürgerlichen Rationalismus. Dies verdeutlicht er im Vergleich mit der römischen Jurisprudenz:

> „Wortdeutung und anschauliche Analogie an Stelle von begrifflicher Analyse, konkrete Kasuistik statt Abstraktion und Synthese"[632].

An Hand der Gesetzespraxis der Pharisäer und Rabbinen führt Weber die These der „pharisäischen Kleinbürgerethik" nochmals aus. Diese habe mit einer „ökonomisch geordneten Methodik innerweltlicher Askese"[633] nichts zu schaffen. Der Genuß des Reichtums, des Geschlechtslebens werde bejaht. Es dominieren aber die „rationalen asketischen Prinzipien", das „Gebot wacher Selbstkontrolle und unbedingter Selbstbeherrschung"[634]. Diese stellen eine alltagstaugliche „Rationalisierung" religiöser Leidenschaften dar, wie er sie in der Erscheinung des altisraelitischen Gottesbildes, aber auch in der „Ressentimentethik" des frühen Christentums findet[635]. Was im Pharisäismus zunächst als weltfeindliche Askese erscheint, entstammt tatsächlich dem Streben nach levitischer Reinheit und bewirkte eine gesteigerte Exklusivität und rituelle Korrektheit, „welche ein Ausscheiden aus der Welt des ökonomischen und sozialen Alltags nicht erforderten". Weber räumt ein, daß dieses Prinzip „natürlich auch bis zu einer grundsätzlichen Ueberbietung der innerweltlichen Sittlichkeit" führen konnte. Dies sei aber nicht für die Pharisäer konstitutiv, sondern für die Essener, die er deswegen als „radikale Pharisäersekte" betrachtet[636].

Im Judentum bewirkte der pharisäische „Reinheits-Ritualismus" durch die Steigerung der rituellen Schranken „eine feste und, weil rituell bedingt, eine *kasten*mäßige Gliederung"[637]. Diese innere Struktur bestimmte auch das Verhältnis des Judentums zur Außenwelt und begründete seine Rolle als „Pariavolk"[638]. Die unter pharisäischem Einfluß entstandene äußere soziale Isolation der Juden nach dem innerjüdischen pharisäischen Modell löste, zusammen mit den ökonomischen Wirkungen dieses starken inneren Zusammenhaltes und der ausgeprägten Proselytenmission, die antike Judenfeindschaft aus, die den Juden dieses Verhalten als „Men-

---

[631] AaO. 414f.; in dieser Hinsicht stellt WEBER sie mit den Propheten und Jesus von Nazareth zusammen. Vgl. die Kategorie der Evidenz bei WELLHAUSEN, Prol[6] 398; IJG[9] 103; 367 (s. S. 215f.).

[632] AaO. 432.

[633] AaO. 419.

[634] AaO. 421.

[635] AaO. 421f.; anders als in theologisch geprägten Entwürfen erscheint hier – auch wenn WEBER die Begriffe in diesem Zusammenhang nicht nennt – die rabbinische Ethik als universalistisches, die christliche Ethik dagegen als partikularistisches Phänomen. Gewichtige Ansätze zu dieser Sicht finden sich bei BOUSSET (s. S. 276).

[636] AaO. 423; vgl. SCHNECKENBURGERs Charakterisierung der Pharisäer als „ascetische Sekte" (Zeitg. 134; s. S. 63).

[637] AaO. 433; er schränkt allerdings ein, daß die innere Struktur des spätantiken Judentums lediglich „wichtige Züge einer solchen" zeige (aaO. 434).

[638] AaO. 434.

schenhaß" auslegte. Weber hebt hervor, daß dies „primär durchaus selbstgewählt und selbstgewollt" war[639].

Die Proselytenwerbung stellt er als spezifisches Anliegen der Pharisäer dar[640]. Auf ihren Einfluß führt er den Aufschwung und die Unerschütterlichkeit der von den Heiden abgesonderten jüdischen Diaspora zurück und erkennt in der paulinischen Mission die pharisäische „Technik der Propaganda und der Schöpfung einer unzerstörbaren Gemeinschaft"[641]. Die einstige Esra'sche Absonderung durch Blutsreinheit entsprach nicht mehr den Interessen des pharisäischen Kleinbürgertums[642]. Der von den Pharisäern vorgezeichnete gesetzliche Heilsweg war jedem zugänglich, nicht nur einer engeren „Heilsaristokratie", zumal in den prophetischen universalistischen Verheißungen für die Völker ein starker Impuls zum Proselytismus lag[643]. So herrschte gerade im Pharisäismus liberale Weite gegenüber den Proselyten. Hinter dem innerchristlichen Konflikt um die Beschneidung in Apg 15,23ff. und 21,21ff. stand kein pharisäisch inspirierter Widerstand gegen die Aufnahme Unbeschnittener in die Gemeinde. Der Widerspruch richtete sich vielmehr gegen den Abfall von „Volljuden" vom Ritual[644]. Attraktiv für die Proselyten ihrerseits war, zumal im bürgerlich-rationalistisch gestimmten Zeitalter der Jahrhunderte vor dem Ende der römischen Republik, der rationale Zuschnitt von Monotheismus, Ethik und Eschatologie im Judentum. Der in der darauf folgenden Kaiserzeit zunehmende Zug zum Irrationalismus kam dagegen den Mysterienreligionen und dem Christentum zu Gute[645].

Jüdische Bedenken gegen die Proselyten gewannen erst nach dem Bar-Kochba-Krieg, unter dem Eindruck des Abfalles zahlreicher Proselyten und der allgemeinen Verschärfung der Beziehungen zur Außenwelt, das Übergewicht. Dies führte schließlich zum völligen Erliegen der Proselytenwerbung[646] und zum Rückzug auf die traditionelle, rituell fest geordnete Lebensführung. Darin erblickt Weber eine Reduktion auf die exklusive Seite des Pharisäismus und zieht das Fazit:

---

[639] AaO. 434f. (s. S. 328). Indem WEBER nur in Anführungszeichen vom „‚Antisemitismus' in der Antike" spricht (aaO. 434), gibt er deutlicher als der Theologe BOUSSET (s. S. 277f.) zu erkennen, daß es sich bei modernem Antisemitismus und antikem Judenhaß um in vieler Hinsicht analoge, nicht aber um identische Phänomene handelt.

[640] AaO. 435; belegt nur durch Mt 23,15. Vgl. HARNACK, Mission¹ 1; E. WILL/C. ORRIEUX, Proselytisme.

[641] AaO. 403; auch die „Eucharistien" der Pharisäer seien „sicherlich vorbildlich für die spätern christlichen Institutionen gleicher Art" gewesen, aaO. 404. Vgl. BOUSSETs Hinweis auf die Vorarbeit der jüdischen Diaspora für die urchristliche Mission in Rel² 93.

[642] WEBER, aaO. 436.

[643] AaO. 417.

[644] AaO. 439; er betont, daß die Mission des Paulus sich nach pharisäischem Muster an unbeschnittene Proselyten richtete.

[645] AaO. 437f.. Gegenüber diesem ist am Judentum vor allem die Bindung des Geistes Gottes ans Gesetz rational (aaO. 441; vgl. BOUSSET, Rel² 149).

[646] AaO. 441; WEBER verweist daneben auch auf das spätere Verbot jüdischer Mission durch christliche Kaiser.

„Dies alles ließ und läßt die jüdische Gemeinschaft in ihrer selbstgewählten Lage als Paria-volk verharren, solange und soweit der Geist des jüdischen Gesetzes, und das heißt: der Geist der Pharisäer und spätantiken Rabbinen ungebrochen weiterbestand und weiterbesteht"[647].

Es wird deutlich: Obwohl Weber die Forschungsergebnisse der protestantischen Bibelwissenschaft übernimmt, ist seine Zeichnung der Pharisäer nicht von theologischen Wertsetzungen bestimmt. Seine religionssoziologische Definition der Pharisäer als Kleinbürgerschicht ist aus dem nicht auf das Judentum begrenzten religionsphänomenologischen Vergleich, in erster Linie mit den Puritanern, erwachsen. Sie ist einschließlich ihrer ökonomischen Implikationen maßgeblich für seine Wahrnehmung der pharisäischen Frömmigkeit. Hierin ist er von allen bisher behandelten Autoren unterschieden, deren Interpretation der Pharisäer auf ihnen zugeschriebenen theologischen Qualitäten beruht[648]. Die Analogiebildung in Webers Pharisäerdarstellung ist nicht von theologischen bzw. heilsgeschichtlichen Prämissen bestimmt.

Dies zeigt sich in seiner Rezeption von Begriffen und Anschauungen, die in theologisch bestimmten Pharisäerbildern werthaft besetzt sind. Den Begriff „Sekte" wendet er, wie Wellhausen und Bousset, religionssoziologisch auf die Pharisäer an. Von diesen Vorgängern unterscheidet er sich darin, daß der Begriff bei ihm keinen werthaften Beiklang hat. Weber gebraucht ihn phänomenologisch, während er bei Wellhausen und Bousset unter theologischen Prämissen eine hinter der „Kirche" qualitativ zurückbleibende Religionsform kennzeichnet[649]. Der „ethische Rationalismus", den Weber in der pharisäischen Frömmigkeit erkennt, erscheint als positiv aufgefaßter Wertbegriff. Er charakterisiert eine praktisch ausgerichtete, von nüchterner Weltbezogenheit bestimmte Frömmigkeit, deren wichtigste Eigenschaft „gesunder Menschenverstand" ist[650]. Der Begriff „Rationalismus" bezeichnet hier nicht, wie in romantisch geprägten Entwürfen, einen Antitypus gemütvoller religiöser Ideale[651]. Vielmehr beschreibt er eine aus ökonomischen, nicht

---

[647] AaO. 442.

[648] Das gilt auch für Gfrörer. Mit dessen Darstellung der Pharisäer und Rabbinen in Analogie zum katholischen Klerus (s. S. 52) stimmt die Analogisierung der Pharisäer mit den Puritanern bei Weber darin überein, daß beide die Pharisäer in einem über das Judentum hinausweisenden religionssoziologischen Vergleichshorizont wahrnehmen. Aber auch wenn in Gfrörers Darstellung der Pharisäer theologische Wertsetzungen zurücktreten, bestimmt er ihr Wesen nach religiösen Gesichtspunkten. Das gilt letztlich auch von Ed. Meyer, der die Pharisäer zwar nicht theologisch beurteilt, aber in seiner universalhistorisch-religionskritischen Darstellung die theologisch bestimmte Negativbewertung der Pharisäer aus der protestantischen Bibelwissenschaft übernimmt (s. Anm. 654).

[649] Vgl. Wellhausen, PhS 95; IJG⁹ 277; 357 (s. S. 208f.; 224); Bousset, Rel² 110 (s. S. 272f.; 276f.). Das gilt auch unter Berücksichtigung von Wellhausens kritischer Sicht der Kirche.

[650] Terminologisch und sachlich liegt diese Charakterisierung des Pharisäismus nahe bei Wellhausens von positiver Wertschätzung bestimmter Beschreibung des „ethischen Monotheismus" der Propheten (IJG⁹ 108; s. S. 207).

[651] So bei Reuss, Jdt 340f. („einseitige Verstandesrichtung des jüdischen Schulgeistes", s. S. 92f.); Wellhausen, PhS 16f. („Intellektualismus"; s. S. 203f.); Bousset, Rel² 149 („rationalistischer Charakter" des Pharisäismus; s. S. 262). Vgl. auch die negative Charakterisierung der Sadduzäer als „rationalistische Heterodoxen" bei Schneckenburger, Einl 75 (s. S. 66).

aus theologischen Voraussetzungen abgeleitete, angemessene realistische Haltung zur Bewältigung einer gegebenen Situation[652]. Die Motive von „Fortschritt" und „Demokratie" werden bei den Gelehrten mit theologischem Hintergrund nur begrenzt mit den Pharisäern in Verbindung gebracht. Sie bezeichnen in erster Linie die Rolle der Pharisäer als Repräsentanten der Volksfrömmigkeit gegenüber den Sadduzäern, bei Bousset auch als Träger neuer religiöser Elemente. Diese positive Wahrnehmung bezieht sich jedoch nur auf die Züge des Pharisäismus, die sich später auch im Christentum finden. Spätestens mit der Entstehung des Christentums endet daher die positive Rolle der Pharisäer; letztlich dominiert das Bild der elitär „Abgesonderten". In Webers soziologisch bestimmter Wahrnehmung der Pharisäer dagegen bleiben die fortschrittlich-demokratischen Züge der Pharisäer bis weit über das Jahr 70 hinaus in Geltung. Das Jahr 70 spielt im Grundsätzlichen für ihn keine Rolle. Es markiert zwar, dem allgemeinen Erkenntnisstand seiner Zeit entsprechend, die historische Trennlinie zwischen Pharisäismus und ausgebildetem Rabbinismus. Anders aber als in theologisch geprägten Entwürfen ist dies keine Unterscheidung von grundsätzlich qualitativer Bedeutung.

Pharisäismus und Diaspora werden aus theologischer Perspektive als grundsätzlich verschiedene Phänomene und Spannungspole eines innerjüdischen Widerspruches wahrgenommen: Die Pharisäer repräsentieren das im Partikularismus erstarrende Judentum und nehmen darin den Rabbinismus vorweg. In der Diaspora manifestiert sich der schillernde Bezug des Judentums zum Universalismus. Ein wirklicher Universalismus wird erst im Christentum erreicht. Dagegen sieht Weber Pharisäismus und Diaspora eng zusammen und erklärt die universalistischen Züge des Ersteren aus sozioökonomischen Bedingungen. Die Charakterisierung der Pharisäer als extrem partikularistische Juden – sei es von vornherein, wie bei Wellhausen, sei es im Endeffekt, wie bei Bousset – erweist sich im Vergleich hiermit als theologisch bedingte einseitige Interpretation.

Die Absonderung der Pharisäer durch die Übernahme priesterlicher Reinheitsvorschriften im Alltag allerdings, die für die von theologischen Prämissen bestimmten Pharisäerbilder konstitutiv ist und auch von Weber als religiöses Hauptmerkmal der Pharisäer erkannt wird, ist in sein Pharisäerbild nicht wirklich integriert. Er beschreibt zwar die sozioökonomischen Konsequenzen dieses Grundsatzes, aber in der Herleitung der pharisäischen Frömmigkeit aus schichtspezifischen Bedürfnissen von Kleinbürgern hat dieser Aspekt keinen Raum. Worin die rationale Evidenz gerade dieses zentralen Aspektes des Pharisäismus liegt, bleibt offen. Weber ist hier mit einem genuin religiösen Faktor konfrontiert, der sich den von ihm zu Grunde gelegten sozioökonomischen Entstehungsbedingungen religiöser Mentalitäten ent-

---

[652] Apokalyptik und Mystik sind Webers Bild der rationalistischen Pharisäer eigentlich fremd. Anders als Wellhausen und Bousset aber leitet er aus ihrem Vorkommen im eigentlich rationalistischen Pharisäismus keinen innerjüdischen Widerspruch ab.

zieht[653]. An dieser Stelle werden die Grenzen auch des Weber'schen Anschauungsmodelles deutlich.

Abschließend ist festzuhalten: Weber folgt in der Darstellung der historischen Tatsachen im Einzelnen den Erkenntnissen der protestantischen Bibelwissenschaft. Im Gesamtbild hingegen macht sich in Webers nicht von theologischen Prämissen bestimmtem historischem Bezugsrahmen in der werthaften Zuordnung der historischen Tatsachen ein von den theologisch geprägten Darstellungen deutlich unterschiedener Wertbezug bemerkbar. Obwohl die Pharisäer das Judentum repräsentieren, wird der Pharisäismus aus allgemein gültigen sozioökonomischen Voraussetzungen erklärt, die nicht an genuin jüdische Verhältnisse gebunden sind. Die spezifisch religiösen, und das heißt in diesem Falle, die charakteristisch jüdischen Momente im Pharisäismus werden in Webers Darstellung, anders als in theologischem Kontext, gegenüber den allgemein analogisierbaren Voraussetzungen allerdings nicht hinreichend gewürdigt. Webers Verzicht auf theologische Wertbezüge führt zur Verkürzung der religiösen Dimension insgesamt und zu ihrer Unterordnung unter die wirtschaftlichen und politischen Entwicklungen. Auch wenn bei Weber im Gegensatz zu theologisch geprägten Pharisäerdarstellungen die religiöse Dimension in ihrer Eigengesetzlichkeit nicht wirklich in den Blick kommt – im Vergleich mit seiner Skizze wird noch einmal deutlich, wie sehr die Wahrnehmung der Pharisäer als Negativtypus und die Bewertung ihrer Frömmigkeit als religiöse Sackgasse auf werthaften Prämissen christlicher Theologie beruhen[654].

---

[653] Hierin entspricht WEBERS Pharisäerbild demjenigen GEIGERS: Auch GEIGER, dessen Beschreibung der pharisäischen Chaburot WEBER übernimmt, hatte die Frömmigkeit der Pharisäer als Konsequenz schichtspezifischer sozialer Interessen, als Ausdruck und Instrument des Bestrebens des Bürgertums nach politischer Emanzipation vom Adel, gedeutet. WEBER behält dieses Anschauungsmodell im Grundsatz bei, setzt den Akzent aber primär auf die ökonomischen Motive dieser Entwicklung. Ferner ist zu beachten, daß bereits in dem von geschichtstheologischen Vorzeichen bestimmten Pharisäerbild EWALDS der Primat der Politik die Interpretation der pharisäischen Religiosität bestimmt (s. S. 120ff.; S. 285 Anm. 624); vgl. auch die Unausgeglichenheit von soziologischen und theologischen Aspekten in der Pharisäerdarstellung HAUSRATHS (s. S. 172ff.).

[654] Anders als M. WEBER übernimmt der Althistoriker EDUARD MEYER (1855–1930; vgl. NDB XVI, 309–310; H. LIEBESCHÜTZ, Judentum 269–301; CH. HOFFMANN, Judentum 133–189; DEINES, Pharisäer 482–487), der sich intensiv mit dem Judentum beschäftigte, in seinem 1921–1923 erschienenen Spätwerk „Ursprung und Anfänge des Christentums" nicht nur die historischen Aspekte des von WELLHAUSEN, SCHÜRER und BOUSSET erarbeiteten Bildes der Pharisäer und des Judentums in einen universalhistorischen Betrachtungshorizont, sondern auch dessen werthafte Motive. Stärker als die Genannten betont MEYER aber die Orthodoxie des gesamten nachmakkabäischen Judentums, durch die das hellenistische Reformjudentum und die hellenistische Kultur in weiten Gebieten des Orients vernichtet wurden. Dieses Judentum ist für ihn wesentlich pharisäisch; als seine Hauptrepräsentanten beschreibt er aber die Schriftgelehrten. Die Pharisäer bewirkten durch ihre kirchlich-gesetzliche Politikverweigerung die Destruktion des jüdischen Staates und eine verhängnisvolle Dominanz des Religiösen über das Politisch-Nationale. Deren Folgen sieht MEYER durch das Christentum bis in die Neuzeit vermittelt, in Gestalt von gegen politische Vernunft, Kultur und Individuum gerichteter dogmatischer Intoleranz und religiösem Fanatismus. Hierin schreibt er die Religionskritik der Aufklärung fort. Indem MEYER die Wurzeln der im Christentum kritisierten Mißstände im Judentum sucht, verbindet sich, wie schon im 18. Jahrhundert, die antiklerikale Ausrichtung dieser Kritik bei ihm mit Bildern des Judentums und der Pharisäer, die von christlicher Apologetik bestimmt sind.

VII. Systematische Zuordnungen von Christentum und Judentum

16. Adolf von Harnack

Der Kirchen- und Dogmenhistoriker Adolf v. Harnack (1851–1930), die prägende theologische Gestalt im liberalen Protestantismus vor dem Ersten Weltkrieg[1], hielt als Höhepunkt seines weit in die Öffentlichkeit ausstrahlenden Wirkens im Wintersemester 1899/1900 die Vortragsreihe „Das Wesen des Christentums", die, theologisch im Rückgriff auf Schleiermacher, den liberalen religiösen Anschauungen seiner Epoche ihren klassischen Ausdruck verlieh[2]. An dieser Stelle hat er auch das Verhältnis des Christentums zum Judentum grundsätzlich qualifiziert.

Harnack arbeitet zu Beginn der Vorträge den historisch-systematischen Zuschnitt seiner Darstellung heraus. „Jesus Christus und sein Evangelium"[3] bestimmt er als Ausgangspunkt des Christentums. Da Jesus aber „selbständiges religiöses Leben … entzünden"[4] wollte, betont er, das Evangelium sei nicht „in allen Stücken identisch mit seiner ersten Form", dem Urchristentum; vielmehr enthalte es „immer Gültiges in geschichtlich wechselnden Formen" der Kirchengeschichte[5]. Diese bezieht Harnack daher in seine Wesensbestimmung des Christentums ein und gliedert seine Vorträge in die Großabschnitte „Das Evangelium" und „Das Evangelium in der Geschichte".

Das Evangelium, das Harnack im ersten Abschnitt als präsentisch und innerlich-individuell verstandene Predigt Jesu vom Reich Gottes beschreibt[6], definiert er als „die Religion selbst"[7]: Durch die existenzielle Grundlegung oberhalb aller irdischen Werte in der unmittelbaren Gottesbeziehung erhalte die Menschenseele ihren „unendlichen Wert"; hieraus erwächst die Ethik der auf diesen ewigen Wert

---

[1] Zu Harnack vgl. Zahn-Harnack; TRE XIV (1985) 450–458; R. Deines, Pharisäer 194–206.

[2] Die Vorträge erschienen 1900 als Buch, bis 1927 in 14 Auflagen, mit Übersetzungen in viele Sprachen; Nachdrucke 1950 und 1977. W. Bousset verglich es in seiner Rezension (Das Wesen des Christentums, ThR 4/1901, 89–103) als „Jahrhundertbuch" (aaO. 90) in seiner theologischen Ausrichtung und seiner Bedeutung mit Schleiermachers „Reden über die Religion" (Schleiermacher, KGA I/2 187–326; im Folgenden zit. als „Reden").

[3] Harnack, Wesen 6 (zit. ist stets die Ausgabe von 1950).

[4] AaO. 7.

[5] AaO. 8.

[6] AaO. 31 ff.

[7] AaO. 38; s. Anm. 26.

gegründeten „Gesinnung"[8]. Im zweiten Abschnitt zeichnet Harnack nach, wie sich das Evangelium in der Kirchengeschichte auswirkt. Daß es sich dort stets wieder gegen neue, durch irdische Bedingtheiten entstandene Trübungen durchsetzen muß, ist für Harnack ein zwangsläufiger Prozeß jeglicher Religionsgeschichte. Insofern spielt das auch von ihm festgestellte Eindringen „inferiorer" Elemente aus dem Alten Testament ins Christentum[9] keine wirkliche Rolle in seiner Darstellung. Seine Zeichnung der Kirchengeschichte im Wechselspiel von Kern und Schale[10] gipfelt in der Behandlung der christlichen Religion im Protestantismus: In der Reformation sei „das Evangelium wirklich wieder erreicht" worden[11], und Harnack betont zuversichtlich: „Der Protestantismus ist, Gott sei Dank, noch nicht so schlimm daran, daß die Unvollkommenheiten und Verwirrungen, in denen er begonnen hat, die Oberhand gewonnen und sein eigentliches Wesen gänzlich verkümmert und erstickt hätten"[12].

Obwohl Harnack das Christentum in allgemein gültigem Sinne als „die Religion selbst" definiert, ist, seiner Absicht entsprechend, seinen Gegenstand „lediglich im historischen Sinn" zu behandeln, das Judentum die einzige Religion, die er dem Christentum gegenüberstellt[13]. In seiner Abgrenzung des christlichen Wesens vom jüdischen folgt er ausdrücklich Wellhausens Darlegungen im Kapitel „Das Evangelium" aus der „Israelitisch-jüdischen Geschichte", mit dem er auch entscheidende theologische Wertvorstellungen teilt. Gegenüber dem Judentum liegt das Wesen des Christentums in den religiösen Werten, die es jenem voraus hat: In einem kurzen Umriß zählt Harnack auf:

> „... der religiöse Individualismus, Gott und die Seele, die Seele und ihr Gott, ... der Subjektivismus, ... die volle Selbstverantwortlichkeit des einzelnen, ... die Loslösung des Religiösen von dem Politischen"[14].

---

[8] HARNACK, aaO. 38ff.; 43ff.; hieraus leitet er die „Hauptbeziehungen des Evangeliums im einzelnen" auf Askese, soziale Frage, irdische Ordnungen, Kultur, Christologie und Bekenntnis ab (aaO. 47ff.).

[9] AaO. 111; s. zu SEMLER S. 29f.

[10] AaO. 115ff.; 146ff.; HARNACKs Unterscheidung von „Inhalt" und „Form" entspricht sachlich dem auch von ihm verwendeten Bild von Kern und Schale (vgl. aaO. 8f.; 34), mit dem er an WELLHAUSENs Bild des nachexilischen Judentums anknüpft (WELLHAUSEN, IJG[9] 193; s. S. 207).

[11] HARNACK, aaO. 169.

[12] AaO. 175; s. zu BOUSSET S. 276f.

[13] AaO. 4; so schon SCHLEIERMACHER, Reden 314. Vgl. R. BULTMANNs Bemerkung im Geleitwort der Neuausgabe von HARNACKs Vorträgen, es sei „eine Schwäche Harnacks" gewesen, daß er aus der Perspektive der Dogmengeschichte „die Bedeutsamkeit der sog. religionsgeschichtlichen Schule verkannte" und ihm ihre Fragestellungen verschlossen blieben (aaO. X). Dies wird deutlich im Vergleich mit TROELTSCHs ein Jahr jüngerer Arbeit „Die Absolutheit des Christentums und die Religionsgeschichte" und den drei Jahre später gehaltenen Vorträgen BOUSSETs „Das Wesen der Religion, dargestellt an ihrer Geschichte". BOUSSET betitelt darin den 7. Vortrag mit „Das Wesen des Christentums" (BOUSSET, Wesen 192); die darin enthaltenen kirchenhistorischen Ausführungen basieren nach BOUSSETs Auskunft „im wesentlichen auf Harnacks schöner Darstellung im ‚Wesen des Christentums'" (BOUSSET, aaO., Anm. z. S. 223ff.).

[14] HARNACK, aaO. 21 (s. zu WELLHAUSEN S. 216f.).

Das Evangelium kam in der Verkündigung Jesu als der wahre Kern der Religion rein zur Geltung, befreit von gesetzlichen jüdisch-rabbinischen Trübungen:

„Die reine Quelle des Heiligen war zwar längst erschlossen, aber Sand und Schutt war über sie angehäuft worden und ihr Wasser war verunreinigt. Daß nachträglich Rabbinen und Theologen dieses Wasser destillieren, ändert, selbst wenn es ihnen gelänge, nichts an der Sache. Nun aber brach der Quell frisch hervor und brach sich durch Schutt und Trümmer einen neuen Weg, durch jenen Schutt, den Priester und Theologen aufgehäuft hatten, um den Ernst der Religion zu ersticken"[15].

Der zeitgeschichtliche Zusammenhang der Predigt Jesu mit dem Judentum ist für Harnack indessen „unbedeutend". Hierin liegt, trotz des ausdrücklichen Rekurses auf Wellhausen, über diesen und die seit Gfrörer erarbeiteten Erkenntnisse hinweg ein Rückgriff auf Schleiermachers einseitige Betonung der Diskontinuität Jesu und des Christentums gegenüber dem Judentum. In diesem Zusammenhang weist Harnack die in den in dieser Arbeit vorgestellten Geschichtsentwürfen vertretene Auffassung zurück, „man könne die Predigt Jesu nicht verstehen ..., wenn man sie nicht im Zusammenhang der damaligen jüdischen Lehren betrachte und diese allen zuvor aufrolle"[16].

Die Pharisäer repräsentieren, wie auch bei Wellhausen, als Gegenbild zu Jesus die gesetzliche Schale der Religion und darin das „gemeine Menschenwesen überhaupt":

„Sie dachten sich Gott als den Despoten, der über dem Zeremoniell seiner Hausordnung wacht, er [*scil.*: Jesus] atmete in der Gegenwart Gottes. Sie sahen ihn nur in seinem Gesetze, das sie zu einem Labyrinth von Schluchten, Irrwegen und heimlichen Ausgängen gemacht hatten, er sah und fühlte ihn überall. Sie besaßen tausend Gebote von ihm und glaubten ihn deshalb zu kennen; er hatte nur *ein* Gebot von ihm, und darum kannte er ihn. Sie hatten aus der Religion ein irdisches Gewerbe gemacht – es gab nichts Abscheulicheres –, er verkündete den lebendigen Gott und den Adel der Seele"[17].

Über den antiken Kontext hinaus findet Harnack in Judentum und Pharisäismus paradigmatisch Traditionalismus, Intellektualismus und Ritualismus, die Elemente

---

[15] AaO. 29; im Folgenden spitzt HARNACK diese Anschauung ausdrücklich auf „pharisäische Lehrer" (ebd.) zu. Vgl. WELLHAUSEN, IJG⁹ 367 (s. S. 203).

[16] HARNACK, aaO. 10; vgl. SCHLEIERMACHER, Reden 314 (s. S. 42f.; s. zu HAUSRATH S. 188), sowie die Schriften SCHÜRERS und BOUSSETS über die Predigt Jesu im Gegenüber zum Judentum (s. S. 245–247; 274f.). Den Widerspruch dieser Aussagen mit der von WELLHAUSEN übernommenen Anschauung, Jesus habe die „reine Quelle des Heiligen" unter dem jüdischen „Schutt" wieder freigelegt (s. wie Anm. 15), gleicht HARNACK nicht aus. Der hier berührte Grundkonflikt um die Bedeutung des Judentums für das Christentum drückte sich bereits in GFRÖRERS Polemik gegen SCHLEIERMACHER aus (GFRÖRER, Jahrh I 109; Sage I, V; s. S. 54; 56) und bestimmte EWALDs Verhältnis zur Tübinger Schule: Die Tübinger „faßten die Aufgabe von hinten an, er von vorne. Sie wollten das christliche Dogma ... zurückverfolgen bis auf seinen Anfang ... in dem gekreuzigten und auferstandenen Christus, nicht aber in Jesus von Nazareth, wie er in den Evangelien erscheint ... Er dagegen wollte die israelitische Geschichte zu Ende führen und fand ohne Schwierigkeit das Ziel, auf das sie hinstrebte, in dem Erfüller des Gesetzes und der Propheten" (WELLHAUSEN, Grundrisse 134).

[17] HARNACK, aaO. 31; vgl. WELLHAUSEN, IJG⁹ 364 (s. S. 203; 216f.).

der „natürlichen Religion" verkörpert, die er auch in der Kirchengeschichte –
idealtypisch entfaltet am Beispiel des „griechischen Katholizismus" – vorfindet[18]:

> „Nichts ist trauriger zu sehen als diese Umwandlung der christlichen Religion aus einem
> Gottesdienst im Geist und in der Wahrheit zu einem Gottesdienst der Zeichen, Formeln und
> Idole! ... Um diese Art von Religion aufzulösen, hat sich Jesus Christus ans Kreuz schlagen
> lassen; nun ist sie unter seinem Namen und seiner Autorität wieder aufgerichtet!"[19]

Im Hinblick auf den römischen Katholizismus erscheinen die Pharisäer, über
Traditionalismus, Intellektualismus und Ritualismus hinaus, als Repräsentanten der
als Rechtsanstalt „verfaßten Kirche"[20] und der „politischen Kirche", die sich, wie
auch die politischen Parteien, als unberufene Obrigkeit neben der legitimen etabliert. Harnack spricht in diesem Zusammenhang von „Terrorismus" und formuliert den Spitzensatz:

> „Die Priester und Pharisäer hielten das Volk in Banden und mordeten ihm die Seele"[21].

Harnack knüpft in dieser Darstellung des Evangeliums und der Pharisäer an die
Tradition liberaler Jesusdeutungen des 19. Jahrhunderts an[22] und stützt sich auf die
aktuellen Ergebnisse der protestantischen Bibelwissenschaft, in erster Linie auf
Wellhausens „Israelitisch-jüdische Geschichte". Methodisch hält er fest, daß man
nicht „absolute Werturteile als Ergebnisse einer rein geschichtlichen Betrachtung
abstrahieren" könne: Sie entspringen als „subjektive Tat" der Empfindung und
dem Willen, nicht der Erkenntnis[23]. Das Wesen des Christentums erkennt Harnack
aus seiner Geschichte[24]. Über die historisch nachvollziehbare „Lebenserfahrung"
hinausgehende Wesensbestimmungen für das Christentum schließt er, in Gestalt
christlich-apologetischer Wahrheitsbehauptungen wie auch religionsphilosophi-
scher Ableitungen aus einem spekulativ erschlossenen religiösen Allgemeinbegriff,
a priori aus seiner Betrachtung des Christentums aus[25]. Mit der Auffassung jedoch,
daß in dem von Jesus verkündigten Gottesreich „etwas Überweltliches, eine Gabe

---

[18] HARNACK, aaO. 132ff.; zur „natürlichen Religion" vgl. SCHLEIERMACHER, Reden 308ff.

[19] HARNACK, aaO. 141f.; vgl. Joh 4,23f.

[20] AaO. 149 (s. zu WELLHAUSEN S. 223ff.); im Hinblick auf Paulus' Verhältnis zur alttestamentlich-jüdischen Tradition bemerkt HARNACK aaO. 104: „Es gibt kein konservativeres und zäheres Ge-
bilde als eine verfaßte Religion; soll sie einer höheren Stufe weichen, muß sie abgetan werden".

[21] AaO. 62; vgl. WELLHAUSEN, IJG[9] 284 (s. S. 203); in der Sache entspricht dies der häufigen
Wahrnehmung der Pharisäer als „fanatisch" (s. S. 324f.). Gegen HARNACKs Werturteile über Pha-
risäer und Judentum hat es mehrere Einsprüche von jüdischer Seite gegeben, so von M. GÜDE-
MANN, J. ESCHELBACHER, I. ELBOGEN (s. S. 270 Anm. 526), am gewichtigsten von L. BAECK (Das
Wesen des Judentums, 1905; vgl. U. TAL, Theologische Debatte um das „Wesen des Christen-
tums"; S. MASON, Problem of the Pharisees 106f.; R. DEINES, Pharisäer 207–237).

[22] Vgl. H. WEINEL, Jesus 104–139.

[23] HARNACK, aaO. 11.

[24] AaO. 6ff.

[25] AaO. 4ff.; vgl. SCHLEIERMACHER, Reden 314: „bei steifen Systematikern, bei seichten Indif-
ferentisten werdet ihr den Geist einer Religion nicht finden, sondern bei denen, die in ihr leben
als in ihrem Element, und sich immer weiter in ihr bewegen, ohne den Wahn zu nähren, daß sie sie
ganz umfaßen könnten". So auch GFRÖRER, Jahrh I 111; Sage I, VII (s. S. 56); REUSS, Jdt 325f.
(s. S. 107f.); vgl. die systematische Bearbeitung dieses Problemkreises bei TROELTSCH.

von oben, nicht ein Produkt des natürlichen Lebens", sondern „das Ewige" „in die Zeit eingetreten" ist, führt Harnack subjektiv-absolute Werturteile in die historische Betrachtung ein und erklärt im Folgenden, daß das Evangelium „überhaupt keine positive Religion ist wie die anderen, daß es nichts Statuarisches und Partikularistisches hat, daß es also die Religion selbst ist"[26]. Im Hinweis auf die Abwesenheit von Statuarischem und Partikularistischem ist der Geschichtsbeweis der Absolutheit des Evangeliums, d.h., die Objektivierung des eigentlich nur subjektiv zu Konstatierenden, bereits *in nuce* enthalten. Ausgeführt ist er in der Abgrenzung vom Judentum. Darüber hinaus betont Harnack „die Paradoxie der Religion" zu „der sinnlichen Erfahrung und dem exakten Wissen" und verweist auf ihren rein „überweltlichen Wert", der den Anspruch der christlichen Religion begründet, „daß erst sie und sie allein den Urgrund und Sinn des Lebens enthüllt"[27]. Damit hat auch Harnack die historische Betrachtung des Christentums in einen historisierten Offenbarungsbegriff eingebunden. Darin, wie auch in der Platzanweisung von Judentum und Pharisäismus schließt sich mit Harnacks „Wesen des Christentums" der Kreis um ein ganzes Jahrhundert wieder zu Schleiermachers „Reden über die Religion".

17. *Ernst Troeltsch*

Ernst Troeltsch (1865–1923), der Systematiker der Religionsgeschichtlichen Schule[28], hat 1901 in dem Vortrag „Die Absolutheit des Christentums und die Religionsgeschichte" die in den hier behandelten Geschichtsentwürfen offen gebliebene hermeneutische Frage nach einer tragfähigen Vermittlung zwischen historischem Objektivitätsanspruch und religiösen Wertsetzungen einer grundsätzlichen systematischen Bearbeitung unterzogen. Diese Frage hatte, nachdem die Gelehrten der Religionsgeschichtlichen Schule mit der Betrachtung des Christentums im Kontext der allgemeinen Religionsgeschichte begannen, eine über die traditionell heilsgeschichtlich orientierte Abgrenzung zum Judentum weit hinausgehende Bedeutung erhalten. Auch Troeltsch führt, wie bereits Harnack, seine Erwägungen, die den hermeneutischen Rahmen für Boussets „Religion des Judentums" im Voraus umreißen, ausdrücklich auf Wellhausen zurück: Sie seien der Versuch, Wellhausens Forschungsmethode „in die Theorie zu übersetzen"[29]. Auf der theologi-

---

[26] HARNACK, aaO. 37f.; dies nimmt SCHLEIERMACHERS Definition aus der 5. der „Reden über die Religion" auf, daß das Christentum „die Religion selbst als Stoff für die Religion verarbeitet, und so gleichsam eine höhere Potenz derselben" und deswegen „durch und durch polemisch" nach außen und innen sei (Reden 317f.).

[27] AaO. 42.

[28] Zu TROELTSCH vgl. RGG² V 1284–1287; RGG³ VI 1044–1047; H.-G. DRESCHER, Troeltsch; H. RENZ/K. H. GRAF, Troeltsch-Studien; K. H. GRAF/H. RUDDIES, Troeltsch Bibliographie; G. LÜDEMANN/M. SCHRÖDER 81–87; G. LÜDEMANN, Religionsgeschichtliche Schule (hg. v. B. MOELLER) 356–361; H. RENZ, Troeltsch und Bousset; K. LEHMKÜHLER, Kultus; J. H. CLAUSSEN, Jesus-Deutung.

[29] TROELTSCH, Absolutheit XVII (zit. ist stets die 3. Aufl.). In der Sache ist es unerheblich, daß sich dies im zitierten Zusammenhang auf eine früher veröffentlichte Abhandlung bezieht („Die

schen Seite versteht er dies als erneuten Rückgang „auf die altliberale Theologie" –
d.h. auf Schleiermacher –, um „von neuem die Grundbegriffe der idealistisch-evo-
lutionistischen Apologetik zu prüfen, die allein mit dem universalen historischen
Gedanken Ernst gemacht hat"[30].

Troeltsch geht von dem Grundproblem aus, daß in der historischen Darstellung
des Christentums nicht nur die supranaturalistische Offenbarungstheologie, sondern auch die Transformation des Offenbarungsbegriffes in idealistische Denkformen historisch in einen Zirkelschluß von absoluten Werturteilen und relativer historischer Erkenntnis führt: „Die Konstruktion des Christentums als der absoluten
Religion ist von historischer Denkweise aus und mit historischen Mitteln unmöglich"[31]. Die Auffassung des Christentums als Realisierung eines allgemeinen Religionsbegriffes führt zur Konstruktion von Religionsbegriffen, die „nur eine blasse-
re Formulierung des Christentums sind und ohne weitere ernstliche Begründung
das Christentum einfach als die überall angestrebte Idealreligion bezeichnen"[32],
und wird der individuellen Eigenart historischer Erscheinungen nicht gerecht. Der
Versuch, historisch zwischen absoluten werthaften Ideen und historisch-relativer
Erscheinungsform zu unterscheiden, wie es im Bild von Kern und Schale geschieht, verstellt die Einsicht, daß, nimmt man die Geschichte in ihrer relativen Eigenart ernst, ihre Konstruktion aus absoluten Wertkategorien scheitern muß:
„Und doch bleibt es in all diesen Versuchen immer dabei, daß wirkliche Absolutheit des Kernes auch die Schale verabsolutiert und wirkliche Relativität der Schale
auch den Kern relativiert"[33].

Hierin umreißt Troeltsch mit Blick auf Hegel und Schleiermacher den in dieser
Arbeit am deutlichsten in Ewalds Geschichtsentwurf hervortretenden hermeneutischen Zirkel. Angesichts der Unhaltbarkeit der idealistischen Anwendung axioma-
tischer Wertbegriffe auf die Geschichte, d.h. gegenüber der Auffassung, daß die aus
einem allgemeinen Religionsbegriff abgeleitete, letztlich aber doch apriorisch po-
stulierte Absolutheit des Christentums historisch verifizierbar sei, vertritt er die
Ansicht, daß die Absolutheit einer Religion nach historischen Maßstäben aus der
auf einen jenseits ihrer selbst liegenden absoluten Wert hin angelegten Geschichte
selbst abzuleiten sei[34]. Für diese Urteilsgewinnung verwendet Troeltsch den Begriff
„Offenbarung"[35]; ihre Maßstäbe gewinnt er aus der Gewichtung der zwischen den
Religionen herrschenden Unterschiede „in der Tiefe, Kraft und Klarheit des geof-
fenbarten höheren Lebens"[36]. Mit Blick auf die nach diesen Grundsätzen von

---

Selbständigkeit der Religion", in ZThK V/1895; VI/1896; Zitat VI 102). Zum Bezug auf WELL-
HAUSEN vgl. CLAUSSEN, Jesus-Deutung 65–78; zum Bezug von BOUSSETS „Religion" auf
TROELTSCH s. S. 273.

[30] TROELTSCH, aaO. 41.

[31] AaO. 20.

[32] AaO. 25.

[33] AaO. 28f.; daß TROELTSCH aaO. 118f. dann doch wieder zwischen Sache und Form unter-
schiedet, verweist auf die ungelöst bleibenden Probleme seines Ansatzes.

[34] AaO. 52ff.

[35] so aaO. 52.

[36] AaO. 53.

seinem historischen Gewährsmann Wellhausen vorgebrachten Geschichtsbeweise für die Überlegenheit des Christentums über das Judentum läßt sich bereits hier im Vorgriff auf das Weitere die Frage formulieren: An welcher Stelle begibt sich Troeltsch wieder in den hermeneutischen Zirkel, den er in Gestalt idealistischer Geschichtskonstruktionen hinter sich gelassen hatte?

Der entscheidende Problempunkt bei der Einführung von Wertkategorien in die Historie, die Frage nach dem Wertmaßstab, bleibt auch bei Troeltsch bestehen. Er verwahrt sich zwar vehement gegen das Anlegen eines apriorischen Maßstabes an die Geschichte – aber das Erheben von Werten aus der Geschichte vollzieht sich nach Maßgabe des erkennenden Subjektes. Auch wenn er sich der Subjektivität dieses Maßstabes sehr wohl bewußt ist, geht er davon aus, daß „die im Vergleich und in der Abwägung gewonnene persönliche sittlich-religiöse Ueberzeugung" ein objektivierbarer Faktor sei. Die Entscheidung zwischen konkurrierenden Wertansprüchen, wie sie die Geschichte darbietet, habe „ihren objektiven Grund in der sorgfältigen Umschau, in der parteilosen Anempfindung und in der gewissenhaften Abwägung; aber ihre letzte Entscheidung bleibt die subjektiv-persönliche innere Ueberführung"[37]. In der historischen Methode und in der sittlichen Integrität ist die Objektivität des erkennenden Subjektes gewährleistet. Hierbei bleibt aber ausgeklammert, daß das erkennende Subjekt seinerseits Teil des historischen Prozesses ist und seine persönlichen Überzeugungen daher nicht minder historisch bedingt sind als die von ihm betrachteten Phänomene. In der Relativität des objektive Geltung beanspruchenden Wertmaßstabes liegt das nach wie vor ungelöste Problem in Troeltschs Entwurf. An dieser Stelle schließt sich der Zirkel, dem er entgehen wollte. Die in seinem Ansatz liegende Unmöglichkeit, die strikte Trennung theologischer Axiome von historischen Allgemeinbegriffen aufrecht zu erhalten, läßt als Ergebnis innerhistorischer Gesetzmäßigkeiten erscheinen, was in Wirklichkeit der Historie vorgegeben ist.

Bestätigt wird dies durch Troeltschs historischen Nachweis der relativen Absolutheit des Christentums. Unter den großen Universalreligionen bestimmt er die personalistische Erlösungsreligion als denjenigen Religionstypus, der die werthafte Überwindung der natürlichen Welt durch die innere Bindung an die „Sphäre der die Natur gestaltenden, überwindenden und unbedingte Werte verwirklichenden Persönlichkeit"[38] optimal zur Geltung bringt – eine Definition, nach der schließlich nur noch das Christentum auf dem Plan bleibt, nicht die absolute Religion, aber „in der Tat unter den großen Religionen die stärkste und gesammeltste Offenbarung der personalistischen Religiosität"[39]. Auch die von Troeltsch in seine historische Ableitung der Absolutheit des Christentums eingefügte Brechung, daß das Christentum nicht im letzten Sinne absolut sei, sondern nur im Vergleich mit ande-

---

[37] AaO. 54; damit beansprucht TROELTSCH in der Sache dasselbe wie GFRÖRER und EWALD in ihren romantisch gefärbten Konzepten der intuitiv-kongenialen Quelleninterpretation (GFRÖRER, Jahrh I XXIIIf.; s. S.45; EWALD, Gesch I¹, IX; I³ 13ff., vgl. Gesch II³ 168; s. S.142).

[38] TROELTSCH, aaO. 68.

[39] AaO. 70.

ren bekannten Religionen[40], bricht den Zirkelschluß, der in dieser historischen Zuordnung deutlich wird, nicht auf.

Dieser stellt die systematisierte Fassung der bei den protestantischen Betrachtern der jüdischen Geschichte herausgearbeiteten, durch protestantische Theologumena geprägten Werturteile dar. Die Ausführungen über den jüdischen Partikularismus[41] und die Darstellung der „rein innerliche[n] Absolutheit" der Verkündigung Jesu[42] präsentieren wohlbekannte Bilder christlich-protestantischer Abgrenzung gegen das Judentum. Die Pharisäer sind hier nicht eigens erwähnt. Auch bei Troeltsch trägt also die Geschichte die Beweislast theologischer Werturteile. Die angestrebte strikte Unterscheidung zwischen überhistorischen werthaften Einsichten und zufälligen Geschichtswahrheiten ist hier nicht gelungen. Harnacks Hinweis auf die grundsätzliche Paradoxie der Religion gegenüber der sinnlichen Erfahrung und dem exakten Wissen weist Troeltsch als „rein gefühlsmäßige Behauptung" künstlicher Apologetik von sich, verharrt selbst aber letztlich in der Aporie[43].

Hierin formuliert Troeltsch das systematische Resümee der in dieser Arbeit nachgezeichneten Entwicklung, der seit Gfrörer immer wieder unternommenen Versuche, sich von der positiv-dogmatischen oder idealistisch-philosophischen Systematisierung der jüdischen Geschichte durch das gewissermaßen nominalistische[44] Erheben der notwendigen Systematisierung der Geschichte aus ihr selber zu emanzipieren. Durchgängig ist der Anspruch auf eine solche innerhistorische Systematisierung erkennbar, ebenso durchgängig aber auch seine ausbleibende Einlösung. Troeltsch zeigt in systematischer Aufarbeitung, daß hinter diesem Grundwiderspruch die Paradoxie theologischer Wertsetzungen gegenüber empirisch orientierter Historiographie steht. Der Versuch, Historie und Theologie auf einer zusammenhängenden, historischen Ebene der Wirklichkeit zu betrachten, führt notwendig in die Aporie. Deren Überspringen zu Gunsten eines objektivierenden Begriffes einer unteilbaren historischen wie religiösen Wahrheit überträgt der Historie die Beweislast für die objektiv-theologischen Anteile dieses Wahrheitsbegriffes. Wenn auch das Konstatieren dieser Paradoxie die Verwendung protestantisch-theologischer Werturteile, einschließlich aller Metamorphosen in allgemein gültige Kategorien oder geschichtstheologische Vermittlungen, als Rahmenwerk historischer Darstellungen fragwürdig macht – eine wirkliche Lösung gibt es hier nicht. Gfrörers Auflösung zu Gunsten der Historie gibt den Glauben als Ebene übersubjektiver Wirklichkeit preis. Diejenigen, die den Zusammenhalt der Wirklichkeitsebenen aufrechterhalten, betrachten die Historie theologisch.

Später hat Troeltsch in dem Anfang der 20er Jahre in Oxford gehaltenen Vortrag

---

[40]　AaO. 73ff.; vgl. SCHLEIERMACHERs Heraushebung des Christentums aus den Religionen in Reden 317 (s. Anm. 26).

[41]　TROELTSCH, aaO. 102.

[42]　AaO. 103ff.; Zitat aaO. 103.

[43]　AaO. 108; HARNACK, Wesen 42 (s. S. 295); vgl. zur zeitgenössischen Diskussion dieses Problems G. BESIER, Religion 199ff. und TRE XII, 652–654.

[44]　Auf diese scholastische Terminologie spielt TROELTSCH in Stellung 62 an.

„Die Stellung des Christentums unter den Weltreligionen"[45] seine in „Die Absolutheit des Christentums" ausgesprochenen Wertungen explizit revidiert. Ausschlaggebend hierfür war die Erkenntnis der historischen Bedingtheit auch des Christentums und die Wahrnehmung einer rein humanen und innerlichen Religiosität und somit „echter Absolutheit" in anderen Religionen, die, wie auch die verschiedenen Gestalten des Christentums, ihre Ausformung den historischen Bedingungen ihrer Existenz verdanken[46]. Das Judentum ist darin ausdrücklich einbezogen[47]. Die absolute Gültigkeit des Christentums ist damit auf seine „subjektive Absolutheit" reduziert, die gleichberechtigt neben derjenigen der anderen Weltreligionen steht[48]. Dem beschriebenen hermeneutischen Zirkel ist Troeltsch durch die Preisgabe der objektivierenden Zuspitzung der Absolutheit des Christentums entkommen. An die Stelle des Gedankens der in einer historischen Religion gegebenen Absolutheit, der diesen Zirkel begründet hatte, setzt er nunmehr einen prozeßhaften Wahrheitsbegriff, für den „die letzte Einheit und das Objektiv-Absolute" als „ein letztes gemeinsames Ziel im Unbekannten, Zukünftigen und vielleicht Jenseitigen" in allen Religionen konstitutiv sind[49]. In diesem Prozeß kann es zwischen den eigenwüchsigen, mit ihrer jeweiligen Kultur verflochtenen großen Weltreligionen „nicht Bekehrung und Verwandlung, sondern Ausgleich und Verständigung" geben[50]. Als konkurrierendes Prinzip bleibt schließlich nur noch „ein Wetteifer um innere Reinigung und Klarheit" bestehen, in dem Troeltsch das Verbindende kräftig akzentuiert:

„Suchen wir in jeder Gruppe selbst nach dem Höchsten und Tiefsten, dann dürfen wir hoffen, uns zu begegnen"[51].

Troeltsch bescheidet sich schließlich damit, daß es „das Wesen der Liebe" sei, „das Eine im Vielen zu ahnen"[52]. In dieser das System sprengenden Kategorie wie auch in der paradoxen Formulierung der „subjektiven Absolutheiten" liegt Troeltschs Bekenntnis zu der den früheren Zirkelschluß bewirkenden systematischen Aporie, die er hier mit einem innerweltlichen eschatologischen Ausblick

---

[45] In: Der Historismus und seine Überwindung (1924), 62–83.

[46] Stellung 75.

[47] AaO. 72; bereits einige Jahre zuvor hatte TROELTSCHS Freund BOUSSET 1915 seine Anschauungen im selben Sinne wie dieser revidiert und sich von einseitigen Werturteilen in „Religion" distanziert (s. S. 275). In diese Richtung weist auch das Bild des pharisäischen Judentums bei dem ebenfalls TROELTSCH nahestehenden M. WEBER, der aus religionssoziologischer Perspektive gerade die rabbinische Ethik als wesentlich universalistisch zeichnet (s. S. 286; zu TROELTSCH und WEBER vgl. DRESCHER, Troeltsch 116f., 209–215, 388–390, und MAR. WEBER, Max Weber 240, 346, 427, 532).

[48] AaO. 81.

[49] AaO. 82; dies nimmt eine Vorstellung von „Wahrheit" auf, wie sie G. E. LESSING in der „Duplik" gegenüber dem orthodoxen Wahrheitsbegriff J. M. GOEZES, der auf offenbarten, ein für allemal feststehenden Wahrheiten beruht, geltend macht (LESSING, Werke VIII 32f.; 40f., u.a.).

[50] TROELTSCH, aaO. 80.

[51] AaO. 83.

[52] Ebd.

überbrückt[53]. Den die hier behandelten Geschichtsentwürfe prägenden Historismus hat Troeltsch in dieser μετάβασις εἰς ἄλλο γένος hinter sich gelassen und markiert damit den Abschluß der Forschungsepoche, die der Gegenstand dieser Arbeit ist.

---

[53] Das aus diesen Formulierungen sprechende Pathos des gegenseitigen Verstehens, Berührens, Annäherns, Begegnens, Liebens, das Troeltsch Anfang der 20er Jahre in der Kommunikation mit englischen Gelehrten geltend macht, reflektiert die Erfahrung des ersten Weltkrieges, durch die die bisherigen Paradigmen religiöser und nationaler Absolutheiten sich als partikularistisch erwiesen hatten und damit fragwürdig geworden waren. Dieser Hintergrund bekommt deutliche Konturen in der Mahnung: „Ohne es [*scil.*: das Christentum] verfallen wir in selbstmörderisches Titanentum oder in entnervende Spielerei oder in gemeine Roheit" (aaO. 77; vgl. aaO. 64).

VIII. Auswertung und Ertrag

18. Zusammenfassung: Die Entwicklung der Pharisäerbilder im Überblick

An dieser Stelle wird die Entwicklung der in dieser Arbeit behandelten Pharisäerbilder von ihrem Ausgangspunkt in der zweiten Hälfte des 18. Jahrhunderts bis
zur Epochengrenze des ersten Weltkrieges noch einmal in einem kurzen Abriß zusammengefaßt, unter Hervorhebung der durchgängigen Linien.

Andreas Georg Wähner (1693–1762) beschreibt 1743 in seinen „Antiquitates
Ebraeorum", dem letzten Werk dieser Gattung, in dem er seinen Gegenstand in der
bis dahin üblichen lexikographisch systematisierten Darstellungsweise behandelt,
die Pharisäer als eine der jüdischen „Sekten". Mit diesem Begriff bezeichnet er sie,
dem überkommenen kirchlichen Sprachgebrauch folgend, als durch Glaubenslehre
und Gebräuche von anderen abweichende religiöse Gruppe. Ihr Verhältnis zum Judentum im Ganzen bestimmt er aber nur vage. Als religiöse Besonderheit der Pharisäer hebt er die Einhaltung der superstitiös zu *opera supererogationis* gesteigerten
deuteromosaischen Traditionen, vor allem der Reinheitsvorschriften hervor. Hieraus entstand ihre sektiererische Separation, mit der er ihren Namen erklärt. Als
Sekte entstanden die Pharisäer in der frühen Hasmonäerzeit aus den Asidäern in
Reaktion auf heterodoxe Lehren der Sadduzäer. Später distanzierten sich die Pharisäer von der Nachlässigkeit des Am Ha-aretz und fanden ihre Nachfolger in den
Rabbinen. Obwohl Wähner das Verhältnis der Pharisäer zum Judentum nicht genau bestimmt, repräsentieren sie als Fromme für ihn das eigentliche, seit Esra auf das
Gesetz fixierte Judentum. Eine historische Entwicklung im Judentum läßt er nicht
erkennen, das zeitgenössische Judentum ist bei ihm kein eigenständiges Thema.

Als Quellen verwendet Wähner vor allem Josephus, die rabbinische Literatur bis
ins Mittelalter sowie das Neue Testament. Eine historische Quellenkritik unternimmt er kaum. Divergenzen zwischen seinen Quellen harmonisiert er und verläßt
sich historisch weitgehend auf Josephus. Die neutestamentliche Polemik verwendet
er nur indirekt, indem er die pharisäische Frömmigkeit mit Verweis auf talmudische
Belege an Hand ihrer im Neuen Testament polemisch bedachten Aspekte problematisiert. Obwohl Wähner eine gewisse Neutralität gegenüber christlichen Wertsetzungen zu erkennen gibt, erscheinen die Pharisäer im Bild der superstitiösen
Heuchler und Vertreter der *traditiones humanae* als jüdischer Antitypus der protestantischen Prinzipien von *sola fide* und *sola scriptura*. In der auf sie angewendeten
Terminologie schwingt deutlich die protestantische Polemik gegen katholische
Lehren mit. Damit repräsentiert Wähner die überkommenen Anschauungen des
konfessionellen Zeitalters.

Johann Salomo Semler (1725–1791) hat mit der innerbiblischen Unterscheidung allgemein gültiger Aussagen von ihrer partikularistischen, historisch bedingten Einkleidung einen aus christlichen Prämissen abgeleiteten Religionsbegriff in die Bibelwissenschaft eingeführt und damit für diese die hermeneutischen Weichen grundsätzlich neu gestellt. In diesem Interpretationsrahmen bewertet er die alttestamentlich-jüdische Tradition um ihrer gesetzlichen Bindung an die Nation Israels willen als wesentlich partikularistisch und erkennt nur wenige universalistische Aspekte darin an. Das Neue Testament hingegen ist um des für alle Menschen gültigen Evangeliums willen wesentlich universalistisch; partikularistische Einzelzüge bedeuten lediglich Akkommodationen an die jüdische Umwelt. Die Nation gehört in die Sphäre des Partikularistischen und ist grundsätzlich von der Religion zu unterscheiden. Ihre Vermischung im Alten Testament bewertet Semler als unzulässig und „fanatisch".

Die Pharisäer betrachtet Semler 1771 in „Canon I" primär unter kanonkritischen Gesichtspunkten: Ihre Traditionsbezogenheit interpretiert er als Steigerung des partikularistischen alttestamentlichen Kanonprinzipes. In „Fragmente" macht er 1779 gegen Reimarus geltend, daß die Lehre Jesu nicht nur eine neue universalistische Qualitätsstufe gegenüber alttestamentlich-jüdischen Anschauungen darstelle, sondern auch in vieler Hinsicht an diese Vorstufe anknüpfe. Die Pharisäer repräsentieren hier ausschließlich die partikularistische Seite des Judentums, die falsche Grundanschauung der gesetzlich-„öffentlichen" Religion, die Semler als „Aberglauben" bewertet. Dagegen grenzt er das Christentum ab: Jesus verkörpert die innerlich-universalistische „private" Religion. Die Pharisäer sind hier so stark als gesamtjüdische Repräsentanten hervorgehoben, daß Semler in der Abgrenzung ihrer Spezifika als „Sekte" gegenüber dem Judentum nicht ohne Unschärfen auskommt. Quellenkritisch bewirkte seine innerbiblische Fragestellung eine in der Folgezeit weithin nachvollzogene Reduktion der Pharisäerquellen auf das durch Aussagen aus Josephus ergänzte Neue Testament und die Zurückstellung der Rabbinica.

In Semlers Pharisäerbild spiegelt sich einerseits die Auseinandersetzung der Neologie mit dem Inspirationsdogma der Orthodoxie ab, dessen Ursprung er, den Spuren aufklärerischer Religionskritik folgend, im Judentum bekämpft. Andererseits verteidigt er in Übereinstimmung mit traditioneller christlicher Apologetik in Abgrenzung zum Judentum den religiösen Wert des Christentums gegen die radikale deistische Kritik. Richtungweisend für die Bibelwissenschaft des 19. Jahrhunderts hat Semler mit der Unterscheidung des Partikularistischen und des Universalistischen ein hermeneutisches Instrumentarium entwickelt, mit dem die biblische Überlieferung ohne Preisgabe theologischer Zentralaussagen einer historischen Kritik unterzogen werden konnte. Mit dieser theologischen Disposition hat Semler auch seine Bilder von Pharisäern und Judentum dem gesamten 19. Jahrhundert vererbt. Eine weitreichende Wirkungsgeschichte hatte Semlers Verbindung eines allgemeinen Begriffes von wahrer Religion mit einem partikularistisch akzentuierten Judentumsbild durch ihre Vermittlung in Schleiermachers „Reden über die Religion".

August Friedrich Gfrörer (1803–1861) behandelt in seiner 1838 erschienenen „Geschichte des Urchristenthums" die Pharisäer erstmalig zusammenhängend im

Rahmen eines historisch-kritischen Programms. Das Judentum stellt er als historischen Vorläufer des Christentums dar. Unterschiede zwischen ihnen sieht er vor
allem in der gesetzlichen Verfassung des Judentums, nicht aber in den Glaubens-
inhalten. Hiermit verbindet er, mehr politisch als theologisch motiviert, das Anliegen, antijüdische Vorurteile zu bekämpfen und auf die Emanzipation der Juden
hinzuwirken. Auch die Überwindung des Rabbinismus und die Konversion der
Juden zum Christentum wünscht er primär aus politischen Gründen. Hierin und in
dem Eintreten für eine durch administrative Schritte geregelte allmähliche Judenemanzipation repräsentiert er frühliberale Strömungen der 1830er Jahre. Die historisch-kritischen und politischen Aspekte überwiegen bei ihm die theologischen.
Das daraus entstehende Problem der historischen Relativierung des Christentums
sucht er durch das Postulat einer *fides historica* zu lösen, in Abgrenzung gegen theologische Vermittlungen Schleiermachers. Von Semlers Anschauungen unterscheidet sich sein Entwurf in der Nachzeichnung einer historischen Entwicklung, in der
Eröffnung des religionsgeschichtlichen Horizontes, in dem Postulat eines rein historischen Standpunktes und der Stellungnahme für die Judenemanzipation. Gegenüber Semlers von der Aufklärungszeit bestimmten Fragestellungen zeigt sich
darin der Epochenumschwung zu romantisch geprägten Anschauungen.

Die Pharisäer, deren „Sekte" er von der „Kaste" der Rabbinen nicht wirklich
unterscheidet, beschreibt Gfrörer als Führungsschicht im Judentum, die die Entwicklung zum Rabbinismus bewirkte. Nur in dieser Funktion waren sie vom Judentum im Ganzen unterschieden. Hochmut, Machtgier und Heuchelei, wie sie in
christlicher Tradition den Pharisäern und Rabbinen nachgesagt werden, faßt er
nicht als jüdisches Spezifikum auf, sondern als Problem jeder geistlichen Kaste. Antipharisäische Werturteile werden historisch relativiert, indem die Pharisäer als historische Repräsentanten des Judentums, gleichzeitig aber auch als darüber hinausweisender historischer Typus erscheinen. Auch in der Lehre der Pharisäer gibt es
Bezüge über das Judentum hinaus. Er erkennt in ihrer Messianologie und Eschatologie außerisraelitische Einflüsse und führt spätere christliche Lehren auf sie zurück.
Als Primärquelle für den Pharisäismus dient die gesamte rabbinische Tradition bis
in die Gegenwart.

Matthias Schneckenburger (1804–1848) stellt die Pharisäer in seinen 1832 veröffentlichten Abhandlungen und den in den 1840er Jahren entstandenen Vorlesungen über neutestamentliche Zeitgeschichte als erster in den Rahmen eines geschichtstheologischen Interpretationsmodells. Konstitutiv für die jüdische Theokratie ist der Zusammenhang ihrer innerlichen Substanz mit dem äußerlichen Gesetz. Diese heterogene und widersprüchliche Verbindung beschreibt er mit dem in
der Folge durchgängig verwendeten Bild von Kern und Schale. Dieser innere Widerspruch, manifestiert im politischen Messianismus, bewirkte im Jahre 70 im Untergang der Theokratie seine eigene Auflösung. Der religiöse Kern der Theokratie
geht, von wesensfremden Schlacken befreit, ins Christentum über, das sich vom Judentum trennt. Dem Judentum verbleibt die substanzlos gewordene gesetzliche
Schale. Es wird auf den Pharisäismus reduziert. Grundlegend für dieses geschichtstheologische Rahmenwerk, in dem Semler'sche Anschauungen weitergeführt wer-

den, ist die theologische Abgrenzung des rein geistig fundierten Christentums von der irdisch-gesetzlichen Fassung seines religiösen Kerns im Judentum. Hierin ist das Christentum gegenüber dem Judentum original und unableitbar. Dieser Ansatz soll die Spannung zwischen Historie und Theologie ausgleichen. Er dient dazu, einerseits die Relation des Christentums zum Judentum historisch erfassen zu können, andererseits aber die theologische Prävalenz des Christentums nicht, wie Gfrörer, dem Relativismus preisgeben zu müssen. Mit dieser gegenüber Gfrörer stärker theologisch bestimmten Grundhaltung verbindet Schneckenburger das Bekenntnis zu liebevoller Toleranz und Anerkennung des Judentums. Auch hierin artikulieren sich, wenn auch anders akzentuiert als bei Gfrörer, frühe liberale Anschauungen.

Die Pharisäer interpretiert Schneckenburger rein im innerjüdischen Kontext als vom Berufsstand der Schriftgelehrten wie von den freier gesonnenen Sadduzäern unterschiedene Sekte. Da sie sich als musterhaft orthodoxe Juden allein durch gesteigerte Gesetzesobservanz heraushoben, problematisiert er ihre Bezeichnung als „Sekte" und vergleicht sie mit den Jesuiten und Pietisten. Er betrachtet sie als Träger der auf die Katastrophe von 70 hinführenden „fanatischen" Entwicklung im Judentum, aber vor 70 erkennt er in ihnen die ganze Religiosität des Judentums, d.h., Kern und Schale. Die neutestamentliche Polemik gegen sie verwendet er kaum und zeichnet sie hauptsächlich an Hand von Josephus. Rabbinica verwendet er, wie Semler, marginal.

Hermann Adalbert Daniel (1812–1871) greift in seinem 1846 erschienenen Lexikonartikel auf historische Erkenntnisse Gfrörers und Schneckenburgers zurück. Dies verbindet er mit der psychologisch zergliedernden Darstellung der Pharisäer als Gattungsbegriff für den allgemeinen Frömmigkeitstypus des gesetzlichen Heuchlers. In diesem verkörpert sich letztlich der unerweckt vom Evangelium lebende Christenmensch, der den heiligen Geist entbehrt und unbewußt an das Böse gebunden ist. Jesu Auseinandersetzungen mit den Pharisäern erscheinen als Kampf des Lichtes gegen die Finsternis. Die Abgrenzung von Vorurteilen und unzulässigen Verallgemeinerungen sowie quellenkritische Vorbehalte gegenüber den Pharisäerdarstellungen der Evangelien bleiben folgenlos. Die Pharisäerpolemik des Neuen Testamentes dient als normative Quelle. Daniel hebt einerseits den theologischen Typus des Pharisäers über den historischen Kontext des Judentums hinaus. Andererseits übernimmt er aber von Schneckenburger ihre historische Bestimmung als mit den Jesuiten vergleichbare idealtypische Juden. Das historische Bild der Pharisäer bleibt letztlich mit ihrem theologisch bestimmten typologischen Bild verbunden. Im Hintergrund dieser Darstellung stehen pietistische Anschauungen wie die Betonung der durch rechte Frömmigkeit fundierten Ethik und das Interesse an detaillierter Seelen- und Gewissenserforschung. Am Beispiel der Pharisäer behandelt er problematische Aspekte des Pietismus. In der Unausgeglichenheit von theologischer und historischer Betrachtungsweise dokumentiert sein Artikel gegenüber den Werken Gfrörers und Schneckenburgers die Rezeption einzelner Ergebnisse historisch-kritischer Bibelwissenschaft im Rahmen überkommener theologischer Anschauungen.

Eduard Reuß (1804–1891) stellt, unabhängig von Schneckenburger, die Pharisäer in seinen 1850 und 1859/60 veröffentlichten Artikeln erstmalig in einen geschichtstheologischen Gesamtentwurf der Geschichte Israels, der bis in die Gegenwart reicht. Darin setzt er theologisch interpretierte Heilsgeschichte in die ideengeschichtliche Entwicklung der biblischen Geschichte auf das Christentum hin um. In der gesamtbiblischen Perspektive dieses Entwurfes ist für die außerisraelitische Herleitung jüdischer Lehren, wie bei Gfrörer, kein Raum. Dies bleibt bis hin zu Schürer fortan gültig. Auch Reuß verbindet in seinem Entwurf die historische Erkenntnis der Herkunft des Christentums aus dem Judentum mit der theologischen Prämisse seiner unableitbaren Originalität. Das Judentum erscheint dazu als wesentlich gesetzliches Gegenbild. Die Unabhängigkeit seiner historischen Darstellung von theologischen Prämissen sieht er hiervon nicht beeinträchtigt. In diesem Entwurf verbindet er Anschauungen des älteren Rationalismus wie die teleologisch bestimmte Ideengeschichte mit romantisch inspirierten Zügen wie der Distanzierung vom Intellektualismus. Im Hinblick auf das nachbiblische und neuzeitliche Judentum betont Reuß die Schuld der Christen an den Juden und befürwortet deren bürgerliche Emanzipation. Das Judentum selbst betrachtet er, wie bereits Schleiermacher, als wertlose, nicht reformierbare Mumie. Den Juden empfiehlt er die Konversion zum Christentum. In Reuß' Haltung drückt sich, gegenüber den von Gfrörer noch 1838 befürworteten vorsichtigen Schritten zur rechtlichen Gleichstellung der Juden, der liberale Emanzipationsoptimismus der 1850er Jahre aus, aus dessen Perspektive die Gleichberechtigung der Juden als eine bereits bestehende bzw. demnächst zu erwartende Tatsache bejaht wird. Die Vorbehalte gegen das Judentum bleiben hiervon aber unberührt.

Die Pharisäer betrachtet Reuß als Orthodoxe und Patrioten, die in ihren Vorzügen und Fehlern das Wesen des von ihnen beherrschten Judentums repräsentieren und sich innerjüdisch nur durch gesteigerte Gesetzesobservanz unterscheiden. Dies begründet den Vergleich mit den Jesuiten und Reuß' Abkehr vom Begriff „Sekte" zu Gunsten von „Partei", die fortan gültig blieb. Für sein Bild der Pharisäer sind letztlich ihre negativen Eigenschaften wie übertriebene äußerliche Gesetzesobservanz, Intellektualismus und nationaler Fanatismus prägend, die ihre anfänglichen Vorzüge an den Rand drängen. Eine historische Entwicklung der Pharisäer läßt er weniger erkennen als ihre zunehmende gesetzliche Verknöcherung. Darin verkörpern sie das bereits vom Exil an auf Gesetz und Intellektualismus gegründete Judentum. Hiermit begründet er den bereits von Schneckenburger postulierten inneren Widerspruch im Judentum. Dieser manifestiert sich als innere Zerrissenheit. Den gesetzlichen Intellektualismus können in Abwehr des Pharisäismus entstandene Richtungen wie der freiere Sadduzäismus nicht beheben und wirken letztlich destruktiv. Wirklich überwunden wird dieser Mangel an Gemüt erst im Christentum. Wie bei Schneckenburger geht im Jahr 70 die jüdische Theokratie an ihren inneren Widersprüchen zu Grunde und bewirkt den Übergang ihres religiösen Kerns ins Christentum. Die unbrauchbare Schale verbleibt beim nunmehr rein pharisäischen Judentum. Als normative Quelle dieses Bildes dient das Neue Testament, vor allem auch die problematisierte Pharisäerpolemik, ergänzt durch Josephus, illustriert durch Rabbinica. Diese schon bei Semler erkennbare Zuordnung der Quellen behält für das Pharisäerbild im protestantischen Bereich fortan Gültigkeit.

Heinrich Ewald (1803–1875) präsentiert in seiner ab 1843 veröffentlichten „Geschichte des Volkes Israel" den ersten wirklich ausgeführten Gesamtentwurf dieser Geschichte. Wie bei Reuß sind auch bei ihm theologische Werturteile in historisierter Form wirksam, verbunden mit dem Anspruch historischer Objektivität. Die dialektische Konstruktion der jüdischen Hierokratie als historische Vorstufe und theologische Antithese zum Christentum dient der bereits bei Schneckenburger und Reuß festgestellten geschichtstheologischen Abgrenzung des Christentums vom Judentum. Als Kern des Christentums beschreibt Ewald die reformatorische *libertas christiana*, die auf unmittelbarer innerlicher Gottesbeziehung des Individuums beruhende Freiheit im Glauben, in der begrifflichen Transformation des Religionsbegriffs Schleiermachers als historisch verifizierbare und allgemein gültige „wahre Religion". In der jüdischen Hierokratie, die als ihr gesetzliches Gegenbild erscheint, erkennt er wie Reuß innere Widersprüche. Diese lokalisiert er im äußerlich verstandenen Gesetz und findet sie als innere Zerrissenheit im Streit der Religionsparteien manifestiert. Das Scheitern der Hierokratie an diesen Widersprüchen im Jahre 70 bewirkte den Übergang ihres Kernes ins Christentum. In diesem sind ihre Widersprüche gelöst. Es ist die vollkommen wahre Religion, deren rein geistiges Fundament aus dem Judentum unableitbar ist. Das Judentum reduziert sich auf den Pharisäismus, die gesetzliche Schale. Ewald spricht ihm nach 70 die historische Existenzberechtigung ab. Er wünscht die Konversion der Juden zum Christentum, befürwortet politisch aber ihre Emanzipation. Hierin sind neben theologischen Anschauungen auch zeitgenössische liberale Motive wirksam. Das Bild des Judentums in der Diaspora und nach 70 ist durch antijüdische Stereotypen, das des palästinischen Judentums und der Pharisäer durch zeitgenössische antikatholische Motive bestimmt. Dies spiegelt konfessionspolitische Auseinandersetzungen im Deutschland der Jahrhundertmitte wider, die später im Kulturkampf gipfeln.

Die statisch gezeichneten Pharisäer erscheinen bei Ewald als extremste Repräsentanten des gesetzlich-hierokratischen Wesens des Judentums und verkörpern den Antitypus christlicher Ideale. Er schildert sie als Partei, die ihre religiösen Anliegen machtpolitisch instrumentalisierte und durch ihre ostentativ gesteigerte äußerliche Gesetzesobservanz zur herrschenden Partei im Judentum wurde. Ihre Analogisierung mit den Jesuiten hat sich bei Ewald im Kontext seines zeitgenössischen Antikatholizismus verselbständigt.

Isaak Marcus Jost (1793–1860) wurde mit seiner ab 1820 erschienenen „Geschichte der Israeliten" zum Begründer der neuzeitlichen jüdischen Geschichtsschreibung. Darin stellt er die Pharisäer als einseitig religiöse Vertreter der außerbiblischen Traditionen und Vorgänger der Rabbinen dar. Sehr kritisch beurteilt er ihren Separatismus, der das Judentum gegenüber dem Christentum ins historische und kulturelle Abseits der rabbinischen Binnenwelt führte. Dies hat das Judentum, u.a. durch die Hinrichtung Jesu und die von den Pharisäern bewirkte Katastrophe von 70, selbst verschuldet. Wertvoll sind aber die unter dieser Oberfläche liegenden religiösen Anschauungen, die Jost gegenüber dem auf Glauben gegründeten Christentum auf den Begriff des Gehorsams bringt. Hierin macht er sich einerseits die aufgeklärte Polemik gegen das rabbinische Judentum zu Eigen, von dem er sich distanziert hatte. Andererseits schränkt er diese Abgrenzung auf die äußere „Schale" des Judentums ein und führt sein von aufklärerischen Werten getragenes reformjüdisches Selbstverständnis auf den ethisch akzentuierten Wesenskern des Judentums zurück, den die christlichen Bibelwissenschaftler seiner Zeit für das Christentum in Anspruch nahmen.

1857 beurteilt Jost in „Das Judentum und seine Sekten" die Gruppenbildung im nachmakkabäischen Judentum positiv als fruchtbare Vielfalt, die Pharisäer als Erhalter des auch in seiner rabbinischen Gestalt wertvollen Judentums. Die Fehler der Pharisäer erscheinen nun als Ausnahme von der Regel. Analog zu christlichen Gelehrten problematisiert er ihre Bezeichnung als „Sekte" und vergleicht sie im Anschluß an Reuß mit den Jesuiten. Die talmudischen „Chaberim"-Belege bezieht Jost nicht ohne Spannungen in sein Pharisäerbild ein. Die im Vergleich zu seinem Frühwerk insgesamt harmonisierende Tendenz läßt das Bestreben erkennen, hinter der innerjüdischen Vielfalt das Verbindende zu suchen. Gegenüber seiner früheren aufgeklärt-universalistischen Tendenz betont Jost nun das genuin Jüdische und distanziert sich von christlich geprägten Werturteilen über die Pharisäer.

Ignaz von Döllinger (1799–1890), der spätere Wortführer der Deutschkatholiken, stellt in seinem 1857 erschienenen Werk „Judenthum und Heidenthum", das in seinem methodischen Ansatz Schneckenburgers „Zeitgeschichte" nahesteht, diese beiden Größen als konstitutiv für die Entstehung des Christentums dar. Stärker als protestantische Gelehrte betont er die Bedeutung der heidnisch-antiken Voraussetzungen für das Christentum. Das Judentum behandelt Döllinger mehr anhangsweise in einem Abriß der israelitisch-jüdischen Geschichte, der sich weithin an Reuß' Artikel „Judenthum" von 1850 anlehnt. Gegenüber Reuß, der das Gesetz grundsätzlich kritisch betrachtet, betont Döllinger das Prinzip der Liebe im Gesetz, das erst im Pharisäismus korrumpiert wurde, und verbindet mit dessen geschichtstheologischem Entwurf die Wertvorstellung einer innerlich-geistig getragenen Gesetzesbezogenheit.

Abraham Geiger (1810–1874), der Wortführer des liberalen Judentums seiner Zeit, dem als Juden die beschriebenen geschichtstheologischen Konstruktionen fernliegen, geht in seinen ab 1857 veröffentlichten Werken von der Erkenntnis aus, daß die Sadduzäer keine durch Lehrmeinungen konstituierte Religionspartei waren, sondern die von Standesinteressen, d.h. von politischen Belangen geleitete zadokidische Priesteraristokratie. Analog dazu betrachtet er auch ihre pharisäischen Gegner als primär politische Partei, deren religiöse Anliegen durch politische Bestrebungen motiviert waren. Geiger erkennt darin den zeitgenössischen Konflikt von Aristokratie und Demokratie wieder. Gegenüber dem konservativen Beharren der Sadduzäer auf dem Bestehenden, vor allem auf ihrer priesterlichen Exklusivität, vertreten die Pharisäer das Prinzip des Fortschrittes und des Priestertums aller Gläubigen. Darin repräsentieren sie als Patrioten das jüdische Volk und das auf Fortschritt gerichtete Wesen des Judentums insgesamt.

Die Einführung soziologischer Fragestellungen in die Betrachtung der Pharisäer und Sadduzäer durch den jüdischen Gelehrten Geiger bedeutet eine entscheidende Weichenstellung für das Pharisäerbild in der protestantischen Bibelwissenschaft.

Dadurch wurde die bislang für die innere jüdische Geschichte konstitutive übliche Auffassung des Parteiengegensatzes als religiös-weltanschauliche Auseinandersetzung von Orthodoxen und Freigeistern abgelöst. Seine Darstellung der Pharisäer als demokratische Träger des jüdischen Fortschrittsprinzipes drückt innerjüdisch das Bemühen um eine über den Rabbinismus hinausführende Reformperspektive aus und stellt nach außen ein emanzipiertes Reformjudentum in den Kontext des bürgerlichen Liberalismus. Dieses jüdische Leitbild ist entscheidend von politischen Zukunftshoffnungen der 1850er und 1860er Jahre bestimmt.

Adolf Hausrath (1837–1909) übernimmt 1862 Geigers soziologische Anschauung der Pharisäer als fortschrittlich-patriotische Demokraten. Im religiösen Bereich macht er aber ihre elitäre Absonderung vom Volk als Wesensmerkmal geltend. So erscheinen sie letztlich nicht als Demokraten, sondern als Demagogen, die das Volk für ihre Zwecke mißbrauchten. 1868 tritt ihre übertriebene Gesetzesobservanz in den Vordergrund. Ihr Wesen erblickt er nunmehr in Vergeltungslehre und gesetzlicher Rechtfertigung und schreibt ihnen reaktionäre und restaurative Tendenzen zu. Nach unterschiedlichen Interpretationen des Jahres 70 kommt er 1877 zu dem Ergebnis, daß dieser Einschnitt die Reduktion des Judentums auf den Pharisäismus bedeutet. Hiermit rezipiert er geschichtstheologische Aussagen, wie sie vor allem bei Ewald begegnen: Das Judentum beschränkt sich nach 70 endgültig auf das Gesetz. Sein religiöser Wesenskern geht ins Christentum über. Die vom Gesetz bewirkte existenzielle Haltlosigkeit wird vor 70 durch die Pharisäer repräsentiert, in der Diaspora, wie bei Ewald, durch antijüdische Stereotype belegt. Das Christentum, die eigentlich wahre Religion, stammt, wie bei Schneckenburger, Reuß und Ewald, historisch aus dem Judentum, ist in seiner Substanz aber von diesem völlig unabhängig.

Hausrath verbindet wie Ewald den Wert der *libertas christiana*, die er als persönliche Originalität interpretiert, die in der Gotteskindschaft wurzelt, mit theologischen Anschauungen Schleiermachers, vor allem mit der Einschränkung des Judentums auf Gesetz und Vergeltungslehre. Dieses stellt historisch den Hintergrund der Geschichte des Urchristentums dar und, repräsentiert durch die Pharisäer, dessen gesetzliche Antithese. Die unkritische Kombination verschiedener werthafter Bezugssysteme im Bild der Pharisäer verleiht seiner Darstellung ein widersprüchliches Gepräge. Das von politisch liberalen Wertsetzungen der 1860er Jahre inspirierte Bild der Pharisäer als fortschrittliche Demokraten hat sich bereits bei Hausrath nicht gegen ihr theologisch bestimmtes Bild als idealtypisch gesetzliche Juden durchsetzen können und blieb in dieser Zuspitzung im Protestantismus Episode. Durchgesetzt hat sich die auf Geiger zurückgehende soziologische Verhältnisbestimmung von Pharisäern und Sadduzäern.

Julius Wellhausen (1844–1918) betrachtet die Pharisäer in seinen ab 1874 erschienenen Werken als idealtypische Juden und das Judentum beherrschende Partei. Sie repräsentieren das unpolitische und gesetzlich-kirchliche Wesen des Judentums. Als kirchliche Partei der Schriftgelehrten formierten sie sich in Reaktion gegen den profanen Hasmonäerstaat und dessen Führungsschicht, die politische sadduzäische Partei. Sie verkörpern die Abwehr des jüdischen Wesens gegen die mit diesem unvereinbare Dimension des Weltlich-Profanen und Politischen, die erstmalig mit dem Hasmonäerstaat ins Judentum eingeführt wurde. Hinter diesem Konflikt erkennt Wellhausen, wie schon Schneckenburger, Reuß und Ewald, einen durch das Gesetz bewirkten inneren Widerspruch im nachexilischen Judentum. Im Gesetz waren eigentlich wesensfremde Elemente miteinander verbunden, der äußerliche Kult mit der prophetischen Idee der innerlich-ethisch aufgefaßten Gerechtigkeit. Der Kult wurde zum Medium der Gerechtigkeit, diese aber äußerlich-kultisch verfremdet. Das Heilige wurde ein gegen das Profane äußerlich durch das Gesetz abgegrenzter sakraler Sonderraum und duldete kein eigenständiges Profanes neben sich, am allerwenigsten einen profanen Staat. Die pharisäische Absonderung ist der Musterfall der für das Judentum konstitutiven Desintegration des Heiligen und Profanen. Im Jahre 70 wurde mit dem Untergang des jüdischen Gemeinwesens der profane Pol dieses Widerspruches abgestoßen und das Judentum auf sein abgesondertes pharisäisches Wesen reduziert: Es wurde zur „Sekte". Wirklich gelöst wird diese Unausgeglichenheit durch die Integration beider Pole im Christentum. Die im Evangelium verkündigte innere Heiligung schlägt die Brücke zwischen Heilig und Profan. Hier kommt der Kern der biblischen Religion zur Geltung. Im nachbiblischen Judentum verbleibt die substanzlos gewordene gesetzliche Kruste.

Wellhausen umgreift wie Reuß und vor allem Ewald mit einem geschichtstheologischen Entwurf die gesamte biblische Geschichte, deren Ziel nach einer Epoche innerer Widersprüche das Evangelium Jesu ist. Das Judentum ist auf das Gesetz festgelegt. Diese Unterscheidung dient, wie bei seinen Vorgängern, der theologischen Abgrenzung des Christentums vom Judentum. In diesem theologisch geprägten Bezugsrahmen ist Geigers soziologische Interpretation des Parteienstreites kritisch verarbeitet. Politisch war dieser nur von Seiten der Sadduzäer. Dagegen waren die Pharisäer keine Patrioten, sondern vertraten die religiösen Belange der jüdischen Hierokratie. Als deren Repräsentanten verkörpern sie gegenüber Wellhausens Ideal der als innere Unabhängigkeit und Größe aufgefaßten *libertas christiana* hierokratisch-gesetzliche Strukturen im Allgemeinen, die er auch im christlichen Bereich mit dem religionssoziologisch verwendeten Begriff der „Kirche" verbindet. Wellhausen vergleicht sie beiläufig mit römisch-katholischen Phänomenen und mit den Pietisten. In Abgrenzung gegen Hausraths liberale Akzentuierungen lehnt er einen direkten Bezug der Historie auf aktuelle Verhältnisse als unwissenschaftlich strikt ab. Gegenüber Geiger und Hausrath, den Vertretern der liberalen Epoche der Jahrhundertmitte, und gegenüber Gfrörer, Reuß und Ewald, den stärker von Romantik und Idealismus geprägten Gelehrten der Vorgängergeneration, vertritt er in diesem Historismus den mehr als in vergangenen Epochen an Realien orientierten Zeitgeist des deutschen Kaiserreiches. Diese Haltung findet sich auch bei dem gleichaltrigen Schürer und im Grundsatz auch bei dem eine knappe Generation jüngeren Bousset. Der Weiterexistenz des Judentums kann Wellhausen auch in reformierter Gestalt keinen positiven Sinn abgewinnen und sieht sie, wie schon Gfrörer und Reuß, langfristig durch die Emanzipation in Frage gestellt.

Emil Schürer (1844–1910) beschreibt 1874 in der „Neutestamentlichen Zeitgeschichte" die Pharisäer, wie schon Hausrath und Reuß, als Gesetzesobservante und

Patrioten. Hierin stehen sie für das Judentum im Ganzen. Hinter dieser Rolle tritt der Aspekt ihrer Absonderung zurück. Die Schriftgelehrten sind als Berufsstand aus dieser Richtung hervorgegangen. Soziologisch unterscheidet er die Pharisäer, hierin Geiger folgend, als Volkspartei von der priesterlichen Adelspartei der Sadduzäer. In der ab 1886 veröffentlichten „Geschichte des jüdischen Volkes" übernimmt er Wellhausens Pharisäerbild. Der Aspekt des Patriotismus tritt nunmehr völlig gegenüber ihrer orthodoxen Gesetzlichkeit zurück. Im Vergleich mit den Pietisten erklärt Schürer den Zusammenhang ihrer Orthodoxie mit ihrer spezifischen Gruppenbildung. Für Schürer manifestiert sich der innere Widerspruch der jüdischen Gesetzlichkeit darin, daß sich vorhandene universalistische Impulse, vor allem die messianische Hoffnung, gegen das allein herrschende partikularistische Gesetz nicht frei entfalten können. So entstanden eine äußerliche Vergeltungslehre und eine eudämonistische Eschatologie. Das Jahr 70 bedeutet die Reduktion des Judentums auf sein gesetzliches, partikularistisches Wesen, d.h. auf den Pharisäismus. Seine universalistischen Züge stößt es ab. Sie gelangen erst im Christentum zu ihrer wahren Bestimmung. Hierfür verwendet auch er das Bild von Kern und Schale. Dieses dient, wie in den geschichtstheologisch bestimmten Entwürfen seiner Vorgänger, der theologischen Abgrenzung des Christentums vom Judentum. Wie Hausrath greift er auf Schleiermacher zurück und beschränkt das Judentum auf Gesetzlichkeit, Vergeltungslehre und partikularistischen Messianismus. Es ist, vertreten durch die Pharisäer, primär gesetzlich und darin das Gegenbild zum Evangelium, das die *libertas christiana* in Gestalt innerer Freiheit hervorbringt. Stärker als bei Ewald und Wellhausen ist hier die historische Diskontinuität zwischen Judentum und Christentum betont. Auf aktuelle Verhältnisse geht Schürer, wie Wellhausen, in historischem Zusammenhang nicht ein.

Ferdinand Weber (1836–1879) betrachtet Judentum und Pharisäismus aus der Perspektive der lutherisch-konfessionell orientierten Judenmission. In seinen 1871 unter dem Eindruck des I. Vaticanums verfaßten Artikeln „Das System des jüdischen Pharisäismus und des römischen Katholicismus" parallelisiert er den protestantisch-katholischen Gegensatz mit der paulinischen Abgrenzung gegen den Pharisäismus. Hierin folgt er einer im Protestantismus seit der Reformationszeit gängigen Topik, die in dieser Arbeit am schärfsten bei Ewald zu Tage trat. Das pharisäische „System" beschreibt Weber in Kategorien neulutherischer Theologie als gesetzlich-synergistische Erlösungslehre. Deren Norm, das Gesetz Gottes, bedarf zu seiner Ausführung notwendig der präzisen menschlichen Definition und, worauf Webers Parallelisierung in der Hauptsache zielt, der autoritativen Lehrgewalt der Rabbinen. Diese identifiziert er mit den Pharisäern. Auch in seinem 1880 erschienenen Hauptwerk „System der altsynagogalen palästinischen Theologie", in dem er seine Skizze von 1871 umfassend ausführt, beschreibt Weber den pharisäisch bestimmten Rabbinismus als hierokratisches System, in dem wahre Religiosität heteronom verfremdet wird. Seine Darstellung ist, wie bei Gfrörer, nach den Lehrstücken christlicher Dogmatik angeordnet, denen auch Weber eine Quellenübersicht und einen historischen Abriß über die jüdische Geschichte bis 70 voranstellt. Diese referiert er vor allem nach Wellhausens „Pharisäer und Sadducäer", ohne dessen historisch-kriti-

sche Prämissen zu übernehmen: Die Pharisäer, die er mit den Chaberim gleichsetzt, sind die Juden im Superlativ, die sich im Gefolge der Schriftgelehrten vom
Am Ha-aretz absonderten und nach 70 als Rabbinen die Herrschaft im Judentum
antraten. Die direkte Polemik gegen das katholische Lehramt tritt hier zurück; die
Parallelisierung beider „Systeme" prägt jedoch auch dieses Werk. Neue Erkenntnisse über die Pharisäer hat Weber nicht formuliert; die – allerdings auch als pro-
blemtisch angesehene – Bedeutung seines Buches liegt in der breitenwirksamen
Darbietung jüdischer Lehren in einer christlichen Lesern leicht zugänglichen systematischen Aufarbeitung.

Wilhelm Bousset (1865–1920) beschreibt in seinem 1903 erstmalig erschienenen
Werk „Die Religion des Judentums im neutestamentlichen Zeitalter" die Pharisäer
und Schriftgelehrten als die Träger einer neuen Religiosität nach dem Exil. Sie bewirkten die Metamorphose von der Kultusreligion zur gesetzlich-kirchlichen Observanzreligion und führten außerisraelitische Religionsanschauungen ins Judentum ein, vor allem die Eschatologie und die Messianologie. Um des Universalismus
dieser Elemente willen betrachtet er die Pharisäer als fortschrittlich, und, sofern sie
darin die Belange der Volksfrömmigkeit gegen die Priesteraristokratie durchsetzten, als demokratisch. Weil all dies die Metamorphose des Judentums zu einer
kirchlichen Gestalt vorantrieb, waren sie die kirchliche Partei. Die Partei der
Schriftgelehrten waren sie, weil diese die Urheber dieser Entwicklung waren. Dies
gilt jedoch nur bis zur herodianischen Zeit. Nachdem sich die Pharisäer die Herrschaft erkämpft hatten, nahmen sie gegenüber dem Am Ha-aretz das hochmütige
Verhalten der herrschenden Partei an, das Bousset in der neutestamentlichen Pharisäerpolemik erkennt. Diese bezieht er auf grundsätzliche Fehlentwicklungen der
jüdischen Frömmigkeit.

Die Pharisäer sind im Positiven wie im Negativen die idealtypischen Juden.
Auch Bousset sieht das Judentum als widersprüchlich an und lokalisiert die Widersprüchlichkeit im Gesetz. Das Judentum ist in der Entwicklung von der partikularistischen Volksreligion zur universalistischen kirchlichen Bekenntnisreligion auf
halbem Wege stehen geblieben. Das Gesetz, das eine eigentlich universalistische
Bekenntnisstruktur verkörpert, ist dadurch, daß es in erster Linie Kultgesetz war,
dem Partikularistisch-Nationalen verhaftet geblieben. Alle universalistischen Antriebe, der Kern der Religion, blieben in dieser partikularistischen Schale gefangen
und wurden kultgesetzlich veräußerlicht. Die daraus entstandene äußerliche gesetzliche Gerechtigkeit bewirkte eine innere Haltlosigkeit, die der jüdischen Religion ein melancholisches Gepräge verlieh. Erst im innerlich fundierten Christentum wurden diese Mißstände aufgehoben. Das Judentum konnte sich von seinem
nationalen Leben nicht lösen und verkümmerte nach 70 zur Sekte, während das
Christentum zur Kirche im vollen universalistischen Sinne wurde. Die Begriffe
„Kirche" und „Sekte" gebraucht Bousset, wie bereits Wellhausen, im religionssoziologischen Sinne. Als authentische Quellen der jüdisch-pharisäischen Volksfrömmigkeit betrachtet er die Apokryphen und Pseudepigraphen. Die talmudische
Überlieferung repräsentiert die später offizielle pharisäisch-rabbinische Frömmigkeit. Das Neue Testament bleibt jedoch normative Quelle.

Bousset bindet in religionsgeschichtlicher Perspektive in seinem Bild der Pharisäer die wichtigsten Züge ihrer bisher vorgestellten historisch-kritischen Interpretationen zusammen: Gfrörers Erkenntnis, daß sie die Träger der babylonisch-persisch beeinflußten Frömmigkeit waren; Geigers Erkenntnis, daß sie die Volksfrömmigkeit gegenüber der Priesteraristokratie vertraten; Wellhausens Erkenntnis, daß sie die kirchliche Partei waren. Die demokratischen und orthodoxen Aspekte des Pharisäismus, die sich bei Hausrath als unvereinbar erwiesen hatten, sind darin integriert, wie auch die patriotischen Aspekte, die Wellhausen und Schürer ganz aus dem Bild der kirchlichen Partei ferngehalten hatten. Wie Schürer dient Bousset der Vergleich mit den Pietisten zur Zusammenschau der Sonderrolle der Pharisäer mit ihrer Orthodoxie. Darin, daß Bousset die Pharisäer zumindest zeitweise zu Repräsentanten des jüdischen Universalismus erklärt, liegt ein markanter Unterschied gegenüber seinen protestantischen Vorgängern. Dies hat die vom Neuen Testament geprägten theologischen Werturteile über die Pharisäer grundsätzlich nicht außer Kurs gesetzt. Allerdings hat Bousset später ihre weitergehende Relativierung ins Auge gefaßt. Er arbeitet seine Erkenntnisse in einen geschichtstheologischen Rahmen ein, wie er schon bei Wellhausen begegnet: Die Elemente der christlichen Religion sind bereits im Judentum vorhanden, zum Teil von den Pharisäern entwikkelt. Im Judentum verhindert das Gesetz ihre im Christentum verwirklichte Entfaltung. Dieses Defizit ist im Judentum historisch erkennbar und wird von den Pharisäern repräsentiert. Auf aktuelle Verhältnisse geht er in diesem Kontext nicht ein. Sein Engagement für Gegenwartsfragen schlägt sich nicht in seiner Geschichtsdarstellung nieder.

Moriz Friedländer (1844–1919) zeichnet in seinem 1905 erschienenen Werk „Die religiösen Bewegungen innerhalb des Judentums im Zeitalter Jesu" aus jüdischer Perspektive ein Bild von Judentum und Pharisäismus, das in seinen Grundzügen mit demjenigen Boussets übereinstimmt: Das Judentum in der Antike befindet sich auf dem Wege vom nationalen Partikularismus zum weltweiten Universalismus. Noch stärker aber als bei Bousset repräsentieren die Pharisäer, die er in scharfem Gegensatz zur Apokalyptik sieht, die das Judentum seit 70 völlig beherrschende weltfeindliche Gesetzlichkeit. Sie unterbrachen die eigentliche Entwicklung des Judentums zur Weltreligion, wie sie in Prophetie, Apokalyptik und jüdischem Hellenismus angelegt war. Das Christentum erbte und vollendete diese Entwicklung, im Judentum siegte die partikularistische Schale über seinen universalistischen Kern. Dessen vollendete Gestalt findet Friedländer wie Wellhausen im Evangelium Jesu, das er als Botschaft vom inwendig-individualistischen präsentischen Gottesreich interpretiert.

Friedländer macht sich wie Jost 1820 die neutestamentliche Pharisäerpolemik in scharfer Form zu Eigen und plädiert für eine radikale Reform des Judentums: Der pharisäische Rabbinismus soll abgestoßen, das Judentum auf Propheten, Weisheit, Apokryphen und Pseudepigraphen gegründet, Jesus als jüdischer Messias unter Abstreifen der christologischen Dogmatik ins Judentum zurückgeholt werden. So wird das Judentum, dem Christentum ebenbürtig, die Herausforderungen der Zeit bestehen. An den Rabbinismus anknüpfende Reformvorstellungen, wie sie der späte

Jost und Geiger vertreten, weist Friedländer ab. Seine Urteile über das rabbinische Judentum stehen den geschichtstheologischen Bewertungen protestantischer Gelehrter von Schneckenburger bis Bousset sehr nahe; aber anders als diese hält er eine innerjüdische Reform ohne Konversion zum Christentum für aussichtsreich. Friedländer übernimmt zentrale Werte des liberalen Protestantismus ins Judentum, ohne das Judentum an sich preiszugeben.

Max Weber (1864–1920) baut als Soziologe sein um 1919/20 entworfenes Pharisäerbild auf die im Bereich der protestantischen Bibelwissenschaft gewonnenen Erkenntnisse auf, ohne indessen die dort mit den Pharisäern verknüpften werthaften Motive zu übernehmen. Die Pharisäer, die er mit den Puritanern vergleicht, erscheinen als Kleinbürgerschicht, deren rational-lebenspraktisches Ethos und gesunder Menschenverstand die Grundlage wirtschaftlichen Erfolges bilden. Dies bewertet er ausdrücklich positiv. Weber schreibt hierin bereits von Geiger in die Betrachtung des Pharisäismus eingeführte religionssoziologische Ansätze fort. Daß er Protestant war, hat keine Prägung seines Pharisäerbildes durch spezifische Prämissen protestantischer Theologie bewirkt. Dieses ist zwar keineswegs wertfrei gezeichnet. Es ist aber, anders als alle bisher betrachteten protestantischen, katholischen und jüdischen Pharisäerdarstellungen, ersichtlich nicht theologisch bestimmt, sondern reflektiert die lebenspraktischen Erfordernisse der modernen Industriegesellschaft. Aus diesem Kontext kommt er gegenüber religiös geprägten Pharisäerbildern zu wesentlich andersartigen Beurteilungen des Pharisäismus und damit auch zu neuen Sachaussagen über die Pharisäer.

Adolf von Harnack (1851–1930) nimmt in seinen 1899/1900 gehaltenen Vorträgen „Das Wesen des Christentums" aus kirchenhistorischer Perspektive das Judentum und die Pharisäer als Gegenbild eines liberalen protestantischen Christentums wahr: Dessen Kern, das Evangelium Jesu, besteht in der durch kein Dogma vermittelten und durch keinen politischen Bezug getrübten unmittelbaren Gottesbeziehung der individuellen Seele. Hierin, wie auch in der Sicht der Pharisäer, bezieht sich Harnack ausdrücklich auf Wellhausen. Wie Schleiermacher aber betont er die Diskontinuität Jesu und des Christentums gegenüber dem Judentum. Das Wesen des Judentums liegt in der gesetzlichen Schale, die den Kern der Religion verdeckt; prototypisch hierfür sind die Pharisäer. Ursprung und Wesen des Christentums liegen dagegen in der reinen Geltung des religiösen Kernes. Über die Antike hinaus repräsentieren Judentum und Pharisäismus die Eintrübungen, denen das Christentum in seiner Geschichte ausgesetzt ist: Traditionalismus, Intellektualismus, Ritualismus, Institutionalismus. Obwohl Harnack sich gegen die historische Ableitung absoluter Werturteile ausspricht und die Paradoxie der Religion zur Empirie betont, formuliert er einen historisierten Offenbarungsbegriff, indem er mit Hinweis auf den überweltlichen Wert des Christentums dieses als die Religion schlechthin beschreibt. In dieser Wesensbestimmung des Christentums, wie auch in der Sicht des Judentums, stimmt Harnack mit Schleiermachers „Reden über die Religion" überein.

Ernst Troeltsch (1865–1923) geht in seinem Vortrag „Die Absolutheit des Christentums und die Religionsgeschichte" von 1901 im Rückgriff auf Schleiermacher dem Verhältnis von historischer Objektivität und religiösen Wertsetzungen systematisch nach. Er begreift dies als Theoriebildung zu Wellhausens Forschungsmethode. Durch die Arbeiten der Religionsgeschichtlichen Schule, zu der er gehörte, hatte dieses Problem eine besondere Dringlichkeit erlangt. Troeltsch formuliert das Grundproblem, daß die Konstruktion von relativer Geschichte aus absoluten Wertkategorien nicht möglich ist. Der Versuch der Vermittlung endet notwendig im hermeneutischen Zirkel: Entweder wird das Absolute relativiert oder es kommt zur Verabsolutierung historisch-relativer Größen. Dies gilt auch für Transformationen des Offenbarungsbegriffs in philosophische Kategorien, die das Christentum als Idealreligion im allgemeingültig-philosophischen Sinne erscheinen lassen.

Aber auch Troeltschs Lösung, die relative Absolutheit einer Religion historisch aus der auf einen absoluten Wert hin angelegten Geschichte abzuleiten, kommt ohne einen solchen Offenbarungsbegriff nicht aus: Troeltsch verlegt die Erkenntnis des Absoluten in das objektivierte Urteil des Betrachters, den er aus dem historischen Prozeß ausnimmt. In Troeltschs historischer Ableitung der relativen Absolutheit des Christentums erweist sich auch in dieser Konstruktion der beschriebene Zirkelschluß: Der Maßstab dieser Ableitung, die werthafte Überwindung der natürlichen Welt auf der Ebene der individuellen Persönlichkeit transformiert protestantische Theologumena ins allgemein Gültige; dagegen ist das Judentum wie bei allen theologischen Vorgängern Troeltschs als partikularistisch auf einen minderen Rang verwiesen. Hierin erweist er das Objektivitätsideal des 19. Jahrhunderts als bleibend uneinlösbar und formuliert damit die systematische Aporie des Historismus.

In dem Vortrag „Die Stellung des Christentums unter den Weltreligionen" hat Troeltsch nach dem Ersten Weltkrieg seine einstigen Wertungen widerrufen. Er erkennt nunmehr gleichwertige Absolutheiten in anderen Religionen, ausdrücklich auch im Judentum, an und ersetzt die den Historismus prägende Vorstellung einer historisch gegebenen objektiven Wahrheit durch einen prozeßhaften Wahrheitsbegriff: Alle Religionen leben auf ein letztes Absolutes hin und sind in dieser Suchbewegung wechselseitig auf Ausgleich und Verständigung verwiesen. Dieses Resümee verstand Troeltsch als unwiderruflichen Schritt über den Historismus hinaus.

19. Das wissenschaftsmethodische Problem

Wissenschaftsmethodisch betrachtet, verbinden sich mit der historischen Darstellung der Pharisäer im 19. Jahrhundert wie heute erhebliche Probleme in der Quellenauswertung. Als Quellen für die Pharisäer sind im 19. Jahrhundert allen Autoren die biblischen Bücher einschließlich der alttestamentlichen Apokryphen sowie Josephus präsent. Ihr Quellenwert steht außer Frage, und so unterscheiden sich die Bewertungen dieser Quellen in Nuancen, aber nicht im Grundsätzlichen. Daß man hinter der bei Josephus angenommenen pharisäerfreundlichen Tendenz und der pharisäerfeindlichen Polemik des Neuen Testamentes die wirklich historischen Tatsachen erkennen könne, wird nirgends als unüberwindliche Schwierigkeit angesehen. Die tendenziöse Berichterstattung des Josephus wird als Problem wahrgenommen und korrigiert, wo seine Aussagen die nach dem Maßstab des Neuen Testamentes gewonnene Wesensbestimmung der Pharisäer in Frage stellen[1]. Die von ihm überlieferten Tatsachen werden im Allgemeinen nicht bezweifelt. Die apokryphen und pseudepigraphischen Quellen werden nach dem Maßstab des aus dem Neuen Testament und Josephus gewonnenen Pharisäerbildes auf die Pharisäer bezogen[2]. Bousset wertet sie als Dokumente des von den Pharisäern geprägten Judentums insgesamt und bringt sie nicht speziell mit den Pharisäern in Verbindung. Für die Darstellung der Pharisäer spielen sie eine marginale Rolle.

Als problematisch hingegen gelten bei protestantischen Gelehrten die rabbinischen Quellen. Abgesehen von Wähner und Gfrörer, beziehen sie ihre Informationen darüber zunächst vorzugsweise aus älteren Zusammenstellungen[3], ohne eigenständigen Zugang zu diesen Quellen. Erst später werden den protestantischen Gelehrten diese Quellen durch zeitgenössische jüdische Autoren zugänglich gemacht, durch die sie zumindest partiell eigenständigen Zugang zu Rabbinica gewinnen[4]. Dies soll an einigen Beispielen noch einmal verdeutlicht werden, die auch die zunehmende Rezeption rabbinischer Quellen zeigen: Semler zieht Rabbinica nur am Rande heran; Schneckenburger erachtet die talmudischen Quellen als wichtig für die neutestamentliche Zeitgeschichte, zitiert jedoch kaum rabbinische Belege über die Pharisäer. Daniel greift auf Ugolini und Triglandius zurück; Reuß macht detaillierte Angaben über talmudische Nachrichten, gibt aber kein einziges wirkliches Zitat an und verweist nur im Literaturverzeichnis allgemein auf einige der älteren Sammelwerke[5]. Ewald nimmt in der 1. Auflage und den ersten Bänden der 2. Auflage seiner „Geschichte des Volkes Israel" Rabbinica überhaupt nicht zur Kenntnis; im letzten Band der 2. Auflage und in der 3. Auflage des Werkes nennt er zahlreiche talmudische Belege, läßt aber kein System der Auswertung erkennen und gibt keine Bezugsquellen an; daß er die inzwischen erschienenen Werke von Herzfeld, Graetz, Jost und Geiger verwendet hat, kann vermutet werden. Hausrath stützt sich fast vollständig auf Geiger, daneben auf Jost, Herzfeld und Graetz. Wellhausen folgt in der Rezeption rabbinischer Nachrichten über die Pharisäer weitgehend Geigers Vorgaben. Schürer verarbeitet auf breiter Basis vor allem halachische Stoffe. Bousset verwendet die rabbinischen Quellen in zweiter Reihe hinter den Apokryphen und Pseudepigraphen und greift neben inzwischen erschienenen Neuausgaben auf Schürer zurück. Allein F. Weber gründet seine Arbeiten auf eigene intensive Rabbinica-Studien.

---

[1] So bei GFRÖRER (s. S. 48); SCHNECKENBURGER (s. S. 67); REUSS (s. S. 105f.); EWALD (s. S. 139f.); HAUSRATH (s. S. 187); WELLHAUSEN (s. S. 213); SCHÜRER (s. S. 242f.); zur heutigen Diskussion vgl. S. MASON, Flavius Josephus.

[2] Dies gilt im Grundsatz auch für WELLHAUSENs Rezeption der Psalmen Salomos (s. S. 205f.).

[3] Neben Epiphanius vor allem aus den Werken von BUXTORF, LIGHTFOOT, TRIGLANDIUS, UGOLINI.

[4] So vor allem SCHÜRER. Diese Eigenständigkeit schlägt MOORE gering an (MOORE, Christian Writers 228ff.; vgl. HENGEL, Schürer 27f.).

[5] REUSS, Phar 508f.

Das Grundproblem der Quellenrezeption im Zusammenhang werthafter Betrachtungen lautet: Ist für das *Wesen* der Pharisäer das Neue Testament die normative Quelle, oder sind es die rabbinischen Schriften?

Einer rabbinischen Grundlegung des Pharisäerbildes stehen erhebliche methodische Probleme entgegen: Aus den wenigen disparaten „Peruschim"-Belegen und aus den pharisäisch-sadduzäischen Kontroversen sind keine einheitlichen Gesichtspunkte zu gewinnen. Darüber hinaus können die Pharisäer lediglich kombinatorisch mit verschiedenen Gruppenbezeichnungen aus dem Talmud – חֲבֵרִים, צַדִּיקִים, נִבְדָּלִים, חֲסִידִים – identifiziert werden. Für solche Identifikationen, für die es keine direkten Quellenbelege gibt, fehlen bislang allgemein anerkannte sichere Kriterien. Dies gilt auch für die Abgrenzung vom Am Ha-aretz und die „Chaberim"-Halacha. Letztere gelangt erst allmählich ins Blickfeld der historisch-kritisch arbeitenden protestantischen Gelehrten. Eine exakte historische Wesensbestimmung der Pharisäer an Hand des Talmud bleibt stets auf quellenkritisch nicht verifizierbare Vorentscheidungen angewiesen. Diese Probleme zeigen sich sowohl in den Versuchen Geigers und anderer jüdischer Gelehrter[6], das Wesen der Pharisäer primär aus dem Talmud zu erheben, als auch in Hausraths Rezeption der Geiger'schen Ergebnisse[7]. Auf protestantischer Seite begnügte man sich im 19. Jahrhundert weitgehend mit der Auskunft, das pharisäische Wesen liege in der Steigerung der Gesetzlichkeit im Allgemeinen[8]. Diese Wahrnehmung geht auf die Identifikation von Pharisäern und Rabbinen an Hand der talmudischen Literatur zurück. Die Betrachtung des Talmuds im Ganzen als Dokument übertriebener pharisäischer Gesetzesobservanz enthebt häufig der Mühe näherer Betrachtung[9]. Im Sinne von Wellhausens grundsätzlichen Erwägungen wird das Gerüst des Pharisäerbildes nach dem Neuen Testament und Josephus konstruiert, zu deren Bestätigung die talmudischen Befunde dienen.

Auf der anderen Seite ist die Auswertung der neutestamentlichen Pharisäerpolemik problematischer, als es die protestantischen Ausleger zu erkennen geben. Zwar bietet das Neue Testament im Gegensatz zum Talmud Aussagen, die sich für eine Wesensbestimmung des Pharisäismus verwerten lassen. Die Schwierigkeit liegt aber in der Frage, ob die dort abgegebenen Urteile über die Pharisäer grundsätzlich zu nehmende Aussagen über das pharisäische *Wesen* sind oder – so die im 19. Jahrhundert formulierte Alternative – sich nur gegen untypische *Auswüchse* richten. Die meisten protestantischen Autoren nehmen hier eine widersprüchliche Haltung ein:

---

[6] So bei I. M. Jost (s. S. 153), wie auch bei L. Herzfeld und H. Graetz.

[7] Geiger hat, obwohl vom Talmud ausgehend, das Gerüst der griechischen Quellen nicht entbehren können (s. S. 164f.; vgl. Wellhausen, PhS 120–123, s. S. 219f.). Hausraths Versuch in dieser Richtung ist im Anlauf stecken geblieben (s. S. 186f.).

[8] In diesem Kontext gehört auch das von F. Perles aufgeworfene Problem der Relevanz agaddischer Überlieferungen für das Bild der Pharisäer. Abgesehen von dem als authentisches Zeugnis des Pharisäismus geltenden M Abot, aus dem häufig weitgehende Schlüsse gezogen werden, gilt den protestantischen Gelehrten die Halacha als repräsentativ für pharisäische Gesetzlichkeit.

[9] So explizit bei Reuss, Phar 504; 506 (s. S. 105); Hausrath, Zeitg I[1] 416 (s. S. 186); Wellhausen, PhS 19 (s. S. 214), Bousset, Rel[2] 145 (s. S. 269).

Einerseits betonen sie, daß man die Pharisäer nicht nach der einseitigen neutestamentlichen Polemik beurteilen dürfe. Implizit oder explizit machen sie sich aber diese wieder zu Eigen, meist mit der Begründung, daß dort, unter Abzug der polemischen Anteile, das Wesen des Pharisäismus im Prinzip richtig erfaßt sei[10]. Die Grundzüge der neutestamentlichen Urteile über die Pharisäer bleiben in Geltung. Bei historischer Relativierung der Darstellung im Einzelnen wird ihre Grundtendenz als historisch zutreffend erklärt. Die Ansicht, daß die im Neuen Testament verkündete Religion im allgemein menschlichen und religionsgeschichtlichen Sinn die „wahre" gegenüber der verkehrten pharisäischen sei, wird durch kritische Erwägungen und differenziertere Erkenntnisse nicht erschüttert. Dem Neuen Testament kommt auf christlicher Seite die Funktion einer normativen Quelle insofern zu, als das historisierte Verständnis von wahrer Religion, das als Maßstab für die Wesensbestimmung des Pharisäismus dient, darauf zurückgeht.

Deutlich werden hinter der Behandlung der Quellenprobleme theologische Grundsatzfragen erkennbar. Das historische Problem, aus den Rabbinica keine zusammenhängenden Informationen über das Wesen der Pharisäer erheben zu können, wird gelöst, indem mit dem in sich weitgehend geschlossenen Pharisäerbild des Neuen Testamentes auch dessen theologische Werturteile über die Pharisäer übernommen werden. Der theologische Bezugsrahmen sind dabei die theologischen Urteile Paulus' über Gesetz und Pharisäer; konkret gefüllt werden diese Aussagen mit der Pharisäerpolemik der Evangelien. Ein zentraler Text hierfür ist Mt 23[11]; differenzierende Nachrichten aus der Apostelgeschichte werden für das Wesen der Pharisäer nicht herangezogen. Wie sehr hier quellenkritische Entscheidungen auf theologischen Wertvorstellungen beruhen, bringt die Kontroverse zwischen Bousset und Perles zum Ausdruck. Ihre Verständigung über quellenkritische Fragen scheiterte an der dahinter liegenden Differenz ihrer theologisch-werthaften Prämissen.

Die Erweiterung der Quellenbasis für die Pharisäer vor allem um Rabbinica, Apokryphen und Pseudepigraphen hat bei den neuzeitlichen protestantischen Betrachtern wohl Differenzierungen ihres Pharisäerbildes in einzelnen historischen Aspekten nach sich gezogen, nicht jedoch eine Neubestimmung des pharisäischen Wesens. Gfrörers religionsphänomenologisch orientierter Ansatz wird nicht weitergeführt; Bousset behält bei allem Bemühen um religionsgeschichtliche Differenzierung die geschilderte Grundstruktur, wenn auch modifiziert, bei.

---

[10] So Daniel (s. S. 84), Reuss (s. S. 104f.), Hausrath (s. S. 186f.), Wellhausen (s. S. 211–213), Bousset (s. S. 269).

[11] Daneben die Heuchelpolemik aus der Bergpredigt sowie Mk 7; Lk 18,9–14; Joh 7,49.

20. Die Pharisäer im Brennpunkt der Werturteile

20.1. Die Pharisäer als religiöses und gesellschaftlich-politisches Symbol

Als signifikantes Merkmal aller behandelten protestantischen Pharisäerbilder hat sich herausgestellt, daß sich traditionelle, bereits auf die neutestamentliche Polemik zurückgehende theologisch-symbolische Bewertungen der Pharisäer auch in der historisch-kritischen Bibelwissenschaft über alle Metamorphosen hinweg in historisierter Gestalt erhalten haben. Die Pharisäer erscheinen in den Augen ihrer christlichen Betrachter stets als Antitypus ihrer theologischen Ideale und als solche als idealtypische Repräsentanten des gesetzlichen Judentums. Von neuen quellenkritischen Erkenntnissen wie der Erschließung rabbinischer und apokryph-pseudepigraphischer Quellen bleibt diese Sicht unberührt. Sie zieht sich durch alle theologischen Richtungen und Epochen des 19. Jahrhunderts. Aus der Perspektive protestantisch-konfessioneller Anschauungen stehen die Pharisäer für superstitiöse Gesetzlichkeit. Die Aufklärung sieht sie als Vertreter von Partikularismus und Fanatismus. Im späten Rationalismus und im Pietismus verkörpern sie den Antitypus gesinnungsloser bzw. unpneumatischer Gesetzeserfüllung. In romantisch gefärbter Perspektive erscheinen sie als erstarrt und existenziell haltlos. In liberaler Sicht sind sie reaktionär und restaurativ. Von konservativ-staatspolitischem Standpunkt aus gelten sie als politisch unzuverlässig und destruktiv, für die Kultur haben sie keinen Sinn. Dies gilt trotz differenzierender Aspekte auch für ihre Betrachtung im religionsgeschichtlichen Horizont. Die Klassifizierung des Judentums als wesentlich gesetzlich bestimmt auch die Stellungnahmen zum zeitgenössischen Judentum. Dieses wird auch dort, wo die bürgerliche Emanzipation der Juden befürwortet wird, als überlebt und nicht reformierbar betrachtet. Die Konversion der Juden zum Christentum erscheint aus christlicher Sicht als folgerichtige Konsequenz aus Emanzipation und jüdischen Reformbestrebungen.

Als Grundproblem hinter allen protestantischen Pharisäerdarstellungen ist das letztlich ungeklärt gebliebene Spannungsverhältnis der bibelwissenschaftlichen Geschichtsschreibung zu ihren theologischen Wurzeln sichtbar geworden: Der Anspruch historischer Objektivität kollidiert mit weiterhin in Geltung stehenden theologischen Wertsetzungen. In diesem Spannungsfeld entstehen geschichtstheologische Deutungsmodelle, in denen theologische Prämissen in historisierter, allgemein gültiger Form wirksam sind.

Auf katholischer Seite zeigt sich, daß die Funktion der Pharisäer als theologischer Antitypus christlicherseits nicht auf den von der Abgrenzung gegen katholische Gesetzlichkeit geprägten protestantischen Bereich beschränkt ist, sondern einen Bestandteil allgemein christlicher Apologetik gegenüber dem Judentum darstellt. Dies gilt sowohl für das Pharisäerbild Döllingers, das mit dem von Reuß gezeichneten historisch-kritischen Bild weitgehend übereinstimmt, als auch für stärker von der katholischen Lehrtradition bestimmte Darstellungen wie bei J. Langen oder F. Kaulen.

Auf jüdischer Seite dokumentiert die positive symbolische Bewertung der Pharisäer als Ideal jüdischer Frömmigkeit in Josts Spätwerk und bei Geiger das Anliegen, aus der gleichwohl als problematisch angesehenen pharisäisch-rabbinischen Tradition neue Perspektiven jüdischer Gegenwartsexistenz zu gewinnen, die die Defizite des Rabbinismus überwinden, ohne die Tradition grundsätzlich preiszugeben. Darin, daß Geiger die Pharisäer als Vertreter des über die Tradition hinausführenden Fortschritts beansprucht, zeigt sich der enge Zusammenhang ihrer symbolischen Rolle mit dem neuzeitlichen Problem jüdischer Identität im 19. Jahrhundert. Dagegen markiert die auf Spinoza zurückgehende negative Bewertung der Pharisäer als Verhinderer religiösen Fortschritts im antiken Judentum beim frühen Jost und bei Friedländer die Perspektive des grundsätzlichen Traditionsabbruches gegenüber dem Rabbinismus. Diese Differenz in der Bewertung der Pharisäer drückt primär ein unterschiedliches Verhältnis zur überkommenen nomistisch-rabbinischen Struktur des Judentums aus. Sie begründet nicht notwendig auch einen grundsätzlichen Unterschied in den jeweils damit verbundenen religiösen Wertsetzungen. Im jüdischen Bereich wird anders als im behandelten protestantischen Spektrum die Aneignung von religiösen Werten, die auch in Evangelium und Christentum vertreten sind, nicht zwingend an die Entscheidung gegen die jüdische Tradition gebunden. Friedländer versteht nicht einmal die Übernahme des – liberal interpretierten – Evangeliums Jesu als Preisgabe des Judentums ans Christentum.

Auf allen Seiten wird durch die symbolisch bestimmte Wahrnehmung der Pharisäer im Positiven wie im Negativen das Verhältnis zur jüdischen Tradition markiert. Dieses Grundverhältnis ist unabhängig von theologischen Werturteilen, die mit ihm verbunden werden. Das gilt sowohl in konservativ-traditionellem Kontext als auch für Gelehrte, die sich in der Methodik historisch-kritisch orientieren und theologisch liberalen Ansichten nahestehen. Dieser hohe Symbolwert der Pharisäer hat sich über das protestantische Milieu hinaus auch im katholischen und im jüdischen Bereich bestätigt. An Hand der Pharisäer werden durchweg auf christlicher wie auf jüdischer Seite wesentliche Aspekte eigener religiöser Identität verhandelt. Die Pharisäer, die auf christlicher Seite das Sinnbild der Abgrenzung nach außen gegen das Judentum darstellen, erscheinen auf jüdischer Seite weithin als Identifikationsfiguren innerjüdischer Integration. Ihr Symbolwert als Repräsentanten des Judentums ist auf allen Seiten unbestritten. Das positive Ideal der Juden ist das negative der Christen.

Der wichtigste Unterschied zwischen jüdischen und christlichen Pharisäerbildern liegt darin, daß auf jüdischer Seite in diesem Kontext kein apologetischer Bedarf gegenüber dem Christentum besteht. Wo das Christentum eine Rolle spielt, rührt dies nicht aus einem Abgrenzungsbedürfnis in der Sache her, sondern aus der späteren historischen Bedeutung des Christentums für das Judentum, nicht zuletzt im Kontext zeitgenössischer Konstellationen[12]. Dagegen besteht christlicherseits ein Legitimationsbedarf für den Traditionsabbruch gegenüber dem Judentum. Hier dienen die Pharisäer auf katholischer wie auf protestantischer Seite als

---

[12] Beispielhaft formuliert JOST, daß der Gegensatz zwischen Judentum und Christentum „für die Geschichte der Juden erst später von Bedeutung ist" (Allg Gesch II 66 f.), nicht aber in der Zeit des Urchristentums und der Epoche seiner Trennung vom Judentum.

Träger kontroverstheologischer Motive in der Abgrenzung vom Judentum. Auf protestantischer Seite erhält dies durch die traditionelle Frontstellung gegen den römischen Katholizismus eine spezielle Dynamik. Am Beispiel der Pharisäer wird nicht allein die Abgrenzung vom Judentum, die sich in manchen Fällen auch auf Teile des Alten Testamentes bezieht, sondern darüber hinaus auch vom ultramontanen Katholizismus und damit in den meisten Fällen von gesetzesbezogener Religiosität schlechthin vollzogen, die der reformatorischen Zentralanschauung der allein auf den Glauben gegründeten christlichen Freiheit entgegensteht. Im Vergleich mit jüdischen und katholischen Pharisäerdarstellungen spiegelt diese doppelte kontroverstheologische Front die historische Prägung des Protestantismus durch einen doppelten Traditionsabbruch – vom Judentum in der Antike und vom Katholizismus durch die Reformation – wider.

Die hinter den symbolischen Besetzungen der Pharisäerbilder erkennbaren religiösen und gesellschaftlich-politischen Grundanliegen sind indessen nicht an spezifisch konfessionelle Vorgaben gebunden. Die Vorstellung einer in rechte Frömmigkeit integrierten Gesetzeserfüllung verbindet den Katholiken Döllinger und die Juden Jost und Geiger mit Protestanten wie Winer und Daniel. Das Ideal einer Frömmigkeit und Weltbezug integrierenden Religiosität, wie es bei Jost betont wird, korrespondiert mit dem Leitbild protestantischer *libertas christiana*, wie es bei Ewald und Wellhausen erscheint. Mit dem Idealbild der Pharisäer als fortschrittliche Demokraten des liberalen Juden Geiger berühren sich die politischen Ideale des liberalen Protestanten Hausrath. Der Rabbinismus wird von dem Protestanten Bousset und dem Juden Friedländer gleichermaßen als Fehlentwicklung bewertet. Dennoch repräsentieren die Pharisäer auf christlicher Seite die grundsätzlich trennenden Aspekte. Auch wenn christliche Autoren in ihren allgemein religiösen Wertvorstellungen mit jüdischen Positionen übereinstimmen, erscheinen die Pharisäer als jüdisches Gegenbild dieser Ideale. Jüdische Zeichnungen der Pharisäer als auch für Christen akzeptable Repräsentanten des Judentums finden hier kein wirkliches Echo.

Der Durchgang durch die verschiedenen Bilder der Pharisäer hat erwiesen, daß diesen von allen Seiten ein hoher symbolischer Wert zugesprochen wird. Auf protestantischer Seite ist über alle Grenzen theologischer Schulen hinweg die Wahrnehmung der Pharisäer als theologisches Negativsymbol erkennbar. Sie erscheinen als Gegenbild des jeweils eigenen religiösen und theologischen Ideals. Die traditionellen theologischen Werturteile über die Pharisäer bleiben grundsätzlich in Kraft. Differenzierende Momente werden demgegenüber zwar wahrgenommen, erscheinen jedoch als Ausnahme oder vorübergehendes Phänomen, bzw. bleiben unverbunden neben dem symbolisch bestimmten Bild der Pharisäer stehen. Die so entstandenen Widersprüche in der Pharisäerdarstellung werden dem Pharisäismus als innerer Widerspruch angelastet. Als Ursache dieses Widerspruches gilt die Gesetzlichkeit der Pharisäer, ihre verkehrte Religion. Sie wird als das Wesen des Pharisäismus angesehen. Dem werden alle anderen erkannten Eigenschaften zu- und untergeordnet. Unter den behandelten christlichen Gelehrten ist es allein Gfrörer, der diese werthafte Zuordnung in seiner Darstellung vermeidet.

20.2. Die Pharisäer im historischen Vergleich: Analogiebildungen im Wandel der Epochen

In allen Darstellungen der Pharisäer liegt ein erhebliches Gewicht auf ihrer Rolle als idealtypische Juden. Darin repräsentieren sie für die behandelten christlichen Gelehrten auf theologischer Ebene das gesetzliche Judentum als Antitypus der wahren, christlichen Religion, d.h., diejenigen Aspekte der alttestamentlich-jüdischen Religion, von denen sie sich als Christen distanzieren. In historischer Perspektive erscheinen die Pharisäer als die Träger der sukzessiven Unterordnung des Judentums unter das von Schriftgelehrten verfaßte „Gesetz"[13]. Die Gesetzlichkeit wird von den Schriftgelehrten als Berufsstand repräsentiert. Die mit ihnen in engem Zusammenhang betrachteten Pharisäer repräsentieren sie als religiöse Partei. Beide erscheinen als die Gruppen, die das Judentum eigentlich beherrschen . Seit der Makkabäerzeit werden die Pharisäer als Protagonisten der gesetzlichen Strömung im Judentum betrachtet. Spätestens nach 70 werden Pharisäismus und Judentum in eins gesetzt. Die Pharisäer gelten, nach einer unterschiedlich bestimmten Periode des Überganges, durchweg als Schöpfer des talmudisch-rabbinischen Judentums. Diese Entwicklung wird als Erstarrungsprozeß wahrgenommen, durch den wahre Religion und Religiosität von der verselbständigten Gesetzlichkeit blockiert und verdrängt werden.

Unter den Vorzeichen historischer Kritik hat die theologisch-symbolische Wahrnehmung der Pharisäer eine wichtige Verschiebung erfahren. Waren die Pharisäer bei Gfrörer oder Daniel noch ein über das Judentum hinausweisender universaler Typus, für den es auch christliche Beispiele gibt[14], so tritt dieser Aspekt bald zurück. In den für die Folgezeit bestimmenden Darstellungen Schneckenburgers, Reuß' und Ewalds sind die Pharisäer historisch auf ihre Rolle als jüdische Gruppe reduziert. Damit reduziert sich aber auch ihre symbolische Rolle auf den jüdischen Bereich. Der allgemein gültige religiöse Typus des selbstgerechten Heuchlers wandelt sich zum ausschließlich jüdischen Typus, zum jüdischen Gegenbild christlich-protestantischer Ideale. Die Historisierung des theologischen Urteils über die Pharisäer bewirkt, daß diese auch dort, wo sie ersichtlich als Träger neuzeitlich gefärbter theologischer oder politischer Polemik dienen, primär als Repräsentanten des gesetzlichen Judentums erscheinen. Diese neuzeitliche Akzentuierung der christlichen Pharisäerpolemik hat wesentliche Wurzeln in der innerjüdischen Auseinandersetzung U. da Costas und B. Spinozas mit dem Rabbinismus. Dessen Negativzeichnung wie die des gesamten gesetzesbezogenen Judentums wird durch diese polemischen Motive verstärkt[15].

---

[13] Diese Sicht bezieht sich primär auf die „Paradosis", in die das mosaische Gesetz teilweise einbezogen wird.

[14] Vgl. DANIEL, Phar 34: „Nicht das Volk, sondern die Sitten machten den Pharisäer" (s. S. 85).

[15] Dies gilt in erster Linie für EWALDS und HAUSRATHS Parallelisierung der Pharisäer mit den Jesuiten bzw. der hochkirchlichen konfessionellen Orthodoxie (s. S. 146–148; 189f.), aber auch für ihre Darstellung als Repräsentanten des „Kirchlichen" bei WELLHAUSEN (s. S. 223f.; zu DA COSTA und SPINOZA s. S. 30f. Anm. 106).

Ein Grundproblem aller behandelten christlichen Pharisäerdarstellungen liegt darin, daß die Pharisäer einerseits als spezifisch unterschiedene Sondergruppe wahrgenommen werden: Sie gelten als in sektiererischem Hochmut vom ungebildeten Volk „Abgesonderte". Andererseits aber werden sie als idealtypische Repräsentanten und Partei des Volkes vorgestellt, von dem sie sich so sorgsam distanzierten. Diese Spannung wird meist dem Pharisäismus als innerer Widerspruch oder als Ausdruck heuchlerischen Machtstrebens zur Last gelegt. Zur grundsätzlich bestimmenden Dimension wird diese Widersprüchlichkeit aber erst dadurch, daß sowohl die innerjüdische Exklusivität der Pharisäer als auch ihre Rolle als Repräsentanten des Judentums vor 70 zu Wesensmerkmalen des Pharisäismus schlechthin erklärt werden und die pharisäische Exklusivität als Musterfall der jüdischen gilt. Dem entsprechend repräsentiert die pharisäische „Widersprüchlichkeit" diejenige des Judentums. Dahinter steht der geschichtstheologische Topos einer dem Judentum zugeschriebenen partikularistischen Erwählungslehre.

Signifikant für diese Sicht der Pharisäer sind die Beantwortung der Frage, ob ihre Bezeichnung als „Sekte" angemessen sei, und ihr Vergleich mit den Jesuiten. Der Begriff „Sekte" wurde zunächst unkritisch, synonym mit „Partei", als Übersetzung des griechischen „αἵρεσις" auf die Pharisäer wie auf die übrigen jüdischen Gruppenbildungen angewendet. Im Falle der Pharisäer lag hierfür ein besonderer Anknüpfungspunkt in ihrer „Absonderung". Diese wurde durch die Verbindung mit dem Begriff „Sekte" mit einer kirchlich geprägten Negativbewertung versehen. So begegnet der Begriff bei Wähner, Semler, Gfrörer und Schneckenburger[16]. Da die Pharisäer aber als repräsentative Gruppe im Judentum galten, wurde ihre Bezeichnung als „Sekte" historisch fragwürdig. Es setzte sich bald ihre Charakterisierung als „Partei" durch, um Verwechslungen mit dem theologischen und soziologischen Begriff der Sekte als durch Sonderlehren unterschiedene religiöse Randgruppe zu vermeiden. Dies wurde, fortan gültig, von Reuß formuliert[17]. Später wurde „Sekte" von Wellhausen und Bousset im religionssoziologischen Sinne zur Charakterisierung des rabbinischen Judentums, damit auch des Pharisäismus, wieder aufgegriffen. Auch in dieser modifizierten Verwendung bleibt der Begriff mit negativen Bewertungen verbunden[18].

Eine Funktion, die der Begriff „Sekte" nicht leisten konnte, übernimmt der nahezu durchgängig verwendete Vergleich der Pharisäer mit den Jesuiten[19], ein Erbe

---

[16] WÄHNER, Ant. II 743 (s. S. 16f.); SEMLER, Canon I[2] 6 (s. S. 37); SCHNECKENBURGER, Einl 71ff.; Zeitg 132ff. (s. S. 64f.). GFRÖRER bedient sich dieser Diktion nicht im wertenden Kontext (so in Jahrh I 131; 141; s. S. 47). Vgl. die systematisierte Entfaltung des polemisch aufgefaßten Begriffs „Sekte" bei SCHLEIERMACHER, Reden 300f.

[17] REUSS, Phar 496 (s. S. 91). Problematisiert wurde der Begriff „Sekte" bereits von SCHNECKENBURGER (Einl 75; Zeitg 132ff., s. S. 64f.; ihm folgend DANIEL, aaO. 20, s. S. 78); vgl. JOST, Jdt I 197f. (s. S. 152).

[18] WELLHAUSEN, PhS 95 (s. S. 209; 224); BOUSSET, Rel[2] 110 (s. S. 272; 276f.). Anders M. WEBER, Rel. Soz. III 403f. (s. S. 284; 288).

[19] GFRÖRER, aaO. 124f. (s. S. 53); SCHNECKENBURGER, Einl 75 (s. S. 64); DANIEL, Phar 20 (s. S. 78); REUSS, Jdt 341; Phar 508 (s. S. 92); EWALD, Gesch IV[3] 482 (s. S. 146–148); SCHÜRER, Zeitg 509; Gesch II[4] 577 (s. S. 248f.); auch bei JOST, Jdt I 205 (s. S. 153).

aus der protestantischen Jesuitenpolemik des 17. und 18. Jahrhunderts[20]: Er charakterisiert die Pharisäer als profilierteste Repräsentanten verkehrter hierokratischer Religion, die sich als scharf abgehobene Sondergruppe vom Ganzen ausschließlich durch gesteigerte Observanz gegenüber dem allgemein Gültigen, Orthodoxen unterscheiden. Die gesteigerte Orthodoxie und, in Verbindung damit, die als Spitzfindigkeit interpretierte Genauigkeit der Lehre sind hier die entscheidenden Vergleichspunkte. Die in diesem Vergleich stets mitschwingenden Motive von moralischer Anrüchigkeit und verdeckter politischer Umtriebigkeit der Jesuiten unterstreichen als polemische Seitenthemen die Verkehrtheit der pharisäischen Religiosität[21].

Ebenfalls in den orthodoxen Motivkreis gehört die Beschreibung der Pharisäer als „Schule"[22]: Sie nimmt die Pharisäer vor allem als Vertreter immer präzisierterer und verzweigterer Halacha wahr und betont das schriftgelehrt-theologische Element im Pharisäismus. Das „Schulmäßige" erscheint hierbei als den persönlichen Glauben heteronom verfremdender Überbau. In dieser Akzentuierung wirken vor dem Hintergrund romantischer und liberaler Aversionen gegen jeglichen theologischen Systemzwang Interpretationsmuster aus der protestantischen Absetzbewegung von der mittelalterlich-katholischen Scholastik und aus der aufgeklärten Polemik gegen die konfessionelle Orthodoxie nach. Die Sadduzäer erscheinen dementsprechend bis zum Erscheinen von Geigers Werken als „freigeistige" Gegner der Pharisäer.

Auch der auf die orthodoxe Polemik gegen die Pietisten zurückgehende, im 19. Jahrhundert erstmalig von Schneckenburger angestellte Vergleich der Pharisäer mit dem Pietismus[23] soll begreifen helfen, weswegen die Pharisäer sich als besondere Gruppe konstituierten, obwohl sie in ihrer Lehre im Grundsatz nicht von der Mehrheit abwichen. Das wichtigste Vergleichsmerkmal liegt hier in der Separation, die eine strenggläubige Laienbewegung vollzog[24]; dies wurde bei Pietisten wie bei Pharisäern häufig als religiöser Hochmut gegenüber der weniger observanten

---

[20] So findet der reformierte Theologe F. BURMANN aus Leiden (1628–1679) Pharisäer „tam quoad doctrinam, quam quoad mores in ipsu Papatu, praecipue inter Monachos et speciatim inter Jesuitas" (Ober de boeken der Koningen, etc., 1683, S. 521; zit. n. DANIEL, aaO. 34). Vgl. dazu die innerjüdische Vorform bei U. DA COSTA und B. SPINOZA (s. S. 30f. Anm. 106).

[21] Das gilt im Grundsatz auch für EWALD, auch wenn sich dieses Motiv bei ihm völlig verselbständigt. Dieses erscheint in der zeitgenössischen antisemitischen Polemik im Vergleich zwischen Juden und Jesuiten – so bei RICHARD WAGNER: „Juden und Jesuiten wurden von Wagner immer wieder in einem Atemzug genannt" (J. KATZ, Wagner 152).

[22] So bei SCHNECKENBURGER, Zeitg 131 ff. (s. S. 64); REUSS, Phar 502 ff. (s. S. 93); EWALD, Gesch V³ 14 ff.; 116 ff. (s. S. 122ff.; 148); HAUSRATH, Zeitg I¹120 (s. S. 175); WELLHAUSEN, PhS 43 (s. S. 209f.; 212); SCHÜRER, Zeitg 465 (s. S. 236).

[23] SCHNECKENBURGER, Zeitg 134 (s. S. 63); DANIEL, Phar 19 (s. S. 78; 86f.); REUSS, Phar 503 (s. S. 104); WELLHAUSEN, IJG⁹ 275 (s. S. 199); SCHÜRER, Gesch II⁴ 471 (s. S. 249); BOUSSET, Rel² 213 (s. S. 260); Zur orthodoxen Pietistenpolemik vgl. DANIEL, Phar 34.

[24] Diese Analogie wird besonders durch die Interpretation des Namens „פְרוּשִׁים" nahegelegt, der mit „Abgesonderte" übersetzt wird; dagegen liegt die im Jesuitenvergleich enthaltene Betonung der genauen, „orthodoxen" Schriftauslegung der Pharisäer näher bei der – aus grammatischen Gründen durchgängig zurückgewiesenen – Deutung des Namens als „besonders genaue Schrifterklärer", mit der ursprünglichen Form „פוֹרְשִׁים" bzw. „פָּרְשִׁים" (vgl. SCHNECKENBUR-

Mehrheit gedeutet und, wie auch im Vergleich mit den Jesuiten, als Heuchelei verdächtigt. Ein weiterer Aspekt dieses Vergleiches ist die Betonung der *praxis pietatis* vor der orthodoxen Bindung an dogmatisch entfaltete Glaubensinhalte, wie es in der Analogie zu den Jesuiten betont wird.

Im Begriff der „Partei"[25], der bald zur wichtigsten Bezeichnung der Pharisäer wird, ist erstmals deren politischer Wirkungskreis in ihre Wesensbestimmung einbezogen: Er dient vor allem dazu, ihr Verhältnis zu den Sadduzäern zu verstehen, das von Josephus über weite Strecken als politische Rivalität beschrieben wird. Die partikularistische Akzentuierung der Bezeichnung „Sekte" haftet dem Begriff „Partei" als Beiklang an[26]. Die von Geiger in die Debatte eingeführte Bezeichnung der Pharisäer als „demokratische" Partei[27] – mit den „aristokratischen" Sadduzäern als Gegnern – löst die Darstellung des pharisäisch-sadduzäischen Streites als Konflikt zwischen „Orthodoxen" und „Freigeistern" ab. Damit ist der Akzent von einem theologischen auf ein politisches Paradigma verschoben. Geiger nimmt hierin Quellenaussagen auf, nach denen die Pharisäer den meisten Anhang im Volk hatten. Eine Rolle spielt dabei auch, daß der Pharisäismus als Weiterentwicklung alttestamentlicher Traditionen wahrgenommen wurde. Hatte Geiger die Pharisäer in Analogien seiner Zeit als reformerische Volkspartei im liberal-demokratischen Sinne beschrieben, so erscheinen sie in der christlichen Rezeption seiner Anschauungen als Volkspartei nur mehr in dem Sinne, daß sie zwar die überkommenen religiösen Anschauungen neuen Erfordernissen anpaßten, das Volk aber mehr als Massenbasis für ihre partikularen Interessen benutzten, als daß sie wirklich seine Belange vertraten[28]. Als Demokraten im zeitgenössischen Sinne werden sie bei keinem der protestantischen Autoren dargestellt; dem tatsächlich Gemeinten kommt ihre Bezeichnung als „Demagogen" näher[29]. Gelegentlich wird ihnen auch die gegenteilige Bezeichnung „reaktionär" zugeschrieben, die die pharisäische Orthodoxie und Traditionsbezogenheit in politische Kategorien transformiert[30].

Die Charakterisierung der Pharisäer als „fanatisch"[31] akzentuiert ihre Grundan-

---

GER, Zeitg 134; zur heutigen Diskussion des Problems vgl. A. I. BAUMGARTEN, Name of the Pharisees; H.-F. WEISS im Art. „Pharisäer", TRE XXVI, 473f.).

[25] SEMLER, Canon I² 6: Dort erscheint der Begriff, wie bereits bei J. BASNAGE, Hist I 176f., synonym mit „Sekte" (s. S. 37); so auch bei GFRÖRER, Jahrh I 131; 136f. (s. S. 47); SCHNECKENBURGER, Zeitg 136 u.a. (s. S. 64f.). Als „Partei" werden die Pharisäer seit REUSS, Phar 496 (s. S. 91) durchgängig bezeichnet: Vgl. EWALD, Gesch IV³ 496 (s. S. 126); GEIGER, Urschr 134 (s. S. 161); HAUSRATH, Resultate 970 u.a. (s. S. 171); WELLHAUSEN, PhS 94 u.a. (s. S. 197f.); SCHÜRER, Zeitg 425 u.a. (s. S. 228); BOUSSET, Rel² 213 (s. S. 259).

[26] So besonders bei SEMLER (wie Anm. 25), EWALD (s. S. 128ff.) und WELLHAUSEN (s. S. 208).

[27] So bei GEIGER und HAUSRATH (wie Anm. 25).

[28] Im Hintergrund dieser Sicht stehen vor allem Joh 7,49 und talmudische Polemiken gegen den Am Ha-aretz.

[29] DANIEL, aaO. 32 (s. S. 82); REUSS, Jdt 342 (s. S. 95); HAUSRATH, Resultate 976 (s. S. 173f.).

[30] So bei SCHNECKENBURGER, Zeitg 139 (s. S. 66); HAUSRATH, Zeitg II¹ 323 (s. S. 190); SCHÜRER, Zeitg 128 (s. S. 231; 248).

[31] SEMLER, Canon I² 123 u.a. (s. S. 32f.); DANIEL, aaO. 32f. (s. S. 81f.); REUSS, Phar. 502, 506 (s. S. 95); HAUSRATH, Resultate 972ff. u.a. (s. S. 172f.); SCHÜRER, Zeitg 431 (s. S. 230); BOUSSET, Rel² 343 u.a.).

schauungen auch in politischer Hinsicht als verkehrt und markiert, was bereits in ihrer Bezeichnung als „Demagogen" anklang, ihr grundsätzliches Mißverhältnis zur Dimension des Weltlichen, primär des Politischen. In dem Sinne, den der Begriff in der Aufklärung erhalten hat, bezeichnet er eine unheilvolle Verquickung der Religion mit politischen Angelegenheiten: Der Glaubenseifer, der die Politik bestimmt, verdirbt die Religion, indem er die Glaubensfreiheit des Individuums unter politische Notwendigkeiten zwingt, und blockiert das politisch und weltlich Vernünftige durch sachfremde religiöse Prämissen. Konkret kritisiert er die Macht und Interessenwahrnehmung der Kirchen im Bereich des Politischen[32]. Nächst der römisch-katholischen ist die antike jüdische Hierokratie das Paradigma für diese Fehlentwicklung. Die „fanatischen" Pharisäer, deren Repräsentanten, wirkten sowohl im Glauben destruktiv, indem sie ihn unter das politisch durchsetzte Gesetz zwangen, als auch in der Politik, indem sie die Entstehung einer wirklich politischen Kultur unter den Juden verhinderten[33]. Daher werden sie, obwohl die Quellen dafür keine direkten Anhaltspunkte geben, weithin für die Katastrophe des Jahres 70 verantwortlich gemacht, meist mit dem Argument, daß die Zeloten praktisch ausführten, was gemäßigtere Pharisäer nur theoretisch vertraten[34].

In der von Wellhausen für die Folgezeit gültig geprägten Beschreibung der Pharisäer als „kirchliche Partei"[35] sind die verschiedenen religiösen Aspekte der bis dahin gebräuchlichen Bezeichnungen zusammengebunden: Der orthodoxe Aspekt, der sich im Vergleich mit den Jesuiten ausdrückte; die religiöse Gruppenbildung, die in der Analogie zu den Pietisten enthalten ist; ihre Fortschreibung religiöser Traditionen und ihr Einfluß im Volk, die sie als „demokratische" Partei erscheinen ließen; ihre als Fanatismus interpretierte Distanz zur Dimension des Politischen. Darüber hinaus enthält diese – möglicherweise von der 1871 als Reichstagsfraktion konstituierten katholischen Zentrumspartei beeinflußte – Bezeichnung eine grundsätzliche, liberal inspirierte Kritik an jeglicher institutionalisierter „öffentlicher" Religion, die sich auch gegen die protestantischen Kirchen richtet. Festgeschrieben ist darin allerdings die Reduktion des Pharisäismus auf ein religiöses Phänomen. Auch wenn von ihm politische Folgen ausgehen, ist er von der Dimension des wirklich Politischen und Weltlichen im Grundsatz getrennt; die von ihm ausgehenden Wirkungen und Entwicklungen haben weder einen wirklichen Bezug zu weltlichen Vorgängen noch, obwohl sie rein religiöser Natur sind, zu wahrem

---

[32] Im 19. Jahrhundert wurde der Begriff über die Aufklärung hinaus im Rückblick auf die französische Revolution allerdings stärker politisch akzentuiert (vgl. CH. HOFFMANN, Juden 61f.).

[33] Wie sehr auch diese Sicht – unbeschadet ihrer jüdischen Vorläufer (s. S. 30f. Anm 106) – an theologische Prämissen gebunden ist, zeigt sich im Vergleich mit M. WEBER, der mit der Auffassung der Pharisäer als typischer Vertreter „bürgerlichen Durchschnittsdenkens" zu einem genau entgegengesetzten Ergebnis kommt (M. WEBER, aaO. 405; s. S. 284).

[34] So GFRÖRER, Jahrh I 135 (s. S. 48); SCHNECKENBURGER, Zeitg 226 (s. S. 67); DANIEL, Phar 33 (s. S. 82); REUSS, Phar 501f. u.a. (s. S. 95); EWALD, Gesch V[3] 14 (s. S. 123); JOST, Gesch I 57 (s. S. 150); HAUSRATH, Zeitg I[1] 133 (s. S. 177f.); SCHÜRER, Zeitg 27; Gesch I[4] 94 (s. S. 233). Im Hintergrund dieser Auffassung steht Ant. XVIII, 1,6 (23), wo die „vierte Sekte" des Judas Galilaeus in große Nähe zu den Pharisäern gestellt wird (zum Sachproblem vgl. HENGEL, Zeloten[1] 89–91).

[35] WELLHAUSEN, PhS 94 u.a. (s. S. 197).

Glauben: Die pharisäischen Weiterentwicklungen der mosaischen Gesetze sind kein wirklicher Fortschritt, das Dasein der Pharisäer als Partei hat keinen wirklichen Bezug zum Ganzen, ihre Volksbezogenheit bedeutet keine Demokratie, ihre gesetzliche Orthodoxie erstickt den Glauben.

20.3. Zeitgeschichtliche Hintergründe

Die Pharisäer repräsentieren für die behandelten christlichen Gelehrten unabhängig von ihrem theologischen Herkommen gegenüber allen anderen Tendenzen innerhalb des Judentums dessen unveränderliches gesetzliches Wesen. Im Hinblick auf das zeitgenössische Judentum des 19. Jahrhunderts dienen die Pharisäer als Beleg dafür, daß auch in einem pluralistischen Judentum dessen eigentliches Wesen, unabhängig von anderen Tendenzen, von den Prinzipien des Rabbinismus bestimmt ist. Eine über die rabbinische Gesetzlichkeit hinausführende Reformfähigkeit wird dem Judentum nicht zugestanden; eine Reform muß vielmehr zum Absterben des Judentums bzw. zur Konversion der Juden ins Christentum führen. Geigers Perspektive einer liberalen Erneuerung des Judentums wird auch von denjenigen ignoriert, die ihn als Wissenschaftler respektieren. Obwohl die protestantischen Wissenschaftler eine Auflösung des Judentums ins Christentum befürworten, ist für keinen von ihnen die Judenmission im Blick, auch nicht für den Pietisten Daniel. Explizit lehnt Gfrörer die Judenmission ab[36]; wie dieser erwartet Reuß eine Konversion der Juden im Zuge ihrer bürgerlichen Emanzipation[37]. Von Ewald, der sonst Bußrufe an alle Welt richtet, existiert m. W. kein wirklicher Bekehrungsappell an das zeitgenössische Judentum. Seine Aussagen über das nachantike Judentum haben mehr geschichtstheologischen als aktuellen Charakter[38].

Wo politische Stellungnahmen zur Rolle der Juden in der zeitgenössischen Gesellschaft abgegeben werden, liegen die Akzente anders. Die Diskriminierung der Juden und ihre daraus erwachsene gesellschaftliche Sonderrolle werden in der Zeit des Vormärz und in den 1850er Jahren als gesamtgesellschaftlicher Schaden angesehen. Dieser Aspekt ist besonders bei Gfrörer breit entfaltet. Mit seiner „Geschichte des Urchristenthums" verfolgt er 1838 in Anknüpfung an das württembergische Judenrecht von 1828 explizit den Zweck, neue Perspektiven für den begonnenen Prozeß der Judenemanzipation zu eröffnen[39]. Dieser ist rund 10 Jahre später so weit fortgeschritten, daß Reuß 1850 optimistisch in naher Zukunft mit seiner völligen Durchführung in den deutschen Ländern rechnet; beide erwarten und befürworten

---

[36] GFRÖRER, aaO. 203 (s. S. 59).

[37] REUSS, Jdt 346f. (s. S. 112ff.); vgl. WELLHAUSEN, Isr 431 (s. S. 221). GFRÖRER, aaO. 203ff., verbindet diese Erwartung mit darauf zielenden administrativen Maßregeln (s. S. 59).

[38] Auch sein „wohlmeinender" Rat an die „heutigen Juden aller Farben …, daß, wenn sie christliche Wissenschaft annähmen, sie dann auch christlichen d.i. erhabenen, edelen Geist annehmen mögen" (JBW VII/1855, 145; zit. n. HERZFELD, Gesch III², III), hat keinen judenmissionarischen Impetus. Vielmehr wird darin die grundsätzliche Überlegenheit der christlichen Wissenschaft über die jüdische beansprucht (s. S. 144).

[39] GFRÖRER, aaO. 206f. (s. S. 58f.).

im Zusammenhang der gesellschaftlichen Emanzipation der Juden ihre religiöse Assimilation ans Christentum. Auch Ewald, in dessen historischer Darstellung stark antijüdische Töne anklingen, weist auf die aus der „fortdauernden entwürdigung" der Juden erwachsenden Schäden für das Gemeinwesen im Ganzen hin[40]. Der rechtliche Vollzug der Emanzipation eröffnet in den späteren 1850er und den 1860er Jahren neue liberale Perspektiven. Abraham Geiger, der führende Theologe des Reformjudentums, bringt die Pharisäer in ihrer Darstellung als Symbol des stets auf Reform und demokratischen Fortschritt hin angelegten Judentums dezidiert mit zeitgenössischen politischen Verhältnissen in Verbindung. Bei Hausrath ist, angeregt durch Geiger, der Impuls einer liberal gefärbten Annäherung an das zeitgenössische Judentum erkennbar. Theologische Früchte hat dies nicht getragen; auch seine gesellschaftliche Euphorie gegenüber den Juden wird später gedämpft und durch die Rezeption antijüdischer Stereotypen relativiert. Hierin markiert Hausrath den Übergang zum Problem des sich neu verbreitenden Antisemitismus im deutschen Kaiserreich.

Mit diesem Problem sieht sich Wellhausen bereits massiv konfrontiert. Trotz der Aversion, seine Wissenschaft mit Tagesfragen in Verbindung zu bringen, verwahrt er sich erstmals 1894 ausdrücklich gegen die antisemitische Interpretation der sprachwissenschaftlichen Begriffe „Semiten" und „Arier"[41]. Seine Bemerkungen über die „so-called emancipation"[42] erwecken den Eindruck, nicht gegen die Emanzipation als solche als vielmehr gegen daran geknüpfte optimistische Erwartungen gerichtet zu sein. Geigers und Hausraths Verknüpfung dieser gesellschaftspolitischen Perspektiven mit Erkenntnissen historischer Wissenschaft lehnt er ab.

Die im Rahmen von historischen Darstellungen des antiken Judentums besonders auffälligen judenfeindlichen Vorurteilsmuster aus Antike und Neuzeit dienen im historischen Kontext primär der Darstellung des Diasporajudentums aus der hellenistisch-römischen Außenperspektive. Eine zentrale Rolle spielt hierbei das Motiv vom zudringlichen Fremden. Die Juden erscheinen als ungebetene Eindringlinge in der paganen Gesellschaft, die sich mit der ihnen zustehenden Gastrolle nicht beschieden. Vielmehr waren sie bestrebt, gegenüber der einheimischen Bevölkerung ihnen eigentlich nicht zustehende Bürgerrechte und sogar Privilegien geltend zu machen. Auf diese Weise übten sie einen formell meist legalen, aber dennoch illegitimen Einfluß aus; geradezu verderblich wurde dieser durch die moralische Skrupellosigkeit der Juden und ihren inneren Zusammenhalt. Hinzu kam,

---

[40] EWALD, Gesch VII[3] 432.
[41] WELLHAUSEN, IJG[1] 190; IJG[9] 219f.; IJR 82; diese Verwendung geht auf J. A. DE GOBINEAU zurück: Dieser hat von einem naturalistisch fixierten Gebrauch des Begriffes „Rasse" aus die ursprünglich linguistisch-ethnologisch verwendeten Termini „Arier" und „Semiten" ebenfalls biologistisch geprägt (Essai sur l'inégalité des races humaines, 1853–55). In Deutschland wurde der schon vorher in diesem Sinne belegte Begriff „Semit" seit Beginn der 1870er Jahre „immer häufiger als modisches, halbwissenschaftliches Synonym für ‚Jude'" rezipiert (R. RÜRUP, Emanzipation 99). Der Begriff „Antisemitismus" wurde 1879 im Umfeld WILHELM MARRS, der im selben Jahr zur Gründung der „Antisemiten-Liga" aufrief, geprägt, und war von da an allgemein geläufig (RÜRUP, aaO. 101ff.).
[42] WELLHAUSEN, Isr 431.

daß ihre religiöse Exklusivität, das Beharren auf dem jüdischen Erwählungsanspruch und ihre Weigerung, ihre Religion ins heidnische Pantheon zu integrieren, als Überheblichkeit und Haß gegen die übrige Menschheit interpretiert wurden[43]; in Verbindung mit dem ihnen zugeschriebenen Einfluß entstand daraus der Vorwurf des Strebens nach Weltherrschaft über die Heiden. Im Gesamtbild sind in dieser Perspektive die von den neuzeitlichen Autoren unbestrittenen Vorzüge der Juden vor den Heiden, die existenzielle Tiefe und der Universalismus ihrer Religion, zur dünkelhaften Begründung weltlicher Ansprüche auf soziale Besserstellung und politischen Vorrang gegenüber den Heiden pervertiert, verbunden mit dem Vorwurf, diesen Zielen auf fragwürdigen Wegen, durch eine heuchlerische Binnenethik salviert, nachzustreben.

Die Wiedergabe der antiken Polemik gegen die Juden als „lästige Gäste"[44] in der Sprache des neuzeitlichen Vorurteils gibt zu erkennen, daß die neuzeitlichen Autoren, die darauf rekurrieren, in diesen antiken Verhältnissen Konflikte ihrer Gegenwart wiedererkennen, insbesondere die in der Emanzipationsdebatte des 19. Jahrhunderts zentrale Frage, ob die Juden von vornherein als gleichberechtigte Mitbürger zu betrachten seien, denen die volle Emanzipation als Recht zusteht, oder als „Gäste" und „Fremde", denen die Emanzipation unter der Bedingung ihrer bürgerlichen Bewährung schrittweise und auf Widerruf zugestanden wird[45]. Besonders auffällig ist im zeitgenössischen Kontext die Tatsache, daß nicht nur Ewald, sondern auch Hausrath, der sich aus politisch liberalen Motiven für die gleichberechtigte Behandlung der Erkenntnisse jüdischer Gelehrter eingesetzt hatte, in seiner historischen Darstellung ein Bild der Juden zeichnet, das gegenüber der inzwischen vollzogenen Emanzipation eher Skepsis ausdrückt. Neben einer auch bei Hausrath eingetretenen Abkühlung des liberalen Enthusiasmus nach 1871[46] sind hierin vor allem theologische Motive erkennbar.

Die Negativzeichnung der jüdischen Diaspora hat geschichtstheologisch die Funktion, den Erwählungsanspruch der Juden auch gegenüber der Heidenwelt Lügen zu strafen: Die tatsächlichen Vorzüge des Judentums schlagen infolge seiner

---

[43] *Locus classicus* ist hier Tacitus' Wort vom jüdischen „*adversus omnes alios hostile odium*" (Hist. V,5) bzw. „*odium humani generis*" (Ann. XV,44), zitiert oder erwähnt bei SEMLER, Canon I² 53f. (s. S. 31); G. B. WINER, RWB I³ 638 (s. S. 42); GFRÖRER, Jahrh I 197 (s. S. 51f.); SCHNECKENBURGER, Zeitg 67; 240 (s. S. 70); EWALD, Gesch IV³ 598 (in Anspielungen; s. S. 130); HAUSRATH, Zeitg I¹ 161f.; IV² 348 (s. S. 190); SCHÜRER, Gesch III⁴ 154 (s. S. 241); BOUSSET, Rel² 88 (s. S. 278); M. WEBER, Rel. Soz. III 434f. (s. S. 286f.); vgl. den Streit zwischen TREITSCHKE und GRAETZ darüber (W. BOEHLICH, Antisemitismusstreit 14; 28f.; 38f.; 49). Hierin wirkt überdies die klassizistische Hochschätzung der als harmonische Einheit von Mensch, Natur und Religion wahrgenommenen griechisch-römischen Antike nach, als deren Antithese das Judentum empfunden wurde (vgl. CH. HOFFMANN, Juden 15–18, zu Tacitus aaO. 16; W. LÜTGERT, Idealismus I 111–152).

[44] So HAUSRATH, Zeitg III² 392; bei HAUSRATH tritt dies neben EWALD am schärfsten zu Tage (s. S. 130f.; 184–186), relativ zurückhaltend bei SCHNECKENBURGER (s. S. 71). Aber auch bei BOUSSET, der dezidiert von antikem „Antisemitismus" spricht, erscheinen, wenn auch marginal, Vorurteile wie „die Überlegenheit und Skrupellosigkeit im Handel, die der Jude als Orientale mitbrachte, seine Fähigkeit, die Gunst der Umstände zu benutzen", als unhinterfragte Tatsachen (Rel² 87; s. S. 277f.).

[45] Vgl. RÜRUP, aaO. 11–36.

[46] Deutlich erkennbar in HAUSRATH, Bekannte II 122f.

unaufhebbaren Defizite in ihr Gegenteil um. Die antike Judenpolemik erbringt den Beweis dafür, daß die Lebenswirklichkeit der jüdischen Diaspora ihren Erwählungsanspruch als ungerechtfertigt und haltlos desavouiert. Dieser theologischen Funktion dient auch die mit neuzeitlichen Vorurteilen eng korrespondierende Interpretation des jüdischen Universalismus als illegitimer Anspruch auf jüdische Weltherrschaft[47]. Im Gegensatz zum christlichen Universalismus, der Heil für die Völker bedeute, bringe der defizitäre jüdische nur den Juden Heil, auf Kosten der Völker: Wie es schon in Semlers Bild des Judentums angelegt ist, wird der jüdische Universalismus lediglich als erweiterter nationaler Partikularismus betrachtet. Demgegenüber bietet Max Webers vom außertheologischen Standpunkt aus vorgenommene Beschreibung der rabbinischen Gesinnungsethik als universalistisch und der frühchristlichen Ressentimentethik als partikularistisch[48] hilfreiche Ansätze zu einem wirklich historischen Verständnis derjenigen Quellenaussagen, die als Beleg für den jüdischen Anspruch auf Weltherrschaft dienen. Daß die im zeitgenössischen Kontext virulente Verbindung christlicher Mission mit europäischer Kolonialherrschaft in diesem Zusammenhang völlig ausgeblendet bleibt, zeigt bei aller aktuellen Färbung die primär theologische Funktion dieses Topos. Er ist ein Seitenthema des Erwählungsproblems.

In der beschriebenen Wahrnehmung des jüdischen Universalismus liegt die Brücke zum neuzeitlichen antisemitischen Vorurteil. Über diesen Reflex auf das neuzeitliche Judentum insgesamt hinaus erscheint die jüdische Diaspora im Lichte der antiken Polemik im Besonderen als Modell des neuzeitlichen Reformjudentums, das mit der Diaspora die Distanzierung von der überkommenen Gesetzlichkeit, bei gleichzeitigem Festhalten am Judentum im Grundsatz, gemeinsam hat. An Hand der Diaspora wird dargestellt, daß auch ein differenziertes oder distanziertes Verhältnis zum traditionellen gesetzlichen Rahmen des Judentums, dem klassischen Symbol verkehrter Religion, das Judentum als solches nicht wirklich reformieren kann, sondern vollends in innere Haltlosigkeit und sittliche Beliebigkeit nach außen führt. Die antike Judenpolemik dient als Beweis dafür, daß die durch das Gesetz bewirkten Defizite, die, symbolisiert durch die Pharisäer, innerjüdisch im palästinischen Judentum erkannt werden, auch in einem von der Gesetzesobservanz pharisäischer Prägung weitgehend emanzipierten Judentum fortleben. Die nach innen gerichtete Destruktivität der inneren Widersprüche des pharisäischen palästinischen Judentums erscheint in der Diaspora nach außen abgeleitet.

Der Antisemitismus bekommt in diesem Lichte die Funktion, die Anwendung der geschichtstheologisch motivierten Urteile über das gesetzlich „orthodoxe" pharisäische Judentum auch auf das „Reformjudentum" in der Diaspora zu ermöglichen. Analog zu dieser historiographischen Entwicklung, die 1852 bei Ewald und in den 1870er Jahren bei Hausrath breit entfaltet sichtbar wird[49], vollzieht sich im

---

[47] SCHNECKENBURGER, Zeitg 251 (s. S. 70); EWALD, Gesch IV³ 376 (s. S. 130f.); HAUSRATH, Zeitg II¹ 102f. (s. S. 185); SCHÜRER, Predigt Jesu 9, Gesch II⁴ 630 (s. S. 240; 246).

[48] M. WEBER, aaO. 421f. (s. S. 286).

[49] EWALD, Gesch III/2¹; HAUSRATH, Zeitg. II/III. Bei EWALD und HAUSRATH dürfte die mit ihren wirklich politischen Überzeugungen nicht vereinbare Verwendung antisemitischer Stereo-

zeitgeschichtlichen Kontext die Metamorphose von religiös geprägten Vorurteilen gegen das orthodoxe Judentum in säkulare Vorurteilsstrukturen gegen das moderne Judentum[50]. Daß die Rezeption der antiken Judenpolemik trotz deutlich zeitgenössischer Anklänge bei keinem der genannten Gelehrten mit wirklich politischen zeitgenössischen Aussagen verbunden ist, belegt ihre primär geschichtstheologische Funktion[51]. Gegenüber der Polemik der Pharisäerbilder ist die Rezeption antisemitischer Sichtweisen zwar in ihrer Topik unabhängig, dient jedoch im geschichtstheologischen Kontext wie jene demselben Beweis der religiösen Mangelhaftigkeit des Judentums. Die Pharisäer wie die Diaspora repräsentieren es als verkehrte Religion, mit jeweils spezifischen Akzenten[52]. Eine Entwicklung der historischen und theologischen Bilder von Pharisäern und antikem Judentum, die den Veränderungen in der gesellschaftlichen Rolle des zeitgenössischen Judentums entspricht, läßt sich, von Ausnahmen abgesehen, nicht feststellen. Die Pharisäer repräsentieren in christlicher Perspektive das gesetzliche Wesen des Judentums. Das neuzeitliche Judentum ist darin grundsätzlich eingeschlossen; spezifische Züge seiner Erscheinung werden aber für das Bild der Pharisäer nicht herangezogen.

Über das Judentum hinausweisend, spiegeln sich in den protestantischen Pharisäerdarstellungen stets auch im zeitgenössischen Zusammenhang aktuelle theologisch-religiöse und politisch-gesellschaftliche Kontroversen. Hier repräsentieren die Pharisäer grundsätzlich das Gegenbild eigener Grundanschauungen, zumeist altgläubig-orthodoxe und hierokratische Richtungen. In ihrer Betrachtung als „Sekte" klingt die Frontstellung einer orthodoxen Mehrheit gegen abweichende, „falsche" Glaubenslehren nach. In der Parallelisierung mit den Pietisten schwingt das volkskirchliche Mißtrauen gegen Sondergruppen mit gesteigerter Observanz mit. Im häufigen Vergleich mit den Jesuiten, in ihrer Bezeichnung als „Schule" und in weiteren Parallelisierungen mit römisch-katholischen Erscheinungen wie dem Mönchtum oder dem Papsttum[53] kommt kontinuierlich die Abgrenzung protestantischer Gelehrter zum zeitgenössischen Katholizismus zum Ausdruck; im 19. Jahrhundert verbindet sich dies mit einem liberal geprägten Antikatholizismus

---

typen wohl auf die Rechnung fahrlässiger politischer Naivität zu setzen sein (vgl. Perlitt, Ewald 174; 197, u.a.).

[50] Beispielhaft bei A. Stoecker, Christl.-Soz.[2] 369ff.

[51] Dies wird im Kontrast dazu durch Reuss belegt: Für ihn ist die Diaspora kein genuines Judentum, sondern dessen „Verflüchtigung" (Jdt 343; s. S. 98). Auf die Beweisfunktion antisemitischer Vorurteile kann er daher verzichten (vgl. aaO. 346f.).

[52] Dezidiert antisemitischen Autoren wie Th. Fritsch oder H. S. Chamberlain dient umgekehrt die jüdische Religion zum Erweis der menschlichen Minderwertigkeit der Juden. Sie berufen sich um des Scheins der Seriosität willen auf wissenschaftliche Erkenntnisse (Chamberlain z.B. in Grundlagen 215, 345, 364ff., 409 u.a. auf Reuss, Ewald, Wellhausen und Harnack), ohne aber tatsächlich Denkmodelle zu übernehmen. Auch polemische Passagen wie bei Ewald oder Hausrath finden bei ihnen kein Echo. In A. Stoeckers Judenbild schlagen sich historisch-kritische Forschungsergebnisse nicht nieder.

[53] Gfrörer weist nahezu für jede Erscheinung im rabbinischen Judentum auf die römisch-katholische Parallele hin (s. S. 52). Vgl. Schneckenburger, Einl 75 (s. S. 64); Ewald, Gesch IV[3] 81; V[3] 15; 118; VII[3] 426 (s. S. 146–148); Wellhausen, PhS 20f.; 40 (s. S. 224); F. Weber, Pharisäismus (s. S. 250–253).

und Antiklerikalismus, die zu dem aus der Aufklärung überkommenen liberalen Gemeingut gehören.

In der in dieser Form bis zu Ewald erkennbaren Darstellung des pharisäisch-sadduzäischen Gegensatzes als theologischer Differenz von altgläubigen Orthodoxen und freigeistigen Rationalisten[54] liegt ein Reflex auf den Konflikt zwischen radikaler Aufklärung und konfessioneller Orthodoxie[55]. Im Vergleich der Pharisäer mit der orthodoxen Seite wirkt das antidogmatische und antihierarchische Pathos von Aufklärung und Liberalismus nach. Als Lösung des Konfliktes in der Antike erscheint das Überbieten der genannten Alternativen durch das Evangelium; in der Neuzeit wird diese Funktion, am deutlichsten bei Ewald, in Weiterführung der Semler'schen Neologie von theologischen Entwürfen wie demjenigen Schleiermachers übernommen.

Diese Interpretation des Konfliktes verschiebt sich in der Zeit der Reaktion in den 1850er Jahren. Bereits vorher hatte durch die Bezeichnung der jüdischen Gruppen als „Parteien" die politische Dimension ihres Konfliktes ein stärkeres Gewicht erhalten. Der Hintergrund dieser Nomenklatur ist die Entstehung der neuzeitlichen politischen Parteien seit der französischen Revolution. Im Rückblick auf die Konstituierung der Parteien in Deutschland nach der Märzrevolution von 1848, deren Wirken als Ausfluß der inneren Zerrissenheit Deutschlands wahrgenommen wurde, avanciert der bis dahin mehr als Nebenthema behandelte Partikularismus der jüdischen „Parteien" zu ihrem wichtigsten Merkmal. Vor diesem politischen Hintergrund zeichnete Geiger 1857 in „Urschrift" sein reformjüdisches Bild der Pharisäer als „Demokraten". Fortan wurde auch von protestantischen Gelehrten an den Pharisäern und Sadduzäern der aktuellere, nunmehr politische Konflikt von Demokraten und Aristokraten in Variationen abgehandelt. Die aus liberaler Perspektive positive Zeichnung der Pharisäer als „Demokraten" hielt sich allerdings auf protestantischer Seite nicht durch und wurde teilweise, einer seit den Karlsbader Beschlüssen von 1819 politisch aktuellen Terminologie folgend, durch „Demagogen" ersetzt: In den Pharisäern erscheint so lediglich die bedrohliche, unberechenbare Seite der Demokratie, von deren radikalen Repräsentanten sich auch Liberale nach 1830 und 1848 distanzierten. Die Bezeichnung der Pharisäer als „reaktionär" vergleicht ihre Rolle im Judentum mit derjenigen der kirchlichen Führungsschicht in den religiös-politischen Restaurationsbewegungen vor allem nach 1848.

Hier repräsentieren die Pharisäer mit wechselnden Rollen den Antagonismus der Kräfte von Fortschritt und Beharrung – eines der großen Themen des Jahrhunderts. Charakteristisch für alle diese Analogien ist aber im protestantischen Bereich ihre von vornherein polemische Ausrichtung oder zumindest polemische Färbung.

---

[54] So SCHNECKENBURGER, Einl 75; Zeitg 144f. (s. S. 66); DANIEL, Phar 20 (s. S. 78); REUSS, Phar 501; Jdt 341f. (s. S. 98f.); EWALD, Gesch IV³ 359; 493–495 (s. S. 128f.).

[55] Vgl. LIEBESCHÜTZ' Hinweis auf die Abhandlung der gegen aufklärungsfeindliche christliche Tendenzen bzw. das Christentum im Ganzen gerichteten aufklärerischen Religionskritik an Hand des Judentums (LIEBESCHÜTZ 5–11), sowie CH. HOFFMANNs Hinweis auf den in den Judentumsbildern des 19. Jahrhunderts fortwirkenden Antiklerikalismus der Aufklärung (HOFFMANN, Juden 11–15).

Die Pharisäer erfahren unabhängig davon, ob sie auf der fortschrittlichen oder der beharrenden Seite angesiedelt werden, als genuin jüdischer Typus letztlich stets eine negative Bewertung.

21. Aporien und Perspektiven theologischer Geschichtsdeutung

21.1. Theologische Geschichtsbilder

Hinter allen behandelten christlichen Pharisäerbildern steht, mit Ausnahme desjenigen Gfrörers, ein von christlich-theologischen Wertvorstellungen bestimmtes Geschichtsbild. Darin ist notwendig das Christentum als Ziel der israelitisch-jüdischen Geschichte festgelegt. Vom alttestamentlichen Ursprung wahrer Religion her führt die Entwicklung durch das Judentum des zweiten Tempels, wo diese Grundlagen erstarrt konserviert, in jedem Falle unvollkommen weitergeführt werden. Alle behandelten christlichen Autoren gehen davon aus, daß im Christentum, vor allem in der Person Jesu, die bislang noch vorhandenen Defizite israelitisch-jüdischer Religion, deren Bestimmung in einzelnen Zügen variiert, ihre Überwindung finden und die bis dahin bedingt wahre Religion des Judentums zu ihrer vollständigen Wahrheit gelangt[56].

In den protestantischen Darstellungen erscheint das Judentum bis zur Tempelzerstörung historisch als ein heterogenes, bizarres und widersprüchliches Phänomen. Speziell in seiner Religiosität liegen die unterschiedlichsten Elemente unausgeglichen nebeneinander. Der Antagonismus der jüdischen Religionsparteien wird als Manifestation dieser Widersprüchlichkeit gedeutet. Hinter diesem Geschichtsbild steht die ins Historische gewendete theologische Auffassung, daß im vorchristlichen Judentum wahre und verkehrte Religion ineinander liegen. Symbolisch wird dies durch das Bild von Kern und Schale ausgedrückt[57]. Der eigentliche Wesenskern wahrer Religion, theologisch gesprochen die innerliche Gottunmittelbarkeit, ist im Judentum wohl vorhanden, aber in einer Schale verkehrter Äußerlichkeiten verborgen. Durch das Auftreten Jesu wird die Schale gesprengt und im Christentum der wahre Kern der jüdischen Religion, das eigentliche alttestamentliche Erbe, uneingeschränkt zur Geltung gebracht. Im Judentum bleibt nur mehr die lee-

---

[56] Neben den Einflüssen Semlers, Schleiermachers und anderer ist Lessings Erziehungsschrift von 1777/80 der wichtigste geschichtsphilosophische Vorfahr aller dieser geschichtstheologischen Entwürfe (s. S. 31).

[57] Dieses Bild illustriert das Verhältnis von Kontinuität und Diskontinuität des Christentums gegenüber der alttestamentlich-jüdischen Tradition, das Semler in die innerbiblische Unterscheidung von universalistisch und partikularistisch gefaßt hatte (s. S. 29ff.). So erscheint es 1799 in D. Friedländers Sendschreiben an Probst W. A. Teller (in: Schleiermacher, KGA I/2, 385). Schleiermacher verwendet es in der 2. Rede über die Religion, dort aber nicht direkt auf das Judentum bezogen (KGA I/2 211). Es findet sich fast durchgehend: Gfrörer, Heiligthum 401 (in innerchristlichem Zusammenhang; s. S. 57); Schneckenburger, Zeitg 103 (s. S. 68ff.); Reuss, Jdt 326; 344f. (s. S. 100); Ewald, Gesch IV³ 40; 81–83; 86 (s. S. 135f.); Wellhausen, Prol⁶ 424, IJG⁹ 193 (s. S. 207); Bousset, Rel² 116 u.a. (s. S. 266; 272f.); vgl. Döllinger, Heidenthum 775 (s. S. 155).

re Schale ohne Kern zurück. Die historische Entstehung des rabbinisch-talmudischen Judentums wird theologisch als Reduktion auf die rein äußerliche Gesetzesobservanz interpretiert. Wahre Religion enthält es nun *a priori* nicht mehr. Die Ablehnung Jesu durch „das Judentum", die Tempelzerstörung und die historisch damit zusammenhängende Trennung des Christentums vom Judentum haben geschichtstheologisch die Bedeutung eines zusammengehörigen Vorganges, des Auseinanderfallens von wahrer Religion und verfälschendem Zuwachs.

Dieses Geschichtsbild ermöglicht es, die historisch erkannten Elemente jüdisch-christlicher Kontinuität gelten zu lassen und dabei doch an werthaft-theologisch bestimmten historischen Definitionen des Judentums festzuhalten. Es ist konstitutiv für alle behandelten protestantischen Bilder der jüdischen Geschichte, daß das Judentum nur in seiner Vorläufergestalt zum Christentum als wahre Religion anerkannt, aber in seinem Charakter als wahre Religion neben dem Christentum nicht gewürdigt wird. Es gibt nur die eine wahre Religion: Sie existierte vor 70 im Judentum, ist aus diesem aber mit dem Christentum ausgewandert. Ein spezifisch christliches Abgrenzungsbedürfnis spricht sich darin aus, daß gegenüber dem Christentum stets das Judentum die verkehrte, d.h., die verfälschte wahre bzw. die nur partiell wahre Religion repräsentiert. Die heidnische Antike kommt als Religion im eigentlichen Sinne gar nicht in Betracht, die anderen Weltreligionen liegen außerhalb des historischen Rahmens[58]. Die Unterscheidung zwischen wahrer und verkehrter Religion dient der geschichtstheologischen Abgrenzung des Christentums vom Judentum. Diese Sicht findet ihre Konkretion im Gegensatz von gemüthaft und intellektualistisch bei Reuß, von unmittelbar und heteronom bei Ewald, von natürlich und künstlich bei Wellhausen und vor allem im durchgängig dargestellten Gegensatz von universalistisch und partikularistisch, wie ihn im Rückgriff auf Spinoza erstmalig Semler formuliert und historisch am ausführlichsten Bousset entwickelt hat.

Das Abgrenzungsproblem, das aus der Erkenntnis des historischen Zusammenhanges gerade auch zwischen Pharisäismus und Christentum entsteht, wird von den protestantischen Gelehrten durch die Annahme gelöst, daß im Judentum das existenziell unfrei und haltlos machende „Gesetz" herrsche, dem gegenüber der entscheidende Fortschritt im christlichen „Evangelium" bestehe. Diese paulinischen theologischen Begriffe werden für den Zweck historischer Abgrenzung in historisch-deskriptive Kategorien umgemünzt. Diese Geschichtstheologie erfüllt die Funktion des geschichtsphilosophisch systematisierenden Rahmenwerkes der israelitisch-jüdischen Geschichte. Die Religion als roter Faden gibt deren Entwicklung das von der aller Nachbarvölker unterscheidende individuelle Gepräge. Die Voraussetzung, daß ihr wahres Ziel und Ende das Christentum ist, gilt apriorisch und wird nicht problematisiert, sondern historisch verifiziert[59]. Damit fließen aber

---

[58] Auch für Bousset stehen die babylonische, hellenistische und ägyptische Religion tief unter dem Judentum (Rel² 545; 550f.; 552); allein der Parsismus sei ihm „beinahe ebenbürtig" (aaO. 549).

[59] Beispielhaft entwickelt ist dies bei Ewald in der Einleitung zu Gesch (s. S. 141ff.).

Auswertung und Ertrag

die im Grundsatz zurückgewiesenen theologischen Werturteile wieder in die Darstellung ein, häufig mit christlich-apologetischer Tendenz. Die Absolutheit des Christentums bestimmt das Bild von Judentum und Pharisäismus. Der nach Gfrörer durch die historische Kritik bewirkte Wandel liegt darin, daß diese Absolutheit nunmehr mit historischen Mitteln verifiziert wird. Aus dem Versuch, theologische Wertsetzungen mit historischer Unvoreingenommenheit zu verbinden, entstehen im 19. Jahrhundert die dargestellten geschichtstheologischen Anschauungsmodelle. Die Pharisäer tragen dabei die Beweislast für die Minderwertigkeit des Judentums. Diese Funktion wird umso gewichtiger, je mehr auch im Judentum Elemente „wahrer" Religion erkannt werden.

Hinter dieser Betrachtungsweise stehen meist auf ihren anthropologischen Gehalt reduzierte Grundaussagen reformatorischer Theologie. Deren systematisch-theologische Ausgestaltung spielt so gut wie keine Rolle und wird häufig, wie auch philosophische Systeme, als die Historie verfälschender sachfremder Überbau zurückgewiesen[60]. Im Zentrum der geschichtstheologischen Anschauungen steht hinter den beschriebenen symbolischen Zuordnungen nahezu durchgängig als religiöses Ideal die reformatorische *libertas christiana*. Sie erscheint in allgemein gültigem und historisch verifizierbarem Sinne als „wahre" Religion. Diese ist als nicht von sekundären Vermittlungen[61] verstellte existenzielle Verankerung in innerlicher Gottunmittelbarkeit gekennzeichnet, die den Menschen in die Lage versetzt, die Welt in innerer Freiheit realistisch wahrzunehmen und zu akzeptieren, wie sie ist. Die Welt muß nicht künstlich sakralisiert werden, damit der Gläubige sie akzeptieren und sich in ihr zurechtfinden kann. Dies ermöglicht als ethische Grundhaltung die „Gesinnung" universaler, d.h. allgemein gültiger Nächstenliebe. Jesus erscheint als idealtypischer Träger und Vermittler der wahren Religion, als historisch verifizierbarer idealer Mensch im Sinne des chalcedonensischen Symbols.

Das Judentum als Gegenbild dieses existenziell gefaßten Begriffes wahrer, d.h. absoluter Religion, wird anthropologisch durch den Mangel der entscheidenden inneren Fundierung bestimmt, in dessen Folge seine Bekenner ein schiefes, unangemessenes, unrealistisches und ethisch fragwürdiges Weltverhältnis an den Tag legen. Gegenüber der absolut wahren christlichen Religion stellt das Judentum insofern verkehrte Religion dar, als es seinen Bekennern nur bedingte Wahrheit vermitteln kann und somit die wahre Grundlegung menschlichen Lebens vorenthält. Als idealtypische Träger der ins existenzielle Abseits führenden jüdischen Religion erscheinen die Pharisäer, als ihre idealtypische Struktur das jüdische Gesetz. Diese der christlichen Tradition bereits im Neuen Testament vorgegebenen theologischen Wahrnehmungsmuster gegenüber Judentum und Pharisäismus werden damit historisiert und bleiben in der theologischen Geschichtsschreibung unbeschadet

---

[60] So bei Reuss, Jdt 325 (s. S. 107). Die Ablehnung philosophischer Kategorien richtet sich häufig gegen F. C. Baur und D. F. Strauss, letztlich gegen die Hegelschule (Gfrörer, Jahrh I 111f. (s. S. 56); Schneckenburger, Zeitg 73ff. (s. S. 68f.); Reuss, Gesch AT[2] IX; Ewald, Alt[1] XVf. (s. S. 145); Wellhausen, Grundrisse 118f. (s. S. 215; vgl. Hausrath, Zeitg I[1] 356, s. S. 188).

[61] Das sind je nach Akzentsetzung primär heteronome, gesetzliche, äußerliche, künstliche u.ä. Strukturen.

historischer Kritik wirksam. Als ihr theologisches Grundmodell kann Luthers innerkirchliche Unterscheidung zwischen der wahren Kirche und der „Kapelle des Teufels" gelten[62]. Bereits hier berühren sich die polemischen Abgrenzungen von jüdischer und katholischer Gesetzlichkeit.

In der beschriebenen Prägung des Begriffes der „wahren" Religion ist, nimmt man das Bemühen um einen wirklich allgemein gültigen Begriff der Religion ernst, ein hermeneutischer Zirkel enthalten. Indem eine reformatorische religiöse Zentralanschauung als Grundlage eines allgemeinen Begriffes der Religion eingesetzt wird, ist die Rolle des reformatorischen Christentums als normsetzender Instanz der weiteren Ausgestaltung dieses Religionsbegriffes bereits apriorisch vorgegeben[63]. Im Vergleich mit der absolut wahren christlichen Religion kann das Judentum daher allenfalls bedingte Wahrheit vermitteln. Manifest wird dieser Zirkelschluß im Rückschluß von pharisäischer und jüdischer Lebenswirklichkeit auf die diese tragenden religiösen Fundamente zum Erweis der symbolischen Zuordnung verkehrter Religion zu Juden und Pharisäern. Was er beweisen soll, ist bereits im Grundansatz determiniert.

21.1.1. *Die Rezeption Semlers und Schleiermachers*

Im Hintergrund der beschriebenen Akzentuierung des Religionsbegriffes stehen Schleiermachers Religionstheorie sowie seine religionshistorische Wesensbestimmung des Christentums, für die dieser im Anschluß an Semler in den „Reden über die Religion" den Ausdruck „wahre Religion" verwendet[64]. Sie wird von fast allen der behandelten protestantischen Autoren auch dort übernommen, wo seine Theologie im Ganzen nicht rezipiert wird, in Verbindung mit romantischen Idealen wie Authentizität, Natürlichkeit, Individualismus. Obwohl Schleiermacher den Wahrheitsbegriff für sein Verständnis des Christentums ausdrücklich ausklammert[65], kommt es im Anschluß an Schleiermacher und in Modifikation seines Begriffes der „wahren Religion" zu einer Fundierung der Absolutheit des Christentums ohne Zuhilfenahme supranaturalistischer Dogmatik in Kategorien allgemein gültiger Erkenntnis[66].

Hieraus entsteht ein hermeneutischer Zirkel, der bereits bei Schleiermacher daran ablesbar ist, daß die Verhältnisbestimmung von Christentum und Judentum in der 5. Rede[67] in Spannung, wenn nicht in Widerspruch zu dem in der 5. Rede selbst formulierten religionstheoretischen Axiom steht, nach dem die „Grundan-

---

[62] WA 50, 644,12ff.; vgl. Gal 4,8f.; eine Anspielung hierauf findet sich bei DANIEL, Phar 31 (s. S. 86).

[63] Vgl. TROELTSCH, Absolutheit 24ff.

[64] KGA I/2 278; 297; synonym damit spricht er in der 2. Rede vom „Wesen der Religion" (so aaO. 239). Zu SCHLEIERMACHER und seinem Bezug auf SEMLER s. S. 42f.

[65] Vgl. § 12,5 in der 2. Auflage seiner Glaubenslehre.

[66] Explizit beziehen sich EWALD (s. S. 145f.), HAUSRATH (s. S. 188f.), SCHÜRER (s. S. 247f.) und TROELTSCH (s. S. 296) auf SCHLEIERMACHER.

[67] AaO. 314–317.

schauung jeder positiven Religion an sich … ewig" ist[68]. Dieser hermeneutische Zirkel hält sich in fast allen protestantischen Pharisäerdarstellungen durch. Lediglich Gfrörer vermeidet ihn, indem er in polemischer Abgrenzung gegen Schleiermacher einen seiner Spannungspole, die Absolutheit des Christentums, faktisch preisgibt. Die ihm daraus entstandenen unlösbaren existenziellen Fragen zeigen aber, daß er das eigentliche Problem lediglich verlagert hatte. Troeltsch schließlich geht am Ende des hier in den Blick genommenen Zeitraumes in seinem vergeblichen Anlauf, diesen Zirkel zu durchbrechen, auf die Grundbegriffe des theologischen Denkens Schleiermachers zurück[69].

Wo in den behandelten Geschichtsentwürfen protestantische Theologie in der Form von Schleiermachers theologischem Denken rezipiert wird, bezieht sich dies hauptsächlich auf Anschauungen aus den „Reden" und geschieht auch bei den Gelehrten, die sich direkt auf Schleiermacher berufen, in einer auf die geschichtstheologische Funktion reduzierten Gestalt. Als unhistorisch bestritten wird zumeist sein Auseinanderreißen des historischen Zusammenhanges zwischen Judentum und Christentum. Die Grundzüge seines Bildes des Judentums aus der 5. Rede aber, in der es auf die Zentralanschauung der Vergeltungslehre festgelegt und in seiner nachbiblischen Existenz als „Mumie" beschrieben wird[70], finden sich in verschiedenen Variationen in fast allen protestantischen Judentumsdarstellungen des 19. Jahrhunderts. In diesem theologischen Rahmen wird die historische Beziehung zwischen Christentum und Judentum in ihrer Ambivalenz von Kontinuität und Diskontinuität mit Hilfe geschichtstheologischer Anschauungsmodelle beschrieben, die in unterschiedlicher Akzentuierung auf Semlers Interpretation dieses Verhältnisses in der Polarität von Partikularismus und Universalismus zurückgehen.

21.2. Der Pharisäismus als idealtypisches Judentum

Die Pharisäer tragen in diesen Geschichtsbildern die historische Beweislast für die theologische Auffassung, daß auch schon vor 70, in der Epoche des pluralistischen Judentums als eines *corpus permixtum* von wahrer und verkehrter Religion, das eigentliche Wesen des Judentums trotz seiner historisch erkannten religiösen Vielfalt und Lebendigkeit in seiner gesetzlichen „Schale" bestand. Sie sind im geschichtstheologischen Kontext das historische Symbol dafür, daß auch das Judentum vor 70 gegenüber dem Christentum eine schon wesentlich verkehrte, von Gesetz, Verstockung und Verwerfung gezeichnete Religion war, obwohl es noch einen wahren Kern enthielt. Sie sorgen für die „Erstarrung" und „Verholzung" des Judentums unter dem Gesetz, verhindern, auch wenn sie nicht durchgängig für die Kreuzigung Jesu verantwortlich gemacht werden, die Annahme der Botschaft Jesu, treiben die Juden in die Katastrophe des Jüdischen Krieges und prägen als einzige

---

[68] AaO. 324.
[69] Troeltsch spricht vom „erneuten Rückgang auf die altliberale Theologie" (Absolutheit 41; s. S. 296).
[70] Schleiermacher, Reden (KGA I/2) 314ff. (s. S. 43).

Gruppe das Judentum nach 70. Das eigentliche, nach 70 unverhüllt hervortretende Wesen des Judentums[71] nehmen die Pharisäer als Träger von ins Historische übersetzten theologischen Symbolen und Werturteilen bereits vor 70 vorweg. Der starke Akzent, der auf protestantischer Seite auf die Rolle der Pharisäer als Juden im Superlativ gelegt wird, hat hierin nicht nur einen historischen, sondern auch einen theologischen Sachgrund.

Diese theologische Funktion der Pharisäer im historischen Kontext ist daran ablesbar, daß sie, gegenüber historisch dynamischeren Bildern des antiken Judentums, in einem durchweg statischen Bild erscheinen, in dem sich Ansätze zu differenzierender Betrachtung, wie sie sich bei Reuß, Hausrath und Bousset finden, nicht wirklich durchsetzen können. Dieses Pharisäerbild symbolisiert das gleichbleibende, nicht entwicklungsfähige gesetzliche Wesen des Judentums[72], wie es in der beschriebenen Perspektive protestantischer Geschichtstheologie erscheint. Demgegenüber wird das Erscheinungsbild des Judentums insgesamt vielschichtiger und dynamischer – eben historischer gezeichnet. Im Judentum findet im Gegensatz zum Pharisäismus eine wirkliche historische Entwicklung statt. Das undifferenzierte Bild der Pharisäer erbringt den Beweis für die wesentliche Gesetzlichkeit des Judentums bereits vor 70. Man kann daher darauf verzichten, diese Auffassung am Judentum im Ganzen zu verifizieren. Dies ermöglicht eine relativ differenzierte historische Sicht des Judentums vor 70, ohne daß dadurch das geschichtstheologische Fundament preisgegeben werden muß. Diese Betrachtungsweise reicht aber nicht über das Jahr 70 hinaus. Das historische Judentumsbild verschwindet mit diesem Datum im theologischen Pharisäerbild, Pharisäismus und Judentum gelten von da an endgültig als identische Größen. Historisch wird dies in den beschriebenen Erstarrungprozeß im Judentum umgesetzt. Was protestantische Autoren im antiken Judentum als dynamische Entwicklung sehen, bleibt auf der faktisch-historischen Betrachtungsebene angesiedelt. Auf der Bewertungsebene ist das theologisch-normative, starre Pharisäerbild bestimmend, das das Übergewicht über die historisch-dynamischen Anteile des Judentumsbildes gewinnt.

Die dauerhafte Reduktion des Judentums von 70 an auf sein „pharisäisches" Wesen hat sich als Konsequenz aus den Vorgaben protestantischer Geschichtstheologie erwiesen. Sie machen es unmöglich, auch in ihm noch Elemente wahrer Religion anzuerkennen. Neuzeitlichen Versuchen, das Judentum aus sich heraus zu reformieren, werden daher keine wirklichen Chancen zugestanden. Wieder wahre Religion ins Judentum einführen kann nur den Übertritt der Juden zum Christentum

---

[71] Beachtenswert sind die Formulierungen für die Reduktion des Judentums nach 70 auf den Pharisäismus: SCHNECKENBURGER spricht von einer „Schlacke" (Zeitg 240; s. 74f.) und konstatiert eine „Verknöcherung" (aaO. 237; s. S. 71). Letzteres findet auch REUSS, der SCHLEIERMACHERS Begriff „Mumie" aufgreift (Jdt 341; s. S. 108). EWALD spricht von einer „Afterbildung" (Gesch VII[3] 441; 444; s. o . S. 133). HAUSRATH läßt das Judentum in „dumpfe" Erinnerungen versinken (Zeitg IV[2] 341; s. o . S. 178f.). Für WELLHAUSEN „verschrumpfte" es im Pharisäismus (IJR 108; s. o . S. 221). BOUSSET findet ein „absolutes Beharren" (Rel[2] 99; s. S. 272).

[72] Beispielhaft spannt WELLHAUSEN den Bogen dieses Wesens von Esra über die Schriftgelehrten und Pharisäer bis zum rabbinischen Judentum (PhS 15; s. S. 209).

bedeuten, d.h. den nachträglichen Vollzug dessen, was eigentlich schon spätestens 70 bzw. 135 historisch notwendig gewesen wäre. Eine jüdische Reform, die diese Konsequenz vermeidet, führt notwendig zur völligen Säkularisierung des Judentums[73]. Mit Anklängen an Röm 9–11 formulierte Hinweise auf eine möglicherweise fortdauernde theologische Bedeutung und weiterbestehende historische „Aufgabe" des Judentums bleiben marginal, vage und folgenlos[74].

21.3. Das systematische Grundproblem von Theologie und Historie

Die in dieser Arbeit vorgestellten Pharisäerbilder haben dem von ihren protestantischen Urhebern weithin erhobenen Anspruch, historische Phänomene unabhängig von theologischen Prämissen darzustellen, nicht standgehalten. An den Pharisäern wird die theologische Abgrenzung vom Judentum, die für die Aufrechterhaltung christlicher Wertsetzungen eine zentrale Rolle spielt, historisch verifiziert. Die Pharisäer bieten sich hierfür besonders an, da schon ihre Darstellung in der christlichen Tradition von dieser Abgrenzung geprägt ist und überdies ihr uneinheitliches Bild in den Quellen eine Wesensbestimmung nach theologisch-werthaften Kriterien geradezu herausfordert. In dieser Zuspitzung erweist sich die Wahrnehmung der Pharisäer als prototypisch für das Grundproblem des Verhältnisses historischer Tatsachen zu übergeordneten theologischen Werturteilen.

Die theologische Brisanz dieses von Semler erstmals bibelwissenschaftlich bearbeiteten und von Gabler 1787 grundsätzlich formulierten Problems[75], die Gfrörers Entwurf vor Augen geführt hat, bleibt auch dort durchgängig erhalten, wo mit Hilfe des direkt oder implizit rezipierten Religionsbegriffes Schleiermachers ein geschichtstheologischer Brückenschlag unternommen wird. Dieses Problem ist am Ende der hier behandelten Epoche in den systematisch angelegten Entwürfen von Harnack und Troeltsch auf den Punkt gebracht worden, die theologisch auf Anschauungen Schleiermachers zurückgehen, sich historisch aber hauptsächlich auf Erkenntnisse Wellhausens berufen. Hatte Harnack noch ohne wirkliche Folgen für seine Darstellung von Judentum und Pharisäern die Paradoxie der Religion zur Empirie konstatiert, so erweist Troeltsch, trotz seines zunächst gegenteiligen Vorsatzes, die grundsätzliche Aporie des von Gfrörer bis Harnack vertretenen Historismus in der theologischen Geschichtsschreibung: Es gibt keine Möglichkeit, theologische Werturteile und historische Empirie auf einer gemeinsamen Ebene wirklich zu integrieren.

Diese Widersprüchlichkeit der Sachlage, die das historisch-kritische Anliegen nicht völlig durchdringen läßt, hat die beschriebenen Bilder der Pharisäer als idealtypische Juden hervorgebracht. Sie markieren die Schnittstelle zwischen historischer Erkenntnis und theologischem Apriori. Die Historisierung ihres Symbolge-

---

[73] So explizit bei Reuss (Jdt 344–347; s. S. 112ff.); vgl. Ewald, Gesch VII[3] 444 (s. S. 132f.) und Wellhausen, Isr 431 (s. S. 221).

[74] So Schneckenburger (Zeitg 237; s. S. 71) und Reuss (Jdt 341; s. S. 112), sowie Döllinger (Heidenthum 859; s. S. 155).

[75] In der bereits angeführten Altdorfer Antrittsrede (s. S. 8).

haltes resultiert unmittelbar aus der Anwendung theologischer Werturteile auf die Historie. An ihrem Beispiel erweist sich das Scheitern des Versuches der direkten Synthese von Theologie und Historie. Die historische Beweisnot für theologische Sätze führt zum Rückgriff auf theologische und gesellschaftliche Vorurteile für die Darstellung der Pharisäer und Juden. Es handelt sich hierbei um eine primär innerwissenschaftliche und innertheologische Problemlage auch dort, wo der Versuch ihrer Bewältigung durch zeitgenössische Vorurteilsstrukturen gefärbt ist.

Die von Gfrörers *fides historica* bis hin zu Boussets religionsgeschichtlichem Anschauungsmodell erkennbare, mit Selbstverständlichkeit vorgetragene Überzeugung, Glauben und Erkenntnis auf einer Ebene des Wirklichkeitsverständnisses zusammenhalten zu können, hat die epochemachende theologische Geschichtsschreibung des 19. Jahrhunderts erst ermöglicht. Die daraus entstandene Spannung reicht aber bei Forschern wie Gfrörer und Wellhausen bis in ihre Biographie hinein – ein Resultat des ehrlichen und existenziellen Bemühens, ihre beiden Pole zusammenzuhalten. In Gfrörers und Wellhausens Rückgriff auf Anschauungen Semlers ist vor allem die Ambivalenz gegenüber dem kirchlich bezeugten Glauben erkennbar. Bei Gfrörer fand sie ihre Auflösung in der existenziellen Entscheidung für den katholischen Kirchenglauben und gegen seine historischen Erkenntnisse; Wellhausen trennte sich um seiner persönlichen Anschauungen und seiner historischen Erkenntnisse willen von den Berufspflichten gegenüber dem evangelischen Kirchenglauben[76]. Auf der historisch-systematischen Seite haben die hier vorgestellten Gelehrten durch die intensive Bearbeitung der genannten Problemlage unter historisch-kritischen Paradigmen die in dieser Arbeit aufgezeigten Grenzen dieser Paradigmen in aller Schärfe deutlich gemacht und damit den Grund für die Kritik ihrer Arbeiten und die Formulierung weiterführender Einsichten gelegt.

Deren Ausgangspunkt liegt in der Anerkennung der Aporie, daß die Geschichtsschreibung, will sie sich nicht mit der bloßen Aufzählung von Fakten begnügen, nicht ohne Werturteile auskommen kann. Diese Aporie hat sich im Hinblick auf die Pharisäer in der immer wieder diagnostizierten Lücke zwischen historistischem Anspruch und werthaft geprägter Historiographie erwiesen. Die kritische Sichtung des in den vorgestellten Geschichtsentwürfen Erreichten hat gleichzeitig auch die historische Relativität der in diesem Zusammenhang vertretenen Werturteile deutlich werden lassen. Die Weiterarbeit an der von Gfrörer bis Bousset vertretenen historiographischen Programmatik kann daher nicht bedeuten, den historistischen Anspruch aufrecht zu erhalten, der sich als unerfüllbar erwiesen hat. Vielmehr gilt es, in der Bindung an die hinter diesem Anspruch stehende Norm historischer Wahrhaftigkeit, sich sowohl der historischen Relativität eigener Werturteile als auch der werthaften Prägung der eigenen Geschichtsanschauung bewußt zu bleiben.

Ein zentraler Aspekt innerhalb dieses Problemfeldes ist die Frage nach einem historisch angemessenen Verständnis des Judentums. Hierfür ist die Revision der Pharisäerbilder unerläßlich, die in Folge der durch den Historismus geschaffenen

---

[76] Zu GFRÖRER s. S. 57 f.; zu WELLHAUSEN s. S. 223 (vgl. Prol[2] VII, geschrieben 1883: „... der kirchliche Standpunkt ist nicht der historische").

Problemlage als Erkenntnisse aus der Historie ausgegeben wurden, tatsächlich aber theologisch-werthaft bestimmt sind. Da die Erwartung, die Pharisäer unvoreingenommen rein historisch darstellen zu können, sich als Illusion erwiesen hat, ist zu ihrer angemessenen Wahrnehmung, will man nicht wiederum in die Lage Gfrörers geraten, eine theologische Neubesinnung notwendig. Es bleibt daher gerade im Hinblick auf die Historiographie nach wie vor Aufgabe der Theologie, nicht nur der Geschichtswissenschaft, sich in der historisch pluralistischen Situation der Religionen zu orientieren. Es bedarf der Integration der Relativität unserer Werturteile in die Theologie, ohne daß diese in Relativismus und Beliebigkeit versinkt. Der Appell zum Verzicht auf „überlieferte Herrschaftsansprüche"[77] christlicher Theologie hilft im Blick auf das theologische Sachproblem nicht weiter. Wirkliche Antworten auf diese Situation können nur aus der Mitte der Theologie kommen.

In diese Richtung weist Troeltsch in seinem späten Aufsatz „Die Stellung des Christentums unter den Weltreligionen". Darin stellt er im Rückgriff auf Lessing die Vorstellung einer in einer historischen Religion gegebenen Absolutheit, die den hermeneutischen Zirkel des Historismus begründet hatte, hinter einen prozeßhaften Wahrheitsbegriff zurück, der unter der Kategorie der Liebe steht. Das letzte Absolute erschließt sich erst in einer Suchbewegung, zu der alle Religionen ihren Teil beizutragen haben, und kann nur mehr als Ahnung denn als bestehende Gewißheit formuliert werden[78]. Der Antwort auf die Frage „Was ist Wahrheit?" eröffnet die Kategorie der Liebe einen kontextuellen Horizont, in dem die in der Absolutheit des Glaubens liegende existenzielle Vergewisserung und die radikale Anerkennung der Relativität auch des eigenen Glaubens nicht unvereinbar sein müssen. Die theologische Wahrheitsfrage, die Troeltsch in „Die Absolutheit des Christentums" noch programmatisch festgehalten hatte, wird hier letztlich zurückgestellt. Damit ist aber in diesem Entwurf die Gefahr des theologisch-werthaften Relativismus gegeben. Die Alternative von absolutem Geltendmachen der christlichen Wahrheit unter Abwertung des Judentums und ihrer historischen Einebnung unter allgemeine historische Relativitäten ist hier nach wie vor nicht wirklich überwunden, sondern gegenüber „Die Absolutheit des Christentums" unter umgekehrtem Vorzeichen einseitig aufgelöst.

Das Verhältnis des Christentums zum Judentum läßt sich systematisch-theologisch vom gesamtbiblischen Zeugnis her nur als ein Paradox aus Kontinuität und Bruch formulieren. Die Aussage, daß der wesensgleiche Vater Jesu Christi mit dem Gott Israels identisch sei[79], stellt eine nach keiner Seite hin auflösbare logische Aporie dar, darin den trinitarischen und christologischen Aussagen der altkirchlichen

---

[77] Kusche 184.

[78] s. S. 299f.

[79] Dies setzt voraus, daß das altkirchliche Dogma eine sachgemäße Systematisierung des biblischen Zeugnisses darstellt. In Frage gestellt wird dies im Namen eines angemesseneren Verständnisses der alttestamentlich-jüdischen Tradition u.a. von H. J. Kraus (Aspekte der Christologie im Kontext alttestamentlich-jüdischer Tradition, in: ders., Rückkehr zu Israel, 167–188; Eine Christologie des Heiligen Geistes, in: B. Klappert u.a., Jesusbekenntnis, 37–46).

Bekenntnisse von Nicaea-Konstantinopel und Chalcedon strukturverwandt. Der Versuch, das Paradox aufzulösen, birgt die Gefahr des Ausspielens des einen Elementes gegen das andere und damit der historischen und theologischen Verengung[80]. Im Hinblick auf diese Aporie gewinnt Troeltschs und Lessings Bescheidung auf eine nur relative Wahrheit, deren eschatologische Vollendung noch aussteht, die, auf das Verhältnis von Theologie und Historie angewandt, eine fragwürdige Relativierung theologischer Wahrheiten nach sich zieht, als *innertheologische* Grenzmarkierung ein erhebliches Gewicht. In diesem Lichte betrachtet, mahnt sie mit vollem Recht die Zurückstellung theologischer Werturteile über das Judentum an, wo dies von der Mitte der Theologie her angemessen und geboten ist. Von hier aus kann eine von polemischen und apologetischen Zwängen entlastete christlich-theologische Wahrnehmung des christlich-jüdischen Verhältnisses in seiner Kontinuität wie in seinen Brüchen ins Auge gefaßt werden und damit ein historisch angemessenes Verständnis des Judentums, das keineswegs die Umdeutung theologischer Werturteile ins historisch Relative und damit letztlich ins Beliebige nach sich ziehen muß.

Historiographisch bedeuten diese Konsequenzen aus Troeltschs Erwägungen somit gerade keinen Verzicht auf Werturteile im Sinne einer Suspendierung der Wahrheitsfrage. Die systematisch unspezifische Kategorie der Liebe – m. a. W. der Beziehung, der Relation –, die auf den ersten Blick eine μετάβασις εἰς ἄλλο γένος und damit eine ähnliche Scheinüberbrückung des garstigen Grabens darstellt wie am Anfang der nachgezeichneten Entwicklung Gfrörers *fides historica*, weist auch in dieser Hinsicht über die Aporie des Historismus hinaus, indem sie das erkennende Subjekt als Teil des historischen Prozesses in diesen einbezieht.

Auf die Wahrnehmung der Pharisäer angewandt, bedeutet dies, die Werturteile ihrer Betrachter als eine für die – freilich begrenzte und damit relative – historische Wahrnehmung hilfreiche *relative Größe*, d.h. in einer Beziehung auf ihren Gegenstand stehende Größe zu akzeptieren und damit in den Bereich des methodisch Nachvollziehbaren und Überprüfbaren zu ziehen. Insofern bedeutet dies kein Zurückbleiben oder Resignieren vor dem Objektivitätspostulat, sondern das Über-

---

[80] Diese grundsätzliche Problemlage spiegelt sich auch in der gegenwärtigen theologischen Diskussion des christlich-jüdischen Verhältnisses wider, auf die an dieser Stelle nur summarisch hingewiesen werden kann. Als beispielhaft hierfür seien die unterschiedlichen Positionen F.-W. MARQUARDTs (Sich zum Christus bekennen, in: KLAPPERT u.a., Jesusbekenntnis, 47–63) und, in Auseinandersetzung damit, J. RINGLEBENS (Der Gott des Sohnes, KuD 1994, 20–31) genannt. MARQUARDT akzentuiert in seinem Beitrag primär die historische Verwurzelung Jesu Christi als Messias Israels, der „um die Zukunft Israels in der Mitte der Völker" kämpft (Jesusbekenntnis 57). RINGLEBEN betont dagegen seine theologische Verankerung als wesensgleicher Sohn Gottes, in dem dieser sich selber als der Lebendige „neu bestimmt" so auch seine Offenbarungsgeschichte neu qualifiziert" (Der Gott des Sohnes 28). Vgl. auch P. v. d. OSTEN-SACKEN, Grundzüge einer Theologie im christlich-jüdischen Gespräch (1982); H.-J. KRAUS, Rückkehr zu Israel (1991); MARQUARDT, Das christliche Bekenntnis zu Jesus, dem Juden (1990f.), sowie die Stellungnahmen in „Die Anliegen des christlich-jüdischen Dialogs" (1996). Eine Facette dieser Problemlage stellt der immer wieder aufflackernde Streit um die Judenmission dar (vgl. K. SCHÄFER, Umstrittene Judenmission, 1995).

winden seiner historistischen Gestalt, auf deren Kehrseite methodisch nicht kontrollierte einseitige Wahrnehmungen und Werturteile notwendigerweise weiterhin wirksam waren. Der Schritt über den Historismus hinaus bedeutet, teilobjektive Sichtweisen als solche zu akzeptieren und nicht mit einer Gesamtobjektivierung zu verwechseln. Auf diese Weise kann der historischen Deutung nutzbar werden, was der Historismus vergeblich als sachfremd aus der Historiographie verwiesen hatte. Dies meint nicht die willkürliche Eintragung von Werturteilen in die Historie, sondern gerade ihre methodisch kontrollierte Einbindung. Die Einzeichnung zeitgenössischer antisemitischer Stereotype in das Bild des antiken Judentums ist das krasseste Beispiel dafür, wie weit ein der methodischen Kontrolle entzogenes werthaftes Urteilen über historische Erscheinungen die Grenze zum Ressentiment und Vorurteil überschreiten kann[81].

Auf diese Weise kann die Interpretation der Pharisäer als „Sekte" oder ihr Vergleich mit den Pietisten den Blick für die Besonderheiten ihrer Gruppenbildung auch dort schärfen, wo dies kritisch gewertet wird; die von Skepsis getragene Analogisierung zur konfessionellen Orthodoxie und zu den Jesuiten vermag einen Vorstellungshorizont zu eröffnen, in dem die Verwurzelung dieser Gruppe in gesamtjüdischen Traditionen präzise erfaßt werden kann, wie auch die kritische Nachzeichnung der politischen und „kirchlichen" Seiten des Pharisäismus einer schärferen Wahrnehmung seines Verhältnisses zur Dimension des Weltlichen dient.

Im Lichte dieser Erwägungen lassen sich dem Befund, daß die Wahrnehmung der Pharisäer bis in historische Einzelheiten hinein von werthaften Urteilen bestimmt ist, weiterführende Perspektiven für einen erneuten historischen Zugriff auf dieses Phänomen abgewinnen. Gerade weil wir so wenig historisch Gesichertes über die Pharisäer wissen, ist es um so notwendiger, uns über die werthaften Implikationen ihrer Betrachtung Rechenschaft abzulegen. Die daraus gewonnenen Erkenntnisse können darin fruchtbar werden, daß das Bewußtsein der eigenen religiösen Gebundenheit dem vertieften historischen Verständnis der Pharisäer zu Gute kommt, die wie keine andere Gruppe zum negativen Symbol religiöser Verbindlichkeit avanciert sind.

---

[81] Eine methodische Analogie zu diesen Erwägungen liegt in S. FREUDS heuristischer Indienstnahme des von ihm entdeckten Übertragungsphänomens in der Psychoanalyse, das er zunächst als Störung des analytischen Prozesses beurteilt hatte; vgl. FREUD, Erinnern, Wiederholen und Durcharbeiten (1914), in: DERS., Ges. Werke X, 125–136; Bemerkungen über die Übertragungsliebe (1915), aaO. 305–321.

Literaturverzeichnis

ALBERDINGK-THIJM, JOZEF ALBERT: A. F. Gfrörer en zijne werken, Haarlem 1870

ALBRECHT, MICHAEL: Moses Mendelssohn (1729–1786). Das Lebenswerk eines jüdischen Denkers der deutschen Aufklärung (Ausstellungskataloge der Herzog-August-Bibliothek Wolfenbüttel 51), Acta Humaniora, Weinheim 1986

ALKIER, STEFAN: Urchristentum. Zur Geschichte und Theologie einer exegetischen Disziplin; BHTh 83, Tübingen 1993

Allgemeine Deutsche Biographie: 1. Aufl. Berlin 1875–1912 = Berlin 1967–1971

Allgemeine Encyclopädie der Wissenschaften und Künste: Hg. v. JOHANN SAMUEL ERSCH und JOHANN GOTTFRIED GRUBER, Leipzig 1817–1889

AMMON, CHRISTOPH FRIEDRICH V.: Die Geschichte des Lebens Jesu mit steter Rüksicht [sic] auf die vorhandenen Quellen; 3 Bde., Leipzig 1842–47

Die Anliegen des christlich-jüdischen Dialogs und der christliche Gottesdienst: Stellungnahme des Rates der EKU und der Kirchenleitung der VELKD zu dem Votum der „Konferenz Landeskirchlicher Arbeitskreise „Christen und Juden" (KLAK). TVELKD 68, Hannover 1996

BAECK, LEO: Das Wesen des Judentums, Berlin 1905; 4. Aufl. 1926

BAECK, LEO: Die Pharisäer, Berlin 1927, in: DERS., Paulus, die Pharisäer und das Neue Testament, Frankfurt/M. 1961

BALDENSPERGER, WILHELM (GUILLAUME): Das Selbstbewusstsein Jesu im Lichte der messianischen Hoffnungen seiner Zeit, Straßburg 1888; 2. Aufl. 1892; 3. Aufl. 1903 als 1. Bd. des alten Titels mit dem Bandtitel: Die messianisch-apokalyptischen Hoffnungen des Judenthums

BAMMEL, ERNST: Emil Schürer, der Begründer der Wissenschaft vom Spätjudentum. Zu seinem 50. Todestag, in: DtPfrBl 60, 1960, 225–227

BAMMEL, ERNST: Judentum, Christentum, Heidentum: Julius Wellhausens Briefe an Theodor Mommsen 1881–1902, in: ZKG 80, 1969, 221–254

BARNIKOL, ERNST: Wellhausens Briefe aus seiner Greifswalder Zeit (1872–1879) an den anderen Heinrich-Ewald-Schüler Dillmann. Ein Beitrag zum Wellhausen-Problem, in: Gottes ist der Orient. FS OTTO EISSFELDT, Berlin 1957, 28–39

BARON, SALO (SHALOM) WITTMAYER: Isaak Marcus Jost the Historian, in: PAAJR 1 (1928–30), 7–32; Wiederabdr. in: DERS., History and Jewish Historians, hg. v. ARTHUR HERTZBERG u. LOUIS HARRY FELDMAN, Philadelphia 1964, 240–262; 442–446

BARTH, KARL: Die protestantische Theologie im 19. Jahrhundert, 3. Aufl. Berlin 1961

BASNAGE, JACQUES: L'Histoire et la Religion des Juifs, depuis Jesus-Christ jusqu'à present. Pour servir de Supplément & de Continuation à l'Histoire de Joseph; 6 Bde., Rotterdam 1706–1711

BAUER, KARL: Adolf Hausrath. Leben und Zeit I, 1837–1867; Heidelberg 1933

BAUMGARTEN, ALBERT I.: The Name of the Pharisees, in: JBL 102/3 (1983, 411–428)

BAUMGARTEN, ALBERT I.: Josephus and Hippolytus on the Pharisees, in: HUCA 55 (1984), 1–25

BAUMGARTEN, ALBERT I.: American Scholarship on the Pharisees, in: JEFFREY S. GUROCH (Hg.): Ramaz. School, Community, Scholarship and Orthodoxy, New York 1989, 124–136

BAUR, FERDINAND CHRISTIAN: Die Komposition und der Charakter des johanneischen Evangeliums, ThJb(T) 3 (1844), 1–191. 397–475. 615–700

BAUR, FERDINAND CHRISTIAN: Kritische Untersuchungen über die kanonischen Evangelien, ihr Verhältnis zu einander, ihren Charakter und Ursprung, Tübingen 1847

BAUR, JÖRG: Albrecht Ritschl – Herrschaft und Versöhnung, in: B. MOELLER (Hg.), Theologie in Göttingen, Göttingen 1987, 256–270

Die Bekenntnisschriften der evangelisch-lutherischen Kirche: Herausgegeben vom Deutschen Ev. Kirchenausschuß im Gedenkjahr der Augsburgischen Konfession, Göttingen 1930; 10. Aufl. 1986

BERGER, KLAUS: Jesus als Pharisäer und frühe Christen als Pharisäer, in: NT XXX, 1988, 231–262

BESIER, GERHARD: Religion, Nation, Kultur. Die Geschichte der Kirchen in den gesellschaftlichen Umbrüchen des 19. Jahrhunderts, Neukirchen-Vluyn 1992

BIEDERMANN, ALOIS EMANUEL: Die Pharisäer und Sadducäer, Zürich 1854

BIETENHARD, HANS: Sota. „Gießener Mischna" (hg. v. KARL HEINRICH RENGSTORF u. LEONHARD ROST) III 6, Gießen 1956

BISCHOF, FRANZ XAVER: Theologie und Geschichte. Ignaz von Döllinger in der zweiten Hälfte seines Lebens. Ein Beitrag zu seiner Biographie, MKHS 9, Stuttgart 1997

BOEHLICH, WALTER (Hg.): Der Berliner Antisemitismusstreit, 2. Aufl. Frankfurt/M. 1965

BOCCACCINI, GABRIELE: Middle Judaism. Jewish Thought 300 B.C.E. to 200 C.E., Minneapolis 1991

BOCCACCINI, GABRIELE: Middle Judaism and its Contemporary Interpreters (1986–1992): Methodological Foundations for the Study of Judaisms, 300 BCE to 200 CE, in: Henoch 15, 1993, 207–233

BOSCHWITZ, FRIEDEMANN: Julius Wellhausen – Motive und Maßstäbe seiner Geschichtsschreibung, Marburg 1938 (Diss.) = Darmstadt 1968

BOUSSET, WILHELM: Jesu Predigt in ihrem Gegensatz zum Judenthum. Ein religionsgeschichtlicher Vergleich, Göttingen 1892

BOUSSET, WILHELM: Das Wesen des Christentums, in: ThR 4 (1901), 89–103

BOUSSET, WILHELM: Die Religion des Judentums im neutestamentlichen Zeitalter, Berlin 1903; 2. Aufl. 1906; 3. Aufl. hg. v. HUGO GRESSMANN unter dem Titel „Die Religion des Judentums im späthellenistischen Zeitalter" (HNT 21), Tübingen 1926 = 4. Aufl. 1966

BOUSSET, WILHELM: Volksfrömmigkeit und Schriftgelehrtentum, Berlin 1903

BOUSSET, WILHELM: Das Wesen der Religion, dargestellt an ihrer Geschichte, Halle 1903; 4. Aufl. 1920

BOUSSET, WILHELM: Jesus. RV I 2/3, Halle 1904; 3. Aufl. Tübingen 1907

BOUSSET, WILHELM: Altes Testament, Literatur und Religion des Judentums; II. Religion, in: ThR 18 (1915), 115–131

BOUSSET, WILHELM: Religionsgeschichtliche Studien. Aufsätze zur Religionsgeschichte des Hellenistischen Zeitalters, hg. v. ANTHONIE F. VERHEULE, NT.S 50, Leiden 1979

BRAKELMANN, GÜNTER; GRESCHAT, MARTIN; JOCHMANN, WERNER: Protestantismus und Politik. Werk und Wirkung Adolf Stoeckers (Hamburger Beiträge zur Sozial- und Zeitgeschichte XVII), Hamburg 1982

BRUCKER, JACOB: Historia Critica Philosophiae, 4 Bde. u. App., Leipzig 1742–1767

BRUMLIK, MICHA: Der Anti-Alt. Wider die furchtbare Friedfertigkeit, Frankfurt/M. 1991

BÜCHLER, ADOLF: Der Galiläische Am-Haares des II. Jahrhunderts, Wien 1906

BURCHARD, CHRISTOPH: H. E. G. Paulus in Heidelberg (1811–1851), in: Semper apertus. 600 Jahre Rupprecht-Karls-Universität Heidelberg 1386–1986, 6 Bde. hg. v. WILHELM DOERR, Heidelberg 1985; Bd. II, 222–298

BURMANN, FRANS: Over de boeken der Koningen, Kronijken, Ezra, Nehemia, Esther, Amsterdam 1683

BUXTORF, JOHANN D. Ä.: Lexicon hebraicum et chaldaicum; accessit lexicon breve rabbinicum philosophicum, Basel 1607

BUXTORF, JOHANN D. Ä.: Lexicon chaldaicum talmudicum et rabbinicum, ed. JOHANN BUXTORF d. J., Basel 1640

CHAMBERLAIN, HOUSTON STEWART: Die Grundlagen des neunzehnten Jahrhunderts, 1. Aufl. München 1899; 25. Aufl. München 1940

Christen und Juden:
I. Eine Studie des Rates der Evangelischen Kirche in Deutschland, Gütersloh 1975

II. Zur theologischen Neuorientierung im Verhältnis zum Judentum. Eine Studie der Evangelischen Kirche in Deutschland, Gütersloh 1991

CLAUSSEN, JOHANN HINRICH: Die Jesus-Deutung von Ernst Troeltsch im Kontext der liberalen Theologie; BHTh 99, Tübingen 1997

COHEN, HERMANN: Julius Wellhausen – ein Abschiedsgruß (1918), in: ROBERT RAPHAEL GEIS u. HANS-JOACHIM KRAUS (Hg.), Versuche des Verstehens, München 1966, 43–47

CONZEMIUS, VICTOR: Hermann Adalbert Daniel (1812–1871). Ein Forscherleben für die Una Sancta, in: ZKG LXXVI, 1965, 64–111

Corpus Reformatorum: Auch unter dem Titel: PHILIPPI MELANCHTHONIS Opera, quae supersunt omnia, ed. KARL GOTTLIEB BRETSCHNEIDER et HEINRICH ERNST BINDSEIL; 28 Bde., Halle 1834ff.

DA COSTA, URIEL: Exame dos tradiçoes phariseas conferidas á lei escrita a Uriel iurista Hebraeo com re posta a hum Semuel da Silva que faz officio de medico seu falso calumnador, Amsterdam 1624; neu hg. u. übers. v. H. P. SALOMON u. I. S. D. SASSOON unter dem Titel „Examination of Pharisaic Traditions", Brill's Studies in Intellektual History 44, Leiden 1993

DA COSTA, URIEL: Die Schriften des URIEL DA COSTA. Mit Einleitung, Übertragung und Regesten, hg. v. CARL GEBHARDT, Bibliotheca Spinozana 2, Amsterdam u. Heidelberg 1922

CREIZENACH, MICHAEL (Hg.): Der Geist der pharisäischen Lehre. Eine Zeitschrift. Ein Jahrgang (12 Hefte), Mainz 1824

DAHMS, HANS-JOACHIM: Politischer und religiöser Liberalismus. Bemerkungen zu ihrem Verhältnis im Wilhelminischen Kaiserreich am Beispiel der „Religionsgeschichtlichen Schule", in: G. LÜDEMANN, Die „Religionsgeschichtliche Schule", Frankfurt/M. u.a. 1996, 225–242

DANIEL, HERMANN ADALBERT: Art. „Pharisäer", in: Allgemeine Encyclopädie der Wissenschaften und Künste, Sect. III, Bd. 22, Leipzig 1846, 17–34

DEINES, ROLAND: Die Pharisäer. Ihr Verständnis im Spiegel der christlichen und jüdischen Forschung seit Wellhausen und Graetz, WUNT 101, Tübingen 1997

DELITZSCH, FRANZ: Pfarrer Dr. Ferd. Wilh. Weber, in: SaH XVI (1879), 228–239

DENKLER, HORST: Das „wirckliche Juda" und der „Renegat". Moses Freudenstein als Kronzeuge für Wilhelm Raabes Verhältnis zu Juden und Judentum, in: DERS., Neues über Wilhelm Raabe. Zehn Annäherungsversuche an einen verkannten Schriftsteller, Tübingen 1988, 66–80

DERENBOURG, JOSEF NAFTALI: Essai sur l'histoire et la géographie de la Palestine d'après les Talmuds et les autres sources rabbiniques, Bd. I, Paris 1867

DÖLLINGER, IGNAZ V.: Heidenthum und Judenthum. Vorhalle zur Geschichte des Christenthums, Regensburg 1857

DRESCHER, HANS-GEORG: Ernst Troeltsch. Leben und Werk, Göttingen 1991

EBEL, WILHELM: Catalogus Professorum Gottingensium 1734–1962, Göttingen 1962

EICHHORN, JOHANN GOTTFRIED: Johann Salomo Semler. In: ABBL 5, Leipzig 1793

EISENMENGER, JOHANN ANDREAS: Entdecktes Judenthum oder gründlicher und wahrhaftiger Bericht, welcher Gestalt die verstockten Juden die hochheilige Dreieinigkeit, Gott Vater, Sohn, Heil. Geist, erschröcklicher Weise lästern und verunehren, usw., Königsberg 1711

EISSFELDT, OTTO: Werden, Wesen und Wert geschichtlicher Betrachtung der israelitisch-jüdisch-christlichen Religion, 1931, in: DERS., Kleine Schriften I, hg. v. RUDOLF SELLHEIM u. FRITZ MAASS, 247–265, Tübingen 1962

ELBOGEN, ISMAR: Die Religionsanschauungen der Pharisäer, Berlin 1904

ELIAS LEVITA (HA-LEVI): תִּשְׁבִּי, id est Thisbites. Dictionarium 712 rerum Rabbinicarum, ed. PAUL FAGIUS, Isnae (Isny) 1541

Encyclopaedia Judaica: Das Judentum in Geschichte und Gegenwart, hg. v. JAKOB KLATZKIN u. ISMAR ELBOGEN, 10 Bde. (A-Lyra), Berlin 1928–1934

Encyclopaedia Judaica: 16 Bde., Jerusalem 1971/72; 2. Aufl. Jerusalem 1973

ENGELMANN, HANS: Kirche am Abgrund. Adolf Stoecker und seine antijüdische Bewegung, SJVCG 5, Berlin 1984

ESCHELBACHER, JOSEPH: Die Vorlesungen Ad. Harnacks über das Wesen des Christenthums, in: MGWJ 46 (1902), 119–141; 229–239; 407–427; 47 (1903), 53–68; 136–149; 249–263; 434–446; 514–534

ESCHELBACHER, JOSEPH: Das Judentum im Urteile der modernen protestantischen Theologie, SGFWJ, Leipzig 1907

EWALD, HEINRICH: Geschichte des Volkes Israel
1. Ausg. in 6 Bänden, Göttingen 1843–1855
2. Ausg. in 8 Bänden, Göttingen 1851–1859
3. Ausg. in 8 Bänden, Göttingen 1864–1869

EWALD, HEINRICH (Hg.): Jahrbücher der Biblischen wissenschaft, Göttingen 1848–1861

EWALD, HEINRICH: Die drei ersten Evangelien übersetzt und erklärt, 1. Aufl. Göttingen 1850; 2. Aufl.: Die Bücher des Neuen Bundes übersetzt und erklärt I: Die drei ersten Evangelien und die Apostelgeschichte, Göttingen 1871/72

EWALD, HEINRICH: Die Lehre der Bibel von Gott oder Theologie des Alten und Neuen Bundes, 4 Bde., Leipzig 1871–1876

FINKELSTEIN, LOUIS: The Pharisees. The Sociological Background of their Faith, 2 Bde., Philadelphia 1938; 3. Aufl. 1962

FLEISCHMANN, EUGÈNE: Max Weber, die Juden und das Ressentiment, in: W. SCHLUCHTER (Hg.), Max Webers Studie über das antike Judentum, Frankfurt/M. 1981, 263–286

FLUSSER, DAVID: Pharisäer, Sadduzäer und Essener im Pescher Nahum, in: K. E. GRÖZINGER u.a. (Hg.): Qumran, Darmstadt 1971, 121–166

FRANCKE, AUGUST HERMANN: Werke in Auswahl, hg. v. E. PESCHKE, (Bielefeld) 1969

FREUD, SIGMUND: Gesammelte Werke, hg. v. ANNA FREUD unter Mitw. v. MARIE BONAPARTE; 18 Bde., London u. Frankfurt/M. 1940–1968

FREYTAG, GUSTAV: Soll und Haben. Roman in sechs Büchern, Leipzig 1855

(FRIEDLÄNDER, DAVID): Sendschreiben an Seine Hochwürden, Herrn Oberkonsistorialrath und Probst Teller zu Berlin, von einigen Hausvätern jüdischer Religion, Berlin 1799, in: F. D. SCHLEIERMACHER, KGA I/2, 1984, 381–413

FRIEDLÄNDER, MORIZ: Geschichte der jüdischen Apologetik als Vorgeschichte des Christentums. Eine historisch-kritische Darstellung der Propaganda und Apologie im Alten Testament und in der hellenistischen Diaspora, Zürich 1903 = Amsterdam o. J.

FRIEDLÄNDER, MORIZ: Die religiösen Bewegungen innerhalb des Judentums im Zeitalter Jesu, Berlin 1905 = Essen o. J.

FRIEDLÄNDER, MORIZ: Synagoge und Kirche in ihren Anfängen. Eine Studie zur Geschichte des Sabbaths und der Synagoge in der Diaspora und zur [sic] Pharisäismus und Messianismus und ihre Einflüsse auf das Urchristentum, Berlin 1908 = Amsterdam o. J.

FRIEDRICH, JOHANN: Ignaz von Döllinger, 3 Bde, München 1899–1901

FRIES, JAKOB FRIEDRICH: Über die Gefährdung des Wohlstandes und Charakters der Deutschen durch die Juden, Heidelberg 1816

FRITSCH, THEODOR (Pseudonym THOMAS FREY): Antisemiten-Katechismus. Eine Zusammenstellung des wichtigsten Materials zum Verständniß der Judenfrage, Leipzig 1887; ab der 27. Aufl. unter dem Titel „Handbuch der Judenfrage. Die wichtigsten Tatsachen zur Beurteilung des jüdischen Volkes"; 35. Aufl. Leipzig 1933

FÜGEN, HANS NORBERT: Max Weber. Rowohlt Monographien 216, Reinbek 1985

GABLER, JOHANN PHILIPP: De iusto discrimine theologiae biblicae et dogmaticae regundisque recte utriusque finisbus. Oratio, qua recitata D. XXX. Mart. MDCCLXXXVII . Munus Professoris Theologiae Ordinarii in Alma Altorfina adiit M. IOANNES PHILIPPUS GABLER, in: DERS., Kleine theologische Schriften I, hg. v. TH. A. GABLER u. J. G. GABLER, Ulm 1831, 179–198

GADAMER, HANS-GEORG: Hermeneutik I. Wahrheit und Methode. Gesammelte Werke 1, 5. Aufl. Tübingen 1986

GASTON, LLOYD: Pharisaic Problems, in: Approaches to Ancient Judaism, n. s. 3, hg. v. JACOB NEUSNER; SFSHJ 56, Atlanta (Georgia) 1993, 85–100

GEIGER, ABRAHAM: Urschrift und Übersetzungen der Bibel in ihrer Abhängigkeit von der inneren Entwickelung des Judenthums, 1. Ausg. Breslau 1857; 2. Ausg. hg. v. PAUL KAHLE u. NACHUM CZORTKOWSKI, Frankfurt/M. 1928

GEIGER, ABRAHAM: Sadducäer und Pharisäer, in: JZWL II (1863) 11–54

GEIGER, ABRAHAM: Das Judenthum und seine Geschichte, 3 Teile Breslau 1864–1871; 2. unv. Aufl. in 1 Bd. Breslau 1910

GEIGER, LUDWIG (Hg.): Abraham Geigers Leben in Briefen, Berlin 1878

GEIGER, LUDWIG (Hg.): Abraham Geiger. Leben und Lebenswerk, Berlin 1910

GELPKE, ERNST F.: Gedächtnisrede auf den Doktor und Professor der Theologie Matthias Schnekkenburger, gehalten bei seiner Leichenfeier in der Aula der Hochschule zu Bern den 16. Juni 1848, nebst der Grabrede von CARL WYSS, Professor der Theologie und Dekan der Klasse Bern, Bern 1848

GFRÖRER, AUGUST FRIEDRICH: Kritische Geschichte des Urchristenthums I. Philo und die alexandrinische Theosophie; 2 Bde., Stuttgart 1831; 2. Aufl. Stuttgart 1837

GFRÖRER, AUGUST FRIEDRICH: Geschichte des Urchristenthums, 3 Teile in 5 Abteilungen, Stuttgart 1838
   I. Das Jahrhundert des Heils (2 Abt.)
   II. Die heilige Sage (2 Abt.)
   III. Das Heiligthum und die Wahrheit

GINZBERG, LOUIS: Eine unbekannte jüdische Sekte I, New York 1922 = Hildesheim u. New York 1972

GOBINEAU, JOSEPH ARTHUR DE: Essai sur l'inégalité des races humaines, 4 Bde., Paris 1853–1855

GRAETZ, HEINRICH (HIRSCH): Geschichte der Juden von den ältesten Zeiten bis auf die Gegenwart; 1. Aufl., 11 Bde., Leipzig und Berlin 1853–1876; 2. Aufl. Bd. III Leipzig 1863. 5. Aufl. hg. u. bearb. v. M. BRANN, 1905/06; Ndr. Berlin 1996.

GRAF, FRIEDRICH WILHELM; RUDDIES, HARTMUT: Ernst Troeltsch Bibliographie, Tübingen 1982

GRIMM, JACOB u. WILHELM: Deutsches Wörterbuch, 33 Bde., Leipzig 1854–1971 (= München 1984)

GÜDEMANN, MORITZ: Das Judenthum im neutestamentlichen Zeitalter in christlicher Darstellung, in: MGWJ 47 (1903), 38–53; 120–136; 231–249

GUGGISBERG, KURT: Bernische Kirchengeschichte, Bern 1958

GUNKEL, HERMANN: Schöpfung und Chaos in Urzeit und Endzeit. Eine religionsgeschichtliche Untersuchung über Gen 1 und Apokalypse Johannis 12, Göttingen 1895; 2. Aufl. 1921; Nachdr. Ann Arbour/Michigan 1980

GUTTMANN, JULIUS: Mendelssohns Jerusalem und Spinozas Theologisch-Politischer Traktat, in: Jahresbericht der Hochschule für die Wissenschaft des Judentums 48 (1931), 33–61

HAMBURGER, JACOB: Real-Encyclopädie für Bibel und Talmud, 1. Aufl. Strelitz 1862ff.; 2. Aufl. 1870–1883; 3. Aufl. unter dem Titel: Real-Enzyklopädie des Judentums, Leipzig 1896–1901

HANNE, JOHANN WILHELM: Die Pharisäer und Sadducäer als politische Partheien, in: ZWTh 1867, 131–179. 239–263

HARNACK, ADOLF V.: Das Wesen des Christentums, Leipzig 1900; neu hg. mit einem Geleitwort v. RUDOLF BULTMANN, Stuttgart 1950; mit einem Geleitwort v. WOLFGANG TRILLHAAS, Gütersloh 1977; 2. Aufl. 1985

HARNACK, ADOLF V.: Die Mission und Ausbreitung des Christentums in den ersten drei Jahrhunderten, Leipzig 1902; 4. Aufl. 1924

HARNACK, ADOLF V.: Nachruf auf Emil Schürer, in: ThLZ 35, 1910, 289–292

HAUSRATH, ADOLF: Die Resultate der jüdischen Forschung über Pharisäer und Saddukäer, in: PKZ IX, 1862, 967–978 (Nr. 44 v. 1. 11. 1862)

HAUSRATH, ADOLF: Der Apostel Paulus, Heidelberg 1865; 2. Aufl. 1872

HAUSRATH, ADOLF: Neutestamentliche Zeitgeschichte, 3 Bde., Heidelberg 1868–1874; 2. Aufl. in 4. Bdn. 1873–1877; 3. Aufl. 1879ff.

HAUSRATH, ADOLF: Art. „Pharisäer und Sadducäer", in: D. SCHENKEL (Hg.), Bibel-Lexikon IV, Leipzig 1872, 518–529

HAUSRATH, ADOLF: Alte Bekannte. Gedächtnisblätter
   I. Zur Erinnerung an Julius Jolly, Leipzig 1899
   II. Zur Erinnerung an Heinrich v. Treitschke, Leipzig 1901
   III. Erinnerungen an Gelehrte und Künstler der badischen Heimat, Leipzig 1902

HEINEMANN, ISAAK: Art. „Antisemitismus", in: A. F. PAULY/G. WISSOWA, Realencyclopädie der classischen Alterthumswissenschaft, Supplementband V, Stuttgart 1931

HENGEL, MARTIN: Die Zeloten. Untersuchungen zur jüdischen Freiheitsbewegung in der Zeit von Herodes I. bis 70 n. Chr., Leiden u. Köln 1961, 2. Aufl. 1976

HENGEL, MARTIN: Der alte und der neue „Schürer", in: JSS 35 (1990), 19–64

HENGEL, MARTIN; HECKEL, ULRICH (Hg.): Paulus und das antike Judentum. Tübingen-Durham Symposium im Gedenken an den 50. Todestag Adolf Schlatters (+ 19. Mai 1938), Tübingen 1991

HERDER, JOHANN GOTTFRIED: Sämmtliche Werke, hg. v. B. SUPHAN, Berlin 1887–1913

HERFORD, ROBERT TRAVERS: Pharisaism, its Aim and its Method, London 1912; deutsche Übersetzung von ROSALIE PERLES unter dem Titel: Das pharisäische Judentum in seinen Wegen und Zielen, Leipzig 1913

HERFORD, ROBERT TRAVERS: The Pharisees, London 1924; deutsche Übersetzung von WALTER FISCHEL unter dem Titel: Die Pharisäer, Leipzig 1928, Nachdr. Köln 1961

HERLITZ, GEORG: Three Jewish Historians Isaak Marcus Jost – Heinrich Graetz – Eugen Taeubler. A Comparative Study, in: YLBI 9 (1964), 69–90

HERZFELD, LEVI: Geschichte des Volkes Jisrael, 3 Bde. 1847–1857
    I. Von der Zerstörung des ersten Tempels bis zur Einsetzung des Mackabäers Schimon zum hohen Priester und Fürsten, Braunschweig 1847; 2. Aufl. Leipzig 1863
    II. Bis zum Ende der Geschichte, Nordhausen 1855; 2. Aufl. Leipzig 1863
    III. Innere Geschichte, Literatur, Kultus, Dogmen, Nordhausen 1857; 2. Aufl. Leipzig 1863

HIRSCH, EMANUEL: Geschichte der neuern evangelischen Theologie, 5 Bde., Gütersloh 1949–1954

Historisches Wörterbuch der Philosophie: Hg. v. JOACHIM RITTER und KARLFRIED GRÜNDER, Basel 1971 ff. (bisher bis Bd. 9/1995)

HITZIG, FERDINAND: Geschichte des Volkes Israel von Anbeginn bis zur Eroberung Masada's 72 n. Chr., 2 Teile, Leipzig 1869–1870

HOFFMANN, CHRISTHARD: Juden und Judentum im Werk deutscher Althistoriker des 19. und 20. Jahrhunderts, SJMT 9, Leiden, New York, Kopenhagen, Köln 1988

HOFFMANN, ERNST THEODOR AMADEUS: Die Automate (1814), in: DERS., Die Serapions-Brüder. Gesammelte Märchen und Erzählungen, München 1963, 328–354

HOHEISEL, KARL: Das antike Judentum in christlicher Sicht (StOR 2), Wiesbaden 1978

HOLM-NIELSEN, SVEN (Hg.): Die Psalmen Salomos, JSHRZ 42, Gütersloh 1977

HOLTZMANN, HEINRICH JULIUS: Judenthum und Christenthum im Zeitalter der apokryphischen und neutestamentlichen Literatur (GEORG WEBER u. HEINRICH JULIUS HOLTZMANN, Geschichte des Volkes Israel und der Entstehung des Christenthums II), Leipzig 1867

HOLTZMANN, HEINRICH JULIUS: Adolf Hausrath. Ein Nachruf, in: PrM XIII, 1909 (Heft 10 v. 25. 10., 369–376)

HOLTZMANN, OSCAR: Neutestamentliche Zeitgeschichte. Grundriß der theol. Wissenschaften, 2. Reihe, Nr. 2, Freiburg/B. u. Leipzig 1895; 2. Aufl. Tübingen 1906

HORNIG, GOTTFRIED: Die Anfänge der historisch-kritischen Theologie. Johann Salomo Semlers Schriftverständnis und seine Stellung zu Luther. FSThR 8, Göttingen 1961

HORNIG, GOTTFRIED: Schleiermacher und Semler. Beobachtungen zur Erforschung ihres Beziehungsverhältnisses, in: Schleiermacher-Archiv 1/2; Internationaler Schleiermacher-Kongreß Berlin 1984, Teilbd. 2, hg. v. KURT-VICTOR SELGE, Berlin u. New York 1985, Bd. 1/2, 875–897

HORNIG, GOTTFRIED: Johann Salomo Semler. Studien zu Leben und Werk des Hallenser Aufklärungstheologen. Hallesche Beiträge zur europäischen Aufklärung 2, Tübingen 1996

HUMMEL, REINHART: Die Auseinandersetzung zwischen Kirche und Judentum im Matthäusevangelium, BevTh 33, München 1963

HUNZINGER, CLAUS-HUNNO: Spuren pharisäischer Institutionen in der frühen rabbinischen Überlieferung, in: Tradition und Glaube. FS KARL GEORG KUHN, hg. v. GERT JEREMIAS u.a., Göttingen 1971, 147–156

HUNZINGER, CLAUS-HUNNO: Art. „Bann II", in: TRE V, 1979/80, 116–167

JEPSEN, ALFRED: Wellhausen in Greifswald. Ein Beitrag zur Biographie Julius Wellhausens, in: Festschrift zur 500-Jahr-Feier der Universität Greifswald, Bd. II, hg. v. W. BRAUN u.a., Greifswald 1956, 47–56

JEREMIAS, JOACHIM: Jerusalem zur Zeit Jesu, 3. Aufl. Göttingen 1963

The Jewish Encyclopedia: A descriptive record of the Jewish People from the earliest times, hg. v. ISIDORE SINGER; 12 Bde., New York u. London 1901–1906

JOST, ISAAK MARCUS: Geschichte der Israeliten seit der Zeit der Makkabäer bis auf unsere Tage, 10 Bde., Berlin 1820–1847

JOST, ISAAK MARCUS: Allgemeine Geschichte des Israelitischen Volkes sowohl seines zweimaligen Staatslebens als auch der zerstreuten Gemeinden und Sekten bis in die neueste Zeit, 2 Bde., Leipzig 1831/32 (Nachdr. 1850)

JOST, ISAAK MARCUS: Vor einem halben Jahrhundert: Skizzen aus meiner frühesten Jugend. Sippurim 3 (1854), 141–166

JOST, ISAAK MARCUS: Geschichte des Judenthums und seiner Secten, 3 Bde., Leipzig 1857–1859

JOST, ISAAK MARCUS: Art. „Jüdische Secten", in: Allgemeine Encyclopädie der Wissenschaften und Künste, Sect. II, Bd. 28, Leipzig 1851

KAPPSTEIN, THEODOR: Adolf Hausrath. Der Mann, der Theolog, der Dichter; Berlin 1912

KARS, GUSTAV: Das Bild des Juden in der deutschen Literatur des 18. und 19. Jahrhunderts, Hochschulproduktionen Germanistik Linguistik Literaturwissenschaft 10, Freiburg/B. 1988

KATZ, JACOB: Out of the Ghetto. The Social Background of Jewish Emancipation, 1770–1870, Harvard 1973. Ins Deutsche übersetzt von WOLFGANG LOTZ unter dem Titel: Aus dem Ghetto in die bürgerliche Gesellschaft. Jüdische Emanzipation 1770–1870, Frankfurt/M. 1986

KATZ, JACOB: From Prejudice to Destruction. Antisemitism 1700–1933, Cambridge 1980. Ins Deutsche übersetzt von ULRIKE BERGER unter dem Titel: Vom Vorurteil bis zur Vernichtung. Der Antisemitismus 1700–1933, München 1990

KATZ, JACOB: Zur Assimilation und Emanzipation der Juden, Darmstadt 1982

KATZ, JACOB: Richard Wagner. Vorbote des Antisemitismus, Königstein 1985

KAULEN, FRANZ: Art. „Pharisäer", in: H. J. WETZER/B. WELTE, Kirchenlexikon, 2. Aufl. (hg. v F. KAULEN) Bd. IX, Freiburg/B. 1895, 1990–1996

KEIM, KARL THEODOR: Geschichte Jesu von Nazara in ihrer Verkettung mit dem Gesammtleben seines Volks frei untersucht und ausführlich erklärt, 3 Bde., Zürich 1867–1872

KITTEL, GERHARD: Die Probleme des palästinischen Spätjudentums und das Urchristentum; BWANT 37, Stuttgart 1926

KLAPPERT, BERTOLD; KRAUS, HANS-JOACHIM; MARQUARDT, FRIEDRICH-WILHELM; STÖHR, MARTIN: Jesusbekenntnis und Christusnachfolge, München 1992

KLATT, WERNER: Hermann Gunkel. Zu seiner Theologie der Religionsgeschichte und zur Entstehung der formgeschichtlichen Methode; FRLANT 100, Göttingen 1969

KNIGHT, DOUGLAS A. (Hg.): Julius Wellhausen and his Prolegomena to the History of Israel (Semeia 25), Chico (U.S.A.) 1983

KÖHLER, WALTHER: Ernst Troeltsch, Tübingen 1941

KRAUS, HANS-JOACHIM: Geschichte der historisch-kritischen Erforschung des Alten Testaments, Neukirchen-Vluyn 1956; 3. Aufl. 1982 = 4. Aufl. 1988

KRAUS, HANS-JOACHIM: Rückkehr zu Israel. Beiträge zum christlich-jüdischen Dialog, Neukirchen-Vluyn 1991

KUENEN, ABRAHAM: Over de Samenstelling van het Sanhedrin, in: VMAW 10, Amsterdam 1866, 131–168; deutsch unter dem Titel: Über die Zusammensetzung des Sanhedrin, in: DERS., Gesammelte Abhandlungen zur biblischen Wissenschaft, Freiburg/B. u. Leipzig 1894, 49–81

KUHN, HEINZ-WOLFGANG: Ältere Sammlungen im Markusevangelium, Göttingen 1971

KUSCHE, ULRICH: Die unterlegene Religion. Das Judentum im Urteil deutscher Alttestamentler, SKI 12, Berlin 1991

LANGEN, JOSEPH: Das Judenthum in Palästina zur Zeit Christi. Ein Beitrag zur Offenbarungs- und Religions-Geschichte als Einleitung in die Theologie des N.T., Freiburg/B. 1866

LEHMKÜHLER, KARSTEN: Die Bedeutung des Kultus für das Christentum der Moderne. Eine Diskussion zwischen Wilhelm Bousset und Ernst Troeltsch, in: G. LÜDEMANN, Die „Religionsgeschichtliche Schule", Frankfurt/M. u.a. 1996, 207–224

LEIPOLDT, JOHANNES; GRUNDMANN, WALTER (Hg.): Umwelt des Urchristentums; 3 Bde., Berlin 1966–1967; Bd. I, 7. Aufl. Berlin 1985

LEO, HEINRICH: Vorlesungen über die Geschichte des jüdischen Staates, gehalten an der Universität zu Berlin, Berlin 1828

DE LE ROI, JOHANN F. A.: Stephan Schultz. Ein Beitrag zum Verständnis der Juden und ihrer Bedeutung für das Leben der Völker, Gotha 1871; 2. Aufl. 1878

DE LE ROI, JOHANN F. A.: Die evangelische Christenheit und die Juden unter dem Gesichtspunkte der Mission geschichtlich betrachtet, 3 Bde., Karlsruhe u. Leipzig 1884 (Bd. I), Berlin 1891/92 (Bd. II/III); Nachdr. Leipzig 1974

LESSING, GOTTHOLD EPHRAIM: Werke, hg. v. HERBERT G. GÖPFERT, 8 Bde., München 1970–1979

Lexikon für Theologie und Kirche: Hg. v. JOSEF HÖFER u. KARL RAHNER, Freiburg/B. 1957–1967

LICHTENSTEIN, HANS: Die Fastenrolle. Eine Untersuchung zur jüdisch-hellenistischen Geschichte, in: HUCA VIII/IX, Cincinnati 1931/32, 257–351. 290–298

LIEBESCHÜTZ, HANS: Das Judentum im deutschen Geschichtsbild von Hegel bis Max Weber, SWALBI 17, Tübingen 1967

LIGHTFOOT, JOHN: Horae hebraicae et talmudicae in Evangelia, Acta Apostolorum, in quaedam capita Epistolae ad Romanos et in Epistolam primam ad Corinthios, London 1658–1678; Neuausgabe von JOHANN BENEDIKT CARPZOV, Leipzig 1675–1679; 2. Aufl. Leipzig 1684

LOHSE, EDUARD: Umwelt des Neuen Testaments, GNT 1, 7. Aufl. Göttingen 1986

LUCAS, ERHARD: Die Zuordnung von Judentum und Christentum von Schleiermacher bis Lagarde, in: EvTh 23, 1963, 590–607

LÜDEMANN, GERD: Die Religionsgeschichtliche Schule, in: B. MOELLER (Hg.), Theologie in Göttingen, Göttingen 1987, 325–361

LÜDEMANN, GERD: Das Wissenschaftsverständnis der Religionsgeschichtlichen Schule im Rahmen des Kulturprotestantismus, in: H. M. MÜLLER (Hg.), Kulturprotestantismus, Gütersloh 1992, 78–107

LÜDEMANN, GERD: Die Religionsgeschichtliche Schule und ihre Konsequenzen für die neutestamentliche Wissenschaft, in: H. M. MÜLLER (Hg.), Kulturprotestantismus, Gütersloh 1992, 311–338

LÜDEMANN, GERD: Die „Religionsgeschichtliche Schule". Facetten eines theologischen Umbruchs, Studien und Texte zur religionsgeschichtlichen Schule 1, hg. v. G. LÜDEMANN, Frankfurt/M. u.a. 1996

LÜDEMANN, GERD; SCHRÖDER, MARTIN: Die religionsgeschichtliche Schule in Göttingen. Eine Dokumentation, Göttingen 1987

LÜDER, ANDREAS: Historie und Dogmatik. Ein Beitrag zur Genese und Entfaltung von Johann Salomo Semlers Verständnis des Alten Testaments, BZAW 233, Berlin u. New York 1995

LÜTGERT, WILHELM: Die Religion des deutschen Idealismus und ihr Ende
I. Die religiöse Krisis des deutschen Idealismus, 2. Aufl. Gütersloh 1923
II. Idealismus und Erweckungsbewegung im Kampf und im Bund, 1. u. 2. Aufl. ebd. 1923
III. Höhe und Niedergang des Idealismus, ebd. 1925
IV. Das Ende des deutschen Idealismus im Zeitalter Bismarcks, ebd. 1930

LUTHARDT, CHRISTOPH ERNST: Kompendium der Dogmatik, Leipzig 1865; 11. Aufl. (hg. v. F. F. WINTER) 1914

LUTHER, MARTIN: Kritische Gesamtausgabe, 58 Bde., Weimar 1883–1948

LUTHER, MARTIN: Studienausgabe, hg. v. HANS-ULRICH DELIUS, Berlin 1979ff.

LUZ, ULRICH: Die Erfüllung des Gesetzes bei Matthäus (Mt 5–17–20), in: ZThK 75 (1978), 398–435

LUZ, ULRICH: Das Evangelium nach Matthäus. EKK I/1–2, Bd. 1, 1. Aufl. Zürich, Braunschweig, Neukirchen 1985; 2. Aufl. 1989; Bd. 2 1990; Bd. 3 1997

LUZ, ULRICH: Der Antijudaismus im Matthäusevangelium als historisches und theologisches Problem. Eine Skizze, in: EvTh 53 (1993), 310–327

MAIER, JOHANN: Jesus von Nazareth in der talmudischen Überlieferung. EF 82, Darmstadt 1978

MANN, HEINRICH: Der Untertan. Roman, Leipzig 1918

MARCUS, RALPH: The Pharisees in the Light of Modern Scholarship, in: JR 32 (1952), 153–164

MARQUARDT, FRIEDRICH-WILHELM: Von Elend und Heimsuchung der Theologie. Prolegomena zur Dogmatik, München 1988; 2. Aufl. 1992

MARQUARDT, FRIEDRICH-WILHELM: Das christliche Bekenntnis zu Jesus, dem Juden. Eine Christologie, 2 Bde., München 1990–1991; Bd. I, 2. Aufl. 1993

MARQUARDT, FRIEDRICH-WILHELM: Was dürfen wir hoffen, wenn wir hoffen dürften. Eine Eschatologie. 3 Bde., München 1993, 1994, 1996

MASON, STEVE: Flavius Josephus on the Pharisees. A Composition-Critical Study. StPB 39, Leiden u. New York 1991

MASON, STEVE: The Problem of the Pharisees in Modern Scholarship, in: Approaches to Ancient Judaism, n. s. 3, hg. v. JACOB NEUSNER; SFSHJ 56, Atlanta (Georgia) 1993, 103–140

MENDELSSOHN, MOSES: Jerusalem oder über religiöse Macht und Judentum, Berlin 1783, Wiederabdr. in: DERS., Gesammelte Schriften, hg. v. G. B. MENDELSSOHN, Bd. III, Leipzig 1843

MERK, OTTO: Wilhelm Bousset, in: Gießener Gelehrte in der ersten Hälfte des 20. Jahrhunderts I, hg. v. H. G. GUNDEL u.a., Marburg 1982 (= Lebensbilder aus Hessen II, VHKHW 35/2), 105–120

MEUSEL, JOHANN GEORGE: Lexicon der vom Jahr 1750 bis 1800 verstorbenen teutschen Schriftsteller, 15 Bde., Leipzig 1802–1816

MEYER, EDUARD: Geschichte des Alterthums, 5 Bde, Stuttgart u. Berlin 1884–1902

MEYER, EDUARD: Die Entstehung des Judenthums. Eine historische Untersuchung, Halle 1896 = Hildesheim 1987

MEYER, EDUARD: Julius Wellhausen und meine Schrift Die Entstehung des Judenthums, Halle 1897 = Hildesheim 1987

MEYER, EDUARD: Ursprung und Anfänge des Christentums, 3 Bde., Stuttgart u. Berlin 1921–1923
I. Die Evangelien, 1.-3. Aufl. 1921
II. Die Entwicklung des Judentums und Jesus von Nazaret, 1.-3. Aufl. 1921
III. Die Apostelgeschichte und die Anfänge des Christentums, 1.-3. Aufl. 1923

MICHAEL, REUVEN: I. M. Jost und sein Werk, in: BLBI 3 (1960), 239–258

MITTLER, ELMAR; SCHALLER, BERNDT (Hg.): Jüdischer Glaube, jüdisches Leben. Juden und Judentum in Stadt und Universität Göttingen, Göttingen 1996

MOELLER, BERND (Hg.): Theologie in Göttingen. Göttinger Universitätsschriften, Serie A Bd. 1, Göttingen 1987

MOMMSEN, THEODOR: Römische Geschichte I-III, 1. Aufl. Leipzig u. Berlin 1854–1856; 9. Aufl. Berlin 1881–1882; Bd. V, 5. Aufl. Berlin 1904

MOORE, GEORGE FOOT: Christian Writers on Judaism, in: HThR XIV, 1921, 197–254

MOORE, GEORGE FOOT: Simeon the Righteous, in: Jewish Studies in memory of Israel Abrahams, New York 1927, 348–464

MOORE, GEORGE FOOT: Judaism in the First Centuries of the Christian Era, 3 Bde., Cambridge 1927–30

MOSHEIM, JOHANN LORENZ V.: Sittenlehre der Heiligen Schrift, 5 Bde., Helmstedt 1735–1753; 3. Aufl. 1742ff.

MOSSE, WERNER E.; PAUCKER, ARNOLD (Hg.): Juden im Wilhelminischen Deutschland 1890–1914, SWALBI 33, Tübingen 1976

MÜLLER, ALOIS: Pharisäer und Sadducäer, in: SAWW, Phil.-Hist. Klasse, Bd. 34, Wien 1860, 95ff.

MÜLLER, HANS MARTIN (Hg.): Kulturprotestantismus. Beiträge zu einer Gestalt des modernen Christentums, Gütersloh 1992

MÜLLER, KARLHEINZ: Das Judentum in der religionsgeschichtlichen Arbeit am Neuen Testament. Eine kritische Rückschau auf die Entwicklung einer Methodik bis zu den Qumranfunden, Frankfurt/M. u. Bern 1983

NATHAN B. JECHIEL: ערוך השלם: Aruch completum sive lexicon vocabula et res, quae in libris Targumicis, Talmudicis et Midraschicis continentur, explicans, ed. ALEXANDER KOHUT; 8 Bde., Wien 1878–1937; Nachdruck in 6. Bdn., Israel o. J.

MERX, ADALBERT: Adolf Hausrath zum 70. Geburtstag, in: PrM 9, 1907 (Heft 3 v. 26. 3.), 111–113

Neue Deutsche Biographie: Berlin 1953ff.

NEUSNER, JACOB: Josephus's Pharisees, in: Ex Orbe Religionum. Studia GEO WIDENGREN I, Leiden 1972, 224–253

NEUSNER, JACOB: The Rabbinic Traditions about the Pharisees before 70, 3 Bde. Leiden 1971

NEUSNER, JACOB: From Politics to Piety. The Emergence of Pharisaic Judaism, New York 1973; 2. Aufl. 1979

NEUSNER, JACOB: Das pharisäische und talmudische Judentum. Neue Wege zu seinem Verständnis, hg. v. HERMANN LICHTENBERGER, TSAJ 4, Tübingen 1984

NIEWÖHNER, FRIEDRICH: Spinoza und die Pharisäer. Eine begriffsgeschichtliche Miszelle zu einem antisemitischen Slogan, in: Studia Spinozana 1, Hannover 1985, 347–355

NIEWÖHNER, FRIEDRICH: Veritas sive Varietas. Lessings Toleranzparabel und das Buch Von den drei Betrügern. Bibliothek der Aufklärung 5, Heidelberg 1988

NIEWÖHNER, FRIEDRICH: Art. „Pharisäer, Pharisäismus III. Neuzeit", in: HWP 7, Basel 1989, 539–542

NIPPERDEY, THOMAS: Deutsche Geschichte 1800–1866. Bürgerwelt und starker Staat, München 1983; 5. Aufl. 1991

NIPPERDEY, THOMAS: Deutsche Geschichte 1866–1918
I. Arbeitswelt und Bürgergeist, München 1990; 3. Aufl. 1993
II. Machtstaat vor der Demokratie, München 1992; 2. Aufl. 1993

OPPENHEIMER, AHARON: The Am Ha-aretz. A Study in the Social History of the Jewish People in the Hellenistic-Roman Period; ALGHJ 8, Leiden 1977

OSTEN-SACKEN, PETER VON DER: Das paulinische Verständnis des Gesetzes im Spannungsfeld von Eschatologie und Geschichte, in EvTh 37, 1977, 549–587

OSTEN-SACKEN, PETER VON DER: Grundzüge einer Theologie im christlich-jüdischen Gespräch, München 1982

PARET, HEINRICH: Der Pharisäismus des Josephus, in: ThStKr 29 (1856), 809–844

PAULUS, HEINRICH EBERHARD GOTTLOB: Philologisch-kritischer und historischer Kommentar über das Neue Testament; 3 Theile, Lübeck 1800–1804; 2. Aufl. 1804–1805

PAULUS, HEINRICH EBERHARD GOTTLOB: Beurtheilende Uebersicht der über die Ansprüche der Frankfurter Judenschaft auf das dortige Bürgerrecht kürzlich erschienenen Hauptschriften, Heidelberg 1817

PAULUS, HEINRICH EBERHARD GOTTLOB: Exegetisches Handbuch über die drei ersten Evangelien, 3 Bde., Heidelberg 1830–1833

PAULUS, HEINRICH EBERHARD GOTTLOB: Die jüdische Nationalabsonderung nach Ursprung, Folge und Besserungsmitteln, oder über Pflichten, Rechte und Verordnungen zur Besserung der jüdischen Schutzbürgerschaft in Deutschland. Allen deutschen Regierungen und landständischen Versammlungen zur Erwägung gewidmet, Heidelberg 1831

PAULY, AUGUST FRIEDRICH; WISSOWA, GEORG: Realencyclopädie der classischen Alterthumswissenschaft; hg. v. KONRAT ZIEGLER, Stuttgart 1893–1980

PERLES, FELIX: Bousset's Religion des Judentums im neutestamentlichen Zeitalter kritisch untersucht, Berlin 1903

PERLITT, LOTHAR: Vatke und Wellhausen. Geschichtsphilosophische Voraussetzungen und historiographische Motive für die Darstellung der Religion und Geschichte Israels; BZAW 94, Berlin 1965

PERLITT, LOTHAR: Julius Wellhausen, in: HANS JÜRGEN SCHULTZ (Hg.): Tendenzen der Theologie im 20. Jahrhundert. Ein Geschichte in Porträts, Stuttgart u. Olten 1966, 33–37; Wiederabdr. in: DERS., Allein mit dem Wort, Göttingen 1996, 251–255

PERLITT, LOTHAR: Pectus est, quod theologum facit? Zum 50. Todestag Julius Wellhausens am 7. 1. 1968, in: DtPfrBl 68, 1968, 4–6; Wiederabdr. in: DERS., Allein mit dem Wort, Göttingen 1996, 256–262

PERLITT, LOTHAR: Heinrich Ewald: Der Gelehrte in der Politik, in: B. Moeller (Hg.), Theologie in Göttingen, Göttingen 1987, 157–212; Wiederabdr. in: DERS., Allein mit dem Wort, Göttingen 1996, 263–312

PERLITT, LOTHAR: Allein mit dem Wort. Theologische Studien, zum 65. Geburtstag hg. v. HERMANN SPIECKERMANN, Göttingen 1996

PERLITT, LOTHAR: Heinrich Ewald: Der Gelehrte in der Politik, in: B. MOELLER (Hg.), Theologie in Göttingen, Göttingen 1987, 157–212

POELITZ, KARL HEINRICH LUDWIG: De gravissimis theologiae seriorum Iudaeorum decretis, quorum vestigia in libris inde ab exilii aetate usque ad saeculi quarti post Christum natum initia deprehenduntur. Disputatio, Leipzig 1794

POELITZ, KARL HEINRICH LUDWIG: Pragmatische Übersicht der Theologie der späten Juden 1, Leipzig 1795

PORGES, NATHAN: Das Wort Pharisäer bei Spinoza, in: MGWJ 61 (1917), 150–165

PORGES, NATHAN: Zur Lebensgeschichte Uriel da Costas, in: MGWJ 62 (1918), 37–48. 108–124. 199–218

RAABE, WILHELM: Der Hungerpastor, Berlin 1864; Wiederabdr.: DERS., Sämtliche Werke (Braunschweiger Ausgabe) 6, bearb. v. HERMANN PONGS, 2. Aufl. Göttingen 1966

Realencyclopädie für protestantische Theologie und Kirche:
1. Aufl., hg. v. JOHANN JAKOB HERZOG, 21 Bde. in 11 Vol., Hamburg u. Gotha 1854–1866
2. Aufl., hg. v. JOHANN JAKOB HERZOG, LEOPOLD PLITT, (ALBERT HAUCK), 18 Bde., Leipzig 1877–1888
3. Aufl., hg. v. ALBERT HAUCK, 24 Bde., Leipzig 1896–1913

REIMARUS, HERMANN SAMUEL: Apologie oder Schutzschrift für die vernünftigen Verehrer Gottes, Manuskript (ca. 1767/68) in der Hamburger Staats- und Universitätsbibliothek (Standort: In scrinio 119.120); neu hg. v. GERHARD ALEXANDER, Frankfurt/M. 1972

Die Religion in Geschichte und Gegenwart:
1. Aufl., hg. v. FRIEDRICH MICHAEL SCHIELE und LEOPOLD ZSCHARNACK, 5 Bde. Tübingen 1909–1913
2. Aufl., hg. v. HERMANN GUNKEL und LEOPOLD ZSCHARNACK, 5 Bde. Tübingen 1927–1932
3. Aufl., hg. v. KURT GALLING, 6 Bde. Tübingen 1957–1965

RENAN, ERNEST: La vie de Jésus, Paris 1863

RENDTORFF, ROLF: Die jüdische Bibel und ihre antijüdische Auslegung, in: Auschwitz – Krise der christlichen Theologie. Eine Vortragsreihe, hg. v. ROLF RENDTORFF und EKKEHARD STEGEMANN, München 1980, 99–116

RENZ, HORST; GRAF, FRIEDRICH WILHELM (Hg.): Troeltsch-Studien. Untersuchungen zur Biographie und Werkgeschichte, Gütersloh 1982

RENZ, HORST: Ernst Troeltsch und Wilhelm Bousset als Erlanger Studenten, Erlangen u. Jena 1993

REUSS, EDUARD: Geschichte der Heiligen Schriften Neuen Testaments, Halle 1842; 2. umg. Aufl. Braunschweig 1853; 3. Aufl. ebd. 1860; 4. Aufl. ebd. 1864; 5. Aufl. ebd. 1874; 6. Aufl. ebd. 1887

REUSS, EDUARD: Art. „Judenthum", in: Allgemeine Encyclopädie der Wissenschaften und Künste, Sect. II, Bd. 27, Leipzig 1850, 324–347

REUSS, EDUARD: Art. „Judenthum", in: D. SCHENKEL (Hg.), Bibel-Lexikon III, Leipzig 1871, 436–445

REUSS, EDUARD: Art. „Pharisäer", in: RE[1] XI, Gotha 1859, 496–509

REUSS, EDUARD: Art. „Sadducäer", in: RE[1] XIII, Gotha 1860, 289–297

REUSS, EDUARD: Geschichte der Heiligen Schriften Alten Testaments, Braunschweig 1881; 2. Aufl. ebd. 1890

REUSS, EDUARD: Erinnerungen aus meinem Leben I-VII, 1850–1890; ungedr., Bibliothek des Collegium Wilhelmitanum, Strasbourg

REUSS, EDUARD: Briefwechsel mit KARL HEINRICH GRAF, hg. v. KARL BUDDE u. HEINRICH JULIUS HOLTZMANN, Gießen 1904

RICHARZ, MONIKA (Hg.): Bürger auf Widerruf. Lebenszeugnisse deutscher Juden 1780–1945, München 1989

RINGLEBEN, JOACHIM: Der Gott des Sohnes. Christologische Überlegungen zum Verhältnis von Judentum und Christentum, in: KuD 40 (1994), 20–31

RITSCHL, ALBRECHT: Die christliche Vollkommenheit, 1. Aufl Göttingen 1874; 2. Aufl. 1889; 3. Aufl. 1902

RITSCHL, OTTO: Albrecht Ritschls Leben, 2 Bde., Freiburg/B. 1892/96

RÜRUP, REINHARD: Emanzipation und Antisemitismus. Studien zur „Judenfrage" der bürgerlichen Gesellschaft, Göttingen 1975

SAFRAI, SHMUEL: Das jüdische Volk im Zeitalter des Zweiten Tempels, 2. Aufl. Neukirchen-Vluyn 1980

SALDARINI, ANTHONY J.: Pharisees, Scribes and Sadducees in Palestinian Society, Edinburgh 1988

SANDERS, ED P.: Paul and Palestinian Judaism, Philadelphia 1977, deutsche Übersetzung von JÜRGEN WEHNERT unter dem Titel „Paulus und das palästinische Judentum", StUNT 17, Göttingen 1985

SANDERS, ED P.: Judaism: Practice and Belief. 63 BCE–66 CE, London u. Philadelphia 1992

SCHÄFER, PETER: Geschichte der Juden in der Antike. Die Juden Palästinas von Alexander dem Großen bis zur arabischen Eroberung, Stuttgart u. Neukirchen-Vluyn 1983

SCHÄFER, PETER (Hg.): Judentum. Geschichte – Tradition – Reflexion, FS Martin Hengel zum 70. Geburtstag I; 3 Bde., hg. v. HUBERT CANCIK, HERMANN LICHTENBERGER u. PETER SCHÄFER, Tübingen 1996

SCHALIT, ABRAHAM: König Herodes. Der Mann und sein Werk, Berlin 1969

SCHENKEL, DANIEL: Das Charakterbild Jesu, Wiesbaden 1864; 4. Aufl. 1873

SCHENKEL, DANIEL (Hg.): Bibel-Lexikon. Realwörterbuch zum Handgebrauch für Geistliche und Gemeindeglieder, 5 Bde., Leipzig 1869–1875

SCHLEIERMACHER, FRIEDRICH DANIEL: Über die Religion. Reden an die Gebildeten unter ihren Verächtern, Berlin 1799; Wiederabdr. in: DERS., KGA I/2 (1984), 187–326

SCHLEIERMACHER, FRIEDRICH DANIEL: Briefe bei Gelegenheit der politisch theologischen Aufgabe und des Sendschreibens jüdischer Hausväter, Berlin 1799; Wiederabdr. in: DERS., KGA I/2 (1984), 327–361

SCHLEIERMACHER, FRIEDRICH DANIEL: Kurze Darstellung des theologischen Studiums, Berlin 1810; 2. Aufl. 1830

SCHLEIERMACHER, FRIEDRICH DANIEL: Der christliche Glaube nach den Grundsätzen der evangelischen Kirche im Zusammenhange dargestellt, 2. Ausg. Berlin 1830/31; Wiederabdr. in: DERS., KGA I/7, 1–2 (1980)

SCHLEIERMACHER, FRIEDRICH DANIEL: Der Unterschied zwischen dem Wesen des neuen und des alten Bundes an ihren Stiftern dargestellt, in: DERS., Predigten, 7. Sammlung, 3. Aufl. Reutlingen 1835, 41–59

SCHLEIERMACHER, FRIEDRICH DANIEL: Kritische Gesamtausgabe, hg. v. HANS-JOACHIM BIRKNER u.a., Berlin u. New York 1980ff.

SCHLUCHTER, WOLFGANG (Hg.): Max Webers Studie über das antike Judentum. Interpretation und Kritik, Frankfurt/M. 1981

SCHLUCHTER, WOLFGANG (Hg.): Max Webers Sicht des antiken Christentums. Interpretation und Kritik, Frankfurt/M. 1985

SCHNECKENBURGER, MATTHIAS: Beiträge zur Einleitung ins Neue Testament und zur Erklärung seiner schwierigen Stellen, Stuttgart 1832

SCHNECKENBURGER, MATTHIAS: Vorlesungen über neutestamentliche Zeitgeschichte, hg. v. THEODOR LÖHLEIN, Frankfurt/M. 1862

SCHÖTTGEN, JOHANN CHRISTIAN: Horae hebraicae et talmudicae in universum N. T., Dresden u. Leipzig 1733

SCHOLDER, KLAUS: Ursprünge und Probleme der Bibelkritik im 17. Jahrhundert. Ein Beitrag zur Entstehung der historisch-kritischen Theologie, FGLP 33, München 1966

SCHORSCH, ISMAR: From Wolfenbüttel to Wissenschaft. The Divergent Paths of Isaak Marcus Jost and Leopold Zunz, in: YLBI 22 (1977), 109–128

SCHORSCH, ISMAR: The Ethos of Modern Jewish Scholarship, in: YLBI 35 (1990), 55–71

SCHÜPPHAUS, JOACHIM: Die Psalmen Salomos. Ein Zeugnis Jerusalemer Theologie und Frömmigkeit in der Mitte des vorchristlichen Jahrhunderts, ALGHJ 7, Leiden 1977

SCHÜRER, EMIL: Lehrbuch der neutestamentlichen Zeitgeschichte, Leipzig 1874; ab der 2. Aufl. unter dem Titel: Geschichte des jüdischen Volkes im Zeitalter Jesu Christi, 3 Bde., Leipzig 1886–1890; 3. Aufl., 3 Bde. Leipzig 1898–1901; 4. Aufl., 3 Bde. + Reg., Leipzig 1901–1911 = 5. Aufl. 1920 = Nachdr. Hildesheim 1964

SCHÜRER, EMIL: The History of the Jewish People in the Age of Jesus Christ (175 B.C.– 135 A.D.),

Revised and Edited by GEZA VERMES, FERGUS MILLAR and MATTHEW BLACK, 3 Bde., Edinburgh 1973–1987

SCHÜRER, EMIL: Die Predigt Jesu Christi in ihrem Verhältniß zum Alten Testament und zum Judenthum, Darmstadt 1882

SCHÜTTE, HANS-WALTER: Christlicher Glaube und Altes Testament bei Friedrich Schleiermacher, in: fides et communicatio, FS MARTIN DOERNE, Göttingen 1970, 291–310

SCHULZ, HARTMUT H. R.: Johann Salomo Semlers Wesensbestimmung des Christentums. Ein Beitrag zur Erforschung der Theologie Semlers, (Würzburg) 1988

SCHWARTZ, DANIEL R.: „Kingdom of Priests" – a Pharisaic Slogan? in: DERS., Studies in the Jewish Background of Christianity, WUNT 60, Tübingen 1992, 57–80; urspr. hebr. in Zion 45 (1979/ 80), 96–117

SCHWARTZ, DANIEL R.: Josephus and Nicolaus on the Pharisees, in: JSJ 14 (1983), 157–171

SCHWARTZ, EDUARD: Julius Wellhausen (1918), in: DERS., Gesammelte Schriften I, Berlin 1938, 326–361

SCHWEITZER, ALBERT: Von Reimarus zu Wrede. Eine Geschichte der Leben-Jesu-Forschung, Tübingen 1906; ab der 2. Aufl. unter dem Titel: Geschichte der Leben-Jesu-Forschung, Tübingen 1913; 6. Aufl. Tübingen 1951; Neudr. als Taschenbuch in 2 Bdn., München u. Hamburg 1966

SEMLER, JOHANN SALOMO: Eigne historische theologische Abhandlungen, nebst einer Vorrede vom Fanaticismo. Erste Samlung, Halle 1760

SEMLER, JOHANN SALOMO: Historischtheologische Abhandlungen. Zweite Samlung, Halle 1762

SEMLER, JOHANN SALOMO: Beitrag zur Ablehnung mancher Vorwürfe wider die christliche Religion, in: Wöchentliche Hallische Anzeigen vom Jahr 1766, Nr. 17, 289–296; Nr. 18, 307–314; Nr. 19, 321–328; Nr. 20, 341–346

SEMLER, JOHANN SALOMO: Abhandlung von freier Untersuchung des Canon, 4 Theile, Halle 1771– 1775; I. Theil: Nebst Antwort auf die tübingische Vertheidigung der Apocalypsis, Halle 1771; 2. verm. Aufl., Halle 1776

SEMLER, JOHANN SALOMO: Versuch eines fruchtbaren Auszugs der Kirchengeschichte. Erster Band: bis 1400, Halle 1773

SEMLER, JOHANN SALOMO: Beantwortung der Fragmente eines Ungenanten insbesondere vom Zweck Jesu und seiner Jünger, Halle 1779

Septuaginta: Ed. ALFRED RAHLFS, 2. Aufl. Stuttgart 1979

SIEFFERT, FRIEDRICH: Art. „Sadducäer und Pharisäer", in: RE² XIII, Leipzig 1884, 210–244

SIEFFERT, FRIEDRICH: Art. „Pharisäer und Sadducäer", in: RE³ XV, Leipzig 1904, 264–292

SILBERMAN, LOU H.: Wellhausen and Judaism, in: Julius Wellhausen and his Prolegomena to the History of Israel, hg. v. DOUGLAS A. KNIGHT, Semeia 25, Chico (U.S.A.) 1983, 75–82

SMEND, RUDOLF: Wilhelm Martin Leberecht de Wettes Arbeit am Alten und Neuen Testament, Basel 1958

SMEND, RUDOLF: Das Mosebild von Heinrich Ewald bis Martin Noth, Tübingen 1959

SMEND, RUDOLF: Universalismus und Partikularismus in der Alttestamentlichen Theologie des 19. Jahrhunderts, in: EvTh 22, 1962, 169–179

SMEND, RUDOLF: Heinrich Ewalds Biblische Theologie. Hinweis auf ein vergessenes Buch, in: Theologie und Wirklichkeit, FS WOLFGANG TRILLHAAS, 176–191, Göttingen 1974

SMEND, RUDOLF: Wellhausen in Greifswald, in: ZThK 78, 1981, 141–176

SMEND, RUDOLF: Wellhausen und das Judentum, in: ZThK 79, 1982, 249–282

SMEND, RUDOLF: Julius Wellhausen and His Prolegomena to the History of Israel, in: Julius Wellhausen and his Prolegomena to the History of Israel, hg. v. DOUGLAS A. KNIGHT, Semeia 25, Chico (U.S.A.) 1983, 1–20

SMEND, RUDOLF: Wellhausen in Göttingen, in: B. MOELLER (Hg.), Theologie in Göttingen, Göttingen 1987, 306–324

SMEND, RUDOLF: Wellhausen und die Kirche, in: Wissenschaft und Kirche, FS EDUARD LOHSE, hg. v. KURT ALAND und SIEGFRIED MEURER, Bielefeld 1989

SMEND, RUDOLF: Deutsche Alttestamentler in drei Jahrhunderten, Göttingen 1989

SMEND, RUDOLF: Israelitische und Jüdische Geschichte. Zur Entstehung von Julius Wellhausens Buch, in: P. SCHÄFER (Hg.), Judentum, Tübingen 1996, 35–42

SMITH, MORTON: Palestinian Judaism in the First Century, in: M. DAVID (Hg.): Israel: Its Role in Civilisation, New York 1956, 67–81; Wiederabdr. in: Essays in Greco-Roman and Related Talmudic Literature, hg. v. H. A. FISHEL, New York 1977, 193–197

SPENER, PHILIPP JAKOB: Der hochwichtige Articul von der Wiedergeburt, Frankfurt/M. 1701; 2. Aufl. 1715

DE SPINOZA, BENEDICTUS (BARUCH): Tractatus Theologico-Politicus, hg. v. GÜNTER GAWLICK u. FRIEDRICH NIEWÖHNER, Darmstadt 1979; 2. Aufl. 1989

STAEHELIN, FRITZ: Der Antisemitismus des Altertums in seiner Entstehung und Entwicklung, Winterthur 1905

STEGEMANN, EKKEHARD: Der Jude Paulus und seine antijüdische Auslegung, in: Auschwitz – Krise der christlichen Theologie. Eine Vortragsreihe, hg. v. ROLF RENDTORFF und EKKEHARD STEGEMANN, München 1980, 117–139

STEGEMANN, HARTMUT: Die Entstehung der Qumrangemeinde, Diss. Bonn 1971

STEGEMANN, HARTMUT: The Qumran Essenes – Local Members of the Main Jewish Union in Late Second Temple Times, in: The Madrid Qumran Congress. Proceedings of the International Congress on the Dead Sea Scrolls Madrid 18–21 March, 1991, hg. v. J TREBOLLE BERRERA u. L. VEGAS MONTANER, STDJ 11/1, Leiden u.a. 1992, 83–116

STEMBERGER, GÜNTER: Das klassische Judentum. Kultur und Geschichte der rabbinischen Zeit (70 n. Chr. bis 1040 n. Chr.), München 1979

STEMBERGER, GÜNTER: Das rabbinische Judentum in der Darstellung Max Webers, in: W. SCHLUCHTER (Hg.), Max Webers Studie über das antike Judentum, Frankfurt/M. 1981, 185–200

STEMBERGER, GÜNTER: Pharisäer, Sadduzäer, Essener; SBS 144, Stuttgart 1991

STEMBERGER, GÜNTER: Einleitung in Talmud und Midrasch, 8. Aufl. München 1992

STOECKER, ADOLF: Christlich-sozial. Reden und Aufsätze, 2. Aufl. Berlin 1890

STOECKER, ADOLF: Wach auf, evangelisches Volk! Aufsätze über Kirche und Kirchenpolitik, Berlin 1893

STOECKER, ADOLF: Reden und Aufsätze, hg. v. REINHOLD SEEBERG, Berlin 1913

(STRACK, HERMANN LEBERECHT); BILLERBECK, PAUL: Kommentar zum Neuen Testament aus Talmud und Midrasch, 6 Bde. München 1922–1961

STRAUSS, DAVID FRIEDRICH: Das Leben Jesu kritisch bearbeitet, 2 Bde., Tübingen 1835/36

STRAUSS, DAVID FRIEDRICH: Das Leben Jesu für das deutsche Volk bearbeitet, Leipzig 1864

STRECKER, GEORG: Das Judenchristentum in den Pseudoklementinen, TU 70, Berlin 1958; 2. Aufl. ebd. 1981

STUHLMACHER, PETER: Vom Verstehen des Neuen Testaments. Eine Hermeneutik. GNT 6, Göttingen 1979

SURENHUSIUS, GUILIELMUS: Mischna sive totius Hebraeorum iuris, rituum, antiquitatum ac legum oralium systema cum clarissimorum Rabbinorum Maimonidis et Bartenorae commentariis integris, 6 Bde. Amsterdam 1698–1703

TAL, URIEL: Theologische Debatte um das „Wesen des Christentums", in: WERNER E. MOSSE; ARNOLD PAUCKER (Hg.): Juden im Wilhelminischen Deutschland 1890–1914, SWALBI 33, Tübingen 1976, 599–632

TALMON, SHEMARYAHU: Gesellschaft und Literatur in der Hebräischen Bibel, Ges. Aufsätze 1, IJ 8, Neukirchen-Vluyn 1988

TALMON, SHEMARYAHU: Der judäische עם הארץ in historischer Perspektive, hebr. in: Proceedings of the Fourth World Congress of Jewish Studies 1965 I, Jerusalem 1967, 71–76; deutsche Übersetzung in: SH. TALMON, Gesellschaft und Literatur in der Hebräischen Bibel, Neukirchen-Vluyn 1988, 80–91

TALMON, SHEMARYAHU: Jüdische Sektenbildung im Frühstadium der Zeit des Zweiten Tempels. Ein Nachtrag zu Max Webers Studie „Das antike Judentum", in: W. SCHLUCHTER (Hg.), Max Webers Sicht des antiken Christentums. Interpretationen und Kritik, Frankfurt/M. 1985, 233–280; Wiederabdr. in: SH. TALMON, Gesellschaft und Literatur in der Hebräischen Bibel, Neukirchen-Vluyn 1988, 95–131

Theologische Realenzyklopädie: Hg. v. GERHARD KRAUSE und GERHARD MÜLLER, Berlin u. New York 1977ff.

Theologisches Wörterbuch zum Neuen Testament: Hg. v. GERHARD KITTEL und GERHARD FRIEDRICH, 10 Bde., Stuttgart 1933–1979

The Universal Jewish Encyclopedia: An Authoritative and Popular Presentation of Jews and Judaism Since the Earliest Times, hg. v. ISAAC LANDMAN; 10 Bde. und Index, New York 1948

TOBLER, GUSTAV: Aus dem Leben des Professors Matthias Schneckenburger, in: Blätter für bernische Geschichte, Kunst und Altertumskunde 1 (1905), 46–53

TRIGLANDIUS, JACOBUS: Trium scriptorum illustrium (NICOLAII SERARII, JOHANNIS DRUSII, JOSEPHI SCALIGERI) de tribus Judaeorum sectis Syntagma, Delphis (Delft) 1703f.

TROELTSCH, ERNST: Die Absolutheit des Christentums und die Religionsgeschichte, Tübingen 1901; 3. Aufl. 1929

TROELTSCH, ERNST: Der Historismus und seine Überwindung, Berlin 1924

UGOLINUS, BLASIUS: Thesaurus Antiquitatum Sacrarum, 34 Bde., Venetiis 1744–1769

UGOLINUS, BLASIUS: Trihaeresium sive dissertatio de tribus sectis Judaeorum, sc. de Pharisaeis, Sadducaeis et Essenis, in: DERS., Thesaurus Antiquitatum Sacrarum, Vol. XXII, Venetiis 1759

ULLMANN, CARL: Rezension zu DAVID FRIEDRICH STRAUSS, Das Leben Jesu, in: ThStKr 9 (1836), 770–816

VEITH, JOHANN EMANUEL: Lebensbilder aus der Passionsgeschichte, Wien 1829; 3. Aufl. 1855

VERHEULE, ANTHONIE FRANS: Wilhelm Bousset. Leben und Werk. Ein theologiegeschichtlicher Versuch, Amsterdam 1973

VINCENT, JEAN MARCEL: Leben und Werk des frühen Eduard Reuss. Ein Beitrag zu den geisteswissenschaftlichen Voraussetzungen der Bibelkritik im zweiten Viertel des 19. Jahrhunderts; BevTh 106, München 1990

WÄHNER, ANDREAS GEORG: Antiquitates Ebraeorum. De Israeliticae Gentis Origine, Fatis, Rebus Sacris Civilibus & Domesticis, Fide, Moribus, Ritibus & Consuetudinibus, Antiquioribus, Recentioribus exponentes, 2 Bde., Göttingen 1743

WAGENER, HERRMANN (Hg.): Staats- und Gesellschaftslexikon, Berlin 1859ff.

WAGNER, RICHARD: Das Judenthum in der Musik, Leipzig 1869

WAGNER, RICHARD: Gesammelte Schriften und Briefe, hg. v. JULIUS KAPP; 14 Bde., Leipzig (1914)

WAGNER, SIEGFRIED: Die Essener in der wissenschaftlichen Diskussion vom Ausgang des 18. bis zum Beginn des 20. Jahrhunderts. Eine wissenschaftsgeschichtliche Studie; BZAW 79, Berlin 1960

WAGNER, SIEGFRIED: Franz Delitzsch. Leben und Werk, Gießen und Basel, 2. Aufl.1991

WEBER, FERDINAND: Das System des jüdischen Pharisäismus und des römischen Katholicismus. Eine religionsgeschichtliche Parallele; in: AELKZ 3 (1870), 805–809. 823–828. 845–848 (Nr. 44–46 v. 4., 11., 18. Nov. 1870); Wiederabdr. in Nathanael 6 (1890), 142–161; 165–172, m. Ergänzungen und einem Nachtrag (172f.) v. GUSTAF DALMAN

WEBER, FERDINAND: Rezension zu J. DE LE ROI, „Stephan Schultz", in: SaH VII (1872), 85ff.

WEBER, FERDINAND: System der altsynagogalen palästinischen Theologie aus Targum, Midrasch und Talmud dargestellt, hg. v. FRANZ DELITZSCH u. GEORG SCHNEDERMANN, Leipzig 1880; 2. Aufl. unter dem Titel: Jüdische Theologie auf Grund des Talmud und verwandter Schriften gemeinfasslich dargestellt, hg. v. (FRANZ DELITZSCH u.) GEORG SCHNEDERMANN, Leipzig 1897

WEBER, MARIANNE: Max Weber. Ein Lebensbild, 3. Aufl. Tübingen 1984

WEBER, MAX: Das antike Judentum. Gesammelte Aufsätze zur Religionssoziologie III, Tübingen 1921; 2. Aufl. 1923

WEINEL, HEINRICH: Jesus im 19. Jahrhundert. Lebensfragen, Schriften und Reden, hg. v. H. WEINEL 16, Tübingen 1903; 3. Aufl. 1914

WEISS, HANS-FRIEDRICH: Art. „Pharisäer", in: TRE XXVI, 1996, 473–485

WELLHAUSEN, JULIUS: Die Pharisäer und die Sadducäer, Greifswald 1874; 2. Aufl. Hannover 1924; 3. Aufl. Göttingen 1967

WELLHAUSEN, JULIUS: Geschichte Israels I, Berlin 1878; ab der 2. Ausg. unter dem Titel: Prolegomena zur Geschichte Israels, Berlin 1883; 6. Ausg. Berlin 1927 = 1981

WELLHAUSEN, JULIUS: Kurze Übersicht über die Geschichte der alttestamentlichen Wissenschaft, in: FRIEDRICH BLEEK, Einleitung in das Alte Testament, bearb. von J. WELLHAUSEN, 4. Aufl. Berlin 1878, 644–656; wieder abgedr. in: DERS., Grundrisse zum Alten Testament, hg. v. R. SMEND, München 1965, 110–119

WELLHAUSEN, JULIUS: Art. „Israel", in: Encyclopaedia Britannica, 9. Aufl. Bd. XIII, London u. Edinburgh 1881

WELLHAUSEN, JULIUS: Abriß der Geschichte Israel's und Juda's, in: ders, Skizzen und Vorarbeiten I, 1–102, Berlin 1884 (= Berlin u. New York 1985)

WELLHAUSEN, JULIUS: Israelitische und jüdische Geschichte, Berlin 1894; 7. Aufl. Berlin = 9. Aufl. 1958/81

WELLHAUSEN, JULIUS: Rezension zu EDUARD MEYER, Die Entstehung des Judenthums, in: GGA 159 (1897), 89–98

WELLHAUSEN, JULIUS: Zur apokalyptischen Literatur, in: DERS., Skizzen und Vorarbeiten VI, 215–249, Berlin 1899

WELLHAUSEN, JULIUS: Ein Gemeinwesen ohne Obrigkeit. Rede zur Feier des Geburtstages seiner Majestät des Kaisers und Königs am 27. Januar 1900 im Namen der Georg-August-Universität, Göttingen 1900

WELLHAUSEN, JULIUS: Heinrich Ewald, in: FS zur Feier des 150jährigen Bestehens der Königlichen Gesellschaft der Wissenschaften zu Göttingen, Göttingen 1901, 61–81, wieder abgedr. in: DERS., Grundrisse zum Alten Testament, hg. v. R. SMEND, München 1965, 120–138

WELLHAUSEN, JULIUS: Einleitung in die ersten drei Evangelien, Berlin 1905; 3. Aufl. Berlin 1911; wieder abgedr. in: DERS., Evangelienkommentare, Berlin u. New York 1987

WELLHAUSEN, JULIUS: Israelitisch-jüdische Religion, in: Die Kultur der Gegenwart. Ihre Entwicklungen und Ziele, hg. v. PAUL HINNEBERG, Berlin u. Leipzig 1906, Abt. I/4: Die christliche Religion mit Einschluß der israelitisch-jüdischen Religion, 1–40; wieder abgedr. in: DERS., Grundrisse zum Alten Testament, hg. v. R. SMEND, München 1965, 65–109

WELLHAUSEN, JULIUS: Grundrisse zum Alten Testament, hg. v. RUDOLF SMEND, München 1965

DE WETTE, WILHELM MARTIN LEBERECHT: Biblische Dogmatik Alten und Neuen Testaments oder Kritische Darstellung der Religionslehre des Hebraismus, des Judenthums und Urchristenthums, Berlin 1813; 2. Aufl. 1818; 3. Aufl. 1831

DE WETTE, WILHELM MARTIN LEBERECHT: Lehrbuch der Hebräisch-Jüdischen Archäologie nebst einem Grundriss der Hebräisch-Jüdischen Geschichte, Leipzig 1814; 4. Aufl., hg. v. JULIUS FERDINAND RAEBIGER, Leipzig 1864

DE WETTE, WILHELM MARTIN LEBERECHT: Lehrbuch der historisch-kritischen Einleitung in die kanonischen und apokryphischen Bücher des Alten Testaments, Berlin 1817; 8. Aufl. hg. v. E. SCHRADER 1869

DE WETTE, WILHELM MARTIN LEBERECHT: Christliche Sittenlehre; 3 Teile in 4 Bdn., Berlin 1819–1823; 2. Aufl. 1823–1824

WETZER, HEINRICH JOSEPH; WELTE, BENEDICT (Hg.): Kirchenlexikon oder Encyklopädie der katholischen Theologie und ihrer Hilfswissenschaften, 2. Aufl. hg. v. FRANZ KAULEN, Freiburg/B. 1882–1903

WILL, EDOUARD; ORRIEUX, CLAUDE: Proselytisme Juif? Histoire d'une erreur, Paris 1992

WINER, GEORG BENEDICT: Biblisches Realwörterbuch zum Handgebrauch für Studirende, Candidaten, Gymnasiallehrer und Prediger, 1. Aufl. Leipzig 1820; 2. Aufl. 2 Bde., Leipzig 1833/38; 3. Aufl. 2 Bde., Leipzig 1847/48

WYSS, CARL: s. GELPKE, ERNST F.

ZAHN-HARNACK, AGNES V.: Adolf von Harnack, Berlin 1936; 2. Aufl. 1951

ZIRNDORF, HEINRICH: Isaak Marcus Jost und seine Freunde. Ein Beitrag zur Kulturgeschichte der Gegenwart, Cincinnati 1886

ZSCHARNACK, LEOPOLD: Lessing und Semler. Ein Beitrag zur Entstehungsgeschichte des Rationalismus und der kritischen Theologie, Gießen 1905

ZUNZ, LEOPOLD: Die gottesdienstlichen Vorträge der Juden historisch entwickelt, Berlin 1832; 2. Aufl. 1892

Stellenregister

Kursive Angaben beziehen sich hier und den folgenden Registern lediglich auf Anmerkungen, fette Angaben im Autorenregister auf die zentralen Erwähnungen.

Altes Testament

Exodus		Nehemia	
19,6	203	in toto	159, *171, 228*
23,7	*162*	9,24	*285*
		10,29–31	*285*
Leviticus			
11–15	125	Esther	
		in toto	209
Numeri			
6	*17*	Hiob	
6,5f.	*167*	in toto	143, 225
Deuteronomium		Psalmen	
14,23	*125*	in toto	31, 35, 206, 263, 275
		18,26	21
2. Samuel			
8,17	*164*	Jesaja	
		26,19	34
1. Könige		42,6	*281*
1,34ff.	*164*	49,6	*281*
		49,14ff.	*133*
1. Chronik			
2,55	*210*	Ezechiel	
5,34ff.	*164*	37	34
16,39	*164*	40,46	*164*
2. Chronik		Daniel	
31, 12f.	*160*	in toto	176, *246*
		6,23	*204*
Esra		12,2	35
in toto	159, *171, 228*		
4,4	*285*	Zephanja	
9,1	*285*	1,15ff.	*248*
9,2	*285*		
9,11	*285*		
10,2	*285*		
10,11	*285*		

Apokryphen und Pseudepigraphen zum A.T.

Neues Testament

23,3ff.	*174*	7,36–50	*81*
23,5	*19, 121, 122,* 126	9,7.18ff.	*79*
23,8–12	138	10,25–37	*80*
23,13	*35,* 212	11,38ff.	*79*
23,14	*80, 81*	11,39	*20*
23,15	*19, 35, 287*	11,42	*79*
23,16–22	*79*	11,53f.	*83*
23,23	*79,* 125, *204, 267,*	13,10–17	*79*
	281	13,31	*138, 231*
23,23f.	*177*	13,31–35	*83*
23,23ff.	*79*	14,1	*82*
23,24	*80*	14,1–6	*79*
23,27	138	14,1–13	*81*
23,27f.	*81, 177*	16,14	*81*
23,33	*84*	17,10	*79*
23,34	*122*	17,20ff.	*94*
26,61	*181*	18,9–14	*80, 317*
26,65	*181*	18,11f.	72
27,6	*80*	18,12	*19, 79,* 125
27,51	*75*	20,46	*81*
		20,47	*80*
Markus		23,2	*181*
in toto	164, 212	23,5	*181*
2,16	*20*		
2,18	*204*	**Johannes**	
2,23–28	*79*	*in toto*	45, *122,* 137, 164,
2,23–3,6	*125*		187, *190f.,* 212, 276
3,1–6	*18, 79*		*257, 294*
3,6	*178*	4,23f.	*122*
4,26–29	*246*	7,1	*122*
7	108, 125, *317*	7,13	*122*
7,1ff.	*79*	7,21	*122*
7,1–4	*63, 64,* 72	7,47	229
7,2ff.	*92*	7,49	*20, 48, 80, 123, 124,*
7,3	*46*		*172,* 229, *261, 317,*
7,3–4	*20,* 125		*324*
7,5	*46*	8,1ff.	*212*
7,8ff.	*174*	8,33f.	*80*
7,10–12	*79*	8,44	*86*
7,10–13	*203*	9	212
7,11f.	*237*	9,13ff.	*204*
10,17ff.	262	9,16	79, *83*
12,13	*178*	9,22	*122, 209*
12,18	*229*	9,34f.	*122*
12,40	*238*	11,47	*36*
		12,42	*122*
Lukas		16,2	*122*
in toto	164, 190, 212	18,30	*181*
3,7	*84*	19,7	*181*
5,17–26	*81*	19,12	*181*
6,11	*83*	19,15	*181*
6,31	*267*		
7,33f.	*126*		

Flavius Josephus

Um die Josephus-Zitate der Sekundärquellen authentisch wiedergeben zu können, mußte auf eine einheitliche Zitation verzichtet werden. Verweise auf seine Werke werden daher zumeist entsprechend der älteren Zitation angeführt, nach Buch, Kapitel und Abschnitt; in manchen Fällen sind nur Buch und Kapitel angegeben. Die genauere Zitation nach Versen innerhalb der Bücher ist in Klammern angefügt, wo dies angebracht erschien.

Rabbinica

Zitate aus Mischna und Tosephta sind i. d. R. nach Kapitel und Vers angegeben, aus den Talmuden i. d. R. nach Folioseiten. Im Text sind die Quellen durch den Belegen vorangestellte Buchstaben unterschieden. Zitate aus der Mischna sind durch »M«, aus der Tosephta durch »T«, aus dem Babylonischen Talmud durch »b«, aus dem Jerusalemer Talmud durch »j« bezeichnet.

Patristica

Römische Quellen

Register der Autoren,
mittelalterlichen und neuzeitlichen Personen

Wegen der großen Dichte der Rück- und Querverweise in den Kapiteln 18 und 19 ist im Autorenregister in Kap. 18 i. d. R. nur auf die Zusammenfassungen der in dieser Arbeit vorgestellten Pharisäerdarstellungen verwiesen; in Kap. 19 sind die Verweise i. d. R. auf die nicht ausführlich behandelten Autoren begrenzt. Das Literaturverzeichnis ist im Autorenregister nicht berücksichtigt.

Register der Sachen und antiken Personen

Beiträge zur historischen Theologie

Alphabetische Übersicht

Beiträge zur historischen Theologie

Kaufmann, Thomas: Die Abendmahlstheologie der Straßburger Reformatoren bis 1528. 1992. *Band 81.*
– Dreißigjähriger Krieg und Westfälischer Friede. 1998. *Band 104.*
Kleffmann, Tom: Die Erbsündenlehre in sprachtheologischem Horizont. 1994. *Band 86.*
Koch, Dietrich-Alex: Die Schrift als Zeuge des Evangeliums. 1986. *Band 69.*
Koch, Gerhard: Die Auferstehung Jesu Christi. 1965. *Band 27.*
Köpf, Ulrich: Die Anfänge der theologischen Wissenschaftstheorie im 13. Jahrhundert. 1974. *Band 49.*
– Religiöse Erfahrung in der Theologie Bernhards von Clairvaux. 1980. *Band 61.*
Korsch, Dietrich: Glaubensgewißheit und Selbstbewußtsein. 1989. *Band 76.*
Kraft, Heinrich: Kaiser Konstantins religiöse Entwicklung. 1955. *Band 20.*
Krause, Gerhard: Andreas Gerhard Hyperius. 1977. *Band 56.*
– Studien zu Luthers Auslegung der Kleinen Propheten. 1962. *Band 33.*
– siehe *Hyperius, Andreas G.*
Krüger, Friedhelm: Humanistische Evangelienauslegung. 1986. *Band 68.*
Kuhn, Thomas K.: Der junge Alois Emanuel Biedermann. 1997. *Band 98.*
Lindemann, Andreas: Paulus im ältesten Christentum. 1979. *Band 58.*
Mädler, Inken: Kirche und bildende Kunst der Moderne. 1997. *Band 100.*
Markschies, Christoph: Ambrosius von Mailand und die Trinitätstheologie. 1995. *Band 90.*
Mauser, Ulrich: Gottesbild und Menschwerdung. 1971. *Band 43.*
Mostert, Walter: Menschwerdung. 1978. *Band 57.*
Ohst, Martin: Schleiermacher und die Bekenntnisschriften. 1989. *Band 77.*
– Pflichtbeichte. 1995. *Band 89.*
Osborn, Eric F.: Justin Martyr. 1973. *Band 47.*
Pfleiderer, Georg: Theologie als Wirklichkeitswissenschaft. 1992. *Band 82.*
Raeder, Siegfried: Das Hebräische bei Luther, untersucht bis zum Ende der ersten Psalmenvorlesung. 1961. *Band 31.*
– Die Benutzung des masoretischen Textes bei Luther in der Zeit zwischen der ersten und zweiten Psalmenvorlesung (1515–1518). 1967. *Band 38.*
– Grammatica Theologica. 1977. *Band 51.*
Schäfer, Rolf: Christologie und Sittlichkeit in Melanchthons frühen Loci. 1961. *Band 29.*
– Ritschl. 1968. *Band 41.*
Schröder, Markus: Die kritische Identität des neuzeitlichen Christentums. 1996. *Band 96.*
Schröder, Richard: Johann Gerhards lutherische Christologie und die aristotelische Metaphysik. 1983. *Band 67.*
Schwarz, Reinhard: Die apokalyptische Theologie Thomas Müntzers und der Taboriten. 1977. *Band 55.*
Sockness, Brent W.: Against False Apologetics: Wilhelm Herrmann and Ernst Troeltsch in Conflict. 1998. *Band 105.*
Sträter, Udo: Sonthom, Bayly, Dyke und Hall. 1987. *Band 71.*
– Meditation und Kirchenreform in der lutherischen Kirche des 17. Jahrhunderts. 1995. *Band 91.*
Thumser, Wolfgang: Kirche im Sozialismus. 1996. *Band 95.*
Wallmann, Johannes: Der Theologiebegriff bei Johann Gerhard und Georg Calixt. 1961. *Band 30.*
– Philipp Jakob Spener und die Anfänge des Pietismus. 1986. *Band 42.*
Waubke, Hans-Günther: Die Pharisäer in der protestantischen Bibelwissenschaft des 19. Jahrhunderts. 1998. *Band 107.*
Weinhardt, Joachim: Wilhelm Hermanns Stellung in der Ritschlschen Schule. 1996. *Band 97.*
Werbeck, Wilfrid: Jakobus Perez von Valencia. 1959. *Band 28.*
Ziebritzki, Henning: Heiliger Geist und Weltseele. 1994. *Band 84.*
Zschoch, Hellmut: Klosterreform und monastische Spiritualität im 15. Jahrhundert. 1988. *Band 75.*
– Reformatorische Existenz und konfessionelle Identität. 1995. *Band 88.*
ZurMühlen, Karl H.: Nos extra nos. 1972. *Band 46.*
– Reformatorische Vernunftkritik und neuzeitliches Denken. 1980. *Band 59.*

Einen Gesamtkatalog erhalten Sie gerne vom Verlag
Mohr Siebeck · Postfach 2040 · D–72010 Tübingen.
Neueste Informationen im Internet: http://www.mohr.de